clave

Rocío Ramos-Paúl es licenciada en Psicología, máster en Psicología Clínica y educadora de menores. Entre 2006 y 2013 condujo el programa de televisión *Supernanny* con el objetivo de mostrar directrices educativas. En la actualidad es directora del centro de psicología Biem. Es autora de *Manual de Supernanny*; *Aprendiendo a enseñar*; *Mi hijo no come*; *Niños desobedientes, padres desesperados*; *Niños: instrucciones de uso* y *Un extraño en casa*.

Para más información, visita la página web de la autora: www.rocioramos-paul.com.

Luis Torres es licenciado en Psicología, máster en Psicología Clínica, experto en psicopatología infantojuvenil y terapeuta y formador del centro Biem. Es coautor de *Manual de Supernanny*; *Aprendiendo a enseñar*; *Mi hijo no come*; *Niños desobedientes, padres desesperados*; *Un extraño en casa* y *Niños: instrucciones de uso*.

ROCÍO RAMOS-PAÚL
LUIS TORRES

Niños: instrucciones de uso

El manual definitivo

DEBOLS!LLO

Papel certificado por el Forest Stewardship Council®

RECICLADO
Hecho de
material reciclado
FSC® C117695
www.fsc.org

Penguin
Random House
Grupo Editorial

Primera edición en Debolsillo: julio de 2021

© 2014, Rocío Ramos-Paúl Salto y Luis Torres Cardona
© 2014, 2021, Penguin Random House Grupo Editorial, S. A. U.
Travessera de Gràcia, 47-49. 08021 Barcelona
© 2014, Marcos Balfagón, por las ilustraciones del interior
Diseño de cubierta: Penguin Random House Grupo Editorial / Sergi Bautista
Imagen de la cubierta cedida por la autora

Parte del contenido de este libro se publicó previamente por fascículos
en *El País* bajo el nombre de *El manual de Supernanny*.

Printed in Spain – Impreso en España

ISBN: 978-84-663-5708-1
Depósito legal: B-6.718-2021

Impreso en Black Print CPI Ibérica
Sant Andreu de la Barca (Barcelona)

P 3 5 7 0 8 1

*A Sofía, Lorenzo y Ramón, que
ponen a prueba todos los días
nuestro manual. Gracias por
sacar lo mejor de nosotros.*

Índice

Introducción

El libro que estás a punto de empezar a leer surge de la necesidad que los padres tienen hoy en día de encontrar respuestas que los ayuden a afrontar la educación de sus hijos.

En él te presentamos toda una metodología, y no solo una estrategia que aplicar en un momento concreto. Estaríamos muy satisfechos si, al terminar de leerlo, pudieras decir: «He aprendido un método eficaz de afrontar la educación de mi hijo y lo veo crecer feliz». Porque este es el objetivo: hacer de tu hijo un niño feliz.

El libro consta de dieciséis capítulos dedicados a los temas que más preocupan a los padres en lo que a educación se refiere. Están agrupados en cinco bloques con los siguientes títulos: *Hábitos, Límites, Tiempo de calidad, El entorno y Escolarización.*

Un niño feliz es aquel que se siente protegido, seguro y querido. Esta definición es el denominador común de los tres primeros bloques del libro:

HÁBITOS

Para que un niño se sienta seguro tiene que adquirir determinados hábitos. Cuando nacen, los niños no saben lo que es el orden y los adultos tenemos que ayudarlos a organizar su vida mediante horarios estables asociados a rutinas, es decir, a actividades que se hacen todos los días de la misma manera. Así asimilan un esquema de orden interno que convierte su mundo en un lugar predecible y, por tanto, seguro.

La alimentación y el sueño son los dos primeros hábitos que tienen que aprender los niños, por eso les dedicamos los dos primeros capítulos de este bloque. Para que la alimentación y el sueño se conviertan en rutinas deben llevarse a cabo siempre en un mismo sitio, a la misma hora y de la misma manera. La higiene es el siguiente hábito que los niños aprenden. A través de él adquieren autonomía y gusto por estar presentables, lo que los ayuda a relacionarse con otros niños. También es una de las mejores formas de prevenir enfermedades. De todo ello hablamos en el tercer capítulo de este bloque.

Cuando los hábitos de un niño no son adecuados, muchas veces acaban convirtiéndose en manías difíciles de corregir. Por otra parte, si el mundo del niño no le ofrece seguridad, aparecen los miedos. Estos dos temas se abordan en conjunto en el último capítulo de este bloque, «Miedos y manías».

LÍMITES

Para que un niño se sienta protegido debe tener límites. Los límites, traducidos en normas, le dicen hasta dónde puede llegar. También hay que enseñarle que cumplir o no las normas tiene consecuencias. A través de las consecuencias de su comportamiento, el niño aprende lo que puede y lo que no puede hacer.

A veces lo adecuado será premiar su conducta; otras veces habrá que recurrir al castigo. Por eso el tercer capítulo de este bloque lleva por título «Premios y castigos».

Es muy probable que un niño al que no han puesto límites termine desarrollando un comportamiento agresivo.

En el segundo capítulo de este bloque, «La agresividad», proponemos estrategias para evitarlo. Los padres deben enseñar a su hijo lo que puede hacer y lo que no. Para ayudarlos está el primer capítulo de este bloque, en el que se explica cómo fijar normas y límites.

TIEMPO DE CALIDAD

Para que un niño se sienta querido y valorado hay que pasar tiempo con él y decirle lo bien que hace las cosas y lo mucho que se le quiere. Los adultos trabajamos tanto que tenemos poco tiempo libre. Es preciso que convirtamos a nuestros hijos en los protagonistas del tiempo que pasamos con ellos y, sobre todo, que le demos calidad a ese tiempo mediante la estimulación y el juego. El niño debe sentir que es lo más importante que ha ocurrido en la vida de sus padres. Esto se consigue alabando sus logros, conociendo sus intereses, expresándole cuánto se le quiere y disfrutando de su compañía. Estas son las bases para el desarrollo de la autoestima, tema del tercer capítulo de este bloque.

Aunque todo lo relacionado con inteligencia emocional podría constituir un bloque en sí mismo, hemos optado por incluirlo en *Tiempo de calidad* porque los límites y los hábitos desarrollan las capacidades del niño para hacer cosas, pero también es función de los padres desarrollar y educar las capacidades que ayudan al niño a sentir emociones y a sentir que el tiempo que pasan con él es único y valioso.

Hasta aquí hemos hablado de todo lo que caracteriza a un niño feliz, pero al plantear el libro nos dimos cuenta de que se quedaban en el tintero algunos temas, que dieron lugar a dos bloques más:

En muy poco tiempo se han producido muchos cambios sociales que han afectado a la estructura familiar y que generan en los padres una gran sensación de incertidumbre y preocupación. Muchos de ellos se preguntan: «¿Lo estoy haciendo bien?». Pero cada momento del desarrollo del niño requiere un tipo de atención distinta.

Los títulos de los temas de este bloque reflejan la compleja realidad que les toca vivir a las familias de hoy: «Nuevas situaciones», «Cambios en la familia» y «Trastornos psicológicos». Hemos intentado describir paso a paso cómo afrontar la educación de nuestros hijos sin miedo a equivocarnos, porque educar nunca ha sido sinónimo de perfección.

ESCOLARIZACIÓN

Seguramente podríamos haber incluido el hábito de estudio entre los temas del primer bloque, *Hábitos.* Sin embargo, es tanto el tiempo que el niño pasa en la escuela y tal la cantidad de experiencias que esta le proporciona, que hemos preferido dedicar un capítulo aparte a la escolarización.

En la escuela es donde el niño empieza sus relaciones sociales, donde conoce a quienes serán sus mejores amigos, donde se integra en una pandilla. En el capítulo «Adaptación y relación con otros» se habla de ello y también de cómo iniciar y mantener una conversación, cómo aprender a decir no, a aceptar críticas y otras habilidades necesarias para relacionarse con los demás.

Cada capítulo se inicia con una breve exposición del tema a tratar. A continuación se habla de la importancia que tiene ese tema para la educación del niño y se describen los aprendizajes que este debe adquirir según su edad. Hasta aquí el objetivo es proporcionar una aproximación teórica que dé sentido a la práctica posterior y permita decidir si la metodología propuesta es la que se desea aplicar en casa y por qué.

Los siguientes apartados explican cómo llevar a la práctica todo lo expuesto, sin olvidar las dificultades más frecuentes y cómo solucionarlas. Asimismo, se presentan casos reales de aplicación de las estrategias propuestas.

Todos los capítulos terminan con una pequeña reflexión acerca de lo que se consigue con esfuerzo por parte de los padres y aplicando sistemáticamente las estrategias presentadas.

La lectura de este libro te servirá de guía, pero las claves del éxito en la educación de tu hijo serán tu actuación y tu capacidad de adaptar cada estrategia a sus necesidades.

No queremos acabar sin permitirnos una recomendación: tu hijo es muy importante para ti y tiene que saberlo. No dudes en hacerle saber todos los días lo mucho que lo quieres.

Solo nos queda despedirnos. Gracias por tu confianza; esperamos que este libro esté a la altura de tus expectativas. Un saludo.

Rocío Ramos-Paul Salto
Luis Torres Cardona

www.rocioramos-paul.com

Primera parte
Hábitos

Capítulo I

La alimentación

La importancia que tienen los hábitos en la educación del niño está ligada al sentimiento de seguridad que este necesita para crecer feliz. Ningún niño se siente seguro en la incertidumbre, de modo que es necesario establecer horarios que le avisen de lo que va a ocurrir en cada momento y lo ayuden a regular sus ritmos biológicos.

En la instauración de hábitos son imprescindibles las rutinas, actividades que se hacen todos los días de la misma manera.

El niño debe adquirir el hábito de la alimentación desde su nacimiento para que no se convierta en una fuente de conflicto. Todos comemos, pero no todos tenemos buenos hábitos alimentarios. Adquirirlos no solo influye en el crecimiento y la salud del niño, también facilita la adquisición de aprendizajes posteriores.

Cuando un niño no come adecuadamente, sus padres conciben ideas del tipo: «Si no consigo que coma, enfermará y será mi culpa». Mantenerse firme en la instauración del hábito evita posibles manipulaciones emocionales por parte del niño.

Acompañar las rutinas con tareas de colaboración —como poner y retirar la mesa—, comer en horario fijo y hacer de la comida un momento de disfrute en familia son condiciones fundamentales para conseguir que el niño aprenda no solo a comer bien, sino también a ser un adulto seguro y capaz de solucionar conflictos de una manera eficaz.

1. ¿QUÉ ES LA ALIMENTACIÓN?

La alimentación es el proceso por el cual se escogen, elaboran, transforman e ingieren los alimentos. Una buena alimentación es necesaria para la salud y debe convertirse en un hábito satisfactorio y gratificante para padres e hijos.

A la hora de escoger los alimentos hay que tener en cuenta la cantidad, lo que aportan al organismo y si son necesarios o perjudiciales para el mismo. Alimentarse es una necesidad fisiológica que el niño precisa para su desarrollo intelectual y motor. Hay que distribuir las comidas en un menú equilibrado que aporte la energía necesaria para cada momento del día.

1.1. ÁREAS DEL COMPORTAMIENTO

Para entender las diferentes estrategias que vamos a plantear a lo largo de este capítulo es preciso definir primero el comportamiento humano. Lo hacemos siguiendo el método cognitivo-conductual, basado en tres áreas:

- Área fisiológica (lo que sentimos)
- Área cognitiva (lo que pensamos)
- Área motora (lo que hacemos)

ÁREA FISIOLÓGICA

En su teoría sobre la motivación humana, el psicólogo Abraham Maslow establece una pirámide en cuya base están las necesidades fisiológicas del ser humano.

A medida que se van satisfaciendo estas necesidades surgen otras, que van configurando la pirámide hasta llegar a la cúspide, de la plena felicidad o armonía.

En la base de la pirámide, Maslow incluye la alimentación como una necesidad fisiológica fundamental para el desarrollo físico y psicológico del ser humano:

Necesidades de autorrealización
de lo que uno es capaz, autocumplimiento

N. de autoestima
autovalía, éxito, prestigio

N. de aceptación social
(afecto, amor, pertenencia y amistad)

Necesidades de seguridad
(seguridad, protección)

Necesidades fisiológicas
(alimentación, agua, aire)

ÁREA COGNITIVA

Una alimentación variada y equilibrada es necesaria para que se desarrollen las capacidades cognitivas superiores: el lenguaje, el pensamiento, la memoria…

La alimentación sana facilita el desarrollo intelectual del niño a través de la percepción sensorial. Aumenta su capacidad de memorizar y, sobre todo, de pensar y razonar.

La alimentación también es un proceso de aprendizaje para el niño. Los hábitos adquiridos en la más temprana edad van a influir decisivamente en su desarrollo posterior.

El niño adquiere el hábito de la alimentación desde la lactancia, pues se acostumbra a comer a unas horas determinadas. A medida que el niño crece los hábitos deben ir cambiando para adaptarse a sus necesidades.

La rutina da a los niños seguridad, ya que crea un entorno predecible, pilar fundamental para el desarrollo de la autoestima y la felicidad.

ÁREA MOTORA

Es obvio que la alimentación, con todas las complejas acciones que requiere, contribuye al dominio motor y también a la coordinación.

Más adelante veremos a qué edad está preparado el niño para comer solo, pero desde el principio es conveniente fomentar su autonomía y dejarle hacer cosas por sí mismo para ayudarle a desarrollar su coordinación motora.

Con el mero acto de tragar, el niño ejercita los músculos de la boca y la garganta, importantes para el desarrollo tanto de la alimentación como del habla.

1.2. LA NUTRICIÓN Y LOS NUTRIENTES

La nutrición es el proceso mediante el cual el organismo transforma una serie de sustancias que recibe del exterior —llamadas nutrientes— con tres objetivos: producir energía, regular el metabolismo y posibilitar el crecimiento

Los principales tipos de nutrientes son:

- los hidratos de carbono
- las proteínas
- los lípidos o grasas
- las vitaminas

LOS HIDRATOS DE CARBONO

Son la fuente principal de glucosa, es decir, los que abastecen de energía a nuestro organismo. Aunque esta es su principal función, también intervienen en el desarrollo muscular y cerebral. Es muy importante consumir la cantidad justa, ya que el abuso produce obesidad, exceso de colesterol y diabetes, y la falta puede desembocar en malnutrición.

Los alimentos que contienen hidratos de carbono son el grupo más diverso y numeroso. Entre ellos están los cereales, la pasta, la verdura, la fruta, los azúcares y la leche. El cuerpo almacena hidratos de carbono en el hígado y los músculos. Mientras haya reservas, ahorramos proteínas.

Actualmente los nutricionistas recomiendan aumentar la ingesta de hidratos de carbono y limitar la de grasas en la dieta diaria.

LAS PROTEÍNAS

Compuestas de aminoácidos, son necesarias para la nutrición, el crecimiento y la reparación de los tejidos. Constituyen la defensa inmunitaria del organismo contra infecciones o agentes extraños. Se pueden encontrar en todo el cuerpo, ya que toda célula viva está formada de proteínas. Cuando disminuye su cantidad, disminuyen las defensas y el trabajo físico e intelectual se ve afectado.

En niños y adolescentes, la falta de proteínas genera un retraso en el crecimiento y el desarrollo.

Los alimentos que contienen más proteínas son el huevo, la carne, el pescado, las legumbres, los cereales y los frutos secos.

Las necesidades de proteínas están en relación con el peso corporal: son muy altas en los lactantes —que evidentemente toman las proteínas de la leche materna o preparada—, disminuyen en la niñez y aumentan en la pubertad.

LOS LÍPIDOS O GRASAS

Aportan reserva energética, son aislantes térmicos del cuerpo y protegen la piel de numerosos factores externos. Son, por tanto, necesarios. Sin embargo, el abuso de alimentos grasos aumenta considerablemente el valor calórico de la dieta y contribuye a la obesidad y a niveles elevados de colesterol. Por ello es conveniente reducir su ingesta al mínimo.

Existen dos tipos de lípidos: los de origen vegetal, presentes en alimentos como el aguacate, el aceite y los frutos secos; y los de origen animal, que se encuentran en la mantequilla y el tocino.

Es conveniente limitar el consumo de las grasas saturadas porque tienden a subir el colesterol. Estas grasas tienen origen animal y se caracterizan porque se mantienen sólidas a temperatura ambiente.

Aparte de los tres tipos de nutrientes anteriores —a los que los nutricionistas llaman nutrientes energéticos—, existen otros no energéticos pero igual de necesarios, entre los que destacan el agua, los minerales y las vitaminas.

Estas últimas no aportan energía al organismo, pero tanto su exceso como su carencia producen grandes alteraciones.

El organismo humano obtiene todas las vitaminas que necesita de su alimentación, siempre que esta sea equilibrada.

Principales vitaminas
Vitamina A **Influye en**: crecimiento, piel saludable, resistencia a infecciones, esencial para la visión... **Su deficiencia provoca:** heridas en la boca y en las encías, caspa, uñas débiles... **Se encuentra en**: zanahorias, tomates, espinacas, pasas, ciruelas, albaricoques, judías verdes, perejil, peras, lechuga.
Vitamina B1 **Influye en**: crecimiento, correcto funcionamiento del sistema nervioso, buen rendimiento de los músculos, del corazón y del cerebro... **Su deficiencia provoca:** disminución de la memoria, falta de atención, debilidad muscular, reducción de la capacidad mental, fatiga... **Se encuentra en:** arroz integral, judías, lentejas, harina de trigo, levadura, nueces, cacahuetes, avena, pan...
Vitamina B2 **Influye en:** la regeneración sanguínea, en el hígado, en el trabajo cardiaco, en el aparato ocular... **Su deficiencia provoca:** heridas en la boca, afecciones en la piel, inflamación ocular, inflamación de la lengua... **Se encuentra en:** aguacate, avellanas, escarola, espinacas, judías blancas, levadura de cerveza, nueces, perejil, plátano, melón...
Vitamina B6 **Influye en:** formación de hemoglobina y anticuerpos, metabolismo de las proteínas... **Su deficiencia provoca:** calambres musculares, eccemas... **Se encuentra en:** judías, lentejas, plátano, frutos secos...
Vitamina C **Influye en:** crecimiento, prevención de infecciones, piel saludable... **Su deficiencia provoca:** sangrado de encías, dolor de articulaciones, depresión... **Se encuentra en:** cítricos, verduras, patatas, tomates...

Una dieta equilibrada es aquella que aporta los nutrientes básicos diarios. A la hora de establecer el menú familiar, habrá que tener en cuenta los alimentos que cubren las necesidades nutricionales diarias.

Hay muchos libros que informan exhaustivamente del tema. El pediatra y el colegio, con sus menús del comedor, son también grandes aliados para ayudar a los padres a establecer una dieta equilibrada.

Como normas generales, antes de decidir lo que se comerá en casa, tengamos en cuenta la información siguiente:

1. *Pan, cereales, arroz y pasta:* aportan la mayor parte de los hidratos de carbono a la dieta y algunas proteínas. Su consumo ha de ser diario.

2. *Frutas y verduras*: ricas sobre todo en vitaminas, y también en hidratos de carbono y proteínas. Se deben tomar cinco piezas diarias, combinadas en: dos frutas y tres verduras, o bien, tres verduras y dos frutas.

3. *Carne, pescado y huevos*: fuentes de proteínas y grasas. No parece recomendable ingerir una cantidad elevada de grasas animales; se puede eliminar la mayor parte de la grasa visible de la carne y la piel de las aves. El huevo es la principal fuente de proteínas. El pescado también es rico en proteínas y ácidos grasos, sobre todo Omega 3, cuya falta se ha vinculado a diversas enfermedades. Carne, pescado y huevo deben estar presentes dos o tres veces por semana en el menú, alternándose con las legumbres (dos veces por semana).

4. *Leche y derivados*: es conocida su importancia en la alimentación infantil. En los primeros meses, el recién nacido solo se alimenta de leche, fuente fundamental

de calcio y vitaminas. Pasada la lactancia, lo ideal es que el niño los tome dos o tres veces al día en forma de vaso de leche, yogur, queso, etcétera.

5. *Grasas y dulces:* chucherías, refrescos gaseosos, bollería industrial... deben consumirse con moderación.

DISTRIBUCIÓN DE LOS ALIMENTOS EN LAS DIFERENTES COMIDAS

«El desayuno es la comida más importante del día». Esta afirmación resulta muy familiar. Todos la conocemos y la repetimos. Pero no basta con decirlo: es necesario crear el hábito.

Sin un desayuno completo, el niño tendrá dificultades para afrontar los requerimientos energéticos diarios. En edad escolar disminuirán su atención y su concentración, lo que dificultará notablemente el aprendizaje.

Los pediatras aconsejan que, en edad escolar, el desayuno suponga el 25 por ciento del aporte calórico diario (por desayuno se entiende lo que el niño toma en casa antes de ir al colegio y lo que se lleva para comer a media mañana).

El resto de aporte calórico debe repartirse entre las demás comidas del día de la siguiente manera: almuerzo: 35 por ciento; merienda: 10 por ciento, y cena: 30 por ciento.

Para que el niño desayune bien:

- Conviene tomarse el tiempo necesario. Los niños que mejor desayunan tardan entre 15 y 20 minutos y lo hacen acompañados de sus padres.
- Pocos niños se resisten a un desayuno atractivo. Es conveniente utilizar la imaginación

para preparar, por ejemplo, unas brochetas de
fruta o tostadas con formas divertidas.

• El desayuno debe ser equilibrado y rico en
hidratos de carbono. Es necesario evitar o reducir al máximo la bollería industrial, las
chucherías y las grasas.

2. LA IMPORTANCIA DE LA ALIMENTACIÓN

La alimentación es fundamental para el crecimiento y el
desarrollo físico del niño y un medio de prevención de enfermedades como la diabetes o la obesidad. También es
una rutina, sinónimo de seguridad, frente al desorden que
genera la ausencia de determinados hábitos.

Algunos de los problemas relacionados con la alimentación son los cólicos del lactante, la anorexia infantil o las
alergias alimentarias.

2.1. ¿POR QUÉ ES IMPORTANTE LA ALIMENTACIÓN?

Obviamente, la alimentación es imprescindible, ya que sin
ella no se puede vivir. Pero además:

- Es un medio de prevención de enfermedades.
Muchas afecciones físicas y psíquicas, como la diabetes o la obesidad, están relacionadas con una
alimentación inadecuada.

- A través de la alimentación se ayuda al niño
a crear hábitos y rutinas. De hecho, es uno de los
primeros hábitos que se le enseñan: hay unas determinadas horas para comer y una forma preesta-
blecida de hacerlo.

Mediante la alimentación también se fomenta la autonomía del niño. A medida que el bebé crece empieza a querer hacer las cosas por sí solo: coger el biberón, la cuchara, etcétera. Es necesario permitírselo para que desarrolle su autonomía y su motricidad. Los niños de 2 a 3 años quieren hacerlo todo solos (no dejan de repetir: «No, tú no, yo solo»). Aunque tarden más, y siempre dentro de lo razonable, es preciso dejarles que lo hagan. El niño debe ser capaz de hacer las cosas por sí mismo y los padres deben enseñarle.

La alimentación influye en la evolución del habla porque contribuye al desarrollo de la musculatura de la boca y la garganta, tanto al tragar como al masticar.

Contribuye al aprendizaje en la resolución de conflictos.

Los primeros problemas que aparecen en la infancia son los relacionados con la comida y el sueño. Si se enseña a los niños a solucionarlos, serán capaces de enfrentarse a otros problemas en edades posteriores.

Si un niño aprende que puede comer cuando quiera y de la forma que quiera, seguro que estudiará cuando quiera, recogerá los juguetes cuando le apetezca o no los recogerá nunca.

La mayoría de los adultos que tienen buenos hábitos alimentarios los adquirieron en la infancia.

La alimentación es clave para el crecimiento y el desarrollo físico del niño. Las carencias nutricionales pueden afectar su potencial genético, impedir que alcance la estatura y el peso adecuados e incluso mermar sus capacidades intelectuales.

La alimentación es una necesidad fisiológica, pero ello no implica que tengamos que preocuparnos si el niño un día no come o come poco. El apetito de los niños, igual que el de los adultos, puede variar en función de las circunstancias.

El corazón, los pulmones y los riñones de un recién nacido son inmaduros. Su cerebro también tiene mucho camino que recorrer. Para que todos sus órganos funcionen correctamente y su desarrollo progrese es clave que empiece a ganar peso y tamaño.

En el primer año el niño experimenta grandes cambios físicos: duplica el tamaño del corazón y el peso del encéfalo; triplica el peso de los riñones y el perímetro craneal, de 35 centímetros al nacer, pasa a tener 47 centímetros.

En el segundo año el tamaño del corazón se triplica, crecen los tejidos respiratorios y los del aparato digestivo, el encéfalo alcanza el 75 por ciento de su peso final, nacen los dientes, el tejido muscular va sustituyendo al adiposo, se alargan las piernas y el perímetro craneal aumenta dos centímetros.

De los 3 a los 6 años el corazón cuadruplica su tamaño, el crecimiento y el desarrollo de los tejidos respiratorios aumentan el volumen pulmonar, el encéfalo alcanza el 90 por ciento de su tamaño final, los riñones quintuplican su tamaño inicial y se completa la dentición, que llega a las 20 piezas.

	Al nacer	1 año	2 años	3-4 años	5-6 años
Peso (kg)	3,4 (aprox.)	× 3 (unos 10)	+ 2,5 por año	+ 2,5 por año	23 aprox.
Estatura (cm)	50	+ 22 (unos 72)	+ 12 (unos 84)	+ 9 el tercer año, +7 el cuarto año	+ 5 o 6 por año

2.2. Problemas relacionados con la alimentación

Vamos a describir algunos problemas relacionados con la alimentación infantil.

Los más frecuentes: cólicos del lactante, alergias alimentarias, obesidad infantil.

Los menos frecuentes: anorexia, bulimia, rumiación infantil.

Cólicos del lactante

Son ataques de llanto e irritabilidad inexplicables. Tienen una frecuencia diaria, aunque con predominio vespertino —concretamente entre las seis y las ocho de la tarde— y duran unas 2 horas. El bebé encoge las piernas, se pone rojo y llora. Después cesa de forma repentina y se queda tranquilo. No presenta diarrea ni otros síntomas asociados.

Entre el 10 y el 20 por ciento de los lactantes normales sufren cólicos. Estos aparecen durante los tres primeros meses de vida, por lo general entre la segunda y la cuarta semana, y suelen disminuir a medida que el bebé crece, hasta desaparecer al tercer o cuarto mes de vida.

No se conocen bien las causas, aunque varias teorías apuntan a un aumento de los movimientos intestinales que, sumados al llanto, hacen que el niño trague más aire y se produzcan flatulencias.

Otro factor causal asociado a los cólicos es el conductual: los padres pueden transmitir a su hijo ansiedad e inseguridad, pues al intentar calmarlo le enseñan que si llora se le atiende. Ello puede contribuir a prolongar el problema, convirtiéndolo en algo conductual.

Los padres deben ser conscientes de que los cólicos son un proceso benigno y funcional que desaparece con el tiempo. La virtud fundamental para afrontar la situación es la paciencia, aunque los siguientes consejos pueden ser de gran utilidad:

- Los movimientos y sonidos rítmicos suelen calmar a los niños cuando se encuentran en una crisis: balanceo, paseo, música relajante, etcétera.
- Es aconsejable aplicar un masaje abdominal suave.
- Conviene dar las tomas en un ambiente relajado y evitar la ingesta de aire (no más de 10 minutos por pecho). En caso de lactancia artificial, se debe colocar el biberón lo más vertical posible. En ambos casos, lo más importante es ayudar al bebé a expulsar los gases después de cada toma.
- No se debe cambiar la alimentación del lactante ni administrar ningún tipo de fármacos sin previa consulta con el pediatra.

ALERGIAS ALIMENTARIAS

Son reacciones del sistema inmunológico a algún alimento, sobre todo a los que contienen proteínas. No son muy frecuentes y suelen darse en niños menores de 4 años. Solo alrededor del 5 por ciento de los niños menores de 3 años desarrolla una alergia a algún alimento.

Los alimentos que con más frecuencia generan alergias en los niños son el huevo, la leche, el pescado y el trigo. Las reacciones pueden ser inmediatas a la ingesta (hinchazón de cara, sarpullido, eccema, urticaria) o de efecto retardado (vómitos, diarrea, dolor de estómago). Por lo general, el pronóstico es bueno, ya que a partir de los 2 o 3 años los niños empiezan a tolerar los alimentos que les producen alergia.

Los factores genéticos influyen notablemente en el desarrollo de alergias. Si los padres han tenido alguna alergia a los alimentos, es posible que el hijo la herede. En este caso se recomienda precaución a la hora de introducir alimentos como el huevo, el pescado o la leche de vaca en la alimentación del niño.

Si existen indicios de alergia a algún alimento, se recomienda introducir los nuevos en cantidades pequeñas y, si surgen dudas, acudir al pediatra, que valorará la necesidad de efectuar alguna prueba. Una vez diagnosticada la alergia, se debe eliminar ese alimento de la dieta del niño y comunicárselo a las personas que suelen estar con él, como el personal de la escuela, los abuelos o los cuidadores.

OBESIDAD INFANTIL

Entre el 25 y el 28 por ciento de los niños padecen obesidad, pero lo más llamativo es que en los últimos veinte años estos porcentajes se han más que duplicado. Algunos estudios incluso han llegado a calificar la obesidad infantil de epidemia.

La obesidad es la acumulación excesiva de grasa en el cuerpo, algo cada vez más habitual pero que acarrea importantes problemas físicos y psicológicos.

Las causas fundamentales de la obesidad infantil son la alimentación inadecuada y la vida sedentaria.

La obesidad no solo es un problema estético; también tiene consecuencias psicológicas como la baja autoestima, los malos resultados escolares, la alteración de la propia imagen y la introversión. Entre las consecuencias físicas destacan la hipertensión, la diabetes, el colesterol y ciertas dificultades respiratorias y del sueño.

Factores que influyen en la obesidad

El factor genético es determinante en el desarrollo de la obesidad, aunque algunos estudios demuestran la importancia de factores ambientales o familiares. Por ejemplo, experiencias realizadas con niños adoptados subrayan la relevancia de la educación y los hábitos alimentarios en el desarrollo o no de la obesidad.

- *La genética y los factores hormonales:* en ambos casos se debe acudir al pediatra y seguir el tratamiento adecuado.
- *La conducta alimentaria:* tanto la dieta como los hábitos alimentarios son fundamentales para prevenir la obesidad. El abuso de comida rápida y bollería industrial supone un aumento considerable de la ingesta de grasas. Estos alimentos no deben incluirse en la dieta de forma habitual. Es mucho más sano —aunque también requiere más tiempo— merendar un bocadillo o fruta que un bollo.
- *Los factores familiares y ambientales:* a menudo los niños comen con el fin de disminuir la ansiedad, para sentirse más relajados. El aburrimiento también los puede llevar a comer más de lo necesario. El niño no debe aprender a enfrentarse al estrés comiendo. Una alimentación equilibrada y unos horarios de comida bien establecidos son fundamentales para prevenir la obesidad. Si el niño pide constantemente algo de comer entre comida y comida, es necesario inculcarle el respeto a los horarios. Si se le da de comer a todas horas o siempre que lo pida, se puede caer en el error de fomentar el picoteo, conducta que influye directamente en la obesidad, ya que la mayoría de los alimentos que se utilizan para picar tienen un alto nivel calórico.

Por otra parte, existen ideas muy arraigadas y sin embargo falsas sobre la alimentación infantil: «Cuanto más coma mi hijo, más crecerá»; «Si mi hijo no come un día, estará débil y se sentirá cansado, así que hay que darle lo que sea con tal de que coma»; «Gordito es igual a saludable y bien criado»; «Cuando cumpla los 13 años dará el estirón». Es necesario eliminar estas creencias y no angustiarse si el niño no almuerza un día o no le gusta parte del menú.

¿Por qué es importante el ejercicio físico?

El ejercicio físico es fundamental para prevenir la obesidad y otras enfermedades. En las sociedades desarrolladas se fomenta el sedentarismo infantil con actividades pasivas, como ver la televisión, jugar a los videojuegos o pasar tiempo delante del ordenador. En lugar de repetírselo muchas veces, es más efectivo predicar con el ejemplo. Los niños deben ver a sus padres hacer ejercicio y, aún mejor, hacerlo en su compañía.

En el plano físico, el ejercicio:

— Ayuda a controlar o disminuir el sobrepeso.
— Evita la aparición de ciertas enfermedades, como las cardiovasculares.
— Fortalece los huesos y los músculos.
— En niños y jóvenes desarrolla destrezas motoras.

Cálculo del Índice de Masa Corporal

Aunque existen varias fórmulas, el método más fácil y reconocido para calcular el grado de obesidad es el índice de masa corporal (IMC) de Quetelet:

IMC = peso (kg) / altura^2 (m)

menos de 16,5: criterio de ingreso hospitalario
entre 16,5 a 18,5: infrapeso
entre 18,5 a 20,5: peso bajo
entre 20,5 a 25,5: peso normal
entre 25,5 a 30: sobrepeso
entre 30 a 40: obesidad premórbida
más de 40: obesidad mórbida

En el plano psíquico el ejercicio físico:

— mejora el estado de ánimo y aumenta la autoestima.
— ayuda a combatir el estrés y la ansiedad.
— ayuda a prevenir la depresión.

En el plano social:

— fomenta la autonomía y aumenta la sociabilidad.

Pautas para prevenir, controlar o disminuir la obesidad infantil

- Eliminar o reducir al mínimo la comida rápida y la bollería industrial de la dieta del niño; utilizarlas, por ejemplo, como premio excepcional.
- Poner la cantidad justa de comida para cada edad en el plato.
- No forzar al niño para que termine toda la comida del plato.

- Evitar que pique entre horas; es mejor animarlo a que tome alguna fruta o verdura cruda.
- Hacer con el niño un mínimo de media hora de ejercicio al día.
- Reducir el tiempo que el pequeño dedica a actividades sedentarias.
- No utilizar la televisión para que coma: estará atento a lo que ve y no a sensaciones como la saciedad, el disfrute o el apetito.
- Controlar el ritmo de la comida del niño y, sobre todo, no dejarle comer muy deprisa. Mientras lo hace, charlar con él de manera amena.
- Ejercer de modelo de conducta para los niños.
- Si nuestro hijo tiene sobrepeso es imprescindible ayudarlo, entenderlo y valorarlo.
- Seguir siempre las recomendaciones del pediatra.

Entre los trastornos menos frecuentes relacionados con la alimentación se encuentran la anorexia, la bulimia y la rumiación. A pesar de su baja incidencia, es conveniente atajarlos a tiempo. Además, requieren siempre de la atención de profesionales cualificados. Por tanto, las siguientes líneas tienen un interés meramente informativo.

ANOREXIA INFANTIL

Al hablar de anorexia es habitual pensar en un trastorno psicológico que surge en la adolescencia, pero existe un tipo de anorexia que afecta a la infancia.

En la anorexia infantil, a diferencia de la que surge en la pubertad, no se produce distorsión de la imagen corporal. El principal síntoma es la negativa a comer.

Tipos de anorexia

- *La anorexia del lactante:* muy rara y, por lo general, síntoma de otra enfermedad, aunque en ocasiones puede estar vinculada a la relación madre-hijo. Los niños, muy sensibles a los estados de ánimo de la madre, pueden percibir ansiedad o miedo, y sentirse confusos e inseguros. El niño puede entonces rechazar el pecho o el biberón. Llegados a este punto, la madre se preocupa y se crea así un círculo vicioso.

- *La anorexia funcional:* puede aparecer en torno al segundo año de vida y es una forma de inapetencia que suele estar relacionada con una alteración en el desarrollo del hábito de la alimentación. Algunas veces repercute en el peso y suele remitir con una reeducación de los hábitos alimentarios. No hay que confundir este tipo de anorexia con la disminución real del apetito que manifiestan todos los niños a partir de los 16 meses. En esta etapa la aceleración del crecimiento disminuye, al igual que las necesidades energéticas.

- *La anorexia psicógena:* una imposición excesiva de comida, o una relación conflictiva con la alimentación y unos malos hábitos pueden hacer que el niño se niegue a comer.

La reeducación en hábitos de alimentación será la clave de la necesaria intervención multidisciplinar.

La infancia es una edad decisiva para sentar las bases de unos hábitos de alimentación adecuados y prevenir trastornos de conducta como la anorexia y la bulimia nerviosa, que surgen en la adolescencia, aunque cada vez más a una edad menor. Hay que estar muy atentos ante cualquier sospecha y consultar con un profesional.

- *La anorexia nerviosa adolescente:* surge en la pubertad y está tipificada como un trastorno que requiere una asistencia multidisciplinar. Aunque socialmente es una enfermedad muy conocida, su incidencia es del 0,5 al 2 por ciento en las mujeres de 14 a 25 años. Se da en una proporción de nueve mujeres por cada varón.

  En la actualidad empieza a manifestarse a edades más tempranas —12 años—. Es muy importante conocer sus señales para ponerle solución a tiempo.

  A diferencia de la anorexia infantil, en la anorexia nerviosa se da una drástica distorsión de la imagen corporal y un miedo intenso a ganar peso.

  Existen factores desencadenantes de la anorexia. Lo más habitual es que la causa de la enfermedad no sea una sola, sino varias:
  - La llegada de la pubertad y los cambios físicos que trae consigo.
  - Los comentarios negativos sobre el propio cuerpo por parte de otras personas.
  - La práctica de algún deporte o actividad en la que se valore de forma relevante la silueta.
  - Las situaciones de malestar general o estrés que no se han afrontado de forma adecuada.
  - Baja autoestima, búsqueda de la aprobación en los demás, introversión, dependencia, culto al cuerpo.
  - Hábitos alimenticios desestructurados, preocupación excesiva en la familia por la figura, conflictos familiares, falta de comunicación, falta de afecto, rupturas conyugales, exceso o falta de normas.
  - Factores genéticos.

BULIMIA

Se trata de un trastorno relacionado con la alimentación que surge en la adolescencia más tardía y tiene mayor incidencia en mujeres. Bulimia y anorexia comparten muchas características; no es raro que el mismo paciente las sufra en periodos alternos.

Diferencias entre anorexia y bulimia

- En la anorexia, el control del peso se realiza a través de la dieta; en la bulimia, mediante conductas de purga, sobre todo el vómito.
- Las personas bulímicas se mantienen dentro de un peso normal o con un ligero sobrepeso. En la anorexia hay una pérdida de peso importante.
- En la bulimia hay atracones de comida a escondidas que generan culpabilidad y vergüenza, lo que impulsa a provocar el vómito u otras medidas purgativas.
- El rasgo principal de las personas anoréxicas es el perfeccionismo. Las bulímicas tienen un perfil más ansioso, impulsivo y conflictivo.
- La bulimia manifiesta la ausencia de normas y la falta de estructuración de hábitos alimentarios.

RUMIACIÓN INFANTIL

Es un trastorno poco frecuente que consiste en la regurgitación del alimento desde el estómago hasta la boca. Es involuntario, no requiere ningún esfuerzo y no tiene relación con otros trastornos gastroesofágicos, como la hernia de hiato.

La rumiación se inicia generalmente después de los 3 meses de edad, tras un periodo de digestión normal. Es un trastorno propio de los bebés, muy raro en niños y adolescentes. Se desconocen las causas, aunque la mayoría de los estudios lo asocian con problemas como la falta de estimulación del bebé, el rechazo y las situaciones familiares de mucho estrés.

Una estimulación correcta, con unos buenos hábitos alimentarios y una buena relación padres-hijos-comida son las claves de su prevención.

3. LO QUE SE ESPERA QUE HAGA TU HIJO SEGÚN SU EDAD

¿Cuándo puede empezar a comer el niño solo con la cuchara? ¿Y a tomarse el biberón? ¿A qué edad puede empezar a masticar? ¿Qué debe comer un bebé de 5 meses?

Para responder a estas preguntas haremos un recorrido por las fases evolutivas del niño en el ámbito de la alimentación, con especial hincapié en los primeros meses de vida y en la etapa de introducción de alimentos. Aunque cada aprendizaje tiene su momento, y pasado ese tiempo es difícil recuperarlo, cada niño responde a unas características individuales.

3.1. LA ALIMENTACIÓN EN EL PRIMER AÑO DE VIDA

DE 0 A 4 MESES, SOLO LECHE

Durante los primeros meses de vida el bebé debe tomar únicamente leche materna o preparada. Ambas contienen todos los nutrientes que necesita para crecer y desarrollarse sano durante los primeros cuatro meses de vida.

Aunque durante las primeras semanas la alimentación estará en función de la demanda del lactante, la madre y el bebé poco a poco deben ir adaptándose, marcando unos horarios más o menos establecidos y creando hábitos alimentarios mediante una rutina.

DE 4 A 6 MESES, LAS PRIMERAS FRUTAS Y CEREALES

El alimento básico del bebé continúa siendo la leche. Entre el cuarto y el quinto mes se le puede empezar a dar zumo de naranja a la hora de la merienda, pero con una cucharilla, ya que todavía no tiene el reflejo de tragar, solo el de succionar. Tragar es mucho más difícil que succionar y el niño está aprendiendo a hacerlo, por lo que hay que tener paciencia y no alarmarse si vomita.

En torno al quinto mes se pueden incorporar a la dieta a mediodía las papillas de cereales sin gluten elaboradas con leche materna o preparada. Al principio la consistencia debe ser más bien líquida para que el bebé pueda tragarlas con facilidad.

A partir del quinto mes se aconseja introducir papillas de frutas. Es mejor empezar fruta a fruta —por si rechaza alguna—, hasta llegar a una papilla variada. El orden puede ser: naranja, plátano, manzana y pera. Conviene evitar las frutas de pelo (melocotón, kiwi) hasta los 12 meses.

En esta etapa las funciones digestivas del bebé ya han madurado, por lo que se debe comenzar a introducir la alimentación complementaria. Es una edad idónea para empezar con la educación del gusto y la adaptación progresiva a una alimentación equilibrada

DE 6 A 8 MESES, LOS PURÉS DE VERDURAS

Llegado el sexto mes se debe empezar a dar al niño purés de verduras. Igual que con las frutas, conviene ir introduciéndolas de una en una por si hay rechazo: patatas, zanahorias y judías verdes; y hervirlas sin sal, con poca agua y un chorrito de aceite para que no pierdan las vitaminas. La alimentación se puede completar con leche materna o preparada. A partir del séptimo mes ya se puede añadir al puré carne de pollo (el muslo es más jugoso).

Es importante ir mezclando poco a poco los sabores e ir incorporando alimentos nuevos al puré para que el bebé se acostumbre. El menú y los horarios que recomendará el pediatra serán similares a estos:

8.00: pecho o papilla de cereales
12.00: puré de verduras con pollo
16.00: papilla de frutas
20.00: biberón o pecho
24.00: algunos niños demandan otra toma.

DE 8 MESES A 1 AÑO, INTRODUCCIÓN DE LOS PRIMEROS SÓLIDOS

Muchos padres se ponen nerviosos cuando llega el momento de introducir los alimentos sólidos en la alimentación de sus hijos. No hay que tener prisa y, sobre todo, hay que recordar que el cuerpo humano es muy sabio. Es necesario identificar ciertas señales: la principal es que el niño debe ser capaz de sentarse y mantenerse erguido sin ayuda. Los primeros alimentos sólidos deben ser suaves. A partir de los 8 meses se puede añadir a la dieta del bebé el pescado y el resto de carnes. A esta edad el bebé ya puede comer trocitos de pan, de fruta o de pescado.

Para facilitar la transición a los alimentos sólidos es conveniente preparar los purés cada vez más espesos. En vez de utilizar la batidora para triturar, es preferible machacar las verduras y la carne o el pescado con un tenedor. El bebé notará cambios de textura, pero irá adaptándose paulatinamente. Por eso a los padres no debe preocuparles tanto la cantidad que coma como la variedad de su dieta.

A algunos niños, cuando les salen los dientes, les gusta morder trozos de pan o galletas para aliviar el dolor, pero hasta los 12 meses la leche sigue siendo el principal alimento del niño.

3.2. Introducción de alimentos en la dieta del niño en el primer año de vida

En la siguiente tabla figuran los momentos recomendados para introducir nuevos alimentos en el menú del bebé. Los datos pueden servir de orientación, aunque dependen de cada caso, por lo que es importante seguir las recomendaciones del pediatra.

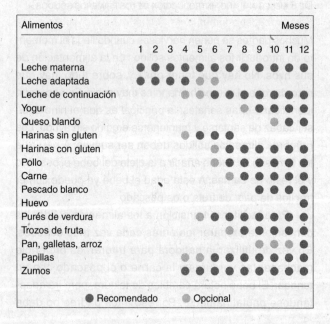

Alimentos	1	2	3	4	5	6	7	8	9	10	11	12
Leche materna	●	●	●	●	●	●	●	●	●	●	●	●
Leche adaptada	●	●	●	○	○							
Leche de continuación				○	○	●	●	●	●	●	●	●
Yogur								○	●	●	●	●
Queso blando										○	●	●
Harinas sin gluten				○	●	●	●					
Harinas con gluten							●	●	●	●	●	●
Pollo								●	●	●	●	●
Carne								●	●	●	●	●
Pescado blanco									●	●	●	●
Huevo												●
Purés de verdura					○	●	●	●	●	●	●	○
Trozos de fruta							○	●	●	●	●	●
Pan, galletas, arroz										○	○	●
Papillas					○	●	●	●	●	●	●	●
Zumos						●	●	●	●	●	●	●

● Recomendado   ○ Opcional

A partir del primer año cambian mucho los hábitos alimentarios y el comportamiento de los niños.

Empiezan a comer solos y a utilizar los cubiertos —primero la cuchara, por la textura de los alimentos—. Desaparece el biberón y empiezan a beber en vaso. Los purés se preparan más espesos y se introducen las legumbres y otros alimentos sólidos cortados en trocitos. La alimentación debe ser variada.

El número de comidas diarias debe ser similar al de los adultos: desayuno, almuerzo, cena y una o dos comidas más de apoyo, es decir, el tentempié de media mañana y la merienda.

En torno a los 2 años de vida todos los niños suelen pasar por rachas de inapetencia y empiezan a jugar con la comida. También es la edad del «no» a todo. En esta etapa los niños quieren hacerlo todo solos: es un buen momento para empezar a fomentar la autonomía en la alimentación e incluso en otras áreas.

A partir de los 3 años se debe introducir la idea de la alimentación tal y como la concebimos los adultos: un primer plato de verduras o cereales, por ejemplo, y un segundo de carne o pescado. También se deben introducir los guisos sólidos, no en puré.

Para ciertos sabores intensos, es mejor esperar a que el niño tenga entre 7 y 8 años. Es el caso del picante, las salazones o los ahumados.

En los primeros años de vida, la alimentación ha de adaptarse a las necesidades nutricionales y energéticas del niño. No hay que olvidar que durante estos primeros años se forjan sus hábitos y lo que se haga en esta etapa influirá notablemente en su alimentación cuando sea adulto.

3.4. EL DESARROLLO PSICOMOTOR Y LA ALIMENTACIÓN

Al hablar de desarrollo psicomotor nos referimos al proceso de maduración neurológica del niño, desde los primeros meses hasta los 2 años. El pequeño va cambiando sus conductas, conocimientos, relaciones sociales y lenguaje, haciéndolos cada vez más avanzados.

La siguiente tabla recoge lo que se espera que haga el niño en función de su edad. Hay niños que lo consiguen antes, mientras que a otros les cuesta un poco más. No hay dos niños iguales.

Esta tabla puede ser útil para ayudar a los padres a fomentar la autonomía del niño. Por ejemplo, en torno a los 18 meses puede utilizar la cuchara, aunque no llegue toda la comida a su boca. El hecho de fomentar que lo haga él solo le creará la autonomía necesaria y le ayudará a mejorar su destreza.

0-3 MESES	No toma sólidos • Se alimenta exclusivamente por succión • Es incapaz de esperar: cuando tiene hambre quiere comer ya
3-6 MESES	Sabe que el biberón o el pecho son su fuente de alimentación • Puede empezar a tomar purés • Anticipa la llegada de la comida cuando ve el babero, el plato o el biberón • Comienza el babeo
6-8 MESES	Se inicia en los sólidos • Muestra sus preferencias por un alimento u otro • Sujeta el biberón o una taza con asas y, aunque torpemente, es capaz de beber • Puede llenar la cuchara y metérsela en la boca jugando • Empieza a masticar
8-10 MESES	Se lleva la comida a la boca con los dedos o la cuchara • Permanece sentado en la trona mientras espera que llegue la comida • Disfruta con sus menús favoritos
10-15 MESES	Disminuye el babeo • Aprende a llevarse la cuchara a la boca con bastante habilidad • Come bien con los dedos en forma de pinza

15-18 MESES	Aumenta la diversidad de alimentos en su dieta, prácticamente ya es la misma que en el adulto • Disminuye la cantidad de las raciones que toma porque crece de manera más lenta que hasta ahora • Adquiere habilidad con la cuchara • Controla el uso de vasos y tazas
18-24 MESES	Come solo perfectamente • Sus gustos cambian de un día para otro • Le encanta juguetear con la comida • Prácticamente domina el llenado de la cuchara y logra vaciarla en la boca casi sin derramar contenido • Suele coger la comida con la mano para luego pincharla en el tenedor
24-30 MESES	Maneja bien el tenedor y la cuchara, pero aún hay que ayudarlo con el cuchillo • Ya come con el resto de la familia en una vajilla normal y sentado a la mesa

4. PRUEBA A HACERLO TÚ

Los padres son los guías que marcan las rutinas de los hijos, los encargados de ordenar su mundo a través de la repetición de rituales que el niño asocia a cada actividad cotidiana. Esta organización de su vida le ayuda a saber lo que va a ocurrir en cada momento, convierte a los padres en referente de autoridad y pone orden en su pequeño mundo, haciéndolo seguro y predecible.

A pesar de que es muy tentador empezar a leer este capítulo por este punto, no lo aconsejamos. Para seguir los planes de intervención que proponemos a continuación es necesario saber por qué se toman determinadas decisiones o se llevan a cabo ciertas actuaciones, y esto solo es posible si se leen los puntos anteriores, en los que hemos explicado la importancia de los buenos hábitos alimentarios.

4.1. ¿CUÁNDO EMPEZAR A ESTABLECER RUTINAS?

Aprender a comer es adquirir un hábito y este se aprende por la repetición de una rutina. Para empezar a establecer las rutinas hay que tener en cuenta los factores relacionados con el desarrollo cognitivo del niño:

- El criterio pediátrico respecto a los recién nacidos suele ser darles de comer a demanda. En poco tiempo el bebé se regula, ya que está empezando su adaptación al mundo. Su cerebro está preparado para el aprendizaje desde el mismo nacimiento. Al principio aprende por repetición. Cuando se establecen ciertas rutinas, el bebé descubre que una cosa sigue a otra. Por ejemplo, deja de llorar cuando ve el biberón, el babero, a su madre...

- Los bebés tienden a reconocer y recordar más aquellos aspectos cotidianos que tienen que ver con ellos, como la alimentación. Dar a un niño el pecho o el biberón en el mismo sitio y de la misma manera siempre contribuye a ordenar su pequeño mundo y, como consecuencia, le proporciona sensación de seguridad.

- El tercer mes de vida constituye un punto de inflexión en lo que a hábitos y límites se refiere. El niño empieza a ser capaz de recordar y ajustarse a los horarios de alimentación.

- Entre el cuarto y el quinto mes comprueba que es el causante de las cosas que ocurren a su alrededor. Por ejemplo, si llora, sus padres acuden a su lado. Está experimentando su influencia sobre el entorno. Si la respuesta que obtiene le agrada, repetirá la acción una y otra vez para obtener el mismo resultado.

- Pronto aprenderá a utilizar esos mismos comportamientos en situaciones semejantes. El bebé utiliza ya un variado repertorio de habilidades para llamar la atención de los adultos.

🕐 Con 4 o 5 meses comienza a mostrar su agrado o desagrado ante las personas y las cosas; por ejemplo, cerrando la boca cuando se le da de comer algo que no le gusta.

🕐 A los 7 meses empieza a dar muestras de que recuerda su vida cotidiana. En esto la actitud de los padres es fundamental; también la repetición diaria de una serie de hábitos.

4.2. ¿CÓMO SE INSTAURA EL HÁBITO DE LA ALIMENTACIÓN?

En el mismo momento

Se debe comer siempre a las mismas horas. Para establecer el horario es preciso observar las necesidades fisiológicas del niño y, en función de estas, elaborar un plan que debe cumplirse rigurosamente —sobre todo al principio— hasta que el niño lo interiorice.

A los 6 meses es conveniente que el niño esté acostumbrado a un horario regular de comidas. Una vez que haya interiorizado este horario, se puede modificar ocasionalmente sin que desaparezca el buen hábito.

Los horarios deben establecerse no solo en relación con el ámbito familiar, sino también con el cultural. En España, por ejemplo, se come más tarde que en el resto de los países europeos.

En el mismo lugar

Se debe comer siempre en el mismo sitio. El niño sabrá dónde están los utensilios necesarios para comer —babero, cuchara, plato, vaso— y los asociará con el momento de la comida. Dependiendo de su edad, se le asignarán tareas que tengan que ver con la organización de la mesa.

El horario recomendado de cada comida
8.00 desayuno
12.00 almuerzo
16.00 merienda
20.00 cena

De la misma manera

Hay que avisar al niño de que se acerca el inicio de la comida para que vaya finalizando la actividad que esté haciendo.

También hay que recordarle el ritual previo a sentarse a comer —ponerse el babero, lavarse las manos, poner la mesa— y, si es necesario, acompañarlo mientras lo hace.

Una vez en la mesa no se debe tardar mucho tiempo en servir la comida. Los niños soportan mal las esperas, sobre todo si tienen hambre.

Para levantarse de la mesa hay que esperar a terminar la comida. Después se recoge —dependiendo de la edad del niño— y con ello se da por finalizada la rutina.

La última tarea señalará siempre el fin del hábito.

Con esta práctica se busca la participación del niño, hacerle responsable y protagonista de las tareas.

La motivación a estas edades depende de la actitud con la que los padres presenten las cosas. Los niños son capaces de realizar grandes esfuerzos y se entusiasman con lo que les proponen sus padres. Hay que hacer comentarios del tipo: «Me ayudas tanto... Muchísimas gracias», y premiar su colaboración: «Como me has ayudado, hemos acabado tan rápido que podemos dedicar este rato a jugar juntos».

Los niños están ávidos de aprender cosas nuevas, aunque esto implique tener que ejercitar la paciencia y darles tiempo para que entrenen sus nuevas conductas. Hay que permitirles que practiquen con la cuchara, enseñarles a utilizar el vaso, a usar palabras como «gracias» y «por favor», dejarles comer solos, explicarles cómo se mete la vajilla en el lavaplatos, etcétera. Hay un sinfín de tareas que pueden ir asumiendo según van creciendo.

LA LACTANCIA

Una de las primeras decisiones que debe tomar una madre es dar o no el pecho a su hijo. Lo más importante es tomar una decisión y no albergar sentimiento de culpa. La leche adaptada y la materna permiten por igual el perfecto desarrollo del niño.

Dar el pecho al niño tiene, entre otras, la ventaja de que se crea un momento de intimidad entre madre e hijo. El biberón también tiene sus ventajas: la principal es que el padre puede implicarse en la alimentación del bebé desde el primer día.

Uno de los momentos más emocionantes y difíciles a la vez para los padres es cuando llegan a casa con su hijo recién nacido, sin familia ni especialistas que les puedan resolver las dudas, que son muchas. Es muy habitual preguntarse: «¿Qué hacemos ahora?», «¿Sabremos hacerlo?», «¿Estaremos capacitados?». No hay que angustiarse.

El bebé va a exigir a sus padres que resuelvan sus necesidades alimentarias.

Durante los primeros días padres e hijo deben conocerse y adaptarse a la nueva situación. Poco a poco, lo que parecía un caos comienza a ordenarse. Los padres enseñan al recién nacido a adaptarse al mundo y todo empieza por regular su vida con un horario.

Si responder a la demanda del niño es fundamental, no lo es menos que, en cuanto se vaya produciendo el ajuste entre horario y alimentación, el bebé asocie el pecho únicamente a la función de alimentarse. No se debe usar como chupete: no se puede confundir el reflejo instintivo de succionar con la sensación de hambre. No hay que acercarle el pecho al bebé cada vez que llore; puede hacerlo por aburrimiento o por alguna molestia y ello puede complicar el destete posterior.

Para dar el biberón o el pecho, la madre debe ponerse cómoda y, sobre todo, estar relajada. El niño nota cualquier tensión y puede dejar de comer.

Si das el pecho

- No olvides tener agua a mano: amamantar da mucha sed.
- Recuerda que un sujetador especial para lactancia facilita la tarea.
- Cuida tu alimentación: estás perdiendo una media de 200 a 500 calorías diarias y tienes que estar fuerte.
- Puedes congelar tu leche siempre que la uses antes de tres meses.
- Recuerda que hasta que regules el horario, del niño son inevitables esas incómodas gotas de leche en el pecho. Una buena solución son los protectores desechables.

- Cuando tengas dificultades con la salida de la leche, puedes aplicar calor y masajes en el seno, aunque notarás dolor mientras amamantas.
- Cambia de pecho cada vez que amamantes. Para acordarte de cuál fue el último, utiliza trucos como dejar un imperdible en el sujetador o cambiarte un anillo de mano.

Si das el biberón

- Comprueba la temperatura dejando caer unas gotas de leche sobre el dorso de la mano.
- Siéntate en un sitio cómodo y con la espalda recta, ya que la toma puede durar hasta media hora. Coloca a tu hijo en el regazo y envuélvelo con un brazo de forma que quede algo incorporado, para que pueda tragar con facilidad.
- Ofrece el biberón al bebé acercándoselo a la boca. Deja que sea él quien succione la tetina.
- Mientras succiona, mantén el biberón inclinado de modo que la leche cubra toda la superficie de la tetina, para evitar que el bebé trague aire. Si deja de succionar, retírale el biberón y espera a que lo reclame.
- Cuando haya finalizado la toma, mantén al bebé en una postura que favorezca la expulsión de aire.

EL DESTETE

Lo normal es que la evolución del bebé marque el inicio del destete. Según algunos expertos, este no debería comenzar antes del final del cuarto mes ni después del final del sexto mes. El inicio de la dentición indica que el niño está preparado para masticar, de modo que no parece lógico alargar el tiempo de lactancia. Ayuda mucho en este proceso el hecho de haberle dado ya algún biberón —también de leche materna—, pues el bebé estará familiarizado con el sabor y la forma de la tetina.

Si no acepta la tetina y ya tiene fuerza en el cuello se puede pasar directamente a la taza, acercándosela y permitiéndole que succione. No se debe inclinar excesivamente, porque escupirá la leche. También se puede intentar el mismo proceso con una cucharilla o con un cuentagotas, acercándoselo a los labios. A veces es simplemente el nuevo sabor lo que le desagrada.

El paso a los alimentos sólidos

La alimentación de los niños genera mucha angustia en los padres, generalmente provocada por una idea irracional e inherente al instinto de protección. Esta idea se traduce en la frase: «Me siento culpable de que mi hijo no coma porque significa que enfermará y la responsabilidad será mía». La argumentación suele concluir con la afirmación: «Si mi hijo no come, es porque soy un fracaso como madre [o padre]».

Los niños aprenden muy pronto que la alimentación es un arma que, bien manejada, les puede reportar todo tipo de satisfacciones y beneficios. «He decidido dar a mi hijo el puré de verduras en la bañera mientras juega». «Salgo corriendo por la casa detrás de mi hijo y, cuando le pillo, le meto la cuchara en la boca».

De acuerdo, los niños de estos ejemplos acaban comiendo, pero a base de engaños no se educa. Hay que empezar por decirse en voz alta: «Soy perfectamente capaz de enseñar a mi hijo a comer bien».

En torno a los 4 meses el niño va adaptándose a las cuatro comidas diarias de los adultos. A los 6 meses lo normal es que desayune, almuerce, meriende y cene. Se está regulando, va generando hábitos, su vida empieza a tener un orden. Por supuesto, con cada cambio aparece un sentimiento de inseguridad que los adultos deben afrontar con la tranquilidad que el niño no tiene.

Los niños, al no poder expresarse a través del lenguaje y no saber traducir sus emociones, utilizan el llanto, la negativa rotunda y todas esas conductas que tanto desesperan a los padres ante cada nuevo aprendizaje. La respuesta que se dé a esos comportamientos hará que aumenten o disminuyan las posibilidades de que vuelvan a repetirse. Hay que seguir un método de forma sistemática para enseñarles que el llanto no es útil y que sentarse y comer es un comportamiento que será atendido y premiado.

Con 4 meses el sistema digestivo se ha desarrollado lo suficiente como para hacer frente a la digestión de grasas, proteínas e hidratos de carbono. No hay que agobiarse si al principio el niño no come; aún recibe suficientes nutrientes de la leche. El objetivo es que pruebe sabores y texturas nuevas, no que se lo coma todo. Basta con cerrar el puño e imaginarse la cantidad de comida que cabe dentro para darse cuenta de lo poco que entra en el estómago de un niño. Comer bien no significa comer mucho.

Pistas para que el niño pueda empezar a comer alimentos sólidos

- Se mantiene sentado en la trona.
- Siente curiosidad por lo que comen los adultos y empieza a experimentar, pide probar, toca alimentos...
- Es capaz de esperar a que esté preparada la comida.

El primer día que se sustituye el biberón por papilla se recomienda...

- Dejar que el niño juegue con la cuchara.
- Meterle una cucharada de papilla en la boca y, si la acepta, continuar el proceso.
- Si la escupe, dejar pasar un par de minutos —mientras sigue en la trona jugando con la cuchara— e intentarlo de nuevo.
- Si vuelve a escupirla, repetir el proceso.
- Si en el tercer intento el niño escupe, retirar el plato, darle su biberón y probar de nuevo en la siguiente comida.

Claves que ayudan a afrontar la nueva situación con tranquilidad

- El objetivo es acercar al niño al mundo de los cubiertos, los platos, los alimentos sólidos y que disfrute del ritual de la comida, no que se coma toda la papilla.
- No es el momento de enseñar modales, sino de dejarle que experimente. Hay que permitirle que coma con la mano, que juegue con los cubiertos.
- También conviene dejar que se lleve él solo la cuchara a la boca, aunque lo que introduzca sea menos de la mitad de su contenido.
- No debe transcurrir mucho tiempo desde que el niño se siente en la trona hasta que llegue la comida. Los niños no tienen paciencia.
- No hay que regañarle, sino ayudarlo a adoptar una actitud positiva hacia la comida. Conviene reforzar sus pequeños logros y animarlo a que ensaye comportamientos nuevos. Premiarlo cada vez que consiga comer solo, probar un nuevo alimento,

acabarse el plato o cualquier otro comportamiento que le aproxime a tener un buen hábito de alimentación.

- Hay que actuar con calma, adaptándose al ritmo del niño.
- Cuando se inicie este proceso el niño no debe estar enfermo, tampoco debe haber experimentado cambios recientes en su rutina ni ninguna situación susceptible de provocarle estrés.

MÁS SABORES

Una vez se ha logrado introducir la papilla en la dieta del niño, a veces conviene empezar de manera simultánea con los purés. El objetivo ahora es otro: intentar que el niño coma solo y que aumente el número de sabores en su dieta.

Si hay un alimento que a los niños les cuesta aceptar es la verdura. Por tanto, podemos comenzar por este sabor. Se debe pasar poco a poco de los purés completamente triturados a los que tienen trozos o grumos. Es importante saber que el reflejo de masticación aparece entre el séptimo y el noveno mes.

En esta etapa se recomienda...

> Darle al niño trozos muy pequeños que le ayuden a masticar.
> No enmascarar los sabores. El niño está aprendiendo a disfrutar del sabor real de los alimentos y a diferenciarlos sin necesidad de condimentos.
> Cuando se desee introducir nuevos sabores o texturas, conviene mezclar una pequeña cantidad con

algún alimento que ya tenga incorporado en su dieta e ir aumentando la cantidad del nuevo a medida que lo vaya tolerando.

➤ Tener paciencia y esperar unos días entre la introducción de un sabor nuevo y el siguiente.

➤ No complicarse haciendo comidas especiales. Un truco es apartar, antes de condimentarla, un poco de la comida de los adultos y triturarla para el niño.

➤ No llenarle el plato hasta arriba: le parecerá imposible terminarlo. Es mejor servirle menos de lo que se considera que va a comer y permitirle que repita.

➤ Cuanto más sencilla sea la comida, mejor.

➤ Es muy práctico disponer de raciones congeladas con etiquetas, pero hay que consumirlas en los tres meses siguientes.

Razones para crear un buen hábito de alimentación

- Si en torno a los 4 años los niños no han adquirido unos buenos hábitos de alimentación, suelen tener problemas de comportamiento: rabietas, gritos, llantinas...
- Tienen que entender que en casa hay autoridad, pero si les perseguimos por el pasillo haciendo el avión con la cuchara, les estamos demostrando lo contrario.
- Mediante los hábitos damos seguridad a nuestros hijos, algo imprescindible para que sean felices.
- Los niños copian la forma de solucionar problemas que tienen sus padres. Si la resolución de los primeros conflictos con la comida es serena, coherente y firme, les estaremos dando un eficaz modelo de solución de conflictos.

- Un manejo inadecuado de esta situación probablemente generará tensiones en situaciones similares posteriores (estudio, higiene, cumplimiento de normas).
- La hora de la comida se convierte en fuente de satisfacción y en un momento agradable para compartir en familia.
- Al establecer unos buenos hábitos de alimentación se evita la aparición de las patologías relacionadas con la alimentación.
- Un niño con buenos hábitos de alimentación tiene muchas más probabilidades de seguir de adulto una dieta equilibrada y una alimentación saludable.

4.3. IDEAS PARA HACER MÁS ATRACTIVA LA TRANSICIÓN A LOS ALIMENTOS SÓLIDOS

RECETAS IMAGINATIVAS

Arbolitos: La col es un bosque en el que se esconden enanitos (trozos de pescado) que hay que descubrir.

La verdura de los héroes: Consiste en elegir el héroe favorito del niño y contarle cómo su mamá le daba de pequeño espinacas o judías. Este truco también puede servir para que aprenda las habilidades necesarias; por ejemplo: «Spiderman cogía el tenedor así porque sabía lo importante que era para estar fuerte».

Una cara feliz: Una vez hecho el bocadillo, de pan de molde, se corta con un vaso el centro y se obtiene una cara. Con lo que sobra se hacen las orejas. Podemos añadir dos aceitunas a modo de ojos y dibujar la boca con tomate frito. Se puede hacer lo mismo con una tortilla.

Un castillo que conquistar: Una muralla de patata y zanahoria trituradas, con carne picada alrededor, puede ser un castillo para conquistar. El niño será el valiente soldado que lo consiga.

La carrera de las frutas: Se cortan trozos de diferentes frutas, se ponen en fila y se le dan al niño pautas sobre qué tiene que comerse: «Primero el trozo más grande», «ahora el rojo», etcétera.

Una cucharada por cada año: Es el trato para probar un sabor nuevo. Por ejemplo, si al niño le toca cenar espinacas y no quiere probarlas, se puede llegar a un acuerdo con él: «Tienes que comerte un montoncito de espinacas por cada año que tienes».

Jugar a las cocinitas: Aproxima al niño de forma lúdica al comportamiento adecuado. Hacer comidas con plastilina sirve para modelar su comportamiento y pasar un rato divertido.

Las pizzas: Es una estupenda actividad para que pase la tarde haciendo de cocinero, a la vez que ve, toca y prueba alimentos que desconoce. Las combinaciones son innumerables.

Fiestas: Cumpleaños, Navidad, Carnaval... Cualquiera de estas ocasiones significa que habrá amigos de su edad que disfrutan comiendo.
El niño, al verlo, querrá imitarlos y es probable que introduzca nuevos sabores en su repertorio.

Taller de cocina: La cocina se puede convertir en un gran laboratorio donde el niño y los padres experimenten con texturas, colores, olores y sabores. Si además prepara la cena para el resto de la familia, no podrá negarse a probar lo que con tanto cariño ha elaborado. Es recomendable que toque los ingredientes con las manos.

El restaurante en casa: Muchos padres se quejan del mal comportamiento de sus hijos cuando salen a comer fuera. Es normal que los niños no aguanten mucho si en el restaurante tardan en servir la comida. Para enseñarlos a comportarse se puede poner la mesa en casa como si vinieran invitados y ensayar las distintas situaciones que podrán encontrarse en su vida social.

5. DIFICULTADES Y CÓMO SOLUCIONARLAS

Los niños manifiestan su malestar de muchas maneras: con rabietas, negativas, falta de sueño, dolores de tripa y, por supuesto, también comiendo menos.

Es labor de los padres averiguar qué le ocurre a su hijo. Para ello hay que observarlo. Puede que tenga que ver con la forma de afrontar la situación de los padres, pero también puede deberse a un cambio en sus rutinas, una situación nueva a la que enfrentarse, algo que le entristece o problemas con otros niños. Es fundamental observar al pequeño y comunicarse con él para averiguarlo.

5.1. ¡NO ME GUSTA! ¡NO QUIERO!

En torno a los 4 meses el niño es capaz de cerrar la boca cuando no le gusta algo. A medida que pasa el tiempo va utilizando más herramientas para rechazar lo que no quiere. Muchos padres, ante estas primeras dificultades, son capaces de ofrecer menús a la carta o preparar tres comidas distintas y presentárselas al niño porque «al menos, con lo que prueba y pica de los distintos platos come más que si solo le pusiera uno». Sin darse cuenta, hacen a su hijo cada vez más exigente y, como ya sabemos, es muy difícil que este comportamiento se limite exclusivamente a la comida.

También es habitual escuchar: «Come como un pajarito, hay días en los que no come nada». Los niños, como los adultos, no tienen siempre el mismo apetito. Depende de las actividades que hayan hecho durante el día, de los alimentos ingeridos en la comida anterior y de otros factores. Cada niño come lo que necesita y, si su estatura y su peso siguen una progresión normal, no hay por qué preocuparse.

El número de niños con trastornos de alimentación se ha incrementado últimamente y se están dando casos de trastornos que hasta hace poco eran exclusivos de los adultos, como la obesidad o la anorexia. Los especialistas reciben cada vez más niños que se resisten a afrontar el paso a los alimentos sólidos, se niegan a masticar o comen solo ciertos alimentos.

Algunos factores sociales que influyen en los aprendizajes en general y en la comida en particular son:

- El ritmo hiperactivo que transmiten los padres a la hora de comer: «Venga, date prisa, que no llegamos».
- El sentimiento de culpa por el poco tiempo que pasan los padres con sus hijos: «Para un día que como con él, le pongo lo que más le gusta».
- El miedo a afrontar determinadas reacciones de los niños: «Que se peleen con él en el colegio; por no oírlo, prefiero darle las salchichas y así no protesta».

5.2. Estrategias en la alimentación

El objetivo de las estrategias que te presentamos en las páginas siguientes es que el niño adquiera un adecuado hábito de alimentación. Sin embargo, antes de aplicar cualquiera de ellas, hay que tener en cuenta que ante la más mínima sospecha de alergias, intolerancias, bajadas bruscas de peso o cualquier otro trastorno se debe consultar al pediatra. Además:

1. Debes ser consistente y firme. Has decidido aplicar un método y necesitas dejar que pase un tiempo para poder evaluar los resultados.

2. Demuestra tranquilidad y cuida el tono de voz. Si mantienes la calma, tu hijo aprenderá a afrontar los conflictos. Cuando creas que vas a estallar, retírate a otra habitación y ocúpate en alguna tarea que te distraiga de lo que hace el niño.

3. Si atiendes los comportamientos positivos de tu hijo y los refuerzas, probablemente los repita. Cuando coja la cuchara solo y se la lleve a la boca, hay que felicitarle y alabar su comportamiento. Sin duda volverá a querer llamar tu atención repitiendo esa conducta.

4. Si no atiendes los comportamientos negativos de tu hijo, es probable que renuncie a ellos. Por el contrario, si tu crispación aumenta cuando tarda en comer y le gritas: «¡Mastica de una vez!», por muy contradictorio que parezca, lo asociará a que así le prestas atención y lo repetirá. Habrás conseguido que asocie la comida a una actividad desagradable para la que no tiene ninguna motivación.

5. Ten en cuenta que cuando apliques cualquiera de estas estrategias el mal comportamiento del niño se intensificará —gritará más, tirará más juguetes, pegará portazos más fuertes— y, si no eres firme en tu actitud, el siguiente intento será aún peor. Por ello, elige un momento en el que dispongas del ánimo y el tiempo para mantenerte firme. Es inútil empezar en el desayuno si en 10 minutos hay que salir corriendo al colegio.

Si el niño no agarra bien el pezón, se puede probar con otras posturas. Una de las más cómodas consiste en tumbarse, colocarse al bebé al lado, sujetarlo verticalmente al pecho y acercar su cabeza con la mano.

En caso de dolor en los pezones se recomienda: evitar los tejidos ásperos para secarse después de amamantar, utilizar cremas especiales (de vitaminas E, A y D), aplicar bolsas templadas de infusiones o sacar un poco de leche antes de que el bebé empiece a succionar para que no tenga que hacer tanta fuerza.

Para los cólicos del lactante no existe un tratamiento eficaz al cien por cien, pero se puede enseñar al niño a relajarse con un masaje abdominal. Para ello se debe buscar un lugar cómodo y tranquilo, con una temperatura en torno a los 22 °C. El masaje no debe durar más de diez minutos y nunca debe hacerse antes de la completa cicatrización del ombligo.

Primero hay que deslizar las manos en alternancia, despacio, desde el pecho del bebé hasta el abdomen, como cuando se saca el aire de un flotador. Después se pone la mano izquierda sobre el ombligo y la derecha justo debajo, y se giran simultáneamente en el sentido de las agujas del reloj.

Estos masajes son muy beneficiosos y se pueden incluir en la rutina diaria, por ejemplo, después del baño. Los padres y el niño disfrutarán de ratos muy agradables.

Pasado el periodo de adaptación que necesitan el niño y la madre, hay que empezar a pautar tiempos para las tomas. Al principio conviene ser más flexible, pero hay que ir definiendo los horarios de comida, porque el niño tiene que irse acostumbrando a unos horarios y, cuanto antes empiece, mejor. El pediatra recomendará una organización aproximada de las tomas y la madre debe adaptarla a las necesidades de su bebé.

No todos los niños aceptan bien cambiar el pezón por la tetina; algunos incluso se saltan el biberón y pasan directamente a la cuchara o a la taza. El chupete suele facilitar el paso al biberón, pues el bebé ya conoce la textura de la goma, aunque de una forma lúdica y en ningún caso para alimentarse. También puede servir de ayuda darle algún biberón de leche materna antes de iniciar el destete.

Es un periodo que requiere paciencia. Conviene retirar las tomas de pecho paulatinamente, a medida que se aumentan las de biberón. Si la madre se tiene que incorporar al trabajo, se recomienda iniciar el proceso un par de semanas antes para poder dedicarle el tiempo necesario. También es conveniente elegir la tetina que más se parezca al pezón, empezar untándola en leche materna para que el bebé la chupe, introducir solo la punta de la tetina y dejar que el bebé haga el mismo ejercicio de succión que hacía hasta el momento con el pecho materno.

En cuanto a la madre, es normal que surja congestión en el pecho. Se aconseja aplicar frío para aliviar las molestias.

A TENER EN CUENTA

Si el niño suele tener buen apetito y de repente deja de comer, puede ser porque algo le preocupa. Ellos no saben expresarse como los adultos y utilizan la pérdida de apetito, entre otros comportamientos, para comunicarse. Nunca está de más acudir al pediatra por si hubiera una razón médica y, una vez descartada, hay que escuchar al niño, observarlo e interpretar su preocupación.

Un modo fácil de averiguar qué le pasa es pensar en lo que ha cambiado últimamente en el ritmo habitual de la casa. Si algo ha alterado a los padres, seguro que también le ha influido a él.

Es esencial estudiar la frecuencia con que muestra determinadas conductas y apuntar todo lo que come y a qué horas. Resulta sorprendente conocer la cantidad de niños que se levantan por la noche y se atiborran en la nevera, o que comen entre horas tantas chucherías, bollos, zumos o bebidas gaseosas que es imposible que lleguen con apetito a las comidas.

CÓMO ENSEÑAR A COMER AL NIÑO

La estrategia que presentamos a continuación, basada en el llamado método Estivill, se puede aplicar una vez se haya tomado la decisión de enseñar a comer al niño. Por ejemplo, cuando el pequeño no quiera comer una determinada comida y pida que se le haga otra diferente, cuando juegue con los alimentos sin comérselos, cuando se niegue a comer, etcétera. Hay que tener presente que para él supondrá un gran esfuerzo y que se resistirá al principio. Como en otras muchas situaciones, una actitud tranquila y firme resulta fundamental.

Atención: el niño interpreta el estado de ánimo de los padres por su tono de voz. Estos deben estar seguros de lo que hay que hacer y demostrarlo.

1. Establecer un sitio, una hora y una rutina (lavarse las manos, ponerse el babero, ayudar a poner la mesa, etcétera) para comer. La comida debe hacerse siempre de la misma manera, a la misma hora, en el mismo lugar y con una serie de objetos que siempre se asocien al hecho de comer (babero, plato, cubiertos, vaso).

2. Sentar al niño cuando la comida esté preparada, nunca antes.

3. Ayudarlo a llevarse la comida a la boca. Si cierra la boca o rechaza la comida, se deja el cubierto con tranquilidad y se intenta de nuevo pasados un par de minutos.

4. Repetir lo mismo tres o cuatro veces más.

5. Si no quiere comer, retirar el plato y permitirle que se vaya sin hacer ninguna alusión a la comida. Acto seguido, ponerlo a hacer otra actividad distinta.

Pasados 3 minutos, repetir desde el paso 2. Si el niño no come, volver a retirar el plato y permitirle que se vaya como si hubiera comido bien. Dedicar esta vez 4 minutos a realizar otra actividad.

Retomar el método desde el paso 2 con mucha tranquilidad, a intervalos de 5 minutos. Si el niño no come, retirar el plato como si lo hubiese hecho y no decirle nada al respecto. Eso sí, hay que cuidar de que no coma nada hasta la siguiente comida. Puede beber cuanta agua quiera, pero solo agua.

No hay que preocuparse si la primera vez no obtenemos el resultado deseado. Se está aplicando un método para reeducar comportamientos mal aprendidos y es un proceso que requiere tiempo.

No se debe aplicar este método...

- Cuando el niño sea menor de 6 meses.
- En el caso de que exista cualquier trastorno alimenticio o de salud.
- Si el niño no mastica o no traga.
- Cuando existe pérdida de peso o cualquier otro síntoma que deba ser revisado por el pediatra.

- Bajo circunstancias susceptibles de estrés para el niño, como un cambio de colegio, una mudanza o la llegada de un nuevo hermano.

TARDA MUCHO EN COMER Y NO PRUEBA SABORES NUEVOS

Esto solo debe considerarse un problema en niños de más de 2 años y medio. Primero hay que averiguar cuáles son sus comidas preferidas, incluidos los postres, y elaborar con él un listado con tres columnas: lo que le gusta, lo que le gusta menos y lo que no le gusta nada. En este último apartado no se deben incluir más de tres comidas.

A continuación hay que diseñar un menú para cada comida y día de la semana que contenga los alimentos que le gustan más y los que le gustan menos, pero no los que no le gustan.

El siguiente paso consiste en establecer un tiempo para las comidas. Lo habitual es tardar entre 20 y 40 minutos. Si el niño es de los que tardan dos horas en comer, es fundamental ir reduciendo el tiempo poco a poco. El primer objetivo es llegar a una hora y, cuando lleve algunos días consiguiéndolo, seguir reduciendo, por ejemplo, 5 minutos cada tres días, hasta llegar al intervalo deseado de 20-40 minutos.

También es importante informar al niño del tiempo que tiene para comer. Se recomienda usar una alarma que lo avise de que se acabó el tiempo de comida y explicarle que cuando suene hay que recoger la mesa, esté en el punto que esté.

Llegado el momento de la comida:

1. Hay que avisar al niño para que ponga la mesa.
2. Al sentarse se debe poner la alarma en marcha.

3. No se debe hacer referencia alguna a la comida. Hay que olvidarse de frases como: «Date prisa» o «Se te está acabando el tiempo». Se debe emplear este rato para hablar de cosas agradables que hayan ocurrido durante el día.

4. Es relativamente habitual que el niño diga: «Si me pones solo esto, me lo como» o «Claro, es que esto es lo que menos me gusta». Hay que contestarle que ese es el menú que él mismo ha elegido y seguir comiendo con tranquilidad, con independencia de cómo reaccione el niño a nuestra respuesta.

5. A medida que el resto de comensales vayan acabando el primer plato, debe servirse el segundo sin hacer referencia a lo que tarda el niño.

6. Cuando suene la alarma, hay que levantarse de la mesa con tranquilidad y sin atender ruegos del tipo: «Te prometo que si me das 2 minutos más, me lo como todo». La respuesta debe ser: «El tiempo ha terminado». No pasa nada si se queda con un poco de hambre. Es muy importante que tengan sensación de apetito para desear comer a su hora.

7. Cualquier logro que se produzca en el tiempo disponible para comer (probar algo nuevo, ajustarse al tiempo...) debe ser intensamente felicitado.

8. Hasta la próxima comida, el niño solo podrá tomar agua. No hay que dejar a su alcance alimentos apetecibles.

Los progresos que haga el niño en la adquisición de buenos hábitos alimentarios repercutirán de forma positiva en el resto de su comportamiento. Por ejemplo, si el niño termina de comer en el colegio antes de que acabe el recreo, podrá participar en los juegos de sus compañeros y mejorar su relación con ellos.

Para facilitar el paso a los alimentos sólidos lo primero es olvidarse de poner en práctica los trucos que suelen ofrecer aquellas personas a quienes les ha ocurrido lo mismo o que conocen a alguien que ha pasado por una situación parecida.

Es preferible aplicar un método porque, aunque todos los niños acaban incorporando los alimentos sólidos a su dieta, que lo hagan en el momento lógico de su evolución es fundamental. El método que aquí proponemos consta de los siguientes pasos:

1. Hay que empezar ofreciéndole el puré menos triturado de lo habitual. Si se niega a comer, se aplica el método descrito bajo el epígrafe «Cómo enseñar a comer al niño», y se espera a la siguiente comida.

2. No hay que volver a darle el mismo puré ni intentar que se lo coma entre horas, aunque lo pida. Se debe repetir el proceso de la misma manera y, si el niño acepta alguna cucharada, reforzar este comportamiento poniéndole, por ejemplo, una pegatina en el plato a la vez que se le felicita por lo bien que lo ha hecho.

3. Una vez que se ha conseguido que coma el puré menos triturado, se le da puré con trozos.

4. Una vez acepte la nueva variedad de puré, hay que añadirle trozos pequeños de alimentos fáciles de masticar, como queso fresco, migas de pan, pescado, huevo duro, etcétera. No se debe aumentar la cantidad hasta que lo acepte.

5. Si durante el proceso se niega a comer, con mucha tranquilidad se vuelve a aplicar el método descrito en «Cómo enseñar a comer al niño».

6. El siguiente paso consiste en darle alimentos que le gusten, triturados con el tenedor y acompañados de pequeños trozos, de los que hasta el momento iban mezclados con el puré. Se debe ir disminuyendo poco a poco la cantidad de alimento triturado y aumentando el número de trozos.

7. Es conveniente dejar pasar un par de días antes de introducir cada novedad.

8. Poco a poco el niño aceptará comer alimentos sólidos, pero necesita que le digan lo bien que lo hace. En muchas ocasiones la resistencia de los niños es muy alta y los padres lo pasan realmente mal. En estos casos se recomienda mantener una de las comidas como se viene haciendo hasta el momento, sin alteraciones ni novedades, procurando que no sea siempre la misma. De lo contrario, el niño se acostumbrará a esperar sin comer hasta que llegue la hora del puré trituradísimo.

9. Durante todo el proceso, las comidas se pueden acompañar con alimentos que le gusten, presentados en forma de migas (pan, galletas, palitos de chocolate, etcétera). También son buenos aliados los caramelos masticables, que se le pueden ofrecer como premio al final de las comidas que termina.

10. Por último, se recomienda tener mucha paciencia y constancia, ya que el niño irá ganándole pequeñas pero valiosísimas batallas a la comida y ese será el gran logro de los padres.

No MASTICA

Ya hemos mencionado el aumento de esta tendencia en niños mayores de 2 años. A continuación exponemos un método que puede ayudar a modificar esta conducta. Es muy importante que exista una buena coordinación por parte de los padres y allegados al niño —familiares, canguro, profesores del colegio—, para que este perciba coherencia en la respuesta a su comportamiento.

Hay que empezar por darle un poco de tiempo para que sienta hambre. A los malos comedores se les suele considerar niños inapetentes y, en ocasiones, con eliminar el picoteo se soluciona el problema de la falta de hambre a las horas de las comidas.

El orden de pequeños logros hasta alcanzar el objetivo será:

1. Paso de líquidos a purés.
2. De purés a purés con grumos.
3. De purés con grumos a alimentos de textura blanda (queso fresco, pasta, verduras al vapor) simplemente aplastados con el tenedor.
4. Alimentos triturados a los que se añaden migas de pescado o pollo.

La metodología será la misma que en el apartado anterior, y la actitud ante las dificultades, también.

Vomita

Se sabe que desde muy pequeños los niños aprenden a repetir comportamientos en función de las reacciones que perciben. Si los padres se asustan, hacen aspavientos o se preocupan porque su hijo decide que no quiere lo que hay en el plato, es frecuente que el niño aprenda que vomitando se libra de los alimentos que no le gustan.

Los niños tienen una gran facilidad para vomitar por pura supervivencia, ya que así evitan ahogarse. Muchos descubren esta habilidad y la utilizan. Una vez más la actitud de los padres determinará la probabilidad de que el comportamiento se repita o no.

La estrategia que hay que seguir cuando el niño vomita empieza por decirle con mucha tranquilidad y en un tono de voz bajo pero firme: «No te asustes, no pasa nada. Ahora vamos a recoger todo esto». Dependiendo de su edad se le asignará una tarea: llevar el plato al fregadero, coger la bayeta, ir a por la fregona o incluso ayudar a limpiar. Una vez limpia la zona hay que volver a sentar al niño y ofrecerle la misma comida que estaba tomando antes del incidente. Pasado el tiempo estipulado, se retira la comida. El niño solo debe tomar agua hasta la siguiente comida.

Hace bola

Existe una relación directa entre las bolas de comida y las prisas. En muchas ocasiones basta con respetar el ritmo del niño y poner en práctica los cambios que se recomiendan a continuación para acabar con ellas:

- Utilizar un plato pequeño y poner menos cantidad de comida. El niño siempre puede repetir si lo desea.
- Trocear más los alimentos que le cueste masticar y tragar, como la carne.
- Intentar que no se meta en la boca el siguiente trozo si no ha tragado el anterior.
- Ir aumentando el tamaño de los trozos a medida que vayan desapareciendo las bolas.
- Es muy probable que al iniciar la introducción de estos cambios el niño coma menos cantidad de alimento, ya que al comer más despacio se saciará antes. Pero esto ocurrirá solo al principio. En poco tiempo comerá la misma cantidad y sin hacer bola.

6. Casos prácticos

6.1. Javier y los trozos

Javier, de 4 años, no comía solo y era preciso sentarse con él para darle de comer. El niño comía de todo, pero triturado. No aceptaba los trozos: cuando veía alguno en el puré lo rechazaba.

En el comedor del colegio sí comía trozos, pero en poca cantidad. Además, no le gustaba tocar la comida. Sus padres estaban muy preocupados. «Lo hemos probado todo», afirmaban. «Incluso ha llegado a estar sin comer nada dos días seguidos. Ya no podemos más. La situación en casa es insoportable. Estamos todo el día hablando de la comida. Es un agobio».

El primer paso fue tranquilizar a los padres diciéndoles que la comida no es una situación de estrés. El niño debe entender que la hora de la comida es un tiempo relajado, sin riñas, peleas ni discusiones.

A continuación se trabajó en la consolidación del hábito de la comida y en fomentar la autonomía del niño. Javier, con 4 años, tenía que ser capaz de comer solo. De hecho, en el colegio lo hacía. ¿Por qué en casa no? Tal vez porque era mucho más cómodo para él que alguien le diera la comida. Se le empezó a premiar cada vez que comía solo, y de esta forma fueron incrementándose las ocasiones en que lo hacía. Al principio tardaba más, pero era normal, ya que estaba aprendiendo. Sus padres lo animaron: primero hablaron con él y le dijeron que era mayor y debía comer sin ayuda; luego, cada vez que se comía una cucharada él solo, se mostraban contentos y reforzaban su comportamiento. Como premio, el día que se comía todo él solo podía elegir el juego que compartiría con sus padres. También se le asignaron tareas relacionadas con el momento de la comida, por ejemplo, retirar el plato, el vaso y los cubiertos después de terminar de comer. Javier fue poco a poco involucrándose, y ahora ayuda encantado a sus padres a poner y quitar la mesa.

Como decía que le daba asco y se negaba a tocar la comida, sus padres empezaron a jugar con él haciendo pizzas, hamburguesas y otros alimentos con plastilina. Poco a poco se le fue implicando en la elaboración de las comidas; por ejemplo, ayudar a escoger las verduras para el puré, a lavarlas, a coger la carne con las manos y echarla a la olla, a preparar una tarta con harina y mantequilla. Todo esto le ayudó, de forma lúdica, a entrar en contacto con los alimentos.

Hasta el momento no se había introducido ningún cambio en el menú de Javier, ya que simplemente se trataba de un proceso de adaptación cuyo objetivo era enseñarle que la hora de la comida debía tomarse como un momento de tranquilidad, disfrute e incluso diversión.

Quedaba lo más difícil: empezar a introducir los alimentos sólidos. Se eligió una comida al día —la cena, ya que el niño estaba en casa— para darle el puré cada vez menos triturado. El proceso no fue fácil, pero sus padres se armaron de paciencia y confiaron en que el niño terminaría comiendo alimentos sólidos. Si algún día rechazaba la comida, no se le trituraba más. Además, no se le permitía picar entre horas, para que llegara a la cena con hambre. Poco a poco se fueron introduciendo alimentos más sólidos, como trocitos de pollo en el puré, huevo revuelto y queso blando.

Javier ya come una gran variedad de alimentos sólidos y sus padres continúan incorporando nuevos sabores y texturas a su dieta. El esfuerzo realizado ha sido importante y están consiguiendo su objetivo. Es fundamental mantener la firmeza y la tranquilidad, y atender y reforzar los comportamientos positivos del niño para que los repita.

«No sé qué hacer para que mi hija tenga una dieta más variada», comentaba la madre de Luz, una niña de 3 años. La pequeña comía sólidos sin problema, pero le costaba aceptar alimentos nuevos en su dieta, que se reducía a jamón, patatas fritas, yogur y leche con galletas. «Si le pongo otra cosa, decía su madre, «no se la come. La mira y empieza a llorar y gritar con rabia, por lo que al final termino por ponerle lo que me pide».

El caso de Luz es bastante frecuente. Muchos niños solo comen lo que quieren y van reduciendo su dieta a unos pocos alimentos. La estrategia que se siguió fue plantear a la madre de Luz la posibilidad de convertir la alimentación en un juego divertido. Hubo que explicar a la niña que ya era mayor y que tenía que empezar a comer más cosas.

A continuación se confeccionó una lista con las comidas que a Luz le gustaban mucho, otra con las que le gustaban menos y una tercera con las que no le gustaban nada. Por supuesto, la niña participó en la elección. Después se diseñó un menú semanal en el que se alternaron comidas de los tres grupos y se le permitió a la niña eliminar dos alimentos de la tercera lista. Cada semana se introducían dos alimentos sacados de esta. Luz decoró el menú con dibujos y colores y lo colocó en la nevera. La misión de la madre era prepararle la comida de forma amena, con recetas imaginativas.

Al principio no fue sencillo. Luz se quejaba cuando le tocaba comer algo que no le gustaba, pero su madre tomó como norma decirle: «Esta es la comida que has elegido para hoy». Si Luz se negaba a comer, su madre le retiraba el plato y, lo más importante, no le podía dar nada de comer hasta la próxima comida; solo agua. Poco a poco la pequeña fue aprendiendo que su madre no cedía ante sus quejas y no le daba el menú que ella le pedía.

Para premiar a Luz se hizo un cuadro en el que tenía que poner un punto por cada comida que se comía, tal y como la había elegido. Durante la comida su madre no debía decirle nada acerca de la comida o los puntos, solo recordarle que ese era el menú que ella había elegido. Una vez finalizada, si se lo había comido todo, se iban al cuadro de los puntos y se le premiaba. Al final de la semana, si Luz había conseguido un número determinado de puntos, se le permitía elegir una actividad para el fin de semana: ir al cine, al zoológico, al parque de atracciones, comprar un regalo, etcétera.

Para que la estrategia funcione, el número de puntos para conseguir el premio ha de ser alcanzable y se debe premiar cualquier avance.

Hoy Luz tiene una dieta más variada, la lista de alimentos que no le gustan ha disminuido sustancialmente y ha aprendido que su madre no le va a preparar lo que ella quiera, aunque sabe que puede decidir qué alimentos va a comer cada semana, siempre que elija opciones de las tres listas.

6.3. ANTONIO, EL REY A LA HORA DE COMER

«Nuestra casa a la hora de comer es lo más parecido a un campo de batalla», decían los padres de Antonio, un niño de 2 años y medio. «El niño come lo que quiere y en el momento que quiere. Por ejemplo, a la hora de almorzar nos sentamos todos a la mesa y él sigue jugando. Estamos hasta 15 minutos diciendo: "Antonio, a comer", pero nunca viene. Vamos a por él, le sentamos, se levanta y vuelve a irse a jugar. Al final termina comiendo, pero a las tres de la tarde. Un día come en la mesa de la cocina, otro en el salón, pero muchos días tenemos que ir detrás de él con el plato mientras juega. Ya no sabemos qué hacer».

Estamos ante un caso claro de falta de hábito a la hora de comer. Volvemos a recordar cómo se crea un hábito, porque es fundamental: debe existir un momento, un lugar y un ritual. Los padres de Antonio tuvieron que explicarle que en adelante habría un sitio y un horario fijos para las comidas, que no podían ir detrás de él y que, fuera de esa situación y esas horas, no podría comer nada. A continuación empezaron a seguir el método descrito bajo el epígrafe «Cómo enseñar a comer».

Al principio el niño anduvo un poco despistado, pero no tardó en darse cuenta de que la actitud de sus padres había cambiado y de que eran la autoridad encargada de poner las normas a la hora de comer. Al cabo de pocos días Antonio empezó a cambiar de actitud a la hora de la comida y a adaptarse a las nuevas reglas.

En todo momento se le reconocieron sus progresos, se le animó a seguir por el mismo camino. En cambio, no se le atendió cada vez que se levantaba de la mesa sin comer.

7. Qué se ha conseguido

Muchos padres se plantean si será tan importante que sus hijos coman bien a edades tan tempranas, sobre todo teniendo en cuenta que al final casi todos los adultos acaban comiendo de todo y disfrutando de la comida. Pero como dijo Epicteto: «Lo importante no es lo que se come, sino cómo se come».

Si se repasan los contenidos de este capítulo, es fácil darse cuenta de que el cómo es fundamental por una sencilla razón: educar significa, esencialmente, enseñar a aprender. Aristóteles señaló la importancia de adquirir esta habilidad:

«Enseñar no es una función vital porque no tiene fin en sí misma. La función vital es aprender».

Cuando se le enseña un hábito a un niño, este aprende a tener orden y seguridad. Se le capacita para enfrentarse a las dificultades y solucionarlas con seguridad y tranquilidad. Cuando se le indica que su comportamiento es el adecuado y se le atiende, aprende lo que se puede hacer y lo que no.

Los padres que enseñan a sus hijos a entender y asimilar que las cosas no se hacen cuando quieren y como quieren, consiguen que aprendan a canalizar su ansiedad y su agresividad y, como consecuencia, entenderán que en la vida no siempre las cosas son como uno quiere y que no por eso hay que reaccionar de forma agresiva. Aprender a tolerar la frustración les ayuda a ser más felices.

A continuación vamos a señalar algunos de los resultados que se consiguen poniendo en práctica los métodos expuestos en este capítulo dedicado a la alimentación.

- Está demostrado que los niños con hábitos se adaptan mejor. Los que no están habituados a las rutinas suelen tener conductas más bruscas y exigentes cuando se convierten en adultos.
- Es conveniente que padres e hijos coman en casa juntos al menos tres veces a la semana y se acostumbren a mantener un diálogo positivo. Así se establece un modelo de comunicación —turnos de palabra, tiempos de intervención, escucha activa del interlocutor— y la comida se convierte en un momento satisfactorio y gratificante.
- Las pequeñas normas durante la comida ayudan al niño a entender que, en general, el mundo funciona con reglas y que su cumplimiento facilita mucho la adaptación a la realidad.
- Aprender a comer de manera adecuada aumenta el éxito social. Son muchos los acontecimientos sociales asociados a las comidas.

- Cuando un niño interioriza el hábito de la alimentación, le resulta más fácil hacer lo mismo con otros hábitos que tendrá que desarrollar en el futuro, como el de estudio.
- En el tiempo que un niño permanece comiendo está también ejercitando la atención, lo que le ayudará en otras actividades que requieran estar concentrado y sentado, como asistir a clase.
- Cualquier tarea que se les encomiende les hará responsables y un poco más autónomos. Si se refuerzan sus buenos resultados con besos o cualquier gesto cariñoso, existen muchas probabilidades de que los repitan e incluso tomen iniciativas y empiecen a hacer otras cosas por sí mismos.

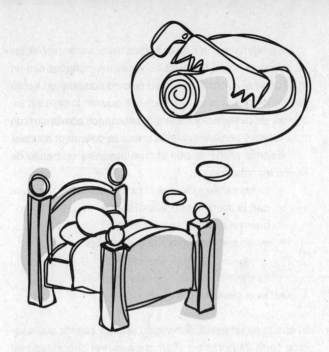

Capítulo II

El sueño

El sueño y la alimentación son los dos primeros hábitos que tienen que aprender los niños.

El sueño es imprescindible para la vida, para el buen funcionamiento del organismo y para la adquisición de nuevas capacidades. La falta de sueño en los niños dificulta el proceso de aprendizaje continuo en el que están inmersos.

Cuando un niño no duerme bien, sus padres tampoco. Como consecuencia, no descansan, no se concentran en el trabajo, están irritables y dedican cualquier momento libre para recuperar horas de sueño, con lo que disminuye el tiempo que dedican a su hijo.

Se estima que tres de cada diez niños tienen problemas de sueño, la mayor parte de las veces relacionados con un mal hábito al dormir. Cuando un niño no adquiere un hábito de sueño adecuado es muy probable que, en torno a los 2 o 3 años, las pesadillas y los terrores nocturnos aparezcan con más fuerza y persistan más de lo que se considera habitual.

Es más probable que el niño adquiera un hábito de sueño apropiado si:

- antes de acostarse realiza una actividad tranquila que lo ayude a conciliar el sueño.
- duerme siempre en su cuarto.
- se acuesta siempre a la misma hora.

1. ¿QUÉ ES EL SUEÑO?

El sueño es un estado fisiológico activo y rítmico que aparece cada 24 horas en alternancia con el otro estado de conciencia básico, la vigilia.

Investigaciones científicas de los últimos cincuenta años han revelado que el sueño es un estado activo y no pasivo. La concepción del sueño como estado pasivo se basaba en la disminución de la actividad cerebral, pero hoy se sabe que, a pesar de la disminución de la temperatura corporal, la presión sanguínea y el ritmo cardiaco, durante el sueño el cerebro sigue trabajando.

1.1. ÁREAS DEL COMPORTAMIENTO

Aparte del acto físico de dormir, por sueño también se entiende la actividad onírica que se produce mientras se duerme.

El sueño entendido como el acto de dormir es un hábito importante que se debe fomentar desde la infancia. A los padres les preocupa mucho el momento de acostar a sus hijos. Es preciso esforzarse en conseguir que ese momento sea tranquilo y relajado, y no de tensión, con el fin de garantizar un buen descanso.

En este capítulo establecemos unas pautas para facilitar el momento de acostar a los niños y solucionar los problemas que pueden aparecer a la hora de irse a la cama o durante el sueño.

Si desglosamos la definición de sueño, podemos identificar tres áreas fundamentales:

- área fisiológica
- área cognitiva
- área motora

ÁREA FISIOLÓGICA

Cuando hablamos del sueño desde el punto de vista fisiológico nos referimos al descanso. Sin descansar no podríamos vivir. El sueño cumple una función fisiológica fundamental de recuperación de fuerzas para afrontar con energía y éxito el día. El sueño también interviene en la maduración cerebral; de ahí que sea tan importante para los bebés y los niños pequeños.

Su importancia se observa en diferentes estudios realizados sobre privación del sueño. Dormir menos de lo habitual o pasar una noche en vela tiene consecuencias: mayor tensión e irritabilidad, dificultad para concentrarse y disminución de la atención. La falta de sueño también influye en el sistema inmunológico: bajan las defensas del organismo y se le expone a enfermedades y alteraciones físicas. La memoria y el aprendizaje son otras facultades que se ven mermadas. Se ha comprobado que durante el sueño aumenta la producción de hormona del crecimiento. Esta es una de las razones por las que los niños necesitan dormir más que los adultos.

Aunque depende en gran medida de las características personales, el tiempo de sueño necesario varía con la edad:

Edad	Horas de sueño
Bebé	18-16
1-5 años	12
Preescolar	10-12
Escolar	10
Adolescente	9
Adulto	7-8
Anciano	6

ÁREA COGNITIVA

Para adquirir el hábito del sueño, el niño debe pasar por un proceso de aprendizaje. Al igual que ocurre con la alimentación, los padres tienen un papel fundamental en dicho proceso. A los 6 o 7 meses se puede empezar a inculcar el hábito para ir convirtiéndolo poco a poco en una rutina. De esta forma, el niño tendrá un entorno predecible que le ayudará a sentirse seguro y estable emocionalmente, y que le proporcionará la base de otros hábitos que adquirirá más adelante.

Para establecer el hábito del sueño con éxito se requieren tres condiciones:

● Que exista un momento, un horario de sueño.
● Que sea siempre en un mismo lugar (la cuna o la cama).
● Que se haga siempre de la misma manera y en el mismo orden (por ejemplo, baño, cena, juego, cuento y a dormir).

Aparte de la importancia de los hábitos para el desarrollo cognitivo del niño, el acto de dormir en sí también tiene beneficios cognitivos, ya que influye en el aprendizaje, en la memoria y en la maduración cerebral.

ÁREA MOTORA

Aunque puede resultar paradójico hablar de área motora en el sueño, puesto que mientras dormimos no hay actividad física destacable —excepto en trastornos como el sonambulismo o el síndrome de piernas inquietas, entre otros—, el sueño puede ser un buen momento para fomentar la autonomía en el niño. Los padres deben enseñar a sus hijos a hacer las cosas por sí mismos, y dormir es una de ellas.

1.2. FASES DEL SUEÑO

Podemos usar un símil para explicar las fases del sueño: dormir es como bajar los peldaños de una escalera. Cada fase es un peldaño y cinco peldaños forman un ciclo de sueño. La fase REM —cuando soñamos— es la quinta de cada ciclo. En una noche podemos tener cuatro o cinco ciclos. Según las horas de sueño que llevemos, los peldaños durarán más o menos tiempo, pero la fase REM siempre irá en aumento.

Fase I

Es la fase de adormecimiento. La persona está relajada y aún puede percibir algunos estímulos exteriores. El tono muscular es menor que cuando se está despierto. Esta fase dura unos minutos y representa el 5 por ciento del tiempo total de sueño.

Fase II

Podríamos denominarla de sueño ligero. Se observa una disminución del ritmo cardiaco y de la respiración. El tono muscular es menor que en la fase I. Desaparece cualquier percepción de estímulos exteriores. Representa el 5 por ciento del tiempo total de sueño.

Fase III

Es la transición al sueño profundo. El tono muscular baja y el ritmo cardiaco y el respiratorio disminuyen. Esta fase es fundamental para conseguir un descanso óptimo. Cuando a alguien se le despierta en esta fase del sueño se encuentra confuso y desorientado.

Fase IV

Es el sueño profundo. La relajación muscular es total. También es fundamental para el descanso y la recuperación física y psíquica del organismo. Aunque en esta fase no se sueña en el sentido tradicional, sí pueden aparecer imágenes, luces, sombras, etcétera.

Fase REM

En contraposición a las cuatro fases anteriores, que se encuadran dentro del llamado sueño no REM, hay otra fase del sueño denominada REM (siglas de la expresión inglesa *Rapid Eye Movement)* y caracterizada por los movimientos rápidos de los ojos. En esta fase es cuando más se sueña. La actividad eléctrica del cerebro en esta fase es parecida a la de la vigilia, por eso también se la llama «sueño paradójico». El ritmo cardiaco y el respiratorio son irregulares, aunque se mantiene la atonía muscular, quizá para evitar despertarse. Cuando a alguien se le despierta en la fase REM, se encuentra descansado y alerta. El sueño REM representa el 25 por ciento del tiempo total de sueño; en el caso de los bebés el porcentaje se eleva al 50 por ciento.

El sueño nocturno se organiza en cuatro o cinco ciclos de 90 a 120 minutos cada uno. En cada ciclo se pasa del sueño ligero (fases I y II) al sueño profundo (fases III y IV), y después al sueño REM. Los ciclos van variando: disminuye progresivamente el tiempo de sueño profundo y aumenta el tiempo de sueño ligero y REM. El primer sueño REM suele durar unos 5 minutos, mientras que el último puede llegar a 30 minutos o más. Dada esta disminución progresiva de sueño profundo es más fácil despertarse en la última hora de la noche con cualquier ruido que en la primera.

El patrón varía dependiendo de la edad. El porcentaje de sueño REM es mucho mayor en los niños que en los adultos, lo cual apoya la teoría formulada por Avi Karni y Dov Sagi en 1992, según la cual el aprendizaje de nuevas tareas se ve dificultado si se impide o interrumpe el sueño REM. Por tanto, el sueño REM es fundamental para el desarrollo cognitivo y la fijación de aprendizajes.

Curiosidades sobre el sueño

- Pasamos una parte significativa de nuestra vida durmiendo, aproximadamente un tercio. Así, una persona de 90 años habrá pasado unos 37 años y medio durmiendo.
- En un artículo publicado recientemente en la revista científica *Discover* se concluye que el método de contar ovejas para dormir no es efectivo: «Esta actividad matemática es tan aburrida que es inevitable que surjan otros problemas y preocupaciones».
- Se puede aguantar más tiempo sin comer que sin dormir.
- El tiempo máximo que una persona ha estado sin dormir es de 11 días seguidos: Randy Gardner aguantó 264 horas en estado de vigilia.

- Un estudio realizado por la Universidad de Columbia ha revelado que las personas que duermen de 4 a 5 horas diarias tienen un 73 por ciento más de probabilidades de sufrir obesidad debido a la reducción en los niveles de una hormona llamada leptina, que regula el apetito y el peso. El mismo estudio destaca que los niños que duermen poco desde los 3 años tienen más probabilidades de sufrir sobrepeso a partir de los 7.
- Albert Einstein dormía unas 10 horas al día.

2. LA IMPORTANCIA DEL SUEÑO

Ya hemos explicado que el sueño es imprescindible para la vida, para la recuperación de las funciones fisiológicas y para el aprendizaje y la concentración. También es una de las primeras rutinas que nuestro hijo tiene que aprender.

Aproximadamente el 30 por ciento de los niños sufre algún problema a la hora de dormir. Entre las patologías del sueño destacan el insomnio, el sonambulismo, los terrores nocturnos y las pesadillas.

2.1. ¿POR QUÉ ES IMPORTANTE DORMIR BIEN?

El sueño es una función vital para el desarrollo de la vida. Contribuye a la maduración neurológica del recién nacido y del niño. Uno de los valores principales del sueño es el de restaurar el equilibrio natural entre los centros neuronales.

Igual que ocurre con la alimentación, la falta de sueño influye en los procesos de aprendizaje de los niños. Disminuye la concentración, la atención y la asimilación de los nuevos aprendizajes, así como su recuerdo. Un niño que no descansa bien no tendrá un rendimiento escolar correcto.

🛏 Junto con la alimentación, el sueño es uno de los primeros hábitos que el niño adquiere y los padres deben ayudarlo. Un niño no puede dormir con sus padres hasta que decida que quiere dormir solo. Fomentar su autonomía desde una época temprana evitará que la hora de irse a la cama sea un quebradero de cabeza y fuente de preocupaciones.

🛏 Enseñar al niño a dormir solo es enseñarle a enfrentarse a los problemas y a solucionarlos, y potenciar su confianza en sí mismo y su independencia, aspectos claves en nuestra sociedad. La forma en la que se trata al niño desde que nace influirá de forma decisiva en su comportamiento de adulto.

¿Qué es dormir bien?

● Dormir un número de horas suficiente para afrontar el día de forma satisfactoria.
● Sentirse descansado por la mañana.
● No moverse o levantarse durante el sueño.
● No despertarse sin causa aparente.
● No tener pesadillas recurrentes.

2.2. PROBLEMAS RELACIONADOS CON EL SUEÑO

Aproximadamente el 30 por ciento de los niños sufre alteraciones o problemas de sueño. El dato es preocupante: tres de cada diez niños tienen dificultades para conciliar o mantener el sueño, lo cual perjudica su desarrollo neurocognitivo. En la mayoría de los casos —cerca del 98 por ciento— los problemas se deben a la falta de hábitos o a hábitos incorrectos. Ello sugiere que, en esos casos, la instauración o la reeducación del hábito de dormir solucionarían el problema.

Los problemas del sueño repercuten en el niño —cansancio, mal carácter— y en los padres —culpabilidad, frustración, sensación de fracaso—. De hecho, son tantas las repercusiones que tienen los problemas del sueño del niño que algunos expertos no hablan de insomnio infantil y se refieren a esta alteración como «insomnio familiar».

CLASIFICACIÓN DE LOS TRASTORNOS DEL SUEÑO

La Asociación Estadounidense de Desórdenes del Sueño divide los trastornos del sueño en disomnias y parasomnias.

- Las *disomnias* afectan a la cantidad, calidad o duración del sueño. Son el insomnio, la hipersomnia, la narcolepsia, la apnea del sueño y los trastornos del ritmo circadiano.
- Las *parasomnias* son alteraciones que ocurren durante el sueño o durante la transición del sueño a la vigilia. Son habituales en los niños, ya que muchas de ellas forman parte de su desarrollo normal, aunque en algunos casos se cronifican y se convierten en trastornos. Son las pesadillas, los terrores nocturnos, el sonambulismo, el bruxismo, la somniloquia.

En el repaso de los trastornos del sueño que realizamos a continuación profundizamos en los más frecuentes en la infancia: insomnio, pesadillas, terrores nocturnos y sonambulismo, y describimos brevemente los que tienen menor incidencia: apnea del sueño, hipersomnia, narcolepsia, trastornos del rimo circadiano, bruxismo y somniloquia.

INSOMNIO INFANTIL

El insomnio infantil es un trastorno que se caracteriza por la dificultad del niño para dormirse solo, la frecuencia con la que se despierta por la noche con dificultad para dormirse de nuevo sin ayuda y el sueño superficial e insuficiente.

Existen dos causas fundamentales de insomnio: los malos hábitos y los problemas psicológicos debidos a acontecimientos como un cambio de casa, el nacimiento de un hermano o un viaje. Solo dos de cada cien niños sufren insomnio por problemas psicológicos. En el 98 por ciento de los casos el trastorno se debe a los malos hábitos. Los expertos señalan que un niño de 1 año que no sea capaz de dormir sin interrupciones durante toda la noche —unas 8 horas— debe ser reeducado o estimulado para conseguirlo. No se nace sabiendo dormir, se aprende. Hay que enseñar a dormir al niño.

El insomnio que sufren los adultos no es igual que el infantil, sobre todo en lo referido a sus causas. Los factores que más influyen en el insomnio de los adultos son el estrés y unos hábitos inadecuados en el momento de acostarse. Este último factor se origina, en la mayoría de los casos, en la infancia. Un niño que aprenda a dormir solo tendrá menos probabilidades de sufrir insomnio de adulto.

En la CIE-10 (Clasificación Internacional de las Enfermedades) se diferencia el insomnio debido a causas orgánicas del insomnio motivado por malos hábitos, ya que los tratamientos en ambos casos varían. También se distinguen varios tipos de insomnio en función del momento en que se produce:

- De conciliación: a la hora de irse a la cama.
- De mantenimiento: despertares frecuentes durante la noche.
- Terminal: al final de la noche.

Como veremos más adelante, la actuación en cada caso es diferente. No es lo mismo un niño que tarda horas en dormirse pero después duerme toda la noche que uno que se despierta varias veces a lo largo de la noche y obliga a sus padres a levantarse para atenderlo.

Se puede hablar de insomnio infantil por malos hábitos si entre los 6 meses y los 5 años el niño no es capaz de:

- acostarse sin llorar.
- conciliar el sueño por sí mismo.
- dormir entre 10 y 11 horas seguidas.
- dormirse en su habitación y prácticamente a oscuras.

Estos datos no deben asustar a nadie. Quien crea que su hijo sufre insomnio debe buscar ayuda. Pensar que el problema se solucionará por sí solo es un error que puede dificultar el tratamiento y la solución.

Para poner fin al insomnio infantil, nada mejor que la educación o reeducación de los hábitos de sueño.

PESADILLAS

Junto a los terrores nocturnos, son las parasomnias más frecuentes en la infancia: se estima que alrededor del 25 por ciento de los niños sufre pesadillas. Son sueños angustiosos que despiertan al niño, el cual se muestra asustado pero orientado y algo activado a nivel motor. Cuando acuden los padres, el niño es capaz de articular un relato coherente de lo que ha soñado.

Las pesadillas se producen en el sueño REM, sobre todo en la segunda mitad de la noche. Suelen aparecer a partir de los 3 años. Generalmente están relacionadas con fenómenos que provocan inquietud en el niño, duran unas semanas y disminuyen a medida que el fenómeno causante de la ansiedad aminora o desaparece. Ver escenas dramáticas o traumáticas en la televisión también puede causarlas.

Si las pesadillas se producen con mucha frecuencia —en especial si el niño tiene ya 7 años—, es conveniente consultar con un especialista y realizar un estudio exhaustivo.

Recomendaciones para reducir la incidencia de las pesadillas o evitar que aparezcan:

- Conocer las preocupaciones del niño —en el colegio, con sus amigos— y ayudarlo a resolverlas.
- Evitar exponer al niño a estímulos ansiosos —películas o relatos de terror— antes de dormir.
- Cuando un niño se despierta por una pesadilla, hay que acudir a tranquilizarlo y después salir de su habitación para dejarlo que vuelva a dormirse solo.

Las pesadillas a menudo preocupan a los padres por lo aparatoso de la reacción del niño, pero cuando se producen entre los 3 y los 6 años debe considerarse que forman parte del desarrollo evolutivo normal.

TERRORES NOCTURNOS

Es fácil confundir los terrores nocturnos y las pesadillas, pero las diferencias entre ambos trastornos son significativas. Además, es importante diferenciarlos para aplicar los tratamientos adecuados.

Los terrores nocturnos se caracterizan por gritos, movimientos bruscos, sudoración y taquicardia. En la mayoría de los casos el niño se incorpora y, aunque tenga los ojos abiertos, no se encuentra realmente despierto. Al cabo de unos instantes se duerme con tranquilidad y al despertar no recuerda lo ocurrido.

Se producen en el sueño no REM, generalmente en el primer tercio de la noche. Suelen aparecer en torno a los 2 o 3 años y cesan de manera espontánea. Aproximadamente el 3 por ciento de los niños sufre terrores nocturnos.

Los terrores nocturnos se deben a sueños que se producen durante las fases de sueño profundo en las que es difícil despertar.

Diferencias entre terrores nocturnos y pesadillas:

Terrores nocturnos	Pesadillas
Sueño aterrador tras el cual el niño no se despierta.	Sueño aterrador tras el cual el niño se despierta.
El niño grita, llora y se incorpora aterrado, agitado y con los ojos abiertos.	El niño se mueve ligeramente y gime poco antes de despertar.
El niño está dormido. Por mucho que los padres intenten calmarlo no disminuye la acción.	El niño está despierto cuando los padres llegan a su habitación, recuerda el sueño y cuenta lo ocurrido.
No reconoce a las personas que hay a su lado, mezclándolos incluso con el sueño.	Al despertar reconoce a todos los que están a su alrededor.
Presenta sudoración.	Sin sudoración.
Al finalizar el episodio, el niño sigue durmiendo tranquilamente.	Antes de volver a dormirse o a la mañana siguiente el niño recuerda el suceso.
Se producen en el sueño no REM (fases III y IV).	Se producen en el sueño REM.
Pueden durar hasta 10 minutos.	No duran más de 4 minutos.

Recomendaciones para reducir la incidencia de los terrores nocturnos o evitar que aparezcan:

- Si el niño está muy cansado a la hora de dormirse, puede aumentar la probabilidad de que aparezcan terrores nocturnos. Es conveniente acostarlo antes de que esté muy cansado.
- Está comprobado que los niños con malos hábitos de sueño sufren más terrores nocturnos que aquellos con buenos hábitos.
- Hay que hacer todo lo posible para que los niños se acuesten tranquilos y sin temores.
- En caso de que el niño sufra un terror nocturno, se le puede acariciar para calmarlo y al cabo de unos minutos dormirá con tranquilidad. Si el trastorno persiste, se debe consultar con un especialista.

SONAMBULISMO

Sobre este trastorno se han creado muchos mitos. Aquí se pretende explicarlo desde el punto de vista científico, olvidándonos de las creencias populares.

El sonámbulo se incorpora y realiza movimientos complejos, aprendidos y con sentido, como mirar la habitación, sentarse, caminar o incluso ir al cuarto de baño, orinar y lavarse las manos. Suele tener los ojos entreabiertos y es capaz de responder a ciertas preguntas. Si se le despierta, se muestra desorientado y no recuerda lo ocurrido.

El sonambulismo se produce durante la primera mitad de la noche, en las fases III y IV del sueño, y los episodios no suelen durar más de 10 minutos. Es más habitual en niños que en adultos y se da con mayor frecuencia entre los 4 y los 8 años. Aproximadamente el 3 por ciento de los niños de estas edades sufre episodios de sonambulismo, que tienden a desaparecer de forma espontánea.

Las causas del sonambulismo son principalmente hereditarias, aunque algunos estudios lo atribuyen a una alteración madurativa que tiende a desaparecer con el tiempo.

El sonambulismo es un trastorno benigno que suele desaparecer con la edad. Lo más que se puede hacer es tomar precauciones para evitar posibles daños por golpes. No es perjudicial despertar al niño en medio de un episodio de sonambulismo, pero hay que tener en cuenta que puede sentirse desorientado.

APNEA DEL SUEÑO

Se trata de episodios de cese de la respiración de más de 10 segundos durante el sueño, acompañados habitualmente de fuertes ronquidos y somnolencia diurna. Es un trastorno más propio de la edad adulta, aunque se da en un 2 por ciento de los niños de entre 3 y 8 años.

Se puede hablar de dos tipos de apnea del sueño:

- Obstructiva: es la más frecuente en los niños y, como su nombre indica, se debe a una obstrucción de las vías respiratorias superiores. Está relacionada con la obesidad y la deformidad de la mandíbula. Otras alteraciones, como las vegetaciones o las amígdalas hipertróficas, pueden predisponer a este trastorno.
- Central: debida a una alteración del sistema nervioso central. Es más frecuente en las personas mayores.

Aparte de las manifestaciones nocturnas, la apnea del sueño infantil tiene consecuencias importantes durante el día:

Síntomas nocturnos	Síntomas diurnos
— Ronquidos — Pausas en la respiración — Alteración en la estructura del sueño — Sudoración — Enuresis — Hablar en sueños	— Sueño frecuente y cansancio — Hiperactividad — Irritabilidad — Dificultades de atención, memoria y concentración — Déficit en el rendimiento escolar — Dolores de cabeza

La apnea del sueño requiere asistencia médica inmediata, ya que puede provocar un déficit de crecimiento.

En el siguiente cuadro se resumen las diferencias entre la apnea del sueño que se da en los niños y la de los adultos:

	Niños	Adultos
Ronquido	Continuo	Alternando con pausas
Somnolencia diurna	Frecuente	Muy frecuente
Obesidad	Poco frecuente	Muy frecuente
Respiración diurna por la boca	Frecuente	Rara
Estructura del sueño	Normal	Alterada
Fase en la que se produce la apnea	No REM	REM

HIPERSOMNIA

Es la tendencia a dormirse a todas horas. Detrás de la hipersomnia infantil suele haber trastornos del sueño que no permiten al niño dormir el número de horas necesario. Por tanto, podemos considerarla el síntoma de un trastorno más que un trastorno en sí.

Si la hipersomnia se presenta de forma aislada no hay que alarmarse, pero si es algo crónico es necesario consultar con un especialista.

BRUXISMO

Este trastorno también se conoce con el nombre de «rechinar de dientes». El niño contrae los maxilares excesivamente, aprieta una mandíbula contra la otra y produce un sonido característico. Por lo general, no le despierta y no tiene consecuencias diurnas, pero a la larga puede generar problemas en los dientes y en las mandíbulas.

Es un trastorno bastante común en la infancia: lo sufre aproximadamente el 25 por ciento de los niños. La causa más frecuente son los problemas de oclusión dental, aunque también puede deberse a alteraciones emocionales.

Se recomienda consultar con un especialista siempre que el niño tenga somnolencia diurna, tienda a despertarse por la noche o presente problemas dentales. En algunos casos deberá usar una férula de protección para dormir.

SOMNILOQUIA

Este trastorno consiste en hablar dormido. Es tan habitual como inofensivo y suele tener un componente genético, como la mayoría de las parasomnias. Lo más frecuente es que el niño diga palabras o frases con escaso contenido semántico, relacionadas con los sueños, y que no recuerda al día siguiente. Por lo general, el pequeño no se despierta, aunque sí suele despertar a quienes comparten la habitación con él.

La somniloquia se presenta asociada a estados febriles y es típica cuando el niño inicia la etapa preescolar o la escuela primaria.

Recomendaciones para prevenir los trastornos del sueño:

- Planificar actividades relajantes durante el día, en especial antes de acostarse.
- Evitar que el niño vea escenas violentas o de terror, sobre todo antes de dormir.
- Conocer sus preocupaciones y ayudarlo a enfrentarse a ellas y a solucionarlas.
- Considerar la separación nocturna como algo normal y potenciar la autonomía del niño.
- Enseñarlo a seguir durmiendo solo cuando se despierte.
- Establecer el hecho de acostarse como una rutina, con su horario y su lugar.
- Conocer sus limitaciones, miedos y ansiedades para poder hacerles frente.
- Marcar los límites adecuados con seguridad, firmeza y cariño; gritar no lleva a nada positivo.
- Reconocer al niño lo bien que duerme y evitar castigarlo cuando no sea así.
- Acompañar al niño a la hora de irse a la cama y enseñarlo a dormir.

3. LO QUE SE ESPERA QUE HAGA TU HIJO SEGÚN SU EDAD

¿Cuánto tiempo debe dormir un niño? ¿Hasta qué edad tiene que dormir siesta? ¿Es normal que un niño de 3 años tenga pesadillas? Para responder a estas preguntas vamos a seguir el desarrollo evolutivo del niño en el ámbito del sueño. Se trata de recomendaciones generales, ya que no todos los niños son iguales.

Aquellos padres para quienes el sueño de sus hijos sea motivo de preocupación deben tener en cuenta que existen profesionales a los que pueden pedir consejo.

3.1. El sueño infantil

Diferencias entre el sueño infantil y el de los adultos:

- Los niños necesitan más horas de sueño que los adultos.
- El sueño de los niños solo tiene dos fases, mientras que el de los adultos tiene cinco. Por el contrario, los niños tienen más horas de sueño REM que los adultos.
- A las funciones que cumple el sueño en los adultos —adaptación, regeneración y reconstitución— se suma en los niños la función madurativa, asociada al crecimiento y al aprendizaje.
- Los niños nacen sin saber dormir toda la noche seguida y deben aprender a hacerlo para evitar problemas de sueño en la edad adulta. Está demostrada la relación entre niños con hábito de sueño inadecuado y alteraciones del sueño en la edad adulta.
- Además de dormir toda la noche, los niños deben aprender a conciliar el sueño, algo que los adultos hacen de forma automática.

El sueño de los niños experimenta un proceso evolutivo en el que influyen la maduración, el desarrollo y el aprendizaje. Algunas de las diferencias reseñadas van desapareciendo a medida que el niño crece y madura a nivel neurológico; otras desaparecen gracias a las enseñanzas de los padres.

HASTA LOS 3 MESES: CASI TODO EL DÍA DURMIENDO

Los recién nacidos se pasan el día básicamente durmiendo y comiendo. La tarea del bebé en sus primeros 3 meses es adaptarse a la vida fuera del útero. Pasa de 16 a 18 horas diarias durmiendo, aunque no seguidas (los niños prematuros duermen más, algo lógico y necesario para su maduración).

Durante las primeras semanas los periodos de sueño seguidos son cortos, ya que los niños se despiertan cuando tienen hambre y vuelven a dormirse cuando se sacian. Hacia la sexta semana de vida, el bebé empieza a tener ratos diurnos de vigilia, es decir, momentos en los que no está ni durmiendo ni comiendo, sobre todo por la tarde.

Por lo general, los periodos de sueño de los recién nacidos duran de 3 a 4 horas, ya que tienen el estómago muy pequeño y no tardan mucho en sentir hambre.

El 50 por ciento del sueño de un niño en sus primeros tres meses de vida es REM, lo cual le ayuda a integrar los múltiples aprendizajes que realiza durante el poco tiempo que está despierto y a avanzar en su maduración neuronal.

A diferencia de los adultos, los bebés son capaces de iniciar el sueño directamente en fase REM. La razón es que no necesitan descansar, sino madurar mentalmente, y, como ya sabemos, el sueño REM ayuda a reorganizar el cerebro, la memoria y el aprendizaje, mientras que el sueño no REM ayuda a descansar.

Se ha especulado mucho acerca de la postura en que deben dormir los bebés y, actualmente, los especialistas coinciden en que la más indicada es boca arriba. La Academia Estadounidense de Pediatría (REM) y el Instituto Nacional para la Salud del Niño y el Desarrollo Humano (NICHD) ofrecen algunas sugerencias para acostar a los bebés:

- Colocar al bebé boca arriba sobre un colchón firme y sujeto a la cuna.
- Quitar las almohadas, edredones, juguetes de peluche u otros objetos blandos de la cuna.
- En vez de cubrirlo con mantas, acostar al bebé con pijama y sin taparlo apenas.
- Si se utiliza una manta, ajustarla alrededor del colchón de la cuna y cubrir al bebé solo hasta el tórax.
- Asegurarse de que la cabeza del bebé permanezca descubierta mientras duerme.
- No dormir al bebé sobre el sofá, un colchón blando, una almohada u otra superficie blanda.

DE 3 A 6 MESES: DISTINGUE DÍA Y NOCHE

Hacia los 3 meses el bebé empieza a dormir más por la noche que durante el día. A esta edad los niños suelen dormir unas 14 horas y ya pueden aprender que no es igual dormir por la noche que hacerlo por el día: de noche hay oscuridad y todo está en calma, mientras que de día hay más claridad y se aprecian los ruidos habituales de la casa y la calle.

A partir del cuarto mes la mayoría de los bebés duermen unas 5 horas por el día y unas 10 por la noche, con una o dos interrupciones. Es un buen momento para empezar a establecer una rutina para acostarse. Se puede empezar practicando cualquier actividad relajante justo antes de irse a la cama; de esta forma el bebé asociará la actividad con el momento de irse a dormir.

El bebé sigue durmiendo unas 14 horas. La única diferencia con la fase anterior es que no existe una asociación tan fuerte como hasta ahora entre alimentación y sueño. A partir de los 6 meses se puede empezar a enseñar al bebé a dormir.

El sueño del niño cambia: ya no tiene solo dos fases (REM y no REM), sino que empieza a parecerse al sueño de los adultos. Son frecuentes los despertares nocturnos, pero los padres deben saber que la mayoría de las veces el niño es capaz de volver a dormirse solo. Para ello es importante que no asocie el despertar con la presencia inmediata de sus padres.

De 9 MESES A 1 AÑO: UN SUEÑO REPARADOR

A partir de esta edad la actividad física del niño empieza a influir en su sueño. Gatea o repta, es capaz de ponerse en pie agarrándose a algo, dice sus primeras palabras, aplaude, se despide con las manos, etcétera. Todas estas habilidades físicas hacen que se canse, y ello se refleja en su manera de dormir.

Los niños de 10 a 12 meses suelen dormir entre 11 y 12 horas por la noche y dos siestas diarias de una hora cada una. A esta edad el sueño REM representa el 30 por ciento del tiempo total de sueño. No es raro que se despierten por la noche y lloren. En este caso se debe acudir a calmarlos, pero sin encender las luces y con mucha tranquilidad. También es habitual que se acuerden de los padres —sobre todo de la madre— y los extrañen al despertarse. No es más que la ansiedad por separación que experimentan todos los niños, más acusada en unos que en otros.

3.3. EL SUEÑO ENTRE EL PRIMER AÑO Y LA ADOLESCENCIA

Aunque los cambios más importantes en el sueño del niño se producen en su primer año de vida, a partir de este momento le queda un largo camino por recorrer para equiparar su sueño al de un adulto.

DE 1 A 3 AÑOS: DOS SIESTAS

Las horas de sueño a esta edad oscilan entre diez y trece, repartidas entre la noche y una o dos siestas diarias. Para muchos niños es un periodo de transición de las dos siestas diarias a la siesta única. Existe la creencia de que si el niño no duerme siesta dormirá mejor por la noche, pero si se suprime la siesta, el niño se mostrará más cansado por la tarde y de mal humor.

Otra creencia errónea es que si el niño se acuesta más tarde, dormirá mejor por la noche. Un niño muy cansado o somnoliento tiene más dificultades para conciliar el sueño. El cerebro del niño está preparado para dormir a una hora determinada, en torno a las ocho o nueve de la noche. Si se retrasa la hora de acostarse, es posible que le cueste más dormirse y esté más activo porque se sobreexcitará, lo que dificultará conciliar el sueño.

En cualquier caso, este es el momento clave para consolidar el hábito de dormir. Pese a que en torno a los 2 años los niños se niegan con frecuencia a cumplir las reglas, los padres deben mantenerse firmes en la implantación de las rutinas, sobre todo en la que nos ocupa. Se les puede hacer partícipes de ella —pueden elegir el muñeco para dormir, el pijama, el cuento—, lo cual hará que sientan cierto control sobre la misma, pese a que el control real sea de los padres.

En este periodo también aparecen las pesadillas y los terrores nocturnos. A los niños les cuesta distinguir entre fantasía y realidad en los contenidos de los sueños. Por eso no saben cómo reaccionar ante lo que sueñan ni saben por qué lo sueñan.

DE 4 A 6 AÑOS: LA EDAD PREESCOLAR

A esta edad es posible que el niño todavía tenga pesadillas. En este caso es conveniente evaluar si tiene algún problema en el colegio o reflexionar sobre el contenido de las películas o programas de televisión que ve. También se pueden aplicar las técnicas que se describen más adelante, pero ante una situación preocupante se debe consultar con un especialista.

Alrededor de los 4 años se puede empezar a prescindir de la siesta, pero conviene que después de comer haya un momento de tranquilidad o de juego relajado. De todas formas, como cada niño es diferente, si se muestra muy cansado o irritable durante la tarde no hay que negarle un rato de sueño.

Los niños en edad preescolar duermen entre 11 y 12 horas. Un buen horario es que lo hagan de 20.00 a 8.00. Pero el ritmo de vida actual impide establecer y cumplir este horario. Muchas familias mantienen despierto al niño para que lo vean los padres cuando lleguen a casa. Hay que tener en cuenta que existe una hora en la que el cuerpo está preparado para el descanso y es importante darle prioridad y buscar otros momentos para estar con el niño.

EL SUEÑO EN LA EDAD ESCOLAR Y LA PREADOLESCENCIA

Un niño de 6 a 9 años necesita dormir unas 10 horas. La siesta ya no forma parte de sus hábitos, por lo que el sueño es exclusivamente nocturno. Si son frecuentes las pesadillas y los terrores nocturnos, hay que plantearse acudir a un profesional para que evalúe la situación.

A los niños de estas edades les gusta pasar tiempo con sus padres. Una buena estrategia es dedicar un rato a contar anécdotas del día en la cama, pero sin alterar la rutina. Se recomienda un horario de sueño de 21.00 a 21.30. El sueño es importante para el rendimiento escolar. Si el niño no duerme el número de horas necesario, no rendirá de manera adecuada al día siguiente en el colegio, tendrá dificultades de atención y de concentración y carencias en el aprendizaje.

Un estudio reciente señala que alrededor del 25 por ciento de los niños de 8 a 10 años tiene problemas de sueño, la mayoría debido a malos hábitos. No es conveniente esperar a que el problema se solucione con el tiempo: los buenos hábitos deben establecerse cuanto antes.

A medida que el niño crece y se acerca a la adolescencia necesita dormir menos. Los niños de 10 a 12 años duermen una media de 9 horas. La falta de sueño a esta edad también influye de forma notoria en la actividad del día posterior y en el carácter.

Al llegar a la adolescencia, el número de horas oscila entre 8 y 9. Los adolescentes, al compaginar el colegio con otras actividades, suelen tener una falta de sueño crónica que intentan compensar durmiendo mucho los fines de semana. Su rendimiento sería mayor si durmieran las horas necesarias cada día.

4. Prueba a hacerlo tú

Todos conocemos casos de personas que no pueden dormir si no es completamente a oscuras, en completo silencio y en su cama. Personas que se desvelan y no pueden volver a dormirse, o que necesitan mecerse para conciliar el sueño.

Existen incluso adultos que viajan con su propia almohada. Estas pueden ser algunas de las consecuencias de no haber asimilado un buen hábito de sueño en la infancia. Excepto en periodos con una especial incidencia de problemas o preocupaciones, lo razonable es gozar de un sueño reparador y dormir toda la noche sin ser excesivamente exigentes con las condiciones que nos rodean. Esto se consigue cuando, durante la infancia, adquirimos un buen hábito de sueño.

4.1. ¿Cómo se crea el hábito de sueño en el niño?

Hasta los 3 meses

Durante sus tres primeros meses de vida, un bebé protesta:

- Cada vez que siente hambre, porque su estómago es tan pequeño que digiere la leche de una toma en 3 horas aproximadamente.
- Cuando se siente molesto y quiere que le cambien los pañales.
- Cuando está enfermo o le duele algo. Hay que tener en cuenta que es la edad de los cólicos del lactante.
- Si siente frío o calor.
- Para pedir contacto y cariño.

Averiguar la razón del llanto y evitar caer en la tentación de alimentarle cada vez que llora ahorrará a los padres dificultades posteriores.

A esta edad sueño y alimentación están estrechamente relacionados. No hay que preocuparse si el niño no responde a un patrón de comportamiento concreto respecto al sueño: se dormirá en cualquier sitio y a cualquier hora. Pero sí se puede empezar a marcar pautas para establecer un buen hábito de sueño.

¿Qué pautas puede recordar un bebé?

El recién nacido no tiene capacidad cognitiva para recordar secuencias completas, aunque sí para ir haciendo aprendizajes basados en recuerdos de aspectos cotidianos que tienen que ver con él. Un buen ejemplo es el ritual que rodea al sueño.

En los tres primeros meses se pueden repetir con el niño pequeños gestos que lo ayudarán a dormir solo y con placidez.

Por la noche

- Bañar al bebé antes de acostarlo: lo ayudará a relajarse y es un buen punto de partida de la rutina.
- Procurar dejarlo en su cuna sin luz y con algo menos de ruido que durante el día; no es necesario que la casa esté en completo silencio. Por ejemplo, se puede bajar las persianas pero dejar el televisor encendido a menos volumen.
- Atenderlo cuando empiece a gemir: no conviene que llegue al llanto desconsolado, ya que en ese caso habrá que calmarlo. Cuando a un bebé se le deja llorar demasiado tiempo antes de darle la comida, se altera tanto que no es capaz de coger el pecho o el biberón, y lo mismo ocurre con conciliar el sueño.
- Tener preparada una luz de baja intensidad para no desvelar al niño cuando coma y usarla solo para este fin. Una lamparita en la mesilla de noche es suficiente.
- Limitarse a darle el pecho o el biberón, sin juegos ni charlas. Así irá entendiendo que la noche no tiene la misma actividad que el día.

🌙 No dormirlo en brazos e intentar no mecerlo. En caso contrario necesitará que se le meza cada vez que vaya a dormirse y, cuando se despierte, llorará para pedirlo. Hay que darle la leche, dejar que expulse el aire, cambiarle el pañal y, una vez tranquilo, dejarlo en la cuna.

🌙 En muchas ocasiones los bebés se duermen mientras comen. En este caso es mejor dejarlo en la cuna, aunque se despierte. Es normal que gimotee un poco. Si el gemido persiste, se le puede acariciar la espalda o la tripa para que se tranquilice, pero en la cuna.

🌙 Cuando un bebé ha adquirido un patrón de sueño y se lo salta —por ejemplo, pasa del gimoteo al llanto desconsolado—, lo más habitual es que tenga gases. En este caso hay que colocárselo en el hombro hasta que los expulse y, cuando esté tranquilo, dejarlo en la cuna. Sin no son gases y persiste el llanto, puede que esté enfermo o le duela algo. Los padres deben quedarse con él y consolarlo hasta encontrar un remedio.

Durante el día

☀️ Es difícil que un niño se duerma en medio de una reunión de amigos con música a alto volumen, pero sí tiene que aprender a conciliar el sueño con la actividad normal de una casa. El ritmo de vida de la familia no debe girar en torno al sueño del niño, ya que de lo contrario necesitará un silencio completo para dormirse. Tiene que aprender a dormir con la lavadora puesta y la radio encendida.

☀️ Cuando le toque dormir —una vez que haya comido y expulsado los gases— hay que dejarlo en la cuna despierto para que se duerma solo. Quienes mantengan este criterio desde el principio se ahorrarán muchos problemas.

☀ Se recomienda utilizar juguetes móviles de colores colgados de la cuna. Le entretendrán y le harán sentirse a gusto mientras va conciliando el sueño.

☀ Al tumbarlo, a veces protestará. No es conveniente atenderlo a la primera queja. Lo más habitual es que se duerma al poco tiempo o se quede entretenido en la cuna hasta conciliar el sueño.

☀ Cuando se despierte es conveniente cogerlo, hacerle carantoñas y jugar con él para que se despeje por completo y perciba que es de día.

☀ Si llora porque tiene gases, frío, calor o está enfermo, hay que consolarlo y reconfortarlo.

☀ Al finalizar esta etapa, y a medida que se van conociendo las necesidades del niño, se puede ir marcando un horario parecido al de los adultos. Estos, por su parte, deben mantener un ritmo que responda a las necesidades del bebé y respete sus momentos de sueño. Si la cuna está en la habitación de los padres, el niño debe dormir allí tanto de día como de noche. Es muy importante que asocie el lugar con el momento de dormir.

Si tu hijo tiene 4 meses y has visto disminuidas las interrupciones nocturnas de tu sueño y del suyo, y si además es capaz de conciliar el sueño en la cuna él solo y de forma tranquila, ¡enhorabuena! Traslada la cuna a su habitación y prémiate por lo bien que lo has hecho.

DE 3 A 7 MESES

Los objetivos en este periodo son los mismos que en el anterior, pero si el niño duerme con interrupciones hay que estar mucho más alerta y ser más firmes con las pautas. El horario del niño se asemeja ya al del adulto, por lo que hay que plantearse ajustar horarios y rutinas.

- Es necesario instaurar hábitos a base de repetir rutinas a las que el niño asocie objetos, lugares y momentos. Hacerlo siempre de la misma manera, le da tranquilidad y facilita que vea con normalidad el hecho de dormirse solo y durante toda la noche.
- Estar convencidos de que esto es lo que hay que hacer y transmitir esta seguridad al niño es fundamental para que afronte con la misma actitud el momento de conciliar el sueño.

Con 3 o 4 meses el niño se da cuenta de que es capaz de provocar reacciones en sus padres. Por ejemplo, si llora al quedarse solo en la cuna y tras unos instantes sus padres lo cogen y lo mecen hasta dormirse, llorará exigiendo lo mismo cada noche y, lo que es peor, le costará mucho conciliar el sueño sin este ritual. El bebé empieza a utilizar un amplio repertorio de conductas para obtener lo que quiere y, si lo consigue, generaliza el comportamiento a otras situaciones.

Generar un buen hábito de sueño no es tarea de un día, sino un largo proceso en el que suele aparecer el cansancio y la tentación de abandonar. Como en la implantación de cualquier otro hábito, es preciso recordar que:

- Para aplicar un método hay que saber por qué se hace.
- El hábito del sueño se adquiere mediante la repetición de una rutina y se trabaja prácticamente desde que el niño nace.
- Si atendemos siempre a sus exigencias, el bebé repetirá una serie de comportamientos para obtener lo que quiere.

- Los hábitos hacen que el mundo del niño sea predecible y seguro.
- El niño necesita de esa seguridad para sentirse feliz.

Instaurar una rutina

A los 3 meses el niño debe empezar a dormir en su habitación. Hay que dejarlo en la cuna con su chupete o un juguete que asocie al sueño y salir. Tal vez llore al principio, pero enseguida aprenderá que es hora de dormir y que tiene que hacerlo solo.

La alimentación y el sueño siguen estando relacionados en esta etapa, de manera que cuando el niño empiece a comer sólidos no hay razón para que no duerma toda la noche seguida, puesto que va desapareciendo la sensación de hambre que antes lo despertaba. Un niño necesita dormir una media de 10 a 12 horas seguidas y recuperar la energía necesaria para su crecimiento físico, intelectual y afectivo.

Para instaurar una rutina que el niño asocie al sueño se pueden seguir estas pautas:

- El baño le anuncia que viene la noche y que se acerca el momento de dormir. Es una actividad de juego relajado para disfrutar.
- La comida ya no se le debe dar en la habitación, sino en el comedor o en la cocina, para que aprenda que comer y dormir son actividades distintas.
- Después de cenar es conveniente disfrutar de un rato tranquilo: cantarle una nana y mecerlo mientras se le hacen carantoñas y arrumacos; cualquier actividad que lo relaje y le haga sentir que sus padres disfrutan de su compañía. No se debe caer en la tentación de alargar mucho este momento. De lo

contrario, en vez de 15 minutos, tardará una hora en acostarse.

🕐 Las 20.30 —o un poco más tarde en verano— es una buena hora para acostar al niño: le será más fácil conciliar el sueño.

🕐 «Es la hora de dormir, buenas noches» y un beso son más que suficiente para finalizar la rutina. El éxito depende de la seguridad que se transmita al hacerlo y de lo convencido que esté el padre de que es algo que el niño debe aprender.

🕐 No hay que olvidar dejarle a mano el chupete o el juguete que asocie al sueño. También es importante decírselo: «Aquí tienes tu chupete y tu muñeco».

Las razones más frecuentes de que un niño altere un patrón de sueño ya adquirido son:

- La sensación de hambre. Si el niño sigue levantándose por las noches para pedir comida es conveniente acudir al pediatra. En cualquier caso hay que evitar darle pecho a mitad de la noche, ya que puede convertirse en un consuelo al que se acostumbrará y que necesitará para conciliar el sueño. Se recomienda hacerlo durante el día.

- Si los padres llevan una temporada disminuyendo los ratos de atención a su hijo, este puede elegir la noche para protestar. En este caso hay que dedicarle más tiempo, pero nunca en detrimento del establecido para la rutina de la alimentación.

- Los catarros tan frecuentes en esta etapa y la aparición de los dientes. Cuando el niño se despierte hay que atenderlo, cogerlo y tranquilizarlo. En definitiva, darle mimos, ser indulgente y tener en cuenta que, pasado este periodo, habrá que volver a defender con firmeza el horario y la rutina establecidos.

Si en torno a los 7 meses tu hijo duerme de un tirón y acepta con tranquilidad quedarse en la cuna y conciliar el sueño solo, ¡enhorabuena! Has conseguido tu objetivo. Tu hijo descansa lo necesario, asimila hábitos y límites, y seguro que vas recuperando tiempo para ti y para tu pareja.

A PARTIR DE LOS 7 MESES

Hasta ahora hemos ido estableciendo una serie de pautas para que el niño aprenda a dormir. A partir de este momento, la constancia y la firmeza serena serán las mejores armas para conseguir que el niño duerma bien.

Con 7 meses los niños dan muestras de recordar hábitos a través de la repetición de rituales que asocian a cada actividad cotidiana. Los padres son los encargados de instaurar los horarios, actividades y procedimientos. El niño empieza a entender que existe un orden caracterizado por límites que marcan los padres y gracias a ello se siente protegido, seguro y querido.

Dormir solo es uno de los primeros conflictos que el niño tiene que resolver. Los padres deben enseñarle y acompañarlo en el proceso de aprendizaje. Son muchos los casos de niños con dificultades para separarse de sus padres, para adaptarse a la escuela o para hacer amigos y que, curiosamente, no han aprendido a dormir solos.

En el proceso de asimilación de un hábito, el niño aprende comportamientos tan importantes como:

- La tolerancia a la frustración: las cosas no siempre salen como él desea.
- La disminución de la ansiedad y el estrés: los acontecimientos de su vida ocurren de forma secuenciada y sabe lo que viene después de cada paso.

- El autocontrol: cuando está descansado no se muestra irascible.

Cuando un niño adquiere un hábito de forma adecuada, hay muchas más probabilidades de que haga lo mismo con otros. Por el contrario, si no adquiere ningún hábito antes de los 4 años, existen muchas probabilidades de que desarrolle problemas de comportamiento.

Cambios en el sueño

A partir de los 7 meses de vida del niño existen dos puntos de inflexión:

- En torno a los 9 meses es capaz de permanecer despierto más tiempo. Quizás se niegue a acostarse y reclame estar con sus padres. Alrededor del año y medio solo duerme una siesta, después de comer. Aunque generalmente le entrará sueño justo antes de comer y, si se queda dormido, estará toda la tarde mucho más irascible.
- Lo más probable es que se vaya ajustando a las cuatro comidas diarias y a una siesta de una a 3 horas a mediodía, y duerma toda la noche seguida.

Si se mantienen las directrices como hasta el momento esta fase se desarrollará con normalidad. Ahora bien, si el niño se despierta dos o más veces durante la noche y una vez descartada cualquier razón médica, habrá que evaluar la situación e intervenir para volver al hábito adecuado.

Nos remitimos a las pautas para instaurar una rutina descritas en el apartado anterior. Dependiendo de las capacidades que vaya adquiriendo el niño, se irá aumentando el número de tareas, de forma que en torno a los 2 años y medio o 3 será capaz de seguir la siguiente rutina:

- 🕐 Alrededor de las 19.00 hay que avisarle de que se acerca la hora del baño. Debe terminar la actividad que esté haciendo y recoger sus cosas.
- 🕐 Unos 10 minutos después hay que asegurarse de que ha obedecido y ayudarlo a recoger. A continuación se le pide que se desnude y vaya al baño. Muy importante: solo se le debe ayudar si él lo demanda.
- 🕐 Una vez recogida la ropa sucia, se le pide que prepare su pijama y se le acompaña al baño.
- 🕐 Son las 19.30 y hay tiempo para que el niño juegue un rato en el agua. Esta actividad le gusta y le relaja. Conviene avisarle unos minutos antes de sacarlo de la bañera. Terminado el baño, hay que ponerse el pijama y acabar de recoger el cuarto de baño. A continuación se le anuncia el siguiente paso: la cena.
- 🕐 A las 20.00 el niño debe ayudar a poner la mesa mientras se sirve la cena. Esta debe ser agradable y relajada.
- 🕐 La cena no debe alargarse mucho. Unos 20 minutos después se puede empezar a recoger la mesa —con su ayuda— y a continuación se le debe decir: «Vamos a leer un cuento antes de dormir. Coge tu muñeco y a la cama».
- 🕐 Una vez acostado y después de contarle el cuento prometido, solo hay que darle las buenas noches, apagar la luz y salir de la habitación.

Hay circunstancias en las que se debe ser más flexible; por ejemplo, al empezar el colegio, cuando llega un nuevo hermano, cuando no se puede pasar tanto tiempo con el niño, si está enfermo o tiene pesadillas, etcétera. En estos casos basta con decirle al niño que se trata de una excepción y, pasada la circunstancia anómala, volver a la normalidad de lo cotidiano.

El traslado de la cuna a la cama

Como en casi todo lo que tiene que ver con la educación infantil, no hay una edad definida para hacerlo, pero en torno a los 2 años es un buen momento. En general, si el niño ya no se mueve tanto de noche —no aparece cruzado en la cuna— o ha crecido tanto que se encuentra incómodo, hay que trasladarlo a la cama.

Conviene elegir un periodo en el que el niño esté tranquilo, sin ninguna circunstancia que le pueda preocupar. Hay que empezar sentándose con él y contándole lo que va a ocurrir: «Ya eres mayor y no cabes en tu cuna, así que vas a empezar a dormir como papá y mamá, en tu cama. Necesito que me ayudes a prepararla y que elijas qué sábanas quieres, trasladar tu almohada y tus muñecos, que seguirán durmiendo contigo. Como la cuna ya no te hace falta, vamos a empezar por recogerla». De una manera lúdica y dándole toda la emoción que se pueda para contagiársela al niño, se recoge la cuna y se lleva al trastero. Luego se ponen las nuevas sábanas y se trasladan la almohada y los muñecos.

Al principio se recomienda el uso de barandillas laterales en la cama para evitar caídas. Una mala experiencia puede provocar miedo a la nueva situación.

5. DIFICULTADES Y CÓMO SOLUCIONARLAS

En este punto vamos a ocuparnos de las dificultades más comunes que se presentan cuando el niño no ha adquirido bien el hábito del sueño y estrategias para solucionarlas.

Todas las estrategias responden a la misma metodología y resultan mucho más eficaces cuando se sabe por qué se aplican y se está convencido de su necesidad.

Ninguna de ellas tiene por objetivo que el niño llore hasta que se canse. Es normal que oponga resistencia al principio, ya que lo nuevo le provoca inseguridad y miedo. En este sentido, la presencia de los padres en todo el proceso es fundamental para que aprenda a dormir solo y a descansar sin sentirse abandonado.

5.1. ¡NO PUEDO, NO QUIERO!

Un niño que se despierta mucho por la noche no descansa. Esto explica la irritabilidad, el llanto sin motivo, el mal genio y la falta de atención.

Si el niño depende de los padres para dormir, puede desarrollar dependencia hacia ellos y, a largo plazo, inseguridades y dificultades para relacionarse con los iguales o para enfrentarse a situaciones nuevas. Ya hemos comentado también la influencia del descanso deficiente en el rendimiento escolar.

Por su parte, los padres con hijos que tienen problemas de sueño tampoco duermen bien y, como consecuencia, suelen estar cansados e irascibles, lo que influye directamente en las relaciones de pareja, con sus hijos, con el resto de la familia y con los amigos. En la mayoría de los casos también se ve afectado el rendimiento laboral.

Consecuencias de dormir mal para un niño

- Llanto fácil.
- Irritabilidad, mal humor.
- Dificultades para atender y concentrarse.

- Dependencia de la presencia del adulto para conciliar el sueño.
- Influencia en peso y tamaño.
- Miedos, pesadillas y terrores nocturnos.
- Mal carácter.

Consecuencias de dormir mal para los padres

- Irritabilidad, mal humor.
- Mal carácter.
- Sensación continua de cansancio e incluso agotamiento.
- Dificultades para concentrarse.
- Sensación de continua frustración e incluso fracaso.
- Conflictos con la pareja.
- Disminución del tiempo de ocio y de pareja.
- Disminución del deseo sexual.

Consecuencias de dormir mal para el clima familiar

- La irascibilidad siempre va acompañada de impaciencia. Es habitual recurrir a gritos, cachetes o cualquier solución rápida.
- El cansancio hace que disminuya el apetito sexual, descienda el rendimiento laboral y se reduzca la vida social.
- La palabra que mejor define el clima familiar en los hogares con problemas de sueño es «crispación». Disminuyen las ganas de hacer actividades en familia por esa terrible sensación de cansancio. Los padres, sin darse cuenta, reducen el tiempo de disfrute con sus hijos.

En resumen, las pocas fuerzas que nos quedan las invertimos en conseguir dar con la fórmula mágica que permita dormir más de cuatro horas seguidas a toda la familia. Pero no hay fórmulas mágicas ni recetas rápidas.

Muchos han probado champús relajantes, hierbas para conciliar el sueño, paseos en carrito a altas horas de la madrugada y otros presuntos remedios. Lo mejor es tener la convicción de instaurar un buen hábito, mantenerse constante y firme con la decisión tomada y dedicarle tiempo y esfuerzo.

Antes de aplicar una estrategia hay que evaluar la situación. Esta es una lista con comportamientos recurrentes en familias cuyos niños no duermen bien. Las respuestas deben hacernos reflexionar y buscar los cambios necesarios.

Señala aquello que ocurre en tu casa con mayor frecuencia	Sí	A veces	No
Cada día, cuando se acerca la hora de dormir, pruebo con una cosa distinta			
El niño no tiene una hora de cena fija			
No busco un momento relajado con él antes de acostarlo			
No tiene una hora establecida de acostarse			
No tiene un lugar fijo donde conciliar el sueño			
Lo dejo en el sillón hasta que cae rendido y luego lo llevo a la cama			
Lo duermo paseándole en el carrito			
Le dejo que se duerma en cualquier sitio			
Le dejo dormir en cualquier momento			
Alargo las siestas			
Permanezco en la habitación hasta que se duerme			
Me acuesto con el hasta que se duerme			

Señala aquello que ocurre en tu casa con mayor frecuencia	Sí	A veces	No
Realizo con él actividades sobreexcitantes justo antes de la hora de dormir			
No hay un ritual establecido			
No tiene una hora de baño fija			
Le doy la mano hasta que se duerme			
Se acuesta en nuestra cama			
Hago cualquier cosa menos dejarlo en su cama a una hora establecida			
Me pide agua, ir al baño, contarme algo, un cuento o simplemente llora y le atiendo			
Desde que lo acuesto hasta que se duerme pasan más de 15 minutos			
No es capaz de despedirse tranquilamente y acostarse			
No he intentado que se duerma solo			
No participa en las tareas de casa			
No hay horarios establecidos para las horas de sueño y comidas			
Le dedico poco tiempo			
Suelo preocuparme mucho si pienso que le pasa algo			
Piensa si hay otros factores que crees puedan estar influyendo en el hábito erróneo de tu hijo			

Este cuestionario tiene como objetivo ayudar a las familias con niños que no duermen bien a reflexionar y a evaluar sus comportamientos. Si la mayoría de tus respuestas han sido positivas, entonces es preciso que empieces a aplicar las estrategias que describimos a continuación.

Durante el tiempo que dure este proceso hay que tener presente que:

- El hábito del sueño se instaura si se lleva a cabo en el mismo momento, en el mismo lugar y de la misma manera, con un ritual que marque el inicio y el final.
- Es fundamental motivar al niño para que ensaye conductas nuevas.
- El manejo adecuado de esta situación ayudará a prevenir otros conflictos.

5.2. ESTRATEGIAS PARA DORMIR

CÓMO ENSEÑAR A DORMIR

A partir del método del doctor Estivill, desarrollamos paso a paso una primera estrategia para afrontar la situación:

1. Establece un sitio (la habitación del niño), una hora (20.30) y una rutina (baño, cena y actividad agradable y tranquila).
2. Elige los juguetes para dormir (el muñeco, la mantita, el chupete).
3. Coloca al niño en la cama con sus cosas para dormir.
4. Despídete en un tono tranquilo. Conviene pensar una frase del tipo «Papá y mamá te están enseñando a dormir. Buenas noches, que duermas bien».
5. Sal de la habitación.
6. Si el niño llora o arroja objetos, hay que esperar el intervalo de tiempo descrito en el cuadro y al regresar a la habitación del niño, recoger lo que haya tirado, colocarlo en su cama y repetirle: «Papá y mamá te están enseñando a dormir. Buenas noches y que duermas bien». A continuación se sale de la habitación.

   Cada noche uno de los padres, y solo ese, será el encargado de entrar en la habitación; respetando los siguientes intervalos de tiempo:

Día	1er intervalo	2° intervalo	3° en adelante
1	1 minuto	3 minutos	5 minutos
2	3 minutos	5 minutos	7 minutos
3	5 minutos	7 minutos	9 minutos
4	7 minutos	9 minutos	11 minutos
5	9 minutos	11 minutos	13 minutos
6	11 minutos	13 minutos	15 minutos
7 en adelante	13 minutos	15 minutos	17 minutos

7. Al entrar en la habitación, el llanto y las llamadas de atención del niño subirán de tono, pero esto no debe ser un impedimento para seguir adelante. Si no se respetan los intervalos, el niño se sentirá abandonado y no se puede permitir que eso ocurra. Pero si se sigue la pauta, en poco tiempo disminuirán la intensidad y la duración del lloro.

8. Llegado el momento marcado por la tabla, el padre encargado del sueño del niño debe entrar en la habitación, repetir el paso cuarto e irse.

9. En los días sucesivos, cada vez que se despierte el niño se debe repetir el proceso desde el paso tercero.

POSIBLES COMPLICACIONES

El llanto

La principal complicación suele ser la falta de ánimo de los padres al afrontar la primera noche. Es cierto que oír llorar al niño es angustioso, flaquean las fuerzas y dan ganas de cogerlo en brazos, consolarlo y esperar con él hasta que se duerma. Pero hay que tener presente por qué se ha llegado hasta aquí y cuál es el objetivo. Además, existen ejercicios para relajarse y afrontar este momento con serenidad.

Ejercicios de relajación para situaciones de tensión

- Apretar los puños, contar hasta 10, abrirlos lentamente e ir dejando que el cuerpo se relaje.
- Inspirar profundamente, aguantar la respiración contando hasta 10 y soltar el aire dejando que todo el cuerpo se suelte.
- Respirar de manera normal, contando desde 10 a 0 en cada espiración, relajándose más y más a cada paso.
- Imaginar una escena relajante y placentera, por ejemplo una tarde en la playa tomando el sol, e intentar recrear sensaciones, por ejemplo la arena caliente en las manos.
- Busca una tarea que hacer (poner la lavadora, ordenar los cajones, colocar las fotos en un álbum) para evitar centrar la atención en el lloro del niño y alejar pensamientos pesimistas.

La angustia que provoca en los padres el llanto del niño les hace concebir pensamientos del tipo: «Hoy no me veo con fuerzas, me da mucha pena», «Cuando sea mayor aprenderá», «Ya lo he intentado y con mi hijo no da resultado». En realidad son justificaciones para entrar en la habitación y coger al niño en brazos. Es preciso tener en cuenta que si se le consuela tras un tiempo llorando, cuando se intente volver a aplicar este método gritará el doble para conseguir lo mismo. Quien no esté convencido de que esta estrategia es beneficiosa para el niño no debe aplicarla. Se corre el riesgo de que, con un único ensayo, el niño aprenda a subir la intensidad del llanto o la protesta para conseguir lo que quiere, y no solo a la hora de dormir.

Pedir agua, decir que se ha orinado, toser o simular arcadas son algunos de los recursos infantiles. Es duro resistirse a sus llamadas de atención, pero hay que intentarlo. Si se produce alguna de estas situaciones, hay que transmitir al niño mucha tranquilidad, atenderlo como corresponda y volverlo a acostar diciéndole: «Cariño, mamá y papá están enseñándote a dormir, buenas noches y hasta mañana».

Dejar que pase el tiempo

A quienes opinan que el tiempo lo cura todo hay que darles una mala noticia: nada más lejos de la realidad. Cuanto mayor sea el niño, más dificultades tendrá para dormir solo y sin interrupciones. El pequeño va aprendiendo recursos con los que obstaculizar la tarea de sus padres, como la adquisición del leguaje y la capacidad de movimiento.

La tendencia a pensar que con el tiempo el niño aprenderá solo puede dificultar e incluso impedir la instauración de hábitos. Es cierto que algunas etapas evolutivas se caracterizan por determinadas conductas que remiten pasado un tiempo, pero también se sabe que cada aprendizaje tiene su momento idóneo y recuperarlo tiempo después es más difícil.

Los hábitos se aprenden a través de rutinas que se repiten a diario. No se recomienda aplicar las estrategias que presentamos en este capítulo antes de los 7 meses, ya que el niño no está preparado. Pero si a esa edad no es capaz de dormir solo y sin interrupciones, puede que esté desarrollando un problema de sueño que no desaparecerá con el tiempo.

Método por aproximación al objetivo

Muchos padres se declaran incapaces de aplicar el método anterior. Además, resulta más complicado seguirlo cuando el niño ya tiene edad para levantarse de la cama. La estrategia que presentamos a continuación está basada en los mismos principios metodológicos, aunque requiere más tiempo. Se trata de ir introduciendo paulatinamente comportamientos encaminados a lograr que el niño duerma solo y de recompensar cualquier conducta que se aproxime al objetivo.

Aunque los conflictos relacionados con el sueño son muchos, un análisis detallado revela que aprender a dormir es un continuo en el que cada niño llega a un punto: en un extremo están los que se acuestan solos en su cama y duermen de un tirón, y en el otro, los que se acuestan con sus padres y hacen que todos duerman poco y mal.

Hay que empezar por evaluar los logros alcanzados hasta el momento de empezar a aplicar este método.

En esta escala se puede buscar en qué punto se encuentra el niño. Va del grado más deseable al menos:

Después de hacer una actividad tranquila, el niño se acuesta, concilia el sueño solo y duerme sin interrupciones toda la noche. Tiene adquirido el hábito del sueño.
Ha logrado todo lo anterior, pero se despierta más de dos veces por noche.
El padre o la madre se quedan con él hasta que concilia el sueño, pero duerme en su cama.
El padre o la madre se quedan con él hasta que concilia el sueño en su cama. Sin embargo, se despierta varias veces por la noche y hay que volver a quedarse con él en la habitación y darle la mano hasta que se duerme de nuevo.
El padre o la madre se quedan con él hasta que se duerme y, como se despierta, se va a la cama de los padres y amanece allí.
Alarga la hora de acostarse, se pone nervioso y acaba agotado. Entonces se duerme en cualquier otro lugar de la casa, hasta que los padres lo trasladan a su cama.

Duerme con los padres sin interrupciones.
Duerme con los padres y se despierta varias veces a lo largo de la noche.
Duerme con los padres y estos se acuestan a la misma hora que él.
Duerme con los padres y estos se acuestan a la misma hora, pero se levanta varias veces por la noche.
Duerme con uno de los padres; el otro se marcha a otra cama.
Duerme con los padres, estos se acuestan a la misma hora y uno de ellos se marcha a otra cama. El niño se despierta varias veces a lo largo de la noche.

El caso de Raquel

Una vez que hemos determinado la situación que resulta más cercana a la propia, ya sabemos el punto de partida para aplicar la estrategia. El plan de trabajo que proponemos queda mucho más claro con un ejemplo: el caso de Raquel.

A pesar de tener ya 3 años, Raquel dormía en la cama de sus padres. Como todos los niños de su edad, se movía mucho durante el sueño y había acabado desplazando a su padre a otra cama. Cuando llegaba la noche, su madre tenía que acostarse con ella o se negaba a dormir. La madre se despertaba continuamente debido al inquieto sueño de Raquel, de modo que, desde que nació su hija, no había dormido más de 5 horas seguidas.

Los padres de Raquel evaluaron la situación: su hija había aprendido a conciliar el sueño con uno de ellos en la cama, de manera que cuando se despertaba necesitaba que estuviera su madre para volver a dormirse. Esto se había convertido en su rutina, y por añadidura, en la de sus padres.

● La mudanza y la rutina:
Había que decirle a la niña que ya era mayor, que iba a aprender a dormir sola y que, para empezar, se la iba a trasladar

a su habitación. Los padres la animaron a que participara en la decoración de su nueva habitación, en la elección de las sábanas y del lugar donde guardar su pijama y sus cosas de cama, etcétera. A continuación instauraron una nueva rutina:

- 🕐 Raquel debía jugar por la tarde en su habitación y no en el salón, como hasta el momento. Los padres proporcionaron juegos como acostar a sus muñecas y que las imitara.
- 🕐 Después de recoger, Raquel debía preparar su pijama, desvestirse y poner la ropa para lavar. A las 19.30 tenía que empezar a bañarse con sus juguetes de agua y dedicar un rato a disfrutar del juego.
- 🕐 Tras el baño tenía que ponerse el pijama sola y después ayudar a poner la mesa para empezar a cenar alrededor de las 20.00.

● La primera noche:
Acabada la cena y recogida la mesa, llegó el momento más complicado para los padres de Raquel. Tras unos 10 minutos de televisión y carantoñas en el sofá, le dijeron: «Raquel, ha llegado la hora de dormir. Como ya eres mayor, vas a aprender a hacerlo tú sola y en tu cama. Mamá y papá te van a enseñar». Como era de esperar, Raquel no se mostró tranquila ni convencida: alargó el momento con múltiples excusas e intentó irse a la cama de sus padres. Pero estos, con un tono de voz tranquilo y firme, mantuvieron su decisión.

El objetivo era que Raquel conciliara el sueño en su cama. Su madre se quedó con ella hasta que se durmió, sin tocarla y sentada al lado. Cada vez que Raquel le decía algo, le contestaba: «Te estoy enseñando a dormir sola. Cuando te hayas dormido me iré de la habitación. Ya eres mayor». Raquel se quedó dormida, pero en cuanto se despertó durante la noche se fue a la habitación de sus padres. Su madre la llevó a su cama y permaneció con ella hasta que volvió a dormirse. Esto ocurrió unas cuantas veces, pero la madre mantuvo la misma actitud y le dijo lo mismo.

● Las noches siguientes:

La segunda noche el objetivo era que Raquel se despertara por la mañana en su cama. La niña mostró menos resistencia a dormir en su habitación y esta vez fue su padre el encargado de mantener la misma actitud de su madre en la noche anterior. Aunque Raquel siguió levantándose, el padre la llevó a su cama en cada ocasión. Los despertares nocturnos disminuyeron con respecto a la noche anterior.

La tercera noche la madre se sentó un poco más lejos de la cama de Raquel, esperó a que se durmiera y se fue de la habitación. La niña no protestó tanto y se despertó menos durante la noche.

La cuarta noche el padre colocó la silla en la puerta de la habitación para esperar a que la niña se durmiera. Raquel ya no recurrió al llanto, sino que empezó a contar y preguntar cosas, pero el padre siempre le dio la misma respuesta: «Es la hora de dormir; mañana hablamos».

El objetivo de la quinta noche era sacar la silla de espera fuera de la habitación de Raquel, un paso importante para que la niña entendiera que ese era su cuarto y que tenía que dormir sola en él. Su madre, tras mantener la misma rutina de todos los días, acostó a la niña y le dijo: «Ya eres mayor. Estoy muy contenta de que duermas en tu cama. Buenas noches y hasta mañana». Luego se sentó en la silla fuera de su habitación. Como Raquel no la veía, la llamaba y le preguntaba cosas, pero la madre siempre le contestaba lo mismo: «Estaré aquí hasta que te duermas; mañana hablamos». Siguieron disminuyendo los despertares nocturnos.

En la sexta noche llegó el momento de dejar a Raquel en su cama sin esperar a que se durmiera. La niña se levantó un par de veces, pero la acompañaron de vuelta a su habitación, la acostaron y le dijeron: «Ya eres mayor. Estamos muy contentos de que duermas en tu cama. Buenas noches y hasta mañana».

● Cómo se premió el comportamiento de Raquel:

Cada mañana Raquel amanecía en su cuarto. A pesar de las veces que la llevaban a su cama a lo largo de la noche, y sin reprochárselo, sus padres la despertaban con un beso y diciéndole: «¡Qué mayor te estás haciendo! ¡Has conseguido dormir tú sola!». También le relataban sus logros a su abuelo por la tarde o a la profesora cuando llegaban al colegio.

Se reforzaron conductas como el cumplimiento de las rutinas, desvestirse sola, jugar a acostar a las muñecas, poner la mesa y recogerla, simplemente con frases de reconocimiento y ánimo.

Los padres le preguntaron a Raquel qué cosas le gustaría hacer con ellos. Recientemente le habían regalado una bicicleta y la niña no se cansaba de decir que quería aprender a montar. Buscaron tiempo los fines de semana para bajar al parque con la bicicleta como premio a su nueva conducta.

Hoy, tanto Raquel como sus padres duermen sin interrupciones y cada uno en su cama. Todo gracias a que los padres de Raquel se mantuvieron firmes y constantes con:

- Las rutinas.
- El plan establecido.
- El refuerzo de cada uno de los logros de la niña.

El niño no concilia el sueño

Se recomienda revisar las rutinas e incluir una actividad tranquila antes de acostarse, por ejemplo un masaje después del baño, la lectura de un cuento o un rato de televisión si el programa es apropiado. En cualquier caso, esta actividad no debe durar más de 15 minutos. Es muy habitual que el niño quiera alargarla. Para evitarlo se le puede indicar con antelación la duración de la actividad: «Vamos a ver la televisión hasta que la aguja del reloj llegue aquí; entonces apagaré la televisión y te irás a la cama».

Se acuesta tarde

Ya hemos comentado la importancia de establecer rutinas y respetarlas. Una de las primeras pautas que se deben establecer es el horario. Si el niño se acuesta alrededor de las 20.30, conciliará el sueño con más facilidad.

¿Quién no ha llegado a casa tarde después de un día de fiesta pensando que el niño va a caer rendido y sin embargo se ha encontrado con que no hay manera de meterlo en la cama? La sobreexcitación le impide conciliar el sueño.

Una de las razones por las que los niños se acuestan tarde es porque los padres llegan del trabajo a última hora y quieren pasar un rato con ellos. Hay que plantearse qué es más importante: las ganas de ver al niño o su necesidad de dormir un número determinado de horas, y buscar otros momentos para estar con él.

Hay que quedarse o acostarse con el niño hasta que se duerme

Muchos padres se convierten sin quererlo en parte del ritual que utilizan sus hijos para dormirse. Estos los necesitan para conciliar el sueño y, lo que es peor, cuando se despiertan por la noche los buscan.

Es preciso sustituir la figura de los padres por un objeto nuevo con el que dormir. Los pasos 2 y 3 del método «Cómo enseñar a dormir» pueden ser de gran ayuda. En estos pasos el objeto elegido sustituye a la figura del padre, y cuando el niño se despierta, lo buscará y volverá a conciliar el sueño sin necesidad de sus padres.

Se levanta por la noche y se va a la cama de los padres

Si no lo hace con asiduidad, bastará con acompañarlo a su cama y decirle: «Es la hora de dormir. Buenas noches y hasta mañana». Si ocurre a diario, es preferible revisar las rutinas domésticas y poner en práctica el método descrito en «Cómo enseñar a dormir». El objetivo debe ser que el niño amanezca en su cama. Hay que llevarlo de vuelta a su habitación a la hora que sea y no permanecer allí más que el tiempo justo para despedirse. No hay que olvidar premiar el hecho de que haya amanecido en su habitación, con independencia de las veces que se haya levantado a lo largo de la noche.

Tiene pesadillas

Casi todos los niños tienen pesadillas y terrores nocturnos en torno a los 3 años. En tales casos hay que acudir a la habitación del niño y tranquilizarlo, ya que estará algo alterado, gritando o llorando. Basta con acercarse a la cama y decirle: «Ya ha pasado, tranquilízate». Conviene también acariciarle la espalda para ayudarlo a conciliar el sueño de nuevo.

Por la mañana hay que preguntarle si recuerda la pesadilla y, en caso afirmativo:

- Inventarse un cuento cuyo protagonista sea el niño y derrote a los monstruos: «Apareció el caballero [su nombre], que con su armadura, su valentía y su gran simpatía hizo reír al dragón hasta que estalló de la risa, y así lo venció».

- Forrar juntos una caja de cartón con papeles de colores y ponerle un cartel que diga algo así como «Cajón de los monstruos». Cuando tenga otra pesadilla, hay que pedirle que la cuente o simplemente que describa lo que le impide dormir, y que lo dibuje. Entonces se mete el dibujo en la caja y se le dice: «En esta caja se queda todo lo que no te deja dormir y de esta caja no puede salir, porque el valiente caballero [su nombre] y su familia vigilan para que no salga». Es preciso mantener esta estrategia hasta que empiecen a disminuir las pesadillas.

Reclama a sus padres continuamente

«Me duele la tripa», «agua», «tengo calor», «quiero contarte una cosa»... Cuando un niño no quiere hacer algo, cualquier excusa es válida. La mejor estrategia en este caso es aplicar el ritual que acompaña al hábito de dormir antes de acostarse: lavarse los dientes, beber agua, orinar, ponerse un pijama adecuado a la estación del año y dejar una manta o edredón a mano. Así no quedan excusas para irse a dormir.

Se despierta muy temprano

Los niños no diferencian el fin de semana del resto de los días y es un error pensar que si se acuestan tarde también se levantarán más tarde. A pesar de haber dormido poco, se despiertan siempre a la misma hora. También es cierto que durante el día se encuentran más fatigados e irascibles. Sin embargo se les puede enseñar a que permanezcan en su cama tranquilamente, sin llamar a los padres. Una buena forma de hacerlo es dejarles a mano varios juguetes.

Para que se duerma hay que pasearlo en el carrito

En este caso se recomienda aplicar el método del doctor Estivill. El niño tiene que aprender a conciliar el sueño solo, en su cama, sin esa sensación de balanceo que ha incluido en su rutina.

Duerme siestas largas

El sueño de la siesta no debe prolongarse excesivamente: hay que dejar algo para la noche. Para que el niño se despierte tras un tiempo prudencial se puede dejar que entre luz en la habitación o hacer ruido. Hay que tener en cuenta que necesitará al menos 15 minutos para recuperar su ritmo. También puede resultar efectivo acercarse, acariciarle la espalda, susurrarle que es la hora de despertar y volver pasados unos minutos para sentarlo poco a poco en la cama. No se le debe gritar, ni darle órdenes, ni pedirle que hable. Lo más probable es que se ponga a llorar y, en vez de 15 minutos, haya que esperar una hora para que recupere la normalidad.

6. Casos prácticos

6.1. Las pesadillas de Andrea

Andrea, de 5 años, tenía muchas pesadillas y ello dificultaba la hora de irse a la cama. «Todos los días es un constante tira y afloja a la hora de acostarse», afirmaba el padre.

«Dice que tiene miedo, que no quiere dormir sola: "¿Y si vuelvo a soñar?". Intenta acostarse con nosotros en la cama o incluso dormirse en el sofá después de cenar. Vemos que empieza a ponerse nerviosa a la hora del baño y ya no cena tranquila. Cuando tiene pesadillas, se tiene que venir a nuestra cama a dormir, ya que, si no, no se duerme. Una vez que se ha dormido en nuestra cama la llevo a la suya».

Los padres de Andrea estaban pasando un momento difícil. Pese a ello, se mantenían bastante firmes en cuanto a las normas. Intentaban que se cumplieran los horarios, a pesar de los intentos de Andrea para retrasar el temido momento de acostarse. Por supuesto, también la pequeña lo estaba pasando mal.

El primer paso fue darles a los padres pautas concretas para aplicarlas cuando Andrea tuviese las temidas pesadillas. Había que empezar por lo más difícil: impedir que la niña durmiese con sus padres. Estos tendrían que acudir a la cama de la pequeña cuando se despertara sobresaltada, calmarla y acariciarla un rato, y luego marcharse. Andrea debía aprender a dormirse sola.

A continuación se les dieron algunas recomendaciones a los padres con el fin de que disminuyeran las pesadillas de su hija:

- Evitar que la niña viera escenas violentas en la televisión antes de acostarse.
- Dedicar un rato cada día —en este caso fue antes de dormir— para hablar y solucionar aquellos pequeños problemas que Andrea pudiera tener en el colegio o con sus compañeros.
- A Andrea se le enseñaron unas técnicas de relajación muy divertidas y apropiadas para su edad. Debía practicarlas todas las noches antes de dormir o cuando sintiera miedo a las posibles pesadillas.

Los padres siguieron ayudando y animando a Andrea, se esforzaron en inculcarle la idea de que el sueño es un momento de tranquilidad y relajación. Siguieron con la firme aplicación de las normas y rutinas de la hora de acostarse, siempre con mucho cariño y con la actitud de acompañar a Andrea para vencer sus temores.

La niña, por su parte, tomó un papel activo en la lucha contra sus pesadillas. Sus padres le ayudaron a crear un cuento para cada caso, en el que la «valiente princesa Andrea vencía a los temidos monstruos». También construyeron una «caja de los miedos» donde la niña metía cada mañana después de una pesadilla el dibujo del dragón, el animal o el fantasma que le había provocado miedo por la noche. Se le explicó que los monstruos se quedarían allí dentro y nunca más volverían a molestarla durante el sueño.

Así es como Andrea, con la ayuda de sus padres, superó las pesadillas y empezó a dormir tranquila y sin interrupciones.

6.2. Juan, el juguetón nocturno

A los 2 años, Juan dormía en la cama de sus padres. De hecho, nunca había dormido solo en su habitación. Al principio, para los padres era una situación cómoda, ya que evitaban levantarse por la noche. Pensaban que se solucionaría con el tiempo, cuando Juan creciera. Pero a los dos años vieron que estaban más lejos de la solución que antes. «Dormirlo es una batalla campal todas las noches», explicaba la madre. «Aunque duerma en nuestra cama, no se quiere acostar a su hora. Hay veces que a la medianoche aún no se ha dormido. Por no hablar de lo mucho que se despierta durante la noche. La situación familiar es de crispación. Nosotros no descansamos bien y Juan parece que está cansado e irascible».

El de Juan era un caso típico de insomnio infantil debido a los malos hábitos. El primer paso fue tranquilizar a los padres y explicarles que los hábitos que tenía su hijo no eran los correctos para conseguir su objetivo: que Juan se acostara siempre a la misma hora y durmiera toda la noche seguida.

A continuación había que crear una rutina para acostarse, empezando por fijar una hora: las 20.30. Antes Juan se bañaría, cenaría y se le contaría un cuento en la cama. Los padres trasladaron la cuna, los peluches y las demás cosas de Juan a su habitación y le dijeron que le iban a enseñar a dormir, ya que era suficientemente mayor para dormir solo.

La puesta en marcha de la rutina no fue fácil. Al pequeño Juan no le gustaba mucho la idea de dormir solo y lloraba, pero sus padres se mantuvieron firmes y, poco a poco, Juan se dio cuenta de que no se saldría con la suya y no había vuelta atrás. En pocos días empezó a dormir sin interrupciones.

7. QUÉ SE HA CONSEGUIDO

- Si el niño se despide tranquilamente a la hora de irse a la cama, concilia el sueño y duerme bien es que ha adquirido el hábito del sueño en el momento que evolutivamente le corresponde, y con ello disminuye la probabilidad de que sufra posteriores alteraciones del sueño.
- Para que eso ocurra hay que introducir hábitos y rutinas que el niño asimile. Implicarlo en tareas que tienen que ver con las rutinas le hace adquirir capacidades, como ponerse el pijama, tranquilizarse o quedarse solo en su cama. Es preciso reconocer

y reforzar todos los pequeños logros, porque eso revierte directamente en su autoestima.

- Aprender a dormir solo es una de las primeras situaciones que el niño deberá resolver sin ayuda: nadie puede dormir por él. La forma en que lo haga tendrá mucho que ver con cómo solucione otros problemas en el futuro. Si duerme con su madre, entenderá que es ella quien le solucionará los próximos conflictos. De aquí arrancan muchos problemas de excesiva dependencia de los adultos.

- Si el niño ha resuelto el problema, se sentirá capacitado para enfrentarse a otras situaciones. Así, cuando llegue el momento de ir al colegio, no sentirá miedo al pensar que su madre no va a estar presente. Es decir, afrontará el miedo que provoca la incertidumbre de las situaciones nuevas porque habrá aprendido que puede hacer cosas solo.

- Lo mismo se puede decir de su capacidad para hacer amigos. En el colegio tendrá que elegir entre ponerse a jugar con los demás niños o sentarse a esperar que algún adulto resuelva el problema. Se sabe que los niños con hábitos de sueño incorrectos suelen presentar problemas de dependencia de los adultos y de relaciones con los otros niños.

- Los padres que no han sabido inculcar un hábito de sueño adecuado a sus hijos suelen protegerlos en exceso, sin permitir que tengan pequeñas frustraciones o logros con los que aprender a adaptarse al mundo real.

- Cualquier hábito que el niño adquiera facilita el aprendizaje de posteriores rutinas y la interiorización de normas y límites. Dicho de otra manera, el niño que con 4 años no ha adquirido hábito alguno, tiene muchas probabilidades de tener problemas de conducta.

- Si el niño descansa, los padres también. Ya hemos apuntado las consecuencias del mal sueño en el ambiente familiar. Si todos los miembros de la familia descansan, pueden afrontar el día a día con tranquilidad, lo cual aumenta sus momentos de disfrute.

Capítulo III

La higiene

No adquirir un buen hábito de higiene en la infancia acarrea problemas de salud y también dificultades sociales, ya que las personas de apariencia sucia provocan el rechazo de los demás.

La higiene personal requiere desarrollar una compleja coordinación de habilidades y ponerlas en práctica todos los días. Es, por tanto, un proceso largo y complicado que comienza en el bebé y que se mantiene hasta que el niño es capaz de cuidar su higiene de manera automática (hacia los 10 o 12 años).

La higiene personal favorece el equilibrio emocional. Su ausencia en los niños puede originar dificultades como la falta de organización en su vida cotidiana, algo que impide el desarrollo de la autonomía y de la responsabilidad para incorporar y mantener las rutinas.

La instauración del hábito dependerá de la perseverancia de los padres. Estos han de otorgarle la importancia que merece, hacer de modelos que el niño imite y reforzar con actitud cariñosa todos aquellos logros que se vayan produciendo.

En este capítulo encontrarás pistas sobre cómo estimular el desarrollo del hábito de higiene en el bebé y el niño, con especial atención a un punto que plantea muchas dudas: cómo decir adiós al pañal.

1. QUÉ ES LA HIGIENE

Al hablar de higiene nos referimos al conjunto de conductas que realizamos a diario con el fin de evitar agentes —como virus, bacterias, hongos o gérmenes— que ataquen nuestro organismo y, en consecuencia, perjudiquen nuestra salud. Por higiene entendemos el aseo, la limpieza y el cuidado del cuerpo.

La higiene ha de convertirse en un hábito y el mejor momento para adquirirlo es en la infancia. Comienza por pequeños gestos asociados a rutinas, como el baño. Al principio estas tareas las realizarán los padres, quienes poco a poco tendrán que delegar responsabilidades en el niño hasta que sea capaz de desarrollarlas él solo. El control de los esfínteres es un punto de inflexión fundamental en este proceso, imprescindible para que el niño pueda sentirse limpio.

1.1. OBJETIVOS DE LA HIGIENE

Parece claro que unos hábitos de higiene correctos ayudan a prevenir ciertas enfermedades. Cuántas veces nos han dicho: «Lávate las manos antes de sentarte a la mesa» o «Cepíllate los dientes después de comer». Si de pequeños preguntamos alguna vez por qué, seguro que nos dieron razones relacionadas con la salud.

La repetición de ciertas rutinas de aseo y limpieza nos lleva a adquirir unos hábitos saludables de higiene que nos acompañarán durante nuestra vida.

La higiene incluye aspectos tales como el aseo del niño y de las personas que conviven con él y la limpieza de su entorno: casa, colegio, lugares de juego... Es un conjunto de hábitos que previenen enfermedades y favorecen la salud.

Estos hábitos necesitan un tiempo de asimilación. La infancia es el momento idóneo para empezar a inculcar ciertas rutinas relacionadas con la higiene que más tarde se convertirán en hábitos.

Para que un hábito se adquiera con éxito es importante tener presente que debe inculcarse siempre en un mismo momento, en un lugar fijo y mediante la repetición de una serie de rutinas. Por ejemplo, para adquirir el hábito de la limpieza corporal diaria es importante que al niño se le bañe siempre en el mismo lugar, a ser posible en el cuarto de baño. Los padres se ocuparán de que el cuarto de baño sea un espacio agradable y relajante. Además, el baño tendrá que realizarse siempre a la misma hora —antes de la cena puede ser un buen momento— y mediante la repetición de un ritual: coger el pijama, quitarse la ropa, meterse en la bañera, enjabonarse, jugar un rato en el agua, salir, secarse y vestirse.

El desarrollo de este hábito en la infancia le proporciona autonomía al niño y le hace responsable de actuaciones que mantienen su salud.

1.2. EL PROCESO DEL HÁBITO DE HIGIENE

Poner en marcha un buen hábito de higiene no se consigue en un día, es un proceso en el que los padres han de poner todo su empeño para no abandonar.

Antes de iniciar cualquier cambio es importante recordar que:

- Para aplicar un método hay que saber cómo, pero sobre todo por qué se hace.
- El hábito de higiene se aprende a través de la repetición de una rutina.
- La higiene es importante desde el nacimiento del bebé.
- Los hábitos dan seguridad, confianza e independencia al niño.
- La seguridad hace del niño un ser feliz.

Podemos hablar de tres áreas fundamentales implicadas y que se van a ver modificadas a medida que el niño vaya adquiriendo el hábito de la higiene:

Conductual: para ser autónomo en su aseo diario el niño necesita capacidades motoras que las rutinas diarias le permiten alcanzar. Gestos como abrocharse y desabrocharse la ropa, cepillarse los dientes, enjabonarse el cuerpo o calzarse refuerzan su capacidad psicomotora y como consecuencia estimulan su desarrollo. Los padres tienen que estar atentos para ir aumentando la dificultad de las tareas a medida que el niño vaya aprendiéndolas.

Fisiológica: el control de esfínteres implica también maduración física, pero hay otro punto fundamental: el niño que aprende lo desagradable que es estar sucio y desea estar limpio querrá también mantener orden en su habitación, su material escolar, en su horario y rutinas diarias. La higiene y el orden le proporcionarán sensación de bienestar.

Cognitiva: cuando el niño se ve capaz de ocuparse de sus tareas de aseo, aumenta su autoestima, se sabe responsable y tiene pensamientos positivos sobre su capacidad de hacer las cosas por sí mismo y de manera eficaz.

1.3. EL CONTROL DE ESFÍNTERES

Es la adquisición de la habilidad de orinar y defecar en el váter. Cuando el bebé nace, no tiene aún la capacidad neurológica suficiente para controlar sus esfínteres, por lo que utiliza pañales.

A medida que su desarrollo físico se lo permite, el niño, con ayuda de los padres, empezará a controlar sus esfínteres hasta lograr que su acto reflejo se convierta en una función voluntaria. Esa capacidad se adquiere entre el año y medio y los 3 años.

EL CONTROL DE LA ORINA

Mientras la vejiga urinaria se va llenando, permanece relajada con el fin de evitar pérdidas: asimismo los esfínteres, que se encuentran en la salida de la vejiga y en la uretra (canal que va desde la vejiga hasta el exterior), permanecen contraídos. Una vez que la vejiga se llena, el niño siente deseos de orinar; se origina entonces una señal nerviosa que va desde la vejiga hasta el cerebro a través de la médula espinal. El cerebro procesa la señal y envía la orden para que se relajen los esfínteres y se contraiga la vejiga con el fin de que salga la orina.

Se trata de un proceso complicado en el que participan mecanismos neuronales complejos y que requiere coordinación entre los esfínteres de la uretra y la vejiga. Por tanto, su aprendizaje se produce en un momento determinado del desarrollo del niño, no antes.

EL CONTROL DE LAS HECES

Las heces se controlan a través de unos esfínteres situados en el ano que impiden su salida una vez que han llegado al recto. Por tanto, quedan retenidas en la última parte del intestino grueso. De la misma forma que ocurre con la orina, en el ano existen unas terminaciones nerviosas que avisan cuando hay heces para evacuar. El cerebro da entonces la orden de relajar los esfínteres y permitir la evacuación.

1.4. LA ACTITUD DE LOS PADRES

La actitud de los padres influye de manera decisiva en la adquisición de cualquier hábito de sus hijos. Como ya hemos visto en otras ocasiones, la infancia es el momento clave para estos aprendizajes.

Los niños también aprenden por imitación, y ya se sabe que predicar con el ejemplo es una fórmula de éxito para que repitan ciertas conductas. Así, si nuestro hijo nos ve lavarnos los dientes tendremos más probabilidades de que haga lo mismo.

Premiar cualquier avance y reconocer sus logros es la manera más efectiva de que el niño repita de forma habitual lo aprendido y vaya mejorando a medida que sus capacidades se desarrollan. Por ejemplo, si cada vez que se lava las manos antes de comer, le decimos lo bien que lo ha hecho, lo orgullosos que estamos de él y le dejamos que elija el postre, el niño repetirá con más frecuencia este y cualquier otro hábito de higiene.

En el control de esfínteres también es importante la actitud de los padres. La correcta adquisición de esta habilidad requiere tiempo; en este aprendizaje se dan muchos momentos de éxito, pero también hay pequeños accidentes. Nuestra reacción en estos casos es fundamental para que siga desarrollando con éxito el proceso. Una duda frecuente entre los padres que se encuentran en esta tesitura es «¿debemos reñir al niño o no?».

Es posible que muchos recordemos algún episodio en el que los padres sacan el colchón mojado al balcón de la casa y le dicen al niño: «Esto es para que vean todos que te has hecho pis en la cama». Regañarle, castigarle, compararlo con otros o ridiculizarlo generará angustia al niño y seguramente agravará la situación.

Por tanto, en este periodo es fundamental la calma, la tranquilidad, la comprensión y dar al «accidente» la importancia justa, ni más ni menos. Ello ayudará al niño a superar este periodo y lograr un control total.

2. La importancia de la higiene

La adquisición de buenos hábitos higiénicos, además de evitar el contagio de enfermedades, favorece el proceso de inserción social del niño entre sus iguales y le aporta sensación de seguridad e independencia.

En otras ocasiones existen alteraciones relacionadas con el hábito de higiene que pueden requerir la ayuda de los padres o incluso la intervención de un profesional.

Es el caso de los niños que, con 5 años, aún no controlan sus esfínteres o el de esos pequeños que desarrollan una verdadera obsesión por estar limpios.

2.1. ¿Por qué es tan importante el hábito de la higiene?

- Es primordial para la conservación de la salud, y la prevención de enfermedades e infecciones. La falta de higiene es una de las causas principales de mortalidad en los países subdesarrollados.
- Las relaciones sociales se ven afectadas por la falta de higiene. Un niño puede verse rechazado o marginado por sus compañeros o amigos debido a una higiene deficitaria.

- Sentirse limpio es fundamental para que el niño se encuentre bien físicamente.

- El hábito de la higiene se empieza a adquirir en la infancia, a partir de las primeras experiencias. Una correcta asimilación facilitará que nuestro hijo, una vez sea adulto, tenga interiorizados hábitos de limpieza adecuados, tales como ducharse a diario o lavarse los dientes después de comer. Asimismo, la adquisición de hábitos en la niñez sienta las bases para hábitos y límites futuros.

- Poco a poco el niño va siendo capaz de realizar por sí mismo algunas actividades relacionadas con la higiene: desvestirse, enjabonarse, controlar los esfínteres. Por tanto, con el aprendizaje en hábitos de higiene se está fomentando su autonomía.

- El hábito de higiene ayuda al desarrollo de la coordinación motriz; para enjabonarse, peinarse o vestirse es necesario realizar una serie de actividades motoras complejas. Al principio el niño las llevará a cabo torpemente, pero poco a poco las irá perfeccionando. Al practicar estas actividades a diario su coordinación de los movimientos irá mejorando y no solo para las tareas relacionadas con el aseo.

- La limpieza habitual del lugar en el que el niño vive es fundamental también para su bienestar físico, así como para la prevención de enfermedades. Pero también un ambiente ordenado ayudará al niño a sentirse seguro.

2.2. CUANDO LA FALTA DE HIGIENE SE CONVIERTE EN UN PROBLEMA

La integración social puede estar relacionada con la higiene. En la escuela se forjan las primeras amistades y uno de los elementos que favorecen la discriminación es la falta de higiene. Las primeras impresiones son decisivas a la hora de iniciar relaciones sociales, un niño de aspecto aseado tiene mayores probabilidades de tener éxito social; por el contrario, la suciedad provoca rechazo.

Además, la falta de hábitos higiénicos adecuados presenta un peligro potencial de transmisión de virus y gérmenes a otras personas.

Existen asimismo dificultades relacionadas con el control de esfínteres que plantean problemas en la adquisición del hábito de la higiene. Curiosamente y una vez se ha descartado cualquier problema orgánico, dichas dificultades suelen estar relacionados con falta de responsabilidades en el desarrollo de las rutinas. Asimismo, las situaciones de estrés pueden tener una influencia decisiva: el pequeño puede dejar de controlar esfínteres para manifestar su malestar, por ejemplo, ante problemas escolares, nacimiento de un hermano, la separación de los padres...

La enuresis

La enuresis o incontinencia urinaria se considera un problema cuando el niño ha alcanzado la edad madurativa deseable para su control pero continúa haciéndose pis encima.

Según la DSM-IV *(Manual diagnóstico y estadístico de los trastornos mentales* de la Asociación Estadounidense de Psiquiatría), existe enuresis cuando se cumplen los siguientes criterios:

1. Emisión repetida de orina en la cama o en la ropa (sea voluntaria o intencionada).
2. El comportamiento es clínicamente significativo porque se manifiesta con una frecuencia de dos episodios semanales durante por lo menos tres meses

consecutivos o es causa de deterioro social, ocupacional, etcétera.

3. La edad del niño es de, al menos, 5 años.
4. La emisión de orina no se debe exclusivamente al efecto fisiológico directo de una sustancia (por ejemplo, un diurético) ni a una enfermedad médica (por ejemplo, diabetes, espina bífida o infecciones urinarias).

Por tanto, podemos considerar que existe un problema cuando el niño cumple los 5 años y no es capaz de controlar la orina. La enuresis es un problema extendido; se estima que cerca del 20 por ciento de los niños de más de 5 años mojan la cama por la noche.

Se suele diferenciar entre enuresis diurna y nocturna, y esta última es la más frecuente (cerca del 80 por ciento de los casos). Se da más en varones que en mujeres. Las niñas tienden a adquirir el control vesical antes que los niños.

También podemos diferenciar entre enuresis primaria o secundaria. La primera se refiere a los casos en los que no ha existido control de esfínteres ni de la vejiga, mientras que la secundaria es aquella que aparece tras un periodo en el que sí ha habido un control total.

Muchos son los factores que pueden desencadenar la enuresis, que a menudo no es resultado de uno en concreto sino a la suma de varios:

- *Antecedentes familiares.* Si uno de los padres sufrió enuresis nocturna en su infancia o tardó más de lo habitual en controlar los esfínteres, el niño tendrá un 45 por ciento más de probabilidades de mojar la cama.
- *Disminución de la capacidad de la vejiga.* Un recién nacido orina de doce a dieciséis veces al día, mientras que un adulto lo hace en cuatro o cinco ocasiones; es decir, que la capacidad de la vejiga de un

recién nacido es muchísimo menor que la de un adulto: de 30-60 a 300-500 mililitros, respectivamente.

- *Retraso madurativo.* La maduración es diferente en cada niño, de modo que es probable que el pequeño con enuresis tenga un retraso en comparación con sus compañeros.

- *Aumento en la producción de orina* por la noche debido a la alta ingesta de líquidos antes de acostarse.

- *Trastorno del despertar.* Hay casos de niños con un sueño tan profundo que les cuesta ser conscientes de que su vejiga está llena y despertarse por la noche para hacer pipí.

- *Enfermedades* como infecciones urinarias o diabetes.

- *Situaciones estresantes,* como el cambio de colegio, el nacimiento de un hermano, la separación de los padres... Por lo general, las circunstancias de tensión son las responsables de la mayoría de enuresis secundarias.

- *Factores relacionados con el aprendizaje.* El niño no ha adquirido la respuesta de contraer el esfínter y despertar ante el estímulo de una vejiga llena. También puede ser que no se hayan dado las condiciones ambientales necesarias para que el aprendizaje tenga lugar o que se hayan adquirido hábitos inadecuados.

LA ENCOPRESIS

La encopresis es el fallo a la hora de controlar los esfínteres que regulan la salida de las heces, por lo que el pequeño se hace caca encima o en lugares que no son el váter ni el orinal. La encopresis es mucho menos frecuente que la enuresis —solo se da en el 1-2 por ciento de los niños de 7 años— y generalmente está más asociada a factores conductuales que la enuresis.

Según la DSM-IV (*Manual diagnóstico y estadístico de los trastornos mentales* de la Asociación Americana de Psiquiatría), para diagnosticar encopresis se requiere cumplir los siguientes criterios:

1. Evacuación repetida de heces en lugares inadecuados (por ejemplo, ropa o suelos), sea involuntaria o intencionada.
2. Frecuencia de un episodio al mes durante un mínimo de tres meses.
3. El niño debe tener 4 años o más.
4. El comportamiento no se debe exclusivamente a los efectos directos de una sustancia (por ejemplo, laxantes) ni a una enfermedad médica, salvo si existe estreñimiento agudo que implique rebosamiento.

Al igual que en la enuresis, podemos distinguir entre encopresis diurna y nocturna. Por lo general el niño adquiere primero el control nocturno de los esfínteres y después el diurno.

La distinción entre encopresis primaria o secundaria hace referencia a si el niño nunca había controlado los esfínteres o si ya tenía adquirida previamente la capacidad de contraerlos voluntariamente. También se puede establecer una diferencia entre encopresis retentiva o no retentiva. La primera está asociada a un periodo previo de estreñimiento, a partir del cual pueden escaparse heces líquidas.

Las causas de la encopresis son diversas, existen factores fisiológicos asociados al estreñimiento, como disfuncionalidad en la motilidad intestinal, anomalías dietéticas y problemas de desarrollo, madurativos, y de aprendizaje. También hay una serie de variables que se pueden relacionar con el estreñimiento funcional: las dietas pobres en fibra, el abuso de dietas blandas, la insuficiente ingesta de líquidos o las situaciones de estrés.

La manera en que los padres abordan la enseñanza del control de esfínteres puede ocasionar experiencias desagradables para el niño. Hay que poner especial cuidado en evitar las maneras rígidas, coercitivas, así como iniciar el control de esfínteres a una edad apropiada. De lo contrario, el niño se opondrá al aprendizaje y aprenderá a aguantar sin ir al baño para evitar una situación que le resulta estresante. Asimismo, las actitudes demasiado permisivas o inconscientes impiden la discriminación de los reflejos fisiológicos, retrasando el aprendizaje.

LAS ALERGIAS

La alergia es una reacción del organismo caracterizada por un conjunto de síntomas respiratorios, nerviosos o eruptivos, y se produce cuando el organismo entra en contacto con una o varias sustancias hacia las que tiene una especial sensibilidad. Estas sustancias, que se denominan alérgenos, son inocuas para la mayoría de la gente. Entre las de mayor incidencia encontramos: ciertos medicamentos o alimentos, polvo, pelo de animales domésticos, picaduras de insectos, polen. El tiempo que dura la reacción alérgica tras la exposición al alérgeno varía desde unos minutos hasta varios días. Hay algunas alergias que incluso pueden producir la muerte como resultado de lo que se denomina *shock* anafiláctico. El factor tiempo, durante el que aparece la reacción alérgica, varía desde unos minutos después de la exposición al alérgeno hasta días más tarde.

La falta de higiene no provoca alergias, pero sí las agrava. Es fundamental por tanto educar el sentido de la higiene y la responsabilidad en niños alérgicos (no tocar, no comer o no tener contacto con alérgenos) desde edades muy tempranas.

LAS INFECCIONES

Se entiende por infecciones aquellas patologías causadas por la penetración de gérmenes (virus, bacterias, hongos) y su desarrollo en el cuerpo humano. Las infecciones más frecuentes son las del aparato respiratorio (catarros, amigdalitis, otitis, sinusitis, bronquitis, gripe); las del aparato digestivo (gastroenteritis); las que cursan con erupciones (la varicela, sarampión, rubéola; las infecciones del aparato genitourinario (vulvitis, vaginitis), y las infecciones que afectan al sistema nervioso central (encefalitis, meningitis). Las consecuencias que puede tener en el cuerpo una infección dependen de diversos factores, tales como la cantidad y virulencia de los gérmenes que hayan atacado al organismo, la predisposición del afectado y su capacidad de defensa.

La higiene es fundamental para la prevención de muchas infecciones, y más en los niños, que las sufren con mayor frecuencia debido a sus bajas defensas orgánicas. Una limpieza adecuada del niño, de su ambiente, o de las manos antes de metérselas en la boca, resulta esencial para evitar que desarrolle infecciones.

LA OBSESIÓN POR LA LIMPIEZA

Muchos padres mantienen una lucha constante para que sus hijos se bañen, no tiren la ropa limpia al suelo o se laven los dientes. Por el contrario, hay otros niños obsesionados por la limpieza. Entendemos que un niño tiene una obsesión por la limpieza cuando muestra comportamientos tan anómalos como no salir de casa sin lavarse las manos escrupulosamente, o limpiar constantemente su mesa de partículas de polvo. Estas conductas llegan a modificar el buen funcionamiento del hogar y pueden dar lugar a desórdenes emocionales.

Algunas personas, tanto adolescentes como adultos, se lavan las manos cientos de veces al día y, aun así, siguen viéndolas sucias. Cuanta más ansiedad sienten, más cuidado ponen en el lavado. Este trastorno obsesivo compulsivo relacionado con la limpieza puede tener sus orígenes en la infancia.

A los niños pequeños les gusta la regularidad y la rutina y ya hemos hablado de los beneficios de fomentar el respeto por la limpieza, pero la atención hacia estos factores debe permanecer dentro de los límites racionales.

LA HIGIENE EN LAS RELACIONES SOCIALES

La higiene tiene importantes repercusiones en la forma en que perciben al niño los que lo rodean: un pequeño mal vestido, mal peinado o con aspecto sucio provocará rechazo y risas entre sus compañeros.

Asimismo, un niño que no controle sus esfínteres se sentirá distinto a los demás y evitará muchas actividades sociales, como ir a dormir a casa de amigos o acudir a campamentos, ya que si lo hace o si se lleva el pañal su problema se pondrá en evidencia.

Pese a su alta incidencia, la enuresis nocturna sigue causando rechazo por parte del grupo de iguales y las críticas de los demás influyen de forma negativa en la autoestima del niño.

3. LO QUE SE ESPERA QUE HAGA TU HIJO SEGÚN LA EDAD

En ocasiones, los padres no sabemos con exactitud lo que son capaces de hacer nuestros hijos, porque no conocemos sus posibilidades reales. Esto puede derivar en un sentimiento de frustración en los niños que no logran lo que sus padres desean. En este capítulo describimos las claves de la evolución infantil para que los adultos sepan cuándo y cómo deben empezar a inculcar el desarrollo del hábito de higiene, incluido el control de esfínteres.

Diferenciamos la higiene del bebé y del niño por la posibilidad que tiene este último de participar activamente en las distintas acciones.

3.1. El bebé

Mantener limpio al bebé es uno de los aspectos básicos de su cuidado: el cambio de pañales o el baño forman parte de las tareas que realizan los padres a diario con el fin de que su hijo se sienta confortable.

Para aportarle bienestar hay que limpiar su cuerpo y cuidar su aspecto. El bebé necesita, tanto en el aspecto físico como en el psicológico, alguien que se haga cargo de sus necesidades.

Los rituales dedicados a la higiene pueden ser muy placenteros para la familia. El bebé tiene limitada la interacción con sus padres porque no puede emitir palabras, acercarse a los objetos ni cambiar de postura. El baño permite desarrollar juegos y estimularle a través del contacto físico. Además sirve de base para el desarrollo correcto del hábito que nos ocupa.

3.2. El niño

El hábito de higiene engloba el cuidado del cuerpo (por partes y en su conjunto) y su aspecto, e incluye actos concretos como vestirse y desvestirse.

A la edad de 1 año, el niño ya empieza a ayudar en la tarea de ponerse la ropa levantando el brazo o la pierna; lo mismo a la hora de desnudarse. En torno a los 2 años es capaz de desvestirse sin ayuda. Entre los 2 y los 4 años puede aprender a dominar las destrezas necesarias para vestirse. Es importante que cuando el niño empiece la educación infantil, a los 3 años, ya tenga adquiridas las destrezas y el hábito de vestirse y desvestirse casi sin ayuda. A los 5 años, la mayoría de los niños pueden vestirse solos, exceptuando los cordones de los zapatos.

Lavarse las manos, la cara, peinarse o bañarse son destrezas que se van adquiriendo poco a poco, en función de la maduración personal del niño y de la implicación de los padres en el fomento de su autonomía.

Habrá que explicar al niño los pasos que puede seguir para frotarse las manos, enjuagarse la boca o secarse la cara. A medida que la dentición se completa y hasta que el niño tenga 7 años será necesario apoyar el aprendizaje del cepillado de dientes, aunque el pequeño aprenderá a hacerlo sobre todo imitando a los padres y/o hermanos mayores.

PAUTAS PARA DESARROLLAR LA HIGIENE CON ÉXITO

Hay que tener en cuenta una serie de criterios para conseguir el éxito en la formación de hábitos y en el desarrollo de las habilidades básicas de higiene:

- Esperar a que el niño alcance el nivel de maduración óptimo de los mecanismos anatómicos y fisiológicos implicados. No pretendamos que se abroche y desabroche los botones de la camisa si tiene 2 años, pero sí podemos pedirle que empiece a ponerse los calcetines.
- El entrenamiento y la regularidad en la repetición de las rutinas asegura la adquisición del hábito y su mantenimiento. Procuraremos

asignar al niño tareas que pueda cumplir y vigilar que las haga todos los días; por ejemplo, lavarse las manos antes de comer.

- Seguir un horario fijo en la aplicación de la norma de higiene, que se adecue a la situación cotidiana; por ejemplo, conviene relacionar la higiene bucal con la finalización del almuerzo y la cena. Si solo se lo recordamos cuando nos viene bien, es probable que el niño acabe por no hacerlo.

- Conviene que el pequeño asocie el hábito con la sensación de bienestar físico, psíquico y social que le proporciona. Para ello hay que decirle cuánto nos gusta verlo limpio, lo bien que huele recién bañado...

- Aprovechar la necesidad de imitación del niño. Los padres han de ser conscientes de que sirven de modelo y ejemplo, y dejar que su hijo los vea cuando se duchan, se cepillan los dientes, se arreglan, etc.

- El ambiente que rodea al niño será de comprensión, tolerancia, constancia y motivación.

- El juego es una actividad natural en la infancia que facilita el aprendizaje. Por lo tanto, podemos favorecer actividades como bañar a los muñecos, jugar a peluquerías, a médicos, etc.

- Los padres procurarán ser mediadores, estimular y estructurar el aprendizaje del hábito de la higiene.

- Es necesaria la continuidad y coherencia en la actuación de ambos padres.

Si los padres son constantes en el cumplimiento del hábito, su supervisión diaria se hará poco a poco innecesaria.

3.3. EL CONTROL DE ESFÍNTERES

La adquisición del control de esfínteres depende de varios factores que son distintos en cada niño. No obstante, la mayoría lo consigue entre los 2 y los 3 años, y de manera paulatina. Probablemente la retención nocturna del pis se adquiera más tarde, ya que el pequeño necesita de ciertas habilidades evolutivas para despertarse por la noche al sentir la vejiga llena. Por lo general, el control nocturno se logra a partir de los 3 años; incluso hay casos de niños que no lo consiguen hasta los 4 o 5 años. Conviene no perder de vista que el control de la orina requiere una serie de habilidades que se adquieren de forma secuencial, como la conciencia de la necesidad de orinar, el inicio voluntario de la micción, la inhibición de la micción y su retraso y la inhibición de la micción automática durante el sueño.

Adquisición de la capacidad para controlar la micción:

Primeros 6 meses	El vaciado de la vejiga se produce de forma automática cuando esta alcanza su volumen máximo (30-60 ml).
1-2 años	Los niños son conscientes de la necesidad de hacer pis y la pueden manifestar.
3 años	La mayoría es capaz de contraer los músculos pélvicos con el fin de retener la orina.
4 años	Controlan voluntariamente la orina. Entre los 3 y los 4 años suelen ser capaces de controlar por la noche el pis.

La adquisición del control del esfínter anal se produce de la misma forma que el control de la micción; quizá la única diferencia sea que se consigue antes en el tiempo.

Conviene tener presente que cada niño es diferente en la adquisición de habilidades. El único dato importante que nos puede servir de referencia es que el control de esfínteres suele empezar a adquirirse en torno a los 2 años y que la mayoría de los niños controlan perfectamente el pis y la caca hacia los 4 años y medio.

4. Prueba a hacerlo tú

Los hábitos y rutinas solo se desarrollan cuando se repiten una y otra vez. En el caso de la higiene, el pequeño pasará de depender de sus padres para estar limpio a realizar por sí mismo todas las rutinas que incluye este hábito.

Educar en la higiene es un proceso largo y complejo que se inicia cuando el niño nace y se desarrolla a medida que aumentan sus capacidades. Los padres irán haciendo al niño responsable de las tareas que implica, y para ello es importante que la organización familiar tenga en cuenta desde el principio el momento, el lugar y la manera de asearse.

4.1. La higiene en el bebé

El bebé depende absolutamente de los cuidados que le proporcionan los padres, incluido el aseo. Desde esta etapa ya podemos enseñarle a identificar la sensación de placer al estar limpio y la de incomodidad cuando se está sucio.

El cambio de pañal, el momento del baño o el rincón de aseo son elementos que le anuncian que el hábito de higiene es importante y que por eso ocupa un espacio relevante en la organización de su vida cotidiana.

En el mismo lugar

Hay que destinar un espacio al aseo. Necesitamos un cambiador donde tumbar al niño mientras lo vestimos y desvestimos. También es necesario tener a mano pañales, un cepillo del pelo, colonia, crema, toallitas húmedas, tijeras de uñas para bebés, ropa interior y pijamas, de forma que no haya que moverse de su lado: ¡Nunca debemos dejar solo al bebé sobre el cambiador! De este modo el pequeño va asociando la rutina de la higiene a un mismo lugar. Siempre que estemos en casa, el rincón de aseo será también el lugar destinado a cambiarle de pañal, con el fin de que el bebé asocie el rincón con la actividad y recuerde la rutina. El pañal hay que cambiarlo un mínimo de cuatro a seis veces al día y, por supuesto, siempre que esté sucio.

El baño será más fácil si tenemos un rincón destinado a las cosas del bebé cerca de su bañera. Dado que estará desnudo es importante que la temperatura del cuarto de baño y el rincón del cambiador oscilen entre 22-24 grados.

> ¿Qué se necesita?
> — jabón líquido
> — una toalla
> — una esponja suave

DE LA MISMA MANERA

El baño

Además de ser saludable e higiénico, el baño ayuda al bebé a relajarse y es un momento de relación y contacto con los padres. Gracias a esta actividad, el pequeño asocia el hecho de estar limpio a algo gratificante. Aprovechemos para hablarle, contarle lo que vamos haciendo, cantarle, nombrarle las partes del cuerpo, darle un masaje o simplemente acariciarlo.

Existen bañeras especiales para bebés y adaptadores para las bañeras grandes. En cualquier caso, hay que llenar la bañera con un palmo de agua más o menos y comprobar que la temperatura sea la del cuerpo, 37 grados centígrados. En caso de no disponer de un termómetro, se puede meter el codo o la parte interna de la muñeca en el agua: si no sentimos ni frío ni calor, el agua está bien. Es el momento de meter al bebé con cuidado y sin sumergirle la cabeza. Se le sujeta por la espalda con un brazo, se apoya el culito en el fondo y, con la mano que nos queda libre, le echamos agua sobre el cuerpo y lo enjabonamos con delicadeza del cuello hacia los pies. Si hay que lavarle la cabeza, lo hacemos con cuidado, sin asustarlo. A continuación procedemos al aclarado. Después de sacarlo de la bañera hay que secarle muy bien el cuerpo con una toalla suave, sin olvidar los pliegues de la nuca y las piernas. No tengamos prisa, si la temperatura de la habitación es la adecuada (entre 22-24 grados), no sentirá frío. Es fundamental no dejar de sujetarlo y, por supuesto, permanecer con él durante todo el tiempo.

A partir de los 6 meses de edad el niño ya es capaz de interactuar con el agua y los objetos: los coge, los lanza para que salpiquen, palmotea en el agua... Es el momento de habilitar una bolsa o caja para los juguetes del baño. Hay que dejar que el niño disfrute, que experimente y compruebe la sensación tan agradable que produce estar en el agua. El baño es para él uno de los momentos más importantes del día. A partir de los 10 meses se le puede pasar a la bañera familiar, pero hay que recordar que ya no parará quieto, querrá experimentar, salpicar, chapotear, meterse la esponja en la boca. Es imprescindible no dejarle solo ni un segundo.

Otras medidas de seguridad son:

- Puede que el grifo queme, si es así, podemos taparlo con una toalla pequeña para evitar accidentes.

- Para evitar el picor de ojos, utilizar productos específicos para la higiene del bebé.
- Pongamos alfombrillas o pegatinas de goma en la bañera familiar para que el bebé no resbale.
- Para que juegue sentado tranquilamente y poder lavarlo a la vez, existen adaptadores.

A partir del año, entre sus juguetes de agua hay que incluir una esponja y animarlo a que vaya probando a lavarse la cara, después los brazos y las piernas, y así sucesivamente, aunque luego nos ocupemos nosotros de hacerlo de forma adecuada.

Vestir al bebé

La ropa del bebé debe ser poco ajustada para que pueda moverse con libertad. Hay que poner especial cuidado en no utilizar prendas que desprendan pelo o que tengan lazos que puedan dificultar su respiración o causar accidentes. No hay que abrigarlo demasiado, ni siquiera a la hora de dormir. Su dormitorio no debe estar a más de 20 grados. Cuidaremos que no haya cambios bruscos de temperatura ni corrientes porque su organismo todavía no sabe adaptarse a ellos.

Para desnudar al bebé utilizaremos el rincón del cambiador, que tendrá que tener una superficie plana y segura. Aprovecharemos también para peinarlo, ponerle colonia, y, con caricias, decirle lo guapo que está, lo bien que huele y lo que nos gusta achucharlo cuando está limpio.

Hay que repetir a diario todo el ritual del aseo y acabar reforzando el placer que proporciona estar limpio. El lavado de cabeza y el corte de uñas no se llevan a cabo todos los días, pero, cuando se realizan, es conveniente asociarlos al momento del baño.

El lavado de cabeza

Dos o tres veces por semana es suficiente. Se puede utilizar un champú suave indicado para bebés.

En los lactantes es muy frecuente que aparezca en el cuero cabelludo una especie de descamación llamada costra láctea. Desaparece al cabo del tiempo y no es necesario tratarla con ningún producto específico, a menos que lo recomiende el pediatra.

Las uñas

Para evitar que el bebé se arañe, se le cortarán las uñas a menudo. Las tijeras han de ser especiales, de puntas redondeadas.

A LA MISMA HORA

Aunque no hay una hora especialmente indicada para el baño, es preferible elegir un momento en que el bebé no tenga hambre: ni mucho antes de la toma ni inmediatamente después. Lo importante es hacerlo siempre a la misma hora para que el pequeño vaya adquiriendo el hábito.

Si el baño transcurre de forma relajada, puede ser el inicio de la rutina de acostarse, un anuncio de que se acerca el momento de dormir.

4.2. LA HIGIENE DEL NIÑO

La diferencia esencial con la higiene del bebé es que aquí el objetivo principal es lograr que el niño colabore en las rutinas que tienen que ver con el aseo para que acabe desarrollándolas él solo.

Para crear el hábito de la higiene primero hay que definir qué es para cada uno estar limpio y qué comportamientos esperamos de nuestro hijo: cepillarse los dientes, peinarse, ducharse, cortarse las uñas...

Nuestra función será hacerlo nosotros primero, luego ayudarlo y más adelante supervisar que repita lo aprendido hasta lograr que lo haga de forma automática y sin supervisión del adulto, cosa que no suele ocurrir hasta pasados los 10 años.

Si nos mantenemos constantes en las rutinas, a medida que el niño crezca podremos espaciar esas revisiones y limitarnos a reforzar lo que ha hecho y repetir lo que le falta. Cuando tras un número alto de estas esporádicas revisiones no haya nada que corregir, el hábito estará asimilado, aunque necesite un recordatorio de vez en cuando.

Para llegar a ese punto el niño tendrá que haber aprendido toda una secuencia de comportamientos complejos que forman parte del hábito de higiene y que pasamos a describir. La adquisición de cada uno de ellos facilita la del siguiente.

VESTIRSE Y DESVESTIRSE

Para los adultos, vestirse es una acción automática que no requiere esfuerzo, pero si nos parásemos a pensar la cantidad de destrezas que requiere, entenderíamos lo agotador que resulta para un niño y el tiempo que necesita para aprenderlo.

Tenemos que armarnos de paciencia, ser realistas, motivar al niño y planificar el proceso. De esta manera lograremos que sea más rápido y cómodo para toda la familia. Establezcamos un plan:

Desvestirse es más sencillo. Podemos pedirle al pequeño que lo haga incluyéndolo en la rutina de antes del baño.

El pijama es una prenda que normalmente no tiene botones; le pediremos que lo prepare y se lo ponga después del baño.

Evitemos que las prisas de la mañana interrumpan su proceso de aprendizaje; para ello la noche anterior prepararemos con él la ropa del día siguiente. Le ayudaremos a ponérsela a diario, pero no el fin de semana, cuando tenemos más tiempo. Por la noche también dejaremos que el niño intente cambiarse solo.

Hay que empezar por prendas grandes (pantalones y camisetas) y sencillas de poner y quitar, con gomas elásticas en la cintura y sin botones, como los pantalones del chándal y las sudaderas. Cuando el niño maneje estas prendas habrá que añadir otras más complicadas que incluyan abrochar botones, cremalleras y por último cordones. Puedes ayudarlo a practicar con muñecos o con juegos que imiten botones y cordones.

Tenemos que estar con él, pero no hacerle las cosas. Dejemos que él nos pida ayuda cuando no pueda hacerlo solo, pero procuremos no intervenir antes.

Conviene que el niño vea cómo lo hacemos nosotros para que pueda imitarnos y seguir un esquema y un ritmo lógicos: empiezo por la ropa interior, sigo por los pantalones o la falda y la camisa, continúo con el jersey y por último me pongo los calcetines y el calzado. Si además se lo contamos, le ayudamos a asimilarlo.

Poco a poco podrá decidir junto con sus padres la compra de la ropa siguiendo sus gustos. Estableceremos normas para la selección de prendas respetando alguno de sus criterios, pero sin ceder a todos su caprichos: Así, podemos decirle: «Necesitas un chándal. Búscalo del color que más te guste».

Otra de nuestras funciones como progenitores será que el pequeño aprenda qué ropa es apropiada según el clima y la estación del año: la de abrigo para el invierno, el bañador para el verano, el babi para el colegio, la ropa de fiesta, la de estar en casa. Vestirse de forma adecuada a la temperatura y la ocasión es el objetivo de este aprendizaje.

LAVARSE LAS MANOS Y LA CARA

Aunque de adultos lo hacemos de forma habitual, los niños tienen que aprender cómo y cuándo lavarse las manos y la cara. Para iniciarlos, una de las mejores formas será establecer como norma cuándo y cómo llevarlo a cabo. Una pauta válida puede ser antes de las comidas, antes de salir de casa y después de ir al baño. Si insistimos en ella, con el tiempo nuestro hijo se lavará de forma automática en esos casos y también cada vez que se ensucie.

CEPILLADO DE LOS DIENTES

Es un hábito que los niños tienen que aprender. Para empezar puede vincularse a la finalización de la comida y cena. Lo más complicado será que aprenda a hacerlo correctamente.

La higiene dental comienza con la aparición de los dientes de leche. Deben limpiarse a diario, ya que estos son la base para la dentición definitiva y esta podría verse dañada con la aparición de caries o infecciones en la de leche. Lo primero será comprar un cepillo atractivo, un vaso y un dentífrico infantil, y colocarlos en un lugar del baño, cerca del lavabo, donde pueda cogerlos el niño con facilidad. Si el pequeño usa de primeras un dentífrico para adultos, el sabor fuerte de este le puede dar asco y hacer que desarrolle un rechazo hacia la higiene bucal.

Al principio y para que vaya familiarizándose, anímalo a realizar gestos como meterse el cepillo en la boca o pasarlo por los dientes. Recuerda que la capacidad de imitación empieza alrededor de los 2 años.

El paso siguiente es enseñarle cómo hacerlo, ponernos con él delante del espejo dejando que juegue con su cepillo nuevo sin exigirle que lo haga perfectamente, pero explicándole los pasos a seguir: comenzamos por los dientes de la mandíbula superior, los de la inferior, la cara interna, la cara externa, la parte interna de los mofletes, la lengua... podría ser una manera. Acaba reforzando lo bien que lo ha hecho y la sensación de frescor tan agradable que queda en la boca.

Podemos incluir el cepillado de dientes tras la cena con la rutina de acostarse, por ejemplo: «Haz pis, bebe agua y cepíllate los dientes antes de acostarte». De esta manera será más fácil no olvidarse de ello en el día a día.

EL BAÑO

Se convertirá en un momento de disfrutar y relajarse para el niño y los padres, pero siempre encuadrado en las rutinas diarias y con un horario fijo. Es recomendable que el baño inicie el ritual de la hora del descanso, todo lo que rodea este momento te facilitará trabajar con tu hijo comportamientos necesarios para el desarrollo de su autonomía. Veamos cómo integrarlos en la hora del baño:

Empezaremos avisando al niño de que se acerca la hora del baño para que vaya recogiendo y terminando la actividad que esté realizando.

Seguiremos con la preparación del pijama y la ropa interior, intentando que poco a poco lo vaya haciendo él solo. Hay que facilitarle la tarea poniendo percheros a su altura o en un cajón del armario que pueda abrir con facilidad. Mientras, nosotros nos ocuparemos del agua de la bañera, los elementos necesarios para el baño y la toalla.

Una vez dentro de la bañera hay que enseñarle un método para enjabonarse que le sirva de guía, de manera que no se deje ninguna parte del cuerpo sin lavar cuando lo haga solo, por ejemplo empezar por lo pies y terminar por la cabeza. De esta forma el niño se sentirá seguro porque sabe qué es lo que tiene que hacer y cómo, con lo que aumentan las probabilidades de que intente hacerlo sin ayuda.

Cuando se haya enjabonado y tras felicitarle por lo rápido que aprende y lo bien que lo hace, un rato de juego puede ser un buen premio. Le acercamos los juguetes destinados al baño y le avisamos de que cuando pase el tiempo acordado tendrá que salir de la bañera.

Llega el momento de salir del baño. Le enseñamos a secarse utilizando el mismo sistema de empezar por los pies hasta llegar a la cabeza, y a continuación le animamos a que se vista solo.

Para finalizar el ritual del baño le asignaremos una tarea que se convertirá en su responsabilidad: llevar la ropa sucia al cubo destinado a ello y recoger los enseres de aseo. Con estos gestos damos por terminado el baño y pasamos a la siguiente actividad, no sin antes decirle cómo nos gusta cuando está recién bañado, lo bien que huele y cuánto nos ayuda desde que se ocupa de hacer sus cosas, acompañando el comentario de un beso.

OTROS HÁBITOS DE HIGIENE

El aseo de las manos y las uñas, el cuidado de los ojos, la nariz y los oídos y el arreglo personal (peinado, vestido) son otros elementos de la higiene. Debemos implicarnos en ellos e integrarlos en las rutinas diarias.

4.3. Control de esfínteres

Decidir el momento en que el pequeño tiene que abandonar el pañal y pasar a usar el retrete tiende a provocar un alto grado de angustia en la mayoría de los padres. Tanto para los que se enfrentan a ello por primera vez, porque han oído de otros las dificultades que entraña, como para los que repiten, porque saben que cada niño reacciona de distinta manera.

¡Que no cunda el pánico! En situaciones normales, todos los niños acaban aprendiendo antes o después. Naturalmente, algunos niños aprenden antes que otros, pero también algunos niños andan y hablan antes o cooperan más, recogiendo sus juguetes o yéndose a la cama solos.

Unos padres con una actitud severa u ofensiva, que abusen del castigo, pueden amenazar la autoestima del niño, que se verá medido y valorado en función de si logra o no usar el inodoro. Estas formas de actuar son ineficaces para cualquier aprendizaje. Tenemos que olvidarnos de frases como: «Eres un puerco, un cagón» o «Si vuelves a hacerte pis te quedas un mes sin tele».

Existe un primer criterio que nunca hay que olvidar: intentar enseñar a un niño antes del primer año puede ser fuente de muchas frustraciones para los padres y para el pequeño, que aún no ha adquirido las capacidades neurológicas, fisiológicas y de comportamiento necesarias. Lo que para los adultos resulta un gesto automatizado y cotidiano que no requiere de ninguna atención, en el niño implica una capacidad compleja que pasa por saber reconocer el impulso de eliminar, controlarlo hasta llegar al baño, desvestirse y colocarse en la posición apropiada. Ello supone un gran esfuerzo que no podemos pedirle antes de tiempo.

En general, aunque hay excepciones, los niños van controlando esfínteres siguiendo este orden:

- Control nocturno de la deposición.
- Control diurno de la deposición.
- Control diurno de la orina.
- Control nocturno de la orina.

ANTES DE EMPEZAR

Hay que observar que el niño adquiere nuevas capacidades que indiquen que está preparado. Si estas no se producen, podemos poner en práctica determinados comportamientos que favorezcan su aparición.

Si los siguientes puntos se cumplen, se puede empezar la educación del control de ambos esfínteres:

- Le disgusta estar mojado y avisa o busca al adulto para que le cambie el pañal, incluso llega a expresar por medio de palabras o gestos que tiene ganas de orinar o defecar.
- Le molesta llevar pañal, incluso intenta quitárselo.
- Entiende y cumple órdenes sencillas e imita comportamientos que ve en sus padres como el cepillado de dientes o lavado de manos. Sabe desvestirse (sobre todo bajarse y subirse el pantalón y la ropa interior), colabora con la tarea de vestirse y protesta porque quiere hacer cosas por sí mismo.
- Es capaz de permanecer sentado y atendiendo una tarea (un cuento, un juego, una canción, una conversación) durante unos minutos.
- Interrumpe la actividad que está haciendo y se para o se retira mientras hace pis o caca en su pañal.
- Puede ir rápidamente al baño, sentarse sin perder el equilibrio en el orinal y levantarse sin ayuda.
- Permanece varias horas seco, reduce las deposiciones diarias a una o dos como mucho.

Todas estas premisas son necesarias para iniciar el control de esfínteres. Si no se dan, habrá que esperar con paciencia hasta que ocurran y aparezcan indicadores de mayor control. Como ya se ha mencionado antes, cada niño evoluciona a un ritmo distinto.

LAS SEÑALES SE PUEDEN PROVOCAR

También podemos estimular la aparición de las señales con determinadas acciones:

- Enseñar al niño las distintas partes del cuerpo haciendo hincapié en las que tienen que ver con la eliminación de excrementos: que sepa por dónde salen la orina y las heces. Una forma de hacerlo es permitiéndole que acompañe al baño a sus padres (naturalmente, esto será mucho más eficaz si los niños observan al progenitor de su mismo sexo), aprovechar la hora del baño y pedirle que diga el nombre de cada parte del cuerpo mientras se enjabona.

- Repetirle términos relacionados con el retrete y fomentar el conocimiento del vocabulario. No importa cómo lo llamemos (retrete, pipi, popó), siempre que el niño sepa de qué estamos hablando.

- Si no parece entender órdenes sencillas, tenemos que enseñarle los nombres de los objetos asociados al baño: papel higiénico, orinal, cepillo de dientes, peine, toalla, gel... antes de intentar enseñarle a usar el váter.

- Muchos niños menores de 1 año señalan sus ganas de hacer pis o caca. No perdamos la oportunidad de reforzar esta actitud, porque así, además, les enseñamos la diferencia entre seco y mojado o limpio y sucio, conocimientos que preceden a la habilidad para informar a los padres de que necesitan ir al cuarto de baño.

- Discriminar e identificar la sensación de que limpio equivale a agradable y sucio a desagradable pasa por dejarle notar lo incómodo del pañal mojado. «Mamá, tengo pis» o «Papá, tengo caca» son frases con las que los niños comienzan a dar pistas sobre el control que van adquiriendo. Si nuestro hijo es de los que lo pide antes de haberle retirado el pañal, le acompañaremos al retrete ¡No desaprovechemos la oportunidad!

- Si comprende las órdenes sencillas pero se resiste a hacer lo que se le pide, es preferible superar primero este problema; para ello te remitimos al capítulo de «Normas y límites».

- Algunos niños desarrollan miedos relacionados con el retrete y es importante que los supere antes de comenzar el control de esfínteres. No podemos pretender que el pequeño se mantenga sentado y relajado en un sitio por el que piensa que puede salir un monstruo o que se lo va a tragar. En estos casos recomendamos empezar por el orinal, animarlo a que tire de la cadena sin obligarlo, a que observe el pañal sucio y lo tire a la basura, etcétera. Si los miedos persisten, habrá que aplicar las estrategias que planteamos en el capítulo IV, «Miedos y manías», para superarlos.

- Mediante un lenguaje adaptado a su edad, hay que explicar al niño qué son las heces y el orín, y por qué los eliminamos: «La caca es lo que el cuerpo echa porque no sirve para nada. ¡Uf! huele fatal pero es bueno hacer caca y pis todos los días. Si no, nos sentiríamos mal y nos pondríamos malos».

- Los padres pueden dejar que el niño practique sentándose en el orinal y en la taza del retrete durante breves periodos de tiempo, incluso que asocie la visita al cuarto de baño con actividades placenteras, como leer un cuento. En principio esto se hará solo para que se familiarice con estos objetos y no para que les dé uso. Así el niño comprobará que no se cae dentro ni desaparece, lo que evitará miedos posteriores.

- Debemos consultar al pediatra si vemos que el niño hace fuerza y parece sentir dolor cuando defeca. No recomendamos que se empiece el aprendizaje si no se encuentra bien o siente molestias durante el proceso, ya que estas situaciones de dolor se asociarían al uso del retrete y dificultarían el abandono del pañal.

- Si el niño entiende órdenes, tiene equilibrio, sabe vestirse y desvestirse, nota cuándo tiene ganas de ir al baño y avisa, está preparado para decir adiós al pañal.

LA ACTITUD DE LOS PADRES

En algunas ocasiones el pequeño puede estar preparado, pero los padres no. Este proceso puede resultar estresante y conviene que los progenitores evalúen cómo van a afrontarlo, porque el éxito tiene mucho que ver con su actitud.

Lo más acertado es respetar las siguientes normas que resumimos a continuación:

> Tener paciencia, el niño está iniciando un aprendizaje complejo que necesita de la coordinación de muchas capacidades.
>
> Ante los fracasos, la respuesta de los padres será lo más neutra posible, sin enfados. Suele ser suficiente una frase del tipo: «Ve a la habitación, coge ropa seca y cámbiate». Por el contrario hay que reforzar cualquier progreso.
>
> Abandonemos la idea de regañar, reprochar o comparar con otros niños.

APRENDER A CONTROLAR ESFÍNTERES

El método que presentamos requiere tiempo para alcanzar los objetivos y un poco de preparación. Para empezar a ponerlo en práctica conviene esperar al fin de semana, un puente o unas vacaciones.

Si nuestro hijo acude a la escuela infantil hay que comunicarse con los profesionales del centro, pues siempre será más eficaz una actuación coordinada. Además ellos son especialistas y quienes mejor nos pueden indicar si el niño está preparado y cómo hacerlo.

Evaluados los criterios o señales que nos indican que podemos empezar a enseñar al niño a despedirse del pañal y usar el retrete, elegimos el día.

Conviene asegurarse de que la semana que sigue no sea muy ajetreada y no coincida con acontecimientos que estresen al niño. Si ambos padres trabajan es preferible comenzar el sábado por la mañana. Le decimos al niño que ese día tendrá una sorpresa porque aprenderá a utilizar el váter como las personas mayores.

Material

Necesitamos un orinal cómodo que se asiente bien en el suelo. El niño acompañará a sus padres a la tienda y los ayudará a escogerlo. Puede personalizarlo con una pegatina que lo identifique como algo suyo.

Es muy útil tener ropa interior una o varias tallas mayores que la del niño para que sea capaz de ponérsela y quitársela con facilidad. El pequeño tiene que saber cómo subirse y bajarse la ropa, un pantalón o falda con elástico en vez de botones le facilitará la tarea.

Durante ese día buscaremos un sitio para el orinal en el baño y le permitiremos al niño que juegue con él para que se familiarice con el objeto nuevo. Por ejemplo puede usar un muñeco, sentarlo y jugar con él.

Comienzo

La primera vez le animaremos a que se siente en el orinal, aplaudiremos su equilibrio y el hecho de que sea capaz de bajarse y subirse la ropa solo. Si existe cierta resistencia, le podemos permitir que se siente vestido y permanezca así un rato, y le adelantaremos que a partir del día siguiente empezará a usarlo algunos ratitos para aprender. Estos ratos no superarán los 3 minutos, no tienen por objetivo que el niño defeque, solo que se familiarice con la situación para evitar miedos posteriores. No se debe obligar al pequeño a abandonar una actividad en la que esté concentrado. Si hay mucha resistencia, guardamos el orinal y lo intentamos unos días después.

A la hora de decidir el momento de sentarlo es conveniente que los intervalos sean regulares, para ello podemos guiarnos por algunos criterios como si el niño tiene una hora determinada para hacer deposiciones (los hay que presentan cierta regularidad) o si han transcurrido un par de horas o tres desde la última vez que hizo pis para marcar los momentos de acompañarlo al orinal y aumentar las posibilidades de que haga caca. Nada más levantarse de la siesta o por la mañana, si está seco, tendrá que ir rápidamente. No hay que obsesionarse con preguntarle cada dos por tres si quiere ir al baño. También hay que aceptar los accidentes y el niño no debe pasar más de 10-15 minutos en total al día sentado en el orinal.

Practicar con el orinal

Le pedimos al niño que vaya hasta donde está el orinal, que se baje los pantalones y que permanezca sentado en el mismo durante unos minutos. Mientras, puede charlar con nosotros, jugar con su muñeco favorito o leer algo. Pero no es un momento de juego, así que no lo alargues; basta con asociar el momento de ir al váter con algo sencillo y agradable para evitar miedos o ansiedades que le dificulten el control de esfínteres. Pasados estos minutos le indicaremos al niño que mire el orinal para que diferencie si está lleno o vacío. En el primer caso reforzaremos lo bien que lo ha hecho y lo mayor que se está haciendo, en el segundo le indicaremos que se suba la ropa y le elogiaremos que sea capaz de hacerlo añadiendo que puede utilizar el orinal cuando tenga ganas de hacer pis o caca.

Cuando el niño acuda sin resistencia y de manera tranquila al orinal, es el momento de retirar el pañal diurno. Mantendremos el de la noche y la siesta hasta que se presente seco durante un periodo de tiempo prudencial (al menos 15 días seguidos) y el uso del orinal o el retrete sea la tónica predominante durante el día. Una vez tomada esta decisión no hay vuelta atrás y se mantendrá al niño sin pañal independientemente del número de accidentes que se produzcan.

Comentarios negativos

Si el niño hace comentarios negativos respecto al uso del váter o pide de nuevo sus pañales, le contestaremos que no y nos retiraremos de la situación para evitar que insista.

Accidentes

Si el niño tiene un accidente (y tendrá unos cuantos), no le daremos importancia. Simplemente le cambiaremos y le diremos que no se preocupe, que tendrá otras oportunidades de utilizar el orinal. Eso sí, pidámosle que vaya hasta el orinal desde el lugar donde estaba cuando tuvo el accidente y que demuestre cómo se baja los pantalones y se sienta rápidamente.

Los refuerzos

En algún momento del proceso de aprendizaje, el niño conseguirá evacuar dentro del orinal. Es nuestro objetivo, así que se lo señalaremos e incluso le daremos un premio material (juguete, golosina...) pero solo esa primera vez. A partir de este momento el refuerzo se hace siempre que haya contenido en el orinal con una frase acompañada de algún guiño cariñoso que le indique los logros obtenidos. «Qué bien has ido al baño tú solo, no te ha hecho falta que te lo recuerde». Como en el aprendizaje de cualquier otra conducta, buscamos que el niño la lleve a cabo sin necesidad de premio. Para ello hay que espaciar las recompensas. Es importante continuar elogiándole y recompensándole cuando lo hace correctamente, pero de forma cada vez más irregular y esporádica.

Tan importante como aplicar el método es la adquisición de responsabilidades por parte del niño. Está comprobado que si se desviste, echa la ropa sucia a lavar, se asea y se pone la limpia solo, mejora ostensiblemente el proceso de aprendizaje.

5. DIFICULTADES Y CÓMO SOLUCIONARLAS

¿Qué ocurre cuando hemos puesto todo esto en práctica y siguen surgiendo problemas en la adquisición de hábitos de higiene? ¿Qué hacer si el niño sigue haciéndose pis encima? ¿Y si la higiene le obsesiona? ¿Cuándo buscar la ayuda de un profesional?

Cuando el niño no controla esfínteres, a diferencia de otros de su misma edad, es difícil no angustiarse ante la posibilidad de que haya un problema serio. Además, a medida que pasa el tiempo, el pequeño empieza a ser rechazado por sus compañeros y eso lo lleva a evitar situaciones donde puedan producirse accidentes, con lo que sus relaciones sociales también se ven afectadas.

5.1. CUANDO EL CONTROL DE ESFÍNTERES SE RETRASA

En ocasiones, el aprendizaje del control de esfínteres se retrasa por distintas razones:

- No ha adquirido hábitos.
- Al niño no le molesta estar sucio.
- Está realizando una actividad atractiva que requiere su atención y no la interrumpe para ir al baño.
- No quiere madurar, rechaza ser mayor.
- No ha adquirido hábitos o tiene dificultades con los límites.
- Como cada niño es distinto, simplemente va más lento en el aprendizaje.

En estos casos podemos ayudarlo a superarlo aplicando un sistema de puntos. Pongamos por caso un problema de enuresis nocturna. Ya existe control diurno, pero no pasan más de 14 o 15 días sin que ocurran accidentes nocturnos. El objetivo es aumentar los días que amanece seco el niño para poder retirarle el pañal o para que disminuya la frecuencia de micciones nocturnas.

LUNES	MARTES	MIÉRCOLES	JUEVES	VIERNES	SÁBADO	DOMINGO
☁	☀	☀	☀	☁	☁	☀

Hacemos una tabla con los días de la semana y fabricamos o conseguimos unos adhesivos de soles sonriendo y otros con nubes tristes: los soles son para los días en que el niño amanece seco y las nubes para cuando haya accidentes. Le explicamos al pequeño para qué sirve y pactamos con él qué premio conseguirá con determinado número de soles.

Por las mañanas, cuando el niño se levante, comprobaremos si está seco. En ese caso pegamos en el cuadrado del día de la semana que corresponda un sol sonriente y lo acompañamos de un beso o una caricia; no hay que hacer demasiada fiesta. Si, por el contrario, el pequeño amanece mojado, pegamos una nube triste, pero de ninguna manera haremos gestos de enfado ni regañaremos al niño. Independientemente de lo que haya ocurrido, lo primero al despertarse será ir al váter a sentarse unos minutos.

Podemos empezar con cinco soles para conseguir un premio, pero el número irá aumentando a medida que avancemos en el entrenamiento. Los progresos exigidos al niño irán a más, hasta que ya no sea necesaria la tabla de puntos, esto es, cuando se den al menos 15 días sin accidentes. Entonces, si el objetivo era retirar el pañal, lo hacemos y mantenemos un par de semanas más el sistema de puntos; eso sí, pactando un nuevo incentivo más difícil de conseguir: «Este cuesta diez soles».

Este sistema de puntos también es aplicable a niños que no controlan de día (pis o caca). Cuando vayan al baño y evacuen allí pondríamos un sol y cuando se lo hagan encima pondríamos una nube. Siempre que se produzca esta segunda situación los acompañaremos al retrete, donde se sentaran unos minutos.

Pero este plan no basta por sí solo para solucionar el tema. Sorprende conocer la cantidad de niños con problemas de control de esfínteres en cuyo origen hay una mala o nula adquisición de hábitos. Por eso, la tabla de puntos y refuerzos tiene que ir acompañada de las siguientes acciones:

Por el día:

Cada vez que el niño se hace pis o caca encima, él mismo se ocupará de cambiarse la ropa sucia, echarla a lavar y ponerse la seca. Con niños muy resistentes se puede probar con que laven su ropa interior o frieguen la superficie de suelo manchada. La actitud de los padres ha de ser serena, pero firme. Cuando nuestro hijo anuncie que se ha hecho pis encima habrá que decir: «Bien, coge ropa limpia del armario, ve al baño y cámbiate», sin reproches ni faltas de respeto, solo haciéndole responsable de su comportamiento.

También habrá que aumentar las responsabilidades en casa. Asignarle algunas tareas, como poner la mesa, hacer su cama u ordenar la ropa limpia en su cajón, dependiendo de las capacidades y edad que tenga.

A los niños muy despistados que se entretienen con algo y se olvidan de ir al baño podemos regalarles un reloj con alarma: «Este es el reloj de hacerse mayor, porque te avisa de que tienes que ir al baño y utilizar el retrete como los mayores». Así, cada 2 horas y media o 3 sonará la alarma que le indique al niño que tiene que ir al baño y sentarse unos minutos en el retrete. Lo acompañaremos, sobre todo al principio, porque si está ensimismado con alguna actividad, ninguna alarma le hará abandonarla.

Por la noche:

Cuando moje la cama, tendrá que colaborar en el cambio de sábanas y pijama. A veces los padres no dejan intervenir al niño con excusas como «Yo lo hago más rápido y es de madrugada» o «Me da pena, es tan pequeño...». Pero el niño tiene que sentirse incómodo con la situación y, si sus padres le resuelven el problema, no se hará responsable de su comportamiento. Debe experimentar lo molesto que es cambiar de sábanas y pijama de madrugada, así como la sensación de frío y humedad. Tiene que sufrir las consecuencias desagradables de hacerse pis de noche para sentir deseos de controlar sus esfínteres y estar seco.

Así se dará cuenta de que es preferible ir al baño en un momento y volver a meterse en la cama calentito.

Algunos cambios en la dieta de la cena pueden ayudarlo al principio a controlar sus esfínteres:

- Dale yogur en vez de leche.
- Es preferible darle la sopa a la hora de la comida que en la cena.
- Intentar evitar los líquidos en la cena y, si pide agua una vez acostado, averiguar si es porque tiene sed o porque quiere que se le atienda.

En la rutina de acostarse debe figurar el momento de hacer pis antes de ir a la cama.

En el caso de no controlar las deposiciones, podemos añadir estas pautas:

- Hacer que se siente en el inodoro tras cada comida y antes de acostarse, durante una media de 3 a 5 minutos.
- Cuando el pequeño se ensucia, le daremos ropa interior limpia sin hacer ningún comentario. No recurriremos a castigos o reproches, pero tampoco alabaremos o recompensaremos el hecho de estar limpio.

Si transcurrido mucho tiempo desde que se inició el control de esfínteres el niño no muestra ningún interés/placer por estar limpio, se puede utilizar la técnica de sobrecorrección, que consiste en reparar la situación provocada por su comportamiento. La medida ha de ser acorde en intensidad con la conducta y servirle para ampliar su repertorio personal. Por ejemplo: que el niño lave la ropa interior cuando la mancha o que ayude en la limpieza del baño. El refuerzo positivo será librarse de estas tareas una vez haga sus necesidades en el váter.

No dejemos de preguntarle por lo que le ocurre. En ocasiones no sabrá contestar: «Se me escapa, no lo sé...», pero en otras nos dará la clave: «Me da miedo ir al baño por la noche». Esta razón es más frecuente de lo que imaginamos, y bastará con que dejemos en su mesilla de noche «la linterna amiga» que lo acompañe cuando no hay luz para llegar hasta el baño. No olvidemos probar con él cómo se enciende y se apaga y ensayar el trayecto al baño con ella encendida para que la use correctamente. También, por supuesto, le premiaremos cuando la use, no solo porque ha ido al baño, sino también porque ha sido capaz de vencer sus miedos.

5.2. Miedos

No es raro que aparezcan temores relacionados con las rutinas vinculadas a la higiene. Más adelante encontrarás un capítulo donde se trata en profundidad el tema de miedos y manías. Aquí damos solo unas nociones de qué hacer cuando aparecen.

Cuando se trata de miedo a la bañera, al agua, al secador, al váter o a la cisterna, lo primero es definir con el niño lo más exactamente posible qué lo provoca: el ruido que hace, la posibilidad de que salga un monstruo del agujero, que se lo trague el desagüe, etcétera. Si todavía no habla, estaremos pendientes de sus reacciones. Los miedos se vencen enfrentándolos, pero no tiene que ser de forma traumática, sino poco a poco.

Ten en cuenta que:

☹ Evitaremos ridiculizaciones: «¡Eres un gallina!», o regañinas y castigos: «Estoy harto de tener todos los días follón con el baño», porque solo consiguen que el niño se sienta incapaz de afrontar la situación.

☹ No le demos mucha importancia al miedo o podríamos encontrarnos con que el niño explota la situación, bien porque así evita algo que no le gusta, bien porque descubre que de esa manera tú le sacas las castañas del fuego.

☹ Conviene reforzar los esfuerzos que haga por vencer sus miedos, como por ejemplo frases de ánimo: «Valiente, venga, que tú puedes» o «¡Lo has logrado, campeón!».

☹ No hay que forzarlo, si hoy no lo consigue, sácalo de la situación que le da miedo e inténtalo mañana. Cada niño necesita su tiempo, pero tenemos que animarlo a que venza sus temores: «Ayúdame a tirar de la cadena, dame la mano y apretamos juntos el botón; luego aplaudimos porque la caca se la lleva el agua». También podemos hacerlo nosotros primero y luego pedir que lo repita: «Voy a ponerme guapa, así que me alisaré el pelo con el secador, ¿me acompañas y me dices qué tal me queda?». Convertirnos en modelo le enseña que no pasa nada malo cuando se utiliza el objeto temido.

UNA APROXIMACIÓN GRADUAL

Independientemente del miedo de que se trate, lo más recomendable es ayudar al niño a vencerlo aproximándolo poco a poco al objeto de sus temores.

Miedo a colarse por el desagüe: Intentamos que el niño, desde fuera de la bañera, vea cómo el agua se va mientras acercamos la mano y jugamos con el remolino sin que pase nada. Una vez que sea capaz de presenciar esto, lo animamos a que lo haga con nosotros, cogiéndole de la mano y acercándosela. Conseguido esto, podemos repetir el ejercicio desde dentro de la bañera y terminar el proceso cuando sea capaz de jugar con el tapón quitándolo y poniéndolo de manera tranquila durante el baño.

Miedo al secador: Hacemos lo mismo que en el caso anterior, pero podemos plantearlo como un juego. Por ejemplo, montamos una peluquería en casa y le permitimos que peine a las muñecas con el secador de verdad, nos llevamos su muñeca preferida al baño y le proponemos que se sequen el pelo a la vez.

Miedo al orinal: Le dejamos que juegue con él por la casa, luego lo animamos a que lleve a su muñeco preferido al baño y lo siente en el orinal. Después le pedimos que se siente él, primero vestido y luego con la ropa bajada y un cuento o algún juguete con el que se divierta, y que permanezca así unos minutos.

La clave para que los miedos desaparezcan es reforzar los esfuerzos que el niño haga para conseguir vencer su miedo y retirarlo de la situación cuando aumente la reacción de ansiedad. Es importante hacerlo de manera sistemática y durante todo el tiempo que sea necesario.

5.3. Qué hacer cuando la limpieza y el orden son una obsesión

Algunos niños se muestran especialmente preocupados por estar limpios; otros, por el orden de las cosas. Por ejemplo, cuando sus peluches no están en determinado orden se ponen nerviosos y piensan que algo malo va a pasar. En estos casos hay que actuar. No podemos confundir las manías con las rutinas que los niños necesitan para sentirse seguros. Si durante una barbacoa en el campo nuestro hijo nos avisa de que no nos hemos lavado las manos antes de comer, nos está recordando un ritual que acompaña a la comida, porque esa es nuestra norma en casa. Pero si presenta demasiada ansiedad y se niega a comer porque no se ha lavado, estamos ante una manía que no le permite seguir con su actividad normal.

Si detectamos que tiene ideas de este tipo, se muestra muy resistente al cambio y que su conducta aumenta en intensidad y duración según va pasando el tiempo, tenemos que visitar a un especialista que evalúe lo que ocurre y decida qué hay que hacer.

¿Cómo ayudarlo en casa?

Intervenciones

Podemos hacer una serie de intervenciones que le ayuden a desmontar la rigidez con que estas ideas se apoderan de su forma de actuar.

Si el pequeño se expresa bien, le preguntaremos por qué le preocupa tanto que todo esté en determinado orden o por qué necesita lavarse tanto. «Hay bichos que me harán enfermar». «Si los peluches están así, ordenados, no pasará nada malo...». Le señalaremos entonces la relación entre la frecuencia de estos comportamientos y su ansiedad: «Cuando te pones nervioso tienes que lavarte las manos más que cuando estás más tranquilo. ¿No te gustaría solucionarlo de otra manera?».

A continuación le damos una explicación del tipo: «La sensación que tienes cuando te pones a ordenar se llama ansiedad y es como un monstruo que se va haciendo grande por dentro y no te deja en paz hasta que haces lo que quiere, ordenar o lavarte, pero tú puedes conseguir que no te moleste y dejar de hacerle caso si no lo escuchas. Dile "¡Cállate!" cuando te hable y da un golpe con el puño en la mesa. Tu arma secreta será estar tranquilo, porque este tipo de monstruos no crecen si tú te tranquilizas, te relajas y piensas en otra cosa».

En el capítulo «Miedos y manías» de este libro se explican técnicas de relajación para niños. Podemos desordenar la habitación y decirle que nos acompañe. Una vez allí preguntarle si nota al monstruo y recordarle los pasos que tiene que dar para vencerlo:

1. Ahuyentar el pensamiento que le obliga a ordenar diciendo: «¡Cállate!» y golpeando con el puño en la mesa.
2. Relajarse para no dejar crecer al monstruo: respirando muy despacio cogiendo mucho aire por la nariz y expulsándolo poco a poco por la boca.
3. Contarse pensamientos positivos que le ayuden a enfrentarse al monstruo: «No vas a poder crecer, no te voy a dejar», y ponerse a hacer otra cosa.
4. Contradecir al monstruo: «No tiene nada que ver la colocación de mis muñecos con que vaya a pasar

algo, no me lo creo». Al principio lo dirá en alto y luego para sus adentros.

5. Salir del cuarto sin ordenar y ponerse a hacer otra cosa.

Recuerda decirle lo bien que lo ha hecho y preguntarle cómo se ha sentido cada vez que ponga en práctica alguno de los pasos. Premiarle si lleva a cabo todo el proceso.

Cuentos para los más pequeños

Cuando los niños son muy pequeños y no saben expresar lo que les pasa verbalmente ni tienen capacidades para controlar su pensamiento, podemos inventar cuentos adecuados a la situación.

Por ejemplo, su héroe favorito creyó que si no se lavaba las manos no podía ayudar a la gente que se lo pedía, pues se quedaría sin poderes. Poco a poco dejó de atender a los que le pedían ayuda porque no siempre había un lavabo y jabón cerca y, si no lo tenía, pensaba que fallarían sus fuerzas. Renunció también a jugar y salir de casa, pues creía que si se quedaba cerca del baño siempre podría lavarse las manos y nada malo ocurriría. Sus amigos dejaron de llamarlo, porque ya no jugaba para no ensuciarse ni se alejaba de casa para poder estar cerca del lavabo.

Un día, su madre le explicó lo que tenía que hacer para volver a pasarlo tan bien como antes. Le contó que no había perdido sus poderes por no lavarse, sino que él mismo había renunciado a utilizarlos. Bajaron al parque a jugar con los amigos, y el héroe se comprometió a no lavarse las manos hasta llegar a casa. Al principio se puso muy nervioso, pero su madre le enseñó a respirar despacio (aquí se pone en práctica la relajación) y cuando se le pasó, volvió a jugar con los demás niños. Una vez en casa, se lavó las manos y se dio cuenta de que seguía manteniendo sus poderes porque había conseguido volver a hacer lo que le gusta sin lavarse y ¡NO HABÍA PASADO NADA MALO!

Jugar a ensuciarse y desordenar

Al contrario que en otras ocasiones, cuando un niño presenta esta forma de pensar lo que tiene que hacer es desordenar y ensuciarse, aunque al principio le resultará difícil. Una vez tengamos elaborado un listado de sus hábitos obsesivos, tendremos que favorecer situaciones en las que haga todo lo contrario. Habrá que seguir llevando a cabo este ejercicio hasta que al niño no le moleste y lo ponga en práctica de forma tranquila.

Por ejemplo, si no soporta mancharse, podemos hacer con él una pizza y acabar con una guerra de harina, elaborar flanes de arena con barro en el parque, comer sin servilletas, esperar un rato antes de cambiarle de ropa cuando se manche...

En caso de que necesite tener las cosas en un orden determinado, podemos cambiar los muebles de la habitación de sitio, jugar a cambiar de sitio las cosas y ubicarlas en otro lado, dejar desordenada la habitación y cambiar de actividad sin recogerla...

Se trata, en definitiva, de poner en práctica cualquier actuación que se nos ocurra para descolocar su rígido esquema de funcionamiento de las cosas.

Llegar a acuerdos razonables

Cuando empecemos a notar que el niño afronta las actividades propuestas en el punto anterior con un poco de tranquilidad, será el momento de establecer una actitud razonable y saludable. Se puede acordar que se lavará las manos antes de cada comida y al volver a casa, se cambiará de ropa solo una vez al día, ordenará su armario una vez a la semana. Se trata de que el orden no domine su rutina, sino que sea él quien decida un esquema de orden razonable para su vida cotidiana.

Si el hábito persiste o empeora, habrá que buscar ayuda profesional. La limpieza y el orden obsesivos pueden ser un signo de alteraciones emocionales que requieran de una orientación especializada.

5.4. El método de la alarma

Es uno de los métodos utilizados para el control de la enuresis nocturna. Se trata de un dispositivo basado en un aparato con sensor que detecta la humedad y activa una alarma. Su aplicación necesita siempre del seguimiento de un profesional. Pero dado lo extendido de su utilización te contamos, a grandes rasgos, en qué consiste.

Durante la noche, cuando el niño está dormido y empieza a orinarse, salta una alarma; el pequeño se despierta e interrumpe la micción para salir corriendo al baño y terminar de orinar allí. Tras activarse la alarma sucesivas noches, el pequeño empieza a asociar la micción con despertarse, de forma que consigue contraer la vejiga antes de que suene la señal, y es capaz de retener su orina más tiempo sin necesidad de despertarse ni de la alarma (al menos con necesarias 14 noches secas antes de pensar en retirarla).

Para que funcione, este método requiere la colaboración del niño, que tiene que participar, en función de su edad, en el cambio de sábanas y pijama. Por otro lado, se le informará de todo el proceso y de cómo funciona la alarma.

Las investigaciones y experiencia con el método de la alarma concluyen que:

- Es eficaz en la disminución del número de episodios de enuresis nocturna.
- El niño aprende a despertarse ante la sensación de la vejiga llena, discrimina y deja de hacerse pis.
- Es capaz de aguantar más tiempo sin orinar, porque aumenta el tono muscular de la vejiga y en consecuencia necesita más cantidad de orina para sentir la necesidad de ir al baño.

6. CASOS PRÁCTICOS

6.1. ANA NO QUIERE LAVARSE EL PELO

A Ana (4 años) le parecía una tortura lavarse el pelo. Sus padres comentaban que no soportaba el agua cayendo por su cara. Unas horas antes del baño preguntaba con angustia: «¿Hoy tocaba lavarse el pelo?». Si efectivamente ese día «tocaba», la niña pasaba la tarde con ansiedad y no podía disfrutar del resto de sus actividades. Sus padres vivían esta situación con mucha angustia, y comentaban: «Hemos probado de todo para que no viva esta situación así, pero no hay manera, ya no sabemos qué hacer».

Para conseguir que Ana no viviera con tanta angustia el momento de lavarse el pelo, establecimos el siguiente plan:

Para que el baño fuera un momento placentero, sus padres tenían que entender que Ana, con su comportamiento, no tenía como objetivo enfadarlos, sino que lo pasaba realmente mal por el miedo que le producía el lavado de cabeza. Tenían que conseguir que la pequeña se sintiera segura en el baño, así que permanecerían con ella todo el tiempo, ya no solo por su seguridad física, sino también emocional.

Acordamos que el lavado de cabeza se haría cada tres días y que no se podría evitar de ninguna manera. Le explicamos que duraría 10 minutos, utilizando un minutero y señalándole adónde tendrían que llegar las agujas.

Le asignamos responsabilidades que tendría que realizar todos los días con la ayuda de sus padres: elegir pijama, meterse en el baño tras prepararlo, seguir un orden en la limpieza del cuerpo, salir del baño, secarse, vestirse y peinarse.

Durante el baño, los padres cantarían y jugarían con Ana. Para asociarlo con un acontecimiento divertido, utilizarían su afición a las princesas, incluyendo en la rutina el hecho de lavarle el pelo cada día a una. La usarían de modelo para que Ana viera que es posible bañarse con ellas y disfrutar de lavarse el pelo para tener una melena bonita y limpia.

Se reforzaría cualquier progreso de Ana que tuviera relación con el lavado de pelo.

Llegado el momento de lavarse la cabeza, cantando y jugando, los padres dejaron que Ana se implicara en el lavado del pelo. El hecho de echar agua en su cara se convirtió en parte del juego. Terminada la hora del baño, los padres enseñaron a Ana cuál es la diferencia entre un cuerpo limpio y otro sucio y supervisaron su aseo como si de una inspección de detectives se tratara, lo que divirtió mucho a la niña.

Cada vez que a Ana le tocaba lavarse el pelo, uno de sus padres la ayudaba a construir un palacio principesco para jugar con sus muñecas. Los días que lo hacía cantando se ponía una pieza nueva en el castillo de las princesas. Además le decían lo limpia que estaba, lo bien que olía y cuánto le brillaba el pelo.

Siguiendo estas pautas, Ana consiguió superar su miedo a lavarse el pelo y ahora la familia disfruta de la hora del baño, que forma parte de la rutina diaria.

6.2 LARA, ¿POR QUÉ NO TE LAVAS LOS DIENTES?

Cuando era más pequeña, los padres de Lara no dieron mucha importancia al hecho de que la niña se lavara los dientes y no insistieron en que lo hiciera de forma rutinaria después de las comidas. Por eso, con 5 años, se negaba a cepillárselos y sus padres empezaron a preocuparse por la posibilidad de que desarrollara caries, infecciones y alteraciones en la dentición definitiva.

Este es el plan que pusimos en marcha:

Partimos de cero. Lara no sabía cómo lavarse los dientes, por lo que los padres tenían que enseñarla.

Le dijeron que el cepillo era un cochecito que ella debía conducir por los dientes y se cepillaron delante de ella. Utilizaron el juego para que la actividad fuera atractiva.

Usaron una campanilla que avisaba a Lara de cuándo se terminaba el tiempo de cepillado: unos segundos al principio y aumentando el tiempo de manera paulatina hasta conseguir los 3 minutos aconsejados por los odontólogos.

Los padres dejaban que Lara les inspeccionara los dientes cuando terminaban de limpiarse, y después ellos inspeccionaban los de la niña. También la animaban a que comprobara lo suaves y limpios que quedaban los dientes recorriéndolos con la lengua.

Por las noches, cuando Lara se había cepillado los dientes, su padre iba a su habitación para leerle un cuento.

Los padres alabaron todos los esfuerzos de la pequeña. Dejaron que eligiera el cepillo de dientes y el dentífrico.

Asimismo, hicieron un dibujo de la boca de Lara al que añadían una estrella encima de cada diente cada vez que realizaba el cepillado correctamente. Cuando completó todas las estrellas, Lara invitó a sus amigas a merendar.

A lo largo del proceso, los padres hicieron con Lara una visita al dentista para que le explicara cómo realizar el cepillado y su importancia.

Siguiendo estos pasos, consiguieron que la pequeña introdujera el hábito del lavado de dientes en su día a día, motivándola en su higiene y cuidado.

7. QUÉ SE HA CONSEGUIDO

Al contrario de lo que pudiera parecer, las primeras impresiones que nos hacemos de la gente resultan muy difíciles de cambiar. Por eso, cuando tenemos que ir a una entrevista de trabajo o a un evento social con personas desconocidas intentamos causar buena impresión. La inversión que hacemos en perfumes, ropa, accesorios, dentistas o peluquería tiene mucho que ver con esto. Pero de nada sirve si nos presentamos con un mal olor corporal o un aliento pestilente, si llevamos una mancha de grasa en el pantalón o la camisa arrugada. ¿Y qué impresión causaríamos si apareciéramos vestidos de chándal a una fiesta de etiqueta?

El hábito de la higiene nos permite dar una buena impresión cuando nos presentamos, pero también facilitará nuestras relaciones posteriores. Todos hemos sufrido alguna vez la cercanía de alguien con un fuerte olor corporal y nuestro instinto ha sido alejarnos. Esto es lo que ocurre si no mantenemos orden en nuestro aseo: la gente nos evitará y, como consecuencia, veremos mermadas nuestras relaciones sociales y seremos objeto de críticas.

La higiene es también una de las maneras más eficaces de prevenir problemas de salud. Por ejemplo si me lavo los dientes tras cada comida, evitaré las caries y otras enfermedades bucales. Lavarnos las manos previene infecciones, abrigarnos cuando hace frío nos ahorra resfriados. No es que la persona aseada no se ponga enferma, pero reduce el riesgo de sufrir enfermedades.

Si los adultos no son insistentes y no supervisan la higiene de los niños, es muy poco probable que, de mayores, estos tengan un comportamiento adecuado en este sentido.

No olvidemos que la higiene es un hábito y que cuando lo ponemos en práctica con nuestro hijo estamos facilitando que forme parte de la organización de su vida cotidiana. La adquisición del hábito de la higiene es larga y complicada, pero una vez interiorizada se hace de forma natural.

Imaginemos por un momento que, al levantarnos de la cama, tuviéramos que ir pensando en cada pequeña acción que realizamos. Lo habitual es encender la radio y ponernos al día de lo que ocurre en el mundo mientras nos enjabonamos en la ducha, sin necesidad de pensar si hay que empezar por el pie o por la cabeza y que, una vez secos, podamos seguir atendiendo a la información sin pararnos a pensar en qué orden debemos vestirnos. Esto ocurre porque durante mucho tiempo, desde la infancia, hemos repetido el ritual que acompaña al hábito de la higiene, de la misma manera, en el mismo lugar y a la misma hora.

Nuestros padres consiguieron que interiorizáramos todos esos comportamientos y además nos animaron a hacerlo solos. Ese es el objetivo que ahora tendremos que plantearnos con nuestro hijo.

Capítulo IV

Miedos y manías

Los miedos y manías en los niños son comportamientos que, en mayor o menor medida, se mantienen de adultos. Si no les impiden llevar una vida normal, no representan un problema, pero puesto que su origen suele estar en la infancia, es en entonces cuando hay que afrontarlos.

Los miedos y las manías tienen en común la ansiedad: en el caso de las manías porque las utilizamos para calmarla y en el de los miedos porque la disparan. La ansiedad se combate con relajación y pensamientos positivos dirigidos a llevar a cabo acciones eficaces.

Hasta ahora, siempre que hemos hablado de hábitos nos hemos referido a aquellos necesarios para que el niño se sienta seguro. Existen en cambio otros hábitos que el niño adquiere muy rápidamente porque lo calman y que son muy difíciles de eliminar; estos «malos hábitos» son las manías. Estas, cuando resultan perjudiciales, tienen que ser sustituidas por otras conductas que tengan el mismo efecto relajante pero sin consecuencias lesivas.

Los miedos están presentes en la evolución normal del niño, y solo se vencen haciéndoles frente y sacando a la luz su base irracional. Por el contrario, si los evitamos, los miedos aumentarán.

Hay que dotar al niño de capacidades para que aprenda a enfrentarse a ellos. Si deja de tener miedo a algo, se sentirá capaz de superar los temores que aparezcan con posterioridad.

1. QUÉ SON LOS MIEDOS Y LAS MANÍAS

El miedo es una reacción normal y adaptativa del cuerpo que surge cuando nos enfrentamos a determinadas situaciones que suponen una amenaza para nuestro bienestar físico o psicológico.

Las manías son hábitos adquiridos que tienen como objetivo reducir la ansiedad que alguna situación puede provocarnos.

1.1. LOS MIEDOS

Son reacciones de alarma frente a lo desconocido y lo peligroso, bastante frecuentes en la infancia. Se trata de respuestas de ansiedad frente a estímulos concretos, como pueden ser la oscuridad, los perros, las tormentas.

Los miedos típicos de la infancia irán desapareciendo poco a poco, a medida que el pequeño madure.

Muchas veces el miedo actúa como protector frente a peligros reales, es un mecanismo que prepara para la acción. En otras ocasiones, el peligro no es real. En este caso el miedo constituye una fuente de sufrimiento para el pequeño y de dificultades para los padres, que no saben cómo hacer frente a la situación.

El miedo es una emoción que tradicionalmente se ha asociado con la infancia; sin embargo, se experimenta a lo largo de toda la vida, aunque las situaciones que provocan temor van cambiando con la edad. Quizá esta asociación a la infancia se deba a que son más frecuentes las reacciones de miedo porque a lo largo de su desarrollo el niño debe enfrentarse continuamente a situaciones nuevas. Los miedos típicos en la infancia se denominan miedos evolutivos y aproximadamente el 50 por ciento de los niños los experimenta en algún momento.

Por ejemplo, en bebés a partir de los 6 meses puede aparecer el temor a las personas desconocidas. Este miedo significa que el pequeño ya es capaz de diferenciar las caras de la gente.

En el primer año son más frecuentes los miedos relacionados con estímulos intensos o desconocidos, como pueden ser el miedo a los ruidos fuertes.

Hasta los 6 años son comunes los temores relacionados con animales, tormentas, oscuridad, seres fantásticos como fantasmas, catástrofes naturales y separación entre el niño y los padres.

A los 6 años aparece el miedo al daño físico, al ridículo y, posteriormente, a las enfermedades y accidentes, al fracaso escolar y a las disputas entre los padres.

A partir de los 12 años y ya en la adolescencia predominan los miedos que tienen que ver con las relaciones con los otros y la disminución de la autoestima.

En general, los miedos físicos (a animales, tormentas, etcétera) aparecen en la infancia, mientras que los sociales son más propios de la preadolescencia y la adolescencia (miedo al ridículo, al rechazo, a hablar en público...).

Afrontar el miedo es una oportunidad para obtener nuevas respuestas ante el «objeto temido». Poco a poco el niño puede poner en práctica nuevas respuestas para adaptarse a las diferentes situaciones que le provocan miedo; el hecho de vencerlo aumentará su confianza para enfrentar temores futuros. Sin embargo, existe un pequeño porcentaje de casos (aproximadamente el 8 por ciento de los niños) en los que los temores se vuelven desproporcionados y llegan a generar un malestar tan significativo que afecta a diversos aspectos de la vida, como puede ser la familia, el colegio, la relación con otros compañeros... Si esto sucede, el miedo se ha convertido en fobia.

Las niñas tienden más a tener miedos que los niños (por cada 100 niñas hay 70 niños afectados). Entre las razones que explican este fenómeno figuran, que los chicos están más preparados físicamente para enfrentarse a diferentes situaciones (por su mayor musculatura y fuerza) y que culturalmente a las niñas se las protege más de los peligros, mientras que a los niños se les anima a mostrarse más valientes.

REACCIONES DE LOS NIÑOS ANTE EL MIEDO

Las reacciones ante el miedo de los niños son las mismas que puede mostrar cualquier adulto, lo que varía es la intensidad de la respuesta. Por ejemplo, un niño con miedo a los perros, al ver uno se pondrá a llorar, se agarrará al padre, gritará, pedirá que le cojan en brazos... mientras que un adulto seguramente intentará huir.

El miedo provoca una reacción de ansiedad que se manifiesta, igual que cualquier emoción, a tres niveles distintos:

Nivel cognitivo: El pensamiento sobre la situación o el estímulo es decisivo para sentir miedo. Si un individuo piensa que un perro es peligroso, que se va a abalanzar sobre él y le va a morder, es normal que reaccione con miedo. Pero si los pensamientos son neutros o positivos, seguramente no reaccionará con temor. Las experiencias previas, ya sean propias o ajenas, son, en cierta medida, responsables de nuestros pensamientos frente a diferentes situaciones.

Nivel fisiológico: Un niño puede manifestar el miedo de diferentes formas físicas: temblores, sudoración, llanto, náuseas, urgencia para orinar, aceleración cardiaca, sequedad de boca, tensión muscular...

Nivel motor: El niño puede gritar, evitar la situación, salir corriendo, o mostrarse irritado, iracundo o agresivo.

LA ACTITUD DE LOS PADRES FRENTE AL MIEDO DEL NIÑO

Como hemos visto, es normal que el niño, a lo largo de su desarrollo, tenga algún tipo de miedo pasajero. La actitud de las personas que lo rodean es importante para evitar que el temor no se agrave y desemboque en alteraciones como la fobia.

Por ejemplo, muchas veces, para evitar que su hijo se exponga a un riesgo, los padres lo cogen en brazos cuando se cruzan con un gato, lo que lleva al pequeño a concluir que realmente existe un peligro.

En otros casos los padres se muestran molestos e incluso se enfadan con su hijo por sus miedos a cosas inofensivas: «Eres un cobardica, ¿no ves que no hace nada?». Con esto lo único que se consigue es que el niño muestre mayores reacciones de temor. Lo recomendable es mantener siempre un diálogo de confianza con el pequeño para que pueda expresar sus miedos y ayudarlo a darse cuenta de que son infundados. «¿Qué te da miedo del gato? Solo saca las uñas si está enfadado y ahora no las ves, así que puedo acercarme y jugar con él; mira, es suave».

A veces se utiliza el miedo como método educativo. Algunos padres creen que la única forma de conseguir que el niño obedezca es atemorizarlo: «Te voy a llevar al médico si no comes», «Si no te duermes, vendrá el coco», «Si no te tomas el jarabe, tendrán que ponerte una inyección». Este tipo de amenazas es posible que funcionen a corto plazo, pero a la larga su eficacia es más dudosa. Lo que se consigue es un niño miedoso, que cree que existe un coco que puede venir por las noches si no se duerme o que el médico es un ser malvado que le hará daño si deja de comer. Con este método se consigue únicamente que los temores del niño sean fundados y resultará difícil que se desprenda de ellos.

Algunas de las pautas que pueden seguir los padres para ayudar al niño a superar los miedos son:

- No ridiculizarlo.
- Entender su miedo y ponerse en su lugar. Por ejemplo, ante la primera vez que vive una tormenta, es normal que se muestre atemorizado.
- Tranquilizarlo.
- No utilizar el miedo como pauta educativa.
- Demostrarle con la propia actitud que realmente no pasa nada. Si el niño ve que los padres tienen miedo a tocar un perro, es probable que él sienta lo mismo y, seguramente, esa emoción persistirá.
- Tener paciencia. Cada niño necesita un tiempo para poder enfrentarse a las situaciones que le provocan temor.
- No obligarlo a que se enfrente a los estímulos que le provocan miedo de forma directa, porque muchas veces conseguiremos lo contrario: que tenga más miedo.
- No mentirle sobre sus temores.

La actuación de los padres ante los miedos del niño puede determinar que logre superarlos o, por el contrario, que se hagan crónicos.

1.2. LAS MANÍAS

Al hablar de miedos nos hemos referido a estímulos o situaciones capaces de provocar ansiedad en el niño. Las manías también están relacionadas con la ansiedad, pero de forma inversa. Una manía es un mecanismo que desarrolla un niño para paliar una ansiedad provocada por el miedo o por cualquier otra emoción.

Casi todos tenemos alguna manía que arrastramos desde la infancia. Si los adultos contamos con malos hábitos adquiridos, no debe extrañar que a los niños les ocurra lo mismo.

Las manías son conductas que se repiten muy a menudo y que ayudan al niño a controlar ciertos sucesos externos, o bien le sirven para relajarse. Entre los malos hábitos más frecuentes en la infancia destacamos: chuparse el dedo, morderse las uñas y los dedos, rascarse, dar cabezazos, balancearse, hurgarse la nariz, hacer movimientos rítmicos, enroscar el pelo alrededor de un dedo...

Estos hábitos no suelen molestar al niño, sino todo lo contrario: le producen placer. Sin embargo, sí desagradan a los padres, que utilizan todos los medios disponibles para intentar suprimirlos. A veces, sin darse cuenta, pueden llegar a fomentar las manías debido a su atención e insistencia constante en que el pequeño las abandone. Con esto no queremos decir que si se opta por ignorar el mal hábito, este termine por desaparecer, sino que prestarle atención ayuda a que se haga más frecuente. Además, si mostramos preocupación ante la manía del niño, es posible que esta se intensifique. Por lo tanto, evitar esta actitud es el primer paso para ponerles fin.

Cuando estos hábitos se prolongan en el tiempo, el niño parece más pequeño de lo que realmente es, ya que presenta comportamientos típicos de edades inferiores. Por ejemplo, si se chupa el dedo, puede que en el colegio lo ridiculicen, le llamen «niño pequeño» o «bebé». Hay padres que también utilizan estas mismas argumentaciones con el propósito de poner fin a la manía: «Eres un pequeñajo», «Te chupas el dedo como tu hermano pequeño». Estas frases provocan lo contrario del efecto buscado, pues aumentan la ansiedad del niño y, como consecuencia, este tiende a reiterar su hábito.

LOS TICS

Algunos niños manifiestan movimientos repetitivos o tics; suele ocurrir entre los 5 y los 8 años. Los tics más frecuentes en la infancia son los asociados a movimientos o guiños de ojos, sacudidas de cabeza y encogimiento de hombros. Aunque en la mayoría de las ocasiones desaparecen con el paso del tiempo, hay algunos casos en los que se prolongan durante largos periodos.

Los tics se asocian con las manías, tienen algunas características comunes y otras que los diferencian:

- Son movimientos muy rápidos, más frecuentes y más difíciles de controlar voluntariamente que las manías.
- En la mayoría de los casos están precedidos por sensaciones molestas o por impulsos que se alivian con la aparición del movimiento automático.
- Al igual que las manías, los tics pueden aumentar su frecuencia cuando el niño está preocupado, excitado o aburrido.
- Pese a lo que podamos oír, rara vez tienen su origen en un trastorno emocional.
- El niño es consciente de su aparición y se preocupa.

- El niño puede sentirse diferente a los demás, lo que aumenta su ansiedad y, por tanto, la frecuencia del tic. A menudo, el niño intenta controlar el movimiento automático por los comentarios que le hacen sus compañeros de colegio o sus padres, pero sin estrategias eficaces de actuación, no lo consigue, con lo que aumenta su ansiedad y, como consecuencia, los tics.

Diferentes teorías apuntan a que los tics son una reacción asociada a la maduración de las estructuras cerebrales, con cierto componente genético. Por tanto, hoy en día se tiende a interpretar estas reacciones como pasajeras y asociadas más a factores físicos que a emocionales.

Sin embargo, que los tics estén asociados al desarrollo de diversas estructuras cerebrales no quiere decir que no se deba ayudar al niño a eliminarlos, ya que pueden terminar por convertirse en un hábito difícil de erradicar, e incluso afectar a sus relaciones sociales.

En el caso de niños con tics es fundamental la actitud de sus padres y de quienes los rodean. Estos deben comprenderles y ayudarlos a hacer frente a la ansiedad que les provocan los tics, explicarles el porqué de los mismos para que no se sientan distintos a los demás, nunca echarles la culpa. También hay que intentar no estar pendientes constantemente de si aparecen o no y asumirlos como parte de un comportamiento que desaparecerá con la edad.

Si los tics persisten y son causa de malestar para el niño, es conveniente buscar la ayuda de un especialista.

2. POR QUÉ SURGEN LOS MIEDOS Y LAS MANÍAS EN LOS NIÑOS

Los miedos y las manías son más habituales en la infancia porque los niños son especialmente vulnerables en esta etapa del desarrollo.

Cuando aparecen los miedos, los padres tienen la oportunidad de enseñar al niño cómo afrontarlos. Por el contrario, si no se les hace frente, pueden hacerse crónicos y dar lugar a patologías serias, como las fobias o los rituales.

2.1. LA APARICIÓN DE LOS MIEDOS

La aparición de los temores en la infancia está relacionada con lo que hemos descrito anteriormente como miedos evolutivos. Aunque no todos los niños los sufren, existen etapas en su desarrollo en las que es más fácil que los adquieran, ya que empiezan a percatarse de los peligros, a ser conscientes de ellos. Las primeras experiencias que los pequeños tienen con los objetos amenazantes son fundamentales a la hora de que se instalen o no los miedos.

Hay diferentes factores que explican por qué unas personas tienen miedos y otras no. No existen dos individuos que teman lo mismo ni con la misma intensidad. Muchos adultos intentan averiguar por qué les asusta algo en concreto, de dónde les viene ese temor. Pues bien, gran parte de su miedo se forjó en la infancia, nació de alguna experiencia previa con ese estímulo temido.

Mucha gente se pregunta por qué es más fácil tener miedo a las arañas que a un enchufe. Es absurdo temer a una diminuta araña y no a un enchufe, cuando este, generalmente, entraña mucho más peligro para la vida. En respuesta a esta cuestión hay una hipótesis formulada en 1971 por el psicólogo estadounidense Martin Seligman (n.1942) que dice que los humanos estamos preparados biológica y evolutivamente para adquirir determinados miedos (alturas, insectos...) con mayor facilidad que otros (enchufe, martillo...). Estos poseen poca o nula capacidad para provocar miedo. Según Seligman, somos más propensos a temer aquello que representaba un peligro en el comienzo de la historia humana.

Otro factor que influye en la adquisición de los miedos es la vulnerabilidad de quien los padece. Es decir, que las diferencias biológicas y psicológicas entre las personas también influyen. Por ejemplo, los niños que manifiestan de forma más fehaciente las reacciones de temor (gritos, lloros...) tienen más posibilidad de desarrollar más miedo, ya que ellos mismos recuerdan el susto con especial dramatismo. También, cuantas menos estrategias hayan adquirido para enfrentarse a la situación temida, mayor será la probabilidad de que reaccionen a ella con miedo. Pero lo que resulta decisivo a la hora de adquirir miedos son las experiencias previas que se hayan tenido con determinados estímulos o situaciones. Es más fácil que un niño tenga miedo a los perros si le ha mordido uno que si todos los encuentros con estos animales han sido gratificantes. Y no solo influye lo que uno ha vivido, también puede determinar la aparición del miedo el hecho de haber visto cómo un perro muerde a alguna persona. Incluso se puede ir más allá: si al niño le cuentan un cuento o ve una película en la que alguien es mordido o atacado por un perro, puede desarrollar miedo a estos animales, o más concretamente miedo a que uno le muerda. También es frecuente que se produzca una transmisión directa de los miedos de los padres a los hijos: los niños que ven a sus padres reaccionar con temor o evitar a los perros tienden a pensar que esa reacción tiene un motivo e interpretan que son peligrosos. Automáticamente sienten miedo cada vez que se encuentran delante de uno de ellos, e incluso pueden dar una respuesta de temor más acusada que la que han observado en sus padres.

La combinación entre estos factores explica por qué unos niños experimentan miedo a determinadas situaciones y otros no.

Pero ¿cómo se mantiene el miedo a lo largo del tiempo? ¿Por qué en unos niños desaparece y en otros no? Lo primero será analizar las ventajas que saca el pequeño manteniendo su miedo, porque las hay.

Existen padres protectores que dedican mayor atención y mimo a su hijo ante las situaciones que le provocan miedo, quieren evitarle «el disgusto» de enfrentar la circunstancia temida, y se la «solucionan» con un «No te preocupes, nos vamos a otro parque y ya está». No es infrecuente que, una vez aprendido el mecanismo, el niño lo utilice para librarse de situaciones desagradables, por ejemplo: «Me da miedo ir al colegio», cuando lo que teme es decir la lección en voz alta.

Los niños con miedo a los perros intentan por todos los medios evitar o escapar de aquellas situaciones de encuentro con ellos. Por ejemplo, dejan de ir a casa de un amigo que tiene perro, hacen que sus padres les cojan en brazos cuando ven uno por la calle o se cambian de acera. De esta manera no podrán tener buenas experiencias con los perros que puedan borrar aquella antigua situación que los condicionó en su momento. No afrontan su miedo, hacen que sus mayores les solucionen su angustia. Como así logran aliviar el miedo al que estaban expuestos, tienden a repetir las mismas acciones siempre que surge el temor.

2.2. La aparición de las manías

Las manías pueden aparecer como una respuesta ante el aburrimiento, la ansiedad o el malestar. El niño empieza con una conducta como la de chuparse el dedo, por ejemplo, y comprueba que con ella consigue alivio, relajación o tranquilidad. Es fácil entonces que, a partir de este momento, comience a repetir este mal hábito de forma constante e incluso cada vez más continuada.

Algunas veces los niños imitan las manías de los padres, los hermanos, los compañeros... como puede ser el morderse las uñas o hurgarse la nariz; y una vez que experimentan el alivio que les produce este nuevo hábito, lo suman a su repertorio de conductas.

La mayoría de estas manías están mal vistas socialmente, por eso muchos padres desean ponerles fin cuanto antes, sin darse cuenta de que en muchos casos se trata de conductas que también practican adultos, aunque en privado.

En ocasiones son los padres quienes, sin darse cuenta, potencian malos hábitos en sus hijos. Uno de los ejemplos más claros es el mal uso del chupete cuando lo usan para que el niño se calme. El problema viene cuando quieren que deje de hacerlo. Si el pequeño ha aprendido a tranquilizarse chupándolo y ahora le quitan el chupete, le costará mucho esfuerzo estar sin él y probablemente opte por chuparse el dedo para conseguir el mismo efecto.

Lo habitual es que las manías de los niños sean pasajeras y terminen por desaparecer aunque en determinados casos duran algunos años o, como hemos visto, hasta la edad adulta. En estas ocasiones se trata de manías difíciles de eliminar que se incorporan de forma muy rápida al comportamiento habitual. Son tan resistentes por el bienestar que producen y el poco esfuerzo que cuesta realizarlas. Si el niño encuentra tantos beneficios a su conducta, ¿por qué va a ponerle fin?

No hay recetas mágicas, pero más adelante propondremos algunas ideas que pueden ayudar a controlarlas o, por lo menos, a conseguir que disminuyan en frecuencia. Antes sin embargo debemos asegurarnos de que el niño no está atravesando un periodo de angustia, preocupación, aburrimiento o excitación, ya que en estos casos es habitual que estas pequeñas manías se den de forma más frecuente.

Pese a lo que mucha gente pueda pensar, las manías no implican ningún tipo de patología. En la mayoría de ocasiones no tienen un fin concreto más allá del bienestar. Sí que es importante, una vez que el pequeño presente uno de estos malos hábitos, intentar averiguar si existe algún problema físico o psicológico, aunque esto solo se da en raras ocasiones.

2.3. Cuando los miedos y las manías se convierten en un problema

Los miedos y las manías, al ser relativamente frecuentes en la infancia, son fuente de preocupación para los padres que, a menudo, se preguntan si el comportamiento de su hijo es normal o hay que tratarlo para que no desemboque en un mal mayor.

A veces es complicado determinar si estamos ante un problema o se trata de una etapa más del desarrollo del niño. El cuadro adjunto recoge los criterios que debemos tener en cuenta para saber que estamos ante un caso que necesita una atención especial.

Miedos	Manías
— Se prolongan en el tiempo. — Provocan gran intensidad en la respuesta. — Causan malestar en el niño que los sufre. — Interfieren en sus actividades diarias.	— Tienen duración e intensidad elevada. — Los compañeros menosprecian al niño por ellas. — Le provocan algún mal físico. — Causan malestar en el niño que las manifiesta. — Interfieren en sus actividades diarias.

En caso de que no se cumplan estos criterios, no es necesaria una intervención, pero sí podemos ayudar al niño a que disminuya la frecuencia o intensidad de aparición de las manías.

Aunque es poco frecuente, los miedos y manías, cuando no se solucionan bien y a tiempo, pueden desembocar en problemas o trastornos más serios, como las fobias, la ansiedad por separación, el trastorno de pánico y el trastorno obsesivo compulsivo.

LAS FOBIAS

La fobia es una forma de miedo que provoca reacciones de intensidad desproporcionada, es irracional, impulsa a quien lo padece a evitar o escapar de las situaciones temidas, no se corresponde a la edad o momento evolutivo, se prolonga durante largos periodos de tiempo y provoca un malestar significativo o interfiere en las actividades diarias del niño.

Aunque a simple vista parece difícil de diferenciar el miedo de la fobia, la segunda implica una intensidad elevada de miedo y con una duración que a veces va más allá de los dos años.

Algunas fobias no repercuten en el día a día del niño. Es el caso de la fobia a las serpientes, ya que, como es poco frecuente que el pequeño se tenga que enfrentar a ellas, probablemente no le producirá un malestar significativo habitual, sino en muy contadas ocasiones. En estas circunstancias quizá no haga falta ningún tipo de tratamiento, puesto que el problema no es incapacitante.

En cambio, si el estímulo es más frecuente, como puede ser la fobia al agua, a lugares cerrados, a la oscuridad, a las tormentas... quizá haya que plantearse una intervención, dado que puede interferir de forma significativa en su día a día y, además, provocar una reacción de ansiedad importante.

Muchas de estas fobias persisten en la edad adulta.

La fobia escolar es una de las fobias típicas de la edad infantil; afecta al 3 por ciento de los niños escolarizados. Hablamos de fobia escolar cuando el niño tiene miedo de ir al colegio, y este miedo se vuelve incapacitante e interfiere con el normal desarrollo de las actividades cotidianas. Este temor, aparentemente irracional, lleva al niño a desarrollar una serie de conductas destinadas a evitar el contacto con el colegio, sus profesores o sus compañeros, como pueden ser las explosiones de mal humor, el temor intenso o las quejas físicas cuando tiene que ir a la escuela. Las ausencias y faltas son típicas de esta fobia, siempre con el consentimiento de los padres.

Es importante distinguir la fobia escolar de aquellas situaciones en las que, coincidiendo con el principio de la escolarización, el niño se niega a ir al colegio y no es que tenga miedo a la escuela, sino que no quiere separarse de sus padres. En estas primeras experiencias escolares aparecen la rabia y la resistencia a salir de casa hacia la escuela, pero cesan en el tiempo que el niño permanece en clase. También hay que diferenciar la fobia escolar de los novillos, que son un problema de comportamiento antes que una fobia.

LA ANSIEDAD POR SEPARACIÓN

En el desarrollo del niño hay momentos de ansiedad o miedo a la separación de las personas a las que se encuentra vinculado emocionalmente. Se trata de una ansiedad normal en el desarrollo infantil hasta, aproximadamente, los 6 años.

El miedo a la separación es el primero y más básico de los miedos, incluso se da en otras especies animales. Tiene una función adaptativa, ya que tener a los cuidadores al lado asegura la supervivencia hasta que se desarrollen las habilidades necesarias para hacerlo solo. Pero si este miedo se mantiene en el tiempo y es desproporcionado en relación al nivel de desarrollo; deja de ser útil y puede llegar a convertirse en el trastorno de ansiedad por separación. Suele ser más frecuente en las niñas y aparece sobre los 9 años.

Para saber que estamos ante este problema deben darse al menos tres de estas circunstancias:

- Malestar repetido cuando existe o se prevé una separación del hogar o las figuras importantes en la vida del niño (padres, cuidadores).
- Preocupación persistente por perder a estas personas o porque estas sufran algún tipo de daño.
- Preocupación persistente por si se produce un acontecimiento que le separe de las figuras con las que el niño mantiene más vínculos (por ejemplo, un secuestro).
- Resistencia o negativas repetidas a ir al colegio o cualquier otro lugar que implique separación.
- Resistencia o negativa persistente a irse a dormir sin una persona significativa cerca.
- Pesadillas repetidas que tratan sobre separaciones.
- Preocupación excesiva por parte del niño.

Algunos factores que pueden hacer que aparezca la ansiedad por separación son:

- Sobreprotección de los padres.
- Problemas psicológicos en los padres.
- Quejas repetidas de síntomas físicos ante una separación.
- Estructura familiar cerrada, que dificulta la autonomía y relación del niño.
- Inhibición conductual (incapacidad para reaccionar) y reacciones fisiológicas elevadas (sudoración, taquicardia).

El trastorno puede prolongarse o incluso empeorar si no se fomenta la autonomía del niño y se permite que evite las separaciones u obtenga beneficios de su actitud.

EL TRASTORNO DE PÁNICO

Los ataques de pánico o las crisis de ansiedad son episodios repentinos e inesperados de miedo intenso a perder el control o a que algo horrible vaya a suceder, acompañados de síntomas físicos tales como: dificultad para respirar, dolor en el pecho, palpitaciones, sudoración, temblores, sensación de mareo e inestabilidad, hormigueo, náuseas, dolor abdominal...

Por lo general, las crisis duran aproximadamente 10 minutos. Aquellas personas que han sufrido un ataque de ansiedad tienen mayor probabilidad de sufrir otros a lo largo de su vida. Como consecuencia de las crisis de ansiedad se produce un estado de temor a que estas se repitan. La mayor parte de las personas afectadas pueden desarrollar conductas de evitación de situaciones en las que podría producirse una nueva crisis.

Aunque las crisis de ansiedad suelen hacer su aparición en la adolescencia, los niños también pueden padecerlas. Son pequeños que temen excesivamente por sus relaciones sociales o a los que preocupa la posibilidad de que un familiar muera o sufra un accidente.

TRASTORNO OBSESIVO COMPULSIVO (TOC)

Al hablar de compulsiones o rituales se hace referencia a ciertas manías que están totalmente fuera de control y dominan por completo al sujeto afectado, que siente una necesidad imperiosa de repetirlas una y otra vez. Van precedidas por pensamientos obsesivos, fantásticos o ilógicos. Por ejemplo, es el caso de esas personas que cada vez que tocan el pomo de una puerta tienen que ir urgentemente a lavarse las manos, ya que piensan que allí habitan numerosas bacterias que pueden adentrarse en su cuerpo y causarles la muerte; solo lavándose consiguen aliviar la ansiedad que les ha provocado el contacto con el objeto.

Las compulsiones, a diferencia de las manías, se realizan de forma consciente: quien las sufre lucha contra ellas, pero teme que, si las ignora, algo terrible ocurrirá.

Para que las manías constituyan un problema deben existir rituales muy rígidos en los niños, que se prolonguen en el tiempo y que interfieran en su vida. Este trastorno suele aparecer a los 8 o 9 años, aunque su incidencia en la población infantil no llega al 1 por ciento. No podemos confundir estos rituales patológicos, sin ninguna utilidad aparente más que calmar la ansiedad, con aquellos que son normales en el desarrollo del niño. Por ejemplo, entre los 3 y los 6 años aparecen ciertos rituales que se relacionan con la comida o el sueño y que ayudan a los pequeños a crear hábitos saludables. En esta edad también pueden aparecer rituales lúdicos, como contar baldosas, no pisar las líneas de las aceras, no usar determinado color en los dibujos. A partir de los 5 años también pueden surgir de forma normal ciertas conductas supersticiosas, como cruzar los dedos, caminar empezando por el pie derecho. Entre los 7 y los 11 años, a los niños les gusta coleccionar objetos e incluso tener algunos como talismanes de buena suerte. Todas estas conductas, evidentemente, no se consideran propias de ningún trastorno, sino parte del desarrollo normal de los niños.

Sin embargo, los rituales propios del TOC son conductas que tienen como objetivo reducir una sensación de ansiedad y que interfieren en la vida cotidiana puesto que llevarlos a cabo requiere tiempo. Su interrupción provoca irritación o incremento de la ansiedad. Todas estas conductas son vistas como perturbadoras por parte de los padres y por el personal escolar.

Las compulsiones más frecuentes en la infancia son:

> *Limpieza:* El niño puede dedicarse a ordenar muchas veces las cosas, lavarlas muy a menudo o lavarse las manos con excesiva frecuencia.
>
> *Contar:* Repite constantemente un número, o bien tiene que contar mentalmente cuando ocurre algo.
>
> *Comprobación:* El pequeño se asegura un gran número de veces de si ha hecho una cosa; por ejemplo, si ha cerrado bien la ventana de su habitación antes de irse a dormir.

Hay algunos factores personales que pueden predisponer la aparición del TOC, tales como perfeccionismo, pensamiento rígido, ansiedad, fobias, antecedentes familiares o carácter obsesivo.

Siempre que se sospeche la presencia de un TOC hay que consultar con un profesional con el fin de que realice una evaluación y, en el caso de confirmarse el diagnóstico, lleve a cabo la intervención adecuada. El TOC suele responder bastante bien a la psicoterapia.

3. MIEDOS Y MANÍAS NORMALES EN EL DESARROLLO DEL NIÑO

Tanto las reacciones de miedos como las manías forman parte del desarrollo normal del niño. Existen ciertas edades en las que se dan con relativa frecuencia, y por tanto no constituyen una patología. Conocer a qué años suelen aparecer es el primer paso para tranquilizarnos, lo que no quiere decir que podamos tomar medidas para disminuir su intensidad y frecuencia.

3.1. LOS MIEDOS EVOLUTIVOS

Como ya hemos comentado, existen ciertas reacciones en los niños que corresponden a los miedos que pueden aparecer como parte de su desarrollo normal. Los miedos evolutivos, en caso de que se presenten en determinadas edades, se consideran completamente normales y suelen desvanecerse a medida que el niño madura. Pero que sean parte del desarrollo infantil no supone que estén presentes en todos los niños; se considera que su frecuencia ronda el 50 por ciento.

En la tabla adjunta se exponen los miedos evolutivos más frecuentes y significativos:

Miedos evolutivos en función de la edad

0-6 meses: a los ruidos fuertes, pérdida del soporte emocional, estímulos intensos, estímulos repentinos.

7-12 meses: a los objetos de aparición súbita, a las personas extrañas.

1 año: a las personas extrañas, a separarse de sus padres, heridas (agujas, inyecciones, cuchillos).

2 años: a ruidos fuertes (aspiradora, sirenas, tormentas...), habitaciones oscuras, a separarse de sus padres (se acrecienta).

3 años: a los animales, oscuridad, ruidos, máscaras y disfraces, a separarse de sus padres (se acrecienta).

> **4-5 años:** a los animales, oscuridad, ruidos nocturnos, gente con aspecto inquietante, a separarse de sus padres.
>
> **6 años:** a brujas y fantasmas, a perderse, a dormir solo, oscuridad, tormentas, animales, muerte, a separarse de sus padres.
>
> **7-8 años:** a brujas, fantasmas, monstruos, sombras, sótanos, acontecimientos diarios que aparezcan en los medios de comunicación, lesiones corporales.
>
> **9-10 años:** al fracaso escolar, al ridículo, lesiones corporales.

EL MIEDO A LA PÉRDIDA DEL SOPORTE EMOCIONAL

Algunos niños, durante los primeros meses de vida, pueden reaccionar con miedo al estar solos, ya que cuando pierden de vista a sus cuidadores, piensan que estos han desaparecido para siempre. Es uno de los primeros miedos evolutivos que puede tener el recién nacido.

EL MIEDO A RUIDOS FUERTES

Puede aparecer en los primeros meses de vida del niño, que está habituándose al mundo y a sus sonidos. Precisamente por eso los ruidos intensos pueden asustarlo y hacerle llorar. Este miedo es normal hasta aproximadamente los 2 años. Aunque en edades más avanzadas (4 o 5 años) un niño puede seguir teniendo miedo a los ruidos, este es menos acusado y tiene otras connotaciones.

EL MIEDO A LOS EXTRAÑOS

Hasta aproximadamente los 7 meses el bebé se deja coger por cualquier persona que no sea sus padres. Pero a partir de entonces ya distingue la cara de sus padres de la de los demás; es cuando puede aparecer el temor a los extraños. Este miedo suele desaparecer a medida que el niño va reconociendo o se va habituando a sus caras, a través de las continuas visitas. Lo habitual es que se difumine poco a poco alrededor del año y medio o dos.

EL MIEDO A SEPARARSE DE LOS PADRES

Quizá sea uno de los miedos más representativos en la infancia. La gran mayoría de los niños, en algún momento, pueden mostrar temor a la hora de separarse de los padres. Resulta más frecuente entre los 2 y los 3 años. Es importante, especialmente en este periodo, fomentar la independencia y autonomía del niño.

EL MIEDO A LA OSCURIDAD

Suele aparecer en torno a los 2 o 3 años y dura aproximadamente hasta los 6 años, cuando empieza a desaparecer. Es frecuente que el miedo a la oscuridad se asocie con otro tipo de miedos, como a la separación o a lo desconocido. Muchas veces está inducido por los hermanos mayores o por los adultos que, sin darse cuenta, atemorizan al niño con la presencia de seres nocturnos, el hombre del saco, el coco...

El miedo a las brujas, los fantasmas y otros entes imaginarios suele aparecer hacia los 6 años. Para entonces el temor a la oscuridad podrá convertirse en el miedo a que aparezcan este tipo de seres por la noche. El pensamiento fantástico de los niños ayuda a que se instauren estos miedos y, en torno a los 7 años, pueden empezar a temer situaciones que antes se desarrollaban sin ningún problema, como andar solos por la casa o irse a su habitación.

EL MIEDO A LOS ANIMALES

Es uno de los más frecuentes a partir de los 3 años y hasta los 6 años. Está relacionado con las experiencias previas que el niño haya tenido con los animales, y sobre todo con cómo percibe a los adultos en su interacción con ellos. A partir de los 3 años, el niño se da cuenta de que algunos animales pueden ser amenazadores.

LOS MIEDOS SOCIALES

Aproximadamente a los 9 o 10 años todos los miedos anteriores, relacionados con amenazas físicas, van desapareciendo y son sustituidos por otros relacionados con la vida social. Así, a partir de esta edad, son típicos el miedo al ridículo, a la escuela, a la muerte, a la soledad, al rechazo...

El temor a hacer el ridículo se relaciona con las situaciones en las que el niño tiene que demostrar sus aptitudes delante de otros, teme fallar y hacerlo mal. Es un miedo propio de estas edades, pero si se prolonga mucho en el tiempo puede dar lugar a problemas de timidez y de autoestima.

Conforme el niño va llegando a la adolescencia (en torno a los 12 años), puede mostrar miedo al rechazo de sus compañeros, ya que en esta edad cobra gran importancia el sentimiento de pertenencia a un grupo. No es raro que aparezca cierto miedo a sentirse solo y a ser rechazado.

Muchos niños atraviesan por etapas en las que es habitual que se den determinadas manías, aunque suelen desaparecer de manera espontánea. La actitud de los padres debe ser activa; han de ayudar a su hijo a erradicarlas.

Chuparse el dedo

Todos los bebés se ponen el dedo en la boca y lo chupan. El reflejo de succión está presente en los recién nacidos. Alrededor de los 2 o 3 años este hábito tiende a desaparecer, ya que el niño aprende otros recursos para vencer su malestar, como por ejemplo, pintar, jugar, abrazar a un peluche. Algunos pequeños desarrollan este hábito cuando se les retira el chupete.

Chuparse el dedo puede convertirse en un problema siempre que se dé más allá de los 5 años, puesto que puede deformar los dientes, dificultar el entendimiento cuando el niño habla y convertirlo en blanco de las burlas de sus compañeros, lo que dañará su autoestima.

El chupete

Durante los primeros años de vida, a los niños les gusta llevarse a la boca todo lo que encuentran a su alrededor; es una forma más de conocer el mundo que les rodea. El uso del chupete es un tema muy discutido y controvertido. Tiene sus ventajas y sus inconvenientes: puede ayudar a que el niño se sienta independiente y seguro cuando está solo, por ejemplo, para dormir por la noche. El problema es que dependa de él para calmarse, porque entonces se convierte en un hábito. Por lo tanto, el uso del chupete debe ser limitado. Para tranquilizar al bebé podemos probar también con otras cosas, como la música, los masajes, etcétera.

A partir de los 3 años el uso del chupete puede interferir en la independencia del niño si lo utiliza como forma de mantenerse en hábitos inmaduros, de no crecer. Por ello antes de llegar a esta edad es recomendable empezar a retirarlo progresivamente.

HURGARSE LA NARIZ

Se trata de una mala costumbre propia tanto de los niños como de muchos adultos, con la diferencia de que, antes de los 4 o 5 años, aún no saben que hurgarse la nariz es una de esas cosas que no se hacen en público.

Es importante saber que el niño no aprende a sonarse la nariz hasta aproximadamente los 3 o 4 años. Muchas veces siente picor debido a alguna alergia, o bien tiene la necesidad de liberarse de algunos mocos secos y no duda en utilizar el dedo. Hurgarse la nariz de forma continua y persistente puede provocar hemorragias nasales. Enseñarle a limpiarse en privado con agua o papel será decisivo para la desaparición de este mal hábito que tanto incomoda a los padres, sobre todo si hay gente delante. Recordemos que el decirle al niño «No seas guarro, no te metas el dedo en la nariz» no suele ser una táctica eficaz.

DARSE GOLPES CON LA CABEZA O BALANCEARSE

Es probable que los niños, entre los 6 y los 30 meses, adquieran el mal hábito de golpearse la cabeza en la cuna o en la almohada. No hay que alarmarse, lo importante es evitar que se dañen, ya que en este caso sí se trataría de una manía perjudicial. Algunas de las razones que pueden llevar al pequeño a adquirir este comportamiento pueden ser: aburrimiento, una rabieta, una llamada de atención, un intento de conciliar el sueño y, sobre todo, un alivio a algún malestar.

MORDERSE LAS UÑAS

El hábito de morderse las uñas no suele aparecer antes de los 3 años y puede prolongarse indefinidamente. De hecho, es el hábito iniciado en la infancia que mayor continuidad tiene en la edad adulta. Al igual que ocurre con el resto de las manías, su fin es aliviar la ansiedad.

En numerosas ocasiones morderse las uñas se ha asociado exclusivamente a situaciones de estrés y ansiedad, pero a menudo comienza por simple aburrimiento. Es una conducta frecuente: se estima que cerca del 50 por ciento de los escolares la han practicado en algún momento de su vida.

El papel de los padres es evitar que el hábito de morderse las uñas no se prolongue hasta la edad adulta, cuando ya es muy difícil de erradicar. Recurrir a regaños o amenazas suele ser poco efectivo, antes bien, puede ser contraproducente. Optar por una actitud positiva, como veremos en el apartado siguiente, suele ser mucho más beneficioso.

4. PRUEBA A HACERLO TÚ

Hay miedos que aparecen en edades determinadas y que duran también un tiempo determinado. Los padres pueden comprobar si otros niños de la edad del suyo han superado sus temores mientras que su hijo los mantiene. Es la clave para evaluar si se trata o no de miedos evolutivos.

Las manías suelen tener como punto de origen un momento de ansiedad: el pequeño recurrió a esa conducta y sintió alivio; así cada vez que se enfrenta a una situación de tensión, la repite.

Es necesario que el niño confíe en sus habilidades para enfrentarse a miedos y manías.

4.1. CÓMO ENFRENTAR LOS MIEDOS

Para disminuir los miedos hay que seguir un método. El miedo es irracional por definición y los niños creen, además, que lo que temen es real, por lo que decirles que no es así resulta inútil. Un pequeño puede estar convencido de que el agua del mar se lo tragará cuando se acerque a la orilla, por muy irracional que nos parezca a los adultos.

Es indudable que, enfrentados a sus miedos, los niños lo pasan mal. Por eso el método que aquí proponemos plantea una aproximación paulatina al objeto temido. Eso implica que la desaparición del miedo es progresiva y causa menos malestar, aunque la consecución de objetivos resulta más lenta.

Cuando hablamos de intervenir sobre el miedo debemos combinar varios elementos:

- ☹ El miedo no desaparece en un momento, la actuación de los padres debe ser continuada y sistemática.
- ☹ No hay que regañar ni ridiculizar al niño por lo que siente; ello dificultará que decida enfrentarse a su miedo.
- ☹ Los padres no deben mostrar excesiva preocupación ni darle demasiada importancia, porque entonces el niño podría utilizar su miedo como excusa para zafarse de situaciones que no le gustan.
- ☹ Hay que intentar controlar las experiencias desagradables que podrían afianzar su miedo; por ejemplo, debemos asegurarnos de que el perro con el que

vamos a jugar permitirá que lo hagamos sin ladrar ni ponerse agresivo.

☹ Tenemos que premiar cualquier esfuerzo que haga por vencer su miedo. Para ello podemos emplear frases de ánimo como: «Valiente», «Venga, que tú puedes», «¡Lo has logrado, campeón!».

☹ No le presionaremos si hoy no lo consigue, lo intentaremos mañana. Cada niño necesita su tiempo. Hay que animarlo a que él mismo compruebe lo irracional de su temor: «Vamos a mirar juntos debajo de la cama para ver que no hay nada». O realizar primero nosotros una acción y pedir al pequeño que la repita; por ejemplo, tocamos a un perro y le decimos al niño que acerque él también la mano. Convertirnos en modelo le enseña que no pasa nada malo cuando se hace.

☹ La observación de la actitud de los padres por parte del pequeño puede llevarle a adoptar los miedos de estos; es decir, aunque no quieran, en ocasiones, son los padres quienes se los transmiten. Es habitual que si la madre tiene miedo a los perros, también lo tenga su hijo o que si el padre se muerde las uñas, el niño, al verlo, lo imite. Si los adultos controlan su comportamiento ante las situaciones y objetos que les provocan miedo, se convierten en modelos a imitar para el niño.

☹ En cualquier caso, los modelos más válidos son sus compañeros cuando hacen lo que a él le da miedo, por eso conviene procurarle experiencias de este tipo: si le asusta tirarse por el tobogán, le podemos llevar a un parque donde vea que otros niños de su edad lo hacen.

En primer lugar hay que explicarle qué es el miedo: un sentimiento muy fuerte que a veces no nos deja hacer las cosas que nos gustan porque nos parece que, si las hacemos, pasará algo malo. Muchas veces lo que ocurre es que no conocemos bien lo que nos da miedo y una vez nos lo presentan ya no nos parece tan terrible.

El siguiente paso es definir a qué tiene miedo el niño. No es lo mismo que sea a meterse en el agua, que a la piscina, que a acercarse al mar.

Utilizaremos el miedo a bañarse en el mar como ejemplo para mostrar el método que debemos aplicar a los temores del niño.

Habrá que plantearle un objetivo, en este caso, bañarse solo en el mar.

Establecemos con el niño comportamientos que le acerquen al objetivo y le pedimos que los puntúe de 0 a 10 según el miedo que le den. A continuación, ordenamos las situaciones de manera que vayan de más a menos miedo. Imaginamos ahora una escalera con una serie de peldaños que el pequeño irá subiendo, y ha de hacerlo en orden, es decir, no debe saltarse ninguno y no puede subir el siguiente hasta que el anterior deje de darle miedo.

12. Meterte en el agua sin papá	10
11. Jugar en el agua	10
10. Bañarte en brazos de papá	10
9. Jugar con las olas	10
8. Ir de la mano con papá hasta donde las olas cubren la rodilla	10
7. Permanecer con papá de la mano un tiempo donde las olas cubren el tobillo	9
6. Permanecer en la orilla dejando que el agua moje	8
5. Estar en la orilla donde llega el agua dentro de una piscina hinchable	7
4. Jugar con la arena mojada, el cubo y la pala	5
3. Permanecer en la orilla donde está la arena mojada	2
2. Estar en la orilla de pie sin pisar la arena mojada	1
1. Estar en la playa	0

Partiendo de la situación que no le asusta, iremos combinando variables que acerquen al niño al mar hasta que dé el paso de bañarse:

- Una será lograr permanecer a distancias cada vez más cortas de la meta, aproximándose cada vez más al agua.

- Otra variable a combinar será lograr que permanezca cada vez más tiempo cerca del objeto temido. Al principio solo intentaremos que esté unos segundos en la orilla, pero ese tiempo tendrá que ir aumentando. Podemos contar en alto con él, si sabe, y pedirle al principio que llegue al número veinte luego hasta cincuenta y después hasta cien. Es de esperar que si llega a contar hasta cien, haya disminuido el miedo que inicialmente sentía, con lo que podemos pasar a la situación siguiente.

- La intensidad con que aparece el objeto temido ha de ser también mayor cada vez; por ejemplo, el agua que en principio llegaba solo hasta los tobillos, ahora puede alcanzar las rodillas, y así sucesivamente.

- A continuación procuraremos aumentar la dificultad de las situaciones: podemos probar a dejar que nos moje el agua, a pasar a jugar con las olas o a saltar en el agua.

- Buscaremos acciones que le aproximen a la meta: ver niños de su edad bañándose y pasándolo bien, hacer un dibujo del mar, enseñarle fotos de cuando estuvo en la playa de pequeño, imágenes del mar en calma, apuntarle a un curso de natación...

La combinación de estas variables hace posible enfrentarse al miedo de forma paulatina hasta lograr vencerlo, tal y como proponíamos al principio del capítulo.

Hay niños a los que les cuesta más la primera fase, mientras que otros presentan más dificultades al final. Allí donde notemos que sube la angustia, debemos preguntarle al pequeño: «¿Te da miedo?». Si responde que sí, retrocedemos al punto anterior y ampliamos los pasos a seguir antes de pasar al siguiente. Por ejemplo, en la escalera anterior, si entre los puntos siete y ocho el niño se retira porque le da miedo, los sustituiremos de la siguiente manera:

7. Permanecer con papá de la mano un tiempo (20 segundos) donde las olas cubren el tobillo.
    7.1. Permanecer con papá de la mano y contar hasta cincuenta donde las olas cubren el tobillo.
    7.2. Permanecer con papá de la mano y contar hasta cien donde las olas cubren el tobillo.
    7.3. Permanecer con papá de la mano un rato y saltar una vez donde las olas cubren el tobillo.
    7.4. De la mano de papá, jugar a saltar las olas donde cubren hasta el tobillo.
    7.5. Permanecer con papá de la mano y contar hasta veinte donde el agua llega a la pantorrilla. Repetir el paso contando sucesivamente hasta cincuenta, cien y luego jugar a saltar.
8. Permanecer un tiempo de la mano con papá hasta donde las olas cubren la rodilla.

Con esto queremos decir que se pueden introducir tantos pasos intermedios como el niño necesite para vencer el miedo. La clave está en buscar hasta qué situación llega sin sentir temor y, una vez que aparece, repetirla hasta que disminuya.

Al igual que en el caso anterior, hacemos con el niño un listado de los animales que le dan miedo y le pedimos que les dé una puntuación de 0 a 10. Hay que tener en cuenta que podemos evitar el contacto con algunos animales, como las serpientes, los murciélagos o las ratas, sin que eso nos incapacite en absoluto, dada la poca frecuencia con que vamos a encontrarlos. Otra cosa será si hablamos de animales domésticos, con los que todos, en mayor o menor medida, tenemos contacto.

Los pasos a seguir, empezando por el animal que menos miedo produce al niño, son los siguientes:

1. No demos razones al pequeño sobre lo que hay que hacer para que desaparezca su miedo, hagamos caso omiso de su comportamiento y, cuando veamos al animal que teme, vayamos directamente a acariciarlo. Mientras, podemos contarle las sensaciones tan positivas que produce sin pedirle que lo haga él. Se trata de convertirnos en un modelo al que pueda imitar.

2. No esperemos que en el primer intento el niño se acerque a tocar al animal que teme. Todas estas actuaciones le acercarán poco a poco hasta llegar al objetivo: que él lo toque.

3. No le pediremos que se acerque solo y reforzaremos o premiaremos el que se mantenga tranquilo en el sitio. Al principio se quedará a cierta distancia observando cómo su padre o su madre juegan con el animal. Habrá que alabar el que se mantenga en el sitio sin irse ni hacer aspavientos.

4. En los siguientes pasos intentaremos que disminuya la distancia entre él y el animal, aunque no llegue a tocarlo.

5. Más adelante, el padre o la madre cogerán al niño de la mano para que se acerque, pero será el adulto quien toque al animal mientras le explica: «Mira cómo mueve el rabo, está contento, tiene un pelo muy suave, le gusta acercarse a mí porque quiere que juguemos...». No debemos pedirle directamente que lo haga él, solo señalarle lo cerca que está del animal (es de esperar que el niño entonces se acerque un poco más todavía).

6. Nos acercamos con el niño, esta vez sin cogerle de la mano, y una vez delante del animal, tomamos su mano para que lo toque, al principio solo tocar y retirar; luego permanecemos con la mano en su pelo mientras el pequeño cuenta las sensaciones que tiene.

7. Por último, le animamos a que se acerque él solo y lo acaricie. Hay que enseñarle a preguntar primero a sus dueños si puede hacerlo, así le evitaremos experiencias que puedan suponer un retroceso. Tenemos que premiarle cuando lo consiga.

Acciones que aproximan el objetivo:

- Hacerle conocer al animal que le da miedo a través de películas, fotografías y libros con información; cuanto más reales mejor (es preferible una foto de un gato real que un dibujo animado).
- Facilitarle experiencias donde pueda ver a amigos suyos jugando con animales y señalarle lo bien que se lo pasan, dejarle que observe desde cierta distancia. Pasar una tarde con amigos que tengan un animal doméstico.
- Mostrarle las señales que manda un animal cuando se pone agresivo o poco amigable (se le eriza el pelo, enseña los dientes, saca las uñas, ladra...).

para que sepa cuándo no tiene que acercarse con el fin de evitarle experiencias negativas que supongan un retroceso.

Lo importante es no forzar al niño a tocar o relacionarse con el animal. Si seguimos el método paso a paso, acabará acercándose por imitación, aunque puede ocurrir que, a pesar de perder el miedo, no sea un gran amigo de los animales.

EL MIEDO A LOS RUIDOS FUERTES

Incluimos en este apartado estruendos y sonidos inesperados, como tormentas con truenos, fuegos artificiales, petardos, aspiradoras, batidoras... asociados a situaciones que suelen provocar miedos.

El procedimiento a seguir es el siguiente:

- Identificar el miedo del pequeño y las razones que lo producen: al sonido de los truenos, a la luz de los relámpagos, a un viento muy fuerte, a que la aspiradora se lo trague, a que la batidora corte a mamá, a que le caiga encima un rayo...
- Discutir sus afirmaciones para que se las pueda contar a sí mismo: «Un trueno solo hace ruido y el pararrayos no permite que los rayos nos caigan a nosotros», «Nunca ha habido un huracán en esta ciudad», «Vamos a limpiar el filtro de la aspiradora y verás que solo hay polvo y piezas muy pequeñas», «El ruido lo hace un motor, y para que suene o pare, basta con darle al botón».
- Confeccionar una lista con las cosas que le dan miedo, ya sean las inclemencias del tiempo, elec-

trodomésticos o fuegos de artificio. Definir y puntuar las situaciones que le provocan temor.

- Aproximarle a la situación temida aumentando poco a poco la intensidad del sonido y asociando las situaciones en que se produce con sensaciones placenteras. Por ejemplo, podemos pasar una tarde de tormenta cocinando sus galletas preferidas, oír su canción favorita mientras ve cómo cae la lluvia torrencial o suenan los truenos, o hacer su plato favorito usando la batidora.

- Llevar a cabo actuaciones de forma gradual. Se puede grabar en vídeo una tormenta. Primero le mostramos al niño las imágenes sin sonido, luego vamos subiendo poco a poco el volumen mientras comprobamos que no aumenta su estado de ansiedad. Para estar seguros le preguntamos: «¿Tienes miedo?».

- Desenchufar el electrodoméstico y permitirle que juegue con él: a pasar la aspiradora, a triturar comiditas, a las peluquerías, etcétera (habrá que supervisarlo en todo momento).

Hay acciones que le irán aproximando al objetivo, por ejemplo:

- Regalarle un paraguas atractivo.
- Hacer dibujos de la familia bajo la lluvia.
- Pasar la aspiradora sin que esté funcionando.
- Contemplar a niños jugando en la calle mientras llueve.
- Ver películas donde celebren fiestas con fuegos artificiales...

Cuando los niños presentan este tipo de miedo, los padres suelen actuar diciendo: «Vete ahora que está entretenido, corre, que no se dé cuenta». Con esto agravan el problema, ya que a la sorpresa de encontrarse sin su madre o su padre se une el enfado por el engaño.

El niño tiene que aprender a despedirse y entender que sus padres volverán cuando hayan terminado de hacer sus cosas. De lo contrario se convertirá en guardaespaldas de sus mayores y no les dejará ni a sol ni a sombra.

Algunos temen que a los padres les pase algo durante su ausencia. Despedirse y contarles lo que vamos a hacer les tranquilizará. Sugerimos el siguiente procedimiento:

- El primer paso consiste en dejarle con una persona muy familiar, con la que le guste estar. Hay que empezar en casa, que es un espacio que el pequeño conoce y donde está seguro.

- El padre o la madre se despiden y le dicen lo que van a hacer en el tiempo que no estarán con él: «Voy a comprar y vuelvo en un rato, te quedas jugando con la tía y luego me cuentas lo que has hecho». A continuación se irán independientemente de la reacción que tenga el niño. A la vuelta, lo primero será preguntarle lo que ha hecho, reforzando su comportamiento con alguna frase del tipo: «¡Qué bien te lo has pasado jugando con tu tía!».

- Hay que hacer mucho hincapié en la variable tiempo: si el pequeño reacciona muy escandalosamente a la despedida, no debemos estar fuera más de 10 minutos la primera vez. A partir de ahí, iremos aumentando el tiempo: media hora, una hora... El criterio lo marcarán sus reacciones en la despedida;

si se produce con cierta tranquilidad, podremos retrasar la vuelta.

- Iremos combinando el tiempo con la dificultad de la situación; esto es, podemos pedirle a la persona que le cuida que vaya con él a un parque cercano o a casa de algún amigo con el fin de que las actividades que lleve a cabo en ese tiempo sean divertidas.

- El siguiente paso será llevarle a casa de un familiar o amigo con el que esté cómodo y dejarle con él. De nuevo, jugamos con el tiempo, aumentándolo hasta que el niño consiga pernoctar a gusto allí sin que estemos presentes. Puede llevarse su juguete preferido y le escribiremos nuestro número de teléfono por si quiere algo. Al día siguiente, le premiaremos con algo especial. Una buena idea será hacer planes con su amigo para que sea este quien pase la noche en nuestra casa la próxima vez.

Acciones que nos aproximan el objetivo:

- Intentar que juegue solo en su habitación.
- En el parque, acercarse con él a un grupo de niños y, según se incorpore al juego, separarnos poco a poco.
- Dejarle jugando al cuidado de algún adulto y marcharnos. Utilizar las fiestas y encuentros infantiles divertidos para practicar la despedida.
- Invitar a algún amiguito a casa para que el niño vea cómo se despide tranquilamente de sus padres.

EL MIEDO A LAS INYECCIONES O AL PERSONAL SANITARIO

El miedo a los médicos o los hospitales, que los niños relacionan muchas veces con tener una enfermedad, es relativamente frecuente y perdura en el tiempo: son muchos los adultos que temen cualquier prueba médica. Disminuimos este miedo si le explicamos al niño lo que se hace en esos lugares, cómo son las personas que trabajan allí y que su misión es curar enfermedades o lesiones.

Acciones que aproximan el objetivo:

- Visitar el centro de salud u hospital donde se le atiende, familiarizarse con el personal y el material y volver a casa.
- Jugar en casa con él a poner inyecciones y operar, y que unas veces haga de enfermo y otras de médico.

El MIEDO A LA OSCURIDAD

Los niños desarrollan muchos miedos a las situaciones de oscuridad y es preciso empezar por definirlos: a los monstruos, a los ladrones, a los fantasmas, a atravesar un pasillo poco iluminado...

Hay que establecer una rutina que dé tranquilidad al pequeño y contar con argumentos para discutir lo real de sus temores: «Miremos debajo de la cama para ver si hay algún monstruo». «Vamos a quitar este peluche de aquí porque de noche te parece un fantasma», «Ayúdame a comprobar que están todas las puertas y ventanas cerradas», «Aquí está la lamparita o linterna que puedes utilizar si te despiertas de noche y quieres ir al baño».

Para vencer este miedo habrá que jugar, sobre todo, con tres elementos: tiempo, intensidad y permanencia.

Actuaremos de la siguiente manera:

- No empezaremos de noche, es preferible que apaguemos la luz de su habitación durante el día y nos tumbemos con él en la cama mientras nos contamos algo o reímos.

- Repetiremos esta situación de noche, pero esta vez nos levantaremos y le diremos al niño que vamos a coger algo y le animaremos a que nos espere acostado. No debemos tardar, el niño debe tener éxito en este cometido. Cuando volvamos hay que felicitarle y jugar con él, por ejemplo, a hacerle cosquillas, y si es a oscuras mejor.

- Hay que aumentar los tiempos que permanece a oscuras sin que estén los padres. Se puede poner una cartulina en una pared y apuntar cada vez que aumenta el tiempo, como si fueran las marcas que un deportista va superando.

- Por la noche apagaremos la luz al acostarle y dependiendo de la reacción que tenga a la oscuridad, le permitiremos:

  ⬆ Tener encendida una luz en la mesilla durante toda la noche o hasta que se duerma.

  ⬆ Tener encendida la luz del pasillo hasta que se duerma o un rato largo desde que se acueste (que iremos disminuyendo según pasan los días y el niño va estando más cómodo en la oscuridad).

  ⬆ La luz del baño un ratito desde que se acuesta.

  ⬆ Así hasta que la propuesta sea: «Hoy no encenderemos ninguna luz después de acostarte».

Cuando el miedo a la oscuridad va asociado a los monstruos y fantasmas, podemos ayudarlo a:

- Utilizar otra imagen más poderosa que sustituya la que tiene del fantasma: el fantasma tiembla cuando aparece Hércules.
- Imaginarse luchando contra la imagen que, asustada, se va corriendo.

- Apagar la imagen que le da miedo: «Dale al interruptor de tu cabeza y apaga al fantasma».
- Ridiculizar la imagen: «el fantasma se cae de culo al intentar subir la escalera».
- Transformar la imagen que se le viene a la cabeza, pintar el fantasma y ponerle bigotes, en vez de blanco que sea rosa...

Acciones que aproximan el objetivo:

- Jugar a las tinieblas o a la gallina ciega le ayudará a moverse sin luz.
- Esconder objetos («tesoros») en una habitación oscura y que los busque.
- Animarlo a que llegue hasta la llave de la luz a oscuras.
- Permanecer con el niño en la habitación contándonos algo sin luz.

EL MIEDO A LAS ALTURAS

Lo primero, como siempre, es definir el miedo y las situaciones en que se produce: tirarse por un tobogán, subirse a las atracciones, entrar en el ascensor y caerse por el foso, trepar a un árbol, asomarse a la terraza, que una fuerza extraña le empuje al abismo, caerse...

Para ayudar al niño a perder el miedo es preciso disponer de un elemento que le permita ganar altura poco a poco: una escalera, el balcón de casa, el tobogán más pequeño, la atracción más suave del parque de atracciones...

A continuación hay que plantear un listado de situaciones y centrarnos en aumentar el tiempo de permanencia y aumentar la dificultad de la situación. Proponemos el siguiente procedimiento:

- Primero acompañamos de la mano al niño en sus primeros acercamientos al balcón, la escalera o el tobogán. Procuraremos que permanezca cerca del objeto sin cogernos de la mano.
- Le pedimos que permanezca próximo a lo temido, aumentando poco a poco el tiempo y disminuyendo la distancia: dar un paso dentro del balcón hacia la barandilla, estar en el primer escalón del tobogán, poner un pie dentro y otro fuera del ascensor... Al principio solo tiene que probar y luego intentar permanecer en esa posición.
- Cada día le animamos a estar un paso más cerca de la barandilla, un escalón más arriba del tobogán, dentro del ascensor con la puerta abierta...
- Establecemos los pasos necesarios para que llegue a la meta: asomarse al balcón y mirar, cerrar la puerta del ascensor y subir, tirarse por el tobogán... Cuando lo consiga, repetimos la experiencia y le felicitamos por lo que ha logrado.
- A muchos niños les tranquiliza enfrentar sus temores de la mano de sus padres. Si es así, habrá que plantearse ir cumpliendo cada paso establecido primero con el niño de la mano y luego él solo, sin pasar al siguiente hasta que consiga hacerlo sin nosotros (permaneceremos cerca animándolo, pero él tiene que enfrentarse a su miedo solo).

Acciones que aproximan el objetivo:

- Ver a niños divirtiéndose en el parque de atracciones o en los columpios de un parque (si son sus amigos, mejor).

- Ir de excursión y subir por la montaña.
- Pedirle algo que requiera subirse a una silla o taburete para alcanzarlo.

Para que el niño aprenda a enfrentar sus miedos hay que aproximarlo a lo temido, sin imponérselo y respetando sus tiempos.

4.2. CÓMO HACER FRENTE A LAS MANÍAS

A lo largo de este libro hemos hablado de muchos hábitos que deben formar parte de la rutina del niño. Pero en este caso estamos hablando de malos hábitos, aquellos que al principio calman una fuente de ansiedad (hambre, picor, aburrimiento) y que por eso cobran tanta fuerza y se repiten. El problema está en que calman la ansiedad, no la solucionan.

Pero, además, pueden:

- Dañar al niño.
- Afectar a sus relaciones sociales: lo convierten en blanco de bromas, le hacen parecer inmaduro, etc.

Cuando un niño tiene una manía, sus padres están muy pendientes de ella para recriminársela, cayendo en el error de pensar que así desaparecerá. ¡Nada más lejos de la realidad! Señalar el comportamiento hará que se repita. El primer paso, por tanto, será evitar decirle al niño nada que tenga que ver con el hábito a erradicar.

Al contrario de lo que ocurre con otras conductas inadecuadas, ignorar estos hábitos tampoco soluciona el problema, porque el objetivo del niño no es llamar la atención del adulto, sino calmar la ansiedad.

Si después de aplicar las estrategias que explicamos más adelante la conducta no disminuye, habrá que plantearse dos cosas:

- Intentarlo más adelante, cuando el niño sea un poco mayor.
- Evaluar hasta qué punto es dañina o incapacitante la manía, y si no es mucho, tolerarla. Son muchos los adultos que conservan manías adquiridas de pequeños y que no les impiden llevar una vida normal.

No es eficaz ignorar la manía, como tampoco lo es reaccionar de manera exagerada cuando aparece, pues el niño descubriría la preocupación que genera su comportamiento y tenderá a repetirlo para llamar la atención de los padres.

Las reacciones excesivas, como reírse de las manías, enfadarse o criticar al niño («Eso es una tontería, no seas bebé»), tienen el efecto contrario al deseado, porque aumentan la frecuencia de la conducta. Ante las manías es importante la serenidad.

QUÉ HACER ANTE LAS MANÍAS

- Distraer la atención del niño hablándole y proponiéndole alguna actividad que sea incompatible con el comportamiento, como que sujete algo con las dos manos si se chupa el dedo.
- No señalar el comportamiento y mucho menos en público.
- Acercarnos y, sin decir nada pero de forma firme, hacer un gesto que le impida seguir con la manía, por ejemplo, retirarle la mano de la nariz y luego seguir con lo que estábamos haciendo.

- Establecer con él una palabra clave que le recuerde que tiene que dejar de hacerlo, por ejemplo: *stop*.
- Reforzar con una frase de aliento seguida de una sonrisa o caricia cualquier comportamiento que suponga un avance.
- Repetir estas pautas cada vez que el pequeño emita el comportamiento que queremos evitar.

Las manías son muy resistentes y cuesta mucho que desaparezcan. Conviene tener paciencia y no desesperarse. Hay que mantener las actitudes descritas, combinarlas o aplicarlas según el efecto que vayan teniendo en el niño. Lo importante es la constancia.

EL CHUPETE

Hacer desaparecer el chupete de la vida de un niño es una de las grandes preocupaciones de los padres.

Nos plantearemos hacerlo de forma paulatina, delimitando claramente las actividades que se hacen con chupete y las que no. Es decir: se puede utilizar para dormir pero no para salir a la calle ni para jugar o comer.

Es útil buscar un lugar para dejar el chupete una vez que el niño se despierta, un cajón por ejemplo, y dejarlo allí todo el día. Si lo coge, lo acompañaremos para que lo guarde de nuevo.

Podemos empezar diciéndole que no lo utilice fuera de casa, aumentar la prohibición a todo el periodo en el que permanece despierto, y acabar dando el paso, que suele ser más complicado, de retirarlo para dormir.

Un buen criterio será observar si los compañeros de la escuela infantil dejan de utilizar chupete y nuestro hijo no. En ese caso, es el momento de que desaparezca.

Un día cualquiera le anunciaremos que ya es mayor y que, por tanto, no es necesario usar el chupete. «Los mayores como papá o mamá no lo usan». Luego le diremos que es el momento de tirarlo a la basura o por la ventana. Inventaremos con él todo un ritual para que se despida de algo que solo se usa cuando uno es pequeño.

«Bien, ahora que tenemos ya todos los chupetes (sacamos también los de reserva), es el momento de acercarnos a la papelera y decirles adiós, porque ya eres mayor y no los quieres». El pequeño lo hará convencido de que será así.

Sin embargo, lo normal es que cuando llegue el momento de dormir, ver la tele un rato o calmarse tras una rabieta, pida el chupete con insistencia. Habrá que recordarle que lo tiró porque ya es mayor y que se deshizo de todos (porque intentará buscar alguno de los de reserva). Probablemente llorará e incluso tendrá una rabieta. Si nos mantenemos firmes, su actitud durará como mucho un par de semanas y olvidará el chupete para siempre.

EL BIBERÓN

Por otra parte, muchos padres mantienen el uso del biberón cuando el niño ya come sólidos, unas veces porque piensan que así toman más leche y otras porque les parece que al quitárselo dejan de ser sus bebés y sienten pena.

Pero los niños tienen que ir adquiriendo capacidades que les acerquen al mundo adulto. El proceso para dejar el biberón, que normalmente se asocia con la hora de acostarse, será el mismo que el descrito para el chupete, pero añadiremos una taza atractiva, con dibujos de su película favorita o de su héroe, como recipiente de sustitución.

El ritual será tomar un vaso de leche antes de acostarse o después de cenar, que puede ir acompañado, sobre todo al principio, de su postre favorito.

Chuparse el dedo

Aunque es un hábito normal durante los dos o tres primeros años de vida, después puede ser un problema si el pequeño continúa practicándolo porque le puede deformar la boca, o dificultarle el habla y, por tanto, la comunicación. También le puede hacer parecer infantil o provocar que se burlen de él.

Solo es preocupante si el niño se chupa el dedo muchas veces a lo largo del día, incluso cuando está haciendo alguna actividad que se ve dificultada por esta manía y, por supuesto, si le produce algún tipo de herida o lesión.

Algunas estrategias útiles para, al menos, disminuir la frecuencia con que el niño se chupa el dedo son:

- Ponerle guantes, sobre todo cuando la conducta se produce durante el sueño y el niño no tiene conciencia para controlarla.
- Pintarle la uña del dedo o ponerle un esparadrapo para que le sirva de recuerdo y evite la conducta.
- Interrumpir una actividad placentera para el niño cada vez que empieza a chuparse el dedo: apagar la tele, quitar la música que está escuchando o levantarte y dejar de jugar con él. No hay que recriminar ni señalar su comportamiento. Simplemente reanudaremos la actividad cuando deje de chuparse el dedo.
- Determinar en qué situaciones concretas se produce y establecer un sistema de puntos que le premie cuando no lo haga, por ejemplo, si ve la película entera sin chuparse el dedo, gana un punto.

Morderse las uñas

Es una manía común y tan difícil de erradicar que, en muchos casos, se mantiene de adulto. Algunas posibles actuaciones son:

- Explicarle al niño las ventajas de tener las uñas bien cuidadas: «No salen padrastros que luego duelen, ni se deforman los dedos, tus manos tienen una apariencia limpia cuidada y aseada».
- Proporcionarle información de los riesgos que acarrea esta manía: «Las uñas son algo que está expuesto todo el día a la suciedad de lo que tocamos, y morderlas puede producir infecciones».
- Buscar la motivación del niño porque, si él no quiere dejar de hacerlo, será difícil que lo consigamos. Está comprobado que el índice de éxito en la disminución o desaparición de esta manía depende en un alto porcentaje de que el niño quiera abandonarla.
- Pedirle que se deje crecer una uña. Una vez conseguido y después de premiar su esfuerzo, intentarlo con dos y así sucesivamente hasta llegar a las diez.
- Identificar con él los momentos en que tiende a morderse las uñas y proporcionarle un método para mantenerlas a salvo, por ejemplo, poner tiritas en las uñas, untarlas con alguna sustancia, etcétera.

METERSE EL DEDO EN LA NARIZ

Como sorber los mocos o limpiarse con las mangas del jersey, hurgarse la nariz es una manía que el niño mantiene incluso después de haber aprendido a sonarse correctamente. Antes de intervenir hay que consultar con el pediatra para descartar que exista una razón médica para el comportamiento.

Algunas actuaciones que podemos poner en práctica son:

- Sentarnos con el niño y explicarle con todo tipo de detalles cómo se usa el pañuelo: dónde se lleva, cuándo sacarlo, cómo colocarlo en la nariz, cómo soplar fuerte primero por un orificio nasal y luego por otro, cómo recoger las mucosidades dentro del pañuelo y dónde guardarlo o tirarlo después.

- Procurar que adquiera el hábito de sonarse la nariz y que le guste. Si es pequeño, podemos limpiársela nosotros. Hay que enseñarle rutinas como sonarse al levantarse.

- Destinar un sitio para los pañuelos y procurar que siempre tenga uno en el bolsillo. Podemos comprarle clínex atractivos, de colores o con dibujos, que le motiven a usarlos.

- Cada vez que lleve a cabo la conducta inadecuada pedirle que se suene correctamente con el pañuelo. Pero ¡no recriminarle la acción anterior! Antes de eso, ofrecerle un pañuelo cuando observemos que se hurga la nariz o sorbe los mocos.

DAR CABEZAZOS O BALANCEARSE

Lo primero será diferenciar cuánto hay de llamada de atención en estos comportamientos, si se producen durante una rabieta y si cesan cuando no estamos presentes; en ese caso, ignorarlos hará que tiendan a desaparecer.

Como muchas conductas se mantienen por la preocupación que los niños detectan en los padres cuando las ponen en práctica, es bueno intentar ignorar la situación cuando el pequeño se balancee o se golpee, a no ser que exista un peligro real y siempre que no haya un criterio profesional que permita intuir otro tipo de problemas.

Hasta que estas conductas disminuyan, debemos estar pendientes de las medidas de seguridad para evitar lesiones: que se dé con un lugar blando o facilitarle cojines y almohadones a modo de amortiguación. No tengamos miedo:

los niños saben normalmente no exceder la intensidad del golpe para evitar hacerse daño.

5. DIFICULTADES Y CÓMO SOLUCIONARLAS

En el origen de las manías muchas veces encontramos un mecanismo para calmar la ansiedad ante situaciones que producen temor. Cuando los niños sufren estrés, o simplemente cuando el miedo les paraliza, no pueden por sí solos ponerle solución. Tendremos que aplicar entonces todo lo visto en el punto 4. Si el comportamiento no mejora, podemos combinar el trabajo realizado hasta ahora con las dos técnicas que describimos a continuación.

5.1. APRENDER A ESTAR TRANQUILO

La relajación es incompatible con la ansiedad; esto es, si estamos relajados, no podemos sentir ansiedad. Para que el niño aprenda a relajarse necesita:

- Aprender un método de relajación, que tendrá que practicar hasta utilizar con soltura. Consiste en tensar y destensar grupos de músculos alternativamente. La mayor dificultad de los niños está en destensar músculos, pero el entrenamiento no dura más de 15 minutos y ha de ser un ejercicio diario.
- Determinar con él cuáles son las primeras señales que le envía el cuerpo cuando se pone nervioso (suda, se le acelera pulso, tiene ganas de vomitar, tensa el cuerpo...).
- Pedirle que empiece a relajarse en cuanto detecte la ansiedad, y establecer con él una palabra o frase clave, por ejemplo: «¡A por ella!», que le recuerde que tiene que hacerlo.

- Afrontar la situación de ansiedad o miedo una vez se encuentra relajado.

LA RELAJACIÓN

El procedimiento de relajación muscular progresiva de Koeppen (1974) es el más utilizado y el que suele encontrarse en los manuales de relajación. Resulta eficaz porque los niños lo asimilan en poco tiempo. Su aplicación no es complicada.

Cuando vayamos a hacer estos ejercicios, debemos buscar un lugar tranquilo y sin interrupciones, con luz y temperatura agradables, que facilite al niño centrarse en la tarea. Los pasos a seguir son:

Manos y brazos

Le decimos al niño: «Imagina que tienes un limón en la mano izquierda. Trata de exprimirle todo el jugo. Siente la tensión en la mano y brazo mientras lo estás exprimiendo. Ahora relájate y deja caer el limón. [Repetimos el mismo procedimiento con la mano y el brazo derechos]. Fíjate en cómo están ahora tus músculos. Están relajados».

Brazos y hombros

«Vamos a imaginarnos que eres un gato muy perezoso y quieres estirarte. Estira o extiende tus brazos frente a ti, levántalos ahora sobre la cabeza y llévalos hacia atrás, intenta tocar el techo. Fíjate en el tirón que sientes en los hombros. Ahora deja caer los brazos a los lados del cuerpo. Muy bien. Fíjate qué bien te sientes cuando estás relajado».

Hombros y cuello

«Imagina que eres una tortuga sentada encima de una roca, en un apacible y tranquilo estanque, relajándote al calor del sol. Estás tranquilo y seguro allí. ¡Oh! De repente, sientes una situación de peligro. ¡Vamos! Mete la cabeza en tu concha, debes tener la cabeza totalmente metida para poder protegerte. Trata de llevar los hombros hacia las orejas intentando meter cabeza entre ellos. Mantente así, no es fácil ser una tortuga dentro de su caparazón... Ahora el peligro ya pasó, puedes salir de tu concha y volver a sentir la luz, relájate y túmbate a tomar el cálido sol. Fíjate en que te sientes mucho mejor cuando estás relajado que cuando estás tenso».

Mandíbula

«Imagínate que tienes un enorme chicle en la boca, es muy difícil de masticar, está muy duro. Intenta morderlo, deja que los músculos del cuello te ayuden, intenta apretarlo, fuerte, que se meta entre los dientes. Muy bien, lo estás consiguiendo... Ahora relájate, deja la mandíbula floja, fíjate qué bien te sientes cuando dejas la boca caída. Intenta relajar todo el cuerpo, quedarte como flojo, lo más flojo que puedas».

Cara y nariz

«Ahora viene volando una de esas molestas moscas y se te ha posado en la nariz, trata de espantarla pero sin usar las manos. Intenta hacerlo arrugando la nariz. Procura hacer tantas arrugas con tu nariz como puedas. Mantén la nariz arrugada, fuerte. ¡Muy bien! Has conseguido alejar a la mosca, ahora puedes relajar la cara. Fíjate que cuando arrugas tan fuerte tu nariz, tus mejillas, tu boca, tu frente, hasta tus ojos te ayudan y se ponen tensos también. Intenta dejar la cara tranquila, sin arrugas. Siente cómo está ahora, más tranquila y relajada».

Estómago

«Imagina que estás tumbado sobre la hierba. ¡Oh!, mira, por ahí viene un elefante, pero no mira por dónde pisa, no te ha visto, ¡te va a poner un pie en el estómago! ¡No te muevas! No tienes tiempo de escapar. ¿Estás preparado? Tensa el estómago fuerte, si el elefante te pisa y tienes el estómago duro, no te hará daño. Pon el estómago duro como una roca... Ya se va. Puedes relajarte, siente la diferencia que existe cuando tensas el estómago y cuando lo dejas relajado. Así es como quiero que te sientas, tranquilo y relajado».

«Esta vez vas a imaginarte que quieres pasar a través de una estrecha valla en cuyos bordes hay unas estacas. Tienes que intentar pasar y, para eso, te vas a hacer delgado, metiendo el estómago hacia dentro, intentando pegar la tripa a la columna vertebral. Trata de meterla todo lo que puedas. Aguanta así, tienes que pasar la valla. Muy bien, has conseguido pasar sin pincharte con sus estacas. Ahora deja que tu estómago vuelva a su posición normal. Relájate. Así te sientes mejor, lo has hecho muy bien».

Piernas y pies

«Supón que estás parado, descalzo, y con los pies dentro de un pantano lleno de barro espeso. Intenta meter los dedos del pie dentro del barro, lo más adentro que puedas. Probablemente necesitarás las piernas para ayudarte a empujar. Empuja hacia dentro, siente cómo el lodo se mete entre los dedos... Ahora sal y relaja tus pies. Te sientes mejor cuando estás relajado. No tenses nada, te sientes totalmente relajado».

Hay que insistir mucho en que note la diferencia de los músculos: de cuando están tensos a cuando están relajados, así como en las sensaciones tan agradables que produce el estado de relajación. El objetivo es que el niño solo, ante situaciones estresantes, aplique y evite que la ansiedad se dispare.

5.2. CONTARSE A SÍ MISMO LO QUE HAY QUE HACER

Los momentos de tensión pueden verse agravados por lo que pensamos: «Qué horror, no voy a poder solucionarlo, ya estoy nervioso, quiero salir corriendo de aquí, voy a perder el control...». Frente a situaciones que nos producen miedo o ansiedad tendemos a presentir lo peor. Pero si evitamos la situación (que es lo que suele suceder), nos invade un terrible sentimiento de frustración, tristeza o ira por no haber podido controlarnos y hacerle frente. A los niños les pasa igual y hay que enseñarles a darse órdenes verbales para evitar que estos pensamientos les incapaciten para enfrentar el miedo y el estrés.

Para garantizar el éxito, el niño elegirá las frases. Una forma de que las comparta con nosotros será pedirle que nos cuente lo que cree que se dice un niño que no tiene miedo o no se pone nervioso. Las frases que debe utilizar serán de tres tipos:

> De ánimo: «Puedo hacerlo. Lo que siento se pasará si respiro y me relajo. No va a impedir que enfrente este problema, lo estoy haciendo muy bien, pronto se acabará y yo habré conseguido lo que me propuse».

Que argumenten de forma positiva: «Este tobogán no es tan alto, los niños más pequeños se tiran». «Ese trueno solo hace ruido, no es peligroso». «No me imagino a Batman con miedo a asomarse al balcón, seguro que se acercaría poco a poco, como yo, sin dejar que el miedo lo paralizara».

Que den instrucciones exactas sobre cómo hacerlo (incluyendo respuestas motoras): «Voy a centrarme en respirar, me quedaré donde estoy, delante del perro, sin salir corriendo».

Hay que comprobar que el niño es capaz de memorizar y repetir las instrucciones. Para eso, al principio, hay que pedirle que nos cuente en alto lo que piensa mientras se enfrenta a la situación.

También es preciso cerciorarse de que pone en práctica lo que le hemos enseñado. Para ello, podemos utilizar un vídeo, una película o experiencias donde otros niños se enfrenten adecuadamente a situaciones similares y preguntarle qué están diciendo. Otra opción es ponerlo frente a aquello que le produce miedo o ansiedad y pedirle que nos cuente en voz alta lo que se está diciendo a sí mismo.

Si la respuesta al miedo o la manía sigue siendo la misma o aumenta, habrá que plantearse la intervención de un profesional.

5.3. CUANDO APARECE EL PÁNICO

A veces, una situación de miedo mal controlada puede disparar en el niño una reacción de pánico. Si se produce con demasiada frecuencia, hay que plantearse acudir a un profesional. Cuando el pánico aparezca, aplicaremos estas diez reglas, que solo serán eficaces si previamente hemos puesto en práctica todo lo expuesto a lo largo de los puntos 4 y 5 de este capítulo:

1. Recordarle que lo que siente es lo mismo que cuando se pone nervioso o tiene miedo, solo que multiplicado por diez.

2. Explicarle que lo que le ocurre no es peligroso y que, aunque le resulte desagradable, no va a pasarle nada malo.

3. Decirle que no piense negativamente, que recuerde de las frases que otras veces le ayudaron a hacer frente a situaciones parecidas: «Tú puedes, otras veces lo has hecho, esto pasará en poco tiempo...».

4. Pedirle que empiece a respirar y que nos cuente cómo nota que va, poco a poco, relajándose.

5. Invitarle a que espere y se tome el tiempo suficiente, porque así el miedo se pasará poco a poco: «Respira y relájate mientras te cuentas que eres capaz de quedarte aquí sin salir corriendo, simplemente espera a que se pasen estas sensaciones».

6. Continuar: «Lo estás haciendo muy bien, date cuenta de que el miedo se va haciendo cada vez más pequeñito. Sigue así».

7. Elogiarle con frases como: «Eres un campeón, esta sensación tan desagradable te está sirviendo para superarte».

8. Animarlo a que siga así: «Piensa en lo orgulloso que vas a estar dentro de un momento cuando hayas vencido al miedo».

9. Adelantarse al éxito: «Cuéntame qué vas a hacer cuando el miedo se haya hecho tan chiquitito que ni lo notes».

10. Recompensarle: «¿Ves?, se pasó y tú has podido vencerlo. Eres un gran luchador como tu superhéroe cuando vence a sus enemigos. Ahora vamos a seguir con los planes que me contaste antes. Lo has hecho fenomenal».

El niño, al escucharnos, aprenderá a decírselo él mismo, de forma que si se produce la situación y no estamos delante, él solo será capaz de contarse las diez reglas.

6. Casos prácticos

6.1. Andrés, el niño que se chupaba el dedo

Cuando Andrés tenía 4 años sus padres acudieron a la consulta porque no sabían qué hacer para evitar que se pasara todo el día chupándose el dedo. «Parece un niño pequeño», comentaba el padre, «se pasa el día con el dedo en la boca». Su madre lo había intentado todo, incluso ponerle en los dedos una sustancia amarga. «Todo el día tenemos que andar detrás de él recordándole que no lo haga. Además, el dentista le ha dicho que con este hábito se le están deformando los dientes. ¿Puede pasarle algo grave?».

Nos encontramos ante un mal hábito relativamente frecuente en la infancia al que, en este caso, había que poner fin porque estaba provocando en Andrés una malformación de los dientes. Empezamos utilizando las siguientes estrategias:

- Calmar a los padres. No es una situación que tenga que ver con ninguna patología grave, sino que está relacionada con la persistencia de un mal hábito adquirido.

- No prestar atención a Andrés cada vez que se chupara el dedo. Si bien es cierto que esto por sí solo no tenía ningún efecto, sí parecía pedirle que no lo hiciera hacía que se lo chupara con mayor frecuencia.
- El objetivo desde un primer momento fue reducir la intensidad del hábito. Para ello se estableció un programa de puntos en el que el niño podría conseguir varios diariamente y acumularlos para lograr un premio que deseaba con muchas ganas: un helicóptero teledirigido.
- Andrés podría obtener un punto en cada una de las siguientes situaciones siempre que permaneciera sin chuparse el dedo:
  — De camino al colegio.
  — Mientras veía los dibujos por la tarde en casa antes de ir al parque.
  — Durante el baño.

Por lo tanto, podía conseguir tres puntos al día. Con esta técnica se pretendía premiar aquellos momentos en los que Andrés estaba sin chuparse el dedo. Era importante que los padres no hicieran ninguna alusión a chuparse el dedo en ningún momento del día, simplemente, una vez terminado el tiempo del camino al colegio, de los dibujos o del baño, le informaban sobre si había conseguido el punto y, en caso afirmativo, le felicitaban. En caso negativo, lo animaban a que siguiera intentándolo.

Poco a poco, Andrés fue siendo consciente en esos tres momentos del día y dejó de chuparse el dedo de camino al colegio, mientras veía los dibujos y durante el baño. Posteriormente se han ido añadiendo nuevas situaciones que Andrés está consiguiendo superar, por lo tanto, el hábito ha disminuido en frecuencia y el niño solo recurre a él en momentos muy concretos.

Muchos de los miedos y manías que algunas personas sufren tienen su origen en la infancia, solo que ahora se han transformado. Parece ser que chuparse el dedo tiene una relación directa con fumar y el miedo a hablar en público con experiencias donde de niño se ha sido ridiculizado.

Enseñar a nuestro hijo a superar los miedos y vencer las manías es hacerle que confíe en sus capacidades y evitar que desarrolle reacciones fóbicas, ansiedad generalizada, ataques de pánico o, simplemente, que no salga corriendo cuando vea próxima una situación desagradable.

La evitación o escape como forma de enfrentar situaciones que nos resultan incómodas no resuelve nada; alivia al principio, pero tiene consecuencias negativas a medio y largo plazo. Si de niños aprendemos que huir es la forma de solucionar situaciones difíciles, también lo haremos de mayores. Es verdad que la ansiedad se reduce si nos mordemos las uñas o si rehusamos conducir, pero luego nos encontraremos irritados y frustrados por no haber sido capaces de afrontar de manera eficaz las situaciones de ansiedad. Los adultos que escapan de determinadas situaciones ven disminuida su autoestima porque, además de permitir que la ansiedad les incapacite, se suelen decir: «No valgo para nada», «Esto puede conmigo«, «Menudo cobarde estoy hecho»... Por el contrario, cuando aprendemos a enfrentarnos a nuestros miedos y manías nos superamos como personas.

Cuando no solucionamos los miedos y manías, estos aumentan en intensidad y nos incapacitan. Muchos niños dejan de bajar al parque o de acudir a fiestas de cumpleaños o no quieren ir al colegio porque los demás se ríen de ellos, les ponen motes cuando se chupan el dedo o se hurgan la nariz. No atajar una manía como morderse la uñas puede llevar a desarrollar temor a estar con grupos de iguales. Lo mismo ocurre con el niño que no va de campamento porque tiene miedo a la oscuridad, se niega a ir a la playa porque le da miedo el mar o se va del parque en cuanto aparece un perro. Poco a poco, los miedos y manías no resueltos pueden condicionar nuestra existencia por la ansiedad que nos produce hacerles frente.

La relajación es el remedio para la ansiedad. El niño que aprende a detectar las señales de aviso que el cuerpo le envía y empieza a intentar relajarse con pensamientos del tipo «Soy capaz de superar este momento», de adulto tiene muchas posibilidades de salir exitoso no solo ante las cosas que dan miedo, sino cuando tenga que tomar decisiones, pedir un aumento de sueldo, enfrentarse a una enfermedad, hablar en público o cualquier circunstancia que pueda generar ansiedad.

Hay que aprender que la ansiedad es un sentimiento que convive con nosotros, estar convencidos de que podemos controlarla y de que tenemos capacidades para hacerlo. Superar con éxito las situaciones complicadas será el aprendizaje que brindemos a nuestros hijos, ayudándolos a enfrentarse a sus miedos y manías.

Segunda parte

Límites

Capítulo V

Normas y límites

Poner límites a un niño equivale a decirle: «Esto no se puede hacer y esto otro sí». Ponemos límites cuando establecemos un horario y lo cumplimos, pero también cuando prohibimos al niño salir solo a la calle o subir los pies al sofá.

Los límites se traducen en normas que establecen un orden de funcionamiento. Quienes los mantienen, los padres, se convierten en figuras de autoridad para el niño. Asimilar y tener límites y normas es necesario para adaptarse y convivir en sociedad.

Hacer de un niño un ser feliz implica que se sienta seguro y protegido, y para ello es preciso ponerle límites.

Un niño de 4 años al que no se le hayan puesto límites tiene muchas probabilidades de desarrollar conductas de desobediencias, exigencias y desorden.

Mantener las normas implica decir que no. Esto genera conflictos con los niños, pero el conflicto está presente en nuestra vida; por eso no hay que tenerle miedo, sino aprender a afrontarlo. En este capítulo vamos a explicar por qué hay que poner límites, cómo aplicarlos con éxito y qué hacer cuando no funcionan.

Es cierto que a veces se confunden disciplina y límites con autoritarismo. Debemos abandonar esta idea. Un padre que mantiene las normas puede ser coherente y justo, porque sabe acompañar sus límites del refuerzo necesario. En un hogar donde se reacciona con cariño y se cumplen las responsabilidades paternas hay que perder el miedo a exigir a los hijos que cumplan su parte. En definitiva, no temamos a ejercer de padres.

1. ¿Qué son las normas y los límites?

Un límite le dice al niño: «Hasta aquí puedes llegar. Más allá, no». La norma es la forma en que se traducen los límites en la práctica. En una casa la norma puede ser cenar toda la familia junta, mientras que en otra puede ser que los niños lo hagan antes que los adultos y siempre a la misma hora. Cada familia debe establecer sus propias normas.

Los límites proporcionan seguridad al niño para enfrentarse al mundo. Las normas marcan la organización necesaria para que una familia y, por extensión, cualquier otra forma de convivencia, funcione. A través de las normas el pequeño aprende qué está permitido y qué está prohibido, y para eso es necesario decirle «no» y mantenerlo siempre que sea necesario.

La manera en que nos comunicamos en la familia es fundamental para establecer con éxito los límites y las normas.

Todas las cosas que hacemos en la vida se acompañan de comunicación. Cuando no se expresa claramente un mensaje o el interlocutor no entiende lo que se le quiere decir, aparecen barreras que dificultan las relaciones. Con los hijos pasa lo mismo: si los padres son claros en el mensaje que quieren transmitir, si se cercioran de que sus hijos les entienden y escuchan con atención lo que tienen que decir al respecto, se puede establecer una relación de respeto y entendimiento mutuo. En caso contrario es muy probable que surjan discusiones y no se llegue a ningún punto en común.

Tener una buena comunicación en casa es fundamental para establecer una convivencia tranquila, feliz y sosegada. En este capítulo nos proponemos definir los elementos que facilitan la comunicación y las dificultades que se presentan con más frecuencia.

La comunicación sirve para:

- Establecer contacto con las personas.
- Dar o recibir información.
- Expresar o comprender lo que pensamos.
- Transmitir nuestros sentimientos.
- Compartir o poner en común algo con alguien.
- Relacionarse.

Elementos que facilitan la comunicación

Son tres: la escucha activa, la habilidad para motivar y la empatía, y cuando se ponen en marcha aumentan la probabilidad de que el niño entienda lo que se desea de él. También consiguen que el pequeño se sienta escuchado.

- La escucha activa consiste en mantener una conducta que le dé a entender al niño que se está atendiendo a lo que dice, como por ejemplo mirarle a la cara, asentir con la cabeza o ponerse a su altura.
- La habilidad para motivar, también conocida como refuerzo social, consiste en decir cosas como «Me encanta que hablemos» o «Ahora entiendo lo que quieres», y mantener la atención sin dejar que nada nos distraiga. Es importante buscar el momento adecuado y hablar a menudo con los hijos.
- La empatía está estrechamente ligada a la habilidad para ponerse en el lugar del otro. Se trata de entender lo importante que son para el niño sus cosas, aunque para los adultos resulten naderías. Los padres han de saber transmitir a sus hijos que lo suyo también es importante para ellos.

Si se quieren poner en marcha estos elementos facilitadores, habrá que desarrollar habilidades como las siguientes:

- Dar información positiva.
- Emitir mensajes coherentes, que no den lugar a contradicciones.
- Expresar sentimientos positivos y negativos.
- Crear un clima emocional, de cariño y respeto, que facilite la comunicación.
- Pedir y escuchar la opinión de los demás.

Cuando comunicamos un mensaje verbal, nuestras palabras van acompañadas de gestos, posturas, tono de voz, miradas y un sinfín de recursos que constituyen la comunicación no verbal. Es decir, combinamos el lenguaje verbal y el gestual. Este último es tan importante que, en caso de contradicción con lo que estamos diciendo, será la comunicación gestual la que se imponga. Por ejemplo, probemos a decirle a alguien que estamos contentísimos con cara de tristeza; lo más probable es que se dude de la sinceridad del comentario.

Los niños, que no dominan el lenguaje oral, son mucho más capaces de interpretar los mensajes no verbales. Un bebé no entiende lo que le dice su madre, pero se ríe si el tono de su voz es alegre y la ve sonreír.

EL DIÁLOGO

Tanto el exceso como la falta de diálogo dificultan la comunicación y producen, en la mayoría de los casos, distanciamiento entre padres e hijos.

El exceso de diálogo

Hay padres que, con la mejor de las intenciones, procuran crear un clima de diálogo con sus hijos e intentan verbalizar absolutamente todo. Sin darse cuenta caen en el papel de interrogadores, en el de sermoneadores o en ambos. Los hijos acaban por no escuchar o se escapan con evasivas.

Este tipo de padres confunden el diálogo con el monólogo y creen que la comunicación equivale a dar largos y aleccionadores consejos sobre cómo hacer las cosas.

Esta actitud no permite que el hijo exprese su opinión; si se anima a hacerlo no se sentirá atendido, porque para estos padres su criterio es el válido, el único que merece escucharse. Un padre que actúa así provoca que sus hijos desconecten de lo que les dice incluso antes de empezar su sermón y, por supuesto, su mensaje cae en saco roto. Los niños suelen responder «sí, papá», «vale, papá» o «tienes razón, papá», porque saben que es lo que su padre quiere escuchar y porque así acabará antes.

Un discurso no cambia al niño. Si alguien se reconoce en esta situación, puede intentar modificar la forma de comunicación. ¿Cómo hacerlo? Hay que dar tiempo al pequeño para que entienda lo que se le ha dicho.

Tras una pausa se le puede preguntar qué opina. Así es más fácil ponerse en su lugar, adoptar una postura de escucha activa y demostrar atención a lo que dice.

Esta manera de actuar facilitará que se repitan las situaciones de diálogo.

Un diálogo es una interacción y, para que sea posible, es necesario que los silencios permitan la intervención de todos los participantes. Los silencios son fundamentales en el diálogo.

Para evitar lecciones magistrales, además de las pautas de silencio, es preciso:

- Dejar que el otro se exprese.
- Darle la posibilidad de réplica.
- Escuchar su argumento y admitir que puede no coincidir con el nuestro.
- Estar abiertos a la posibilidad de que su opinión cambie nuestro punto de vista.

La falta de diálogo

No hablar con los hijos supone una grave limitación a la comunicación. Las prisas, llegar cansados a casa o no dar importancia a charlar todos los días con el niño son actitudes que le transmiten que no es importante, que su vida cotidiana no tiene interés para sus padres.

Existen muchas familias cuyos miembros viven bajo el mismo techo pero son grandes desconocidos. Es cierto también que cuando no se habla, disminuyen los conflictos, porque el roce es menor. Pero se pierde la oportunidad de disfrutar de esos maravillosos ratos en los que todos cuentan cosas que les vinculan afectivamente.

Es conveniente reservar un tiempo todos los días —puede ser el almuerzo o la cena— en el que no exista otra actividad más importante que escucharse los unos a los otros, sin interrupciones, sin grandes sermones, con una actitud abierta hacia las opiniones de los demás y una predisposición sincera a escuchar lo que dice cada uno.

Asimismo hay que enseñar a los hijos a comunicarse, hacerles ver que lo que dicen es importante y que, por tanto, ellos también. Las familias que dan prioridad a la comunicación entre sus miembros no evitan los conflictos, sino que saben resolverlos.

OTROS ERRORES

Vista la importancia que el diálogo tiene para una correcta comunicación y descritos los dos problemas más frecuentes, existen otros errores que se deben evitar:

- Señalar comportamientos negativos como si fueran los únicos que tiene el niño: «Siempre estás pegando a tu hermana», «Nunca obedeces». Seguro que en algún momento el niño sí obedece o juega tranquilamente con su hermana. Es importante expresarse de forma que el niño sepa que el comportamiento es lo inadecuado, no él. Y, por supuesto, no hay que olvidarse de reconocer de manera expresa cuando lo hace bien.

- No saber interpretar lo que el niño quiere decir realmente. No preguntarle, no escucharle, no estar atento a lo que necesita, no darle tiempo para que se exprese. O comportarse de forma contradictoria: preguntarle un día lo que ha hecho en el colegio y otro día decirle que se calle porque hemos llegado muy cansados del trabajo y no nos apetece escucharle.

- Elegir el momento y el lugar inadecuados para hablar de algo. No se puede poner atención a lo que dice el niño si hay que irse a trabajar: «¿Qué tal si hablamos cuando vuelva del trabajo?».
- Hacerle reproches del tipo: «¡Cómo no ibas a acabar rompiendo el mando de la televisión si no eres capaz de dejarlo en su sitio!».
- Abusar de los «deberías...» en vez de utilizar «me gustaría que...».
- Cortar las conversaciones por interrupciones externas, como el teléfono móvil. Esta actitud muestra que se presta más atención a cualquier otra persona que al niño.

La vida familiar tiene sus propios enemigos: la televisión encendida durante las comidas, los horarios que dificultan los encuentros relajados, el exceso de actividades incluso durante el tiempo libre, etcétera. Hay que luchar contra estas situaciones y buscar momentos que favorezcan un clima de comunicación. Una buena idea es establecer como norma comer en familia los domingos y dedicar este tiempo a contar las anécdotas de la semana, hacer planes conjuntos o, simplemente, a hablar de las cosas que son importantes para cada uno.

EL SILENCIO TAMBIÉN HABLA

Aunque resulte paradójico, en muchas situaciones, la comunicación es sinónimo de silencio. En la vida de un niño, como en la de cualquier persona, hay ocasiones en que la relación más adecuada pasa por la mera compañía, por el apoyo silencioso. Ante una frustración, es preferible, a veces, una palmada en la espalda cargada de complicidad y de afecto, una actitud que demuestre disponibilidad y a la vez respeto por el posible dolor o sentimiento negativo.

1.2. LA AUTORIDAD

La autoridad se define como el carácter o representación de una persona por su empleo, mérito o nacimiento, y los padres llevan a cabo la representación de un papel que les viene dado al fundar un familia.

El ejercicio de la autoridad a menudo puede ser fuente de conflictos, pero la cosa se complica cuando no se ejerce de la forma adecuada. Es importante que los niños identifiquen un modelo válido de autoridad.

Para ganarse un reconocimiento que les otorgue autoridad, los padres pueden:

- Establecer normas de funcionamiento que tengan en cuenta las necesidades de los miembros de la familia; es decir, contar con lo que el niño precisa y no solo con lo que a ellos les gustaría.
- Consensuar entre los que ejercen la autoridad —ambos padres— lo que se quiere conseguir. Una vez decidido, comunicarlo al resto de la familia o los cuidadores.
- Cumplir y hacer cumplir las normas marcadas y consensuadas. Es necesario que se lleve a la práctica lo previsto y aceptar las consecuencias que se derivan del cumplimiento o no de las normas establecidas.

Prescindir de estos factores puede dar lugar a deformaciones de la autoridad, como el autoritarismo —ejercicio arbitrario de la autoridad— o el abandono de responsabilidades —renuncia a ejercer la autoridad—. Tanto un error como el otro tienen consecuencias negativas en los niños, que con el tiempo pueden adoptar actitudes bien de enfrentamiento hacia la figura de autoridad, bien de sumisión absoluta a la misma.

¿Cómo se mantiene la autoridad? A continuación damos algunas pistas para lograrlo:

- Tener buen humor, serenidad y paciencia.
- Mantener una línea de actuación coherente.
- Procurar el acuerdo en pareja sobre cómo educar a cada hijo.
- Hacer un seguimiento de los intereses y problemas del niño.
- Fomentar el prestigio del otro miembro de la pareja.
- Ser firmes las veces que sea necesario sin olvidar la flexibilidad y el cariño.
- Otorgar valor al buen comportamiento.
- Explicar a los hijos por qué se les corrige.
- Dar autonomía y libertad suficientes.

LOS ESTILOS DE AUTORIDAD

El ejercicio de la autoridad lleva implícito el hecho de poner límites y, dependiendo de cómo se haga, podemos encontrar diferentes estilos de autoridad: el estilo permisivo o sobreprotector, el autoritario y el cooperativo.

Estilo permisivo o sobreprotector

A continuación resumimos algunas características de los padres permisivos:

> - Tratan de evitar que sus hijos se enfrenten a las dificultades de la vida y van quitándoles obstáculos: «Bueno, hijo, no te enfades, está bien, te doy permiso, pero mañana haces lo que yo te he dicho».
> - No comunican las reglas con claridad y no mantienen los límites.
> - No dan una orientación clara a sus hijos, que crecen sin pautas de conducta estables.
> - Siempre ceden en los conflictos con sus hijos.

Como consecuencia, los niños educados según este estilo de autoridad:

- Tienden a dar respuestas emocionales desproporcionadas y manifiestan poca estabilidad en sus estados de ánimo. Por ejemplo, lloran desconsoladas porque la comida está caliente o pasan rápidamente del llanto a la risa.
- Al no tener un código de conducta marcado, no saben a qué atenerse.
- Son poco confiados.
- Tienen poco autocontrol.
- Suelen ser agresivos e impulsivos.

Estilo autoritario

Características de los padres autoritarios:

> - Creen que el respeto de los hijos será mayor cuanto más les teman.
> - En los conflictos imponen las soluciones.

- Dirigen y controlan todo el proceso de toma de decisiones.
- Critican a la persona, no su comportamiento.
- Temen perder el control de la situación y utilizan órdenes, gritos o amenazas para obligar al niño a hacer algo. Tienen muy poco en cuenta las necesidades de sus hijos. Piensan que, simplemente, deben obedecer sin más contemplaciones: «Porque lo digo yo».
- Son muy rígidos en cuanto a las normas y no explican con suficiente claridad los límites.

Como consecuencia, los niños educados según el estilo autoritario:

- Suelen enfadarse a menudo, son miedosos y aprensivos.
- Se muestran melancólicos y tristes.
- Albergan sentimientos de culpabilidad.
- Pueden sentir agresividad y odio hacia sus progenitores.

Estilo cooperativo

Características de los padres cooperativos:

- Consideran que se pueden equivocar en sus decisiones.
- Buscan y potencian que los hijos aprendan de manera autónoma. Los acompañan y ayudan cuando lo piden, pero evitan solucionarles sus problemas.

- Potencian el aprendizaje de la toma de decisiones y no temen que sean distintas a las que consideran más acertadas; permiten que sus hijos se equivoquen.
- Consideran que los conflictos son un reto para la superación personal.
- Intentan que las relaciones con sus hijos estén presididas por la cooperación.
- Establecen reglas claras y refuerzan o sancionan su cumplimiento.
- Manifiestan desagrado ante ciertas conductas y les dicen a sus hijos lo que provoca su comportamiento: «Me enfado cuando haces eso».
- Se muestran satisfechos y seguros y apoyan las conductas constructivas de los niños; ponen especial cuidado en señalar sus conductas adecuadas.
- Cuentan con sus hijos a la hora de repartir tareas y responsabilidades en casa.
- Inculcan a los hijos habilidades de trabajo en equipo. Transmiten la idea de familia como grupo organizado y que funciona con normas que todos cumplen.

Como consecuencia, los niños educados según el estilo cooperativo:

- Desarrollan el sentido de la responsabilidad y asumen las consecuencias de sus actos.
- Tienen autocontrol, iniciativa para realizar tareas nuevas y confianza en superarlas sin que ello les cause estrés. Es decir, confían en sí mismos y en sus capacidades.

- Adquieren actitudes de cooperación, de toma de decisiones y de respeto por las reglas.
- Suelen ser alegres.

Si un padre considera que se acerca al perfil del permisivo o del autoritario, ya ha dado el primer paso para cambiar su modo de ejercer la autoridad, que es reconocer que esas dos actitudes no son válidas. Pero los padres tienen hábitos de conducta muy arraigados y cambiarlos requiere esfuerzo, dedicación y, sobre todo, paciencia ¡consigo mismos!

1.3. EL VALOR DE DECIR QUE NO

Una de las dificultades más importantes a la hora de aplicar los límites en la familia es el miedo que surge cuando hay que decir que no a alguna demanda de los niños. Lo que los padres temen en concreto es no saber controlar la reacción que pueda tener el niño ante la negativa.

Para mantener los límites de forma consecuente, en muchas ocasiones los padres tienen que decir que no y no ceder a las exigencias de sus hijos. No deben sentirse culpables. No es una catástrofe; más bien al contrario: las negativas ayudan a los niños a madurar y crecer. Además encierran un aprendizaje muy importante para cuando sean adultos, porque la realidad es que no siempre las cosas saldrán como ellos quieren, sino que tendrán que enfrentarse a muchas frustraciones. La tolerancia a la frustración se aprende en la infancia, cuando los padres dicen no y lo mantienen. Si un niño no conoce el «no» del adulto, le costará mucho más hacer frente a la adversidad o lo hará de forma poco adecuada, y con más posibilidades de reaccionar de manera ansiosa, depresiva o agresiva.

Reflexiones sobre el «no»

- El «no», cuando es justo, no convierte en culpable a quien lo dice, educa a quien lo escucha.
- Un «no» dicho con convicción y énfasis no tolera ninguna contradicción por parte del niño. Un «no» poco creíble carece de valor.
- Decir «no» a todo aquello que pide el niño es reprimir su iniciativa y no desarrollar la autonomía necesaria para su edad.

2. LA IMPORTANCIA DE LOS LÍMITES

Para que un niño sea feliz es fundamental que se sienta protegido. El sentimiento de protección aparece si en casa existen límites y si los padres los mantienen de forma firme y constante. Cuando no existen normas ni límites claros, el pequeño puede volverse apático y pasivo o, por el contrario, irascible y tirano, actitudes donde la inseguridad siempre está presente.

Los padres tienen que aprender a fijar límites justos. Igual que no es bueno quedarse cortos, tampoco lo es pasarse de estrictos y no permitir que los hijos puedan responsabilizarse de sus propios actos.

2.1. ¿POR QUÉ ES IMPORTANTE QUE EL NIÑO TENGA LÍMITES?

Todos los niños quieren y necesitan comprender las normas existentes en el medio que los rodea. Desean saber hasta dónde pueden llegar y qué pasa cuando rebasan esos límites. Si no pasa nada, es decir, si no observan ninguna consecuencia, seguramente los seguirán rebasando.

A medida que los niños crecen necesitan aprender cómo actuar en cada situación. Los límites desempeñan un papel importantísimo en el proceso de adaptación y descubrimiento de su entorno.

Una de las quejas más habituales de los padres se refiere a la obediencia de sus hijos: «¡Nunca hace caso a la primera! Tenemos que repetirle las cosas cinco veces». Para aprender a comportarse de forma adecuada, los niños necesitan mensajes claros sobre las normas, sobre lo que se espera de ellos. Principalmente son los padres los que deben darles esta información.

LOS LÍMITES DAN SEGURIDAD

El simple hecho de establecer límites y normas permite que el niño se sienta seguro y protegido porque sabe quién está al mando y con quién puede contar para que lo guíe en su aprendizaje. Los padres están para proteger al niño y guiarlo en la dirección adecuada. Para él sería muy inquietante darse cuenta de que tiene el poder, de que posee más capacidad de decisión que sus padres. Por ejemplo, no se le hace ningún favor si se le pide que recoja sus juguetes, él dice que no, se le insiste, continúa negándose y, al final, se recogen los juguetes mientras él juega a otra cosa.

Los límites también aportan a los niños seguridad emocional, porque lo nuevo les desconcierta. Pensemos en cómo viven normalmente los primeros días de escuela: no saben a qué atenerse, están desorientados, sufren miedos e inseguridades. Poco a poco, a medida que van adaptándose a los nuevos horarios y a las reglas de funcionamiento del centro, empiezan a sentirse seguros y confiados.

Gracias a los límites, los niños tienen una orientación que guía su conducta. Los padres que informan claramente a sus hijos de cómo hacer las cosas y hasta dónde pueden llegar, convierten su mundo en algo predecible y, como consecuencia, seguro. Los niños que se rigen por normas justas saben lo que ocurre cuando no las cumplen; los que soportan normas inconsistentes viven en una continua ansiedad por no saber lo que ocurrirá después de su comportamiento, y esa ansiedad puede convertirse, a la larga, en un sentimiento de inseguridad crónico.

LOS LÍMITES ENSEÑAN CUÁLES SON LAS CONDUCTAS ADECUADAS

Cuando los límites están claros y no cambian constantemente, los niños saben si la conducta que practican es la adecuada o no y también qué consecuencias tiene el incumplimiento de una norma.

Todos los padres tienen una idea sobre cómo deben comportarse sus hijos y han de transmitírsela, decirles cómo quieren que hagan las cosas. Por mucho que se quejen de que el niño no recoge los juguetes, si no se lo transmiten con claridad, es difícil que lo haga. No es infrecuente que el padre le diga al niño que tiene que recoger sus juguetes después de jugar mientras él mismo los está recogiendo. De esta forma el niño aprende que no tiene por qué molestarse, ya que lo hace su padre, aunque le diga muchas veces que recoja. Si en casa no guarda los juguetes porque ha aprendido que los demás lo hacen por él, seguramente en el colegio tampoco se molestará en hacerlo, porque repetirá el comportamiento aprendido en casa, aunque ello dificulte su integración en clase.

LOS LÍMITES SON UN APRENDIZAJE FUNDAMENTAL PARA LA VIDA ADULTA

Cuando se marcan límites en casa es inevitable que surjan disputas: lo más probable es que el niño intente saltárselos. Una actitud serena, tranquila y consecuente por parte de los padres es fundamental para superar el conflicto y para que el niño aprenda que no siempre puede hacer lo que quiere. Por un lado, esta actitud resulta más convincente que dar gritos y proferir amenazas; por otro, le sirve de modelo al niño, que imitará la manera de comportarse de sus padres cuando tenga que solucionar sus propios conflictos.

Si los límites y sus consecuencias —tanto del cumplimiento como del incumplimiento— están correctamente definidos, el niño aprende a tomar decisiones según su propio criterio. Por ejemplo: «¿Qué hago: me como la cena y así luego puedo tomar un helado o elijo no probar bocado y me quedo sin helado?». Esto ayuda a los niños a hacerse responsables de las consecuencias de su comportamiento. Así, poco a poco, van aprendiendo que deben ser ellos quienes marquen sus propios límites. Al principio necesitan que el límite venga de fuera, que lo fijen sus padres, pero, con el tiempo, serán ellos los que establezcan las normas que rijan su comportamiento. Una vez que se conviertan en adultos no precisarán que alguien les diga cómo actuar, porque ya habrán aprendido e interiorizado cuándo un comportamiento es adecuado y cuándo no.

LOS LÍMITES AYUDAN A ESTABLECER RELACIONES

Los niños son grandes investigadores. Al nacer no conocen el mundo que les rodea, por eso se lanzan a explorarlo, y qué mejor forma de hacerlo que probar y comprobar las consecuencias de sus actos. Quieren experimentar todo ellos mismos y no les sirve que los padres les adviertan o les cuenten; necesitan indagar, conocer las consecuencias.

Una de las cosas que con más frecuencia exploran es el grado de control o de poder que sus padres tienen sobre ellos. A través de la experiencia aprenden hasta dónde pueden llegar y cuál es su posición con respecto a los otros miembros de la familia.

Al principio este aprendizaje tiene lugar en el hogar familiar y posteriormente se extrapola a otros ambientes donde existe autoridad, como el colegio.

Un niño con límites poco claros y definidos se hace preguntas del tipo: «¿Quién manda aquí?» o «¿Hasta dónde puedo llegar?», y mantiene una incesante lucha con las normas que rigen la organización de un grupo. Esa actitud le traerá en muchas ocasiones problemas de conducta en el colegio y rechazo por parte de sus compañeros. Si no se le deja claro lo que debe hacer, quizá de adulto tenga el mismo comportamiento y se convierta en un individuo incómodo, probablemente tirano, exigente e incluso agresivo en sus relaciones personales.

Sin miedo a los límites

- Por todo lo expuesto anteriormente, no hay que tener miedo a los límites. No son perjudiciales, sino todo lo contrario.
- Una educación sin límites no se puede concebir y, lo que es peor, no funciona.
- Los límites son una referencia: ayudan al niño a tener claro qué puede y qué no puede hacer. También le enseñan a saber renunciar a sus deseos y le preparan para tolerar la frustración, algo muy necesario en la vida. Este proceso paulatino de tolerancia a la frustración le permite manejar la ansiedad y la agresividad.
- En cada casa debe haber unos límites; el pequeño ha de conocerlos y saber las consecuencias de cumplirlos o no.

- Los límites consensuados permiten la misma reacción de los padres ante similares situaciones y comportamientos y evitan desprestigiar la autoridad de la pareja delante del niño.
- Unos límites muy flexibles, que cambien según el estado de ánimo de los padres, provocarán inseguridad en el niño.

2.2. LÍMITES EN SU JUSTA MEDIDA

Los límites no funcionan cuando:

- No se transmiten de forma clara.
- Son contradictorios: el padre dice una cosa y la madre otra, o unas veces se permite algo y otras no.
- No hay consecuencias, ya sean positivas o negativas.
- Se le pide al niño que haga algo que los padres no hacen.

Lo realmente perjudicial para el desarrollo del niño es:

- Establecer unos límites demasiado estrictos.
- Fijar un número excesivo de normas.
- No poner ningún tipo de límites a su comportamiento.

CUANDO LOS LÍMITES SON MUY ESTRICTOS

En las familias donde los límites son excesivamente estrictos los niños carecen de libertad para crecer y desarrollarse. Cuando soportan un control excesivo tienden a rebelarse ante la figura de autoridad o muestran poca autonomía para hacer las cosas y necesitan constantemente la aprobación de los demás. El hecho de que todo esté minuciosamente controlado entorpece su aprendizaje. Teniendo en cuenta que la infancia es un periodo de investigación, es necesario dejarles experimentar las consecuencias por sí mismos.

Un ejemplo de un control excesivo en cuanto a los límites son esas familias que esperan de sus hijos más de lo que pueden dar. Generalmente les inculcan patrones de comportamiento muy rígidos y pretenden controlarlo absolutamente todo. Los pactos y la oferta de alternativas son una buena opción para aquellos padres que crean ser demasiado estrictos en sus límites.

CUANDO LOS LÍMITES SON MUY PERMISIVOS

Cuando los límites son muy laxos y poco firmes, los niños suelen ir más allá de lo permitido. Los niños que se desarrollan en ambientes permisivos cuestionan y desafían más a sus padres. Al no tener que responder a nadie de sus decisiones y no experimentar consecuencias por su conducta, no aprenden a ser responsables de sus actos. Los padres que caen en la falta de firmeza tienen que aprender a decir un «no» a tiempo y, sobre todo, que ese «no» realmente signifique no.

3. LO QUE SE ESPERA QUE HAGA TU HIJO SEGÚN SU EDAD

El aprendizaje de los límites ha de empezar desde que el niño nace, pero, lógicamente, adaptado a su grado de desarrollo. ¿Un niño de un año entiende lo que sus padres le piden? ¿Con 3 años es capaz de ir a recoger los juguetes él solo cuando sus padres le dan la orden? A medida que va creciendo, los límites han de variar en cuanto a exigencia.

Una vez que el niño ha interiorizado los límites y es responsable de sus actos se puede empezar a negociar con él, hacer excepciones y establecer pactos.

3.1. EL APRENDIZAJE DE LAS NORMAS

Los niños no vienen con las normas sabidas de nacimiento. Aprenden a comportarse poco a poco, y los maestros en este proceso son los padres. Ellos tienen que enseñarles qué conductas son deseables y cuáles no, poniéndoles los límites adecuados a su edad, fijando las normas que rigen en su casa y transmitiéndoselas de la forma más clara y comprensible posible.

LOS TRES PRIMEROS AÑOS: «ESO NO SE TOCA»

Este periodo es fundamental para el aprendizaje de los límites; es cuando se sientan las bases educativas futuras. En un primer momento, los límites que se le pongan al niño van a estar estrechamente relacionados con hábitos y rutinas, como la alimentación y el sueño. Desde el principio se le puede enseñar un comportamiento adecuado con la comida, siempre, claro está, adaptándose a las exigencias de su edad. Para establecer con éxito estas rutinas es fundamental que existan unas normas claras de comportamiento y que el pequeño las conozca para poder acatarlas. Si las cumple, se verá recompensado; si no, su comportamiento tendrá consecuencias adecuadas al incumplimiento.

Antes de su primer cumpleaños, el niño, aunque no entiende lo que se le dice, atiende al tono de voz y reacciona ante él. Por tanto, comprende un «no» rotundo o un «sí» plenamente afirmativo cuando va acompañado de la comunicación gestual coherente con el mensaje.

A partir del primer año de vida los niños se vuelven especialmente curiosos. Quieren explorar todo aquello que los rodea, y es entonces cuando los padres intentan imponer su norma: «Eso no se toca». El pequeño se queda extrañado, pero lo vuelve a hacer. Tras escuchar unas cuantas negativas, antes de volver a tocar, se girará y buscará la mirada de los padres para que le vuelvan a decir que no lo puede hacer. Pese a lo graciosa que nos pueda parecer esa mirada, hay que mantenerse firmes.

A partir de los 18 meses el niño ya empieza a ser capaz de atender a órdenes muy concretas, como «recoge», «busca», «cierra» o «ponte de pie». Es el momento perfecto para que el trabajo iniciado en los primeros meses empiece a dar frutos. Mantenerse constante y firme resulta fundamental para poder afrontar con éxito y sin desesperación la temible edad de los 2 a los 3 años. En esta etapa los niños se oponen con frecuencia y pueden aparecer las consabidas rabietas, que tanto asustan a algunos padres. Hay que afirmarse en los límites, aunque muchas veces se generen sentimientos contradictorios tales como:

- «Si no doy a mi hijo todo lo que pide, significa que no le quiero».
- «Me siento culpable porque lo veo poco; por eso cuando estoy con él le dejo hacer lo que quiere. ¡Para un rato que pasamos juntos!».
- «Cuanto más tenga mi hijo, mejor; eso es lo más importante para mí».
- «Pobre, que no sufra, ya le tocará cuando sea adulto».

DE LOS 3 A LOS 6 AÑOS: EL NIÑO APRENDE A OBEDECER

Muchos padres de niños de 3 años se quejan de que les dicen las cosas y no hacen caso. A esta edad, la mejor forma de que aprendan es con hechos, porque todavía no asocian la orden con la respuesta esperada.

Cuando se le dice al niño que recoja los juguetes es preciso acompañarlo y enseñarle cómo se hace, lo que no quiere decir hacerlo por él. Si no se le enseña, es difícil que aprenda; por eso lo acompañamos. Pero luego tendremos que retirarnos y dejar que sea él quien termine. Los padres son los guías en la educación de los niños y les enseñarán con paciencia lo que esperan de ellos cuando les dan una orden.

Otro error bastante común es decirle al niño: «Recoge, lávate las manos y siéntate a la mesa para cenar». Demasiadas órdenes juntas. Seguramente, por el camino se le olvidarán las cosas que tiene que hacer. A esta edad hay que presentarle las instrucciones de una en una y darle tiempo para que cumpla la primera antes de mandarle la segunda. Y no olvidemos la parte final, importantísima para el aprendizaje de los límites: premiarle siempre que obedezca: «¡Qué bien has recogido los juguetes!».

A medida que el niño crece ha de incorporar nuevas responsabilidades cada vez más complejas, puesto que va adquiriendo las habilidades necesarias para desempeñarlas. El nivel de desarrollo motor y de adquisición de habilidades será fundamental para pedirle determinadas conductas que, a la vez, van a potenciar su autonomía. Por ejemplo, ordenar a un niño de 2 años que se vista solo y esperar que aparezca por el pasillo perfectamente arreglado es poco realista. Pero sí se le puede meter el pantalón por los pies y pedirle que se lo suba él mismo. Así se le inicia en la tarea y no se le exigen cosas imposibles para su edad.

Algunos niños de 5 a 6 años tienen hermanos más pequeños con los que surgen disputas. Es un buen momento para fijar las normas de convivencia entre ellos y, sobre todo, para que conozcan las consecuencias de su incumplimiento. Algunas reglas básicas entre hermanos pueden ser:

- No pegarse ni insultarse.
- Antes de actuar, reflexionar sobre lo que van a hacer.
- Establecer pactos entre los padres y los niños con el fin de evitar posibles disputas con juguetes, turnos, etcétera.

- Acordar un trato de respeto: pedir perdón, dar las gracias, solicitar las cosas por favor...

A PARTIR DE LOS 6 AÑOS: ES HORA DE RECOGER LOS FRUTOS

Es un buen momento para recoger los frutos que hemos sembrado anteriormente en cuanto al aprendizaje de la disciplina. Pero tampoco hay que alarmarse si aún no se ha conseguido, ya que siempre se puede seguir trabajando, aunque costará un poco más.

El niño con un aprendizaje progresivo y correcto en los límites no tendrá ningún problema para adaptarse a las normas del colegio, de casa de los abuelos o de casa de un amigo. Siempre y cuando haya interiorizado los límites, podremos, a partir de este momento, empezar a ser más flexibles, ya que él mismo sabrá lo que tiene que hacer y lo que no, sin que haga falta decírselo en todo momento, aunque de vez en cuando no le venga mal un recordatorio. Si todo va bien, habrá que empezar con los pactos y las alternativas a las diferentes normas. El criterio fundamental para pactar o permitirle algo de forma excepcional es que tenga bien interiorizados los límites y que su nivel de cumplimiento sea adecuado.

En cambio, si a un niño no se le han puesto límites todavía a esta edad, sus padres empezarán a sufrir las consecuencias.

LLEGA LA ADOLESCENCIA: PODEMOS NEGOCIAR

Si el adolescente ha tenido en su infancia unos límites bien definidos y, sobre todo, consecuentes y respetados, se presentarán los conflictos propios de la adolescencia pero es esperable que el modo de resolverlos sea más eficaz.

No hay que perder de vista que el niño ya no es tan niño, que su criterio es importante y que debe ser escuchado. Las negociaciones de las normas son típicas: el adolescente querrá llegar un poco más tarde a casa, pedirá que le aumenten la paga, etcétera. Poco a poco, a través de diferentes negociaciones, pactos y acuerdos, se irán consensuando los intereses del adolescente y de sus padres.

Sin embargo, un adolescente sin límites en su infancia seguramente no los tendrá tampoco ahora: llegará a la hora que quiera a casa, se levantará cuando quiera y tendrá su habitación desordenada.

Y por mucho que se enfaden sus padres, será más difícil que comprenda que no puede hacer lo que quiera en todo momento.

4. Prueba a hacerlo tú

Poner límites y hacer cumplir las normas significa muchas veces tener conflictos. Hábitos y límites constituyen el grueso de la tarea educativa de todos los padres. Definir y dejar claro que en casa la autoridad son los padres es fundamental para que los límites tengan éxito. Los padres tienen que creerlo y actuar en consecuencia; los hijos deben aceptarlo y respetarlo.

La desobediencia de los niños no esconde una doble intención; no pretenden hacerles la vida imposible a los padres ni establecer una lucha con ellos. Hay que entender esto para asimilar que estamos educando y no manteniendo un pulso que debemos ganar a toda costa. Ellos intentarán saltarse la norma, es su función.

4.1. Antes de dar una orden

A la hora de recordar una norma será necesario dar una orden al niño. Obviamente, el objetivo de todos los padres es que sus hijos les obedezcan. Pero los padres no tienen por qué nacer sabiendo dar órdenes; deberán aprender, igual que sus hijos aprenden a obedecer. Existen una serie de actitudes que aumentan las probabilidades de éxito cuando queramos que nuestro hijo nos atienda.

- Debemos estar absolutamente seguros y convencidos de que el niño tiene que cumplir lo que le pedimos.
- Pensemos antes qué haremos en caso de que el pequeño no obedezca. Hay que estar convencidos de que, como ya le hemos advertido, aplicaremos las consecuencias sin titubeos.

Los gestos dicen mucho de nuestra actitud

Una vez explicada la norma, se traduce en órdenes. Para dar una orden de forma eficaz hay que transmitir seguridad, estar convencidos de que lo que pedimos debe cumplirse, porque de eso dependerá en gran medida que el niño nos obedezca o no.

- Cuando hablamos de mantener una actitud firme y segura nos referimos no solo a lo verbal (el contenido del mensaje), sino también a lo que transmitimos con el resto del cuerpo: gestos, tono de voz, posición del cuerpo; es decir, todo lo que compone la comunicación no verbal. Los gestos tienen que ayudarnos a apoyar el mensaje verbal; ante cualquier contradicción, primarán frente al mensaje.

- Por supuesto, no todos los padres dominan el lenguaje gestual, pero pueden aprender, porque los niños se fían más de lo que captan en el conjunto de la comunicación no verbal que del lenguaje hablado que, a veces, no comprenden.
- Lo primero será ensayar gestos que transmitan seguridad, firmeza y autoridad. Es probable que, si el gesto no es espontáneo, el padre se sienta forzado pero, en cuanto compruebe la eficacia de su nueva habilidad, empezará a usarlo sin darse cuenta. Los padres, al igual que los hijos, pueden aprender e incorporar herramientas nuevas a su repertorio.

ENSAYOS ANTE EL ESPEJO

Estar convencido a veces no es suficiente. Lo mejor es ponerse delante del espejo y ensayar. La imagen que nos devuelva podrá aportarnos muchos datos acerca de lo que debemos modificar.

Aquí van una serie de componentes de la comunicación no verbal que pueden resultar muy útiles:

- Buscar el contacto visual antes de hablar: si el niño nos mira, es más fácil que nos atienda.
- Las manos se mueven más, pero se miran menos que la cara. Debemos centrar la atención en los gestos de nuestro rostro.
- Brazos en jarras y piernas semiabiertas ayudan a expresar determinación en lo que estemos pidiendo.
- Un carraspeo consciente puede advertir al niño de nuestra disconformidad con lo que está haciendo sin necesidad de decírselo. Lo mismo ocurre si negamos con la cabeza.

- Las manos unidas detrás de la espalda, junto con la cabeza y la barbilla ligeramente levantadas, imprimen un carácter de autoridad.
- Hay que respetar el espacio personal del niño (al menos medio metro). No debemos echarnos encima si no queremos parecer agresivos.

PARA QUE EL NIÑO ESCUCHE

No debemos gritarle desde la otra punta de la casa. Hay que acercarse a él, colocarse a su altura, echarse un poco hacia adelante, utilizar el dedo para que fije la mirada y entonces contarle lo que tiene que hacer.

Si no conseguimos que nos mire, podemos utilizar el espacio de los brazos para marcar un círculo imaginario entre él y nosotros, sujetarlo sin hacer fuerza pero con decisión, cogerlo de la barbilla y girarle la cara hasta establecer contacto visual. En ese momento, y durante unos segundos, es seguro que estará atento a lo que le decimos.

En cuanto a la voz, podemos grabarnos dando una orden y comprobar que:

- El volumen sube un poco más del que utilizamos con normalidad, lo que no significa que gritemos.
- Expresamos la orden hablando un poco más despacio de lo normal. Eso tendrá más fuerza y el niño lo comprenderá mejor. Además, le transmite calma.
- Somos claros, nos referimos solo a la orden, olvidamos las coletillas, los rodeos o las justificaciones, no estamos más de un minuto hablando, somos concretos y vamos al grano.
- No titubeamos, porque nos hemos puesto de acuerdo con nuestra pareja y hemos contado al niño lo que ocurrirá si no cumple lo que le pedimos.

Una vez que hemos evaluado y corregido aquellos aspectos de la comunicación no verbal que pueden aumentar la sensación de tranquilidad y seguridad que requiere el momento, pasamos a aprender cómo dar bien la orden:

1. *Limitarnos a una sola instrucción.* Hay que usar un lenguaje que el niño entienda en función de su edad y sus características personales. Si nos dirigimos a él en estos términos: «Deja de jugar, recoge, prepara el pijama y, cuando estés en el baño, avísame», el niño, a mitad del pasillo, ya no se acordará de lo que le hemos pedido y, lo más probable, es que siga jugando en su cuarto para nuestra desesperación. Su capacidad de atención y retentiva es limitada.

2. *Ser claros.* Los niños necesitan que les pidamos con mucha claridad y de manera específica lo que queremos de ellos. La diferencia entre «arréglate» y «lávate las manos y péinate» es notable.

3. *Hacer una pausa para ver si el niño nos ha entendido.* Pedirle que repita lo que tiene que hacer y las consecuencias de hacerlo o no, para comprobar que ha entendido nuestro mensaje. A partir de este momento, dejaremos de decírselo, con lo que nos ahorramos el enfado consiguiente. Si el niño ha escuchado y repetido lo que queremos que haga, no hay por qué insistir: sabe perfectamente lo que tiene que hacer.

4. *Repetir el mensaje.* Este paso solo es necesario si no ha sabido repetir lo que le hemos pedido.

5. *Hacer con él lo que le hemos pedido.* Podemos acompañarle e iniciar la acción con él. Una vez que empiece a hacerlo, nos retiramos para que continúe solo. Así le ayudamos a que se centre en la tarea

sin que se despiste con otros asuntos. Por ejemplo: «Vamos, ¡te ayudo a recoger los juguetes!». A continuación le cogemos de la mano y vamos hasta su habitación, donde le ayudamos al principio para poco a poco ir retirándonos.

6. *Reforzarle cuando nos haga caso.* Es importante premiar al niño con frases como «Estoy muy contento por lo bien que lo has hecho» o «Creo que te has esforzado muchísimo en preparar tu ropa». Si además le damos un beso, perfecto.

7. No iniciar otra actividad hasta que no se haya cumplido la orden.

NORMAS DE COMPORTAMIENTO PARA LOS PADRES

Los adultos deben comprometerse a no hacer uso de:

Chantaje emocional. No deben usar frases como «Eres malo y no te quiero» o «Cómo me puedes hacer sufrir tanto». Es mejor decir: «Te quiero mucho, pero me enfado cuando saltas encima del sofá».

Amenazas. No recurramos a la amenaza para que el niño obedezca. Puede resultar eficaz en el momento, pero desarrollará miedos posteriores o acabará amenazándonos a nosotros y a los demás.

Negociación de las normas o justificación de nuestra actitud. No darle opciones a elegir; hasta los 5 años el niño no es capaz de tomar decisiones sencillas entre dos o tres alternativas. Los niños pequeños no entienden de tratos y les confunde algo que traducen como un cambio continuo de la norma sin saber a qué atenerse. Como consecuencia, dejan de respetarla.

Reír mientras damos una orden. Haga lo que haga el niño, no eludamos la seriedad que el momento necesita y no permitamos que interprete que estamos jugando o que las normas son algo que se puede tomar en broma.

Forcejeos y descalificaciones. Por supuesto, no debemos recurrir a ningún tipo de forcejeo o descalificación para obligar al cumplimiento de la norma. Esto no enseña nada positivo. Existen otras muchas formas de dar una orden, como dejar de atender cualquier actividad que inicie el niño y repetirle el mensaje: «Cuando hagas lo que te he dicho, te atiendo».

4.3. LAS NORMAS MÁS FRECUENTES

Empezar a cumplir normas es fundamental para el niño, pero para los padres significará dedicar más tiempo y tener más paciencia mientras su hijo aprende. A medio plazo, los liberará de estar pendientes de todo, puesto que él dejará de necesitar que alguien lo acompañe o se lo haga. Esto se traducirá en más tiempo para los padres y más autonomía para el pequeño.

Es muy frecuente que los padres vean a sus hijos menos capaces de lo que en realidad son: «Es muy pequeño para ponerse solo los zapatos», «Me da miedo que al llevar el plato tire la comida». Otra de las razones más frecuentes para no introducir una norma es: «Si lo hago yo, termino antes». El problema es que acompañando estas afirmaciones suele aparecer: «Me tiene absorbido, todo el tiempo es para él», «No tengo vida de pareja, no salgo nunca», «Es como si esta casa y nosotros giráramos alrededor de lo que él necesita».

Algunas normas para casa:

- Ha llegado la hora de vestirse solo. Entre los 2 años y los 2 años y medio el niño puede empezar a colaborar a la hora del baño. Vestirse, desvestirse y recoger la ropa sucia son tareas que con 3 años ya puede realizar.

- Toca recoger tus cosas. Desde el momento en que es capaz de agarrar y soltar objetos, puede participar en la recogida de sus juguetes.

- Cuando se mueven de manera autónoma, los niños van dejando juguetes por toda la casa. Una buena idea es clasificar juguetes según la función: los que no pueden salir de la habitación por su tamaño (cocinita, garaje), los que son para el parque y no se utilizan en casa (cubo y pala, pelota, carritos, triciclos) y los que podemos llevar a otras habitaciones de la casa pero tienen que volver a su sitio (lápices, puzles, juegos de piezas, cacharritos). A veces, una advertencia será suficiente si algún juguete se usa en un sitio inadecuado, pero habrá que establecer qué ocurrirá si el mal uso es continuado.

- A partir de los 3 años ya pueden colaborar: poner y recoger la mesa, regar las plantas, ayudar a cocinar, limpiar el polvo, pasar la aspiradora, escribir la lista de la compra, hacer su cama los fines de semana. En cada casa habrá que elegir las responsabilidades que se adjudican a cada uno.

- Los padres acompañarán al niño en el aprendizaje de tareas, pero no las harán por él. Conviene ponerse las manos detrás de la espalda y utilizar solo la voz para ayudarlo con indicaciones si las necesita. Hay que contar con que se romperá algún plato, habrá que recoger más de una vez el agua del suelo o se pondrá la camiseta al revés. En esos casos, de manera muy tranquila, diremos: «No pasa nada, te ayudo a resolverlo y seguimos; lo has hecho realmente bien».

Son muchos los padres que no pueden disfrutar con sus hijos de un paseo o que incluso dejan de hacer actividades atractivas con ellos por miedo a que no les hagan caso, se pierdan o les ocurra cualquier cosa.

Describir lo que tienen que hacer y adelantar las consecuencias de lo que ocurrirá evita que los niños lleven a cabo determinadas conductas.

Hay que probar a hacer lo siguiente:

1. Elegir tres conductas —no más— que queramos que nuestro hijo deje de hacer cuando salimos a la calle. Por ejemplo, que no salga corriendo, no cruce solo y no traspase el vallado del parque.

2. Antes de salir de casa, nos paramos, nos ponemos a su altura y le decimos lo que tiene que hacer para permanecer en el parque con los amigos. Los padres no deben caer en el error de contarle las órdenes en negativo, porque no sabría cuál es el comportamiento adecuado. Deben traducirlas en afirmativo:

   ● «Tienes que ir a mi lado hasta que lleguemos al parque».
   ● «Para cruzar me darás la mano».
   ● «Te quedarás jugando en el recinto vallado».

3. Hay que informarle de lo que ocurrirá si cumple y si no cumple las normas: «Mientras esto sea así, nos quedaremos jugando en el parque. Si corres, cruzas solo o sales del recinto, nos volveremos a casa inmediatamente».

4. Para comprobar si el niño se ha enterado, la única forma es hacerle repetir lo que le hemos dicho: «¿Te has enterado bien? Ahora cuéntamelo tú».

5. Le pedimos que lo repita. Lo que no haya entendido se lo volvemos a explicar, y solo entonces salimos hacia el parque.

Si el niño desobedece las normas para salir a la calle, podemos probar a sustituir el tercer paso por: «Cuando lleguemos al parque, permanecerás sentado a mi lado un rato». Se trata de aplicar la técnica del tiempo fuera, así que no deberá tener nada con lo que pueda entretenerse mientras esté en el banco. Si ya lo hemos intentado y se levanta y se escapa, o si su comportamiento se repite cada vez que salimos fuera de casa, aplicaremos el segundo paso tal cual.

Por supuesto, en el momento que no se cumpla alguna de las normas habrá que volver a casa. Los padres no deben escuchar las súplicas del niño ni posponer la vuelta, aunque estén en animada charla con los padres de otros niños. Aplicar esto es costoso, pero también muy efectivo y, si se hace con rigor, no serán muchas las veces que tengan que irse a casa. El niño entenderá rápidamente que su comportamiento trae consecuencias y modificará su conducta.

EL CINTURÓN DE SEGURIDAD.

La ley y la protección hacen que sea obligatorio ponerse el cinturón de seguridad, pero muchos niños aprovechan para quitárselo durante los trayectos.

Al igual que en el punto anterior, habrá que explicarle al pequeño, antes de salir de casa, el correcto comportamiento en el coche, y eso incluye llevar el cinturón de seguridad puesto.

Evidentemente hay muchos trayectos y momentos de la conducción que no permiten parar cuando uno quisiera.

Por eso es mejor empezar esta técnica en trayectos cortos y no si estamos a punto de salir de viaje.

Dado que esta conducta implica riesgo y peligro para el niño, es recomendable acompañarla de una «tarea reparadora» posterior —por ejemplo, ayudar a limpiar el coche por dentro—. Y, de nuevo, tocará volver a casa en cuanto el niño se quite el cinturón y la situación nos permita cambiar de sentido.

1. Si el niño es de los que no paran quietos ni un minuto, hay que adelantarse preparando un juego o un juguete que le guste y que solo pueda usar en el coche. Hay que reforzarle cada vez que mantenga el comportamiento adecuado: «Eres tan mayor que podemos ir a cualquier parte porque llevas el cinturón puesto y vas en tu sitio».

2. Una vez en el coche, hay que recordarle la norma de llevar el cinturón hasta el final del trayecto y lo que ocurrirá si la incumple. No está de más pedirle que repita lo que le hemos dicho. No debemos arrancar hasta que todo el que vaya en el coche esté en el lugar que le corresponde y lleve el cinturón de seguridad puesto. Es obvio que los padres también; ellos son el modelo del niño y deben ser coherentes.

3. Si insiste en quitarse el cinturón, habrá que adoptar una actitud de enfado. El padre, pausado, tranquilo, pero con seriedad, debe decirle lo enfadado que está, lo peligrosa que es su actitud y advertir al niño de las consecuencias: «Si no te atas ahora mismo, nos volveremos a casa». En el caso de que insista en el comportamiento, debemos parar, esperar a que se abroche el cinturón y volver a casa. Por eso conviene iniciar esta técnica en trayectos cortos cuyo destino pueda constituir un refuerzo para el niño; por ejemplo, ir al cine o a pasar el día a casa de su mejor amigo.

4. Si es un viaje largo o no podemos parar en el trayecto, al llegar al destino el niño tendrá que llevar a cabo una tarea reparadora, o bien le habremos

anunciado que se quedará en casa sin ir a alguna actividad que le guste, y lo cumpliremos, claro.

4.4. Describir las órdenes en positivo

Tenemos tendencia a ser selectivos, a fijarnos en lo negativo y pasar por alto lo positivo, sobre todo en lo referido a nuestros hijos. Es muy frecuente caer en el error de dar órdenes haciendo hincapié en comportamientos negativos. Por ejemplo: «No grites», «No cojas el mando de la tele», «No tires de la cortina».

Cuando damos órdenes negativas estamos atendiendo a lo que no tiene que hacer el niño, pero no le decimos qué es lo adecuado. Observemos la diferencia: «Habla bajito, te oigo mejor», «Dale el mando a papá para que lo guarde», «Juega aquí en la mesa, en vez de detrás del sillón». De esta forma el niño sabe lo que le estamos pidiendo y puede adoptar la conducta adecuada.

La regañina crónica

Otro de los riesgos de hablarle en negativo es caer en la regañina crónica. Cuando los padres no dicen al niño qué puede hacer y se limitan a prohibir comportamientos no se dan cuenta de que así están favoreciendo que los repita para asegurarse su atención.

En uno de los ejemplos anteriores, lo más probable es que el niño al que se le ha dicho que no se cuelgue de la cortina vuelva a hacerlo. Al poco tiempo los padres se lo encontrarán allí colgado de nuevo, se enfadarán más y entonces, subiendo el tono, le dirán: «¡Te he dicho que no tires de las cortinas!». Al rato el pequeño casi seguro se colgará otra vez y, llegados a este punto, el padre seguramente estará tan enfadado que se acercará, le cogerá del brazo y, con un grito, le dirá: «¿Estás sordo? ¡Te he dicho que no te cuelgues de las cortinas! ¿Cuántas veces hay que repetirte las cosas? Vete ahora mismo a tu cuarto y no salgas hasta que yo te lo diga». Toda esta reprimenda irá acompañada de un sentimiento enorme de frustración por haber perdido la calma y no haber sido capaz de manejar la situación acertadamente. Si esto se vuelve habitual, el niño asimilará que, haga lo que haga, recibirá una regañina. El padre, sin darse cuenta, habrá disminuido los refuerzos a comportamientos adecuados. Como consecuencia, con el tiempo, su reprimenda no tendrá ningún efecto sobre el niño, que seguirá colgándose de las cortinas. Al padre le costará cada vez más evitar esta conducta. «A mi hijo los castigos y las regañinas le resbalan», dirá.

Hay muchas más probabilidades de que los padres se eviten situaciones como esta si la primera vez que ven a su hijo tirar de la cortina se acercan a él, hacen un gesto de desaprobación y, con tranquilidad le dicen: «Vente conmigo, trae tu juego y ponte aquí en la alfombra». Luego le cogen de la mano, se sientan en el sitio indicado y juegan. Como puede verse, lo que ha cambiado es el signo de la orden, que deja de ser negativa. En lugar de prohibir, se le ofrece al niño una alternativa a su comportamiento.

5. Dificultades y cómo solucionarlas

El cumplimiento de las normas es fuente de conflictos entre padres e hijos, pero el conflicto forma parte de la convivencia. Esto no tiene que impedir a los padres insistir en sus normas, sino que ha de ser aliciente para aprender cómo solucionar las dificultades de manera que el resultado sea positivo para ambas partes.

5.1. Reacciones frecuentes cuando a los niños se les dice que no

Cuando un padre da una orden como hemos indicado tiene muchas probabilidades de que su hijo la cumpla. Pero no siempre. Habrá ocasiones en que el niño se negará a hacer lo que se le ha pedido y el padre tiene que estar preparado para cuando esto ocurra.

Antes de avanzar en este punto, hagamos un inciso. Existe una edad —los terribles 2 y 3 años— donde la búsqueda de autonomía lleva a los niños a desafiar las normas de manera continua y la manifestación más clara es que dicen «no» por sistema a todo lo que sus padres les piden. Otra frase muy habitual es: «Tú no, yo solo». Si el pequeño se encuentra en este momento evolutivo, lo primero que deben hacer los padres es no desesperarse. Lo segundo es no atender sus negativas, es decir, hacerse los sordos cuando el niño lo diga y optar por:

- Darse la vuelta una vez que se le ha dado la orden y esperar a que lo haga. Suele ocurrir que, al no encontrar a quién demostrarle su capacidad de resistencia, el niño empiece a hacer lo que se le pide.
- Acercarse y, cogiéndole de la mano con un tono firme, empezar a hacerlo con él.

Insultos y malas contestaciones

Entre los comportamientos más frecuentes de los niños cuando deciden negarse a algo que se les pide están los insultos y las malas contestaciones. Cuando el niño manifieste cualquiera de estas conductas habrá que aparcar la orden que se le ha dado y resolver primero el conflicto. No es que ya no tenga que hacer lo que le habíamos pedido, es que da mejor resultado ir afrontando las situaciones de una en una. Proponemos hacer lo siguiente:

1. No responder al niño con gritos e insultos.
2. Constatar tranquilamente lo que está pasando. Sin juzgarlo, negarlo ni quitarle importancia: «Veo que estás cansado y no quieres hacerlo ahora, pero no hace falta que me insultes para que me dé cuenta».
3. Expresar en primera persona el enfado y decirle cómo hacerlo de otra manera. Recomendamos memorizar la siguiente fórmula: «Cuando tú..., yo me siento... Si tú..., entonces yo...». Por ejemplo: «Cuando tú me llamas tonta gritándome, yo me siento enfadada y triste. Si tú me dijeras que estás enfadado conmigo más bajito, yo escucharía lo que te pasa y podríamos intentar hacer algo para que no te sintieras así».
4. Avisarle de lo que va a ocurrir. «Cuando estés más tranquilo y me hables más bajito, te escucharé».
5. Darle un tiempo de reflexión. El padre o la madre hacen otra cosa y así ellos y el niño pueden tomar algo de distancia. Cuando ambas partes están muy alteradas es muy probable que entren en escena los gritos, las amenazas y todo aquello que conviene evitar. No se puede perder la calma, hay que tranquilizarse antes de seguir.
6. Retomar el contacto. Tras este tiempo, el padre debe repetirle al niño cómo quiere que se dirija a él: «Ahora que estamos más tranquilos, cuéntame, bajito, lo que te ocurre».
7. Reforzar. Una vez que el niño siga las indicaciones del padre, escuchándole, deberá decir: «Me encanta cuando podemos hablar así».
8. Y vuelta al principio. Es el momento de que el padre recupere la orden que dio al principio y acompañe al niño para que la lleve a cabo.

No es infrecuente encontrar situaciones domésticas donde un miembro de la pareja quiere hacer prevalecer el criterio sobre el otro sin pensar en las consecuencias que tiene para el niño. Esta es una de las frases más repetidas: «Es que tú eres muy blando y yo soy la mala». Y al revés: «Es que yo soy más severo y a ti te torean».

La falta de tiempo es uno de los condicionantes para poder establecer criterios unificados sobre las normas de casa y cómo mantenerlas. Otras veces se debe a la manera en que hemos sido educados: «Mis padres lo hicieron así conmigo y lo hicieron estupendamente».

Será tarea de la pareja buscar huecos para decidir un método que aplicar sistemáticamente en la educación de sus hijos. La diferencia de criterios hay que discutirla siempre en momentos donde los hijos no estén delante; son conversaciones de adultos y ellos no tienen que participar.

Es más eficaz y válido presentarse coordinados frente a una situación de conflicto que discutir delante del niño, aunque el criterio no se haya decidido por consenso. Más tarde, sin el niño delante, será el momento de aclarar con nuestra pareja las diferencias de criterio. Discutir sobre las normas en su presencia le da la oportunidad de probar: si no se pudo saltar la norma con papá, es posible que mamá sea quien le diga que sí. Estas situaciones suelen acabar con un niño que es capaz de conseguir lo que quiere de sus padres y unos padres que, en vez de buscar soluciones más adecuadas, se echan en cara las actuaciones con el hijo.

El siguiente punto en el que los padres se tendrán que poner de acuerdo será en cómo actuar si se cumple o no cada una de las normas que hayan decidido. Después hay que contárselo al niño.

Es más que probable que este intente saltarse lo que se le ha propuesto y que lo haga como hasta ahora, buscando primero a uno y luego al otro. En este primer periodo, y hasta que aprenda que sus padres están coordinados, hay dos respuestas que hay que darle: «¿Qué te ha dicho papá?» y «Espera que hable con mamá de esto».

Ahora bien, en muchas ocasiones puede ocurrir que la actuación de nuestra pareja no nos parezca correcta. Llegado el momento debemos:

1. No intervenir y dejar que la pareja sea quien solucione el problema.
2. Retirarla de la situación y pedirle que escuche cuando el niño no esté presente.
3. Hacerle ver lo que se ha saltado de lo consensuado.
4. Escuchar sus razones.

Pensar qué hacer la próxima vez. Sugerimos algunos trucos:

- Establecer una señal de aviso discreta, como acercarse y dar un toque en el brazo.
- Utilizar la frase «ya sigo yo» para intercambiar papeles y solucionar el conflicto mientras el otro se tranquiliza.
- Pedirle a la pareja que nos sustituya en la situación de conflicto para poder parar y pensar antes de seguir con la intervención.
- Dividir los papeles en casa: unas veces será uno quien dé la orden y la mantenga, y otras veces el otro.

Estas claves son muy útiles cuando uno de los dos tiende a elevar la voz o se altera demasiado si el niño desobedece.

¿Sí, sí... A mí me parece estupendo decir las cosas una sola vez, pero ¿y si no hace caso?». «Yo empiezo a decir las cosas bajito, con paciencia y tranquilamente, pero mi hijo es como si fuese sordo: hasta que no pego el grito no me hace caso». Son algunas de las frases que más repiten los padres. La explicación suele ser la misma: el niño ha aprendido que cuando se le pide que haga algo tiene que esperar a que le insistamos, porque hasta que no gritemos no nos toma en serio. Es nuestra actitud lo que le indica que es el momento de hacer caso.

Quienes se encuentren en este caso tendrán que enseñar a su hijo que, con una vez que se digan las cosas, es suficiente. Hasta que lo entienda se resistirá. Así pues, hay que empezar a aplicar cualquiera de las técnicas que describimos a continuación.

Darle siempre una alternativa

1. Si le hemos explicado al niño las normas que hay en casa y lo que ocurre cuando se cumplen y cuando no, solo tendremos que recordárselo una vez.
2. Podemos ofrecerle nuestra ayuda para cumplir la orden.
3. Si se niega, nos retiramos un tiempo para darle la oportunidad de que obedezca tras un periodo de reflexión. «Es la hora del baño, prepara el pijama mientras voy a abrir el grifo de la bañera».
4. Al volver le proponemos de nuevo iniciar con él lo que tiene que hacer. Si vuelve a negarse, seguimos: «Tienes que preparar el pijama, ¿quieres que te acompañe al armario y lo buscamos?».
5. Ahora le recordamos las consecuencias de no hacerlo: «Si no preparas el pijama, se atrasará la cena

y no nos dará tiempo a jugar un rato antes de irte a la cama». Esto supone un aviso para que el niño sepa que, dependiendo de su actuación, sufrirá unas consecuencias u otras.

6. Si se niega debemos ser firmes con las consecuencias establecidas y explicadas con anterioridad. Seguramente, y a pesar del disgusto que le supondrá darse cuenta de que somos consistentes y que no puede zafarse de sus responsabilidades como hace otras veces, hoy no tendrá tiempo de jugar.

7. En el caso de que inicie la orden, hay que reforzarle con una alabanza: «Es estupendo que hayas decidido coger el pijama. Me quedo contigo y te ayudo con el baño, y tú eliges el juego de hoy».

Mientras dure la oposición, cualquier cosa que el niño pida, cualquier negociación o cambio de tema que intente, recibirán la misma respuesta por parte de los padres: «Cuando prepares el pijama te atiendo».

Si manejamos así la situación, no habrá que repetir la orden ni perseguirlo por toda la casa hasta que haga caso. Pronto notaremos que afrontamos de una manera mucho más tranquila la conducta desobediente de nuestro hijo y que nos cuesta menos controlarnos. Es posible que al principio cueste que obedezca, pero enseguida observaremos que, con una sola vez que le digamos las cosas, será suficiente.

Frases clave para niños insistentes

Hay niños más insistentes que otros. Algunos son capaces de volvernos locos con sus «Mamá, por favor, solo esta vez y ya», «Papá, ¿qué te cuesta?» o «Si me dejas, a cambio yo hago...», e incluso los hay que empiezan a utilizar amenazas del tipo «Si no me das esto, me voy a enfadar y...».

Cuando el niño hace peticiones poco razonables, y solo en estos casos, conviene buscar una frase que resuma lo que queremos expresar. Una vez elegida, el procedimiento consiste en que cualquier acción de tinte coactivo encuentre una misma reacción por parte de los padres. Hay que repetir la frase elegida como si fuéramos un disco rayado.

A continuación describimos la aplicación de esta técnica paso a paso:

1. Antes de aplicar la frase clave, habremos intentado que el niño abandone su actitud sin atender lo que dice hasta que modifique su comportamiento. Este tipo de técnicas provoca cierta agresividad, por eso solo recurriremos a ellas cuando haya amenazas o coacción en la actitud del niño.

2. Decidida la necesidad de aplicar la frase clave, el tono de voz ha de ser tranquilo, firme y sereno. No podemos irritarnos ni levantar la voz.

3. La frase siempre será la misma y podemos repetirla tantas veces como sea necesario hasta que abandone su actitud. Requerirá cierta persistencia. Irá precedida de la consideración hacia su estado de ánimo: «Ya veo que estás enfadado, pero esta es la comida que hay hoy».

4. No podemos permitir que nada de lo que diga nos afecte o nos haga cambiar nuestra actitud serena y firme. Hay que estar preparados, porque esta técnica le enfadará mucho, ya que desmonta los argumentos que hasta ahora le han servido para conseguir lo que quería.

5. Repetiremos tranquilamente la frase, sea cual sea el argumento o excusa que el niño plantee («No me gusta», « Quiero otra cosa»...).

6. En el momento que abandone la actitud que nos ha llevado a utilizar la frase clave, habrá que reforzarle con algo así: «Me encanta que te sientes a comer. ¿Cómo te ha ido hoy en el colegio?».

6. Casos prácticos

6.1. Esta casa es una ruina

Eso decían Paloma y Javier cuando contaban cómo sus hijos de 4, 6 y 8 años se habían hecho con el mando en casa. «Nos pasamos el día pendientes de ellos, no tenemos tiempo ni para salir con amigos ni para nuestras aficiones. Es llegar a casa del trabajo y empezar la locura». Javier reconocía que había llegado a un punto en el que estaba deseando irse a trabajar y que incluso, más de un día, alargaba su jornada laboral para llegar más tarde a casa.

¿Cuáles eran las normas de casa? «¿Las normas? Las normas se las saltan nada más explicárselas, y mira que les pedimos por favor que hagan caso, les suplicamos y les damos muchas oportunidades y alternativas», comentaba Javier. «Empezamos con paciencia, hablando bajito, dando razones para todo, y parece que nos escuchan y van a hacerlo, pero ¡no! Y ahí es donde nos ponemos nerviosos, vienen los gritos, las amenazas, los forcejeos, las carreras detrás de ellos... Todo para nada, porque al final siempre se salen con la suya».

«Nos gustaría poder comer todos juntos o que se fueran a la cama a tiempo», contaba Paloma, «pero Carmen, la pequeña, come fatal, así que como es lentísima la ponemos media hora antes en el salón a ver si viendo los dibujos come algo. Cuando los otros ven lo que hace su hermana, empiezan a decir que tienen hambre y no esperan ni a poner la mesa. Antes de que nos demos cuenta, se han puesto su plato en la cocina y están comiendo lo que quieren. Luego está la lucha de los deberes. Se sientan conmigo en la cocina, pero se pelean, se ríen o se cansan y se van. Llevo tres días persiguiendo a Mario, el mayor, para que se duche. Ha decidido que lo hará cada tres días y no hay quien se lo quite de la cabeza. A la hora del baño llega Javier y me encuentra dando gritos para que los niños no piquen antes de cenar, para que recojan lo que han ido dejando por la casa o para que dejen de pelearse. Yo entiendo que llegar a casa y encontrarte con ese panorama es agotador, ¡pero yo ya llevo así toda la tarde!».

«Y si dijeras que se cena y a la cama», continuaba Javier, «al menos tendríamos un rato de tranquilidad, pero no, hay que poner una película, la que ellos quieran y, mira, nosotros con tal de que paren un rato, lo que sea. Entonces recogemos todo lo que ha quedado desordenado, la mesa, la cocina y, cuando caen agotados, en torno a las diez de la noche, con mucho cuidado para no despertarlos, los llevamos a la cama».

La situación en casa de Paloma y Javier no es infrecuente. En muchos hogares no hay horarios establecidos ni tareas de las que responsabilizarse porque es mucho más cómodo que los padres lo hagan todo. Mientras estos se consumen y dejan de disfrutar de la maravillosa tarea de ser padres, los niños aprenden a llevar el timón de la casa. Había que establecer normas, en este caso relacionadas con los horarios y los hábitos:

- Antes de ir al colegio, Mario, Jorge y Carmen tendrían que vestirse y desayunar; el que acabara a tiempo podría ver un rato los dibujos hasta la hora de irse.

- Los tres tendrían que comer a la misma hora (13.30), en el mismo sitio y la misma comida. Todos pondrían la mesa y la recogerían.

- A las 16.30 tendrían que hacer los deberes Jorge y Mario; cada uno los haría en su habitación. Mientras Paloma acompañaba a Jorge, Mario intentaría hacerlos solo y al finalizar le expondría sus dudas a la madre. Carmen permanecería en su habitación dibujando.

- A las 17.15, si todo estaba recogido, bajarían un rato al parque con los amigos. Pero para salir sería condición indispensable haber recogido los juguetes, los libros del colegio y todas sus cosas.

- A las 19.00 estarían en casa y cada uno prepararía su pijama. A Carmen la ayudaría Paloma, mientras Jorge y Mario lo harían solos. Todos tendrían que desvestirse, ducharse y recoger la ropa sucia y el baño. A Carmen se le prestaría algo de ayuda.

- A las 20.00 Javier cogería el relevo de Paloma y se ocuparía de poner la mesa con los tres niños. Una vez puesta, cenarían todos juntos.

- Terminada la cena podrían ver la televisión hasta las 21.00. Para sentarse a verla tendrían que haber terminado de cenar y hecho sus tareas.

Con el fin de que cumplieran con sus nuevas responsabilidades se propuso un sistema de puntuación. Si al final del día un niño había hecho todo, se le daría una estrella. Quien reuniera seis estrellas al terminar la semana elegiría una actividad para el domingo, como ir al campo, al cine o al zoo. Si más de uno conseguía las seis estrellas, se pondrían de acuerdo en el plan. Cada niño dispondría de una tabla donde apuntaría sus puntos.

MARIO	lunes	martes	miércoles	jueves	viernes	sábado
Vestirse por la mañana						
Poner la mesa						
Recoger la mesa						
Hacer los deberes						
Preparar el pijama						
Ducharse						
Recoger el baño						
Poner la mesa						
Recoger la mesa						
Irse a la cama a su hora						
PUNTOS						
ESTRELLAS						

Paloma y Javier tuvieron que aprender a elogiar al que realizaba sus tareas y no atender al que se las saltaba. Ahora bien, se comprometieron a cumplir las consecuencias de que no lo hicieran: no ver los dibujos por la mañana, no salir al parque, no ver la tele después de cenar.

Los primeros días fue un poco difícil. Mario, Jorge y Carmen no entendían ni querían aceptar las nuevas normas, y Javier y Paloma tuvieron que armarse de paciencia para mantenerse firmes. Con un tono tranquilo repetían una y otra vez la frase clave: «Es tu tarea, tienes que hacerla».

En muy poco tiempo, los niños, motivados por conseguir los puntos y viendo que sus padres atendían al que realizaba las tareas, comenzaron a dejarse llevar por la nueva organización de la casa. Pronto entendieron que no les valían de nada las rabietas, los gritos y otros comportamientos negativos.

La primera vez que Paloma y Javier recogieron todas las estrellas de los tres niños no se lo podían creer: ¡los tres eligieron ir al cine! Y pasaron una divertida tarde en familia. El esfuerzo y la nueva actitud de Paloma y Javier hicieron posible que la frase «Esta casa es una ruina» pasara a ser «Me encanta pasar tiempo en mi casa».

6.2. ROSA Y EL CINTURÓN DE SEGURIDAD

Los padres de Rosa, de 3 años, estaban desesperados porque no conseguían que su hija viajara en el coche con el cinturón de seguridad abrochado. Se bajaba de la silla y no paraba de moverse por el coche. Los padres habían decidido no salir de viaje si no era en tren o avión.

Había que diseñar un plan para solucionar el problema. Para empezar se eligieron un par de trayectos cortos dentro de la ciudad donde vive esta familia: a la casa de los primos y a la piscina del barrio. Ambas actividades le encantaban a Rosa, pero para ir tendría que ser en coche, no en autobús, como habían hecho hasta el momento.

Los padres dibujaron con Rosa las siguientes normas: en el coche se va sentada en la silla, hay que llevar el cinturón de seguridad abrochado y no se suelta la hebilla hasta llegar al sitio. Después colgaron los dibujos dentro del coche.

Llegó el día de ir a casa de los primos de Rosa. Antes de salir le hicieron repetir a la niña las normas. Una vez que estuvieron seguros de que se las sabía, le recordaron las consecuencias de saltárselas: «Rosa, si te quitas el cinturón de seguridad antes de llegar y te levantas de la silla, pararemos el coche hasta que te lo abroches y nos volveremos a casa». Rosa dijo que sí a todo, se subió al coche y, a los 10 minutos, se quitó el cinturón de seguridad. Sus padres se mostraron firmes y pararon hasta que Rosa se volvió a sentar y poner el cinturón. Luego, sin mediar palabra regresaron a casa. No atendieron los lloros ni los ruegos de

Rosa y, cuando empezó con las amenazas, siguieron comentando entre ellos otros asuntos como si no oyeran a la pequeña.

Para ir a la piscina los padres repitieron el proceso, pero antes de salir de casa le facilitaron a la niña un juego para el coche. Rosa se sentó, se abrochó el cinturón y se puso a jugar. El padre arrancó y empezaron el trayecto. La niña no se movió. Cuando llegaron a la piscina felicitaron a Rosa por su comportamiento en el coche.

A partir de este primer éxito fueron haciendo trayectos cada vez más largos, pero no se vieron obligados a regresar a casa en ninguna ocasión más. Rosa aprendió cómo ir en el coche y supo que si mantenía la actitud correcta llegaría al destino, que es mucho más divertido que volverse a casa.

7. QUÉ SE HA CONSEGUIDO

Hay muchas justificaciones para evitar decir que no a nuestros hijos: a veces tenemos miedo a no saber afrontar el conflicto; otras, sentimiento de culpa por el poco tiempo que pasamos con ellos; en ocasiones, simplemente estamos cansados.

Cuando llegan los temidos 2 y 3 años, nuestro hijo, que todavía no sabe expresar con palabras lo que le ocurre, se enfrenta a cualquier contrariedad con rabietas muy desagradables. Cedemos a caprichos que creemos sin importancia y, momentáneamente, nos sentimos aliviados porque «Por fin hemos conseguido que se calle, esté tranquilo y nos deje respirar».

Tras un tiempo premiando esta conducta suele ocurrir que lo que antes eran caprichos ahora son exigencias, que vienen acompañadas de reacciones cada vez peores a las negativas. A medio y corto plazo el niño ha aprendido que la estrategia de molestar es mucho más efectiva.

Si convertimos en costumbre el binomio llora-concedo nos encontraremos con que, a largo plazo, se generalizan este tipo de comportamientos, esto es, «me acostumbro a conseguir de inmediato todo lo que quiero y que los demás bailan al son de mis antojos».

Pensemos en este niño de adolescente. No conoce el *no* y, por tanto, no sabe cómo se soluciona un conflicto. Por el contrario, tiene claro que, con determinadas conductas, muchas veces de tipo agresivo, consigue lo que quiere.

También podemos encontrarnos con un adolescente que no entiende lo que significa hacer un esfuerzo para lograr algo, puesto que todo lo que quiso de pequeño se lo dieron.

La adolescencia es una etapa en la que la fuerza de arrastre del grupo es mayor que cualquier otra. Decir *no* es importante, pero hay que haber aprendido antes a hacerlo. Si en casa todo han sido síes para evitar el conflicto, lo que él ha aprendido es que la forma de solucionar los problemas que se derivarían de negarse a algo es aceptar todo lo que el grupo diga. Imaginemos: «Eres un aburrido, vaya rollo de tío, tómate algo a ver si te animas». Según el modelo que ha conocido hasta el día de hoy, lo más probable es que se tome una copa o más, porque no sabrá cómo decir que no.

Por eso lo que enseñamos a nuestros hijos en edades muy tempranas es importantísimo. Como estamos viendo, y aun aceptando que puede ser un argumento muy simplista, de la chuchería en el supermercado hemos pasado a no saber decir que no al alcohol. Cualquier aprendizaje que no se da en el momento que corresponde es mucho más difícil de aprender con posterioridad. Por eso, no tengamos miedo a la reacción de nuestros hijos cuando les decimos que no, porque así les enseñamos cómo hacerlo el día de mañana.

Capítulo VI

La agresividad

La preocupación generada por el aumento de las conductas agresivas de los menores ha hecho saltar las alarmas en las familias. Los medios de comunicación dan noticias diarias sobre situaciones de violencia extrema protagonizadas por menores.

La posibilidad de que un niño desarrolle una conducta agresiva o incluso violenta es uno de los principales temores de los padres en la actualidad. El objetivo de este capítulo es explicar cómo prevenir las conductas agresivas fomentando comportamientos adecuados.

Existen determinadas conductas de tipo agresivo propias del desarrollo del niño que brindan la oportunidad de trabajar elementos como el autocontrol, la tolerancia a la frustración, la capacidad para saber posponer el deseo o la adquisición de normas y valores.

Los padres deben perder el miedo a afrontar una rabieta, saber qué hacer si su hijo les insulta o les pega y aprender a evaluar si existen en la familia factores que faciliten la aparición de comportamientos agresivos y cómo sustituirlos por los adecuados.

Estos comportamientos tan perturbadores se dan en un porcentaje muy alto en la infancia, pero tienden a desaparecer con la edad. Con las siguientes páginas nos proponemos ayudar a los padres a saber cuándo una conducta se sale de lo normal y pasa a ser un problema.

1. ¿QUÉ ES LA AGRESIVIDAD?

La agresividad es un estado emocional que implica sentimientos de ira y odio y deseos de dañar a otra persona, animal u objeto. La agresión es cualquier forma de conducta que pretende herir física o psicológicamente a alguien. Esto se traduce en empujones, golpes, arañazos, pellizcos, patadas, insultos, burlas, amenazas, etcétera.

Todos, en algún momento, sentimos agresividad. Lo que nos diferencia es el modo en que cada uno canalizamos esta emoción. Para aprender a encauzarla necesitamos saber qué es un comportamiento agresivo, identificar sus componentes y detectar qué puede favorecerlo.

1.1. EL COMPORTAMIENTO AGRESIVO

Un comportamiento agresivo es el resultado de ciertas disposiciones o tendencias personales, unidas a factores externos que las activan emocionalmente. La agresividad en los niños puede presentarse de dos formas:

- Directa: bien como acto físico (patadas, empujones, manotazos) o bien como acto verbal (insultos, palabrotas, gritos).
- Indirecta: el niño arremete contra los objetos de la persona que ha originado el conflicto o bien realiza gesticulaciones o expresiones que demuestran frustración.

La frustración es la situación en la que se halla el niño cuando un obstáculo se interpone entre algo que desea. Esta frustración no tiene por qué generar agresividad, a menos que el niño experimente una importante emoción negativa al no poder conseguir lo que desea. Que la frustración provoque o no una reacción agresiva también depende de la experiencia previa y del aprendizaje: de cómo el niño ha aprendido a reaccionar ante las frustraciones y a resolver los conflictos, y de las consecuencias asociadas a las respuestas que el niño da. Estas consecuencias o refuerzos son determinantes para que aumente o disminuya la probabilidad de que se repita la conducta agresiva.

Las situaciones que con más frecuencia provocan comportamientos agresivos en el niño suelen deberse a problemas de relación con otros niños, que le agreden o no le permiten satisfacer sus deseos, y con adultos que aplican consecuencias, no le dan lo que él quiere o le exigen que cumpla unas normas.

1.2. Componentes de la agresividad

Los síntomas físicos más frecuentes que se dan en una persona con una conducta agresiva son:

🙂 Aumento del tono muscular, en especial en los brazos, lo que lleva a cerrar los puños.

☺ Sensación de calor provocada por la dilatación de los vasos šanguíneos periféricos, lo que hace que se enrojezca la cara.

☺ Aumento del ritmo respiratorio, de la frecuencia cardiaca y de la tensión arterial.

☺ Postura erecta y hombros hacia atrás, movimientos y gestos amenazantes, posición de la cabeza elevada, mirada fija, voz alta, habla fluida y rápida, y movimiento del cuerpo tendente a invadir el espacio del interlocutor.

Todos estos cambios predisponen a cometer acciones enérgicas e impulsivas. El niño siente la necesidad de actuar física o verbalmente de forma intensa e inmediata para solucionar la situación que le resulta problemática.

ÁREA COGNITIVA

La conducta agresiva tiene distinta significación dependiendo del momento evolutivo del niño.

Hay comportamientos agresivos que forman parte del desarrollo, mientras que otros requieren mayor atención. No es lo mismo la rabieta de un niño de 2 años al que no se le compra una chuchería, que la misma rabieta en un adolescente de 12 años.

La forma de pensar de los niños que mantienen comportamientos agresivos es la siguiente:

● Solo les importa lo que quieren y necesitan.
● Piensan que comportarse de esta forma les hace menos vulnerables.
● Si no obtienen lo que quieren, se frustran más que otros niños.

¿Qué pasa por la cabeza de un niño que soluciona mediante la agresividad una situación que le provoca frustración? Interpreta de forma hostil el comportamiento de los demás y busca defenderse sin parecer vulnerable. Reacciona de acuerdo con lo que piensa mediante el insulto y pasa en poco tiempo a la agresión física sin que medie ningún factor que frene el impulso de solucionar la situación a través de la hostilidad: no sabe cómo controlar ese sentimiento tan frustrante.

El niño agresivo es menos reflexivo y considerado hacia los sentimientos, pensamientos e intenciones de los demás y parece tener dificultades para pensar y actuar ante problemas de relación. Un niño agresivo no tiene en cuenta las consecuencias de su comportamiento en los demás; le da igual si daña, entristece o enfada. Para él lo importante es conseguir lo que quiere, cueste lo que cueste.

Si en su proceso de aprendizaje el niño percibe que sus comportamientos agresivos se ven recompensados (consigue lo que quiere, se gana el respeto o el miedo de los demás o la aprobación de los mayores), tendrá más probabilidades de repetir este tipo de conductas en el futuro. Por el contrario, si no se ve recompensado, tenderá a reducir sus comportamientos agresivos y manifestará otros más adecuados que le reporten beneficios.

ÁREA MOTORA

El bebé exige con gran intensidad la satisfacción inmediata de todo lo que desea y la retirada de aquello que no le gusta. También empieza a reaccionar muy pronto contra todo lo que le produce frustración, irritación o le separa de lo que quiere.

Los comportamientos disruptivos (que producen ruptura brusca) son los que resultan inadecuados y generan tensión en el entorno. Los más habituales en casa son el llanto, la rabieta, la destructividad, la combatividad, la crueldad, las conductas de llamada de atención y los bajos niveles de sentimiento de culpa. Algunos padres se quejan de que sus hijos les pegan, insultan, no obedecen, agreden a sus hermanos, dicen palabrotas y rompen las cosas intencionadamente. Algunos comportamientos disruptivos en el colegio son: llegar tarde a clase, no obedecer al profesor, levantarse del sitio sin permiso, pintar en las mesas o paredes, no llevar los deberes hechos, quitar cosas, agredir o insultar a los compañeros, hablar cuando habla el profesor, tirar cosas en el aula, desafiar la autoridad, etcétera. Los niños con comportamientos agresivos no son capaces de buscar conductas alternativas para conseguir su objetivo, no saben actuar de otra manera.

1.3. Factores sociales que favorecen la aparición de conductas agresivas

- Vivimos en una sociedad que aplaude la dureza emocional y no da cabida a las expresiones de afecto. Hasta hace poco, la madre se encargaba de la educación emocional, mientras que el padre lo hacía de la social.
- Los niños pasan mucho tiempo frente a la televisión, internet y la videoconsola sin que los padres controlen los contenidos a los que acceden. En demasiadas ocasiones estos contenidos transmiten valores de marcado carácter violento y difíciles de modificar una vez asimilados. No hay más que ver cómo imitan los niños a los protagonistas de sus programas y videojuegos favoritos. Estos medios se convierten en canguros de nuestros hijos y en mu-

chas ocasiones ocupan el lugar educativo que corresponde ocupar a los padres.

- Recordemos además que quien contiene la afectividad del niño entre los 3 y 4 años es el adulto. Más adelante, entre los 5 y 6 años, el niño ya razona, pero tiene como modelo de imitación al adulto y copia las reacciones que ve en él. Si dicho adulto es un personaje de los medios audiovisuales de carácter violento, su influencia anula otros valores que intentan transmitir los padres o profesores.

- Una exposición excesiva a los medios de comunicación audiovisuales también puede producir en los niños una llamada «vagancia cognitiva» y que se caracteriza por la disminución de la creatividad y la imaginación.

- Hoy existe un mensaje claro: quien infringe la norma se convierte en protagonista. El niño puede pensar que un comportamiento violento le lleva a obtener la atención que no recibe.

- La violencia gratuita se identifica con la obtención de placer. A esto se une el hecho de no valorar las graves consecuencias de determinados actos: «Era un juego», «Lo hice por el subidón de adrenalina».

- Los adultos nos pasamos el día corriendo y transmitimos ese ritmo hiperactivo a nuestros hijos. Los niños no tienen el mismo concepto del tiempo que nosotros: viven en el presente. Para ellos 10 minutos pueden ser una eternidad o pasar como un suspiro. Si nos empeñamos en transmitirles prisa para todo, les educamos en la ansiedad y el estrés.

- A los niños se les enseña a no soportar el aburrimiento, se les educa en la estimulación excesiva, en la búsqueda constante de nuevas sensaciones.

La frustración se produce cuando no se cumple una expectativa, un deseo, un proyecto o una ilusión. Cuando un niño con baja tolerancia a la frustración no consigue lo que quiere, se enfada o se entristece excesivamente.

Los niños con baja tolerancia a la frustración:

- Son más impulsivos e impacientes.
- Buscan satisfacer sus necesidades de forma inmediata, por lo que al enfrentarse a la espera o postergación de sus necesidades pueden manifestarse con pataletas y llanto fácil.
- Son exigentes.
- Tienen mayor tendencia a desarrollar cuadros de ansiedad o depresión ante conflictos o dificultades mayores.

Ese egocentrismo hace que crea que todo gira a su alrededor, que lo merece todo, y les lleva a sentir cualquier límite como injusto, pues va contra sus deseos. Les cuesta comprender por qué no se les da lo que quieren. Esta forma de pensar tiene que ver con su incapacidad para imaginar lo que siente o piensa el otro.

La palabra «no» —«No saltes en la cama», «No le quites el juguete a tu hermano»— se convierte en un límite que ayuda al niño a aceptar que no puede hacer todo lo que quiere, que no todo gira en torno a él y que los demás también tienen derechos y necesidades. La frustración, expresada con gritos, patadas, insultos, peticiones y quejas reiteradas, debe ser un comportamiento temporal.

Es importante que los padres sepan qué hacer ante las expresiones de frustración de sus hijos. Si están convencidos de que los límites que marcan son justos, no tendrán problemas en mantenerlos.

Un niño impulsivo no sabe diferenciar lo que desea de lo que necesita. Una de las maneras de ayudarlo es evitar que consiga sus objetivos mediante rabietas. Así irá reflexionando y discriminando lo que puede hacer u obtener y lo que no.

También es importante que las metas que se le proponen sean acordes a su edad y sus capacidades.

Un niño con menos habilidades puede frustrarse con mucha facilidad. Por eso es fundamental que se valore su esfuerzo por lograr el objetivo, y no el resultado final.

También hay que ayudarlo a planificar estrategias y a solucionar problemas. Los imprevistos pueden causarle ansiedad y frustración. Para evitarlo es importante enseñarle a tener en cuenta posibles contratiempos. Si el niño está muy ilusionado con salir un día de pesca y lleva preparando toda la semana sus aparejos, es conveniente advertirle de

que tal vez pueda llover y anularse la excursión, que tiene que estar preparado por si ocurre y planificar una actividad alternativa, y dejar la pesca para otro día. Lo que pretendemos es enseñarle a que se enfrente de forma positiva
a distintas situaciones vitales.

Cómo entrenar la tolerancia a la frustración

- No acceder a demandas irracionales.
- No atender ni ceder a peticiones que vengan
  precedidas de rabietas, pataletas y muestras
  de ira.
- Enseñar al niño a respetar a los demás, sus
  opiniones, sus turnos de palabra, sus juguetes,
  etcétera.
- No darle inmediatamente lo que pida: dejar
  pasar un tiempo entre la petición y la concesión.
- Enseñarle que conseguir cosas supone esforzarse: plantearle situaciones con dificultades que
  tenga que superar para conseguir lo que quiere.
- Permitirle que se equivoque: no dar solución
  a todo lo que le ocurra.
- Hacer que comparta sus cosas con los demás.

2. LA IMPORTANCIA DE NO FAVORECER LA AGRESIÓN

Aparentemente, los comportamientos agresivos solucionan
de forma rápida los conflictos. Pero la agresión, ya sea verbal o física, origina más violencia y aumenta el estrés y la
crispación, tanto para quien la sufre como para quien la ejerce. Solucionar así los conflictos implica que uno somete
a otro a través de la intimidación y la coerción, con la intención de hacerle daño.

Existen muchos factores que favorecen la agresión. Conocerlos es el punto de partida para evitar que se produzcan conductas agresivas en la familia.

2.1. ¿PARA QUÉ SIRVE EL COMPORTAMIENTO AGRESIVO?

PARA INTIMIDAR

La intimidación permite evitar el enfrentamiento. En todas las especies animales la lucha supone un derroche de energía. A través del comportamiento agresivo se puede poner fin al enfrentamiento mediante la sumisión del otro.

PARA LUCHAR POR LO QUE SE QUIERE

La conducta agresiva permite prepararse para pasar a la acción. De hecho, solo con apreciar los cambios físicos que se producen al enfadarnos, podemos darnos cuenta de cómo se prepara nuestro cuerpo para la lucha.

Hay muy pocas situaciones donde sea necesario el enfrentamiento físico; el ejemplo más explícito sería la defensa personal o de los seres queridos ante una amenaza para la integridad física. Por tanto, cuando el niño utiliza la agresión con frecuencia e intensidad, desarrolla una conducta que le inadapta socialmente y se convierte en un problema para el entorno cercano.

PARA DEFINIR LA PERSONALIDAD DEL NIÑO

Muchos comportamientos de desobediencia o disruptivos forman parte del desarrollo del niño y son frecuentes en la etapa del *no,* en torno a los 2 o 3 años, periodo en el que descubre su personalidad, su individualidad y trata de poner sus deseos en práctica, aunque vayan en contra de las normas que se le dictan. Se siente más autónomo y sitúa sus necesidades y prioridades en primer lugar. Esta búsqueda de independencia hace que durante esta fase trate de imponer su voluntad, con el consiguiente disgusto de los padres, que no entienden por qué de repente su hijo se ha convertido en un pequeño rebelde. Pero no hay que asustarse: esta fase es pasajera y necesaria para que el pequeño aprenda a controlar la agresividad.

Entender que la terquedad le sirve para autoafirmarse y desarrollarse como un ser autónomo e independiente ayuda a afrontar esta etapa con la tranquilidad necesaria. Pero no hay que olvidar que la firmeza y el refuerzo de las conductas adecuadas son clave para enseñar a los niños alternativas a la agresividad. Estos no pretenden sacar de quicio a sus padres ni echar un pulso con ellos; simplemente desean tomar conciencia de sí mismos y saber hasta dónde pueden llegar. En muchas ocasiones no obtienen lo que quieren y se frustran, con los consiguientes enfados, rabietas, lloros, gritos, pataletas e incluso comportamientos violentos hacia los padres.

2.2. CUANDO LA AGRESIVIDAD ESTÁ EN LA FAMILIA

Todos los niños son desobedientes en algún momento, pero no todos los padres lo solucionan de la misma manera. Vamos a describir tres estilos erróneos que perpetúan los comportamientos agresivos no solo en el niño, sino también en la familia.

— *Padres regañones.* Hay padres que empiezan el día regañando y someten a sus hijos a continuas recriminaciones; después se quejan de que no les hacen caso y se sorprenden cuando nada de lo que les dicen sirve para que cambien de actitud.

Los niños permanentemente regañados suelen ser desobedientes porque sus comportamientos siempre tienen la misma consecuencia: la regañina.

— *Padres castigadores.* Existen también padres que recurren al castigo para todo. Empiezan castigando a sus hijos un par de minutos en su cuarto, pero al poco tiempo se dan cuenta de que no es suficiente, porque los niños repiten las conductas inadecuadas. Por tanto, suben el tiempo de castigo a 10 minutos, pero los niños vuelven a comportarse mal. Después los castigan 20 minutos, y así sucesivamente. Este tipo de padres no suelen reforzar las conductas adecuadas de sus hijos y afianzan en ellos la idea de que «haga lo que haga da igual, porque me castigan».

— *Padres pegones.* También debemos referirnos a los padres que hacen uso de las descalificaciones y los bofetones para recriminar a sus hijos los comportamientos inadecuados. Con ello se convierten en modelos que les transmiten a sus hijos: «Cuando te enfades o no te guste lo que hace el otro, dale una torta o insúltale». Estos padres no deben extrañarse si los niños reproducen lo que han aprendido. Es decir, el niño puede aprender a comportarse de forma agresiva porque imita a sus padres.

Cualquiera de estas formas de solucionar los conflictos propicia que los niños se conviertan en adultos dóciles, pasivos y sumisos o, por el contrario, desarrollen una conducta agresiva y dictatorial.

A veces la relación de pareja de los padres es muy violenta, con gritos, insultos, portazos, etcétera. Cuando el niño vive rodeado de modelos agresivos, interioriza conductas no pacíficas en respuesta a situaciones conflictivas. En el periodo de aprendizaje que es la infancia no solo observa conductas agresivas, sino que también aprende las consecuencias que tienen dichas conductas para las personas que las ejercen. Si las consecuencias son positivas, aumenta la probabilidad de que el niño presente ese tipo de conductas en el futuro.

LA RELACIÓN ENTRE HERMANOS

Imaginemos a Pepe y Manuel, dos hermanos de 6 y 4 años respectivamente, divirtiéndose en el parque. Pepe está jugando con su camión, se le acerca Manuel y se lo quita. Comienzan a discutir y Manuel grita, llora y patalea. Los padres se acercan y, al ver las lágrimas de Manuel, increpan a Pepe para que le deje un rato el camión. Con ello han conseguido que Manuel aprenda a gritar y patalear cuando quiera conseguir algo de su hermano. Es decir, han reforzado positivamente su conducta agresiva, lo cual garantiza que la repita en un futuro.

LOS MODELOS FAMILIARES

Dentro de la familia, además de los modelos y refuerzos, el tipo de disciplina a que se somete a los niños también influye en su aprendizaje. Se ha demostrado que tanto un padre poco exigente como uno con actitudes hostiles que desaprueba constantemente a su hijo fomentan el comportamiento agresivo en los niños.

Otro factor que influye en la agresividad en los hijos es la incongruencia en el comportamiento paternal. Esta se da cuando los padres desaprueban la agresión del niño con otra agresión, pegándole, por ejemplo. También cuando una misma conducta unas veces es castigada y otras ignorada, o cuando uno de los padres impone consecuencias y el otro las incumple.

Pueden presentarse anomalías en el vínculo afectivo entre padres e hijos en situaciones de estrés y dificultades, en familias sin apoyo social y en aquellas cuyos padres padecen trastornos psiquiátricos, y cuando el niño tiene problemas graves de salud. Casi siempre que existe una alteración en las relaciones entre padres e hijos, estos presentan problemas de autoestima, se sienten inseguros y muestran una baja competencia en habilidades sociales. Todos ellos son factores de vulnerabilidad para la violencia.

A continuación enumeramos algunos factores que, asociados al ambiente familiar, suelen dañar los vínculos afectivos:

- Recursos económicos insuficientes.
- Negligencia o abandono por parte de los padres.
- Enfermedad psiquiátrica grave (depresión crónica, esquizofrenia, etcétera) de alguno de los padres.
- Relaciones familiares conflictivas asociadas a enfermedades psiquiátricas y nivel socioeconómico bajo (se ha encontrado una mayor influencia de la enfermedad psiquiátrica materna que de la paterna en los trastornos de conducta de los hijos). Conflictividad intrafamiliar grave.
- Alcoholismo de uno de los padres.
- Consumo de drogas por parte de los padres.
- Maltrato físico o psíquico.

Hay factores que influyen decisivamente en el desarrollo de la conducta agresiva, pero no dependen propiamente del niño, sino del ambiente en el que se encuentra y de las respuestas que recibe.

Respecto al género como riesgo se han planteado una serie de interrogantes para los que aún no hay respuestas. Los problemas de conducta son más frecuentes en los niños que en las niñas. ¿Es debido al sexo? ¿A que se les educa de forma diferente? ¿A que las niñas expresan los problemas de conducta de formas distintas que los chicos? ¿O a la confluencia de todos estos factores?

Se sabe que la agresión física es bastante más frecuente en los niños que en las niñas desde la infancia, aunque en los primeros años la diferencia no es significativa. Esta va aumentando de forma progresiva. Las estadísticas indican que entre los 6 y los 12 años, solo el 13 por ciento de las niñas utiliza la agresión física, frente al 69 por ciento de los niños. Parece ser que las niñas aprenden más rápidamente que los niños a utilizar conductas alternativas.

En cuanto al temperamento, se sabe que los niños muy activos se alteran con más facilidad y tienen más probabilidades de manifestar conductas agresivas. En estos niños se presenta con frecuencia una situación que representamos en forma de escalada hacia un final agresivo.

El padre, al no conseguir controlar la situación, se siente ineficaz. Por su parte, el niño aprende a conseguir lo que desea a través del enfrentamiento y la desobediencia. Si este aprendizaje se generaliza a otros contextos, se acostumbrará a exigir las cosas de manera agresiva.

Como factores de riesgo relacionados con la comunidad podemos señalar la carencia de estructuras asistenciales y de apoyos comunitarios, las sociedades en crecimiento sociodemográfico rápido, los procesos de adaptación ligados a la inmigración, la vivienda precaria y el paro.

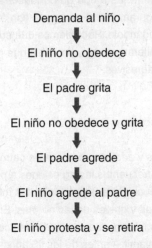

Demanda al niño

⬇

El niño no obedece

⬇

El padre grita

⬇

El niño no obedece y grita

⬇

El padre agrede

⬇

El niño agrede al padre

⬇

El niño protesta y se retira

2.4. Trastornos que pueden favorecer la agresividad

A modo informativo, sobre todo para los casos en que puede existir algún tipo de patología que necesite ser tratada por especialistas, mostramos algunas psicopatologías que pueden predisponer al niño a comportamientos agresivos. Ello no significa que conduzcan de forma automática a la agresividad, ya que se necesitan otras circunstancias familiares o ambientales para que esta aparezca.

Trastorno por déficit de atención con hiperactividad (TDAH)

La hiperactividad se caracteriza por tres síntomas básicos: déficit de atención, hiperactividad e impulsividad. Si el niño es excesivamente inquieto —se levanta de la mesa cada medio minuto para hacer lo primero que se le ocurre: subir el volumen del televisor, traer una bebida, ir por un juguete—, acaba generando situaciones de malestar y enfado entre los que le rodean. Este tipo de conducta suele acarrear problemas: seguramente el que come con él terminará gritándole o castigándolo. Recordemos que son niños impulsivos y, si se alteran, es muy probable que muestren comportamientos agresivos.

Trastorno de conducta

Se da en niños y adolescentes con un patrón de conducta en el que son frecuentes las agresiones a personas o animales, la destrucción de la propiedad, los robos y las violaciones repetidas y graves de las normas. En función de la edad a que se inicien, suelen clasificarse como trastornos de conducta infantil —antes de los 10 años— y de la adolescencia —después de los 10 años—. Según la intensidad y la frecuencia de los síntomas, pueden ser considerados leves, moderados o graves.

El patrón del trastorno de conducta se caracteriza por los siguientes aspectos:

- Los niños o adolescentes perciben mal las intenciones de los compañeros. Están excesivamente vigilantes e interpretan las conductas de los demás como hostiles. Pueden ser insensibles y no presentan sentimientos de culpa ni remordimiento.
- Tienden a culpar a los otros de sus propias conductas.
- Son alumnos con baja autoestima, a pesar de su apariencia de seguridad y dureza. Dan una imagen externa que no se corresponde con la realidad.
- Tienen escasa tolerancia a la frustración y muestran respuestas agresivas ante ella. No soportan que las cosas no salgan como ellos quieren.

- Suelen tener un rendimiento académico bajo.
- Tienen tendencia al consumo temprano de drogas y alcohol o son más vulnerables a esta práctica.

Estos trastornos de conducta suelen remitir en la vida adulta en la mayoría de los casos, aunque otros evolucionan hacia el trastorno disocial de la personalidad, una psicopatología caracterizada por las conductas delictivas y las continuas y graves violaciones de las normas.

TRASTORNO DESAFIANTE

Presenta un patrón recurrente de conductas de oposición y desafiantes, desobediencia y hostilidad frente a las figuras de autoridad. El perfil del niño con un trastorno desafiante es el siguiente:

- Se encoleriza y presenta pataletas con frecuencia.
- Discute con los adultos y los desafía activamente.
- Desobedece.
- Molesta deliberadamente a otras personas.
- Es bastante resentido, rencoroso y vengativo.
- Su actividad escolar suele deteriorarse.

Este trastorno es más frecuente en varones que en mujeres. Suele manifestarse antes de los 8 años y se inicia en el ámbito familiar, para después extenderse a otros ámbitos, como el escolar. Las conductas de oposición pueden aparecer a muy corta edad y en muchas ocasiones constituyen un proceso evolutivo que dura poco tiempo. En cualquier caso, la intervención de los padres es imprescindible para que la conducta no persista.

Se manifiesta con episodios aislados de agresividad, violencia o destrucción de la propiedad. La agresividad es desproporcionada al estímulo que la provoca y no se explica por otras patologías. Se puede dar después de accidentes, en situaciones de estrés sostenido y en casos de fracaso académico. En los niños es poco frecuente; es más propio de la adolescencia.

3. Lo que se espera que haga tu hijo según la edad

Para saber si existe una conducta problemática —aquella que genera conflicto en el entorno y dificulta la adaptación del niño al medio—, primero hay que definirla y observar la frecuencia con la que aparece, la intensidad con la que se da y su duración. Ya hemos señalado que los niños manifiestan conductas agresivas que son beneficiosas porque los ayudan a superar etapas en su desarrollo. En este punto identificamos cuáles son las normales para diferenciarlas de las susceptibles de intervención profesional.

3.1. Manifestaciones agresivas inherentes al desarrollo del niño

En la tabla adjunta se resumen las conductas agresivas normales en el desarrollo del niño. A los padres les tranquilizará saber que todos los niños pasan por ellas; de hecho, que no lo hagan debería ser motivo de preocupación.

Edad	Motivo de la conducta agresiva	Manifestación agresiva	Objetivo
0-1	No satisfacción de sus necesidades (sueño, hambre, aburrimiento, necesidad de contacto físico, dolor, etcétera).	Llanto.	Reducir la tensión.
2-3	Conflictos con la autoridad («edad del no» y del «yo solo»). Aparición de los celos y la envidia.	Rabieta.	Autonomía.
4-5	Frustración	Desobediencia, rabietas menos intensas dirigidas principalmente a padres y hermanos, peleas.	Integración de la norma.
6-7	Rebeldía contra la norma (comienza a asimilar las normas morales).	Los niños se pelean físicamente; las niñas, verbalmente. Desplazamiento de la ira hacia un hermano o chivo expiatorio. Fuerte sentimiento de competencia.	Adaptación social y control de los sentimientos.
7-14	Fuerte sentimiento de justicia. Defensa de derechos, desde su perspectiva. Búsqueda de identificación con el grupo y diferenciación de los padres.	Aparente rechazo a lo familiar Estallidos de ira.	Autocontrol, empatía y autoestima.

Como venimos repitiendo, las alteraciones de comportamiento hostiles en el niño forman parte de su desarrollo, y se pueden considerar normales. Cuanto más pequeño es, más enérgicamente pide lo que necesita o rechaza lo que le molesta.

Que estas alteraciones formen parte de su desarrollo no quiere decir que haya que esperar a que crezca para que desaparezcan, sino todo lo contrario: en la mayoría de los casos será la intervención de los padres la que marque la diferencia entre un niño con alteraciones en su comportamiento y otro con conductas adecuadas.

3.2. ORIGEN Y EVOLUCIÓN DE LAS RABIETAS

La típica muestra de conducta disruptiva es la rabieta, que tiene distintos objetivos según la edad del niño:

Entre los 2 y los 3 años el niño todavía no tiene un dominio del lenguaje suficiente para expresar lo que le pasa y recurre a las rabietas para manifestar su malestar. Son los padres quienes deben traducir lo que le pasa —«Ya veo que estás enfadado»— y darle pautas para aprender a controlarse —«Quédate aquí y, cuando estés más tranquilo, me llamas»—. A los 2 años es fácil que el niño entre en conflicto con sus padres porque tiene que hacer lo que ellos le dicen y no siempre coincide con lo que él quiere. Esto también le puede ocurrir con los compañeros de la guardería o en el parque, en situaciones en las que busca el control o el dominio. Por ejemplo, es fácil verle enfadarse porque considera que el tobogán es de su propiedad y no está dispuesto a dejar subir a nadie.

Entre los 3 y los 4 años los niños pasan por una especie de crisis de terquedad provocada por un periodo de autoafirmación y defensa de su individualidad. Buscan diferenciarse de las demás personas y lo hacen reclamando cada vez más autonomía. En esta etapa el niño se opone por sistema a lo que se le pide porque persigue esa nueva sensación que le da su independencia. Para que el niño sea autónomo, por un lado, hay que asegurar su salud física y emocional dejando que sea curioso y explore, y por otro, facilitar los nuevos aprendizajes que le ayuden a desarrollar su futura personalidad. Demasiadas prohibiciones inhiben su curiosidad, con lo que se puede tener un niño obediente, pero excesivamente pasivo y poco autónomo. Los padres deben estar preparados para un incremento de las manifestaciones agresivas y los gestos desproporcionados, como las pataletas, los lloros, los golpes, etcétera. También son frecuentes las rabietas de alta intensidad y larga duración, a veces sin motivo aparente.

A partir de los 4 años las rabietas tienen que ver más con la frustración por no obtener aquello que quieren y se orientan hacia aquella persona u objeto que impide que lo consigan. Los padres ya saben por qué se producen, lo cual aumenta su sensación de control sobre la situación. Algunas de las conductas que no se consideran anormales a esta edad son: arrojar o romper objetos, decir mentiras para librarse de las consecuencias y las agresiones como mordiscos o arañazos, siempre en el marco de las peleas entre iguales. El hecho de que aparezcan estas conductas no significa que se dejen pasar sin que el niño experimente las consecuencias. Las conductas disruptivas consideradas normales ayudan al niño a aprender la diferencia entre lo que quiere y lo que realmente puede obtener. Es fundamental que conozca qué conductas son válidas para la consecución de sus objetivos y cuáles no. En este aspecto, los padres pueden aprender cómo disminuir las manifestaciones negativas y sustituirlas por otras más adecuadas.

Hay que tener en cuenta que las conductas socialmente aceptadas, como ser generoso, prestar los juguetes o pedir las cosas de forma correcta se aprenden de manera paulatina y que a estas edades las conductas sociales son a menudo conflictivas.

Si los padres son firmes con los límites y coherentes con las consecuencias de los comportamientos, el niño adquirirá el autocontrol necesario para resolver los conflictos de manera adecuada.

4. Prueba a hacerlo tú

Existen conductas agresivas evolutivamente normales, por muy exageradas y desagradables que parezcan, pero el hecho de contemplarlas como parte del sano desarrollo del niño no significa que haya que quedarse de brazos cruzados cuando aparezcan.

En este punto presentamos diferentes estrategias para afrontar las manifestaciones agresivas habituales en los niños según su edad. Algunas de las técnicas aparecen descritas paso a paso en otros capítulos del libro. Esto se debe a que estamos aplicando de manera sistemática un modelo de intervención. Las técnicas varían en función de la situación donde se aplican, pero la base teórica en la que se apoyan es siempre la misma. La ventaja de utilizar el mismo modelo para solucionar los conflictos relacionados con los hijos es que, una vez que se conocen las técnicas, se pueden aplicar a un número infinito de situaciones.

4.1. Cómo prevenir o moderar las conductas agresivas en los niños

Para empezar, existen actitudes que ayudan a moderar las manifestaciones agresivas en la familia:

- Es fundamental restar importancia a las situaciones de irritación. En ningún caso hay que exagerarlas como medio de corrección. Si el niño grita y su madre le grita a él, entran en una dinámica que no sirve para evitar el comportamiento del niño y sí para aumentar el ambiente de crispación en casa.

- Los padres no pueden pretender tener siempre razón. Por el contrario, han de respetar los puntos de vista de sus hijos y no tratar de imponer los suyos de manera violenta. Hay que escuchar las razones que dan los niños. Bajo ningún concepto es justificable la imposición de criterios por la fuerza.

- La agresión física o verbal solo tiene consecuencias negativas. No se debe justificar ni utilizar. La agresividad de los niños no es sino un reflejo de la que reciben o visualizan. Hay que olvidarse de los castigos físicos y las actitudes agresivas.

- En medio de una discusión es recomendable parar y contar hasta diez. Si un padre ve que se va a iniciar una pelea con su hijo, podrá salir de la habitación y después, cuando los ánimos lo permitan, volver a plantear el tema y buscar una solución.

- En ocasiones parece que el niño tiene una actitud provocadora y está deseando que surja una situación conflictiva. En estos casos no hay que entrar al trapo, sino retirarse de la situación, cambiar de actividad o salir a dar una vuelta.

- Si el niño se muestra agresivo, no se debe caer en la tentación de actuar igual que él; lo más probable es que se genere una escalada de mutua agresividad difícil de parar, que irá aumentando en intensidad. A veces, una sutil actitud de indiferencia puede ayudar a evitar la situación.

- Los padres estarán pendientes de los contenidos a los que acceden sus hijos a través de la televisión, internet o los videojuegos. Es preciso controlar que los más pequeños no vean escenas de agresividad física o verbal. Si aparecen, conviene estar con ellos, explicarles que no son escenas reales y darles alternativas de solución de conflictos para que no piensen que lo que ven es válido.

El psicólogo estadounidense Leonard Berkowitz ha demostrado que cuanto más «justificada» es la agresividad que vemos, mayor es su efecto en los espectadores. Es decir, cuando son los buenos los que atacan a los malos nos parece que es como debe ser. Berkowitz también afirmó que esto no se puede aplicar a los dibujos animados, pues los niños los viven como una fantasía y concluyó que deberían prohibirse en las películas realistas aquellas escenas que muestren peleas, agresiones, sadismo, etcétera.

SITUACIONES FAMILIARES QUE CAUSAN LA AGRESIVIDAD INFANTIL

Hay algunas situaciones familiares que, si son habituales, pueden generar comportamientos agresivos en los hijos:

- Mantener en casa un clima de discusión constante. Hay familias en las que la bronca es la forma habitual de diálogo; este comportamiento se practica delante de los niños y con ellos mismos, convirtiéndose en parte de su repertorio de conductas.
- Establecer situaciones de competitividad. Algunos padres se empeñan en que sus hijos sean los mejores, no se conforman con que sean buenas personas. Por ello pisan a quien haga falta para conseguir sus objetivos.
- Buscar culpables en lugar de buscar soluciones. Insistir en que es necesario saber quién tiene la culpa.
- Usar la disciplina como un castigo. Lo ideal es que los niños aprendan a respetar la disciplina, no a odiarla, que es lo que ocurre si se les amenaza con ella.

- Emplear cualquier tipo de amenaza para hacerles obedecer. Suele ocurrir que la amenaza es efectiva al principio, pero cuando se repite pierde eficacia, porque los niños aprenden que detrás no hay ninguna consecuencia.
- Es conveniente que los niños no vean a sus padres usando comportamientos agresivos fuera de casa.
- Negarse a hacer las paces si ha habido alguna situación de enfado.

4.2. Cómo enseñar al niño a controlar la agresividad

Los padres deben estar preparados para hablar con sus hijos acerca de la agresividad. Son sus modelos de comportamiento, y de ello han de valerse para plantear un conjunto de estrategias que, seguidas paso a paso y con constancia, enseñen al niño a controlar sus reacciones agresivas. El diálogo y la coherencia en los planteamientos son las claves.

Para el diálogo que describimos a continuación es necesario que el niño tenga dominio y comprensión del lenguaje, capacidad de atención y escucha; es decir, que pueda seguir y participar en una conversación. Es preciso que sepa identificar las sensaciones que le envía su cuerpo. No tiene sentido intentarlo antes de los 4 o 5 años.

El primer paso consiste en explicarle cuándo y por qué aparecen las emociones negativas. Es preciso aclararle que ciertas emociones, como el enfado o la ira, no son ni buenas ni malas: son suyas y aparecen cuando algo no le gusta. Todos las sentimos alguna vez y lo importante es saber qué hacer cuando esto ocurre.

Cada padre tiene que elaborar su propio discurso, pero este sería un ejemplo: «Seguro que has notado alguna vez que perdías los estribos, que tenías ganas de golpear o gritar a alguien. Esto puede ocurrirte en muchas circunstancias, unas veces porque utilizan tus cosas sin permiso, porque te regañan en clase injustamente o por los comentarios de algún compañero hacia ti. ¿Has perdido alguna vez los estribos? ¿Has gritado o sentido ganas de golpear a alguien?».

Una vez comprobado que el niño ha entendido lo que se le ha explicado, hay que pedirle que cuente la última vez que sintió ira o enfado y elaborar con él una lista de cosas que le enfadaron la última semana.

¿QUÉ HACE ENFADAR A LOS NIÑOS?

A continuación proponemos una lista con algunos de los desencadenantes de enfado más frecuentes en los niños. Se puede recurrir a ella cuando no recuerden o no sepan identificar las situaciones que les enfadaron.

- ☹ Algo no sale como ellos quieren.
- ☹ No se les compra aquello que se les ha antojado.
- ☹ Algo les sale mal o se sienten más torpes que los demás.
- ☹ Pierden en algún juego.
- ☹ Les resulta difícil alcanzar alguna meta.
- ☹ Los compañeros o amigos se burlan de ellos o les insultan.
- ☹ Sus padres les obligan a hacer cosas que no les apetecen o les marcan normas que les parecen injustas.
- ☹ Les echan la culpa de algo cuando son inocentes.
- ☹ Están tensos sin motivo alguno.

Una vez elaborada la lista, pasamos a utilizar un discurso parecido a este: «Todos los sentimientos tienen una utilidad; el enfado, también. De hecho, cuando te sientes así es importante expresarlo. A veces manifestamos el enfado a través de la ira: es cuando tienes esas tremendas ganas de gritar, pegar, insultar o tirarte al suelo y patalear. Es normal sentirse así, pero no es correcto dejarse llevar por las ganas de hacerlo. La ira debe liberarse, porque si no te sentirás como una olla llena de agua hirviendo con la tapadera cerrada. Si no dejas que salga el vapor, la olla explotará. Cuando eso ocurre no resulta divertido para nadie».

No hay por qué ocultar la ira, pero tampoco hay que dejarse llevar por ella. Se puede estar enfadado con razón. En cualquier caso, es necesario liberar ese enfado sin dañar a los que nos rodean, procurando resolver aquello que nos hace sentir mal.

¿CÓMO SABE EL NIÑO SI ESTÁ ENFADADO?

Hay diferentes formas de sentir ira, pero existen unos síntomas comunes a todas las personas que indican enfado: la respiración se acelera, la cara se enrojece, los músculos se tensan, los puños se cierran y surgen unas enormes ganas de golpear, romper o gritar. Cuando nos sentimos así a veces decimos cosas, gritamos o pegamos a personas de nuestro entorno a las que queremos, y luego nos arrepentimos.

Algunos niños guardan sus enfados muy dentro, no quieren que nadie sepa que están enfadados. Suelen sufrir dolores de cabeza y estómago, diarreas y arcadas. En muchos casos, para desahogarse se ponen a llorar.

El siguiente paso consiste en elegir una de las situaciones de la lista de enfados y preguntarle al niño qué sintió cuando le ocurrió. Así aprenderá a identificar el primer aviso de que está enfadado y a expresarlo —«Me estoy enfadando»—, y tratará de averiguar las razones de su ira y qué puede hacer para dejar de sentirse así. Por ejemplo, si se le ha prometido ir al zoo y el día amanece lluvioso, lo lógico es que se sienta frustrado y enfadado. No obstante, tiene que pensar que nadie es culpable de que llueva y es preferible buscar otra actividad que le guste para ese día —como ir al cine o preparar galletas en casa—, que pasarse todo el día enfadado.

Es importante enseñarle a expresar su enfado cuando comience a sentirlo: «Cuando hablas de tu ira, ese sentimiento negativo empieza a desaparecer. Te sientes más tranquilo y eso hace que puedas pensar en alternativas. Si, por el contrario, comienzas a gritar, llorar o insultar, no vas a arreglar nada y seguramente no se te pase el enfado ni consigas arreglar tu problema». En este punto del proceso se le están enseñando al niño conductas alternativas que solucionan el enfado.

¿QUÉ SE PUEDE HACER PARA MITIGAR EL ENFADO?

Hay que convencer al niño de que él es capaz de controlar el enfado antes de que se transforme en ira.

Para ello podrá hacer un esfuerzo y practicar ejercicios como los que vienen a continuación. Se puede volver a la situación de enfado que se eligió de la lista, recordarle lo primero que sintió y decirle que en ese momento tendrá que hacer alguna de estas cosas:

☺ Contarle lo que le pasa a algún amigo que quiera escucharle.
☺ Contar hasta diez antes de ponerse a insultar, gritar o pegar a alguien.
☺ Recibir o dar un abrazo.
☺ Retirarse a su habitación y pensar si la situación que le provoca ira es tan grave.
☺ Buscar soluciones al problema que se le plantea.

☺ Golpear una almohada.

☺ Hacer un dibujo de su ira.

☺ Jugar con un videojuego.

☺ Dar cinco vueltas por la casa corriendo tan rápido como pueda.

☺ Cantar al unísono con la radio o un CD.

☺ Pensar en cosas buenas (unas vacaciones divertidas o su deporte favorito).

☺ Darse una vuelta en bicicleta o ir a patinar.

Además de todas estas soluciones, se le puede enseñar a relajarse mediante el siguiente método:

1. Apretar los puños y contar hasta diez. Soltar lentamente para ir dejando que el cuerpo se vaya relajando.

2. Inspirar profundamente y aguantar la respiración contando hasta diez. Soltar el aire dejando que todo el cuerpo se vaya aflojando.

3. Respirar de manera normal, contando desde diez a cero en cada espiración, dejándose relajar más y más a cada paso.

4. Imaginar una escena o un lugar especialmente agradable con todo lujo de detalles.

4.3. LA TÉCNICA DE LA TORTUGA

Una vez que se enfadan, a los niños les cuesta mucho frenar y no basta con pedirles que se tranquilicen. En este epígrafe proponemos una forma de enseñar al niño a saber cuándo está enfadado y a controlarse antes del estallido de ira.

En el colegio-laboratorio estadounidense de Point of Woods se ha perfeccionado un procedimiento de autocontrol destinado a ayudar a niños pequeños alterados emocionalmente para que dominen sus respuestas impulsivas y agresivas ante las provocaciones en la clase. El método se llama «técnica de la tortuga» por su analogía con este animal, que se esconde dentro de su caparazón cuando se siente amenazado. La técnica, aplicada correctamente, disminuye las rabietas y las agresiones. Estas líneas están basadas en el libro *El manual de la tortuga,* de M. R. Schneider y A. Robin.

Lo primero es enseñarle al niño que responda a la palabra clave «tortuga» cerrando los ojos y apretando los brazos contra su cuerpo. La tarea se inicia narrando el siguiente cuento:

En una época remota vivía una tortuga joven y elegante. Tenía 6 años y había empezado la enseñanza primaria. Se llamaba Tortuguita.

A Tortuguita no le gustaba ir a la escuela. Prefería estar en casa con su mamá y su hermanito. No quería estudiar con los libros del colegio ni aprender nada. Solo correr y jugar con sus amiguitos, o pintar en su cuaderno de dibujo con lápices de colores. No le gustaba escribir las letras ni copiarlas de la pizarra.

Solo le gustaba divertirse y reírse con sus compañeros, y pelearse con ellos también. No le daba la gana colaborar con los demás. No le interesaba escuchar a su maestra ni parar de hacer esos sonidos maravillosos que acostumbraba a hacer con la boca. Le resultaba muy cansado recordar que no debía pegarse con sus compañeros ni hacer ruido. Cada día, en su camino a la escuela, se decía a sí misma que iba a esforzarse todo lo posible para no meterse en jaleos. A pesar de ello, siempre enfurecía a alguien y se peleaba o perdía los estribos porque cometía errores y empezaba a romper en pedazos todos sus papeles. Por eso siempre andaba metida en líos. Empezó a pensar que era una tortuga mala. Estuvo dándole vueltas a esta idea durante mucho tiempo, sintiéndose mal, muy mal.

Un día, cuando se sentía peor que nunca, se encontró con la tortuga más grande y más vieja de la ciudad. Era una tortuga sabia, que tenía 200 años y era grande como una casa. Tortuguita le habló con voz muy tímida, porque estaba muy asustada. Pero la tortuga vieja era tan buena como grande y estaba deseando ayudarla. — ¡Hola! —dijo con su voz inmensa y rugiente—. Voy a contarte un secreto. ¿No comprendes que tú tienes la solución para los problemas que te agobian?

Tortuguita no sabía de qué le estaba hablando. — ¡Tu caparazón! ¡Tu caparazón! —le gritó la tortuga sabia—. Para eso tienes una coraza. Puedes esconderte en su interior siempre que comprendas que lo que te están diciendo o lo que estás descubriendo te enfada mucho. Cuando te encuentres en el interior de tu concha serás capaz de calmarte y pensar lo que vas a hacer. Así pues, la próxima vez que te irrites, métete inmediatamente en tu caparazón.

A Tortuguita le gustó la idea, y estaba deseando probar su nuevo secreto. Llegó el día siguiente y cometió de nuevo un error que estropeó su hoja de papel blanco y limpio.

Empezó a notar cómo se enfadaba y estuvo a punto de perder los nervios, cuando de repente recordó lo que le había dicho la tortuga vieja. Rápidamente encogió brazos, piernas y cabeza y los apretó contra su cuerpo, permaneciendo quieta hasta que supo qué hacer. Fue fantástico encontrarse tan confortable dentro de su caparazón, donde nadie podía molestarla. Cuando salió quedó sorprendida al ver que su maestra la miraba sonriente. Tortuguita le dijo que se había puesto furiosa porque había cometido un error. ¡La *maestra le contestó que estaba orgullosa de ella! Tortuguita continuó utilizando este secreto el resto del curso. Al recibir sus notas comprobó que eran mucho mejores que las anteriores. Sus compañeros se preguntaban maravillados cuál sería su secreto.*

Después de contar este cuento hay que ponerse al lado del niño, adoptar la postura de la tortuga y pedirle que la imite. Consiste en sentarse en el suelo apretando brazos y piernas contra el cuerpo e inclinar la cabeza hasta que el mentón se apoye sobre el pecho.

El objetivo es que el niño se relaje. Para que lo consiga hay que enseñarle a tensar todo el cuerpo, contar hasta cinco y destensarlo hasta que quede flojo. Con respecto a la respiración, el niño debe coger aire cuando tense el cuerpo y soltarlo poco a poco a medida que lo vaya relajando.

Cuando el pequeño sepa adoptar la postura de la tortuga y relajarse, se le pide que cuente la última situación en la que se enfadó y se le indica lo que debe hacer cuando note que se está enfadando: retirarse a un lugar tranquilo, como su habitación. Es preciso que comprenda lo difícil que es al principio darse cuenta de que está enfadándose mucho y que sepa que sus padres le ayudarán, porque cuando noten que se enfada le recordarán la palabra clave, «tortuga», para que se vaya a su cuarto y se meta en el caparazón. Siempre que utilice esta técnica, hay que recompensarle.

La palabra clave ha estado hasta el momento bajo control de los padres. De aquí en adelante es preciso animar al niño a que practique por sí mismo la técnica de la tortuga y la relajación cuando se sienta frustrado o enfadado.

La mayor parte de los niños reaccionan bien desde el principio a la técnica de la tortuga y frenan sus enfados, pero no todos. Para ellos en el capítulo V proponemos otras soluciones.

Si transcurrido un tiempo no disminuyen las conductas disruptivas o no se consigue que el niño se relaje, quizá sea conveniente acudir a un especialista para que revise lo que está fallando y lo que se puede modificar.

4.4. CONDUCTAS AGRESIVAS PROPIAS DEL DESARROLLO

EL PRIMER AÑO: LLORA SI NO LO ATIENDEN

El niño llora cuando quiere que se le atienda una necesidad. Si se le atiende nada más iniciar el llanto no aprenderá a esperar. Si se le deja llorar demasiado tiempo se le despertará una sensación de abandono. Por tanto:

- No hay que intentar darle alimento o cogerlo en brazos cada vez que haga un ruido. Conviene darle un tiempo. A veces los niños se calman sin necesidad de que les asistan.
- Es preciso mantener hábitos y rutinas que le den seguridad y orden. Así sabe cuándo le toca comer, bañarse o dormir. Sus actividades se hacen predecibles y eso le tranquilizará.
- Hay que buscar un tiempo de juego, caricias o cualquier actividad de placer y disfrute para el niño.

EL SEGUNDO Y EL TERCER AÑO: SE ENRABIETA ANTE LA FRUSTRACIÓN

Las manifestaciones más agresivas de enfado de los niños pequeños son las rabietas, muy comunes entre los 2 y los 3 años.

Si los padres llegan a la conclusión de que el niño manifiesta conductas agresivas porque obtiene algo a cambio —le compran juguetes por no oír sus gritos, permanecen con él hasta que se le pasa la rabieta—, deben dejar de hacerlo. Así el pequeño se percatará de que su comportamiento no tiene éxito. Este método se llama extinción y tiene que combinarse con otros, como el refuerzo positivo de las conductas adecuadas.

La extinción consiste en no atender la conducta agresiva y reforzar la adecuada cuando aparece. Esta técnica solo funciona cuando lo que el niño quiere es llamar la atención de sus padres. En estos casos se le puede dejar solo hasta comprobar si cesa la conducta inadecuada. Después se le atiende y se refuerza su nuevo comportamiento. Sin embargo, si la conducta agresiva puede acarrear consecuencias dolorosas para otras personas o ser peligrosa para el pequeño o los que le rodean, hay que intervenir.

Otros procedimientos para mitigar las conductas agresivas

Tiempo fuera. Consiste en apartar al niño de la situación de refuerzo. Por ejemplo, si insulta al padre y los hermanos le ríen la gracia, hay que sacarlo de la situación e indicarle que se mantenga durante un tiempo en un lugar determinado. El tiempo depende de la edad del niño: un minuto por año de edad es una buena medida.

Coste de respuesta. Consiste en retirarle algo que el niño considera positivo por la manifestación de una conducta agresiva. Por ejemplo, privilegios como ver la televisión antes de ir al colegio.

Los mordiscos

Uno de los comportamientos agresivos más habituales en los niños de 1 año y medio a 3 es dar mordiscos. Como es una conducta que entraña peligro, es importante corregirla cuanto antes.

Cuando un niño muerde a otro hay que colocarse enseguida entre los dos y, con una voz firme y un gesto facial que exprese enfado, decir al agresor con calma y mirándole a los ojos: «No me gusta que muerdas a otros niños». Si su lenguaje es limitado, se le puede decir:

«No se muerde». Después se le explica cómo afecta el mordisco al otro niño: «Le has hecho daño y ahora está llorando». Hay que procurar que el niño que ha sido mordido le diga al agresor que le ha hecho daño y hacer que este participe en el cuidado del agredido, por ejemplo buscando hielo o tiritas. Después hay que consolar al niño que ha recibido el mordisco, lavarle la herida con agua templada y jabón, y adoptar las precauciones normales si está sangrando. Si es un invitado, hay que contar a sus padres lo que ha sucedido.

Para evitar los mordiscos:

● Cuando el niño muestre un comportamiento cariñoso o sociable con otro niño —dar un abrazo, compartir un juguete—, es conveniente reforzarlo, diciéndole lo bueno que es portarse así con sus amigos.
● No hay que permitir los juegos que incluyan mordiscos de mentira o que parezcan un tanto bruscos y fuera de control.

En cualquier caso, la forma más eficaz de tratar este problema es entender por qué muerden los niños, lo que no significa, como ya se ha dicho, que sea un comportamiento que debamos pasar por alto. Existen varias razones que les impulsan a ello:

● Experimentan mordiendo. En este caso es preciso decirle no al niño inmediatamente y con voz firme, y darle diferentes tipos de juguetes para tocar, oler y chupar.

- Cuando les salen los dientes muerden para calmar las molestias. Conviene darles juguetes fríos para los dientes o comida fácil de masticar (pan, galletas).

- Cuando están aprendiendo a jugar con otros niños se puede intentar guiar los comportamientos bruscos —por ejemplo, enseñándoles a acariciar—, y reforzar los comportamientos sociables —como jugar por turnos con un juguete o consolar a otro niño que esté llorando—.

- Muerden para expresar enfado. Se puede expresar con palabras lo que el niño está intentando decir: «Te enfadas cuando Margarita te coge el camión» o «Quieres que te preste atención».

- A partir de los 3 años esta conducta se vuelve esporádica y termina por desaparecer. Si no ocurre así, puede indicar la existencia de otros problemas, por lo cual quizá sea conveniente buscar ayuda profesional.

A PARTIR DE LOS 4 AÑOS: COMIENZA A CONTROLARSE

Cualquiera de las intervenciones presentadas sirve para disminuir o erradicar las conductas agresivas. Cuanto mayor es el niño más capacidades adquiere y se puede sacar más partido del aprendizaje de las técnicas que se le enseñen. Por ejemplo, en las que tienen que ver con el autocontrol, como la técnica de la tortuga, cuanta más capacidad verbal tiene el niño mejor describirá lo que siente cuando se enfada (hormigueo en el estómago, enrojecimiento, aumento de la frecuencia del pulso). Estas sensaciones se convierten en la clave para aplicar la técnica sin que sus padres tengan que recordárselo. El planteamiento es el mismo: debilitar la conducta agresiva y reforzar o premiar las respuestas alternativas deseables.

5. Dificultades y cómo solucionarlas

En este apartado describimos las conductas que acompañan a la agresividad y sugerimos maneras de afrontarlas y modificarlas.

La necesidad de que el niño se sienta seguro para ser feliz tiene mucho peso en este punto. Detrás de un niño agresivo hay inseguridad. Normas y límites, consecuencias de sus actos y mucho refuerzo vuelven a ser las estrategias necesarias para que abandone las actitudes violentas y opte por comportamientos más constructivos que le ayuden a desarrollar valores como el respeto y la tolerancia. En ningún caso la información de estas páginas puede suplir los conocimientos de un profesional.

5.1. Actuaciones contra la conducta agresiva

«Mi hijo es muy nervioso y, cuando decide hacer algo, no piensa en las consecuencias y lo hace. Luego, si se lo recrimino, pide perdón y parece que se da cuenta hasta que, de repente, vuelve a meter la pata». A buen seguro muchos padres se sienten identificados con este comentario en mayor o menor medida.

Muchos niños no saben o les cuesta mucho guardar turno, no hacer comentarios inapropiados o esperar para cualquier cosa. Da la sensación de que dicen y hacen todo lo primero que se les pasa por la cabeza. Esta actitud no les deja tomar decisiones ni resolver problemas. Tienen muchos olvidos. Actúan atropelladamente, sin tener en cuenta las consecuencias de sus actos, y se ven metidos en problemas, tanto en casa como fuera. Son muy imprevisibles y no se sabe por dónde pueden salir en cada momento. Se impacientan, interrumpen y se saltan las normas. Decirles que no se convierte en un motivo de conflicto. ¿Qué se puede hacer para enseñarles a actuar de manera adecuada en estas situaciones? ¿Cómo pueden resolver sus problemas sin que su conducta genere tensión en los que les rodean o sin manifestar comportamientos agresivos?

LAS NORMAS

Al niño hay que recordarle constantemente las normas de casa y de fuera de casa. Conviene escribirlas de forma muy clara y colgarlas de la pared de su habitación, donde pueda verlas. En este caso es mejor pecar de insistentes. Se le puede pedir que repita en voz alta las normas para cada situación antes de que esta se produzca. Es bueno que el ritual de repetir se convierta en un hábito que el niño practique aunque los padres no estén delante. Muchos padres encontrarán en el listado adjunto normas que les pueden servir para establecer las de su casa. Se trata de elegir las que mejor reflejen lo que hacen sus hijos y explicarles lo que ocurrirá si se producen esos comportamientos.

PARA EVITAR CONDUCTAS AGRESIVAS
No dar patadas.
No morder.
No pegar.
No poner la zancadilla.
No romper ni estropear.
No insultar.
No hacer gestos amenazantes.
No amenazar verbalmente.

RESPETAR A LOS DEMÁS

No gritar.
No interrumpir a los otros cuando hablan.
No hacer ruidos.
No hacer el payaso: gestos, posturas raras, imitar al profesor.
No romper las cosas de los demás.

SABER ESTAR EN CASA

No saltar.
No correr por la casa.
No andar a gatas.
No dar vueltas.
No columpiarse.

PERMANECER TRANQUILO Y SENTADO

No balancearse.
No arrodillarse sobre la silla.
No ponerse en cuclillas.
No escurrirse en el asiento.

Las normas deben ser pocas y muy claras. Han de especificar la conducta que se espera del niño y las consecuencias de su incumplimiento. Conviene centrarse en una y, cuando el niño las haya interiorizado, pasar a otras. Pero hay que recordar que las normas son para todos, incluidos los padres.

EMPEZAR Y TERMINAR LAS TAREAS

Cuando un niño no quiere iniciar actividades o empieza muchas pero no las termina, suele ser porque le faltan la atención y el autocontrol necesarios. Es importante enseñarle un esquema ordenado para elaborar las tareas y ayudarlo a terminarlas con éxito. Para conseguirlo hay que fragmentarle los quehaceres proponiendo metas sencillas y cercanas. Por ejemplo, si queremos enseñarle a vestirse, habrá que empezar diciéndole que se ponga solo los calcetines.

También es preciso supervisar con frecuencia que está haciendo lo que se le ha pedido. Cuando los tiempos de atención requeridos son cortos, existen muchas más posibilidades de que lo consiga. Luego hay que ir aumentando la dificultad de la tarea, es decir, cuando lleve un tiempo poniéndose los calcetines, habrá que enseñarle a ponerse los pantalones. A continuación se repite el proceso con ponerse la camisa, abrocharse los botones y ponerse los zapatos, hasta llegar a la conducta objetivo: que se vista sin necesidad de ir prenda por prenda. El criterio para pasar a metas más complejas será el número de veces seguidas que el niño lleve a cabo con éxito las sencillas.

DARSE ÓRDENES A UNO MISMO

Al principio habrá que decirle en voz alta lo que tiene que hacer y pedirle que lo repita para, con el tiempo, solicitarle que se diga a sí mismo lo que tiene que hacer. El habla interna y las autoinstrucciones nos regulan y nos dirigen hacia nuestros objetivos. Conseguir que el niño se hable a sí mismo será una de las claves en la adquisición de control de impulsos sin necesidad de un control externo que se lo recuerde.

Muchos padres se quejan de que sus hijos funcionan adecuadamente cuando están con ellos y, sin embargo, en el momento en que desaparecen, se descontrolan. La explicación es sencilla: ejercen sobre el niño el control que necesita, pero no pueden estar presentes siempre. Así pues, tendrán que enseñarle formas de control interno como las autoinstrucciones, para que pueda regular su comportamiento en ausencia de sus padres.

Al niño se le puede hablar del futuro, de lo que se desea que consiga —«Estás aprendiendo a vestirte, como los mayores»—, pero a través de las tareas del presente —«Qué bien te pones ya los zapatos»—. Hay que ir desglosando las actividades en el aquí y el ahora, guiándole en su actuación: «Ya te pones tan bien los calcetines que mañana vas a intentarlo con los pantalones».

PREMIAR LAS CONDUCTAS ADECUADAS E IGNORAR LAS INADECUADAS

Esto es válido siempre, pero en el caso que nos ocupa se convierte casi en máxima. A los padres les costará trabajo alabar al niño porque ha puesto la mesa cuando lleva toda la tarde dejando juguetes por toda la casa, corriendo por encima de los sofás y sin hacer los deberes. Pero si se sigue la estrategia de premiar las conductas adecuadas e ignorar las inadecuadas, no hay duda de que habrá recompensa, eso sí, a medio o largo plazo. El niño sabrá qué puede y qué no puede hacer, y para entonces los padres habrán olvidado lo que les costó decirle aquella tarde: «Qué bien has puesto la mesa».

A través de esta clave el niño aprenderá que es su comportamiento, y no él, lo inadecuado. La mejor forma de que no asuma la etiqueta de malo, desobediente o pesado, y acabe actuando en consecuencia, es dirigir las críticas siempre hacia su comportamiento, y no hacia su persona. Por ejemplo: «No has terminado de recoger tu ropa sucia», en vez de: «Eres un vago».

Ante conductas que puedan suponer un peligro para el niño, como golpear un cristal, lo primero es retirarle con firmeza del lugar o retirar el objeto peligroso, y luego seguir con la actitud de no atender su comportamiento. Se debe hacer con mucha serenidad y determinación.

Por otro lado, los padres deben establecer un sistema de premios y castigos para que los comportamientos del niño no les cojan por sorpresa y les hagan reaccionar de manera emocional. Si se tiene un mal día en el trabajo o se está viviendo un periodo de mayor estrés o cansancio, se puede evitar dar una voz, regañar o castigar con demasiada dureza al niño si previamente se han establecido unas técnicas. La extinción, el tiempo fuera, el refuerzo negativo o un sistema de puntos proporcionan tranquilidad y firmeza a la hora de intervenir. Estas técnicas se describen ampliamente en los capítulos de «Premios y castigos» y «Normas y límites».

Ninguna de las técnicas que proponemos en este libro puede aplicarse de forma aislada. Si los padres se limitan a no atender lo inadecuado sin reforzar los comportamientos positivos, no conseguirán el cambio de conducta en el niño.

PEDIRLE QUE PIENSE EN VOZ ALTA

Si a un niño se le pregunta qué piensa, probablemente cuente todo un conjunto de ideas más o menos coherentes sobre uno o varios temas. Algunos son capaces de hablar en poco tiempo de tres o más temas distintos, saltando de uno a otro sin relación ni orden aparente.

Es conveniente sentarse a su lado y ordenar sus pensamientos con frases como: «Espera, no he entendido bien qué pasó», «Deja ese tema para luego, cuando termines de contarme esto», «Si empiezas por el final no entenderé lo que ha pasado». Así, contando lo que hace o lo que tiene que hacer mientras uno de sus padres modifica lo inadecuado de su relato, el niño aprende a manejar su lenguaje interno y eso le ayudará en gran medida a controlar su impulsividad.

Iniciar una tarea con muchas ganas de hacerla bien es tener ganada la primera batalla. Existen tres factores decisivos para conseguir motivar al niño:

- Tiene que saber lo que va a conseguir por concluir sus tareas. Se le puede ayudar escribiendo en una cartulina lo que tiene que hacer y lo que consigue mediante el comportamiento adecuado.
- Los padres deben cuidar su actitud al presentarle los nuevos retos. Un tono de voz efusivo y una frase de ánimo y confianza —«No me cabe la menor duda de que serás capaz de conseguir acabar el puzle»— serán suficientes para contagiar y estimular al niño.
- Se deben plantear situaciones en las que la probabilidad de éxito sea alta, y celebrar los éxitos con él.

5.2. CÓMO MEJORAR LA FORMA EN QUE EL NIÑO RESUELVE SUS PROBLEMAS

¿Por qué es tan importante la resolución de problemas? A los niños, como a los adultos, se les presentan conflictos todos los días. Los que aprenden a solucionarlos son más capaces de trabajar y jugar con otros. La habilidad para resolver situaciones difíciles también fortalece la confianza en sí mismos, la seguridad y las buenas relaciones con los demás.

Pero no se trata de que el niño resuelva sus problemas de cualquier manera, sino reduciendo la ansiedad que provoca tomar decisiones y mediante soluciones que no perjudiquen a los demás.

En la capacidad de resolver problemas existen tres variables. Puede que el niño necesite apoyo en alguna de ellas o en las tres.

Las variables son:

- Saber analizar las consecuencias de sus comportamientos en sí mismo y en los demás.
- Saber autoevaluar el comportamiento para ver hasta qué punto la solución hallada es la correcta.
- Encontrar soluciones alternativas para tener un repertorio al que recurrir en situaciones similares.

Si al niño le cuesta resolver sus problemas, los padres deben convertirse en sus guías. Tienen que pedirle que repita en voz alta el proceso que realiza un adulto cada vez que toma una decisión y la pone en práctica. A partir de ahí habrá que ir modificando aquello que impida terminar el proceso con éxito. El objetivo de los padres a largo plazo será que el niño solucione sus problemas solo.

¿Qué hacemos ante un problema?

Aunque los adultos no somos conscientes de ello porque lo tenemos interiorizado, cada vez que damos solución a algo seguimos los pasos que se describen a continuación. Hay que tener presente que este proceso es aprendido y que a algunos niños les puede costar convertirlo en hábito.

1. Pararnos a pensar cuál es el problema, recoger toda la información que tiene que ver con la situación y definir el conflicto.
2. Mediante una lluvia de ideas, dar todas las soluciones que se nos ocurran, aunque parezcan disparatadas.
3. Establecer los objetivos que se quieren alcanzar, teniendo en cuenta las consecuencias positivas.

4. Elegir una de las soluciones en función de lo acertada que parezca para alcanzar los objetivos.
5. Elaborar un plan para llevarla a cabo.
6. Pasar a la práctica.
7. Evaluar los resultados preguntándonos si se ha solucionado el problema. En caso afirmativo hay que premiarse; en caso negativo se debe revisar el proceso y empezar desde el paso 4.

Una vez que el niño ha aprendido este proceso, es capaz de medir las consecuencias positivas de solucionar sus problemas. Además, practicar la técnica de solución de problemas le llevará a hacerlo de forma automática. Si el niño presenta dificultades en este ámbito, se recomienda pedir ayuda a un profesional. Él será quien valore la gravedad del programa y proponga las medidas necesarias.

TÉCNICA DEL OSO ARTURO

Esta técnica de solución de problemas se utiliza con niños desde edades muy tempranas. Solo es necesario que sepan expresarse verbalmente con cierta fluidez. El oso Arturo presenta en cuatro pasos, representados con dibujos, la manera de solucionar los problemas. También se puede utilizar el personaje preferido de dibujos animados del niño, su héroe o su peluche favorito, y dibujarlo en las cuatro actitudes en que aparece el oso Arturo.

Lo primero es saber cuál es el problema que se le plantea al oso Arturo, qué es lo que quiere cambiar o solucionar. Es decir, hay que orientar la atención del niño hacia la definición del problema.

Tengo un problema

Para ello es preciso observar y reunir información acerca de la situación. Si los padres se toman unos minutos para observar la situación, podrán evaluar si su hijo es capaz de resolver el problema por sí mismo o sencillamente detectar dónde está la mayor dificultad del proceso para el pequeño, y averiguarán las maneras de ayudarlo. Haciendo preguntas acerca de la situación podrán guiarlo en la identificación del problema. Hay que tener paciencia, ya que lleva tiempo implicar a los niños en el proceso.

¿Cómo solucionarlo?

Una vez el niño es consciente del problema, se le pedirá que proponga todas las soluciones que se le ocurran. En este paso cualquier sugerencia es válida.

No se debe juzgar si es disparatada o no: se trata de sus soluciones. Disponer de distintas alternativas aumenta la cantidad de tiempo que ocupará en la tarea y le permite enfrentarse a la frustración en caso de que la primera opción fracase. Para que elija una solución hay que preguntarle cuál de las propuestas le gusta más y por qué. Es muy importante no imponer ninguna: el niño tiene derecho a equivocarse en su elección. Los padres no deben olvidar que son meros guías en el aprendizaje de este proceso, no un manual de instrucciones para dar con la solución perfecta. Se pueden escribir en un papel las opciones que el niño ha contemplado y señalar la que ha elegido.

Las primeras veces, y si el niño lo pide, se le puede ayudar a proponer soluciones y a elegir entre ellas. Los niños menores de 5 años con frecuencia responden positivamente con solo dos alternativas. Los mayores de 5 años pueden contemplar más posibilidades.

El éxito depende de:

> - El tiempo que dediquen los niños a discutir y concentrarse en un problema. A menor edad, menor tiempo de atención (un minuto por año, aproximadamente).
> - Hasta qué punto sean capaces de seguir una conversación.
> - En qué punto se encuentran del desarrollo del lenguaje, la atención y la memoria.
> - Su grado de paciencia.

Una vez que el niño ha seleccionado una solución que le parece aceptable, tiene que contestar a la pregunta que hace el oso Arturo: «¿Cómo puedo hacerlo?». Es decir, debe establecer un plan, una estrategia, y definir los pasos necesarios para llevar a cabo la solución elegida con éxito.

Estoy poniendo en práctica mi plan

A continuación el niño tiene que poner en marcha su plan sin saltarse ningún paso. Se le pedirá que explique en voz alta lo que va haciendo. En este paso hay que conseguir que el niño se dé cuenta de que está aplicando el plan elegido. Los padres deben asegurarse de que cumpla los pasos propuestos sin saltarse ninguno. Cuando un niño pone en práctica su propia solución, está haciéndose cargo del problema.

¿Cómo lo he hecho?

Por último el niño tiene que aprender a evaluar cómo ha hecho la tarea. Si la respuesta se reduce a bien, mal o regular, se le debe preguntar el porqué. No hay que dejar que atribuya sus éxitos a agentes externos como la casualidad o la suerte. Tiene que entender que él ha sido el protagonista de todo el proceso, y su actuación y su esfuerzo son los factores que le han reportado el éxito. En caso de no conseguir el resultado esperado debemos evaluar el proceso y ver dónde se ha equivocado el niño, si ha sido al elegir la posible solución o al ejecutar el plan para llevarla a cabo. Localizado el error, iniciaríamos desde ese punto el trabajo con el pequeño.

Es importante colocar las láminas en un sitio visible de la habitación del niño e instarle a que utilice al oso Arturo cada vez que se le presente un problema. Antes de decidirse a utilizar esta técnica hay que tener en cuenta que la resolución de problemas lleva tiempo, paciencia, energía y habilidad. El éxito depende del compromiso de los padres y el esfuerzo se verá recompensado cuando el niño adquiera la habilidad para resolver los problemas. Aumentará la confianza en sus capacidades y se hará más responsable de las consecuencias que traen sus decisiones para los demás y para él mismo.

ALTERNATIVAS PARA LA SOLUCIÓN DE PROBLEMAS

¿Qué pueden hacer los padres cuando no hay tiempo suficiente para aplicar el proceso de solución de problemas? Aquí tienen algunas sugerencias:

- Convertirse en modelos, es decir, demostrar a su hijo cómo resolverían ciertos problemas. Por ejemplo, cuando el papel se rompe, se puede pegar con cinta adhesiva. Los niños aprenden cuando observan a otros solucionar problemas.
- Ofrecer opciones que ayuden al niño a tomar decisiones y resolver sus propios problemas. Deben

ser opciones viables y sencillas: «¿Para vestirte, prefieres empezar por los calcetines o por la camisa?».

- Guiar sus conductas haciendo preguntas con una actitud firme. Por ejemplo, si en media hora hay que salir de casa y el niño ha esparcido sus juguetes por toda la casa, se le puede preguntar: «¿Has empezado ya a recoger los juguetes? ¿Por qué vas a la cocina? Ve a tu cuarto y empieza por las piezas del mecano». Y después: «¿Has terminado con los juguetes de tu habitación? ¿Sigues con los del salón o con los del baño?». Es una alternativa útil para cuando hay prisa o los niños están cansados, pero requiere la presencia de, al menos, uno de los padres.

6. Casos prácticos

6.1. Raúl y su comportamiento en clase

Raúl, de 7 años, siempre andaba metido en todos los problemas que surgían en clase. Cuando había peleas, golpes, insultos o cosas rotas, allí estaba Raúl. Su maestra y sus padres a veces pensaban que disfrutaba cuando se le castigaba y regañaba. En estos casos, muy frecuentes, su actitud era la de quien recibe un premio. Además, los otros niños lo miraban y se reían, con lo que Raúl se sentía bien en su papel de payaso del grupo. No servía de nada gritarle o dejarlo sin recreo. La maestra y los padres de Raúl estaban desesperados.

Era evidente que para el niño la conducta disruptiva estaba totalmente reforzada por la atención que recibía por parte de sus compañeros y de la maestra. El simple hecho de que ella lo mirara se convertía en una señal que activaba a Raúl. Sabiendo esto, ¿cuál era la mejor manera de actuar?

El primer paso fue que Raúl aprendiera que determinados comportamientos no tendrían ningún tipo de premio. Para un adulto puede parecer raro el que una regañina de la maestra pueda considerarse un premio, pero es posible si lo que percibe el niño es su atención —que representa la autoridad dentro del aula— y la de los demás niños.

En el caso de Raúl, la extinción parecía una técnica muy adecuada, de forma que la maestra empezó a ignorar los comportamientos no deseados de Raúl. Con ello desaparecía el incentivo, y las dificultades fueron disminuyendo en frecuencia hasta desaparecer.

Para llegar a obtener estos resultados, los padres y la profesora tuvieron que anotar los comportamientos en los que podían aplicar la extinción —los que no eran peligrosos o el niño ponía en práctica delante del grupo— y aprender cómo reaccionar a ellos: no mirar al niño, darse la vuelta o ponerse a hacer otra cosa. Cada vez que Raúl desistía de una conducta inadecuada recibía atenciones en forma de sonrisas, miradas o frases del tipo: «Me encanta cuando estás tranquilo». Al comenzar la aplicación de la técnica, el niño empezó a portarse mucho peor, porque no entendía que no se le hiciera caso. En clase incrementó el número de payasadas, se levantaba con más frecuencia, hablaba más. Tanto los padres de Raúl como su maestra tuvieron mucha paciencia durante los primeros días. Si Raúl intentaba llamar la atención con rabietas, rompiendo cosas o insultando, se le decía que parase; si no hacía caso, se le llevaba a un lugar aislado hasta que se tranquilizara.

La técnica del aislamiento solo es útil para detener conductas agresivas y en situaciones violentas. Es más eficaz si se aplica inmediatamente después del comportamiento negativo. Se puede utilizar con niños de 2 a 10 años. El sitio en el que se aísla al niño debe ser aburrido.

¿Cómo se aplica?

1. Primero se le advierte al niño de que si opta por la conducta negativa, irá al lugar de aislamiento.

2. El niño debe saber el tiempo que permanecerá aislado: aproximadamente un minuto por año de edad. Para mayores de 6 años, con 5 minutos es suficiente, para evitar que se habitúen y la técnica pierda efectividad.

3. Si el niño opta por el comportamiento inadecuado, simplemente se le manda al lugar de aislamiento; no hacen falta argumentos.

4. Si no quiere ir, se incrementa un minuto de aislamiento por cada minuto que se demore o se le quita algún privilegio. Una vez que termine el aislamiento, se intentará premiar lo antes posible cualquier conducta positiva del niño.

5. Una parte fundamental del proceso con Raúl fue reforzar cualquier conducta positiva que manifestara. Debía hacerse inmediatamente, de forma que el pequeño obtuviera atención por comportarse de la manera correcta y ningún caso por la incorrecta. En poco tiempo Raúl empezó a provocar muchas menos situaciones de tensión en clase y a procurar que se le atendieran las conductas positivas o de colaboración con sus compañeros.

6.2. RODRIGO Y LAS PALABROTAS

Rodrigo tiene 3 años. Un día su padre, en plena rabieta, se dirigió a él diciendo: «¡Coño, ya está bien de tanto gritar!». Pasados unos días, en una comida familiar, Rodrigo pidió insistentemente más patatas fritas y, cuando nadie le hizo caso, se dirigió a su madre y le dijo: «Coño, ya está bien, quiero patatas». A todos les pareció tan graciosa la salida que se rieron a carcajadas.

A partir de entonces Rodrigo empezó a utilizar la misma expresión cada vez que quería algo y no se le escuchaba o se le decía que no. Sus padres se enfadaban con él, pero no conseguían que dejara de hacerlo. Todo lo contrario: las regañinas parecían impulsar al pequeño a repetir su conducta.

Rodrigo había aprendido que existían ciertas palabras que alteraban a sus padres. Algunas veces recibía castigos por decirlas; otras veces —en especial delante de otros familiares— provocaban risas e incluso le pedían que las repitiera. Para un niño, saber que puede hacer algo que atrae la atención de los adultos es motivo suficiente para repetirlo hasta la saciedad.

Fue precisamente esta consecuencia la que tuvieron que anular sus padres. Para lograrlo utilizaron la técnica de la extinción, consistente en no atender el comportamiento negativo del niño. En este caso, decidieron ignorar a Rodrigo cada vez que decía palabrotas.

Para empezar tuvieron que explicarles a los abuelos, familiares cercanos y vecinos en qué consistía la técnica y cuál era la actitud que debían adoptar cuando el pequeño manifestara el comportamiento no deseado: mostrar indiferencia, como si el niño no hubiera dicho nada, aunque a veces resultara difícil.

Durante los primeros días la conducta de Rodrigo fue a más: hablaba peor que nunca y gritaba más para que todo el mundo pudiera escucharle. Los padres pensaron que estaban haciendo algo mal, pero al poco tiempo comprobaron que el comportamiento empezaba a remitir. Rodrigo, al ver que sus palabrotas ya no tenían ningún efecto en los adultos de su entorno, dejó de decirlas. Ya no era divertido porque no servía para que sus padres le atendieran. ¿Para qué seguir utilizándolas? La indiferencia de todos hacia su comportamiento terminó por hacerlo desaparecer.

Si hay algo que interfiere en la buena marcha de la dinámica familiar es precisamente no saber qué hacer para controlar los comportamientos disruptivos del niño. Muchos padres tienen la sensación de que la situación se les va de las manos. Es importante saber si se trata de un problema relacionado con la propia evolución natural del niño, que no entraña graves consecuencias si se afronta con las técnicas descritas, o si la situación de descontrol se mantiene en el tiempo e incluso se agrava, lo cual hace necesaria la intervención de un profesional.

Cuando los padres entienden el objetivo y ponen en práctica de forma sistemática las estrategias propuestas en este capítulo, pueden prevenir la aparición de comportamientos agresivos y establecer con el niño una relación positiva en la que ellos le sirven de modelo y guía. Con el tiempo verán cómo disminuyen aquellos comportamientos que interfieren tanto en la relación del niño con los demás como en la que mantiene con sus padres.

Si se trabaja de forma metódica, el niño:

- Se mostrará más tolerante cuando las cosas no salgan como él quiere y será más capaz de superar frustraciones y esperar para ser recompensado. Abandonará esa conducta exigente de esperar que los demás hagan cosas por él de manera inmediata.
- Estará más capacitado para manejar el estrés que generan los conflictos cotidianos. Los afrontará con la tranquilidad de saber que tienen solución.
- Aprenderá a identificar sus problemas y manejará técnicas para solucionarlos. Saber qué hacer cuando algo no va bien ayudará a que el niño se sienta menos ansioso, adquiera control sobre su entorno, recurra menos a la agresividad y genere soluciones

a sus problemas. Aprenderá a acatar las normas, lo cual le dará una sensación de control y seguridad que tendrá un efecto directo en su estabilidad.

- Sabrá qué es el enfado, cómo liberar la ira, qué le hace enfadarse consigo mismo o con los demás, qué señales le envía su propio cuerpo para saber que se encuentra en ese estado y qué cosas debe evitar, sobre todo cuando repercuten en los demás. También sabrá qué hacer si los demás se enfadan y cómo actuar para reducir la propia ira cuando aparece.

- Dispondrá de técnicas para relajarse cuando lo necesite y así evitar conflictos con los demás.

- Siempre que necesite regular su propio comportamiento lo conseguirá a través del uso de autoinstrucciones que dirijan su conducta sin necesitar un control externo que vigile su comportamiento.

Como consecuencia de todo ello, el niño será más feliz y tendrá menos problemas fuera y dentro de casa. Esto ayudará a mantener un buen ambiente familiar y un mejor clima afectivo.

Capítulo VII

Premios y castigos

Los comportamientos se repiten o no en función de las consecuencias que tienen. Las consecuencias son mucho más que premios o castigos, y esto es lo que nos proponemos explicar a lo largo de este capítulo.

En términos generales se trata de reforzar en nuestros hijos las conductas que queremos que se repitan y no atender aquellas que pretendemos suprimir o disminuir. Esto se puede hacer de varias formas: mediante sistemas de puntos, elogios y alabanzas, castigos eficaces, retirada del niño de situaciones agradables, etcétera.

Existen muchas técnicas que, aplicadas de forma sistemática y global, consiguen que el pequeño aprenda nuevos comportamientos que sustituyan los inadecuados, de manera que estos disminuyan o desaparezcan.

Un niño no nace sabiendo qué puede hacer y qué no, qué acción es la acertada en cada situación o qué repercusiones tiene su comportamiento en los demás. Los padres son los encargados de que lo aprenda, haciéndole ver las consecuencias que siguen a su conducta; de este modo asimilará un esquema estable de comportamiento. Asimismo, los padres descubrirán lo importante que es la atención que prestan a su hijo a la hora de modificar su conducta.

Aprender que las conductas tienen consecuencias es clave para desarrollar capacidades como el autocontrol, la tolerancia a la frustración o el aplazamiento de la gratificación. Todas ellas son capacidades necesarias para que el niño aprenda a canalizar la ansiedad o la agresividad.

1. ¿QUÉ SON LOS PREMIOS Y LOS CASTIGOS?

Llamamos premios y castigos a las consecuencias que siguen a los comportamientos y que determinan que, en una situación parecida, estos se repitan o no. Los padres dedican mucho tiempo a tratar de fomentar o limitar ciertos comportamientos de sus hijos: recoger los juguetes, no pegar a otros niños, comer o dejar de llorar cuando quieren algo... La clave para conseguirlo está en las consecuencias. Un simple beso tras recoger los juguetes —una experiencia positiva para él— es un premio, un reforzador que aumenta las probabilidades de que vuelva a recogerlos al día siguiente. Si no los recoge, quizá haya que aplicar un castigo, es decir, que la experiencia que siga a su resistencia sea negativa para él.

1.1. Premiar y castigar

El binomio premio-castigo está presente en muchas circunstancias de la vida de forma natural. Por ejemplo, quemarnos con la comida nos enseña a comprobar la temperatura antes de ingerir un bocado. Esta es una de las formas más eficaces de aprender, pero hay otras.

La clave para enseñar a los niños estriba, en la mayoría de los casos, en el uso que se hace de los premios y castigos. En este capítulo mostramos distintas técnicas útiles para reforzar o extinguir conductas.

Antes de empezar hay que tener en cuenta tres aspectos:

- Es imprescindible aplicar todas las técnicas en conjunto para que funcionen.
- Un premio es algo que resulta gratificante para quien lo recibe.
- Un castigo solo puede considerarse como tal cuando quien lo sufre lo vive como algo negativo.

Uno de los errores más frecuentes cuando se aplica un castigo es dar por supuesto que es desagradable para el niño. Si se le manda a su habitación como castigo, lo más probable es que acabe jugando con sus cosas y lo pase en grande sin asociar ninguna consecuencia negativa a su comportamiento.

Si, por el contrario, se le sienta durante unos minutos en el pasillo, donde no hay posibilidad de entretenerse con nada, vivirá ese tiempo como una consecuencia negativa de su comportamiento.

Es importante observar qué considera el niño un premio y qué le parece desagradable; incluso se puede hacer una lista con lo que le gusta y le disgusta para determinar los premios y castigos más eficaces.

Una vez terminada la lista, se puede establecer un sistema de consecuencias: lo que le gusta será consecuencia de los comportamientos positivos, y lo que no le gusta de los negativos. Este sistema, aplicado con constancia, modificará sus comportamientos.

1.2. EL COMPORTAMIENTO HUMANO

Si lo que se pretende es modificar la conducta del niño, hay que empezar definiendo las áreas que componen el comportamiento humano: fisiológica, cognitiva y motora. Todas ellas son respuestas ante una situación, una persona o un objeto con los que establecemos algún tipo de relación.

Las tres áreas están relacionadas entre sí, de manera que cualquier modificación en una de ellas influirá en las otras.

Veamos un ejemplo de cada respuesta:

- *Respuesta fisiológica* (sentimiento): al niño le duele el estómago cuando se pone nervioso.
- *Respuesta cognitiva* (pensamiento): el niño se define a sí mismo como malo.
- *Respuesta motora* (acción): lanza objetos cuando se enfada.

Casi todos los sentimientos, pensamientos y comportamientos son aprendidos, lo que significa que es posible aprender otros nuevos y más adecuados. En el caso de los niños debemos centrarnos en modificar la respuesta motora, porque cómo manejemos sus consecuencias inmediatas provocará cambios no solo en lo que hacen, sino también en lo que sienten y piensan.

Por ejemplo, si premiamos a nuestro hijo cuando se viste sin ayuda con una alabanza del tipo: «Qué mayor eres, cómo me gusta cuando haces las cosas tú solo», es muy probable que en la siguiente ocasión vuelva a vestirse solo y, además, que se sienta capaz de realizar acciones nuevas y piense lo bien que hace otras tareas.

A través de la experiencia, el niño aprende a actuar de determinada manera y a repetir sus actuaciones en situaciones parecidas hasta incluirlas en su repertorio de conductas. Por ejemplo, cuando un niño ve cómo su padre se lava los dientes, puede repetir la acción por sí solo.

Aprender comportamientos adecuados y manifestarlos de modo habitual sirve para solucionar problemas y adaptarse al medio.

El objetivo es tener pensamientos positivos que generen emociones también positivas para actuar en la forma adecuada.

1.3. Antes y después de la conducta

Cualquier conducta viene precedida de unos antecedentes y seguida de unas consecuencias. Se puede aprender a identificar los antecedentes y las consecuencias e intervenir sobre ambos para influir en la probabilidad de que se repita la conducta.

Comparemos las dos situaciones siguientes

ANTECEDENTE	CONDUCTA	CONSECUENCIA
Le digo veinte veces que recoja y no hace caso a la orden.	Le grito.	Recoge y aprende que hasta que no se le grita no hay que obedecer.
Me agacho para ponerme a su altura, hago que me atienda mirándome, le digo que recoja y empiezo a hacerlo con él. Luego dejo que termine él solo.	Recoge su habitación.	Le doy un beso y le digo lo que me gusta cuando recoge sus cosas. Probablemente la próxima vez recogerá.

Los antecedentes de la conducta nos dan pistas sobre cómo actuar. Por ejemplo, María tarda mucho en cenar y sus padres pasan con ella cerca de una hora haciéndole cucamonas, sin darse cuenta de que así refuerzan el comportamiento de la niña. Es preciso observar la conducta sobre la que se desea actuar y preguntarse qué ocurre antes de que esta se dé. En el caso de María, sus padres entran en casa y, casi inmediatamente, se ponen a hacer la cena. Después de cenar acuestan a la niña. Es decir, la pequeña no disfruta de más tiempo de atención por parte de sus padres que lo que dura la cena.

También es necesario preguntarse qué ocurre después de la conducta, cuáles son las consecuencias. Si al niño se le presta atención (aunque sea para reñirle) cuando llora, tira cosas, pega o grita, se refuerza su conducta, aunque la intención sea la contraria. El pequeño acapara la atención de sus padres, y eso para él ya es premio suficiente. De la misma manera, si se da por hecho que lo adecuado es que recoja el cuarto o coma solo y no se le reconoce con unas palabras o una caricia, probablemente deje de hacerlo. Las consecuencias que siguen a la conducta hacen que esta se repita o no.

Veamos un cuadro resumen de los conceptos vistos hasta ahora:

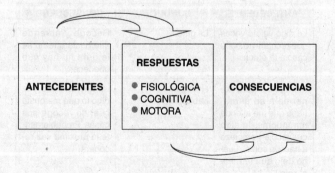

1.4. LAS ETIQUETAS

Las etiquetas deben evitarse porque suponen calificar al niño y no su comportamiento. Es demasiado frecuente etiquetar a los críos con frases del tipo: «Este niño es imposible», «Es timidísimo» o «No hay quien pueda con él». Por desgracia, el niño al que se le pone una etiqueta hará lo imposible por responder al papel que se le ha asignado y actuará en consecuencia.

Por ejemplo, si una niña se niega repetidamente a recoger su habitación, se le puede pedir de dos maneras:

1. «Nuria, nunca me haces caso, eres una desobediente».
2. «Nuria, recoge tu habitación, ya te lo he dicho dos veces y me estoy enfadando».

En el primer caso, a Nuria no se le dice qué tiene que hacer; simplemente se hace una afirmación que confirma una etiqueta. Lo más probable es que la niña siga sin hacer caso mientras no le digan qué se espera de ella. Todo lo que sabe es que así tiene la atención de su padre.

En el segundo caso se especifica la conducta que se espera de Nuria y se le explican las consecuencias que su comportamiento provoca en el padre. Lo más probable es que la niña recoja, puesto que se le dice qué aspecto de su comportamiento tiene que cambiar sin acudir a adjetivos calificativos.

Una vez descrita con precisión la conducta que debe llevar a cabo, habrá que:

- Establecer el cómo y el cuándo: Nuria tiene que recoger todos los días los juguetes de su habitación antes de bajar al parque.

- Trazar un plan de modificación de conductas concretas: se le pedirá una vez y se esperará a que lo lleve a cabo; por supuesto, cuando recoja habrá que reconocérselo y reforzárselo.

Suele ocurrir que un niño al que se etiqueta de malo acaba esforzándose por portarse mal, puesto que hacer las cosas de la manera adecuada no le reporta ningún beneficio y de la otra manera consigue atención. Es como si al oír frases del tipo: «Eres un desobediente, no puedo ir a ningún lado contigo porque te portas fatal», aprendiese que tiene que responder a las expectativas de los demás para que se le haga caso, ya que sus comportamientos adecuados pasan inadvertidos. Estos niños alardean de ser los peores de sus casas cuando se les pide que se definan, y suelen mantener los mismos comportamientos en otros ámbitos, como el colegio.

Es fundamental describir los comportamientos del niño, nunca calificarlo como persona. Un truco para evitar las etiquetas es sustituir «eres» por «has hecho».

Algunas etiquetas desafortunadas:

- «Solo sabes meter la pata, no das ni una».
- «Eres inmanejable, no hay quien pueda contigo».
- «Todo te sale mal».
- «No puedo más, no hay quien te aguante».
- «Hijo mío, ¿no te puedes portar bien?».
- «¡Cómo se nota que no te conocen!; si te vieran a todas horas...».
- «No se puede ser peor».

1.5. DEFINIR UNA CONDUCTA

Consiste en observar qué hace el niño en distintas situaciones y anotarlo. Es lo primero que debemos hacer cuando deseamos que modifique alguna conducta; de esta forma evitaremos las etiquetas. Por ejemplo, el pequeño se queja de dolor de tripa a la hora de ir al colegio, grita cuando se apaga el televisor o se levanta por la noche y se va a la cama de los padres.

A continuación hay que anotar las observaciones en función de tres parámetros:

- *Intensidad:* cuánto le duele la tripa, cuánto grita, qué tiempo pasa en la cama de los padres.
- *Frecuencia:* ¿Le duele la tripa todas las mañanas? ¿Cuántas veces grita a lo largo del día? ¿Cuántas veces va a la cama de los padres cada noche?
- *Duración:* tiempo que transcurre desde el comienzo del comportamiento hasta el final.

Conviene recoger datos durante, al menos, una semana. Se recomienda, siempre que sea posible, que padre y madre participen por igual, con el fin de unificar criterios acerca de los comportamientos del niño

El cuadro adjunto puede ser de gran ayuda. En él se refleja un caso real.

Conducta: le duele la tripa a la hora de ir al colegio

MOMENTO DEL DÍA		FRECUENCIA (número de veces)	INTENSIDAD (del 1 al 10)	DURACIÓN (tiempo en minutos)
VIERNES	8.20, al salir de casa para ir al colegio	1	9	20 (el camino al colegio)
	12.30, al salir del colegio para ir a casa	2	5-7	5-10
	13.20, al salir de casa para ir al colegio	1	8	20 (el camino al colegio)
JUEVES	8.00, cuando se va la madre	1	8	10 (hasta que se va la madre)
MIÉRCOLES	8.20, al salir de casa para ir al colegio	1	9	20 (el camino al colegio)
	12.30, al salir del colegio para ir a casa	2	5-7	5-10
	13.20, al salir de casa para ir al colegio	1	8	8
MARTES	8.20, al salir de casa para ir al colegio	1	9	20 (el camino al colegio)
	12.30, al salir del colegio para ir a casa	2	5-7	5
	13.20, al salir de casa para ir al colegio	1	8	20 (el camino al colegio)
LUNES	8.00, cuando se va la madre	1	8	10 (hasta que se va la madre)

Al niño protagonista de este ejemplo le duele la tripa con más intensidad por la mañana, al salir hacia el colegio, y cesa cuando se le deja allí, hasta que su madre le recoge para ir a comer. En el camino a casa vuelve el dolor, pero con menos intensidad, y se incrementa a la hora de regresar al colegio. Curiosamente, baja en frecuencia e intensidad los martes y los viernes, cuando al niño lo recoge y lo lleva una empleada. El dolor no se manifiesta los fines de semana.

Una vez que el pediatra ha descartado cualquier problema orgánico, se puede deducir que los dolores de tripa son, en realidad, llamadas de atención a la madre. A partir de aquí habrá que plantearse la intervención.

Podemos hacer lo mismo con cada una de las conductas que queramos modificar. Pero no hay que caer en el error de seleccionar y centrarse en las actuaciones negativas de los niños. Esto impide observar y valorar las conductas positivas, con lo cual se corre el riesgo de que el pequeño no las repita.

La forma más eficaz de conseguir comportamientos adecuados en el niño es reforzar sus conductas positivas e ignorar las negativas, siempre que sea posible.

2. LA IMPORTANCIA DE LOS PREMIOS Y LOS CASTIGOS

Los adultos tenemos un esquema de comportamiento más o menos estable. Este esquema es aprendido y la repetición de las actuaciones está directamente relacionada con sus consecuencias.

Los premios y castigos son las herramientas que utilizamos cuando establecemos un sistema de consecuencias para modificar los comportamientos que queremos fomentar o eliminar del repertorio de nuestros hijos. Las consecuencias tienen por objetivo disminuir las conductas inadecuadas y reforzar las adecuadas.

2.1. El control de la conducta

Lo que se haga ante las respuestas del niño irá generándole su propio esquema estable de comportamiento. Así, si el niño llora cada vez que quiere conseguir algo de sus padres y ellos se lo conceden, aprenderá que llorar es eficaz para obtener beneficios y lo utilizará siempre que se le niegue algo.

Si se sigue cediendo a sus caprichos, incorporará este comportamiento para obtener lo que desea. Si, por el contrario, se ignora el llanto o no se atiende su petición mientras no adopte una actitud más adecuada, aprenderá que llorar para conseguir lo que quiere no es útil y sí lo son conductas como pedir las cosas por favor, no gritar, recoger sus juguetes, etcétera.

Las conductas del niño deben ser guiadas con normas y límites y reguladas mediante consecuencias hasta que él adquiera capacidad de autocontrol. Este proceso no se puede llevar a cabo si el pequeño no experimenta las consecuencias de su comportamiento y no entiende las reacciones que su conducta provoca en los demás. De esta manera aprenderá que las cosas no siempre son como uno quiere, es decir, desarrollará la capacidad de la tolerancia a la frustración. Dicha capacidad es el mejor aprendizaje que adquiere para controlar no solo su comportamiento en general, sino también la ansiedad y, muy en especial, la agresividad.

Los niños no vienen al mundo con un sentido de la disciplina innato. Para entender cómo deben actuar necesitan aprender lo que pueden hacer y lo que no, y son los adultos quienes deben enseñárselo. La manera más eficaz es mostrarles las consecuencias —tanto positivas como negativas— de cada conducta. Y el secreto es la constancia.

2.2. EL PORQUÉ DE LAS CONSECUENCIAS

- Si no experimentamos las consecuencias de nuestras acciones, nos convertimos en tiranos, damos por hecho que los demás deben estar a nuestra disposición cuando lo deseemos.
- Que un niño repita o no un comportamiento depende de que experimente sus consecuencias. Hay que enseñarle a tolerarlas planteándole situaciones en las que no siempre consiga lo que quiere.
- Un pequeño que no obtiene siempre lo que desea desarrollará una tolerancia a la frustración, algo que, de mayor, le será de mucha utilidad para enfrentarse a las situaciones en que las cosas no salen como se planean.
- El niño necesita que los padres le enseñen lo que debe y no debe hacer, ya que no nace sabiéndolo.
- Es preciso generar en casa un sistema de premios y castigos que muestre a nuestro hijo las consecuencias de cada conducta, y aplicarlo con constancia.

3. LO QUE SE ESPERA QUE HAGA TU HIJO SEGÚN LA EDAD

A partir de los 6 meses los niños son capaces de distinguir cuándo sus padres se ponen contentos por alguna de sus conductas y cuándo sienten desagrado. Aunque no sepan lo que les dicen, entienden a la primera el tono de voz que utilizan. Esto da una idea de lo pronto que aparecen las consecuencias en la vida de una persona.

Aplicar consecuencias de forma coherente, teniendo en cuenta la edad y características del niño, conduce a que nuestro hijo, poco a poco, vaya haciéndose responsable de su comportamiento.

3.1. Criterios para elegir los premios y castigos

A la hora de decidir qué consecuencias aplicar hay que tener en cuenta tres criterios:

- Los premios y castigos han de ser proporcionales a las conductas. Castigar a un niño de 3 años a no ir al parque en una semana porque ha pegado a otro niño parece un tanto desproporcionado. El pequeño no recordará al segundo día por qué está castigado y el castigo no tendrá efecto en la conducta que se desea modificar.
- Lo que para un niño supone un refuerzo a su actitud, para otro puede no tener connotaciones de premio.
- Hay que tener en cuenta las características propias de cada uno. Es preciso observar a nuestro hijo para saber cómo utilizar los premios y castigos en función de sus capacidades, y sobre todo asegurarse de que entiende lo que se le dice.

La edad del niño marca la adquisición de capacidades. Si conocemos las etapas de desarrollo de nuestro hijo, tendremos pistas de lo que puede representar un premio o un castigo proporcionado y justo para él. Las siguientes tablas ofrecen datos aproximados sobre la adquisición de capacidades.

	Comprensión	Expresión
1 año	Tomar y dar. Adiós. Prohibido. ¡Bravo!	5 palabras.
15 meses	Sabe quiénes son sus hermanos. Reconoce el nombre de objetos diversos.	Vocablos propios y poco inteligibles para los demás.
18 meses	Entiende órdenes cortas como recoger, buscar, cerrar, sentarse o ponerse de pie.	10-12 palabras. Nombra imágenes.
24 meses	Entiende historias y cuentos. Conoce las partes del cuerpo y entiende la orden de vestirse solo.	Cien palabras. Primeras frases. Dice «no» y «yo solo».
30 meses	Reconoce el nombre de los objetos usuales. Entiende órdenes simples como «Ven a comer», «recoge tus juguetes» o «trae tu pijama». Distingue vestimentas: el babi, el pantalón, el bañador, el pijama, los calcetines.	Palabras con artículos. Verbos. Uso incorrecto de los tiempos verbales.
3 años	Colores Dónde, por qué. Arriba y abajo. Grande y pequeño.	Dice su sexo. Tiempos verbales.
4 años	Ayer y mañana Igual y diferente. Cómo. Cuándo (duración).	Dice su nombre, edad. Construye frases.
6 años	Orden lógico. Colores, espesores, dimensiones.	Sabe su dirección y su número de teléfono. Vocabulario extenso, lenguaje correcto.

La autonomía: qué es capaz de hacer el niño según su edad

1 año	Es capaz de identificar su plato, su abrigo, sus zapatos...
15 meses	Imita mediante gestos acciones como peinarse o vestirse. Bebe solo del vaso, garabatea, muestra con el dedo lo que hace.
18 meses	Participa al ser vestido, pasa páginas de los libros, come solo (aún no sabe usar los cubiertos con destreza), se busca en el espejo.
21 meses	Abre la puerta, enciende la luz, empieza a trepar.
24 meses	Da patadas al balón, se quita los zapatos.
30 meses	Participa activamente en la acción de vestirse, utiliza el tenedor.
3 años	Se desviste con ayuda y comienza a vestirse, desabotona (botones grandes), desata los cordones de los zapatos, se lava las manos, viste a los muñecos, come bien solo.
4 años	Se lava la cara, vuelca objetos, comienza a anudar los cordones de los zapatos.
5 años	Es autónomo en el cuarto de baño, puede aprender a anudar los cordones de los zapatos, se peina, bebe con pajita.
6 años	Abotona todo tipo de botones, puede lavarse solo, corta la carne.
7 años	Hace recados simples, abre con llave, telefonea.

La motricidad: los movimientos que puede realizar el niño según la edad

1 año	Camina (primero agarrado a una mano).
15 meses	Sube un escalón con ayuda (o a gatas él solo), juega agachado.
18 meses	Sube escaleras con ayuda, se sienta solo.
21 meses	Trepa (por un tobogán).

24 meses	Monta en triciclo, salta sobre los dos pies, sube y baja las escaleras sin ayuda.
30 meses	Corre erguido, transporta objetos voluminosos.
3 años	Sube escaleras, pedalea bien, sube y baja del coche.
4 años	Se sostiene a la pata coja, monta en bicicleta con ruedas laterales.
6 años	Salta con los pies juntos.
7 años	Es capaz de dar con la pelota en el blanco.

4. Prueba a hacerlo tú

En este punto describimos las intervenciones que hacen que se repita una conducta o, por el contrario, que disminuya o desaparezca. Estas intervenciones, aplicadas en conjunto y de manera sistemática, consiguen que el comportamiento del niño cambie.

Poniendo en práctica las estrategias que se ofrecen a continuación se puede reducir la conducta indeseada y desarrollar una conducta alternativa adecuada.

Los niños y los adultos siguen el mismo proceso: abandonar las conductas que no han solucionado los conflictos y probar otras distintas. Como es lógico, el niño debe estar guiado por los padres.

4.1. Controlar los disparadores del conflicto

Muchas veces nos ahorraríamos conflictos si nos fijáramos en lo que ocurre alrededor de la situación en la que el niño practica una conducta inadecuada.

Por ejemplo, si no deseamos que nuestro hijo pique entre horas, con no dejarle a mano productos que le gustan evitamos una rabieta cada vez que los ve y los pide. Basta con guardarlos en un armario o simplemente dejar de comprarlos durante un tiempo.

Se trata de aplicar la misma medida que mueve a tapar los enchufes de la casa o cubrir los muebles que tienen picos: prevenir antes que curar, adelantarse al conflicto.

A esto lo llamamos «control estimular» y consiste en estar pendientes de todo aquello que suponemos que puede ser detonante de un conflicto (estímulo) para retirarlo antes de que lo provoque.

El control estimular, por tanto, se refiere a aquellas circunstancias externas al niño que afectan directamente a su conducta y que, cuando se controlan, reducen o incluso suprimen las probabilidades de que se produzca un comportamiento inadecuado.

Algunos ejemplos que pueden ayudar a poner en práctica el control estimular:

- Si el niño no atiende a una orden —como recoger la habitación— porque está viendo la televisión, hay que ponerse delante del televisor y captar su atención o esperar a que acabe la película para hablar con él. Para asegurarse de que atiende cuando se le da una orden, es conveniente ponerse a su altura y captar su mirada.
- Si se ha decidido retirarle algo —un juguete, una chuchería—, no hay que dejárselo a mano, sino llevarlo adonde no le sea fácil cogerlo.
- El niño es muy activo y curioso, se recomienda quitar de su alcance objetos que pueda romper, como jarrones, vajillas o cerámicas.
- Se le deja solo cuando va a gritar, es muy probable que esa conducta disminuya.
- Si se le explica antes de salir de paseo que si no va de la mano por la calle habrá que volverse a casa, sabrá a qué atenerse.

Para controlar los estímulos son muy eficaces las tareas de distracción y las actividades alternativas. El principio en el que se basan tiene mucho que ver con el control estimular:

- En las tareas de distracción se intenta retirar la atención del niño hacia lo que pide insistentemente, para centrarla en otra cosa. Por ejemplo, se le dice que no a una chuchería que se le antoja en la calle y se sigue andando mientras le hablamos de otro tema.
- En las actividades alternativas se busca la implicación del niño en una actividad incompatible con el comportamiento negativo. Por ejemplo, encargarle que nos busque un determinado producto cuando está enrabietado en el supermercado, ofrecerle jugar a algo cuando está lanzando juguetes o hacerle cosquillas cuando empieza a llorar.

En ambos casos hay que acabar reforzando el comportamiento del niño: «Qué bien que me ayudes a hacer la compra». «Cómo me gusta que me cuentes cosas». «Me encanta cuando te ríes».

4.2. ESTRATEGIAS PARA QUE DISMINUYAN LAS CONDUCTAS INADECUADAS

Muchos padres les dicen a sus hijos que cambien ciertas actitudes o conductas, como si el mensaje verbal bastara para generar dichos cambios.

Hay que tener claro que las consecuencias de las conductas son las que logran los cambios.

Si tuviésemos que elaborar un esquema de cómo hacer que los niños desarrollen conductas adecuadas que les sirvan para adaptarse a la realidad y el entorno, constaría de los cinco pasos que se detallan a continuación.

Ya hemos visto cómo hacer los dos primeros. En lo que queda de capítulo explicaremos el tercero y el cuarto.

El último corre a cargo de los padres.

1. Formulación correcta del problema.
2. Observación de las circunstancias en las que se da el problema (antecedentes y consecuencias).
3. Intervenciones posibles.
4. Elección de la intervención que se llevará a cabo y puesta en práctica.
5. Evaluación: conductas alternativas que aparecen y conductas inadecuadas que desaparecen o disminuyen su frecuencia.

EL CASTIGO

Consiste en aplicar una medida que el niño considere negativa cuando deseemos que deje de manifestar un comportamiento. El cansancio, no saber qué hacer o no reflexionar acerca de las consecuencias posteriores hacen que los padres tiendan a castigar de la misma manera. Para que el castigo disminuya la frecuencia de un comportamiento tienen que darse tres factores que describimos con un ejemplo: Álvaro no quiere comer fruta y ha tirado el plato de la mesa; para imponerle un castigo, su padre tiene que tener en cuenta que:

- El castigo ha de estar próximo en el tiempo a la conducta que se quiere eliminar. Si Álvaro no recoge lo que ha tirado, no tendrá su chocolatina de postre.
- Tiene que corresponder en intensidad a la conducta realizada. No es efectivo castigar a Álvaro a estar un mes sin probar el chocolate. ¿Qué harán enton-

ces sus padres ante comportamientos peores, como destrozar los juguetes, pegar o insultar?

- Tiene que ser una consecuencia que al niño le resulte desagradable. No basta con suponer que pueda serlo. Si a Álvaro no le gusta el chocolate, el castigo no será efectivo.

RETIRAR UN REFUERZO

Otra opción consiste en hacer que desaparezca algo que al pequeño le gusta, es decir, retirarle un reforzador. Por ejemplo, Belén, la madre de Ana, está harta de recoger los juguetes de la niña cuando llega la hora de bajar al parque. Ana corre y se ríe mientras su madre se desespera gritándole que recoja.

Belén ha decidido probar a hacerlo de otra manera. Con mucha tranquilidad le dice a su hija: «Ana, el tiempo que tardes en recoger es tiempo que no estaremos en el parque. En cuanto recojas tus juguetes nos iremos». Y a continuación se sienta a leer un libro en el salón.

Es posible que Ana no entienda que ese día disminuye su horario de disfrute en el parque, pero cuando experimente las consecuencias de su comportamiento, es decir, cuando se le haga corto el rato en el parque o llegue la hora del baño y no haya ido a jugar, aprenderá que el tiempo de juego depende de su conducta.

Esta otra forma de disminuir la conducta indeseada ayuda al niño a entender que es responsable de las consecuencias de su comportamiento. Siguiendo con el ejemplo, Ana puede decidir no recoger los juguetes, hacerlo más tarde o ponerse a ello en cuanto se lo pidan. De su decisión dependerá el tiempo que pase en el parque.

No atender conductas negativas

Si hubiera que definir un factor que influye en la conducta del niño, sería la atención que se le presta. Es el reforzador más potente. Cuando se le atiende, se le está diciendo: «Esto es tan importante que merece toda mi atención». Y si no se le atiende se le transmite: «Esto no te vale, no es eficaz para conseguir lo que quieres».

Esta última idea es la que explica la eficacia de esta estrategia, cuyo objetivo es reducir la frecuencia de una conducta no deseable dejando de atenderla cuando se produce. Cuando dicha conducta no reciba ningún refuerzo, terminará por desaparecer. El procedimiento es fácil y muy eficaz. La mayor dificultad es mantenerse constante y firme a la hora de aplicarlo.

En ocasiones, y sin darse cuenta, muchos padres creen que castigando cuando dedican mucho tiempo a regañar, perseguir e incluso forcejear con su hijo para que deje de manifestar un comportamiento determinado. Si se pasa por alto sin prestarle atención, el niño, al ver que no se le atiende, entiende que su conducta no le es útil y deja de realizarla, con lo que desaparece o disminuye.

En medios donde varios adultos —los abuelos, por ejemplo— interactúan con el niño se corre el riesgo de que unos apliquen la técnica y otros no, con lo que el efecto sobre la conducta es escaso.

Tampoco es conveniente empezar a aplicar esta estrategia en un entorno donde no se puedan controlar todas las variables, como el supermercado, la casa de los abuelos o en la calle. Recomendamos empezar la aplicación en casa y con los padres, para aumentar la posibilidad de éxito.

La técnica es efectiva si se cumplen los siguientes requisitos:

☺ Hay que tener claro si la conducta inadecuada tiene como objetivo llamar la atención. Por ejemplo, el niño llora cada vez que tiene que hacer algo solo.

Para confirmar las sospechas podemos retirarnos de la situación y, si cesa el lloro cuando no nos ve y lo intensifica cuando nos ve... ¡no hay duda!

☺ Nuestra respuesta tiene que ir dirigida a una conducta en concreto: que haga cosas solo sin llorar; y a elegir una situación para empezar a aplicarla: ponerse el pijama solo. No atenderemos los llantos cuando intente que se lo pongamos.

☺ Siempre hay que ofrecerle una alternativa a la retirada de la atención: «Cuando te pongas el pijama, te atiendo». Hay que evitar decir: «Cuando dejes de llorar...» o volveríamos a atender la conducta inadecuada. Hay que mantenerse así hasta que cese el llanto o el niño se ponga el pijama.

☺ Cada vez que llore cuando se le pida que haga algo solo, hay que aplicar la estrategia; si no, la conducta inadecuada aparecerá de nuevo y con más intensidad que antes.

☺ Es imprescindible combinar la técnica con el refuerzo de conductas alternativas. Una vez que empiece a ponerse el pijama, se le dirá lo bien que lo está haciendo y se le atenderá (jugando, hablando, dándole un beso...).

Antes de ponerse manos a la obra hay que tener en cuenta que:

● La primera vez que se aplica esta técnica —dejamos de atender a un niño que llora caprichosamente— aumentará la intensidad de la respuesta inadecuada: el niño no solo llorará o gritará, también arrojará objetos, aunque hasta el momento no lo haya hecho.

En este punto del proceso, especialmente difícil, hay que tener presente el objetivo y confiar en que el esfuerzo será recompensado al ver disminuir la conducta en etapas posteriores.

- En las fases iniciales puede producirse un aumento de comportamientos inadecuados. El niño hará cosas que no ha hecho hasta ese momento para captar la atención de los padres. La mejor manera de evitarlo es retirarse y no atender dichos comportamientos.
- No se conseguirá corregir una conducta aplicando estas técnicas una sola vez. Hay que perseverar.
- En el momento en que el niño vuelva a obtener atención por la conducta inadecuada, se producirá una recuperación de la actitud incorrecta.
- Para aplicar esta técnica es preciso estar convencido de que se va a mantener.

No se debe optar por esta técnica si:

- No existe convicción de que se va a aplicar siempre que aparezca la conducta inadecuada. De lo contrario, se reforzaría la conducta negativa.
- El niño atraviesa un periodo de estrés: el nacimiento de un hermano, un cambio de colegio, una mudanza, etcétera.
- No está totalmente claro que el objetivo del pequeño sea llamar la atención.
- El niño se autoagrede.
- Se dan conductas agresivas en grupo, como las peleas.

Tiempo fuera

Consiste en retirar al niño de la actividad que está realizando y llevarlo a un espacio donde no haya entretenimiento durante cierto tiempo. Por ejemplo, si el niño insulta a su padre mientras sus hermanos se ríen, es imposible controlarlos a todos, así que se le saca de la situación y así se le retira la atención que le prestan los hermanos.

La técnica del tiempo fuera es efectiva si se cumplen los siguientes requisitos:

- 🕐 Deben desaparecer los reforzadores que mantienen la conducta. En el ejemplo, si los hermanos siguen al niño se complicará la situación, por lo que habrá que plantearse aplicar otra técnica.
- 🕐 Hay que avisar al niño de que, si insiste en esa conducta, se le llevará a un lugar donde no haya entretenimiento durante un tiempo determinado.
- 🕐 El lugar elegido no debe proporcionar al niño ningún entretenimiento. Si se le lleva al salón y puede ver dibujos animados, no vivirá el cambio como una consecuencia desagradable de su comportamiento.
- 🕐 La retirada de la actividad no debe dilatarse en el tiempo. Se puede seguir un criterio relacionado con la edad del niño: un minuto por año.
- 🕐 Los padres deben tener claro que el niño cumplirá la medida. Si acaban enfrentándose con él o persiguiéndole por toda la casa para que permanezca en el lugar elegido, se convertirá en un juego gratificante para él. En este caso los padres estarán reforzando el comportamiento sin querer.
- 🕐 Se requiere consistencia y firmeza en la aplicación. Hay que recordar que si no se aplica siempre que se dé el comportamiento inadecuado, volverá a aparecer.

🕐 Esta técnica se debe combinar con otras, como ponerle al niño una tarea reparadora y reforzar las conductas alternativas (procedimientos que se explican en los siguientes apartados).

La principal ventaja de esta técnica es que se puede aplicar en la misma situación donde se produce el conflicto. Además, es un método rápido de disminución de la conducta inadecuada y permite al niño identificar qué debe cambiar.

La tarea reparadora

El niño deberá restaurar el daño que haya hecho y mejorar la situación anterior a su conducta. Por ejemplo, si se orina en el suelo para llamar la atención, se le dice con tranquilidad que se cambie y pase la fregona por la superficie manchada.

Para que esta técnica sea efectiva ha de usarse junto a alguna de las anteriores y cumplir los siguientes requisitos:

- La duración ha de ser moderada: no más de 4 o 5 minutos.
- Se debe combinar con el refuerzo de las conductas positivas.
- Es preciso avisar al niño, cuando inicia la conducta, de lo que ocurrirá si la lleva a cabo, para que así pueda decidir si sigue adelante o no.
- Como tareas reparadoras se deben elegir conductas que sean positivas para el aprendizaje y que el niño pueda incluir en su repertorio.

Cuando hablamos de premios no solo nos referimos a los materiales. Existe toda una gama de reforzadores que mueven al niño a repetir o aumentar la frecuencia de una conducta.

Muchos padres piensas que sus hijos se portan bien porque «es su obligación». Si se cae en el error de no reconocérselo con un beso, una caricia o una alabanza, es muy probable que no repita determinados comportamientos adecuados. Los niños tienen que aprender qué pueden hacer y la mejor forma es decírselo.

El refuerzo

Cualquier consecuencia positiva que siga a una conducta —como una alabanza o un premio— es un reforzador. Como punto de partida es importante identificar los reforzadores que se pueden utilizar.

Para ello hay que tener en cuenta que:

- Lo que para los padres es un reforzador puede no serlo para su hijo. Hay que observar al niño y preguntarle qué le gusta, aunque el mero hecho de prestarle atención ya es un reforzador potentísimo.
- Un reforzador puede serlo bajo determinadas circunstancias y perder su condición en otras situaciones.

Una vez identificados, hay que hacer una lista de reforzadores y asociar la aparición de la conducta que deseamos que el niño repita con la entrega del reforzador. Existen varios tipos:

- *Comestibles.* Se utilizan sobre todo con los niños pequeños. Son las golosinas, el postre o su comida preferida. Resultan muy útiles con niños con los que no funciona el refuerzo social (sonrisas, carantoñas, alabanzas...). En estos casos, debemos asociar la entrega de una golosina con un beso cada vez que lleve a cabo la conducta adecuada para, poco a poco, hacer desaparecer la golosina.

- *Tangibles.* Son recompensas materiales. Podemos hacerlas accesibles al principio —por ejemplo, si el niño se queda tranquilo en la puerta del colegio, se le da un sobre de cromos— e ir aumentando la dificultad para obtenerlas posteriormente —solo si se repite el comportamiento toda la semana, el domingo se le dan dos sobres—.

- *Sociales.* Incluyen la atención, la sonrisa, las declaraciones verbales y la alabanza. Son reforzadores, ya que se centran en el aspecto concreto de la conducta que se quiere premiar y se retiran cuando la conducta es inapropiada. Ayudan a los niños a reconocer que no son ellos los inadecuados, sino su comportamiento.

- *De actividad.* Consisten en programar con el niño actividades divertidas, como montar en bicicleta, ir al zoológico, comer en el campo o quedar con sus amigos. Dado lo excepcional de este tipo de reforzadores, se recomienda utilizarlos con conductas que se repitan: por ejemplo, haber terminado las tareas escolares a las cinco de la tarde desde el lunes hasta el viernes.

- *Cambiables.* El niño obtiene puntos por la emisión de la conducta que se desea que aprenda y puede cambiarlos por algún premio. En el apartado 5.2 describimos cómo poner en marcha un sistema de puntos, que se utiliza para premiar conductas con este tipo de refuerzo.

No hay que olvidar que el mejor premio para un niño es que sus padres le presten atención; es la consecuencia que mantendrá o disminuirá muchas de sus conductas.

A la hora de aplicar el refuerzo hay que tener en cuenta que:

- Cuanto más próximos en el tiempo estén la conducta y el reforzador, más eficaz será este último, sobre todo al principio.
- Cuanto mayor sea la cantidad de reforzador, más frecuentemente se presentará la conducta. Pero atención: mucha cantidad de reforzador en poco tiempo hace que pierda su valor. Si se le dan cuatro caramelos al niño cada vez que recoge un juguete, se hartará de caramelos en muy poco tiempo y el premio dejará de ser eficaz, es decir, el niño no recogerá porque ya está saturado de caramelos.

Una conducta adecuada se puede provocar, pero el verdadero objetivo es que se mantenga en el tiempo y que el niño la incorpore y la lleve a cabo en distintas situaciones; es decir, que se convierta en un comportamiento estable dentro de su repertorio de respuestas. Para que esto ocurra hay que saber utilizar los premios y refuerzos.

El proceso por el cual se generaliza una conducta adecuada consta de las siguientes fases:

Primera fase

Cada vez que el niño manifieste la conducta adecuada, se aplica un reforzador. Por ejemplo, si tiene problemas para dormir solo, cada día que se levante en su cama se le reconocerá, se le dará un beso y recibirá una golosina para el colegio. Cuando se observe que repite el comportamiento de manera regular, el reforzador aparecerá unas veces sí y otras no: por ejemplo, dos días no se le dice nada y el tercero se le refuerza, pero ya no aparece la golosina.

Hasta aquí se ha conseguido que el niño aprenda una nueva conducta. A partir de ahora habrá que ayudarlo a incluirla en su repertorio con el fin de que se convierta en una conducta habitual. Es importante elegir un reforzador que tenga valor de premio para el niño, no basta con suponer que pueda serlo. Este factor es clave en esta fase.

Con el refuerzo se pretende que aparezca o aumente la frecuencia de una conducta. Para ello es necesario motivar al niño, asociando un reforzador a la aparición de la conducta. Si nos quedásemos en esta fase, el niño necesitaría siempre un premio para llevar a cabo la conducta. Por eso hay que pasar a la siguiente.

Segunda fase

Hay que ir aumentando el tiempo que transcurre entre refuerzo y refuerzo. Siguiendo con el ejemplo anterior, cada vez que el niño duerma diez noches seguidas en su cama y sin interrupciones, podrá quedarse con sus padres en el salón viendo una película que elija él hasta un poco más tarde.

El niño ya no recibe un premio siempre que manifiesta la conducta, aunque todavía mantenemos intervalos fijos de tiempo para que aparezca el reforzador.

Si nos quedásemos en esta fase, el niño necesitaría tener un premio cada intervalo de tiempo fijado para comportarse de la forma adecuada y, cuando no lo obtuviera, habría menos posibilidades de que incluyera la conducta en su repertorio personal. Por tanto, el paso siguiente es fundamental para que lleve a cabo el nuevo comportamiento sin necesidad de premio.

Tercera fase

Pasado un tiempo prudencial, no se reforzará en intervalos fijos de tiempo, sino de forma aleatoria o variable, de manera que el niño no sepa cuándo va a recibir el premio.

Llegado este punto, se ha conseguido que el niño adquiera un comportamiento nuevo y adecuado.

La generalización a otras situaciones será paulatina, pero ya no necesitará el incentivo. Estos se darán de forma intermitente, aunque con tiempos fijos, y por último el reforzador se dará solo de forma aleatoria.

Otras estrategias para que aparezcan conductas adecuadas

Veamos dos estrategias cuyo objeto es aumentar el repertorio de comportamientos adecuados, bien por la emisión espontánea de una conducta que será premiada, bien actuando de modelo para el niño.

Aprovechar sus ganas de aprender

Si se observa y se atiende, es fácil ver que los niños nos sorprenden continuamente con nuevas capacidades que descubren probando comportamientos nuevos. Por ejemplo, si nuestro hijo quiere ponerse los zapatos solo, no hay que perder la oportunidad de reforzárselo e intentar que, pronto, sea capaz de vestirse sin ayuda todos los días.

Se trata de incluir una conducta que no estaba en el repertorio del niño poniéndola en práctica poco a poco y aumentando su dificultad hasta conseguir el objetivo.

Sigamos con el ejemplo para describir cómo planificar esta estrategia:

👕 Especificar una meta: que el niño se vista solo.
👕 Establecer un punto de partida: ha pedido ponerse los zapatos solo.
👕 Planificar aproximaciones sucesivas: cada semana se incluirá un nuevo logro y se ordenarán por dificultad:
   — Calcetines y zapatos.
   — Ropa interior, calcetines y zapatos.
   — Pantalones, ropa interior, calcetines y zapatos.
   — Camiseta, pantalón, muda, calcetines y zapatos.
   — Abrocharse los botones, camiseta, pantalones, ropa interior, calcetines y zapatos.

Hay que reforzar cada logro y cualquier conducta que se aproxime al objetivo, como vestir a un muñeco, adelantarse al plan, doblar sus pantalones, etcétera. Así, el niño irá incorporando de forma encadenada distintas conductas que tienen que ver con el objetivo.

Los padres como modelos

Otras veces no se encuentra una conducta desde la que partir y hay que convertirse en el modelo que el niño observe e imite. Por ejemplo, lavarse los dientes delante de él. Habrá que animarlo a que pruebe y premiarle cuando lo haga.

El comportamiento de los padres es muy importante para sus hijos, ya que son sus héroes: los admiran y adoran. Lo que más desean en la vida es llegar a ser como ellos. Los padres deben ser conscientes de que sus hijos imitan tanto las conductas adecuadas como las inadecuadas. Si gritan cuando les hablan, emplean expresiones desafortunadas o descalificaciones, no hacen las tareas de casa y se las piden a ellos o zanjan determinadas situaciones con un cachete, serán los responsables de que sus hijos hagan lo mismo.

Antes de terminar este punto queremos recordar, a modo de resumen, las claves que aumentan las probabilidades de éxito en la aplicación de las distintas técnicas y estrategias que hemos presentado:

- Para que sean efectivas es necesario aplicarlas de manera conjunta: no es útil aplicar una sola técnica. En la práctica se precisa llegar al final de la aplicación, por lo que conviene evaluar lo que supondrá en tiempo, esfuerzo, desgaste emocional y consecuencias de un eventual fracaso antes de abordar la estrategia.
- Cualquier consecuencia ha de ser inmediata a la conducta, deben corresponderse en intensidad, y es el criterio del niño el que marca cuándo es una consecuencia negativa o positiva.
- La atención de los padres es uno de los refuerzos más importantes para el niño, al igual que la no atención es una consecuencia muy potente.
- Cuando el pequeño realice una conducta que se ha reforzado, habrá que eliminar paulatinamente el refuerzo con el fin de que la conducta se mantenga en el tiempo.
- Los niños imitan las conductas de los adultos, de tal forma que si los padres les gritan, lo más probable es que terminen gritando.

5. Dificultades y cómo solucionarlas

A la hora de aplicar los premios y castigos los padres pueden encontrarse con diferentes problemas. Es posible caer en la regañina crónica, que dificulta enormemente el aprendizaje del niño. El exceso de premios o castigos tampoco es beneficioso para él. Por otra parte, las famosas rabietas requieren una atención especial.

En este apartado describimos situaciones en las que surgen dificultades en la aplicación de consecuencias y los padres no consiguen modificar las conductas negativas de sus hijos. Son muy frecuentes en la relación de padres e hijos, de modo que es fácil identificarse con alguna de ellas.

5.1. La regañina crónica

Hay familias en las que el enfado es una forma habitual de comunicación entre padres e hijos, ya que se confunde la regañina con un modo de ejercer la autoridad. Estos padres creen que si no se enfadan, su hijo no les tomará en serio y realizará continuamente esas conductas que tanto les molestan.

El enfado es eficaz o apropiado para ciertas situaciones, pero es un error usarlo de forma indiscriminada. Existen padres que regañan al niño por todo lo que hace y generalmente atribuyen su comportamiento a su forma de ser y no a su conducta.

La regañina, los gritos y la crispación suelen llegar después de mucho aguantar. Es como la gota que colma el vaso, pero lo más sensato es no dejar que el vaso se llene. Si aprendemos a expresar los sentimientos en cada momento y aplicamos consecuencias a las conductas del niño, evitaremos estar todo el día enfadados.

La situación de enfado constante provoca un desgaste emocional tanto en los padres como en los hijos, lo que deteriora de forma significativa la convivencia. Son muchos los padres que plantean que la situación les puede y no saben qué hacer para solucionarla. Cuando se llega a este punto, es habitual que atiendan solo los comportamientos negativos de los niños. Estos, por su parte, repiten o aumentan dichos comportamientos y generan más tensión.

Así, la regañina se convierte en la principal forma de relación entre padres e hijos.

El primer paso para cambiar este tipo de comunicación es identificar que existe el problema. Hay que darse cuenta de que se está riñendo todo el día al niño en un intento, casi siempre fallido, de controlar sus conductas. Si no se reconoce, difícilmente se puede cambiar.

Una buena forma de empezar a poner fin a esta práctica es contar hasta diez, respirar lentamente y retirarse de la situación de conflicto antes de reñir al niño. Se debe pensar qué consecuencia aplicar a su conducta y evitar el sermón o la bronca.

Las regañinas se pueden utilizar en cierta medida, teniendo en cuenta que:

- Se debe criticar el comportamiento, no al niño. Jamás debemos hacer afirmaciones del tipo: «Eres un desastre», «Nunca me haces caso» o «Eres insoportable», ya que atacan directamente al pequeño y no se ajustan a la realidad.
- Las regañinas pierden efectividad si duran más de un minuto por cada año de edad del niño. A menudo se cae en el error de repetirle muchas veces las mismas cosas. No existe relación entre el número de veces que se repiten las cosas y su efectividad, más bien al contrario. Resulta mucho más creíble y eficaz decirlo una sola vez.

- Para que sean efectivas, las regañinas por conductas negativas deben alternarse con refuerzos de las adecuadas. No todo lo que hace el niño está mal. En algún momento se portará bien, y será preciso reconocérselo y hacérselo saber. Por norma general, en las familias donde hay un exceso de regañinas hay también una falta importante de refuerzos.

5.2. SISTEMAS DE PUNTOS Y CONTRATOS

PROGRAMA DE PUNTOS

Un programa de puntos es la aplicación sistemática de una estrategia de premios que tiene por objetivo iniciar o incrementar la práctica de una conducta, por ejemplo, para que el niño recoja la habitación o se acueste todos los días a la misma hora.

En general, los programas de puntos funcionan bien para reforzar cualquier conducta que se desea convertir en hábito y para iniciar tareas nuevas. En estos programas, el niño gana puntos cada vez que realiza determinadas conductas definidas previamente y puede canjearlos por algún premio preestablecido.

Es una herramienta muy potente para los niños, pero tiene una duración determinada, pasada la cual ya no es tan efectiva. Al empezar su aplicación debe existir la convicción de que se hará de forma consistente.

¿Cómo se dan refuerzos con un programa de puntos?

- Se eligen una o dos conductas que se desee modificar. No debemos elegir muchas a la vez; hay que ir poco a poco. Podemos ir cambiando las conductas del programa a medida que el niño las realiza y las incorpora a su rutina.

- Se define la conducta. Los padres deben ser concretos y centrarse en lo que quieren que haga su hijo. Por ejemplo: «Recoge tu habitación antes de cenar», en lugar de: «Debes ser ordenado». De esta forma el niño sabrá en todo momento qué tiene que hacer para conseguir el refuerzo.

- Se hace una tabla para apuntar los puntos conseguidos. Debe ser muy visual, que el niño pueda entenderla y controlarla. Este es un buen argumento para desarrollar la creatividad: puede ser desde una hoja de papel con recuadros para poner unos puntos en forma de estrellas o caras sonrientes, hasta su superhéroe favorito dividido en partes que debe colorear. En cualquier caso, los gráficos tienen que ser fáciles de utilizar.

- Se elige un refuerzo con el niño. Se le puede ofrecer un premio semanal o bien un premio cuando consiga un número determinado de puntos. En el primer caso está claro cuándo se le debe entregar el premio. En el segundo, se le debe dar cuando logre como mínimo más de la mitad de los puntos. Por ejemplo, si es una conducta de una semana, se le pedirá que tenga un mínimo de cuatro puntos para obtener el premio. Si el niño lo consigue, se aumentará el número de puntos necesarios.

- El premio debe ser, evidentemente, algo que le guste al niño, desde una visita al zoológico hasta un juguete. Lo mejor es preguntárselo a él. Una parte importante del éxito del programa radica en lo deseable que sea el premio para el niño.

- Se le deben explicar en tono lúdico tanto las conductas esperadas como lo que obtendrá al ponerlas en práctica. Hay que especificarle claramente qué debe hacer para conseguir un punto y cuántos puntos necesita para alcanzar el premio.

Puesta en marcha del programa

🖊 Conviene elegir un momento del día para poner el punto, que sea lo más inmediato posible a la manifestación de la conducta. Por ejemplo, si la conducta consiste en recoger los juguetes antes de cenar, justo después de haberlo hecho hay que ir al lugar donde está el cartel y poner un punto. A los niños les gusta ser ellos quienes ponen los puntos. Se recomienda aprovechar este momento para reforzar la conducta con halagos. Es preferible pasarse en el elogio que quedarse corto.

🖊 No hay que usar el punto como amenaza: «Si no recoges, te vas a quedar sin punto y no vas a ir al zoo». Hay que recordar que es un programa de refuerzo y siempre que emita la conducta consensuada obtendrá el punto.

🖊 A medida que el niño va consiguiendo los premios, hay que incrementar gradualmente los requisitos para alcanzarlos y eliminar, poco a poco, las recompensas.

🖊 Cuando la conducta se haya convertido en un hábito, las recompensas han de sustituirse por consecuencias naturales de la buena conducta, aunque se deben mantener los halagos.

🖊 Los puntos conseguidos y el premio no deben retirarse bajo ninguna circunstancia: son los logros del niño. No se utilizan puntos negativos en este sistema.

Ejemplos de gráficos:

Gráfico estándar

SEMANA DEL ____ AL ____ DE							
	lunes	martes	miércoles	jueves	viernes	sábado	domingo
Recoger la habitación antes de cenar							
Acostarse a las 21.00							
PREMIOS: Puntos mínimos para alcanzar el premio:							

Si el niño no sabe leer, hay que hacer la tabla con dibujos. Por ejemplo, un dibujo del niño recogiendo la habitación y en la otra conducta una cama con un reloj señalando las nueve.

Gráficos de dibujos (para los más pequeños)

Se divide el dibujo en siete partes, una por cada día de la semana. El niño pintará la parte que corresponde al día, siempre que haya realizado la conducta. Por ejemplo, para alcanzar el premio semanal por recoger los juguetes antes de cenar debe tener un número determinado de partes pintadas a la semana.

LOS CONTRATOS

Al igual que los programas de puntos, los contratos sirven para aplicar unas consecuencias directas a la conducta infantil. Se utilizan con niños mayores —a partir de los 8 años— y son muy útiles para trabajar con adolescentes.

Todo contrato debe contener:

✓ Lo que se espera que haga el niño (la conducta). Debe especificarse claramente qué se espera de él y qué ocurrirá si lo hace.

✓ A lo que se comprometen los padres (las consecuencias) si lleva a cabo esa conducta.

✓ Las consecuencias que tendría la no realización de esa conducta.

✓ También se pueden incluir bonificaciones extraordinarias por exceder los requisitos mínimos del contrato.

El contrato debe plasmarse en un papel y colocarse en un lugar visible para tener acceso a él en cualquier momento. El siguiente ejemplo se refiere a los hábitos de estudio:

Reunidos en _____ a _____ (fecha) _____, Pedro, mamá y papá acuerdan:

Que Pedro se compromete a realizar el siguiente trabajo:
• Comenzar a estudiar todos los días a las 18.30 y no finalizar antes de las 19.30.
• Comunicar al llegar a casa la cantidad de trabajo que tiene.
• Hacer a diario los deberes del colegio.
• Aparte de los deberes diarios, estudiar un mínimo de 30 minutos al día.

A cambio de este trabajo, Pedro podrá realizar una de las siguientes actividades (previa revisión y corrección del trabajo efectuado):
• Bajar a jugar hasta las 20.30.
• Jugar con la videoconsola hasta las 20.30.
• Ver la televisión hasta las 21.30.

Aparte de elegir una de esas actividades:
• Recibirá 50 céntimos cada día que cumpla todo lo expuesto anteriormente.
• Cada semana que haya realizado correctamente todas las tareas mencionadas, el sábado podrá ir al cine y elegir la película.
• Si algún día pide alguno de los premios sin haber hecho el trabajo acordado se le descontarán 50 céntimos de la paga semanal.

Firmado:

         Pedro   Mamá   Papá

Conviene empezar poco a poco y no ser muy exigentes al principio. El objetivo inicial es que el niño se implique y se sienta motivado. Una vez que haya conseguido lo especificado en el contrato, podemos cambiarlo o introducir nuevas conductas que queramos modificar.

Hay que intentar que las consecuencias positivas o negativas de la conducta sean tan inmediatas a la conducta como sea posible, sin olvidar que se trata de un sistema de refuerzo, por lo que conviene hacer hincapié en las consecuencias positivas.

5.3. QUÉ HACER CON LAS RABIETAS

Entre las conductas que más preocupan a los padres se encuentran las rabietas: cuando el niño se tira al suelo y se pone a llorar, ya sea en casa, en la calle o en el supermercado. Para estos casos la técnica más eficaz es la extinción, es decir, no prestar atención a la conducta. Hay que recordar que esta técnica debe ir acompañada por el refuerzo de las conductas positivas: se atiende al niño cuando deje de llorar, independientemente de lo que haya hecho durante la rabieta.

Las rabietas son una conducta típica de los niños de 2 y 3 años. Es entonces cuando hay que ponerles solución. Si un niño le pide a su madre en el supermercado que le compre una piruleta y su madre le dice que no, es probable que se ponga a llorar, incluso que se tire al suelo y empiece a patalear. Si con esta conducta se sale con la suya, aprenderá que cuando su madre dice que no, lo que hay que hacer es insistir e intensificar la conducta.

En cambio, si el niño entiende que no obtiene atención mediante las rabietas, el comportamiento cesará, ya que dejará de considerarlo útil. Pero esto requiere mucha constancia por parte de los padres.

Estos son los pasos a seguir cuando el niño tenga una rabieta, desde que empiece a llorar, gritar, arrojar objetos, insultar o presente una conducta indeseada:

1. Ignorar la conducta y continuar con lo que se estaba haciendo o iniciar una nueva tarea.
2. Expresarle en primera persona el efecto que provoca su actitud: «Me estoy enfadando mucho».
3. Utilizar palabras clave o frases cortas, como: «Basta» o «Se acabó».
4. Decirle tranquilamente al niño que no va a conseguir lo que quiere: «Lo siento, no voy a comprarte chucherías».
5. Añadir con firmeza cuál es el comportamiento que se espera de él: «Cuando te tranquilices y dejes de llorar, te atiendo».
6. Retirarse de la situación y darle al niño un tiempo para que reflexione (un minuto por cada año del niño).
7. Pasado el tiempo de reflexión:
   - Si no se le ha pasado, repetir los pasos cuarto y quinto aumentando el tiempo de reflexión.
   - Si se le ha pasado, reforzar la conducta: «Cómo me gusta que estés así, tranquilo, y que podamos seguir comprando».

Ante una rabieta es muy importante no perder la calma ni gritar. Los adultos son los encargados de calmar una situación tensa mostrándole al niño la actitud válida a la hora de afrontar conflictos. Por eso es importante mantener un tono de voz tranquilo y bajo, pero firme.

Una de las mayores dificultades para los padres a la hora de afrontar situaciones que resultan conflictivas por un comportamiento inadecuado del niño es controlarse para que no les haga flaquear el sentimiento de pena, el miedo al escándalo o las ganas de que cese el comportamiento cuanto antes. Pero existen técnicas muy útiles en estas situaciones:

1. Buscar una palabra clave para detenerse y respirar en cuanto notemos que nos estamos alterando. *Retírate* es una buena palabra clave, porque hay que evitar mantenerse en el mismo lugar que el niño mientras dure la rabieta.

2. Hacer tres o cuatro respiraciones profundas para relajarnos: cogemos aire por la nariz y dejamos que llegue hasta el estómago inflándolo, lo mantenemos ahí unos segundos y lo soltamos muy despacio por la boca.

3. A la vez que respiramos podemos pensar en ideas que nos ayuden a superar el momento de conflicto, como: «Soy capaz de mantenerme firme, he decidido que será así y voy a mantener mi decisión». «Sé que ahora sube en intensidad su comportamiento, pero también sé que poco a poco irá bajando». «Soy muy capaz de hacerle entender a mi hijo que cuando hay un límite tiene que cumplirlo, y esta es la forma». «Puede que los demás me critiquen, pero ellos no saben por qué lo hago y yo sí, y estoy seguro de que va a funcionar». No hay que dejar que nos dominen pensamientos negativos del tipo: «No puedo más, este niño es más fuerte que yo». «Le doy lo que quiere y listo». «No va a parar nunca, se va a quedar afónico».

4. Tras las respiraciones y el discurso de motivación hay que buscar tareas que nos distraigan del comportamiento del niño hasta que baje en intensidad, como hablar por teléfono de cualquier tema, excepto del niño, con alguien que conozca lo que estamos poniendo en práctica, para que no se asuste con los comportamientos del pequeño.

También se pueden buscar tareas pendientes en la casa, hacer un crucigrama, leer o hacer la lista de la compra. Quien no pueda concentrarse en tareas de este tipo puede ponerse a describir con todo detalle cualquier objeto de la habitación y seguir respirando hasta sentirse más tranquilo. Respirar, pensar en términos de «puedo hacerlo» y buscar una tarea que nos distraiga y aleje de la atención del niño nos ayudará a superar la dificultad que entraña mantener una postura firme.

5.4. LA SILLA O EL RINCÓN DE PENSAR

Se trata de una aplicación de la técnica que hemos denominado *tiempo fuera*. Consiste en sacar al niño de la situación de refuerzo ante una conducta inadecuada y darle un tiempo para que reflexione. Así entenderá que resulta más divertido estar jugando con los demás que retirarse a un rincón o a una silla para pensar en lo que ha sucedido.

Antes de aplicar esta técnica hay que decidir un lugar para aislar al niño y que reflexione. No debe ser una habitación con juguetes o con televisor, porque así es difícil obtener los resultados. Por supuesto, tampoco se trata de asustar al niño en una habitación con poca luz. El tiempo que el pequeño debe estar en el rincón o en la silla de pensar depende de su edad: basta con un minuto por cada año del niño.

A continuación vemos cómo se aplica esta técnica con un ejemplo: Juan está jugando con su hermana, la empuja y le quita su juguete.

1. Se avisa a Juan de que su comportamiento no es adecuado con un tono firme, pero evitando gritar. En todo momento los padres han de estar convencidos de que Juan va a cambiar su comportamiento. Así se le transmitirá con el tono de voz.

2. Si se repite la conducta, se le vuelve a decir con la misma firmeza que su comportamiento no es adecuado y que, si lo vuelve a hacer, irá a la silla o al rincón para pensar en lo sucedido.

3. Si Juan vuelve a pegar a su hermana, de forma muy tranquila se le coge de la mano y se le lleva a la silla o el rincón para que piense en su comportamiento. Se le informa de que se quedará allí hasta que le vayamos a buscar para que pida perdón a su hermana. Es muy importante mantener en todo momento la tranquilidad y no elevar el tono de voz. Evitaremos entretener al niño cuando esté en situación de tiempo fuera.

4. Una vez finalizado el tiempo, se le dice al niño que pida perdón o bien que lleve a cabo alguna conducta que arregle la situación.

5. Es muy importante premiar el hecho de pedir perdón. Todas las técnicas de extinción de conductas no deseadas deben ir acompañadas del refuerzo de las conductas positivas para conseguir el efecto deseado.

El rincón de pensar es una técnica que se puede aplicar tanto en casa como fuera. Por ejemplo, si el niño está en el parque y pega a algún amigo, le tira arena o le quita un juguete, se le puede sentar un tiempo en un banco a pensar en lo ocurrido.

Una de las dificultades que encuentran los padres al aplicar esta técnica es que el niño se levanta continuamente de la silla o deja el rincón y va a donde están ellos o los amigos. En este caso, sin decirle nada, se le coge de la mano con tranquilidad, se le vuelve a acompañar al lugar y, una vez allí, se le dice: «Tienes que estar aquí sentado, pensando en lo que has hecho, hasta que yo vuelva a buscarte».

Si resulta muy difícil que el niño permanezca sentado y todos los intentos para conseguirlo son inútiles, deberemos abandonar la técnica, ya que puede convertirse en un juego para el pequeño, y probar con otra de las estrategias descritas.

Algunos niños aprenden rápido la lección y, nada más llegar al rincón o a la silla, piden perdón. Evidentemente saben que es la única manera de evitar pasar un tiempo en el rincón. Si este comportamiento empieza a ser frecuente, hay que reforzar el hecho de que pida perdón, pero indicándole que deberá cumplir el tiempo establecido en el rincón o la silla.

Una vez que ha pedido perdón y realizado su tarea reparadora, el episodio ha terminado y ya no hay que recordarlo; es el momento de empezar de cero y jugar con el niño o hacer que juegue con sus hermanos o amigos como si nada hubiese pasado. Ya ha tenido su consecuencia.

5.5. EL ABUSO DE REFUERZOS Y CASTIGOS

Tanto el refuerzo como el castigo hay que usarlos en su justa medida. El exceso de uno o de otro tiene efectos perjudiciales para los niños.

EL EXCESO DE REFUERZOS

Hay familias cuyos niños tienen acceso a muchos refuerzos de forma indiscriminada. Los niños que disponen de todo tipo de juguetes no valoran lo que tienen. En algunas situaciones, como los cumpleaños o la Navidad, es bastante frecuente que el niño se encuentre con cinco o seis juguetes diferentes. En estos casos es mejor guardar alguno para dárselo más adelante.

En las familias en las que el refuerzo es constante y no responde a ninguna causa clara, es bastante difícil motivar a los niños. Hay un efecto de saciedad del refuerzo al que tarde o temprano habrá que hacer frente. Por ejemplo, si a un niño se le dan chucherías todos los días, será muy difícil utilizarlas como premio.

Asimismo, la cantidad de elogios que recibe el niño debe ser proporcional al esfuerzo realizado. Si se le elogia por cualquier cosa o se exageran las alabanzas, aprenderá que con poco esfuerzo obtiene el mismo premio que con mucho, y no se esforzará por hacerlo mejor.

EL EXCESO DE CASTIGOS

Los niños que reciben castigos constantemente pueden tener miedo de manifestar conductas nuevas, ya que piensan que sus padres van a reaccionar castigándolos. En general, son niños que muestran temor e incluso ansiedad ante situaciones nuevas.

El exceso de castigos también provoca que los niños no modifiquen su comportamiento porque, hagan lo que hagan, siempre obtienen la misma consecuencia.

El castigo debe ser utilizado solo en situaciones concretas. Es mucho más efectivo el refuerzo de conductas positivas: siempre hay comportamientos que reforzar.

El castigo físico es inaceptable

En ningún caso se debe utilizar el castigo físico, y ello por diversas razones:

- Si se castiga físicamente a un niño, se le enseña a pegar como forma de solucionar los problemas. Cuando tenga un conflicto con un compañero de colegio, lo más probable es que responda de forma agresiva. El castigo físico puede frenar la situación porque intimida, pero no la soluciona. A la larga, no educa.

- Los padres que pegan a sus hijos lo hacen muchas veces para descargar su propia agresividad o para afirmar una autoridad que no saben cómo demostrar. En muchas ocasiones, el castigo físico no responde a la conducta negativa del niño, sino a la tensión acumulada por los padres en las distintas situaciones diarias. En otros casos, se trata de padres que sufrieron castigos físicos en su niñez y repiten los modelos que aprendieron. Los hábitos de conducta aprendidos en la infancia tienden a perpetuarse.

- El castigo físico acaba por saturar, de manera que deja de tener efecto en el niño y, lo que es peor, se aplica cada vez con más intensidad, creyendo erróneamente que así se logrará modificar el comportamiento.

- Genera situaciones de interacción negativa y hostilidad de los hijos hacia los padres. Dependiendo del patrón de conducta, existen niños que responden al castigo físico con comportamientos agresivos en su entorno, y otros que se convierten en seres inhibidos y poco exploradores por temor al castigo.

- Es cierto que se ha empleado durante generaciones, pero eso no significa que sea un método aceptable para modificar el comportamiento infantil.

6. Casos prácticos

6.1. Jorge y sus nuevas tareas

José y Gema querían que su hijo Jorge, de 7 años, empezara a colaborar en casa. Lo habían intentado, pero el niño se negaba y solían acabar discutiendo con él y gritándole.

Para solucionar la situación, lo primero que hicieron fue definir las tareas que querían que realizase su hijo todos los días:

— Vestirse solo por la mañana.
— Poner y quitar la mesa en la comida y la cena.
— Preparar el pijama antes del baño.
— Llevar la ropa sucia al cesto.

A continuación realizaron una tabla que señalaba las tareas que realizaría cada día de la semana, excepto el domingo:

	lunes	martes	miércoles	jueves	viernes	sábado	domingo
Vestirse solo							
Poner la mesa							
Recoger la mesa							
Preparar el pijama							
Llevar la ropa al cesto							
Poner la mesa							
Recoger la mesa							

Después le explicaron a Jorge lo que tenía que hacer y lo que ocurriría si cumplía con sus tareas. Cada vez que terminara una tarea, pondría un punto en el cuadro correspondiente. También le preguntaron qué premios le gustaría conseguir tras el esfuerzo de realizar todas las tareas, y lo anotaron al lado de la tabla para que pudiera recordarlo. Este era el plan:

- Si el domingo la tabla estaba llena de puntos, Jorge podría salir de excursión al campo con la bicicleta.
- Cada día que Jorge consiguiera todos los puntos, podría jugar con su videojuego favorito media hora antes de acostarse.
- Si no realizaba alguna de las tareas, no conseguiría el punto correspondiente y tendría que esperar para conseguir los premios.

José y Gema, por su parte, animarían a Jorge a conseguir sus objetivos y alabarían su tesón cada vez que alcanzara un logro. No podrían retirar los puntos ya conseguidos ni los beneficios obtenidos.

Los puntos serían solo para las conductas definidas. No se usarían como castigo para otras conductas, independientemente del comportamiento de Jorge en otros momentos del día. Cuando Jorge no hiciese la tarea en el momento establecido, simplemente no le darían el punto, sin gritos ni reproches ni amenazas. Los padres se comprometieron a respetar las condiciones del sistema durante quince días, y cumplirían lo prometido a Jorge tanto si llenaba toda la tabla de puntos como si no lo conseguía.

Cuando todo estuvo acordado, eligieron con Jorge las pegatinas que servirían de puntos y una cartulina divertida para hacer la tabla y colgarla en el cuarto del niño. Acto seguido, empezaron a aplicar el sistema.

El primer día, Jorge cumplió con todas sus nuevas tareas y consiguió su media hora de videoconsola, pero a mitad de semana empezó a mostrarse remolón y, cuando llegó el domingo, no pudo cumplir su plan. Sus padres fueron firmes y no le premiaron. La semana siguiente, Jorge se aplicó mucho más y acabaron pasando un maravilloso día de campo en familia.

Pero José y Gema estaban avisados de que esta estrategia tiene un tiempo de duración determinado, así que para las semanas tercera y cuarta la propuesta fue la siguiente: «Haces tan bien tus tareas que queremos pensar contigo qué te gustaría hacer si consigues tener la tabla llena de pegatinas durante dos semanas». Ya no habría premios diarios, solo uno cada quince días. Jorge pidió ir a ver a su equipo de fútbol favorito al estadio y, aunque le costó tres semanas, lo consiguió.

José y Gema vieron cómo su hijo hacía todos los días sus tareas sin necesidad de decirle nada. En ese momento decidieron retirarle los puntos, explicándole:

«Jorge, te has hecho tan responsable con tus tareas que no es necesario ya poner puntos». A partir de entonces premiaron su comportamiento de vez en cuando, pero sin seguir un esquema de tiempo tan rígido como el sistema de puntos.

José y Gema volvieron a utilizar algún tiempo después este sistema para iniciar a Jorge en nuevas responsabilidades. Lo siguieron paso a paso y obtuvieron el mismo éxito.

6.2. RAQUEL Y SU PUNTUALIDAD

«No consigo llegar a la hora al colegio ni una mañana», protestaba Berta, la madre de Raquel, de 5 años. Por las mañanas se levantaba y dejaba preparado el desayuno antes de despertar a su hija; luego la vestía y, mientras veía los dibujos, le daba el desayuno y la peinaba. «O le hago yo las cosas o no llegamos al colegio, y aun así, todos los días a última hora se acuerda de algo que tiene que llevar. Estoy muy harta y muy cansada del maratón matutino».

Se estableció el siguiente plan:

Berta le explicó a Raquel que, a partir de la mañana siguiente, la despertaría y tendría que vestirse sola, y luego ir a la cocina a desayunar. Después la ayudaría a peinarse y asearse, y solo entonces podría ver los dibujos animados hasta que el reloj marcara la hora de apagar el televisor.

Berta puso como tarea a Raquel que repasara antes de acostarse la cartera del día siguiente, y que la dejara preparada. Así no perdería tiempo por la mañana.

Por supuesto, el primer día Raquel se quedó sin ver los dibujos animados, con el consiguiente disgusto. Pero Berta se mantuvo tranquila y firme en su actitud. En menos de quince días, Raquel aprendió que el tiempo que se dedica a los dibujos dependía de su comportamiento, y consiguieron el objetivo de llegar al colegio puntuales.

Berta aplicó la misma estrategia a otros comportamientos, como recoger la habitación antes de salir a jugar.

6.3. JAIME Y LOS JUEGOS

A Jaime, de 6 años, solo le gustaba jugar con sus padres si ganaba. Si perdía, gritaba, se saltaba los turnos y a veces, incluso, tiraba el juego al suelo de un manotazo. Cuando el pequeño se portaba así, sus padres recogían el juego y lo daban por terminado. Con largas explicaciones intentaban que Jaime comprendiera lo importante que es saber perder. Estaban muy preocupados porque el niño empezaba a hacer lo mismo cuando jugaba con sus amigos, y estos empezaban a negarse a jugar con él. De modo que decidieron cambiar la conducta de Jaime.

Un día, antes de empezar a jugar, le explicaron que si molestaba, gritaba, se saltaba los turnos o tiraba el juego al suelo, tendría que sentarse en el pasillo durante 6 minutos. Se pusieron a jugar y todo fue bien hasta que Jaime empezó a perder y protestó con brusquedad. Su padre lo llevó al pasillo de la mano y le dijo que debía permanecer allí 6 minutos y solo podría incorporarse al juego cuando hablara en un tono moderado. A continuación siguió jugando con la madre. Sin hacer caso de las indicaciones, Jaime salió del pasillo y se fue a molestar a sus padres cogiendo piezas del juego. Fue su madre quien, sin contemplaciones, volvió a llevarle al pasillo y le dijo: «Tienes que estar aquí 6 minutos. Para incorporarte al juego debes hablar bajito y no tirar las piezas». El pequeño, todavía más enfadado, respondió: «¡Me da igual! ¡No pienso jugar a esa porquería de juego!». Pero su madre volvió tranquilamente a jugar con su padre.

Tras varios intentos de Jaime para llamar la atención sin resultado alguno, puesto que le dieron siempre las mismas indicaciones, se acercó y pidió permiso para volver al juego. Sus padres alabaron el tono de voz con que lo había pedido y los minutos que había estado en el pasillo. El niño se integró al juego y, aunque no ganó, terminó la partida y ayudó a recoger.

Los padres de Jaime mantuvieron la misma actitud cada vez que jugaron con él. En muy poco tiempo, el niño ya aceptaba perder con normalidad y sus padres observaron que lo aprendido en casa servía también para cuando su hijo jugaba con los amigos.

7. Qué se ha conseguido

Si el niño ha experimentado las consecuencias positivas y negativas de sus actos, habrá ido incorporando todo un repertorio de comportamientos que le ayudarán a adaptarse a las distintas situaciones que la vida le irá deparando. Con el tiempo, desarrollará todo un abanico de actuaciones que requieren una mayor madurez.

- La persona se hace responsable de la ejecución de su conducta y sus consecuencias.
- Asimismo, adquiere capacidad para evaluar sus pensamientos, actos y sentimientos.
- Aprende a describir su conducta y a establecer un esquema de comportamiento que será estable y duradero.

Veamos el ejemplo de un adolescente cuyos padres fueron constantes en la aplicación de consecuencias en la niñez y que está desarrollando su capacidad de autocontrol.

Dani debe mantener ordenada su habitación. Esto supone pedirle que elija el momento de hacerlo, definir con él qué es ordenar su cuarto —hacer la cama, recoger la ropa y pasar la aspiradora los martes y jueves— y hacerle notar las consecuencias positivas de tener orden en casa.

Dani se preocupará cuando no haya podido hacer la cama —«No salgo hasta que ordene»— o le disgustará ver desordenada la habitación. Si además de pasar la aspiradora, ordena los libros viejos, podrá llevarse el equipo de música a su habitación.

Sabe darse mensajes positivos acerca de su conducta y es capaz de aplicarse un refuerzo si cumple el objetivo o un castigo si no lo hace. Será capaz de tener en cuenta y controlar todo lo que pueda distorsionar la ejecución de su tarea.

Si quiere jugar a la videoconsola, antes deberá ordenar la habitación. Lo mismo hará si le llaman sus amigos —«Hago la habitación y salgo»— o si su hermano pequeño le molesta y desordena mientras recoge —«Sal, que estoy ordenando»—. Dani estará atento a cómo influye su forma de actuar en el resto de la familia y, en función de los resultados, así lo hará la próxima vez. También estará pendiente de la respuesta que provoca en el medio su comportamiento, para obtener una visión más real, y evaluará la conducta emitida.

En resumen, Dani se está convirtiendo en un adulto con capacidad de autocontrol, demora en el deseo y tolerancia a la frustración. Evalúa sus actos de manera objetiva y se impone consecuencias en función de lo que generan en el medio y en las personas que le rodean. Por supuesto, tendrá días en los que no quiera ordenar su habitación o se rebele contra los límites impuestos en casa. La adolescencia implica este tipo de comportamientos, pero llegará a adulto habiendo desarrollado su capacidad de autocontrol.

El ejemplo de Dani sirve para cualquier niño en lo que a logros se refiere, siempre y cuando los padres se mantengan firmes y constantes con las consecuencias que el niño recibe por sus comportamientos.

Tercera parte

Tiempo de calidad

Capítulo VIII

La estimulación

Gracias a los adelantos en las distintas ciencias sabemos que los niños están llenos de capacidades en potencia que tienen que desarrollarse en un momento determinado.

Cuando estamos con nuestros hijos podemos simplemente dejar pasar el tiempo o estimular sus capacidades. Proponemos la segunda opción, y vamos a explicar cómo hacerlo a través de las rutinas o mediante actividades lúdicas. Porque cuando un aprendizaje no se produce en el tiempo que le corresponde será complicado recuperarlo después. Para saber cuál es ese momento habrá que consultar las tablas de desarrollo que describen minuciosamente qué desarrollar y cuándo, sin olvidar que cada niño es distinto y tiene diferentes tiempos de aprendizaje.

En las edades que nos ocupan puede ocurrir que un niño no adquiera un determinado aprendizaje, que lo haga más despacio o que presente problemas. Está comprobado que la detección precoz de estos retrasos los hace mucho más fáciles de resolver. Por el contrario, los niños cuyos retrasos en el habla o el caminar se han pasado por alto suelen presentar problemas posteriores.

Es función de los padres proporcionar a sus hijos experiencias que provoquen el desarrollo de su potencial en el sentido más amplio de la palabra. Hacerlo es estimularlos y dar calidad al tiempo y a la relación con ellos.

1. ¿QUÉ ES LA ESTIMULACIÓN?

Practicamos la estimulación cuando realizamos acciones encaminadas a potenciar y desarrollar respuestas en el niño para que lleve a cabo comportamientos que hasta el momento no practicaba o lo hacía con poca frecuencia.

Hoy sabemos qué capacidades corresponden a cada momento evolutivo del niño y establecer una serie de actuaciones que, presentadas de forma lúdica y dentro de las distintas rutinas de casa, provoquen nuevos aprendizajes. La suma de estas acciones, unida a los cuidados, miradas, palabras, mimos y juegos que realizamos con nuestro hijo, alientan respuestas de tipo motor, cognitivo y afectivo-relacional que van a ir construyendo habilidades y capacidades superiores más complejas.

La correcta estimulación implica un conjunto de acciones encaminadas a proporcionar al niño las experiencias que necesita para desarrollarse y, cuanto más precoz sea la aplicación de estas acciones, más eficaces serán. La estimulación requiere una intervención global, nunca una sola actuación.

Para estimular al niño hay que tener conocimientos sobre la materia. Lo primero que debemos saber es que el ambiente es ya de por sí estimulante. Las voces, los ruidos, la luz, los sonidos y la temperatura comienzan a influir sobre nuestro hijo desde antes del nacimiento.

Estos conocimientos que tenemos ahora, y que difieren tanto del concepto antiguo de que los bebés «no se enteran de nada», se deben a las investigaciones en los campos de la neurología, la psicología, la educación y la genética, y a las nuevas técnicas con cámaras y ecografías tridimensionales para observar al feto, las tomografías que revelan los grados de actividad y la formación de circuitos en el cerebro del bebé.

Hoy se sabe que todos nacemos con un equipamiento genético, pero esto no es suficiente para que desarrollemos nuestra inteligencia. Hay muchas otras experiencias que podemos proporcionar a nuestro hijo y que ponen en marcha su cerebro.

Nuestro hijo nos agradecerá todo lo que hagamos por él en su proceso evolutivo, crecerá sano y con un desarrollo óptimo de su inteligencia.

> ✓ **¿Para qué estimular?** Para que el aprendizaje sea óptimo y se realice en el periodo adecuado.
> ✓ **¿Por qué empezar cuanto antes?** Porque el bebé tiene momentos idóneos para aprender, estadios críticos que no hay que desaprovechar.

1.2. El desarrollo del cerebro y la estimulación

Imaginemos que en el cerebro de un bebé hay millones de pequeñas neuronas (células nerviosas del cerebro) esperando a que se les asigne una función. Cuando una madre canta una nana a su hijo mientras lo sostiene contra su pecho, está poniendo en marcha esa distribución del trabajo; una neurona se conecta a la otra y así sucesivamente, formando una red neuronal.

Con la estimulación del mundo que rodea al bebé —luz, sonidos, olores, voces— y la que le ofrecen los padres, su red neuronal se volverá cada vez más compleja. Cuantas más experiencias viva, más sólidas serán sus conexiones sinápticas, es decir, las relaciones que tienen que establecer las neuronas para que el bebé desarrolle sus capacidades. Las que no se ejercitan se atrofian.

Si la comida es el alimento para el desarrollo físico, las experiencias lo son para el desarrollo del cerebro.

El papel de los padres es fundamental para proporcionar experiencias a su hijo. Si le acercan un móvil para que lo mire y toque, si le cantan una canción para que la escuche o se mueva, facilitan el establecimiento de nuevas conexiones. Todas las experiencias actúan sobre su desarrollo integral.

1.3. ¿Son más listos los niños de hoy?

Oímos frecuentemente decir que los niños de hoy «son más despiertos», que «saben latín». Con ello se quiere decir que manifiestan determinadas habilidades a edades más tempranas que los niños de generaciones anteriores.

La vida actual tiene varias ventajas:

- El hogar y el entorno familiar son más enriquecedores. El mundo alrededor del niño se ha ampliado. Es frecuente salir los fines de semana, ir a casa de familiares, al campo, a la playa, visitar grandes superficies, teatros, cines, restaurantes, ir a conciertos y parques infantiles. Hay un inicio temprano de las actividades deportivas, como la natación, los juegos de pelota, la bicicleta. Y, normalmente, las primeras vacaciones tienen lugar ya en el primer año de vida.

- Los hogares están dotados de medios audiovisuales que estimulan su oído y su vista.
- El niño asiste pronto a guarderías y escuelas infantiles que incluyen en sus programas recursos y técnicas para estimular su desarrollo evolutivo, sin olvidar la importante estimulación social del contacto con otros niños.

Desde el momento en que el bebé viene al mundo es responsabilidad del padre y de la madre por igual procurarle una correcta salud física, psíquica y social, como aconseja la Organización Mundial de la Salud. Las actitudes de los padres y una correcta estimulación tienen un solo fin: que el niño crezca feliz y sano.

La estimulación temprana no pretende crear «supernidos», sino proporcionarles experiencias precoces que animen su desarrollo. Estas experiencias deberán ser adecuadas a sus rutinas diarias y a sus momentos de juego con los padres o en soledad. Se trata de aprovechar su necesidad innata de descubrir el mundo y su potencial: los bebés siempre están en movimiento, explorando todo lo que está a su alcance.

2. LA IMPORTANCIA DE LA ESTIMULACIÓN

Cualquier experiencia que facilitemos al niño, incluso antes de nacer, lo estimula y, como consecuencia, le ayuda a desarrollar todo el potencial del que goza y que no sabrá utilizar si no cuenta con un guía, un maestro que le ayude a emplearlo.

En los cuatro primeros años el pequeño realiza los aprendizajes más importantes de su vida. Y los padres deben procurar que sus capacidades se desarrollen en el momento adecuado. Para ello deben disfrutar con su hijo de un tiempo diario de estimulación, basado en jugar, programar actividades, charlar, coleccionar, compartir aficiones, aprender juntos...

2.1. ESTIMULACIÓN ANTES DE NACER

El feto está completo a los tres meses, aunque aún le queda mucho por desarrollar y crecer. Las nuevas técnicas nos muestran un diminuto ser que se mueve en el líquido amniótico, parpadea, se chupa el pulgar y agita brazos y piernas. A partir del cuarto mes puede percibir cómo el corazón de la madre bombea sangre. Su sonido rítmico funciona como una nana, le calma. Hacia el sexto mes de gestación es capaz de notar las voces: ya podemos hablarle, ponerle música, cantarle.

Una buena idea es acudir a clases de natación para embarazadas. La finalidad es que la madre ejercite su musculatura para el momento del parto, pero si el feto está al principio del cuarto mes, con el laberinto del oído ya formado, también se estimula su sentido del equilibrio.

El bebé llega al mundo con el sentido del tacto desarrollado. Durante la gestación, el hecho de acariciar el vientre materno estimula su sensibilidad táctil. El olfato y el gusto están plenamente desarrollados en el momento de nacer. Nada más llegar al mundo, el bebé distingue el olor de su madre.

2.2. Desde que el bebé nace

A partir del nacimiento y hasta los 3 o 4 años, el niño hace las adquisiciones más importantes de su vida. Al nacer deja de depender del alimento y el oxígeno de la madre e inicia una carrera de crecimiento imparable como ser autónomo. No es un ser pasivo, sino que trabaja duro en su proceso de desarrollo. Nace inmaduro. Su cráneo flexible, formado por 22 huesos distintos, aún no se ha soldado y tiene agujeros (las fontanelas); el corazón no está listo aún; los pulmones muchas veces tampoco; los riñones pueden estar inmaduros. El cerebro inicia desde el momento del nacimiento una carrera para aumentar su peso y tamaño. Al igual que la gimnasia desarrolla los músculos, ejercitar el cerebro del bebé le lleva a realizar una serie de conexiones y circuitos muy complejos para procesar la información recibida.

2.3. La estimulación crea niños felices

Algunas de las razones por las que es necesaria la estimulación:

- Fomenta el contacto físico con los adultos.
- Permite que los padres y su hijo se conozcan, que establezcan una relación afectiva positiva para ambas partes.
- Pone de manifiesto las capacidades del niño.
- Aprovecha los momentos clave para desarrollar la inteligencia. Las experiencias que se le proponen al pequeño amplían sus capacidades cuando puede desarrollarlas, nunca antes.
- Forma la personalidad del niño, aumenta su autoestima y fomenta su inteligencia y el desarrollo de sus

capacidades, basándose en la aceptación, el respeto y el amor hacia el niño.

- Posibilita la detección precoz de problemas y retrasos en el desarrollo.

La estimulación requiere:

- El desarrollo de vínculos afectivos, el buen humor, el trato amable y cariñoso.
- La creación de un espacio físico agradable, motivador, divertido e higiénico dentro de la casa.
- El uso de espacios abiertos.
- La utilización de materiales múltiples, domésticos, reciclables, comerciales.
- El juego como eje central de todas las actividades.

2.4. LA TEORÍA DE LAS VENTANAS

Algunos investigadores llaman «ventanas» a los periodos en que la oportunidad para que se desarrolle una determinada capacidad es óptima. Si no se estimula el cerebro durante ese tiempo específico, esa ventana se cierra.

A continuación enumeramos las ventanas clave de desarrollo, es decir, los periodos óptimos para procurar el aprendizaje de cada una de las capacidades del niño:

- Relaciones sociales: de 0 a 18 meses.
- Habilidades motrices: de 0 a 4 años.
- Habla y conversación: de 0 a 3 años.
- Matemáticas y lógica: de 1 a 4 años.
- Música: de 3 a 12 años.
- Aprendizaje de un idioma extranjero: de 0 a 10 años.

Si una ventana se cierra, puede que ya no se vuelva abrir, es decir, estamos desperdiciando los momentos idóneos para que el niño aprenda. Si esa oportunidad pasa, no significa que ya no se pueda hacer nada, pero sí que el aprendizaje entrañará mayor dificultad.

La teoría de las ventanas viene a decir «ahora o nunca», y este tendría que ser el lema de los padres al estimular a su hijo. El cerebro infantil está dotado de una increíble plasticidad. Oímos frecuentemente decir que los niños son «como esponjas». Es la llamada neuroplasticidad, la capacidad que tiene cada una de las neuronas para conectarse y desempeñar funciones nuevas.

Si ponemos frente a un ordenador a un niño de 3 años y a su abuelo de 60, comprobaremos que el pequeño aprende rápidamente a encenderlo y manejarlo. El abuelo también, pero le costará más; deberá hacer muchos ensayos y errores, tardará más tiempo, olvidará cosas.

La aplicación de experiencias estimulantes será mucho más eficaz si el padre y la madre se ponen de acuerdo en qué hacer y cómo:

- Si queremos potenciar el desarrollo integral del niño, todas las actividades de estimulación deben ser coordinadas.
- Los medios que empleemos para trabajar con el pequeño han de ser elegidos por los dos.
- Los padres son los jefes del equipo: deben ponerse de acuerdo en los objetivos que hay que conseguir.

El control emocional y el del tono de voz deben ser los mismos en el padre y en la madre. Por ejemplo, ante una negativa del niño —a comer, a dormir, a salir de la bañera— con su consiguiente rabieta, si uno habla en un tono de voz bajo y el otro grita, estaremos creando un ambiente inseguro para el pequeño, que no sabrá a quién mirar o creer.

Para aunar criterios, lo más eficaz es dialogar. Podemos ponerlos por escrito en algún lugar de la casa para no olvidar que son normas de funcionamiento. Si lo conseguimos, estaremos dando a nuestro hijo un entorno psíquico seguro.

2.5. LA FALTA DE ESTIMULACIÓN

Hay una gran diferencia en la actitud de los padres que se preocupan por la estimulación de su hijo y los que no, visible ya en los primeros meses de vida.

Los niños a los que no se estimula pasan mucho tiempo acostados o sentados en el mismo lugar y se les habla solo lo indispensable. Es como si se les tratara con indiferencia.

El desarrollo de la mente depende de que se establezca la red que conecta unas neuronas con otras; cuantas más experiencias tenga el niño, más conexiones harán esas neuronas, que se comunican por impulsos eléctricos. Esto lo tienen claro los padres que le sonríen, le hablan, le llevan de paseo, juegan con él o le facilitan objetos que le hacen probar capacidades nuevas. En definitiva, le dedican un tiempo de calidad en vez de limitarse a pasar tiempo con él.

La falta de estimulación da lugar a niños con pautas de desarrollo atrasadas: tardan en levantar la cabeza, no miran cuando se les llama, se sientan o caminan después que los demás, su lenguaje evoluciona tarde, son apáticos, parecen faltos de vivacidad y energía, sonríen poco.

Existen testimonios de padres que han adoptado a niños que vivían en hospicios en países que no cuentan con medios de estimulación. Los pequeños no tenían el grado de desarrollo esperable a su edad, presentaban atraso psicomotor —por ejemplo, no caminaban con

2 años—, atonía muscular, retraso del lenguaje, de hábitos, etcétera.

Trasladados a los hogares adoptivos, con experiencias nuevas, evolucionaron rápidamente.

Iván y Ana han vivido historias similares. Ambos estuvieron en orfanatos. Con 2 años se pasaban el día en la cuna, en dormitorios con poca luz, sin atención personalizada. Cuando los adoptaron, presentaban un retraso muy importante en el lenguaje, no caminaban, no tenían tono muscular, reaccionaban lentamente a los estímulos —sonrisas, canciones, juguetes— que les presentaban los padres y lloraban mucho. Cuando se sintieron seguros en sus hogares de acogida, con familias que se preocuparon de su desarrollo, rodeados de afecto y estimulados de manera continuada y firme, fueron adquiriendo, poco a poco, nuevas capacidades. Tener las experiencias que el medio les había negado hasta la fecha de su adopción fue decisivo, aunque su evolución fue más lenta que la de los niños cuyo ambiente había sido estimulante desde el principio. Hoy, Iván, con 7 años, es despierto, alegre y un excelente nadador. Por su parte, Ana, de 8 años, es vivaz, inteligente y monta a caballo de forma prometedora, según su profesor.

3. LO QUE SE ESPERA QUE HAGA TU HIJO SEGÚN LA EDAD

Cuatro son las áreas a estimular: la motora, la cognitiva, la del lenguaje y la social. Para saber por qué debemos hacer con el niño distintos ejercicios es preciso conocer primero qué adquisiciones corresponden a su edad. Conviene recordar que cada niño tiene sus propias características y que los tiempos son orientativos. No debemos preocuparnos si tarda un mes más en gatear o si se retrasa en empezar a hablar; lo importante es que no cese en la adquisición de capacidades.

Describimos los objetivos para los cuatro primeros años por ser la etapa en la que más efecto tienen los programas de estimulación. A partir de este momento hablaríamos de necesidades específicas, si las hubiera, en áreas concretas.

3.1. ÁREA MOTORA

LOS TRES PRIMEROS MESES

- Tiene movimientos reflejos e involuntarios.
- Mantiene los puños cerrados con el pulgar hacia dentro y flexionado.
- Si le damos un aro, lo sujeta con una mano durante unos segundos.
- Juega con sus manos.
- Acostado boca abajo, levanta la cabeza.
- Puede cambiar de posición (volverse de costado sobre la espalda).
- Controla la cabeza.

DE 3 A 6 MESES

- Se lleva las manos a la boca.
- Se toca la cara.
- Toma y agarra objetos.
- Coge los objetos con las dos manos al mismo tiempo.
- Estando boca arriba, se gira hasta quedar boca abajo.
- Patalea.
- Se apoya en las manos y en los antebrazos.
- Mantiene la cabeza erguida cuando está sentado.
- Se lleva los pies a la boca.

DE 6 A 9 MESES

- Sostiene un objeto en cada mano.
- Pasa un objeto de una mano a otra.
- Comienza la prensión usando el índice y el pulgar.
- Es diestro con las dos manos.
- Hace rodar una pelota con una mano.
- Intenta arrastrarse apoyándose en sus manos.
- Se sienta, apoyado en sus manos.
- Se sienta solo.
- Comienza a gatear o consigue desplazarse de algún modo.

DE 9 MESES A 1 AÑO

- Se lleva a la boca un trozo de pan.
- Señala con el dedo índice un objeto o un lugar determinados.
- A veces, muestra preferencias por una mano.
- Saca juguetes de una caja.
- Manifiesta grandes logros en el desplazamiento y en la posición de pie.
- Cuando está sentado, se mece.
- Se pone de pie.
- Estando de pie, es capaz de sentarse.
- Camina con apoyo.

DE 1 AÑO A 1 AÑO Y MEDIO

- Abre y cierra cajones.
- Enciende y apaga la luz.
- Recoge juguetes del suelo sin caerse.

- Sube y baja escaleras de frente, de espaldas y también sentado.
- Camina solo.
- Mejora su equilibrio.
- Le encantan las actividades con movimiento.
- Se cae a menudo.

DE 1 AÑO Y MEDIO A 2 AÑOS

- Perfecciona la prensión de objetos pequeños por pinza (índice y pulgar).
- Introduce cosas en cajas, botellas y ranuras.
- Construye torres con bloques.
- Puede arrastrar un juguete mientras camina.
- Se sube a los muebles y disfruta.
- Da puntapiés a una pelota.
- Baila con música.
- Se balancea.

DE 2 A 4 AÑOS

- Manipula todos los objetos.
- Arranca sonidos a los instrumentos musicales, sobre todo de percusión.
- Pedalea en un triciclo.
- Salta con seguridad.
- Se columpia.
- Corre y trepa.
- Se tira de un escalón.
- Usa los juegos del parque.
- Sabe abrochar un botón.
- Su equilibrio, movimientos y coordinación se perfeccionan.

- Puede y debe dar paseos a pie.
- Se pone sus zapatos y zapatillas.
- Utiliza los cubiertos en la mesa.

3.2. Área cognitiva

Los tres primeros meses

- Reconoce a su madre por la voz.
- Dirige la cabeza y los ojos a la fuente del sonido.
- Sigue visualmente a personas u objetos (móviles, sonajeros).
- Responde a los sonidos con sobresalto, deteniendo o acelerando la respiración y con parpadeo.
- Los objetos solo existen si están a la vista.
- Mira hacia una fuente de luz.
- Agita un sonajero y se lo lleva a la boca para conocerlo.
- Su campo visual va ampliándose.

De 3 a 6 meses

- Explora sus manos y dedos.
- Gira la cabeza al sonido de voces y ruidos.
- Su audición se ha desarrollado mucho.
- Agita juguetes y disfruta con los que producen sonidos.
- Vuelve la cabeza si se le llama.
- Se estira para alcanzar objetos que se le han caído.
- Amplía cada vez más su campo visual ayudado por el dominio de su cabeza.
- Tiene memoria para reconocer a personas (se agita, patalea, sonríe).

- Posee memoria para reconocer juguetes.
- Responde con sonrisas.
- Ríe a carcajadas.

DE 6 A 9 MESES

- Mira todos los objetos que lo rodean.
- Tira objetos al suelo.
- Puede concentrarse durante 5 minutos en un objeto o actividad.
- Se lleva a la boca todo lo que encuentra, explora.
- Busca cosas escondidas.
- Juega al escondite.
- Aprende imitando.
- La música y las canciones llaman vivamente su atención.
- Puede dar distintos usos a un palo.
- Su memoria se ha desarrollado mucho.
- Conoce objetos y los busca cuando se lo piden.

DE 9 MESES A 1 AÑO

- Reacciona a las palabras familiares.
- Conoce su nombre.
- Desarrolla la noción de causa-efecto (aprieta un botón para que suene música).
- Tira de un hilo para arrastrar juguetes.
- Hace sonar una campanilla, se sorprende y repite.
- Comienza a especializar una de las manos, la usa más en sus manipulaciones.
- Su memoria a largo plazo le permite recordar cosas ocurridas días antes.
- Los colores vivos son sus preferidos.

- Obedece órdenes como «dame la pelota».
- Hace gracias, dice adiós, y aplaude con las palabras «bien», «campeón», etcétera.

DE 1 AÑO A 1 AÑO Y MEDIO

- Pasa páginas de un libro con curiosidad.
- Comprende una prohibición, se detiene.
- Reacciona al no.
- Sostiene una taza y bebe.
- Responde siempre al oír su nombre.
- Señala lo que desea, y si no lo logra, se enfada y llora.
- Sus desplazamientos comienzan a darle autonomía, decide adónde ir y qué coger.
- Busca juguetes guardados.
- Comienza a desarrollar su creatividad.
- Aumenta gradualmente el tiempo en que está atento.

DE 1 AÑO Y MEDIO A 2 AÑOS

- Al pasar las páginas de un libro, emite exclamaciones, señala con un dedo y nombra objetos: guau-guau, ten, pan, coche.
- Construye torres de cinco cubos.
- Muestra partes del cuerpo de una muñeca al preguntarle.
- Pide comer y beber.
- Se le pueden encargar cosas: «Trae el mando de la tele».
- Aprende formas y tamaños mientras juega. Cuanto más estimulantes sean las experiencias, más recor-

dará lo que ha vivido (visita al zoo, obra de teatro, cumpleaños, Reyes Magos).

- Finge situaciones en sus juegos que imitan la vida real.
- Está en proceso de aprendizaje acelerado.

DE 2 A 4 AÑOS

- Imita, juega a las cocinitas, da de comer a muñecos, simula carreras de motos y coches, ayuda en la cocina si se le asignan tareas fáciles.
- Se deleita con los detalles al hojear un libro.
- Reconoce a familiares en una fotografía.
- Va adquiriendo nuevas habilidades en contacto con otros niños.
- Asigna cualidades humanas a objetos inanimados.
- Su imaginación se amplía.
- Es capaz de utilizar símbolos.
- Comienza a contar objetos.
- Clasifica juguetes: bolas rojas, bolas azules, animales de la selva, animales domésticos, animales de granja.
- Tiene una mayor capacidad de concentración.
- Se designa a sí mismo por su nombre.
- Imita trazos verticales y horizontales.
- Reconoce su nombre escrito.

3.3. ÁREA DEL LENGUAJE

LOS TRES PRIMEROS MESES

- Emite sonidos guturales.
- Se comunica por el llanto.
- Grita.

- Hace sonidos simples.
- Balbucea.

DE 3 A 6 MESES

- Vocaliza cuando se le habla.
- Hace gorgoritos y ruido de labios.
- Aparecen los gritos agudos.
- Emite nuevos sonidos con la lengua y las cuerdas vocales.
- Reconoce y distingue entre un tono de voz cariñoso y otro tono más fuerte y agresivo.
- Distingue cuando se le habla en otro idioma.

DE 6 A 9 MESES

- Vocaliza sílabas: gi, pai, ru, ga.
- Aparecen las consonantes m, p, b.
- Balbucea en respuesta.
- Burbujea con los labios, juega.
- Simula hablar con sus juguetes.
- Desarrolla un lenguaje comprensivo práctico.
- Al llorar y balbucear tiene distintas entonaciones que expresan su estado de ánimo, sus emociones.
- Imita sonidos.

DE 9 MESES A 1 AÑO

- Aparecen las primeras palabras con significado.
- Repite los sonidos que escucha (la última sílaba de la palabra).
- Imita algunos sonidos: toses, estornudos, etcétera.

DE 1 AÑO A 1 AÑO Y MEDIO

- Empieza a decir otras palabras además de mamá y papá.
- Pronuncia una media de seis palabras.
- Con una palabra expresa toda una frase.
- Pide cosas con acompañamiento vocal y del cuerpo dirigido al objeto deseado: ame, ama.
- Ante una imagen, nombra cosas.
- Responde cuando se le pregunta «¿qué es esto?».
- Aprende nombres de partes del cuerpo.
- Emite monólogos y disfruta.
- Su lenguaje comprensivo es más extenso que el lenguaje hablado.

DE 1 AÑO Y MEDIO A 2 AÑOS

- Asocia dos palabras: mamá aba, pupa nene, papá oche.
- Posee palabras para pedir comida o bebida: aba, eche, pan.
- Se designa por su nombre: Avi no quere, dale a Avi.
- A la pregunta «¿Qué es esto?» responde a veces con palabras deformadas como ten, chuf chuf.
- Pide pis o caca.
- Forma frases de varias palabras: «Dale pan a Avi».
- Emplea los pronombres yo y tú.

DE 2 A 4 AÑOS

- Su lenguaje se amplía mucho (algunos se revelan como auténticos charlatanes).
- Emplea los pronombres tú, yo y nosotros.

- Repite frases.
- Conoce verbos de acción: ladra, corre, muerde, sopla.
- Si se le muestran imágenes de un libro, las nombra.
- Comprende las órdenes que se le dan.
- Repite una media de seis frases: «Es un día bonito», «Está lloviendo mucho», etcétera.
- Sabe contestar ante la frase «Dime qué es lo que... pica, muerde, vuela, ladra, quema, pincha, corta, gruñe, ruge o duerme» (hay que tolerar las equivocaciones).
- Mantiene largas conversaciones con sus juguetes.
- El lenguaje le sirve para relacionarse socialmente con otros niños.
- Pregunta con frecuencia: «¿Tú cómo te llamas?», y contesta: «Yo Avi».

3.4. ÁREA SOCIAL

LOS TRES PRIMEROS MESES

- Deja de llorar cuando la madre se acerca y le habla.
- Comienza a sonreír.
- Su mirada enfoca a la persona.

DE 3 A 6 MESES

- Su cuerpo se pone en acción ante la presencia de seres queridos como los padres o los hermanos.
- Agita las manos, intenta levantar la cabeza.
- Ríe con las gracias de otros.
- Da gritos de alegría.
- Sonríe ante el espejo.

De 6 a 9 meses

- Responde a su nombre y sonríe.
- Distingue las caras conocidas de las desconocidas.
- Puede llorar o expresar temor ante los extraños.
- Empieza a entender gestos de reprobación, como un no.
- Da una respuesta emocional ante una situación: «Di adiós a papá».

De 9 meses a 1 año

- Abraza y besa a sus juguetes, les habla.
- Repite un acto que ha provocado risas.
- Juega a quitarse la toalla de la cabeza, al escondite, a cucú-tras.
- Da algo cuando se le pide.

De 1 año a 1 año y medio

- Empieza a afirmar su personalidad, intenta mandar.
- Sacude la cabeza para decir no.
- Quiere hacer cosas solo: comer, colocarse prendas.
- Comienza a afirmar su sentido de autonomía, surgen los berrinches.
- Aún no quiere prestar juguetes.
- Puede sentir celos.

De 1 año y medio a 2 años

- Juega con otros niños.
- Le cuesta compartir juguetes.

- Se esfuerza por llamar la atención.
- Es capaz de comprender ciertas reglas simples (aunque no las cumpla).
- Se siente seguro con la rutina del hogar y de la guardería.
- Comienza a expresar su interés por el orinal.
- Llora cuando se separa de los padres.
- Se esfuerza por conseguir la atención de los padres.

DE 2 A 4 AÑOS

- Puede mostrarse tímido cuando se le deja al cuidado de otra persona.
- Hay disputas cuando juega con sus iguales.
- Quita los juguetes a otros niños.
- Comienza a compartir juguetes.
- Cuando algo no sale como él espera, manifiesta rabietas.
- Elige lo que quiere comer o lo que va a ponerse de ropa.
- Tiene noción de sí mismo y protege sus pertenencias y su espacio.
- Ayuda a guardar los juguetes.
- Le cuesta alejarse de los padres (algunos niños siguen a su madre a todas partes sin despegarse de ella).
- Realiza juegos simbólicos o imaginarios.

4. PRUEBA A HACERLO TÚ

Cuando los padres se plantean estimular a su hijo han de saber, en primer lugar, que lo que hagan será decisivo para su desarrollo. Tienen que seguir sus pautas evolutivas, y para ello, aunque la edad les servirá de guía, hay que tener en cuenta que cada niño es diferente. Estimularlo no significa intentar dominarlo, sino trabajar y jugar sin imponerse. Le estamos dando su tiempo, que es distinto al nuestro.

Se pueden seguir los consejos que aquí se dan, pero hay que tratar de ser creativos, usar la imaginación. Cuando padres e hijo disfrutan y les resulta divertido y placentero, seguro que están alcanzando el objetivo.

4.1. ¿QUÉ «MATERIALES» SE PUEDEN USAR PARA ESTIMULAR?

Lo mejor que podemos utilizar para la estimulación está en nosotros, son nuestros propios recursos: la voz, el canto, el baile y los movimientos. Cuando usamos estos «materiales», estamos en contacto íntimo con nuestro hijo y le proporcionamos seguridad emocional.

Algunos especialistas afirman que la región específica del cerebro que regula las emociones también influye en el desarrollo de las habilidades cognitivas del niño, es decir, que su felicidad y bienestar están directamente relacionados con el desarrollo intelectual.

El niño es muy sensible a:

- Los diferentes tonos de voz: alegre, triste, de reproche (si observamos su cara, veremos el impacto que provocamos).
- Nuestras manifestaciones de cariño: sonrisas, risas, besos, caricias, abrazos.
- Las diferentes expresiones de la cara.
- La música.
- La expresión corporal, el baile, los movimientos.

Proponemos una serie de juegos y ejercicios que facilitan el desarrollo de las capacidades del niño. Deben llevarse a cabo sin perder de vista su momento evolutivo, descrito en el capítulo III.

Antes de empezar, hay que recordar que:

- La estimulación es un tiempo de calidad que dedicamos a nuestro hijo. Esto quiere decir que habrá que plantearse la frecuencia y duración que se le va a dedicar. De nada vale saber lo importante que es y lo que se logra con ella si no se practica todos los días.
- Debe dosificarse, adecuarse a la edad del niño y a su etapa de desarrollo, teniendo en cuenta que al hacer un ejercicio trabajamos varias áreas a la vez.
- No hay que compararlo con otros niños; eso nos puede llevar a forzar su ritmo y excedernos en la estimulación.
- Hay que evitar las actividades demasiado estructuradas; el pequeño debe tener sus ratos libres, tomar iniciativas:..
- El ambiente por sí solo estimula y enriquece la vida del niño. Llevarle a lugares distintos, programar salidas y excursiones, proporcionarle actividades y contacto con otras personas es estimulante.
- Toda tarea debe tener una motivación. Si nuestro hijo no la encuentra, perderá el interés, se negará a la estimulación.
- Cuando vayamos a practicar un ejercicio de estimulación hay que reducir las distracciones ambientales; la televisión o la radio tienen que estar apagadas y los hermanos en otra habitación.
- El niño ama el juego, por eso hay que presentar como tal el ejercicio que queramos hacer; si no, se aburrirá.

El paseo

Cada vez que sacamos a pasear al bebé en su silla le estamos ofreciendo mil experiencias nuevas: la calle con sus movimientos, sonidos y colores, la gente que pasa y le sonríe, los niños que se acercan, los animales, los árboles, etcétera.

El bebé memorizará las experiencias del paseo. Basta observar su alegría cuando le anunciamos que vamos a pasear a la calle. Con pocos meses ya quiere empujar él solo su sillita y se muestra muy contento. Aparte de la estimulación sensorial que recibe —visual, auditiva, olfativa, térmica—, en el paseo desarrolla sus relaciones sociales: el vecino en el ascensor, la amiga que encuentra en el camino, el dependiente de la tienda, todos le saludan, le hablan, le llaman por su nombre, le sonríen. Con un poco de ayuda, también el bebé empezará pronto a agitar su mano para saludar.

El baño

Hay una experiencia maravillosa que podemos compartir con nuestro hijo pequeño: meternos con él en la bañera, un jacuzzi o una piscina y jugar, tocarlo, masajearlo, ponerlo contra nuestro pecho, subirlo en una pierna y hacer el caballito mientras decimos:

Javi se fue a París en un caballito gris.
Al paso, al paso;
al trote, al trote;
al galope, galope, galope.

En el galope el niño cae, mete brevemente la cabeza dentro del agua y es un momento muy divertido y placentero para ambos. También se trata de una actividad ideal para conocer y nombrar las partes del cuerpo.

La natación

Los niños pueden aprender a nadar muy pronto. El líquido es su medio natural hasta el nacimiento y, en cuanto se familiaricen con el agua, disfrutarán mucho. El contacto con el agua, tanto en la piscina como en el mar, debe ser paulatino. Es aconsejable que primero juegue con la pala y el cubo en la orilla, sin insistir, sin forzarlo. Otro día se le puede meter en el agua en brazos, procurando que solo se moje las piernas, y así paulatinamente. Aprovechemos los múltiples cursos de natación para bebés y apuntémonos con él.

LOS TRES PRIMEROS MESES

El primer mes es quizá el más difícil de la vida del ser humano. El recién nacido tiene que adaptarse a vivir en un medio distinto del intrauterino, a la luz, al frío, al calor, los ruidos, las voces. Tiene que respirar, succionar, tragar. Depende por completo de sus padres; solo no podría sobrevivir.

Para conseguir que vaya sincronizando su ritmo con el de los adultos debe aprender algunas rutinas: la distribución del sueño y la vigilia. Las horas de alimentación. La hora del baño. El cambio de pañales.

En el primer mes de vida, las exigencias del estimulante mundo que le rodea ponen en marcha el proceso de aprendizaje. Comienza a relacionarse y a recibir información a través de los sentidos. Es importante que le procuremos experiencias para sus sentidos, ya que de esta manera estamos influyendo en los procesos cognitivos.

En este periodo debemos estimularlo mucho con la voz, hablándole con suavidad y sin gritarle: cantarle nanas, canciones infantiles y temas populares o ponerle música.

Cuando le demos el pecho o el biberón tenemos que hablarle, decirle lo guapo que es, cuánto le queremos, llamarle por su nombre, enseñarle quién es papá y quién es mamá.

El sonido de sonajeros y campanillas es parte importante de la estimulación del oído. Desde que nace, se pueden apreciar cambios en su ritmo cardiaco y en la respiración como respuesta a voces y sonidos: reacciona así a la información que recibe. También puede llorar y agitar los brazos y las piernas ante un ruido desagradable o estridente. El tacto es una fuente de estímulos placenteros.

Cuando lo tocamos, le ayudamos a diferenciar las distintas partes de su cuerpo, a que tome conciencia de sí mismo. Hay que acariciarle mucho. Desde que nace, podemos nombrarle las partes de su cuerpo mientras le damos un masaje. El recién nacido distingue los olores; los fuertes le desagradan. No es recomendable utilizar jabones, colonias o suavizantes de ropa con perfumes intensos. En el primer momento el sentido del gusto está muy unido al del olfato. Su sabor preferido es el de la leche que le alimenta y le calma.

Progresivamente el bebé irá aumentando su capacidad de discriminación visual. Muy pronto será capaz de seguir con la mirada formas que se mueven. Podemos ponerle un juguete móvil sobre su cuna, con colores, que dé vueltas y tenga música. Al principio solo lo mirará; luego estirará la mano e intentará cogerlo.

Conviene cambiarle de sitio la cuna y la silla. Un día, que mire hacia la ventana, para que vea la luz del sol, los cambios de luminosidad, las cortinas que se agitan con la brisa; otro hacia la puerta, que se abre y se cierra, por donde entra mamá y otra gente que le saluda, lo llaman por su nombre, le dicen adiós al despedirse. Al ampliar su espacio le enriquecemos con experiencias nuevas.

También podemos colocar en su mano aros, argollas, sonajeros para que los coja. Como tiene la mano cerrada con fuerza por el reflejo de prensión, le acariciamos la parte externa de su puñito para que lo abra. También podemos poner nuestro dedo en su mano y, cuando lo agarre, tirar suavemente hacia arriba. Cuidado: si no sostiene todavía la cabeza, hay que evitar que caiga hacia atrás.

El bebé primero tendrá el control de la parte central de su cuerpo: la cabeza y el tronco. Luego lo extenderá hacia los laterales: los brazos, las manos y los dedos. Esto se llama patrón próximo-distal. Hay también un patrón céfalo-caudal, es decir, de arriba abajo, de la cabeza a los dedos de los pies. Son los patrones por los que hemos pasado todos nosotros. Conocerlos nos ayudará a programar nuestras actividades con los bebés, en función de sus pequeñas conquistas. Por ejemplo, no debemos intentar que coja una pelota con la mano si antes no ha sostenido la cabeza. Tampoco podrá patear una pelota antes de dominar su tronco (sentarse o caminar).

Para ayudarlo a fortalecer los músculos que sostienen su cabeza, tiramos de sus brazos suavemente como para levantarle, partiendo de la posición de acostado boca arriba. Al principio le cogemos de los codos, luego de las manos.

Podemos sentarlo en nuestras rodillas, de espaldas a nosotros, apoyándolo en nuestro pecho; así su cabeza y su tronco tienen una sujeción segura, y si hay más gente, mejor, porque al bebé le gustará observarla y participar en el círculo social. En esa posición de sentado que tanto le gusta, puede abarcar los movimientos de la familia y habituarse a los muebles y otros objetos. Su desarrollo es más rápido, se familiariza con su entorno, maduran sus capacidades visuales y gana mucho en el área social.

Aprovechemos algunos momentos para balancearlo: le cogemos los brazos o las manos y los movemos como si bailara mientras le cantamos o tarareamos una canción.

Cuando esté acostado de espaldas podemos flexionarle las piernas suavemente hasta el pecho, primero una y luego la otra; después las dos a la vez. Al presionar su tripita le ayudamos a expulsar gases molestos y dolorosos, al tiempo que hace gimnasia.

Como aún no se desplaza, lo podemos dejar solo algunos momentos, acostado en una colchoneta en el suelo con un pequeño gimnasio encima de él con móviles, luces, sonidos, un espejo en el que mirarse. En todo momento debemos mantener un contacto físico cariñoso, es decir, besarlo, acariciarlo, hablarle con ternura, y que él vea en nuestra mirada lo mucho que le queremos.

DE 3 A 6 MESES

A partir de ahora la imaginación de los padres debe aumentar. Su actitud, el conocimiento del momento evolutivo de su hijo y las experiencias que le brinden constituyen la base de una sabia estimulación. El comportamiento y la inteligencia del pequeño están directamente relacionados con el trato que le dan sus padres.

El bebé comienza a mostrar un gran interés por todo lo que lo rodea. Podemos darle sonajeros y juguetes que no solo va a manipular y chupar; también golpeará uno contra otro. Es una actividad nueva, con sonidos nuevos.

Podemos atarle la muñeca a su móvil con una cinta suave: cuando se mueva, moverá el juguete y así irá comprendiendo que él ejerce acción sobre las cosas. Hay que sacarle mucho de paseo, a tomar el aire y el sol, al parque, a la calle, a la playa. Es preferible que vaya semisentado en su sillita para que pueda apreciar bien todo lo que le rodea:

la gente, los árboles, las flores, los pájaros que le iremos enseñando y nombrando.

Hablemos con él lo máximo posible.

Ya podemos jugar con el niño. Nos colocamos frente a un espejo, hacemos que se mire, que se lleve una manita a la cabeza, que toque su cara. Le nombramos y señalamos los ojos, la boca, la nariz, etcétera. Salimos del espejo y aparecemos de repente: «No está mamá. ¡Aquí está!».

Jugamos al escondite con una toalla: «Cucú-tras». Nos tapamos la cabeza y preguntamos: «¿Dónde está mamá?». Él reirá y emitirá sonidos. Nos destapamos: «¡Aquí está mamá!». Pronto él mismo nos quitará la toalla o querrá esconderse. Los terapeutas infantiles han comprobado que este sencillo juego de toda la vida ayuda a superar la angustia que producen las ausencias de la madre o el padre, aunque sean cortas, porque el niño aprende desde muy pequeño que mamá y papá se van pero vuelven, no desaparecen.

Hay que seguir cantándole a menudo y jugar con su peluche preferido: el muñeco baila, salta, le da besos al niño, le golpea la cabecita, habla con distintos tonos de voz.

Le ponemos boca abajo en una colchoneta con un juguete llamativo al alcance de su mano, se lo separamos un poco, volvemos a ponérselo cerca para que haga el esfuerzo de reptar y alcanzarlo. Veremos cómo agita brazos y piernas, se excita. Al final tenemos que recompensarle dándole el juguete.

DE 6 A 9 MESES

En esta etapa hay que conversar mucho con el bebé, imaginar que nos contesta, ver cómo sigue el diálogo y nos responde con sonidos, movimientos del tronco y de las extremidades. Por ejemplo, le enseñamos un libro con grandes

469

imágenes de animales y le preguntamos: «¿Quién es?». Le ayudamos: «¡El perro!». Volvemos a preguntarle: «¿Cómo hace el perro?». Y le respondemos: «¡Guau, guau!».

Incorporamos juguetes con sonidos y más peluches —si le gustan, ya que algunos niños los rechazan—. Como ya se sujeta sentado, ponemos los juguetes a su alrededor. Él se inclinará hacia delante para recogerlos y, en los primeros intentos, rodará como una pelota; nos reiremos con él.

Le podemos atar un cascabel a la muñeca: lo agitará y disfrutará del sonido.

Atención a la seguridad: el bebé se llevará a la boca todo lo que encuentre, es un investigador que no conoce el peligro. No perdamos de vista los juguetes pequeños. Desechemos aquellos que tengan piezas pequeñas, adornos o cuentas susceptibles de desprenderse. Algunas cosas, como el cascabel, solo podrá usarlas en nuestra presencia.

Con el fin de trabajar la coordinación de los ojos y las manos pondremos frente a él una bandeja con bolas, cubos y cilindros para que los coja.

Ya podemos agrupar por colores las bolas rojas, los cubos azules, los cilindros amarillos. Sin forzarle ni exigirle nada: se trata solo de que vea cómo nosotros clasificamos distintos volúmenes, tamaños y colores. Probablemente él querrá ayudarnos y hacer lo mismo. Empezaremos por los colores primarios (rojo, amarillo y azul); más adelante agregaremos el verde, luego el naranja y así sucesivamente.

También podemos hacer gimnasia con el niño. Lo colocamos boca abajo sobre un cilindro —una toalla grande enrollada, por ejemplo— para que levante las piernas y los brazos. Se impulsará hacia delante y apoyará ambas manos, y vuelta a empezar. Le motivamos para que se voltee sobre sí mismo si está acostado. Con estos ejercicios le preparamos para que se siente solo, erguido, sin ayuda, y para que, en la etapa siguiente, se ponga de pie.

DE 9 MESES A 1 AÑO

Es una etapa importante para desarrollar la capacidad de comprensión mediante el uso del lenguaje.

Colocamos delante del pequeño una serie de juguetes, una pelota, su vaso o taza, y le pedimos que nos los vaya dando por su nombre. Cuando acierte, le felicitamos y le premiamos con un beso.

Podemos leerle o contarle cuentos simples, adecuados para su edad, con bonitas ilustraciones, que tengan relación con su vida diaria. Le enseñamos las imágenes mientras inventamos lo que ocurre. También le mostramos láminas, por ejemplo, la de un gato que haya visto en la calle, y fabulamos: «El gato salió al jardín, ¡qué pillo! Nadie lo vio y allí conoció a una urraca muy grande con el pico largo...». Gateamos imitando al gato por la alfombra. La madre o el padre pueden hacer de urraca, que mueve las alas y emite graznidos. De este modo desarrollamos las áreas del lenguaje, motora, cognitiva y social al mismo tiempo.

Estimulamos su memoria y la noción de permanencia con un sencillo juego: se trata de esconder un juguete debajo de una tela o de un barreño boca abajo, delante de él, haciendo que nos vea. Luego le pedimos que lo encuentre. No hay que olvidar animarlo: «¡Bravo! ¡Campeón! ¡Bien!».

Esta es una etapa fundamental para la adquisición de habilidades motrices: el niño gatea, se pone de pie con ayuda, luego solo y por fin da sus primeros pasos de la mano de un adulto. Para hacer estas adquisiciones necesita una maduración neurológica y muscular; de nada valdrá que nos esforcemos en quemar etapas antes de tiempo, porque puede ser perjudicial para él. Pero hay ejercicios que le ayudarán a hacerlo:

- Desde la posición de sentado, tiramos de sus manos hacia arriba hasta que se ponga de pie. Lo hacemos varias veces, para que vaya fortaleciendo el tronco y las piernas. Mientras, le cantamos, le animamos, le felicitamos y jugamos a caernos con él al suelo.
- Hacemos lo mismo con los primeros pasos. Nos colocamos a su espalda, ponemos las manos en sus axilas y le incitamos a dar un paso y luego otro.
- Nos colocamos frente a él y tiramos de sus manos hacia nosotros. Al principio se dejará caer sentado, no se atreverá. Insistimos y le ponemos a su alcance un mueble para que se sostenga. Es importante no transmitirle ansiedad o miedo para que no se asuste y desista.
- Atamos un hilo a un carrito para que tire de él. Le damos la otra mano para animarle. El carrito puede sustituirse por un juguete sonoro con ruedas, un payaso que agita una campana o un osito que canta. Eso le motivará más aún.
- En la bañera le proporcionamos dos recipientes para que los llene y para que comience a trasvasar agua. Es un juego que le encanta y le inicia en las matemáticas.
- Siempre debe tener cajas para sacar juguetes y volverlas a llenar. Es un ejercicio que se perfecciona en la etapa siguiente. Por ahora hay que ayudarlo y, mientras, practicamos el lenguaje: pon, saca, dame, mete, toma, aquí. También incorporamos conceptos nuevos: «Dame uno solo», «ahora todos», «es mucho», «ponemos más», «llenamos más», «llenamos la caja», «usamos la que está vacía».

El niño tiene una gran curiosidad, necesita experiencias, disfruta con sus habilidades psicomotrices. El desarrollo dependerá de todos estos ensayos y de sus habilidades lingüísticas y sociales.

Querrá subir escaleras, y no hay que atemorizarlo diciéndole: «Cuidado» o «Te vas a caer». Al contrario: debemos animarlo, ayudarlo y darle seguridad.

Podemos quitarle los zapatos para que camine por distintas superficies: baldosas, arena, agua, césped. Le encanta que juguemos a chapotear con él y a salpicarnos.

Hay que ayudarlo a saltar de un escalón. Apenas despegará los pies, pero cualquier intento de flexionar las rodillas y lograrlo habrá que festejarlo debidamente.

En el parque lo sentamos en el columpio, lo ayudamos a tirarse por un tobogán pequeño, le situamos en el centro de un grupo de niños para que se relacione. Está en una etapa en que desconoce la idea de propiedad, así que cogerá los juguetes de los demás niños y llorará cuando le quiten los suyos. No hay que tratarle con severidad, es mejor dejarlo, a no ser que ello genere un conflicto.

Es importante nombrar todos los objetos nuevos que ponemos a su alcance. En esta etapa comienza a hablar. Le ayudará que usemos canciones con rimas:

«El soldado se ha quedado en la ventana con Ana».

También que repitamos la última sílaba:

«Debajo de un botón ton ton, que encontró Martín tin tin, había un ratón ton ton. Ay, qué chiquitín tin tin».

Hay que evitar hablarle como si nosotros fuéramos también niños. No le neguemos el uso de nuestra lengua, ayudémosle a aprenderla. Tampoco se trata de corregirle, sino de repetir lo que dice, pero dicho correctamente.

Aprovechemos las comidas para trabajar conceptos como: más, poco, mucho, cuchara llena o vaso vacío.

Digámosle el nombre de los alimentos, siempre que los pueda diferenciar —algo difícil, por ejemplo, en una sopa—. Intentemos que lo repita.

Imitemos con él los sonidos de animales, de coches, motos o aviones.

Expliquémosle las cosas, hagámosle partícipe de todo: «Cuando papá llegue, vamos a comer tarta». «Hoy vienen los abuelos a visitarnos». «Dentro de un momento llega tu hermana Laura del colegio; vamos a esperarla a la calle». Tenemos que tratarle como si entendiera todo para que memorice —familiares y objetos— y relacione hechos y experiencias, aunque aún no pueda expresarse.

Hay que seguir leyéndole cuentos con argumentos sencillos y pocas palabras. Jugamos a imitar voces, gestos de los personajes, y le pedimos que lo intente repetir.

Usamos los conceptos de arriba-abajo y adelante-atrás y los trabajamos con el cuerpo. Cuando vayamos hacia atrás, como su equilibrio aún no es perfecto, seguro que se caerá sentado; en esos casos el adulto puede tirarse también y reír juntos.

En esta etapa comienza a ampliar su lenguaje corporal. En etapas anteriores manifestaba su interés por las actividades y las cosas agitándose, moviendo los brazos y las piernas, balanceándose, sacudiendo la cabeza arriba y abajo (sí), hacia un costado y al otro (no). Ahora, con sus distintas expresiones faciales, nos transmite una completa gama de emociones. Al mirarlo sabremos si está molesto, alegre, somnoliento, asustado, dolorido o enfadado. Todo ello sin olvidar el llanto, que es su forma natural de expresar lo que le pasa: «Tengo hambre. «Tengo calor». «Estoy muy abrigado». «Tengo sueño». «Quiero que venga mamá». «Me duele». Los padres saben diferenciar las distintas clases de llanto.

El momento de comenzar a guardar los juguetes debe llegar todos los días después de jugar —si va a la escuela infantil, seguro que ya lo hace—. Mientras le ayudamos a que recoja, le cantamos:

«A guardar, a guardar cada cosa en su lugar».

Así le motivamos para que vea la actividad como algo agradable. Al principio guardará una o dos cosas; poco a poco conseguiremos que avance. No tiene por qué ser una actividad mecánica ni tener como único objetivo el orden de la habitación. Le pedimos: «Trae la pelota roja». «Pon el cubo azul». «Dame la pelota amarilla». «Mételo dentro». «Déjalo fuera». «La caja ya está llena, mírala». «Ponlo en esta que está vacía». «Ven a mirar». Con este tipo de órdenes sencillas facilitamos la comprensión y el lenguaje, promovemos la diferenciación de formas y colores, y desarrollamos la memoria de término corto. También afianzamos su capacidad de asir y manipular objetos y aprenderá a cumplir órdenes simples.

DE 1 AÑO Y MEDIO A 2 AÑOS

El niño ya dice algunas palabras. Avanzará más en el lenguaje si asocia los objetos con sus nombres. Trabajaremos con él pidiéndole que nos ayude a poner la mesa: «Pon el vaso de papá. Ahora la servilleta para mamá».

La visita al supermercado es una fuente de experiencias. Dejemos que él nos ayude a poner las cosas en el carro. «Toma los plátanos», le decimos. «¿Qué es esto?», le preguntamos. «Plátanos», le respondemos. «Ponlos en el carro», le pedimos.

También es importante trabajar con las cualidades. Por ejemplo, mientras le damos el plátano en la merienda, le decimos: «¡Qué rico está el plátano! ¡Qué dulce!».

Trabajamos con los conceptos de grande-pequeño:

«¿Javi es grande o pequeño? ¿Y papá?».

El niño sigue el argumento de los cuentos con mucho interés. Para leerle conviene que elijamos cuentos con poco texto y personajes de la vida real. Por ejemplo, animales domésticos o los que ha visto en el zoológico y le han impresionado, como las jirafas, los monos, los leones o los delfines. Inventamos historias: «La niña que viajó a la Luna —ponemos nombre a la niña, la buscamos, la llamamos—. Se la llevó un pájaro —buscamos un nombre para el pájaro e imitamos su sonido—. Cuando su mamá la llame, volverá».

Comienza a llamar a sus hermanos, primos y otras personas por sus nombres. También conoce los nombres de algunas partes del cuerpo.

Jugamos en la piscina y en el parque. Nuestro hijo disfruta con otros niños si le ponemos en el arenero. Hay que facilitarle cubos y palas y, si es posible, darle agua para que mezcle y haga barro.

Le gusta correr y a veces se cae, pero no hay que darle mucha importancia: tiene que acostumbrarse a esos pequeños accidentes. Salimos a dar patadas a una pelota y a jugar sentados a tirárnosla el uno al otro.

Ponemos música popular y bailamos con el niño, le cogemos de las manos, cantamos, dejamos que baile solo. Es un gran imitador y tratará de bailar como su madre o su padre. Le enseñamos a dar palmadas siguiendo el ritmo.

Si le damos una cera gruesa y una hoja, garabateará en ella, aunque habrá que enseñarle. También se puede jugar a armar un puzle sencillo o a apilar cubos para formar torres.

Hay que permitirle que abra y cierre cajones para explorar su interior. Abrimos las puertas de su armario y le enseñamos su ropa, zapatos, juguetes.

Nombramos lo que vemos. El niño tiene interés en vestirse y desvestirse. Le pedimos que se ponga sus zapatos, su camisa, su abrigo. Si va a la escuela infantil, preguntemos qué sistema usan para enseñarle; de este modo no tendrá mensajes contradictorios. Los Reyes Magos pueden traerle su primer triciclo, que empujará aunque aún no sepa pedalear.

Puede comer con su cuchara y se ensuciarán él, la mesa y los alrededores; no le coartemos. Para ayudarlo, lo tomamos por el codo y lo ayudamos a llevar la cuchara en la dirección correcta, para que el alimento no caiga en el pelo o en los ojos.

Es hora de empezar a plantearse el control de esfínteres, pero conviene hablar con la escuela infantil para saber en qué momento comienzan ellos y seguir sus indicaciones. Antiguamente se forzaba al niño a adquirir este hábito sin que estuviera maduro para ello. Se debe empezar en el momento preciso, no antes, y saber que hay que armarse de paciencia y lavar mucha ropa antes de lograr que lo pida.

DE 2 A 4 AÑOS

Persisten sus conductas negativas —sobre todo las rabietas—, pero pensemos que es porque está adquiriendo mayor seguridad en sí mismo, que su personalidad es más estable y es más independiente; no nos desanimemos con su terquedad.

Debemos seguir estimulándolo en el parque, la piscina o la playa. Ahora está más dispuesto a jugar con otros niños, pero también a pelearse por la posesión de sus palas y cubos.

Observemos, sin intervenir, cómo deriva sus estados de ánimo a los muñecos: les pega, los regaña, los besa. Esto le ayuda a superar sus frustraciones y a canalizar su agresividad.

Asimismo, atribuye cualidades humanas a los objetos. Podemos contarle cuentos donde los conejos van al colegio y tienen como compañeros a un gato, un perro y una gallina.

Si le prestamos atención, le apoyamos y le damos afecto, desarrollaremos su autoestima positiva. Cuando se le vea tímido e inseguro tenemos que darle confianza, no reírnos de él ni ridiculizarlo.

Si nos vamos de compras con él o de visita a casa de amigos, si ve a gente nueva en su casa, si acude al parque y se relaciona con niños y sus cuidadores, si va a la guardería, casi seguro que desarrollará una personalidad abierta. Será lo que llamamos un niño simpático.

Juguetes que estimulan al niño en esta etapa
Vehículos con pedales, como los triciclos
Columpio
Tobogán
Estructuras para escalar
Zona de juegos en su dormitorio, acolchada o con baldosas que amortigüen golpes
Puzles
Música
Vídeos
Instrumentos musicales
Pelotas de todos los tamaños
Bloques de construcción
Cajas con tapas
Frascos con distintos cierres
Coches
Títeres de dedo
Granja de animales.
Zoo de animales salvajes
Ropa para disfrazarse
Caretas, gorros, sombreros
Muñecos para vestir y desvestir
Cuentas y cables
Cochecitos de muñecas
Plastilina
Rotuladores de colores
Pintura de dedos
Teléfonos y móviles de juguete
Cuentos variados
Álbumes para fotos familiares

En su zona de juegos podemos rodar con él, gatear y caminar a cuatro patas. También le ayudaremos a dar volteretas, a hacer el pino, a saltar. Cuando no quiera nuestra ayuda para subir y trepar por una escalera, lo vigilaremos de cerca pero sin agobiarlo.

En todo momento debemos estimular sus aptitudes lingüísticas mediante un vocabulario amplio, no infantil. Si comete errores al hablar no debemos corregirle, simplemente repetiremos la frase de la forma correcta. A su «pío, pío ela» responderemos: «¡Sí! El pájaro dice pío, pío y vuela».

Ampliaremos su expresión oral con adivinanzas sencillas: «¿Qué es? Empieza con eme... ¡Mamá!». «¿Qué es? Tiene ocho patas y camina al revés». Para trabajar la vocalización y la pronunciación le podemos enseñar canciones infantiles.

4.3. ESTIMULACIÓN EN LAS RUTINAS

La enseñanza de hábitos es competencia de los padres. Todo lo que trabajemos en los primeros años de vida del niño influirá en su desarrollo futuro y en su personalidad. Incluso la estimulación es más fácil si se incorpora a las rutinas del niño. A continuación describimos algunas formas de hacerlo.

EN LA COMIDA

En el primer mes el bebé irá adquiriendo poco a poco su ritmo. Intentaremos que las tomas sigan un horario lo más regular posible para ir acostumbrándole a una rutina. Mientras se alimenta, lo estimulamos con nuestra voz, le hablamos con diferentes tonos, le cantamos. Más adelante, al introducir en su dieta nuevos alimentos, se los nombraremos: «Mmmm... ¡Qué rico el plátano! Está dulce. ¡Cómo le gusta a mi niño!».

Dejemos que meta las manos en el plato, que se lleve el alimento a la boca; ya manejará solo la cuchara más adelante.

Intentemos que use el lenguaje para pedir la comida o la bebida. Si solo señala con el dedo debemos insistir: «Agua. A ver cómo lo dices: agua». Contar las cucharadas le inicia en los conceptos matemáticos.

Le pedimos que ponga su mesa e insistimos en los nombres de las cosas: vaso, plato, servilleta. Hay que poner especial atención en su vajilla: que sea de colores brillantes, vivos. Los manteles han de ser lavables, con escenas infantiles, animales, flores. Que todo le guste y le resulte atractivo. También debemos presentarle los alimentos de formas variadas y divertidas.

No nos pongamos nerviosos si no come, si tarda mucho o escupe la comida. No hay que enfadarse ni alterarse. Debemos retirar unos minutos la comida y, después, volver a ponérsela delante. No hagamos de esta hora una tragedia ni le obliguemos con la cuchara a abrir la boca. Si se niega a comer, sigamos las pautas del capítulo de alimentación.

Más adelante, él nos ayudará a preparar su comida. Podemos animarlo a cocinar en su cocinita a nuestro lado. En cuanto le veamos capaz, le asignaremos tareas como lavar la pera que se va a comer, cortar las puntas a las judías verdes o batir un huevo. Luego, lo más probable es que coma sin rechistar, porque su cooperación le ayuda a establecer una relación distinta con la comida. Ya no se trata de mantener la actitud pasiva de abrir la boca para tragar los alimentos procesados. Si coopera, empezará a tener una actitud activa con la alimentación y lo que rodea a este hábito.

A LA HORA DE VESTIRSE

Podemos ponerle a nuestro hijo un perchero a su altura para que cuelgue su mochila, su abrigo y su gorro al volver de la guardería o del paseo.

Vayamos a comprar con él su ropa para que se interese por ella. Mientras se viste o nos acompaña de compras, le decimos: «El abrigo y el gorro para el frío», «los bañadores y las chanclas para la piscina». «Compremos dos, uno rojo y uno azul, para cambiarte». «Enséñale a la abuela las zapatillas blancas nuevas».

Enseñarle a vestirse requiere tiempo y paciencia, pero no hay que dejar de estimularle desde muy pequeño. Por lo general, comenzará con su gorro: es la primera prenda que se colocará solo. En la escuela infantil les enseñan a ponerse los abrigos como un juego; hay que conocer la estrategia para aplicarla igual en casa. No se debe eludir este aprendizaje con razonamientos del tipo: «Pobrecito, es pequeño». En cuanto sea posible hay que procurarle autonomía y dejarle practicar.

Cuando comience con los zapatos hay que distinguir entre izquierdo y derecho: «El zapato izquierdo al pie izquierdo. Dame el pie izquierdo». Trabajar el equilibrio: «Levanta un pie para abrocharte. Levanta ahora el otro». Practicar con los colores: «Hoy te pondrás las zapatillas blancas con la camiseta roja». No hay que abrigarlo demasiado. Si cuando era recién nacido había que cuidar de que no se enfriara, en cuanto camine y corra no querrá prendas que le sofoquen y le impidan los movimientos.

EN LA HIGIENE

Tenemos que enseñar a nuestro hijo a lavarse las manos al volver del parque o de la guardería y siempre antes de comer: «Ahora vamos a cenar. Como tienes las manos sucias porque has jugado, te las tienes que lavar». También debe lavárselas después de hacer sus necesidades.

Podemos comprarle un jabón para él solo con forma de animal. Para enseñarle la rutina de la higiene, es muy eficaz jugar con él a lavarle la carita a un muñeco y a peinarlo. Para cortarle uñas, algo que les suele asustar, debemos inventar una canción divertida. Hay libros de cuentos con historias y láminas de niños y animalitos que muestran cómo practican su higiene diaria.

Alrededor de los 2 años ya podemos comprarle su primer cepillo de dientes. Al principio su uso debe ser como un juego; luego le enseñaremos a emplearlo de forma correcta.

EN EL CAMBIO DE PAÑALES

Este es otro de los momentos que podemos convertir en una actividad lúdica. Mientras se le desnuda y se le limpia, se le puede hablar y cantar. También podemos nombrar las partes de su cuerpo. Antes de colocarle el pañal limpio le damos masajes en las piernas y la tripa.

Para trabajar las piernas las llevamos a la vertical, las flexionamos sobre el pecho, las estiramos y las abrimos suavemente.

Podemos colgar un móvil en la zona donde habitualmente le cambiamos y ofrecerle algún juguete para que se entretenga.

EN EL BAÑO

El baño debe ser un tiempo placentero en el que disfruten el niño y los padres. Se puede hablar al niño de la temperatura del agua —fría, caliente, quema— y proporcionarle juguetes para el agua:

🌀 Un muñeco que se pueda lavar y que nos sirva para nombrar las partes del cuerpo.

- 🧽 Juguetes para trasvasar líquidos.
- 🧽 Gel para hacer pompas de jabón que atraparemos con él.
- 🧽 Juguetes que, al presionarlos, echen chorros de agua.

También es divertido escribir su nombre en el espejo con vaho, dibujar su cara y dejarle que lo intente él también.

Terminamos el baño con un masaje, aprovechando para ponerle su aceite o crema.

A LA HORA DE DORMIR

Al llevarle a la cama le cantamos nanas en voz baja o le contamos un cuento. Apagamos la luz. Salimos de la habitación despidiéndonos hasta el día siguiente.

Algunos niños prefieren dormir abrazados a un juguete, peluche o almohadita; estos objetos les permiten sentirse más seguros.

El niño debe dormir en su cama solo, con la luz apagada. No cedamos a la tentación de llevarle a la nuestra porque es probable que volver a la suya se convierta en un problema. Para resolver estos problemas o saber más sobre el hábito del sueño, se puede consultar el capítulo II, dedicado a este tema.

EN SU HABITACIÓN

Es deseable que el niño tenga su propia habitación, con sus pertenencias, su espacio para dormir, para jugar y, más adelante, para hacer sus deberes.

Si le gusta lo que ve, irá con más interés a su dormitorio. Hay una tendencia a sobrecargar las habitaciones infantiles con peluches y adornos, tanto que algunos dormitorios parecen jugueterías. Esto es contraproducente, ya que provoca un exceso de estimulación. Intentemos decorar con pocas cosas y siempre con lo adecuado a su edad. El resto de los juguetes, generalmente regalados por familiares, se guardarán en cajas dentro de un armario.

Cada tres meses se puede variar algo de la decoración y poner al alcance del niño —de su vista y de su mano— un nuevo juguete adecuado a su nivel de desarrollo.

Podemos colgar algún cuadro a la altura del campo de visión del niño, así como paneles de corcho donde poner láminas de cuentos, fotografías o dibujos.

La percha para colgar su abrigo, su mochila y su gorro tiene que estar a la altura de sus ojos.

No olvidemos lo incómodo que es vivir en una casa pensada para el tamaño de los adultos. Tratemos de facilitarle las cosas en su habitación y, a ser posible, en el baño.

Hay suelos especiales de bajo coste que consisten en baldosas plásticas que amortiguan caídas y ruidos. Son fáciles de limpiar y, colocados en una zona de la habitación, delimitan un rincón de juegos ideal.

La ventana tiene que estar protegida y las sillas y bancos alejados de ella. Hay que revisar los cierres de las puertas para que el pequeño no pueda encerrarse.

5. Dificultades y cómo solucionarlas

Al estimular, los padres establecen un vínculo emocional con el niño que beneficia a las dos partes; así van conociéndose mejor.

Si pasado un tiempo prudencial el niño no ha adquirido las capacidades que se detallan en el apartado tercero de este capítulo, habrá que buscar la ayuda de un especialista. Él será quien, de manera profesional, nos asesore sobre los ejercicios más adecuados para las necesidades especiales que pudieran existir. Si es el caso, no hay que alarmarse, porque la mayoría de los niños, con tablas específicas de estimulación, superan satisfactoriamente sus carencias. Eso sí, cuanto antes lo detectemos y pidamos ayuda, más opciones de éxito le daremos a nuestro hijo.

5.1. Criterios para acudir al especialista

Según directrices del Real Patronato de Prevención y Atención a Personas con Minusvalías, debemos acudir al especialista:

- Si observamos que nuestro hijo en los tres primeros meses no sonríe, no fija la mirada y no sostiene bien la cabeza.
- Si entre los 3 y los 6 meses el niño tiene las piernas y los pies rígidos, es incapaz de quedarse sentado, no abre los puños y no coge los objetos que le acercamos a la mano.
- Si entre los 9 meses y 1 año el niño no se sienta, no trata de ponerse de pie, es poco activo y no busca a las personas y los objetos.
- Si después del año el niño se desploma cuando lo ponemos de pie, no pronuncia las primeras palabras, reacciona muy lentamente cuando le pedimos objetos y es incapaz de apilar cubos.

Seguro que trabajando con un programa de estimulación precoz estos problemas pueden resolverse satisfactoriamente. Podemos afirmar que, si se actúa en los primeros tres meses o nada más detectar el retraso, el pequeño puede cumplir las etapas casi al nivel de un niño sin problemas hacia el año de edad.

Si el niño necesita un programa específico, nuestra manera de actuar influirá decisivamente en su recuperación:

- Tenemos que aceptar el problema y adoptar una actitud positiva.
- Hay que esforzarse más para estimularle.
- La lentitud que caracteriza a nuestro hijo pondrá a prueba nuestra paciencia.
- Resulta fundamental seguir una rutina de ejercicios en la enseñanza de hábitos.
- Es importante no saltarse normas ni etapas porque eso significa retroceder, perder lo adquirido.
- Los límites son los mismos que para los otros niños; si no los ponemos, es porque nos sentimos culpables.
- En el trabajo con el pequeño no cabe el desaliento.
- Toda la familia debe cooperar en las actividades con él; los hermanos son fundamentales.

5.2. INFLUENCIA DEL ESTRÉS DEL ADULTO EN EL NIÑO

Uno de los peores enemigos de la relación de padres e hijos es la falta de tiempo, la prisa que transmitimos y, como consecuencia, el estrés que generamos. Al llegar a casa hay que dejar fuera todos estos enemigos de la calidad que queremos darle al tiempo que pasamos con el pequeño. Si nos dejamos llevar por lo acelerado de la vida cotidiana solo conseguiremos:

- Un entorno psíquico hostil. El niño empezará a sentir inseguridad.
- Transmitir modelos equívocos. Los padres son el espejo en el que se mira el niño. Debemos

tener cuidado de no educar con agresividad, enfado o ansiedad.

- Alteraciones físicas. Según varias investigaciones, existe una relación causa-efecto entre los padres estresados y los bebés llorones. A esto se suele unir que comen mal y tienen alteraciones del sueño.

- Además, los niños estresados suelen manifestar dolores de tripa, de cabeza y vómitos.

- Exceso de estimulación. Un adulto estresado trabaja con el niño a un ritmo acelerado, ansioso. Es fácil caer en el exceso.

SI NOS SENTIMOS ESTRESADOS

Es importante que acudamos a charlas y reuniones en la escuela infantil. Allí no solo oiremos a expertos en diversos temas de educación y psicología infantil, sino que podremos hablar y compartir con otros padres experiencias similares a la nuestra. Veremos que nuestro hijo no es tan difícil como creíamos, que sus compañeros de clase presentan características iguales o parecidas.

Hay técnicas para controlar el estrés, distintos métodos de respiración y de relajación que ayudan a tener una calidad de vida mejor en casa y en el trabajo. Consultemos con profesionales.

Podemos aprender a respirar profundamente y a relajar la musculatura estresada, causante de gran número de dolores de espalda, articulaciones y cabeza, y de la típica sensación de cansancio.

La respiración profunda consiste en inspirar por la nariz, llenar el abdomen y los pulmones, retener el aire y, luego, soltarlo lentamente por la boca controlando su salida. Hay que repetir el ejercicio hasta que notemos que relajamos los músculos y la mente. Esto nos ayudará, impedirá que soltemos adrenalina cuando trabajemos con el niño, con frases como: «Este niño es imposible», «No doy más» o «Tiro la toalla», dichas con ira.

Muchas veces los padres, al volver del trabajo cansados y estresados, son incapaces de relajarse para jugar u ocuparse del niño. Una ducha y unos ejercicios respiratorios los ayudarán a estar en forma.

5.3. LAS PRISAS NO SON BUENAS

Las ganas de que el niño aprenda y lo haga rápido llevan a cometer errores. ¿Cómo evitarlos?

No hay que forzarle. Terminará rechazando el ejercicio y se cansará más rápidamente. Si se niega, probemos más adelante: quizá no sea su momento de aprenderlo. No nos desanimemos si no muestra interés y se distrae con otra cosa: cada niño tiene su ritmo y hay que ajustarse a él.

Un rato basta. Los tiempos de actividad deben ser cortos. Cinco minutos no son lo mismo para un adulto que para un niño. Si no respetamos sus necesidades, conseguiremos que se aburra, se desinterese y se canse. El tiempo se irá ampliando gradualmente a medida que el niño crezca. Para esto no existen manuales; cada uno es diferente.

No a los enfados. La forma de expresarse durante la infancia es el llanto, los gritos y los pataleos. Los niños tardan en aprender a usar el lenguaje para manifestar sus emociones, su cansancio, el sueño o la necesidad de cambiar de actividad. Habrá que afrontar sus rabietas con serenidad, sin atender sus demandas mientras no deponga su actitud.

Atentos a sus señales. Estemos alerta para captar las señales que envía el niño y cambiar de actividad. Si bosteza, se duerme, está irritable, tira el juguete lejos, se distrae con otras cosas o no nos presta atención, nos está diciendo que quiere cambiar. Si hemos estado atentos a su evolución, conoceremos su capacidad de concentración y sabremos dosificar las tareas.

Felicitaciones. Sus progresos pueden ser lentos. Aun en ese caso, debemos valorarlos positivamente, alegrarnos por sus resultados y comunicarles nuestra satisfacción. Las risas, los aplausos, los besos y los elogios nos ayudarán.

Respetemos sus preferencias. Al igual que nosotros, nuestro hijo tiene preferencias por ciertas actividades. Hay que respetarlas.

Sin prisas. Hay que tomarse tiempo, cambiar de actividad, turnarse con la pareja. En caso de nervios es mejor retirarse de la situación y practicar la respiración profunda.

Que no cunda el desánimo. No hay que desanimarse si nuestro hijo no alcanza la meta que le hemos propuesto.

Apoyo incondicional. Cuando el niño fracase, se caiga, vuelque el contenido de un recipiente o no acierte a poner una pieza en un tablero, se sentirá defraudado. Debemos calmarlo y animarlo a intentarlo de nuevo. A veces rehusará. Podemos acariciarlo, abrazarlo, animarlo con palabras: «Tú puedes». »Lo vas a hacer bien». «Yo te ayudo».

Confianza en uno mismo. Es importante que los padres confíen en lo que están haciendo.

Comparaciones odiosas. No comparemos lo que hace nuestra sobrina con lo que es capaz de hacer nuestro hijo. Él es único, aunque aún no camine o no pueda hacer torres de cinco cubos.

Consejo profesional. Las estadísticas indican que uno de cada cinco niños tiene necesidades especiales: su desarrollo no sigue el modelo habitual, camina después, no habla al mismo ritmo que los niños de su edad, dice dos o tres palabras cuando los otros ya tienen un vocabulario comprensible. Si necesitamos asesoramiento, acudamos al psicólogo.

6. Casos prácticos

6.1. Luis y los cariños de su madre

Una persona de nuestro equipo fue convocada por médicos de un hospital infantil porque querían que aplicara un programa de estimulación precoz a uno de sus pacientes. Luis, un bebé de 7 meses, estaba ingresado en un pabellón junto a ocho niños con enfermedades digestivas. Se pidió a la madre, joven y gran colaboradora, estar con el niño y aplicar todos los días el programa.

Se siguió un esquema basado en caricias, ternura, cantos, risas, masajes, estimulación visual (móviles, juguetes), cambios de luz (la cuna se trasladó a diferentes lugares de la sala), estimulación auditiva (sonajeros, campanillas) y olfativa. El bebé estaba conectado a diferentes vías, pero le permitieron a la madre levantarlo, arrullarlo y jugar con él.

A los quince días los resultados fueron evidentes. Luis era un bebé lleno de vitalidad, sonreía a todos, agitaba brazos y piernas y, lo que es más importante, se recuperó de su enfermedad antes de lo esperado. La falta de vitalidad de Luis se debía, más que a la enfermedad, a la ausencia de la madre, de su contacto físico, su cariño, su voz y su olor.

Si aplicar estimulación en el caso de Luis fue decisivo para su pronta recuperación, imaginemos lo que podemos lograr estimulando a nuestro hijo de forma adecuada.

6.2. Carmen y su actitud

Carmen es una madre joven. Su bebé tiene 10 meses. Pero lo que para otras era motivo de alegría, para ella resultaba casi una carga. Carmen contaba que sentía al niño como algo que había venido a alterar su vida justo cuando su otra hija estaba terminando el colegio. Para ella fue un disgusto enterarse de que estaba embarazada.

El bebé daba la sensación de no tener vitalidad; estaba llamativamente apático, sin esa actividad motriz con que suelen reaccionar los niños cuando les hacemos muecas. Además, no tomaba más de tres biberones al día. Esta era la mayor preocupación de su madre.

Carmen tuvo que escuchar que lo que tenía su hijo no era un problema de alimentación, sino de estimulación. La falta de estímulos estaba retrasando su desarrollo. Se le planteó la posibilidad de seguir como hasta entonces, sabiendo que lo esperable era que su hijo se convirtiera en un adulto con una autoestima muy baja, que no se querría a sí mismo, no tendría confianza en lo que hiciera y actuaría sobre todo para agradar a su madre y recibir su aprobación. O bien podía cambiar de actitud y comenzar un programa de estimulación que se centraría sobre todo en dos cuestiones: mejorar la relación que tenía con su hijo y fomentar sus capacidades antes de que se atrofiaran.

Carmen eligió la segunda opción. A partir de ese momento se estableció un tiempo diario que debía respetar para centrarse en jugar con su hijo: tendría que jugar, cantar y practicar otras actividades estimulantes; dedicarle sonrisas, caricias y frases de refuerzo para acompañar sus pequeños logros. Muy pronto la alimentación dejó de ser un problema: según avanzaba el plan de acción propuesto, aumentaba la ingesta del niño.

Pasado un tiempo, Carmen propuso apuntarse con su hijo a un curso de natación cerca de casa. A partir de ese momento la relación entre ambos empezó a ser completamente distinta gracias al cambio de actitud de Carmen. Ahora se interesaba por las necesidades de su hijo, y no solo por las puramente fisiológicas, como comer. El niño avanzó a pasos agigantados: sonreía, saludaba, jugaba e investigaba, pero, sobre todo, miraba a su madre y esta le sonreía mientras le acariciaba.

Al ofrecerle experiencias nuevas, con manifestaciones de aprobación y cariño, Carmen salvó a su hijo de un atraso que hubiera sido mucho más difícil de resolver en el futuro.

7. Qué se ha conseguido

A los padres les preocupa saber si están haciendo lo correcto con su hijo; se preguntan cuándo deben estimularlo, cómo, de qué manera. Lo primero que deben saber es que estimular al niño mediante actividades lúdicas en el tiempo que pasan juntos es hacer lo correcto. Deben estar convencidos de la importancia de la estimulación por estas razones:

- Desarrolla la inteligencia.
- Potencia la memoria.
- Estimula la creatividad.
- Construye los cimientos de una autoestima sólida.
- Fomenta la iniciativa.
- Impulsa el potencial que tiene el niño al nacer.
- Consigue que el desarrollo sea más rápido.

Todos somos conscientes, por ejemplo, de la importancia de las matemáticas en el mundo adulto, en la vida moderna. También conocemos el alto porcentaje de estudiantes con problemas en matemáticas; casi podemos decir que es la oveja negra del desarrollo académico. Precisamente por eso debemos familiarizar a los niños con conceptos matemáticos desde muy pequeños. Los bebés nacen equipados para contar. Comenzamos con sus dedos, los contamos: «Cinco lobitos tiene la loba, cinco lobitos debajo de la escoba...». Escondemos un dedo, luego dos: «¿Cuántos quedan?». Agregamos uno, luego dos: «¿Cuántos hay?». Podemos jugar con números, canciones donde se citen, ejercicios con ritmos. Hay juegos y ejercicios que desarrollan el concepto de la cantidad, las proporciones, los conjuntos, el espacio y el tiempo, la geometría, etcétera. Si introducimos algunos de estos conceptos desde la más tierna infancia, el niño tendrá menos probabilidades de fracasar en matemáticas.

— Trabajamos con un concepto de estimulación integral.
— Educamos estimulando porque creemos que es la base para todas las etapas de la vida.

Con las experiencias que le facilitamos al niño estimulamos su inteligencia y su creatividad. En el futuro, cuando sea adulto, nos lo agradecerá, porque con nuestra ayuda desarrolló sus recursos internos.

Capítulo IX

El juego

El juego es la actividad a la que más tiempo dedican los niños. También la herramienta mediante la cual se relacionan con el mundo y con los demás, la que les ayuda a entender, asimilar y contar y les sirve de escape en situaciones de tensión. A base de repetir las actividades que implica cada juego los niños adquieren competencias —de las más simples a las más complejas— que facilitan el desarrollo de habilidades para la edad adulta.

El lector irá descubriendo dichas competencias a lo largo del capítulo. También encontrará criterios y claves para que el juguete o juego elegido sea adecuado a las capacidades y necesidades motrices, sociales, afectivas y cognitivas del niño y le plantee retos para su desarrollo.

Un niño que juega es un niño sano y feliz. Cuando permanece demasiado tiempo inactivo y no muestra ganas de jugar hay que contemplar la posibilidad de que algo no vaya bien.

La actitud de los padres ante el juego debe ser flexible. Hay que darle la importancia que tiene y dedicarle un rato todos los días. Ha de ser una actividad placentera, y esto es incompatible con imponer reglas: lo lógico es dejar que el niño elija el juego y respetar las normas que imponga. Según su edad y sus características personales, establecerá preferencias por unos juegos u otros.

Debemos alentar al niño a que aprenda a jugar solo, pero conviene encontrar el equilibrio entre el tiempo de juego en soledad y el compartido con los padres, puesto que los niños que juegan con sus padres desarrollan más su creatividad y su autoestima.

1. ¿QUÉ ES EL JUEGO?

El juego es una actividad casi instintiva. Desde los primeros meses de vida el niño juega con sus manos, las mira y aprende poco a poco lo que puede hacer con ellas. El juego es también una forma de incorporar a los niños al ambiente que les rodea, una manera de relacionarse con los demás y de entender las normas de la sociedad a la que pertenecen. Además es necesario para su maduración.

1.1. ÁREAS DEL COMPORTAMIENTO

El juego no solo es una actividad de diversión y ocio. Tiene muchas más implicaciones, como favorecer la transmisión de valores y normas de comportamiento, la capacidad de resolver conflictos, la dimensión educativa y la formación de la personalidad y las habilidades sociales. El juego ayuda al niño a conocer sus posibilidades y sus limitaciones, a madurar.

Desde el punto de vista psicológico el juego ha sido objeto de muchas y diferentes teorías, todas formuladas con el fin de responder a una pregunta: ¿por qué juegan los niños? Platón y Aristóteles animaban a los padres a que facilitasen a sus hijos juguetes que ayudaran a «formar sus mentes» para las actividades de la vida adulta. A partir de entonces, diferentes pensadores han abordado el tema: algunos han visto el juego como una forma de quemar energía para los niños; otros como un modo de relajación; teorías más sofisticadas han afirmado que las actividades lúdicas son muy importantes para el desarrollo cognitivo, motivacional, emocional y social del individuo. Todas las tesis coinciden en señalar el juego como un factor importante en el desarrollo tanto físico como psíquico del ser humano, sobre todo durante la etapa infantil.

Vamos a conocer cómo influye el juego en el desarrollo de las áreas del comportamiento humano.

ÁREA FISIOLÓGICA

La afectividad en los niños se puede concretar en rasgos como la autonomía, la confianza o la identidad. El desarrollo afectivo o emocional del niño es fundamental para que construya su personalidad. El juego permite al niño liberar tensiones y le proporciona distracción y placer.

El juego también le ayuda a controlar la ansiedad, pero sobre todo le proporciona un bienestar que convierte la infancia en un periodo marcado por el disfrute.

ÁREA COGNITIVA

El juego es imprescindible para que los niños desarrollen sus capacidades mentales, algo que en ocasiones se pasa por alto. Desde el punto de vista cognitivo, el juego potencia el desarrollo de las estructuras mentales, la creatividad y la imaginación. Por otra parte, estimula la memoria, la atención y el desarrollo del pensamiento. El niño, a través del juego, va aprendiendo a concentrarse en la realización de una tarea. También es una forma de comunicación y facilita el desarrollo del lenguaje.

El aprendizaje de las reglas y normas empieza a través del juego, desde que el niño es muy pequeño. Cada juego se rige por normas que el pequeño debe respetar; de este modo aprende que funcionar en grupo implica respetar unos límites. Este principio es fundamental para la incorporación social.

Con el juego los padres pueden ayudar a sus hijos a afrontar los diferentes problemas de la vida cotidiana, como los conflictos con sus compañeros del colegio o con sus hermanos. Los padres pueden recrear situaciones en las que haya un contratiempo y ayudar al niño a encontrar la mejor forma de solucionarlas.

ÁREA MOTORA

El área motora es quizá la que está más directamente relacionada con el juego. Mientras juega, el niño mejora poco a poco sus destrezas motrices y sus habilidades. Por eso los juegos varían según la edad y las capacidades.

Con el juego el niño aprende a coordinar los movimientos de su cuerpo, descubre sensaciones nuevas, desarrolla el equilibrio y la fuerza, aprende a manipular objetos, perfecciona el tacto y adquiere la capacidad de imitar a otros.

Debido al ritmo de vida actual, cada vez es más difícil que los padres encuentren tiempo para jugar con su hijo. Aunque el niño debe disfrutar de momentos de juego en soledad, es muy recomendable que los padres dediquen un rato al día a actividades de ocio con él. Para que este tiempo sea de calidad, los adultos tienen que entregarse a fondo en el juego, regalar ese tiempo a su hijo y olvidarse de todo lo demás.

A través del juego los padres pueden ayudarlo a mejorar y perfeccionar las estrategias —tan originales a veces— que el niño utiliza a la hora de jugar.

Jugar en familia es importante no solo para el desarrollo personal del niño, sino también para la comunicación familiar. Favorece y potencia la complicidad entre los padres e hijos y la expresión de las emociones, algo esencial para el desarrollo emocional del niño.

Durante el juego tanto los padres como los niños muestran una actitud relajada, adaptable, espontánea y natural, completamente diferente a la de otros momentos del día. Además, el juego supone un paréntesis de la tensión y las obligaciones. Una opción para los padres a la hora de organizar el juego infantil es seguir estos criterios:

- Dedicar un tiempo diario a jugar con sus hijos. Es más importante la calidad que la cantidad.
- Proporcionar a los niños los medios necesarios para que el juego sea un tiempo de disfrute mediante la observación de sus necesidades.
- Permitirles investigar, descubrir, tocar y explorar lo que los rodea, facilitarles la diversión y participar activamente en la elección de los juegos y sus reglas en función de su edad.

Las necesidades del juego varían según la edad y el desarrollo del niño. En la siguiente tabla se recogen las más importantes:

Primer año	Contacto físico: caricias, masajes, miradas, balbuceos. Jugar con el agua en el momento del baño. Descubrir los sentidos a través de los juguetes: diferentes tactos, olores, sonidos. Coger y transportar los juguetes. Descubrir el espacio que los rodea.
Segundo año	Favorecer el movimiento en el juego. Juegos apilables: cubos, círculos, piezas que se montan unas encima de otras. Disfrutar al aire libre y con animales (es una buena edad para ir al zoológico). Juegos con música. Jugar con la pelota: lanzarla o ir a por ella.
Tercer año	Juegos de imitación y todos los que favorezcan la comunicación.
Del tercer al sexto año	Juguetes que requieran movimiento. Juegos con otros niños, que promuevan las relaciones.

1.3. EL JUEGO Y LA CREATIVIDAD

El juego influye en el desarrollo de la creatividad, es decir, la libre expresión. Para los niños es mucho más importante el proceso que el fin del juego en sí mismo.

La actividad lúdica induce de forma natural a la creatividad, ya que el niño inventa, experimenta y disfruta con ello, utiliza los materiales de forma diferente a la habitual, se hace pasar por determinados personajes e inventa distintos modos de jugar.

La creatividad fomenta el crecimiento mental del niño, que prueba nuevas ideas, nuevas formas de pensar y solucionar problemas. También es un proceso de individualización, de diferenciación con respecto a los otros niños.

Es preciso permitir al niño que desarrolle su creatividad y animarlo a investigar nuevas formas de jugar, de expresarse. Algunos juegos actuales les dan todo hecho, sin dejar espacio para la imaginación.

Pautas para fomentar el juego creativo en los niños
• Animarlos a que tomen sus propias decisiones.
• Pedirles que experimenten y exploren con diferentes materiales.
• Que expliquen lo que han hecho, no intentar adivinarlo.
• No juzgar ni comparar su manera de jugar con la de otros niños.
• Reforzar su esfuerzo y valorar la actividad.
• Intentar jugar a lo que ellos inventan, convertir sus ideas en juegos.
• Guiarles con el fin de que puedan desarrollar sus capacidades, pero no controlar ni dirigir su juego.

1.4. EL JUEGO Y LA SOCIALIZACIÓN

El juego favorece la comunicación y las primeras relaciones del niño, ya sea con los padres, con el resto de familiares o con otros niños. Por tanto, es decisivo para la socialización.

Los niños empiezan jugando solos, de forma individual. Poco a poco esta forma de juego va cambiando y comienzan a sentirse atraídos por el contacto con otros niños: se sientan juntos pero cada uno juega a lo suyo, en paralelo; aun así, esta se define ya como la primera forma de juego colectivo que se da en la infancia. A medida que el niño crece, el juego continúa desarrollándose hasta llegar a ser competitivo, lo que ocurre entre los 5 y los 7 años. En este periodo puede aparecer la rivalidad. A partir de los 6 o 7 años el juego evoluciona hacia algo más cooperativo: hay una división de las funciones de los miembros del grupo con el fin de conseguir un mismo objetivo o resultado.

La socialización es fundamental para el desarrollo de la personalidad del niño y para que establezca en el futuro unas buenas relaciones sociales, es decir, que se relacione con los demás de forma correcta. A través del juego es posible observar cómo son las relaciones sociales que establece el niño.

Puede ser que las primeras relaciones de los niños a la hora de jugar con otros no sean del todo correctas. Por ejemplo, cuando un niño le quita las piezas de un puzle a otro o le desbarata la parte ya compuesta, quizá esté dando a entender que quiere participar en el juego. Los adultos pueden intervenir en estos casos modelando la conducta del niño y facilitando que ambos jueguen juntos.

Los padres en casa o los educadores en la escuela pueden promover el juego entre los niños con el fin de lograr unas buenas relaciones entre ellos. Las siguientes recomendaciones las fomentan:

- Es deseable que pasen tiempo con sus semejantes desde pequeños. Aunque no jueguen juntos, sí establecerán unas relaciones adecuadas. En muchos casos es necesaria la presencia de adultos para ayudar si surgen problemas.
- Los hermanos pueden ayudar a establecer relaciones sociales de forma más directa y más rápida. Muchas veces los niños reaccionan de forma agresiva con sus iguales, pero si en casa se han establecido pautas de relación correcta entre los hermanos, probablemente las relaciones en la escuela infantil sean mejores.
- Cuando el niño empieza a mostrar interés por el juego de los otros niños y se asocia a ellos es un buen momento para fomentar el desarrollo de actividades conjuntas: llenar cubos de arena, buscar piedras, etcétera.
- La imitación es una buena forma de hacer que jueguen juntos. Por ejemplo, si un niño está jugando

a algo se les puede decir a los otros: «Mirad qué divertido es el juego de Juan; vamos a hacer todos lo mismo».

- Para promover el juego cooperativo se les puede proponer actividades como, por ejemplo, construir un castillo. Se reparten tareas como buscar piedras, palos, hojas, cavar en la arena y construir el castillo. De esta forma, todos dirigen sus intereses a un mismo fin.
- Son habituales los conflictos a la hora de jugar, pero se puede intervenir con el fin de buscar formas adecuadas para poner solución. Los niños deben aprender a resolver estos problemas para saber cómo enfrentarse a futuras desavenencias.

En definitiva, el juego es un instrumento fundamental para la comunicación y para la socialización infantil. Sus ventajas son muy numerosas, entre ellas destacamos:

- Estimula la comunicación y la cooperación entre los niños.
- Contribuye a la integración de las normas de conducta.
- Ayuda al niño a conocerse a sí mismo.
- Influye en la adaptación social y emocional.
- Facilita el control de la agresividad.
- Mejora la autoestima y el concepto que el niño tiene de sí mismo y de los demás.
- Estimula el contacto verbal y físico entre los niños.
- Enseña a compartir y a cooperar.

1.5. Tipos de juegos

Juegos de ejercicio

Son los más elementales, típicos de los primeros años de vida. Se trata de juegos tales como tirar el chupete y cogerlo, jugar con sus manos y sus pies o con las manos de los padres, agitar un sonajero, coger los juguetes y dejarlos, etcétera. Poco a poco se transforman en movimientos más complejos, como abrir y cerrar puertas.

Este tipo de juegos se caracteriza por la repetición sistemática de la que el niño no se cansa. Por lo general no tienen ningún objetivo aparente, pero le sirven al pequeño para descubrir cosas nuevas. Lo que busca es el placer inmediato y lo consigue mediante la repetición, ya que cada vez tiene más destreza.

Juegos simbólicos

La característica principal de los juegos de ficción, representación, fantasía o simbólicos es la utilización de un determinado objeto «como si fuera otro». Por ejemplo, un tronco como si fuera un coche, los muñecos como si fueran sus hijos o una caja de cartón como una cabaña.

Estos juegos están muy relacionados con la creatividad. Requieren movimientos complejos y ya no se limitan a golpear o pegar, como ocurría en etapas anteriores cuando eran más pequeños. Son juegos de simulación, ficción y representación, con personajes imaginados. Al principio se realizan de forma individual, aunque poco a poco el pequeño va estableciendo relaciones con otros niños y los juegos de simulación adquieren un carácter colectivo: por ejemplo, jugar a los profesores o a los médicos. Aquí, en torno a los 4 o 5 años, pueden surgir discrepancias entre ellos, pues a los niños les cuesta ver las cosas desde una perspectiva que no sea la suya.

JUEGOS DE CONSTRUCCIÓN

También son conocidos como juegos de montaje o ensamblaje. En ellos el niño utiliza movimientos complejos y coordinados con el fin de construir objetos. En los juegos simbólicos emplea un tronco como si fuera un coche; en los de construcción, construye un coche con ese tronco y algunos elementos más.

JUEGOS DE REGLAS

Son los últimos que aprende el niño en su desarrollo evolutivo y los seguirá practicando en la edad adulta (naipes, lotería, dominó). Aunque ya antes de los 6 o 7 años es capaz de entender dos o tres reglas en el juego, y siempre que el adulto esté con él, a partir de los 7 entiende el juego en su conjunto. Los primeros juegos serán de reglas simples, fáciles de cumplir y marcadas previamente (la oca, el parchís o el dominó), y ya no es necesario que el adulto esté presente. Luego pasará a discutir las reglas y consensuarlas en grupo.

Los juegos de reglas despiertan gran interés entre los 7-12 años. Al final de esta etapa, el niño es capaz de comprender y aplicar reglas de gran complejidad (ajedrez, juegos de estrategia...). Jugar en grupos consensuando y respetando unas reglas favorece el posterior respeto de las normas que rigen, por ejemplo, el funcionamiento de la pandilla, de forma que ayudan al niño a vivir en sociedad, a convivir con los demás desde el respeto.

Hoy sabemos que los niños que practican juegos de reglas complejos suelen ser más sociables.

2. La importancia del juego

Los niños necesitan estar activos para crecer y desarrollar sus capacidades. El juego es importante para su educación y desarrollo, ya que les enseña a conocer la vida y el medio que les rodea de forma lúdica. A través del juego investigan, exploran, observan y descubren el mundo por sí mismos.

Los niños que no juegan, principalmente debido a algún tipo de carencia o patología, tardan más en culminar su desarrollo cognitivo, motor y afectivo.

2.1. ¿Por qué es importante el juego para los niños?

Es una de las actividades a las que más tiempo dedican y tiene un papel decisivo en el desarrollo de los más pequeños. Pero las actividades lúdicas en nuestra sociedad no solo se limitan a la edad infantil: en la edad adulta el juego sigue desempeñando un papel importante, como demuestra la gran cantidad de adeptos que tienen las actividades deportivas.

Algunas de las características que hacen del juego una actividad fundamental para el desarrollo de los niños son:

- Es su principal forma de comunicación.
- Les aporta las primeras experiencias perceptivas que influyen en el desarrollo de los sentidos de la vista, el tacto y el oído.
- Les enseña a coordinar los distintos movimientos de las partes del cuerpo para conseguir un objetivo. Por ejemplo, desarrolla la coordinación visomotora y psicomotriz (los ojos miran donde se dirige la mano para coger un muñeco) y, por tanto, también desarrolla su inteligencia.
- Gracias al juego aprenden a focalizar su atención y su concentración.
- Potencia su autonomía.

- Facilita el desarrollo de actividades físicas y destrezas motoras como saltar, lanzar, agarrar, trepar o balancearse.
- Es decisivo en el desarrollo del lenguaje.
- Resulta divertido, centra la energía física en la actividad, y ayuda a descargar agresividad y tensión. Es, por tanto, una tarea liberadora.
- Constituye la principal manera de desarrollar la inteligencia y la creatividad.
- Es una actividad social, una de las primeras que desarrollan para relacionarse con otros niños. A través del juego aprenden a cooperar, negociar, competir, asumir unas reglas, esperar el turno, tolerar, respetar y, cómo no, ganar y perder.
- Les permite conocer sus habilidades y sus limitaciones, lo que les lleva a desarrollar una sana autoestima y aprender a expresar sus emociones.
- Pone de manifiesto las preferencias e intereses de los niños que, poco a poco, van influyendo en su forma de ser y en su personalidad.
- Influye en el aprendizaje de la toma de decisiones y la resolución de problemas. Al crear estrategias, ven las diferentes opciones que tienen y practican para elegir la más apropiada.
- Es una forma de aprender los roles culturales, los valores, las normas sociales y las relaciones con el mundo de los adultos. También de conocer el medio, los animales, los objetos, etcétera.

2.2. EL NIÑO QUE NO JUEGA

El juego es tan importante para el niño como dormir de forma adecuada. Un niño que no juega es un niño que tiene deficiencias a la hora de relacionarse con los otros y dificultades en el desarrollo de las capacidades de percepción, coordinación y motricidad, entre otras.

En los Derechos de la Infancia, postulados en 1959 por la Asamblea General de las Naciones Unidas y certificados en 1990 por el Parlamento Español, se dice que «jugar es un derecho de la infancia y los adultos hemos de velar por su cumplimiento en todos y cada uno de los niños y niñas», aunque en algunas situaciones haya serias dificultades para el desarrollo de esta actividad.

Existen dos motivos principales por los que los niños no desarrollan actividades lúdicas de forma normal:

- La falta de recursos apropiados. En los ambientes socioculturales más deprimidos los niños pueden tener dificultades para jugar, sobre todo por la falta de espacios adecuados. En los últimos tiempos estas dificultades se han intentado subsanar creando zonas públicas destinados al ocio infantil.
- Las discapacidades o enfermedades. Cada vez son más los hospitales con zonas lúdicas o recursos que facilitan el acceso al juego de los niños ingresados. Para los casos de pequeños con discapacidades, ya sean de movilidad, auditivas o visuales, hay que adaptar los juegos a sus necesidades y facilitarles los medios apropiados.

Los niños sin carencias socioculturales ni discapacidades no suelen tener problemas para realizar actividades lúdicas, si bien en algunos casos la falta de juego se puede asociar a algunas patologías psicológicas como la depresión. Entre los síntomas asociados a la depresión infantil se encuentran el aburrimiento constante, la falta de energía y la pérdida de interés por las actividades y juegos.

Aunque es un trastorno poco frecuente, la depresión también se puede dar en los niños más pequeños, incluso en los bebés; sus síntomas principales son la apatía y la inhibición en la iniciativa. El bebé deprimido sonríe muy poco o no sonríe, no parece responder a los estímulos y no reacciona si se le deja con un extraño; permanece quieto en su cuna.

Ante cualquier sospecha o indicio de que el niño no atiende a los estímulos lúdicos se debe consultar con un especialista con el fin de descartar alguna patología. No hay que alarmarse, sobre todo si el niño atraviesa un periodo de enfermedad vírica o infecciosa, ya que en este caso la actividad lúdica disminuye o incluso desaparece.

3. LO QUE SE ESPERA QUE HAGA TU HIJO SEGÚN SU EDAD

Muchos padres se preguntan qué juguetes y juegos son más apropiados para sus hijos. Para saberlo, primero hay que atender a su desarrollo: según el momento evolutivo en el que se encuentre, habrá unos juguetes más apropiados que otros.

Los juguetes y los juegos deben ayudar al niño en su desarrollo y en el aprendizaje y perfeccionamiento de destrezas y habilidades. El dibujo es la actividad lúdica infantil por excelencia. También el dibujo tiene un patrón evolutivo que cambia a medida que el niño crece.

3.1. DESARROLLO EVOLUTIVO DEL JUEGO INFANTIL

Uno de los criterios fundamentales para saber a qué debe jugar el niño es su edad. En función de ella evolucionará su juego y sus intereses por las actividades lúdicas.

Jean Piaget (1896-1980), conocido por sus grandes aportaciones a la psicología infantil dentro del campo de la psicología evolutiva, sostiene que la complejidad de los juegos aumenta a medida que se desarrolla la inteligencia del niño. Según Piaget, las fases del desarrollo de la inteligencia son cuatro:

Periodo sensoriomotor (los dos primeros años)

Desde su nacimiento, el niño se relaciona con su entorno a partir de las percepciones físicas que tiene de él y su acción motora sobre estas percepciones. En este periodo los juegos típicos son los de ejercicio. Se distinguen varias fases:

Primer mes. Los reflejos, que son movimientos automáticos que el bebé realiza ante un estímulo y que irán desapareciendo progresivamente según adquiera control de sus músculos. Algunos de estos son: el de succión (el último en desaparecer en torno al año); el de búsqueda, que hace que, cuando le tocamos cerca de la boca, gire la cara hacia ese lado (desaparece a los pocos meses); el de la marcha automática, que se manifiesta cuando, al coger al bebé de las axilas y sujetarlo de pie, parece que da pasos (desaparece en los primeros días de vida). En este periodo, el niño busca estímulos del ambiente y sus juegos se limitan a movimientos de manos y succión.

Del segundo al cuarto mes. El bebé va perfeccionando poco a poco los movimientos motores. Esta fase se caracteriza por la repetición de conductas que un día realiza por azar. Por ejemplo, descubre que meterse el dedo en la boca le da placer y lo repite de forma sistemática. Ahora sus juegos se centran en sus manos y antebrazos.

Del quinto al octavo mes. Coordinación visión-presión; conjuga dos movimientos a la vez, mirar y apretar lo que agarra. El niño toca un día por azar el juguete móvil que tiene en la cuna y empieza a tocarlo de forma frecuente, ya que le gustan sus sonidos y movimientos. Se interesa por el resultado de sus acciones y quiere explorar los objetos. En esta etapa los juegos corporales le proporcionan placer: hacer cosas con las manos, con los pies, meterse el pie en la boca... Aproximadamente a partir del sexto mes empieza a interesarse por los objetos grandes.

Del noveno mes al primer año. Lo más característico es la aparición de la conducta intencional: el niño realiza una acción para llegar a un fin. Por ejemplo, busca una pelota oculta tras el sofá. Suelen gustarle los juegos de aparecer y desaparecer.

Del primer año al año y medio. Le encanta experimentar, la novedad, descubrir todo lo que le rodea. Por ejemplo, puede tirar veinte veces la pelota para ver qué pasa si impacta contra un objeto u otro.

Del año y medio a los 2 años. El pequeño ya es capaz de referirse a la persona que no está, al juguete que no ve, es decir, entiende que las cosas permanecen aunque él no las vea. Ya no le provoca tanta angustia que se vayan mamá o papá, porque entiende que van a trabajar o a hacer un recado pero vuelven, no desaparecen, como pensaba en el periodo anterior. Está en la fase de transición al juego simbólico, que será, a partir de ahora, el que prefiera y al que dedicará más tiempo.

PERIODO PREOPERATORIO (DE LOS 2 A LOS 7 AÑOS)

El juego simbólico o de ficción, unido a la fantasía y la creatividad, es lo más característico. Un dato importante de este periodo es la adquisición del lenguaje. Esto, unido a la maduración de las estructuras mentales y del pensamiento, hace que se desarrolle el juego simbólico, que, a su vez, ayuda en la evolución del lenguaje y en la comunicación. Utiliza un objeto «como si» fuera otro diferente; por ejemplo, un palo como si fuera una cuchara.

El juego simbólico va, poco a poco, evolucionando y perfeccionándose:

De los 2 a los 3 años. Juega a dar de comer a sus muñecos o a acostarlos para dormir o es capaz de arrastrar una silla imitando el ruido de una moto.

De los 3 a los 4 años. Es la etapa de los amigos imaginarios: crea en su mente amigos con los que establece una serie de juegos y aventuras. El juego simbólico es bastante más complejo y las situaciones son mucho más elaboradas. El niño ya no se limita a dar de comer al muñeco, sino que puede recrear todo lo que gira en torno a la situación de la comida: ata el babero, elabora el menú, pone la mesa, coge la cuchara, le da de comer...

De los 4 a los 5 años. El juego simbólico puro va desapareciendo como tal y da paso a un juego de fantasía colectivo, acercándose así poco a poco a las normas del grupo.

A partir de los 5 años. Empiezan a desarrollarse los juegos de construcciones, montaje y ensamblaje. El niño se decanta por las construcciones de aviones, trenes y coches, mientras que la niña hace casitas para las muñecas. Copian la realidad de lo que observan en su entorno: juegan a las casitas, a los colegios, a los hospitales...

Hasta los 7 años. El juego va desarrollándose con el fin de convertirse en algo más social y no tan libre como hasta el momento. El niño empieza a concebir el juego como una actividad colectiva y como su principal fuente de socialización. En esta etapa, antes de pasar a los juegos de reglas, cobran especial importancia los ya iniciados juegos de construcción. De hecho, la creatividad se manifiesta en las construcciones. Ya conoce el funcionamiento de las leyes físicas y desea usarlas, aprovecharlas y conquistarlas montando castillos, puentes, casas, circos, monstruos y carreteras.

ETAPA DE OPERACIONES CONCRETAS (DE LOS 7 A LOS 12 AÑOS)

El juego característico de esta etapa es el de reglas simples, que lleva implícita la socialización, ya que necesita de los otros para desarrollarse. Las reglas pueden venir impuestas desde fuera o surgir espontáneamente en el grupo. El niño cada vez está más preparado para controlar varios puntos de vista distintos, empieza a considerar los objetos y los acontecimientos bajo diversas perspectivas y es capaz de prever o modificar los datos que posee. Los juegos de reglas simples pueden ser de secuencias, de circuitos, de habilidad, deportivos sencillos, etcétera.

A los 8 años. Se siente atraído especialmente por los juegos de mesa. Le cuesta mucho aprender a perder.

A los 9 años. Es capaz de buscar entretenimiento en la lectura —quizá sea un buen momento para fomentarla—. También es la edad del juego competitivo: a ver quién es mejor en esto o en aquello.

A partir de los 10 años. Los niños ya forman pandillas y necesitan normas para organizarse. Les gustan las construcciones mecánicas, los deportes o las aficiones que en la familia se le hayan enseñado (montar en bici, ir de pesca, hacer senderismo, coleccionar...), mientras que a las niñas les suelen atraer más los juegos de rol sobre la vida social y se preocupan más por su aspecto físico.

ETAPA DE LAS OPERACIONES FORMALES (A PARTIR DE LOS 12 AÑOS)

En esta última etapa, más próxima a la adolescencia que a la infancia, los juegos suelen estar supeditados al juego en grupo, aunque últimamente los juguetes tecnológicos quizá potencien más la individualidad. Los juegos son los de reglas complejas, que necesitan razonamiento, análisis e interpretación por parte del jugador. La diversión en pandilla ocupa la mayor parte del tiempo.

Los juegos típicos de esta edad son los de estrategia complejos, los deportivos —que van pareciéndose a los de los adultos—, los de reflexión y los controvertidos videojuegos, que toman especial relevancia. Los adolescentes se preocupan más por las cuestiones abstractas, por construir teorías filosóficas. Empiezan a interesarse por las doctrinas complejas, a inventar modelos sociales nuevos y, como se suele decir, a intentar salvar el mundo.

3.2. La elección de los juguetes según la edad

Antes de comprar un juguete para el niño es importante tener en cuenta lo siguiente:

- Los padres no deben centrarse en sus gustos, sino en los de su hijo.
- La edad del niño es un factor fundamental.
- Hay que ofrecerle la oportunidad de que elija los juguetes que más le atraen.
- No se le debe saturar de juguetes: jugará con ellos un rato y luego no les hará ni caso.
- Debemos tener en cuenta la seguridad y calidad del juguete, así como seguir las recomendaciones de edad del fabricante.
- Hay que tener en cuenta la finalidad del juguete: para jugar en soledad o con otros.
- No fomentemos el sexismo a la hora de comprar.
- También es importante tener en cuenta el precio y su relación con la calidad. Los juguetes más caros no son necesariamente los más divertidos. Hay que centrarse más en las necesidades lúdicas del niño.

A continuación proponemos un listado de los juguetes que nos parecen más apropiados para los niños en función de su edad y desarrollo.

PRIMER AÑO

Se siente atraído por juguetes con muchos colores y diferentes materiales, que estimulan los sentidos de la vista, el oído y el tacto.

- Móviles con colores vistosos y melodías alegres. Ayudan a relajarse en la cuna para dormir y desarrollan la percepción visual y auditiva. Lámparas que reflejan luces de colores y formas en movimiento. Desarrollan la percepción y la discriminación visual y auditiva.
- Juguetes y objetos musicales.
- Gimnasios de los que cuelgan muñecos que puede alcanzar y mantas con diferentes tactos y sonidos. Juegos que permiten desarrollar la percepción visual, táctil y auditiva.
- Muñecos de espuma, goma, trapo y peluches. Facilitan la expresión de la afectividad y de las emociones al abrazarlos, besarlos y cuidarlos.
- Mordedores. Calman las molestias dentales y potencian la coordinación de los ojos, las manos y la boca.
- Sonajeros. Proporcionan las primeras experiencias auditivas y táctiles, así como la coordinación del movimiento.
- Juguetes para el baño: los típicos patitos, recipientes para llenar y vaciar de agua, etcétera.
- Cubos grandes de espuma forrados con telas de colores. Sirven para desarrollar el tacto y la motricidad al agarrarlos, colocarlos, tirarlos, etcétera.
- Pelotas. Con ellas se potencia la motricidad.

De 1 a 2 años

A esta edad se deben buscar juguetes que desarrollen las habilidades motrices del niño, sobre todo la coordinación muscular. También tienen que despertar su curiosidad y ayudarlo a entender cómo sus acciones afectan al entorno; por ejemplo, qué ocurre si lanza una pelota. Algunos juguetes apropiados son:

- Rompecabezas sencillos. Perfeccionan la coordinación visual y motora.
- Juguetes de madera o plástico para golpear, lanzar, amontonar o encajar. Ayudan a desarrollar la coordinación corporal.
- Juegos de apilar formas geométricas. Mejoran las habilidades motrices.
- Juguetes para el agua y la arena. Les gusta manipular diferentes elementos y mancharse.
- Correpasillos, balancines, triciclos sin ruedas, coches y motos. Mejoran las habilidades motoras.
- Colores, ceras o pintura de dedos. A esta edad los niños empiezan a sentirse atraídos por el dibujo.
- Muñecos y sus accesorios.
- Libros con ilustraciones, sonidos y texturas.
- Vehículos y garajes.

De 2 a 3 años

Sienten predilección por los juguetes que desarrollan sus habilidades motrices y favorecen la comunicación, las relaciones causa-efecto y la imitación. Algunos ejemplos:

- Columpios y toboganes pequeños.
- Palas y cubos.

- Casitas y granjas con personajes.
- Juguetes de imitación para hacer lo mismo que hacen sus padres: cajas de herramientas, cocinitas, artículos de limpieza, etcétera.
- Disfraces sencillos.
- Cabañas.
- Puzles y rompecabezas.
- Instrumentos musicales.
- Juguetes para apilar y encajar.
- Peluches y muñecos con complementos.
- Vehículos y garajes.
- Plastilina y arcilla.
- Lápices de colores y pinturas.
- Teléfonos de juguete.

DE 3 A 6 AÑOS

El movimiento en el juego es fundamental para el niño. Recordemos que a lo largo de estas edades es cuando el juego se hace cada vez más social. Por tanto, los juguetes deben ser ricos en experiencias y movimiento, estimular la imitación y la expresión de sentimientos y de valores como compartir, colaborar y relacionarse con otros niños y adultos.

- Triciclos, bicicletas, camiones y patines.
- Puzles y mecanos.
- Construcciones para atornillar, de plástico o madera.
- Construcciones encajables.
- Pizarras.
- Magnetófonos.
- Cuentos.
- Muñecos con accesorios o articulados y casas de muñecas.

- Dominós de formas, animales y colores.
- Disfraces y marionetas.

A PARTIR DE LOS 6 AÑOS

En esta etapa el juego se va asemejando cada vez más a la realidad y se abandona la fantasía de etapas anteriores. Los niños sienten predilección por aquellos juegos que pueden hacer en compañía de otros y, sobre todo, que impliquen actividad.

De 6 a 8 años

- Juguetes deportivos: balones, monopatines, patines, bicicletas, etcétera.
- Cometas.
- Coches teledirigidos, trenes y scalextrics.
- Juegos de mesa, de preguntas y respuestas, de memoria, etcétera.
- Futbolines y billares.
- Juegos de experimentos.

De 9 a 11 años

- Bicicletas.
- Mecanos de metal.
- Construcciones complejas y maquetas.
- Juegos de estrategia y reflexión.
- Juegos audiovisuales y electrónicos.
- Disfraces y marionetas que se acompañan de elaboradas historias a veces imaginadas a veces recogidas de su entorno y su realidad, que dramatizan en grupo.

3.3. EL DESARROLLO DEL DIBUJO INFANTIL

El dibujo surge de manera espontánea y es una forma de libre expresión de los niños. Le dedican bastante tiempo, ya sea en la escuela infantil, en los primeros años de preescolar o en casa. Esta actividad tiene una importancia vital en el desarrollo del niño.

- Desarrolla la motricidad, especialmente la fina.
- Fomenta la creatividad y la expresividad.
- Aumenta la autoestima, siempre que después se alabe lo bien que lo ha hecho y los colores que ha utilizado.
- Es una forma de expresar lo que siente y de comunicarse con otros.
- Ayuda a la maduración afectiva, mental y motora.
- Constituye un primer paso para la lectura y la escritura.
- Sirve para descargar la agresividad y ayudar a la relajación.

El dibujo va evolucionando poco a poco desde el simple garabato hasta reproducciones bastante exactas de la realidad. Existen unas fases de desarrollo en el dibujo infantil que los padres pueden tener en cuenta a modo de orientación, pero recordando que cada niño es diferente y que unos tardan más que otros en desarrollar ciertas habilidades.

A LOS 18 MESES

El niño dibuja garabatos sin ningún tipo de coordinación, aunque se divierte mucho con los trazos y los colores. Es habitual que dibuje en una hoja y pase a otra, y después a otra. Al final lo más probable es que muestre sus rayajos como resultado final. En esta etapa su coordinación es muy precaria, por lo que sus trazos son desordenados.

DE LOS 2 A LOS 3 AÑOS

Los ejercicios manuales son cada vez más coordinados y el niño comprueba que existe relación entre los movimientos de su mano y el dibujo. Poco a poco va mostrando más preferencia por cambiar de colores, ya que en la etapa anterior utilizaba un solo lápiz. También es característico que empiece a llenar toda la superficie del papel.

Hacia los 3 años los trazos son más coordinados y el niño ya no se sale del papel. Pero lo más característico es que esos garabatos ya poseen un significado para él, tienen nombre y representan objetos, personas o animales. El pequeño les enseña el dibujo a sus padres y les explica lo que es.

DE LOS 3 A LOS 4 AÑOS

El dibujo es cada vez más realista. El niño va abandonando la etapa de los garabatos para adentrarse en lo que se llama fase preesquemática. Los colores empiezan a tener significado; por ejemplo, puede utilizar el naranja o el rosa para dibujar a las personas por el color de la piel o pintar un pato de color amarillo. A esta edad los niños suelen dibujar a sus hermanos, padres o amigos.

LOS 5 Y 6 AÑOS

El niño ya dibuja las personas con objetos y detalles, incluso con prendas de vestir. Utiliza mejor los colores y muestra predilección por pintar animales o personas.

Dibuja los dedos, los ojos, las piernas; todo mucho más estructurado.

A PARTIR DE LOS 6 AÑOS

Los dibujos van incorporando cada vez más detalles: el pelo, las orejas, los zapatos. También se hacen más variados. Los árboles se representan con sus frutos; las casas, con jardín y chimenea; los paisajes, con ríos y flores. A partir de esta edad, los dibujos siguen un esquema más estructurado.

El niño va perfeccionando su técnica hasta llegar a los 12 años, edad en la que «sus obras» se caracterizan por reproducir fielmente el original, con todos sus detalles y colores. Aproximadamente a los 14 años logra la representación espacial, es decir deja de hacer un dibujo plano para empezar a tener perspectiva, volúmenes...

4. PRUEBA A HACERLO TÚ

Establecer una edad para cada juego o juguete no es posible, puesto que el juego es un proceso continuo en el que cada niño enlaza un aprendizaje con otro, pasando de lo más simple a lo más complejo. El ritmo lo marcan sus características individuales.

Lo difícil será saber acertar y conjugar el juguete apropiado para el niño, el momento de ofrecerlo y la manera de desarrollar el juego. En este capítulo ofrecemos pistas sobre cómo hacerlo. Observar a nuestro hijo, prestar atención a las actividades que lo ayudan a desarrollarse, dar un matiz lúdico a las rutinas y aprovechar para introducir juegos en ellas son algunas de las claves para conseguirlo.

4.1. La elección de juegos y juguetes acordes con la edad

Es posible establecer una edad para cada juego a modo de orientación, pero la realidad nos dice que el juego es un proceso continuo en el que se adquieren gradualmente nuevas etapas. La práctica es la que desarrolla las capacidades cognitivas, conductuales, afectivas y sociales del niño.

Como en casi todos lo que tiene que ver con la educación, la observación de las características individuales del pequeño será la clave para acertar en la elección de juegos y juguetes.

A la hora de jugar con su hijo, los padres deben tener en cuenta lo siguiente:

- Hay que dejar que él dirija y facilitar que se centre en el juego, evitando distracciones. Tiene que saber que su actividad es importante para sus padres.
- Un mismo juguete puede tener muchos usos.
- El juguete más caro no tiene por qué ser el mejor. A veces un trapo o una caja de cartón bastan para pasar una tarde de juegos y desarrollar la creatividad infantil.
- No hay mejor juego para un niño que el que comparte con sus padres.

El primer año

Los niños lloran cuando sienten hambre, sueño e incomodidad, pero también cuando se aburren. Es su manera de pedir que jueguen con ellos. Además de atender sus necesidades fisiológicas, los padres tienen que buscar tiempo para jugar con sus hijos cada día. Debe ser un tiempo de disfrute y convertirse en rutina.

Una vez incluido el tiempo de juego en los hábitos familiares hay que plantearse qué utilidad tiene para el desarrollo del niño. Jugando se pueden enseñar multitud de habilidades. Solo durante los seis primeros meses serán los padres quienes dirijan la actividad. A partir del sexto mes, el niño cada vez será más activo y tendrá más iniciativa en la creación de juegos.

La ocupación lúdica irá dirigida a:

> ✓ Estimular la motricidad gruesa (que sujete la cabeza, se siente o gatee) y el equilibrio y el mantenimiento de la postura (ponerse de pie, pararse y sostenerse solo para luego andar).
> ✓ Diferenciar sensaciones sensoriales a través de experiencias. Por ejemplo, con una manta de distintas texturas se le inicia en el aprendizaje de los conceptos de suave y áspero.

En la etapa que nos ocupa, el niño desarrolla su inteligencia con la adquisición de movimientos; de ahí la obsesión de los especialistas por preguntar a los padres cuándo ha empezado a andar, si sujeta el cuello o se mantiene sentado, si agarra cosas, etcétera.

Estos datos indican que está dentro del desarrollo normal, porque va adquiriendo capacidad para el control del cuerpo.

Al principio el niño no atribuye a su actuación lo que ocurre en su entorno: da con el pie a un juguete móvil y suena. Poco a poco, a base de repetir el movimiento, aprende que es él quien consigue el efecto. En los primeros meses los juegos son sobre todo experimentos que el bebé hace para aprender a controlar su cuerpo. Jugar manipulando objetos es una constante.

Los padres deben dejarle que tire cosas e intente cogerlas. Se puede colocar una alfombra o manta en el suelo y rodearla de juguetes que brillen o suenen, que sean suaves o que pueda morder; mejor si son de tamaño grande. Hay que alejárselos para que los busque o acercárselos para que los manipule, escondérselos y preguntarle dónde están. Conviene ir aumentando gradualmente la dificultad para encontrarlos: los tapamos con un trapo, los ponemos detrás de las patas de la mesa...; el objetivo es que se mueva para buscarlos y adquiera capacidades.

Al final del primer año, el niño es capaz de diferenciar colores y le gustan las piezas que hay que encajar y los cubos de colores que van uno dentro del otro. Se divierte con un simple bote vacío probando a meter y sacar objetos de él. Así va aprendiendo a distinguir los tamaños, los colores y las formas.

El baño es un buen momento para fomentar el juego. Conviene tener a mano objetos con los que pueda chapotear y jugar. Aplicar un masaje mientras se le da crema es otra forma de juego.

Una de las actividades que más atraen al niño en su primer año de vida es verse reflejado en un espejo; los llamados «irrompibles» son especialmente seguros y se pueden instalar en su habitación.

Los juguetes móviles deben colocarse en la cuna o el coche de paseo, siempre entre veinte y treinta centímetros por encima de la cara del niño para que no le golpeen pero los pueda alcanzar.

Con el sonajero se le puede preguntar de dónde viene el sonido mientras se mueve de un lado a otro. Cuando el niño lo siga o lo alcance hay que felicitarle. Una variante consiste en colgarle en los pies o las muñecas unos cascabeles que suenen cuando se mueva.

A esta edad los niños deben tener momentos de entretenimiento en solitario de unos 10 a 15 minutos aproximadamente, mientras los padres se dedican a hacer otras cosas.

No hay que desesperarse cuando el niño tire un juguete, sino recogerlo y que vuelva a repetir la operación una y otra vez. De hecho, es recomendable dejarle una buena cantidad de objetos cerca y esperar a que los haya tirado todos para recogerlos; así se evita acabar agotado tras una sesión de juego. Hay que tener en cuenta que se siente fascinado por cualquier material o juego que active su oído, vista, tacto u olfato.

Cuando sea capaz de sostenerse, habrá que ofrecerle cualquier juguete o material que pueda arrastrar para que aprenda a frenar, mantener la estabilidad y controlar la dirección. También es recomendable ponerle juguetes a distintas alturas para que se agache y se levante, y situarle objetos que le atraigan a diferentes distancias para que vaya a por ellos. Es necesario armarse de paciencia, puesto que el bebé tenderá a repetir mil veces todas estas actividades. Está explorando su entorno sus posibilidades de intervenir en él.

En esta etapa es habitual encontrarse a cualquier padre haciendo todo tipo de ruidos y poniendo las más variadas caras sin temor al ridículo, simplemente para obtener una sonrisa de su hijo. Quién no ha jugado al «cucú-tras» o sacado la lengua mientras hace todo tipo de ruidos extraños con la boca delante del bebé; quién no ha repetido hasta la saciedad la palabra «ajo» con la esperanza de que el niño la diga. De hecho, son los tipos de juegos que los niños de esta edad esperan y entienden. Un síntoma que ayuda a identificar si el pequeño disfruta es que permanece inmóvil mientras se le canta o se le pone caras para pasar de inmediato a agitar las piernas y los brazos cuando se detienen los estímulos.

Se recomienda acompañar cualquier actividad lúdica con canciones, palabras o juegos de manos y darle tiempo al niño para que nos imite. Es habitual que emule gestos propios del padre o la madre, como por ejemplo fruncir el ceño.

Los padres que practican este tipo de juegos a sus hijos les enseñan sus primeras formas de comunicación y expresión con los demás y el medio. Por eso pronto sonríen cuando reconocen la cara de alguien o cuando están a gusto.

DE LOS 2 A LOS 3 AÑOS

A partir de los 2 años el niño pasa de experimentar con sus movimientos a intentar coordinarlos. Si hasta el momento se limitaba a agarrar un objeto y tirarlo para luego recogerlo, ahora quiere encajar piezas en los huecos que les corresponden, y para esta actividad necesita coordinar la vista y el movimiento de sus manos.

Si hay una palabra que defina el juego a esta edad es creatividad. Al niño le fascinan los juegos que le permiten crear cosas: dibujos, arcilla, plastilina, pintura de dedos, etcétera. Llega a imitar e incluso reproducir vivencias añadiéndoles alguna novedad.

En esta etapa hay que olvidarse de verlo limpio. No es el momento de exigírselo: está conociendo el mundo a través de la experimentación.

Sí es un buen momento para instalar en su habitación una mesa y sillas de su tamaño para que pueda dedicar tiempo a realizar dibujos o moldear figuras. Una caja para guardar los lápices de colores, las ceras y el sacapuntas y una carpeta o corcho donde pueda colgar sus «obras de arte» estimularán su creatividad e imaginación. No hay que olvidar hacerse con un juego de pala, cubo y rastrillo para jugar fuera de casa. El agua y la tierra son materiales muy atractivos; con ellos se pueden crear flanes, castillos, comidas, etcétera.

El lenguaje evoluciona rápidamente: el niño pasa de señalar lo que quiere a nombrarlo y pedirlo. Se recomienda utilizar hacia el final de esta etapa los juegos de palabras sencillos, las adivinanzas y los trabalenguas.

El juego simbólico o de ficción es el marco para imitar o reinterpretar situaciones de su vida cotidiana. Es importante favorecer este tipo de juego porque las interpretaciones de dichas situaciones están cargadas de afectividad y le sirven para adaptarse emocionalmente, equilibrar tensiones, evadirse y ensayar soluciones.

También se le llama el juego de «como si», porque el niño utilizará las cosas, imitará personajes y actividades como si fueran reales: juega a los médicos, a las comiditas, los colegios, las tiendas, las mamás y papás, las oficinas... El pequeño puede ser la profesora y lo que ha ocurrido en clase, o mamá volviendo de trabajar y regañándole por no merendar o papá cuando le baña y acuesta... Mediante este juego de ficción, recrea sus vivencias. Si nos quedamos escuchando detrás de la puerta, conseguiremos una valiosa información sobre cómo vive su día a día, pero, ojo, también puede introducir en el juego creaciones de cómo le gustaría que fuera la realidad o de cualquier novedad. Por ejemplo, si va al zoo, querrá imitar los comportamientos que ha visto en los animales. Es lo que llamamos juego simbólico de fantasía o de ficción. Aparece durante el segundo año de vida y se mantiene, con variantes, durante los siguientes años.

Una buena forma de educar lúdicamente al niño es introducirse en el juego y darle alternativas. Por ejemplo: «Tu muñeca Luna está asustada porque le hablas muy fuerte; prueba a contárselo más bajito y verás cómo deja de llorar».

El niño a esta edad puede permanecer mucho tiempo en su habitación jugando. Por eso es conveniente facilitarle un rincón con juguetes que representen objetos reales: cocinitas, coches, teléfonos, instrumentos médicos, etcétera.

Una vez que camine seguro, se puede introducir el triciclo para pasar luego a la bicicleta. También es el momento de los columpios.

Los niños de 2 a 3 años reconocen a las personas de su entorno y lo pasan especialmente bien mirando álbumes de fotos.

Asimismo, es un momento estupendo para iniciar los juegos de pelota por turnos: «Primero me pasas tú a mí y luego yo a ti». Estos juegos lo ayudan a abandonar la etapa en la que no comparte sus juguetes.

Saltar a la comba, andar hacia atrás y correr son actividades con las que demuestra sus recién adquiridas capacidades físicas. Cuando empieza a hacerlo en grupo, mide con sus iguales el dominio de sus capacidades atléticas, aunque esta dinámica todavía no tiene una dimensión competitiva. Existen dos elementos lúdicos que destacan especialmente como facilitadores de la expresión de deseos y emociones: los disfraces y las marionetas. En ambos casos el niño se expresa de forma espontánea, puesto que deja de ser él para contar a través de un personaje lo que le preocupa, lo que siente, lo que le gustaría ser o conseguir. Por ejemplo, un disfraz de superhéroe le da poderes para solucionar los problemas con los amigos.

Los amigos invisibles son muy frecuentes. El niño habla con ellos, les da órdenes, les regaña o les hace confidencias. No hay que asustarse si le pone un plato en la mesa o se enzarza en una discusión con él.

Es una etapa más del juego y, aunque llamativa, no tiene por qué asustarnos, obviarla será suficiente para que vaya desapareciendo. Cuanta más atención o preocupación mostremos ante nuestro hijo, mayor es el riesgo de que se perpetúe una conducta que es propia de esta edad y que desaparece con el tiempo. Por ejemplo: «¿Qué quieres merendar?», «Yo, Cola Cao, y Lupe (amiga invisible), queso». Ponemos el Cola Cao en la mesa y nos olvidamos de Lupe. «¿Quién ha dejado el cuarto desordenado?». «Lupe». «Tienes que recoger los juguetes antes de bajar al parque».

No todos los niños crean amigos invisibles, pero es muy frecuente que estos aparezcan en algún momento.

DE LOS 3 A LOS 5 AÑOS

Ahora tiene muchos más datos sobre la realidad y más capacidad para recrearla. Se mantiene el juego simbólico, pero ya no se limita a pequeñas recreaciones de situaciones familiares.

El niño es capaz de imaginar más y tiene mucha más información de la realidad que imita, pero pide que los juguetes sean réplicas y es capaz de recrear colectivos como los bomberos, los hospitales o los colegios incluyendo historias perfectamente narradas y llenas de matices que recoge de su entorno. Es muy probable que incluya sus propias creaciones dándoles utilidad dentro de la dramatización del juego. Por ejemplo, hace un avión de papel y convierte su garaje de juguete en un aeropuerto para guardar su avión. Hay que recordar que está teatralizando papeles y situaciones, aprendiendo roles y, como consecuencia, socializándose.

Si en la etapa anterior la presencia de los padres en el juego era una constante, a partir de ahora tiene que lidiar solo con las dificultades y enfrentamientos que se producen en los juegos en grupo. Es importante dejar que afronte sus problemas y no acudir con la solución antes de que pida ayuda. En muchos casos sorprende su capacidad de resolución.

Los juegos de construcción aparecen con fuerza. Los mecanos y las herramientas para construir se deben incorporar al rincón de los juegos.

La televisión empieza a tener un peso importante en el tiempo de ocio: el niño tiene sus programas preferidos y exige verlos. Más adelante ofrecemos una serie de pautas para hacer un buen uso de la televisión y los juegos de nueva tecnología.

Entre los 3 y los 4 años aparecen las primeras diferenciaciones de intereses por sexo en los juegos. Las niñas prefieren muñecas cuya estructura responda fielmente a la realidad del cuerpo, para imitar a las mamás y los papás. En los juegos simbólicos suelen elegir imitar a las doctoras o las profesoras. A los niños les atraen los aviones, los trenes y los coches. También les gusta coleccionar cosas y elaborar historias en las que sus superhéroes preferidos son los protagonistas.

Ya sabemos que el juego tiene que ser una actividad de libre elección para el niño, pero el papel de los padres en esta etapa es fundamental para educar en la igualdad, evitando los estereotipos. A continuación ofrecemos algunas ideas:

- Se debe partir de la idea de que los niños y las niñas son diferentes, ni mejores ni peores, y la diferencia no implica discriminación. Por ejemplo, los niños con 2 o 3 años son más activos y muestran más conductas agresivas. Las niñas, por su parte, suelen empezar a hablar antes y se muestran más autónomas.

- La familia es el primer espacio donde desarrollan su identidad de género. Luego está el colegio, el grupo de iguales y cualquier ámbito que implique relacionarse.

- En casa no se deben acotar las actividades de los hijos a tareas propias de niños o de niñas, ya que se les limitan futuras posibilidades. La sociedad dice que no es propio de los niños jugar a las cocinitas, pero admiramos el trabajo de los grandes cocineros y no nos importaría que nuestro hijo fuera uno de ellos.

- No hay que pedirles que imiten acciones que no nos ven hacer. Por ejemplo, si en la familia solo hace las camas la madre, el niño entenderá que debe ser así. Es conveniente repartirse las tareas de forma que vean que cualquiera de los dos padres puede llevarlas a cabo y transmitirles la idea de que cualquier persona es capaz de desempeñar actividades y obligaciones independientemente de su sexo.
- Se puede sorprender a la niña con un regalo que no espere —un coche, un balón o unas canicas— y jugar con ella. También se puede incluir entre los juegos del niño una cocinita, cacharros o cualquier juguete que represente actividades que se hacen en casa. No hay que dejarse llevar por lo que se considera adecuado para su sexo, sino ofrecerles alternativas. Si no quieren jugar con ese tipo de juguetes, no hay que obligarlos.

DE LOS 5 A LOS 7 AÑOS

Siguen teatralizando papeles y situaciones; si se les escucha, se puede comprobar cómo elaboran verdaderos guiones para cada juego. Van abandonando poco a poco los juegos en solitario y las pandillas empiezan a cobrar más peso en su vida, sobre todo al final de la etapa. Ahora deben respetar las normas y reglas para jugar. A veces son los propios juegos los que las marcan y otras las decide el grupo democráticamente. Ponerse de acuerdo no es fácil, por eso es frecuente que se enfrasquen en riñas y discusiones sobre «cómo se juega». No hay que preocuparse si estas discusiones ocupan más tiempo que el juego en sí: están aprendiendo a consensuar con el grupo las normas que rigen su funcionamiento.

El desarrollo de capacidades cognitivas como la atención, la memoria, el razonamiento y la creatividad aumenta el atractivo de los juegos en que se ponen en práctica dichas capacidades, como los de preguntas y respuestas, los de diferencias y parecidos, los puzles, los cuentos interactivos y los juegos de mesa.

Aparece la competición. A los niños les cuesta mucho perder, se enfadan y dejan de jugar cuando se dan cuenta de que no van a ganar. Pero no se les debe dejar ganar siempre para evitar el conflicto, ya que están aprendiendo a competir. De hecho, la competencia es un aliciente para que se exijan una mejor realización de la tarea. El problema surge cuando su motivación es ganar siempre y a todos. Para equilibrar el binomio competencia-competitividad es conveniente introducir los juegos cooperativos o de colaboración, donde es esencial la contribución de los participantes para divertirse sin necesidad de que gane alguien.

En torno a los 6 y 7 años los niños comienzan a entretenerse con actividades elegidas en función de sus gustos y que no requieren la compañía de nadie: la televisión, la lectura, la videoconsola, etcétera.

4.2. LOS JUEGOS DE COLABORACIÓN

Hemos visto cómo entre los 5 y los 7 años cobra mucho peso la competitividad con los compañeros.

Competir motiva para realizar tareas, pero también requiere una actitud de cooperación. Con ese objetivo se plantean los juegos de colaboración que tienen como característica que su ejecución no se califica: la motivación es jugar, no ganar.

Los juegos de colaboración fomentan:

> - La confianza en uno mismo y en los demás.
> - Los mensajes positivos.
> - La participación.
> - El «Todos ganamos» frente al «Yo gano, tú pierdes».
> - Las actitudes asertivas frente a las agresivas.
> - Los ambientes distendidos.

Veamos un ejemplo de juegos de colaboración:

Material: pelotas de tenis. Metodología: establecemos un circuito donde haya que saltar, correr, dar la vuelta a algún objeto...

Al final del recorrido colocamos un cubo. Los participantes deben trasladar las pelotas hasta el cubo pasando antes por todo el circuito. Tienen que estar colocados en fila y respetar el turno, todos han de participar, pero también pueden ayudar a los compañeros a llegar hasta el cubo. El juego finaliza cuando todas las pelotas están en el cubo y el objetivo es que cada vez se haga en menos tiempo.

En casa se puede fomentar la cooperación si se anima a los niños a que realicen tareas juntos, como poner la mesa para toda la familia. Deben ser ellos los que distribuyan las tareas sin que los padres intervengan.

4.3. EL USO DE LA TELEVISIÓN

Proponemos tres criterios para fomentar un buen uso de la televisión en casa:

☐ Controlar el tiempo que nuestro hijo dedica a la tele y no permitir que se convierta en su canguro.

☐ Conocer los contenidos de los programas que ve el niño.

❏ Sentarse con él a verla. El niño necesita que el adulto le traduzca las imágenes que observa, de lo contrario elaborará los datos según su propio entendimiento.

Para enseñar al niño a hacer un buen uso de la televisión se le puede pedir que elija sus programas preferidos, comprobar a qué hora se emiten y si son adecuados para su edad, y encargarse de encender el televisor cuando empiecen dichos programas y de apagarlo cuando terminen.

La televisión tiene un gran valor como fuente de entretenimiento y ofrece interesantes programas educativos. No debe utilizarse para que el niño coma, haga los deberes o para que no moleste.

4.4. LOS JUEGOS DE REGLAS

A partir de los 8 años empiezan a interesarse por los juegos de reglas, como el parchís, la oca o las tres en raya. Este tipo de juegos fomenta la socialización por diversas razones:

- Mediante la actividad lúdica el niño aprende a relacionarse con los demás, entre otras cosas porque tiene que expresarse, explicar una norma o comentar lo que va ocurriendo mientras juega.

- Consensuar las reglas y aceptarlas le facilita el control de la agresividad. Aunque al principio le cueste perder, poco a poco va asimilando que las normas del juego dirigen la actividad y que no le es útil enfadarse puesto que solo le acarrea conflictos; es mucho mejor mantenerse en el juego e intentar mejorar las destrezas.

- Jugar con reglas es un ejercicio de aprendizaje de responsabilidad y democracia. Lleva aparejado el respeto por los demás.

4.5. El espacio lúdico o rincón de juego

El espacio donde juega el niño es tan importante como los juguetes y los juegos. Hay que buscar un sitio donde esté cómodo y seguro. Algunas recomendaciones al respecto:

- El rincón de juego debe estar en la habitación del niño. Si las circunstancias lo permiten, es preferible disponer de una habitación de juegos además del dormitorio.
- El baño es un momento en el que a los niños le gusta jugar, los juguetes suelen ser distintos porque están hechos para que se mojen. Como es difícil que se sequen, se puede buscar una cesta y dejarlos allí.
- El salón y el comedor son estancias para toda la familia, en las que se pueden realizar distintas actividades. Así, al igual que los padres recogen el periódico una vez leído, el niño podrá traer sus juguetes siempre que al terminar los devuelva a su sitio. No se debe convertir el salón o el comedor en una juguetería.

Cada espacio ha de tener una función, y cada función, un espacio.

Una vez decidido dónde situar el rincón de juego, veamos cómo debe mantenerse:

- Lo primero será diferenciar dentro de la estancia un rincón y hacerlo atractivo y cómodo. Se puede buscar una alfombra de colores y muebles con cajones que faciliten el orden y estén a la altura del pequeño para que pueda utilizarlos con facilidad. Se trata de crear un ambiente alegre y acogedor.
- Se debe procurar que el espacio lúdico tenga luz natural y una buena ventilación. Hay que ocuparse de que esté limpio y organizado.

- Evitar peligros potenciales, como enchufes, esquinas, materiales cortantes, bolsas de plástico o productos lesivos. Si hay enchufes, se deben tapar; a las esquinas hay que ponerles protectores y retirar cualquier adorno que pueda ser peligroso. Si los padres le proporcionan al niño un ambiente seguro, este podrá jugar sin necesidad de que estén delante.
- Antes de darle un juguete, es preciso leer las instrucciones y tomar las debidas precauciones.
- Hay que añadir o retirar mobiliario y juguetes en función de la edad y las necesidades del niño. Al principio es conveniente poner una alfombra amplia que le permita manipular objetos y materiales. Luego habrá que incluir una mesita y sillas para sus dibujos y creaciones. Cuando lleguen los puzles o los juegos de reglas, será necesario más espacio.

El niño también debe contar con un lugar abierto, como el parque del barrio, donde acuda a diario a jugar, experimentar y socializarse.

4.6. LOS CUENTOS

Los niños empiezan a interesarse por los cuentos en torno a los 2 años. La narración de cuentos tiene una gran importancia en las familias, bien como actividad previa al sueño o bien como juego relajante. Es recomendable establecer un ritual de disfrute con el niño a la hora de la narración: sentarse a su lado en un ambiente tranquilo y en silencio, que permita la lectura sin interrupciones, dramatizar las voces, exagerar las descripciones o inventar el cuento.

Ofrecemos algunas ideas para inventar relatos descritas en el libro *Gramática de la fantasía,* de Gianni Rodari

(1920-1980, escritor, periodista y pedagogo) para inventar cuentos o enseñar cómo hacerlo.

EL BINOMIO FANTÁSTICO

Se eligen dos palabras al azar —por ejemplo, «zapato» y «gato»— y se inventa un cuento con ellas. Se trata de poner en marcha la imaginación, crear un contexto donde puedan convivir dos elementos extraños y conseguir un resultado tan disparatado como insólito. Para elegir las palabras se pueden meter en una bolsa varios papeles con palabras escritas y sacar dos, o seleccionarlas en un diccionario o abrir un libro y señalarlas. Cualquier forma es válida si el criterio es el azar.

Elegido el binomio, podemos proceder de dos maneras:

- Crear una historia que contenga las dos palabras.
- Relacionar las palabras mediante preposiciones —el zapato del gato, el gato en el zapato— y ver qué frase ofrece más posibilidades para crear una historia.

LA HIPÓTESIS FANTÁSTICA

Solo hay que preguntarse «¿Qué pasaría sí...?» y hacer suposiciones fantásticas que sirvan para construir una historia. Veamos algunos ejemplos:

- ¿Qué pasaría si un elefante viniera a buscarte para salir a dar un paseo?
- ¿Qué pasaría si tu clase echara a volar?
- ¿Qué pasaría si tus zapatos empezaran a andar solos?

EL PREFIJO ARBITRARIO

Consiste en poner prefijos a las palabras: viceperro, maxi-cañón, miniglobo, semicocodrilo, antifantasma. Cada nueva palabra resultante será el germen de una historia. Con esta técnica los niños exploran las posibilidades de las palabras.

A EQUIVOCAR HISTORIAS

Se trata de contar un cuento conocido tergiversando la historia: el lobo de Caperucita con gripe, el príncipe de Cenicienta tocaba la batería en el baile. Solo hay que cambiar una parte de la historia.

CUENTOS AL REVÉS

Esta técnica consiste en trastocar el tema del cuento de forma premeditada.

- La madrastra de Blancanieves era una abuelita encantadora atormentada por lo mal que la trataba su nieta.
- Cenicienta era una muchacha indomable que robaba los novios a sus hermanas.
- Los siete cabritillos, de los que su madre no hacía carrera, abrieron la puerta al lobo para mofarse de él.

UNA PALABRA EXTRAÑA EN UNA SERIE

Se trata de escribir series de palabras que guarden relación dentro de un cuento conocido, excepto una que rompe el vínculo temático. A partir de estas se crea la continuación del cuento. Por ejemplo:

- Tres cerditos, puerta, soplido, tres casas, lobo, hermanos, camión.
- Cacharros, madrastra, calabaza, madrina, baile, zapato de cristal, teléfono móvil.

ENSALADA DE FÁBULAS

Hay que mezclar personajes, lugares y situaciones de diversos cuentos conocidos: «Iba Caperucita por el palacio cuando la madrastra le pidió que la acompañara al bosque en busca de Cenicienta porque le daba miedo que el lobo la atacara y la durmiera para siempre...».

5. DIFICULTADES Y CÓMO SOLUCIONARLAS

A pesar de disponer de multitud de opciones a su alcance, lúdicas, como las que hemos descrito en el apartado anterior, muchos padres admiten que no saben a qué jugar con sus hijos. Los dos factores que pueden imposibilitar el juego entre padres e hijos son, primero, la actitud de los adultos ante el juego y, después, el no saber a qué jugar con el niño.

5.1. LA ACTITUD DE LOS PADRES ANTE EL JUEGO

Durante el tiempo de juego que los padres comparten con sus hijos deben olvidarse del teléfono, la televisión o cualquier otra distracción que no sea jugar. Por supuesto, el juego lo es cuando los participantes son capaces de meterse en él y hacer como si fuera real. Si existen dudas al respecto, no hay más que observar cómo se lo toman los niños. Algunos criterios que deben tener en cuenta los padres antes de empezar a jugar:

- Priman los intereses del niño. Se le debe permitir que elija el juego y ponga sus reglas. Se le pueden ofrecer alternativas para dar orden al juego, pero no hay que tratar de imponer nada.

- No hay que obligar al niño a jugar ni pretender adelantar aprendizajes imponiéndole juegos o juguetes que no le resulten atractivos. Cada etapa tiene sus juegos y hay que agotarla antes de pasar a la siguiente.

- Si un juguete se estropea no hay que reponerlo automáticamente, ya que el niño no aprenderá el valor de las cosas. Es mejor arreglarlo con él.

- Conviene revisar periódicamente qué juegos va dejando de usar el niño y proponerle ordenar su rincón de juego con el fin de retirarlos.

- Si se llena de juguetes su habitación, aunque todos sean adecuados educativamente, se corre el riesgo de que no le atraiga ninguno o de que necesite siempre un juguete nuevo para entretenerse. No hay que olvidar que cada juguete puede tener muchos usos.

El niño tiene que ver en sus padres una actitud participativa hacia el juego; es un buen medio para demostrarle lo importante que es en la familia. El pequeño se sentirá querido y respetado, y los padres disfrutarán de esos ratos con su hijo y le ayudarán a desarrollarse. Hay que tener en cuenta que lo que aprende jugando lo asimila más rápido y mejor.

Recomendamos practicar estas pautas cuando se juegue con el niño:

- Empezar el juego contándole en qué consiste la actividad, utilizando un tono motivador y demostrando atención e interés.
- Reconocerle las actitudes apropiadas para el juego —«¡Qué bien has esperado tu turno, sentado y sin protestar!»— e ignorar las inapropiadas. Por ejemplo, si grita y se enfada, lo apartamos y le decimos que, cuando esté tranquilo, podrá incorporarse de nuevo, y seguimos jugando independientemente del comportamiento que tenga a partir de ese momento. Cuando se tranquilice, le animamos a que vuelva a jugar.

5.2. Cuando no sabemos a qué jugar con él

Los padres deberían tener muchos recursos para jugar con su hijo. Si no los encuentran, pueden seguir leyendo para recordar los juegos que les ayudaron a ellos a desarrollarse en su día.

Todos los juegos que describimos a continuación son tradicionales. Se pueden practicar en cualquier momento y situación, porque los materiales necesarios están en todas las casas.

La zapatilla por detrás

Los participantes se sientan en círculo, excepto uno al que le toca llevar una zapatilla en la mano y dar vueltas por detrás del corro.

Todos cantan con los ojos cerrados:

A la zapatilla por detrás, tris tras.
Ni la ves, ni la verás, tris tras.
Mirar p'arriba, que caen judías.

Mirar p'abajo, que caen garbanzos.
A dormir, a dormir, que vienen los Reyes Magos.

Cuando acabe la canción, el que está de pie habrá dejado la zapatilla detrás de alguno de los componentes del corro. El que la descubra a su espalda saldrá corriendo y deberá alcanzar al que se la ha puesto antes de que ocupe su lugar vacío. Si no lo consigue, se quedará la zapatilla y repetirá la acción.

LAS CUATRO ESQUINAS

Este juego debe practicarse en una habitación. Cada participante se pone en una esquina y otro en el centro. Cuando este dé la señal, los demás deberán cambiar de esquina. El que se quede sin sitio repite la acción desde el centro.

EL PAÑUELO

Se hacen dos equipos y a cada miembro se le asigna un número. Se nombra un árbitro, que se sitúa en el centro del juego, a la misma distancia de cada equipo, sujetando un pañuelo. El árbitro dice un número en voz alta y los dos jugadores que lo tengan asignado corren hacia él para tratar de coger el pañuelo primero y volver al lugar donde está su equipo sin que el contrario le dé caza. Si el que no lleva el pañuelo coge al que lo lleva, este queda eliminado. Si el que lleva el pañuelo llega a donde está su equipo sin que su contrincante le coja, este será el eliminado.

Pasacalles

Un primer niño se dobla por la cintura para que el segundo lo salte. Este se coloca en la misma postura para que el tercero los salte a los dos, y así sucesivamente. Cuando han terminado todos, el primero se levanta y salta a los demás, comenzando una nueva ronda.

El gua

Se juega con canicas. Hay que hacer un hoyo en el suelo —el gua— y marcar una raya a cierta distancia desde donde se lanzan las canicas para intentar meterlas en el agujero. Quien consiga meter todas sus canicas se queda con las de los demás.

Las chapas

Se juega con chapas de refrescos. Se traza un circuito en la arena o se marca con tiza en el suelo. El objetivo es llegar a la meta sin salirse del circuito, empujando las chapas con el dedo pulgar y el índice. El que se sale vuelve al principio.

La rayuela

Se dibuja la rayuela en el suelo (ver ilustración). Por turnos, cada niño tira una piedra a la casilla número 1, luego a la 2... y así hasta la 10. Si la piedra cae fuera del cuadrado correspondiente, pasa turno; si cae dentro, tiene que saltar a la pata coja hasta la casilla que le toque. Solo puede apoyar los dos pies y descansar en las casillas 5 y 9. Para regresar se da la media vuelta y avanza, recogiendo la piedra al llegar al lugar donde esté. Cuando consigue llegar al 10, marca una casilla en la que los demás jugadores no podrán pisar pero él sí.

LAS TABAS

Se necesitan cinco. Pueden ser de plástico o utilizar piedras lisas que no pesen mucho. El juego consiste en coger una taba, lanzarla hacia arriba y, mientras está en el aire, se recoge una de las que están en el suelo. A continuación se lanzan las dos tabas de la mano hacia arriba y se coge una tercera del suelo. Así sucesivamente hasta lanzar las cinco tabas. Este juego admite múltiples variantes, a cual más difícil.

LAS SIETE Y MEDIA

Hay que dibujar el diagrama de la ilustración adjunta. El juego consiste en lanzar una moneda por turno hasta completar las siete y media. La moneda que cae en las rayas vale media. Gana la partida el que más se aproxime a la cifra tras tres rondas.

5		6
3	7	4
1		2

PIES QUIETOS

Uno de los participantes lanza una pelota hacia arriba y dice un nombre. Todos los demás deben salir corriendo, excepto el nombrado, que debe coger la pelota antes de que bote en el suelo. Cuando lo haga dirá: «¡Pies quietos!». Entonces todos se paran hasta que el participante que ha cogido la pelota vuelva a lanzarla y diga otro nombre. Si la pelota bota, todos vuelven al lado del nombrado y empieza el juego de nuevo. Existe una variante según la cual el que recoge la pelota se la lanza a alguno de los participantes. Si falla, queda eliminado; si le da, se elimina al otro. El juego dura hasta que solo quede uno.

Balón tiro

Se traza una línea en el suelo que separa los campos de los dos equipos. El balón se lanza de un campo a otro siguiendo turnos y, si toca a alguien, este queda eliminado. El partido acaba cuando uno de los equipos se queda sin jugadores.

Una variante de este juego sería el balón prisionero. La diferencia está en que hay que coger el balón cuando se lanza; si le da a alguien sin cogerlo, queda eliminado.

La rana

Se trata de lanzar trozos de madera y meterlos dentro de la clásica rana. En caso de no disponer de una se puede utilizar un juguete que tenga un hueco suficiente para colar piezas.

La peonza

Son muchos los juegos que se pueden realizar con la tradicional peonza. Uno de los clásicos consiste en dibujar un círculo en el suelo; cada jugador mete una moneda dentro y hay que sacarlas con la peonza.

Pares y nones

El juego está limitado a dos participantes. Uno elige pares y el otro nones (impares). Ambos esconden una de sus manos tras la espalda marcando con sus dedos las cantidades que deseen y, a la de tres, las muestran. Si la suma de ambas cantidades es par, gana el que ha elegido pares; si es impar, gana el que ha elegido nones. Este juego se puede utilizar para hacer equipos, elegir quién empieza otro juego o tomar cualquier decisión que no contemplen las reglas.

El cortahílos

Un niño se la liga y los demás se ponen en círculo alrededor hasta que dice: «A por...», y nombra a uno del grupo, entonces empieza a perseguirle imaginando que hay un hilo entre los dos; cualquiera que pase por el medio de ambos, corta el hilo y pasa a ser el nuevo perseguido. Cuando se agarra a alguien, comienza de nuevo el juego, y el alcanzado es el que ahora dice: «A por...».

La gallina ciega

Hay que tapar los ojos a uno de los niños, el resto se coloca en círculo a su alrededor y le pregunta:

—Gallinita ciega, ¿qué se te ha perdido?

—Una aguja y un dedal.

—Pues da tres vueltas y lo encontrarás.

El que hace de gallina ciega da las tres vueltas y luego intenta atrapar a alguno de los del grupo, que giran alrededor, se acercan y alejan, le tocan...

Cuando coge a alguien, tiene que averiguar el nombre sin verle, solo por el tacto, y sin que el atrapado hable. Si

lo consigue, el que ha sido identificado pasa a ser la gallina ciega.

Los niños se sientan en círculo, estiran los brazos y cierran
los puños. Todos saben que en este juego los puños pueden
tener tres posturas:

- Pulgares hacia arriba.
- Pulgares hacia abajo.
- Pulgares pegados al puño.

Uno del grupo hace de Simón y da órdenes al resto:
—Simón dice: puños hacia abajo.
El resto del grupo tiene que hacer lo que él hace, no lo
que dice, porque ¡ojo!, Simón puede engañar y, a pesar de
decir hacia abajo, poner los pulgares hacia arriba. Hay que
estar muy atentos, ya que el que no lo haga como él será
eliminado. Quien le imite sin equivocarse pasará a hacer de
Simón.

Tres en raya

Es un juego pensado para dos jugadores. Se dibuja en un
folio o cartulina el diagrama de la ilustración adjunta y el
primer jugador coloca una ficha en el centro. Por turnos se
ponen fichas hasta que alguien consiga tener tres en línea.
El ganador comienza la siguiente partida.

PIEDRA, PAPEL O TIJERA

Es un juego para dos participantes. Ambos se sitúan en la base de una escalera, preguntan: «¿Piedra, papel o tijera?», y cuentan hasta tres. Entonces muestran con sus manos lo que desean, teniendo en cuenta que el puño cerrado significa piedra, los dedos índice y corazón abiertos son tijera y la mano extendida es papel. La piedra gana a la tijera (porque la rompe), la tijera gana al papel (porque lo corta) y el papel gana a la piedra (porque la envuelve). El que gana la ronda sube un escalón. El juego termina cuando uno de los dos llega a la parte superior de la escalera.

EL ESCONDITE INGLÉS

Uno de los jugadores se sitúa de espaldas con los ojos cerrados; los demás se colocan detrás, a una distancia marcada con una raya en el suelo. Mientras el primero dice «Un, dos y tres, al escondite inglés» los otros avanzan hasta que abre los ojos y se da la vuelta. Si ve alguno de los jugadores en movimiento le hará retroceder de nuevo hasta detrás de la marca. El que consiga llegar hasta él y tocar su espalda ocupará su puesto.

VEO, VEO

Uno de los jugadores dice:
        —Veo, veo.
        —¿Qué ves? —responden los demás.
        —Una cosita.
        —¿Con qué letrita?
        Entonces el jugador dice la letra inicial de la cosa que ve. Los demás deben averiguarla, nombrando los objetos

que ven y empiezan por esa letra. A los niños pequeños se les puede facilitar el juego diciendo también la letra por la que acaba el objeto.

5.3 ¿CUÁNDO PLANTEARSE SOLICITAR LA AYUDA DE UN PROFESIONAL?

Cuando un niño no juega, debemos estar atentos para descubrir qué puede ocurrirle. Algunos criterios nos darán pistas sobre cuándo hay que consultar con un profesional que nos ayude a solucionarlo.

- Cuando el niño no juegue.
- Si se estanca en un juego y lo repite hasta la saciedad, negándose a introducir otros más propios de su edad.
- Cuando reclame siempre la participación de los padres y no sepa entretenerse solo ni un momento.
- Si desarrolla juegos de etapas anteriores con juguetes que ya había rechazado previamente y esta actitud se mantiene en el tiempo. Hay que tener en cuenta que el nacimiento de hermanos provoca situaciones de este tipo, pero con un poco de tiempo vuelve la normalidad.
- Si no expresa ninguna emoción en el juego simbólico o no es capaz de representar historias.
- Si se niega a jugar con sus compañeros.

La atención y la concentración son dos aptitudes necesarias en el juego: si el niño cambia de actividad frenéticamente, no entiende las reglas del juego ni las respeta, no es capaz de esperar su turno o no termina los juegos, habrá que acudir a un especialista.

6. Casos prácticos

6.1. Laura y los juegos

Javier y Rosa estaban preocupados porque su hija Laura, de 4 años, no tenía ninguna relación con su padre. Rechazaba quedarse a solas con él e incluso le había dicho a su madre cosas como: «Vámonos nosotras de vacaciones y que papá siga trabajando» y «Llévame con la abuela si no vas a estar en casa».

Javier relataba la pena que le producía ver a su hija llorando agarrada a la pierna de su madre para que no se fuera a la compra, a la peluquería o con las amigas. La niña, sin embargo, se quedaba tan tranquila si estaba su abuela presente.

Javier llegaba de trabajar tarde, cuando Laura ya estaba cenando. Si se le preguntaba por los intereses de su hija —amigas, dibujos animados favoritos, color preferido o a qué jugaba por la tarde— no sabía contestar. Tampoco sabía de qué hablar con ella. Javier reconocía que los fines de semana se sentía incómodo en casa y que, como Laura le rechazaba y le decía que no a todo, se ponía nervioso y le gritaba con facilidad.

Para solucionar esta situación fue necesario llevar a cabo el siguiente plan:

1. Durante una semana Javier apuntó en una libreta los juegos favoritos de su hija y otros gustos y preferencias. Para averiguarlo le preguntaba durante la cena, mientras Rosa permanecía callada. Dar este primer paso le costó mucho esfuerzo. Javier reconoció que nunca se había visto manteniendo una conversación con Laura sin que la madre interviniera.

2. Una vez acabada la lista de preferencias de Laura, se estableció un horario de juego. La niña elegiría

los juegos y Javier abandonaría cualquier otra distracción, incluido el teléfono móvil, para centrarse en las actividades lúdicas. Rosa estaría excluida pero se quedaría en casa haciendo otras cosas. Pasado un tiempo prudencial, Rosa tendría que empezar a salir a la calle a hacer recados para que Javier se quedara a solas con Laura.

3. Cuando llegó el momento, Laura protestó y pidió acompañar a su madre, pero cuando se cerró la puerta de la calle siguió concentrada en el juego que había elegido para ese día.

4. Solo quedaba dar un paso más: que fueran padre e hija quienes salieran a hacer algo juntos. Javier le planteó a Laura un plan del fin de semana que consistía en elegir entre los dos una actividad que a ambos les gustara hacer juntos. Tomaron la decisión de pasar un sábado en el zoo y así lo hicieron.

Javier reconoció que, hasta la fecha, su hija había sido una desconocida y dijo sentirse más paciente y tranquilo cuando tenía que enfrentar conflictos con ella. Mediante el juego pudieron definir una nueva y satisfactoria relación.

6.2. Mario y el lanzamiento de juguetes

«¡Todos los días igual! Venga a arrojar juguetes contra la pared. Y le da lo mismo lo que le diga, le castigo, le grito... y nada». Con el ánimo alterado relataba Alicia la forma de jugar de su hijo Mario, de 2 años. El pequeño solía jugar en el salón, donde su madre le había puesto una caja para que al final del juego recogiera sus juguetes. Pero Mario entendía que recoger los juguetes era tirarlos contra la pared del comedor mientras se reía del enfado de su madre.

Mario jugaba con martillos, piezas de madera, pelotas, es decir, lo que su madre consideraba normal para su edad. Alicia pasaba poco tiempo con el niño porque estaba continuamente atareada, pero sí invertía mucho tiempo en regañarle por tirar los juguetes: «Después de 20 minutos, cuando se aburre del juego, me paso toda la tarde gritando».

Era evidente que había que disminuir el tiempo de desgaste y enfado y aumentar el tiempo de juego con Mario. Lo primero fue trasladar los juguetes del salón a la habitación del pequeño. Con una alfombra y un mueble bajo con cajones de colores, Alicia creó un rincón de juego para Mario. El traslado de juguetes lo hicieron juntos.

A continuación separaron los juguetes que animaban a golpear, como el martillo, y los pusieron en una bolsa que Mario llevó a la entrada, mientras Alicia le decía que esos eran los juguetes para ir al parque. Como parecía necesario facilitarle un espacio abierto donde pudiera descargar su energía y evitar que lo hiciera en casa, acordaron pasar todos los días al menos media hora en el parque.

En el rincón de juego se instaló una «caja para encestar», de forma que Mario pudiera guardar sus cosas lanzándolas. Alicia puso también en la habitación una mesa y dos sillas de la altura de Mario y compró plastilina, ceras de colores, puzles de iniciación, cuadernos de colorear, cuentos y música infantil. Cada cierto tiempo le presentaba a Mario un juego nuevo de los que había comprado y se quedaba con el niño a jugar, sin interrupciones y con música infantil y tranquila de fondo. Terminado el juego, dejaba a Mario que siguiera haciéndolo él solo y, pasado un tiempo prudencial, volvía para ayudarlo a recoger. Como cada juego tenía un sitio y Alicia estaba con su hijo para recordárselo, todo quedaba guardado. Si Mario tenía ganas de tirar algo, su madre le señalaba la caja de encestar.

Mario aprendió que su lugar de juego era su habitación y que era allí donde su madre jugaba con él. Aprendió además que existen muchas más actividades divertidas que tirar cosas. Alicia, por su parte, no solo aprendió a dar importancia al juego de su hijo; también se dio cuenta de la cantidad de habilidades y aprendizajes que el pequeño hacía a través del juego.

7. Qué se ha conseguido

Fomentar el juego es permitir que el niño aprenda. Cuando el aprendizaje es lúdico, se recuerda más. Por otra parte, el juego es imprescindible para el correcto desarrollo de la personalidad, la inteligencia, la competencia social y la afectividad, factores necesarios para el desarrollo integral de la persona.

Un niño que juega consigue:

- Conocer el mundo real mediante la investigación y la experimentación, entendiendo y asimilando nuevos conocimientos que adquiere a través de la curiosidad. Como consecuencia, se da cuenta de que existen límites y peligros.
- Practicar una vía de escape útil para controlar la ansiedad en momentos de tensión. El juego es una actividad libre y placentera.
- Expresar sentimientos, deseos, miedos y fantasías.
- Solucionar conflictos que se le presentan, tanto en el juego en sí como con el grupo. Esto supone ensayar capacidades que utilizará en la vida adulta, como lidiar con contratiempos y derrotas, considerar y poner en marcha estrategias de solución, tomar decisiones, escuchar y elegir opciones, y asumir las consecuencias.
- Entender, interpretar, expresar y asimilar las experiencias que su entorno le proporciona.

- Desarrollar facultades como la imaginación y la creatividad. El juego facilita el desarrollo de habilidades físicas, del habla y el lenguaje, y de la inteligencia emocional y racional.
- Definir aficiones y gustos que perduran en el tiempo. El juego no es una actividad exclusiva de la infancia, sino que se prolonga en la edad adulta y generalmente va unido a actividades de carácter social.
- Aprender a controlar la ansiedad. Un niño que juega aprende a utilizar ese tiempo de manera productiva, sabe aburrirse y no tiene necesidad de buscar continuamente novedades.
- Cuando el juego es una actividad seria cuya dinámica se describe como si fuera real, prepara al niño para desarrollar roles en el futuro. Además, le introduce en las tradiciones y valores que corresponden a su cultura.
- Cuando los juegos son de reglas, el niño aprende a respetarlas para un mejor funcionamiento y organización del grupo, e introduce valores y acciones como la cooperación, la negociación, la colaboración, la perseverancia, el consenso, los pactos, etcétera.

Capítulo X

La autoestima

La autoestima es un elemento básico en la construcción de la felicidad. Un niño que se sienta querido y valorado será capaz de querer y valorar a los demás. La autoestima le hará sentirse seguro y competente.

Surge cuando tomamos conciencia de nuestro justo valor, con los aspectos buenos y los mejorables, pero aceptándonos como somos. Quien posee autoestima se asegura muchos triunfos en la vida.

Cuando el ambiente del niño le proporciona experiencias positivas y estas van acompañadas de valoraciones también positivas, aumenta sus metas. Se exige cada vez más, pero evalúa sus logros y asimila los fracasos sin desanimarse.

Un niño con autoestima es capaz de aceptarse con sus aciertos y errores, valorarse y tener iniciativa, superarse a pesar de los fracasos: es capaz de quererse.

La autoestima no es algo estático: fluctúa en función de las situaciones que nos toca vivir, de las personas que nos rodean, de cómo nos sentimos en cada momento. Pero las bases sobre las que se asienta se forjan en la infancia y es misión de los padres que sus hijos construyan dichas bases. Con este objetivo presentamos toda una gama de actividades, muchas de contenido lúdico, que sirven para sentar los cimientos que los niños necesitan para el desarrollo de una sana autoestima.

1. ¿QUÉ ES LA AUTOESTIMA?

Existen muchas definiciones de autoestima. En términos generales, es la valoración que uno tiene de sí mismo y viene determinada por el grado de aceptación y del concepto de uno mismo.

Un niño de 5 años dispone de suficientes datos como para formarse una idea sobre quién es. Estos datos provienen de lo que los demás le dicen cuando se relacionan con él. Es en la infancia cuando se sientan los cimientos de la autoestima. Por eso es responsabilidad de los padres velar por que el niño asiente su propia imagen sobre bases sólidas.

La autoestima es cambiante y depende fundamentalmente de los acontecimientos que ocurren alrededor del niño y de cómo este los valora o los interpreta. Las experiencias negativas en el colegio también pueden dañar la autoestima.

1.1. Áreas del comportamiento

En la autoestima, al igual que en cualquier comportamiento humano, distinguimos tres áreas:

- Área fisiológica (lo que sentimos).
- Área cognitiva (lo que pensamos).
- Área motora (lo que hacemos).

Área fisiológica

Es lo que siente el niño en las situaciones en que tiene que ejecutar una conducta y tras evaluarla en relación con el concepto que tiene de sí mismo. Puede sentirse satisfecho y feliz o, por el contrario, triste, rabioso e iracundo. Aprender que las emociones no son ni buenas ni malas, sino propias de cada uno, empieza por saber verbalizarlas. Expresar cómo se siente es parte del proceso que debe desarrollar un niño con una autoestima adecuada.

Área cognitiva

Todos los niños tienen un concepto y una definición de sí mismos: un «autoconcepto». Saben las cosas que se les dan bien, sus preferencias, sus intereses, sus gustos... La manera en que se ven ellos haciendo las cosas, lo que los demás les devuelven sobre sus actuaciones y lo que son capaces de conseguir son aspectos que influyen en la formación del autoconcepto.

Un niño con una autoestima sana desarrolla un pensamiento positivo, es decir, tiene predisposición a observar lo bueno de las situaciones, se esfuerza por lograr el mejor resultado, persevera ante los contratiempos y atribuye lo conseguido a su actuación ante los hechos y situaciones que se le presentan y no a algún tipo de suerte o destino.

ÁREA MOTORA

El niño se comporta de acuerdo con el concepto que tiene de sí mismo. Si piensa que va a ser capaz de conseguir las metas que se proponga, usará todos los medios a su alcance para ello, lo que aumenta las probabilidades de éxito. Si parte de las dificultades que imagina y se centra en los aspectos negativos, tiene muchas probabilidades de fracasar o incluso de abandonar antes de intentarlo, reafirmando así un autoconcepto de fracasado.

El niño que desarrolla una autoestima sana aprende a evaluar las consecuencias que su comportamiento tiene en los demás e intenta disminuir los daños innecesarios que su conducta pudiera causar. Esto es casi como decir que aprende a respetar a los demás.

Decidir cuál es el comportamiento más adecuado en cada momento es adquirir capacidad de empatía, es decir, de entender los sentimientos del otro. Para que el niño adquiera esta capacidad, los adultos que se relacionen con él tienen que aplicar límites y refuerzos a su conducta.

Así aprenderá que todo lo que haga generará reacciones en los demás, y se responsabilizará de sus propios actos.

Para ilustrar la relación de las tres áreas que componen el comportamiento humano proponemos un ejemplo: Antonio tiene 3 años, suele estar triste y le da vergüenza hablar cuando tiene que participar en alguna actividad en clase. Tampoco se comunica mucho con los demás niños y en el patio prefiere jugar solo. No sonríe demasiado y no hace ninguna tarea de clase si no es con la profesora. Con la edad de Antonio, es difícil que cuente lo que piensa, pero por su actitud podríamos aventurar que diría algo como: «Me da miedo hacer cosas yo solo, seguro que me saldrán mal. Soy muy aburrido y un poco patoso, así que si juego con los demás se reirán de mí. No voy a ser capaz de contar lo que quiero decir: tartamudearé o no me saldrán las palabras. Ya empiezo a ponerme rojo de pensarlo. Todos me mirarán y se burlarán de mí». Antonio es un ejemplo de un niño con baja autoestima. Su manera de pensar, sentir y hacer refuerza su autoconcepto de incapaz, inhábil y torpe. Sus padres, su profesora y los adultos que se relacionan con él tendrán que empezar a devolverle una imagen distinta de sí mismo alabándolo, por ejemplo cada vez que haga algo bien y animándolo a que inicie tareas nuevas. Si cambian sus acciones a través del refuerzo, Antonio empezará a cambiar lo que siente y hace. Su autoconcepto responderá a «soy capaz».

1.2. DIMENSIONES DE LA AUTOESTIMA

Con el fin de aclarar el concepto de autoestima y evitar la subjetividad que con frecuencia se asocia a este término, vamos a hablar de sus diferentes dimensiones:

- Dimensión afectiva. Engloba todo lo que tiene que ver con cómo se ve el niño a sí mismo y cómo define sus rasgos de personalidad. ¿Se ve simpático, tranquilo, valiente, tímido, buena persona?
- Dimensión física. Es la valoración que hace el niño de todo lo que tiene que ver con su físico. ¿Se ve alto, bajo, guapo, fuerte? Esta dimensión incluye todo lo relacionado con su aspecto y con sus destrezas físicas.

- Dimensión social. ¿Se siente el niño querido por parte del resto de los niños y por los adultos que se relacionan con él? Esta dimensión incluye el sentimiento de pertenencia a un grupo social y lo habilidoso que se considere el niño para hacer frente a las diferentes demandas sociales del medio, como relacionarse con otros niños o solucionar problemas.

- Dimensión académica. Se basa en cómo se percibe el niño en el ámbito escolar, si cree que va a ser capaz de rendir conforme a las exigencias del colegio, si se considera buen o mal estudiante en relación con su inteligencia, si tiene constancia, capacidad de superar los fracasos o iniciativa.

- Dimensión familiar. Es la manera en que se percibe el niño como parte de una familia, en sus relaciones familiares, si se considera un buen hijo... Las respuestas que el grupo familiar le devuelva son muy importantes para el desarrollo de su autoestima.

En todas estas dimensiones influyen notablemente las etiquetas generalizadoras y de tinte negativo que se les ponen a los hijos: «Eres un mal estudiante», «te portas mal», «eres tímido», etcétera.

Para criticar una conducta con el fin de cambiarla hay que huir de acusaciones de este tipo y hacer hincapié en la conducta concreta. Por ejemplo: «Me gustaría que recogieras tus juguetes cuando acabaras de usarlos». De esta forma el niño sabrá lo que tiene que hacer. Por el contrario, si se le dice que es un desastre, posiblemente no se esfuerce en cambiar: siempre lo hará de la misma forma, acabará sintiéndose realmente un desastre y no se esforzará por cambiar.

1.3. Aceptación de las cualidades, defectos y limitaciones

Una forma de desarrollar la autoestima del niño consiste en indicar todas las conductas adecuadas que lleva a cabo. Para considerarse valioso, el niño tiene que saber lo orgullosos que están sus padres de sus logros.

Pero hay que ser realistas y objetivos: la autoestima también supone que el niño se acepte tal y como es. Que el niño reconozca sus fallos y limitaciones o inhabilidades para intentar mejorar sus capacidades es indicativo de autoestima y madurez. «Soy muy buena en los estudios, pero no se me da tan bien el deporte»: en esta afirmación se aprecia que la niña se reconoce en lo que es buena y también en lo que no lo es tanto. Ello la predispondrá a realizar un mayor esfuerzo en las actividades deportivas y su autoestima no se verá disminuida.

La forma en que un adulto se enfrenta al fracaso viene determinada en gran medida por cómo lo hacía cuando era niño. Aprender a afrontar los inevitables fracasos influye en el desarrollo de la autoestima. Este aprendizaje tiene tres fuentes:

- El factor genético (el temperamento).
- La observación de los comportamientos de los padres y otros familiares, los amigos, los profesores, etcétera.
- La reflexión y el análisis sobre su conducta y la de los demás.

El factor genético es muy difícil de modificar, y la reflexión y el análisis son capacidades bastante limitadas en los niños más pequeños. Por tanto, la observación y la imitación de cómo los demás se enfrentan a los fracasos es el modo de que los niños aprendan a hacer frente a las circunstancias que no salen como ellos desean.

Para que el niño desarrolle su autoestima y evite infravalorarse cuando no consigue sus objetivos, los padres han de enseñarle a hacer frente a las críticas de forma optimista. Hay que esforzarse para que las que reciba sean concretas y pasajeras.

En lo relativo a la autocrítica, los padres deben observar la manera en que el niño habla de sí mismo para distinguir las críticas generales y duraderas en el tiempo —«Soy un mal estudiante y da igual lo que haga: seguiré sacando malas notas»— de las que se refieren a un comportamiento concreto que puede modificar —«No he estudiado suficiente para el examen de matemáticas; la próxima vez tendré que dedicar más tiempo si quiero aprobar»—.

Este segundo tipo de autocrítica le ayudará a afrontar las dificultades y superarlas, mientras que el primero le incapacitará para tener éxito en su cometido.

1.4. La teoría de la atribución

La teoría de la atribución, formulada por Fritz Heider en 1958, explica cómo percibe uno su propio comportamiento y el de los demás. La autoestima de una persona depende de cómo haga esto.

Todo comportamiento puede atribuirse a factores externos —como la suerte, la casualidad o la facilidad, factores que no se pueden modificar— e internos o personales —como la capacidad para hacer algo o la habilidad—. Si atribuimos los éxitos a factores externos y los fracasos a factores internos, la autoestima bajará, mientras que si atribuimos los éxitos y los fracasos a factores que se pueden modificar, la autoestima tenderá a aumentar.

Siguiendo con el ejemplo del examen de matemáticas, si el niño atribuye el suspenso a factores internos y estables —«Soy un mal estudiante, nunca conseguiré aprobar un examen»—, su autoestima disminuirá considerablemente y no se esforzará por cambiar.

Pero si ante esa situación se dice: «No he estudiado lo suficiente», el fracaso no afectará de forma negativa a futuros desafíos.

1.5. LA AUTOESTIMA DE LOS PADRES

Muchos padres no se sienten del todo competentes para educar a sus hijos. Tras el nacimiento del bebé, todo cambia en sus vidas y han de aprender a adaptarse a su nuevo papel. Estos padres transmiten todas sus inseguridades a los hijos. Por el contrario, unos progenitores seguros, sin miedo a equivocarse, transmiten a sus hijos seguridad.

Los hijos de padres seguros tienen más probabilidades de sentirse felices que los hijos de padres inseguros. Al hablar de padres seguros no nos referimos a que sean perfectos. Aquellos seguros de su rol y de sí mismos saben que equivocarse forma parte de la propia educación y así lo transmiten a sus niños; ellos también cometen fallos y su actitud enseña a sus niños a aceptar a los otros con sus virtudes y limitaciones. Estos padres, cuando se equivocan, son muy capaces de cambiar las actitudes erróneas para evitar volver a caer en los mismos fallos. Educar también implica aprender a hacer las cosas de otra manera: los niños aprenden que sus progenitores llevan a cabo nuevas formas de actuación. Cuando los padres entienden la educación de esta manera, suelen gozar de una sana autoestima y así lo transmiten a sus hijos, ofreciéndoles muchas probabilidades de desarrollar la suya de forma adecuada.

Pero ¿qué distingue a los padres con la autoestima alta? Principalmente se quieren y se cuidan, y esto se traduce en actuaciones como las que mostramos a continuación:

☺ Dedican tiempo a su pareja. El nacimiento de un niño cambia la relación de los padres, ya que el hijo acapara el tiempo y las fuerzas. Sin embargo, recuperar poco a poco la vida de pareja es fundamental. En la medida de lo posible, se debe retomar alguna de las actividades que se realizaban antes de la llegada del bebé. También es preciso compartir las dificultades de la educación del niño: es muy importante para disponer de puntos de vista distintos y complementarios.

☺ La imagen que los padres tienen de sí mismos influye en el niño. Unos padres que se critican continuamente sus actuaciones con el niño se sentirán mal e incapaces de educarlo. Sin embargo, los padres que cuando cometen errores valoran su trabajo, se sienten mejor con ellos mismos, lo que influye positivamente en la relación que tienen con su hijo.

☺ Actuar de forma impulsiva con el niño siempre que tenga un comportamiento poco adecuado suele acabar en dinámicas familiares marcadas por la crispación.

☺ Antes de darle un grito o un cachete, los padres con la autoestima alta paran, reflexionan sobre lo ocurrido y eligen otras formas de actuación más adecuadas. Son capaces de controlar las respuestas impulsivas provocadas por emociones como la ira, que llevan a actuaciones de las que luego se arrepentirían.

☺ Estos padres no solo dedican tiempo a la pareja, la familia y el trabajo, sino también cada uno a sí mismo. Además de retomar las actividades en pareja, es muy recomendable recuperar algunas actividades individuales. No se sienten culpables si un día dejan al niño en casa de los abuelos para disfrutar de una cena con los amigos o en la escuela infantil para ir a trabajar.

Al principio los niños expresan sus emociones con risas y llantos. A medida que crecen aprenden a manifestarlas con gestos y palabras. Hoy se vuelve a valorar positivamente la expresión emocional, es decir, la capacidad de comunicar lo que se siente. Aprender a expresar las emociones es importante para controlarlas y evitar que sean ellas las que nos controlen a nosotros.

El niño aprende a expresar sus emociones al ver cómo lo hacen sus padres y los demás adultos de su entorno. Hay que animarlo a contar cómo se siente en todo momento, reforzando para ello cualquier manifestación de sus emociones, incluso las negativas. Castigarlo por llorar o por decir cómo se siente es reprimir esa expresión: probablemente de adulto le costará más hacerlo o no lo hará.

Las emociones influyen —e incluso determinan— la forma de actuar en cada momento. Por ejemplo, si los padres sienten ira cuando el niño tira cosas al suelo, lo más probable es que le griten. En ese caso es bueno pararse a pensar en lo ocurrido y en su posible solución, en lugar de dejarse llevar por la ira, que suele desembocar en actuaciones de las que es habitual arrepentirse.

Los niños, como los adultos, manifiestan en determinados momentos enfado, tristeza u otras emociones de corte negativo. No porque el niño esté enfadado hay que hacer lo que él pida. En estos casos se le debe animar a que exprese cómo se siente, pero no por ello hay que dejar de mostrarle las consecuencias de un mal comportamiento. Tampoco se debe perder la ocasión de enseñarle que estas emociones no son mejores o peores que otras: son las suyas. Cuando el niño manifiesta una emoción fuerte hay que utilizar frases del tipo: «Entiendo que estés enfadado, pero es tu hora de acostarte y no de ver la televisión». Es importante transmitirle que se entiende su enfado sin juzgar si ese sentimiento es bueno o malo, pero que no se le permite saltarse las normas de casa.

1.7. ¿QUÉ ES TENER UNA AUTOESTIMA ALTA?

Tener una autoestima alta es valorarse a sí mismo de manera positiva, sentirse competente y capaz de enfrentarse a diferentes situaciones. Un niño con una autoestima alta actúa de la siguiente manera:

- Tiene pensamientos positivos y optimistas: «He sido capaz». «Sé que puedo hacerlo».
- Muestra una actitud de confianza hacia sí mismo.
- Tiene un alto nivel de autocontrol; es decir, es capaz de controlarse ante diferentes impulsos, como la agresividad o la ira.
- Se siente orgulloso de sus éxitos.
- Actúa de forma independiente, con autonomía y realiza actividades por iniciativa propia.
- Acepta a los demás tal como son.
- Hace amigos con facilidad.
- Es capaz de identificar las necesidades de otros niños y de ayudarlos.
- Es capaz de tomar decisiones por sí mismo; puede no estar de acuerdo con las que tomen los otros, pero no utiliza la agresividad.
- Es cooperativo y se adapta a las reglas del juego, siempre que sean justas.
- Es entusiasma con las actividades nuevas.
- Está contento, lleno de energía y habla con otros niños sin esfuerzo.
- Es creativo y le gusta enfrentarse a nuevas tareas, aunque para ello tenga que asumir riesgos.
- Es capaz de perseguir las metas que se propone.

- Para él, el éxito es el resultado de sus habilidades y su esfuerzo, no debido al azar u otros factores externos.
- Cuando se equivoca, es capaz de asumir sus errores, reconocerlos y solucionarlos sin caer en el sentimiento de culpa.
- Busca soluciones activas a los problemas, no se queda paralizado ante ellos sin saber qué hacer.

En resumen, un niño con una autoestima alta es aquel con unas habilidades sociales adecuadas para hacer frente a diferentes situaciones, con un alto grado de autocontrol para frenar los impulsos, con un optimismo que le ayuda a hacer frente a las dificultades cotidianas y con una adecuada autonomía.

1.8. Cuestionario de la autoestima infantil

A continuación proponemos un cuestionario que se utiliza para evaluar la autoestima en los niños a partir de los 4 años. Se trata de una adaptación realizada en 1989 por los psicólogos H. Brinkmann y T. Segure del inventario de autoestima de Coopersmith (1959).

Al lado de cada frase el niño tiene hacer una X bajo el SÍ, en el caso de que se identifique con el enunciado, o bajo el NO en caso contrario.

	SÍ	NO
1. Paso mucho tiempo soñando despierto.		
2. Estoy seguro de mí mismo.		
3. Deseo frecuentemente ser otra persona.		
4. Soy simpático.		
5. Mis padres y yo nos divertimos mucho juntos.		

	SÍ	NO
6. Nunca me preocupo por nada.		
7. Me avergüenza hablar delante de otros niños.		
8. No me gusta hacerme mayor.		
9. Hay muchas cosas acerca de mí mismo que me gustaría cambiar si pudiera.		
10. Puedo tomar decisiones fácilmente.		
11. Mis amigos disfrutan cuando están conmigo.		
12. Me incomodo en casa fácilmente.		
13. Siempre hago lo correcto.		
14. Me siento orgulloso de mi trabajo (en la escuela).		
15. Tengo siempre que tener a alguien que me diga lo que debo hacer.		
16. Tardo mucho tiempo en acostumbrarme a cosas nuevas.		
17. Frecuentemente me arrepiento de las cosas que hago.		
18. Soy popular entre mis compañeros de mi misma edad.		
19. Usualmente mis padres consideran mis sentimientos.		
20. Nunca estoy triste.		
21. Estoy haciendo el mejor trabajo que puedo		
22. Me doy por vencido fácilmente.		
23. Normalmente puedo cuidarme de mí mismo.		
24. Me siento suficientemente feliz.		
25. Preferiría jugar con niños menores que yo.		
26. Mis padres esperan demasiado de mí.		
27. Me gustan todas las personas que conozco.		
28. Me gusta que el profesor me pregunte en clase.		
29. Me entiendo a mí mismo.		
30. Me cuesta comportarme como en realidad soy.		
31. Las cosas en mi vida son muy complicadas.		
32. Los demás (niños) casi siempre siguen mis ideas.		
33. Nadie me presta mucha atención en casa.		
34. Nunca me retan.		

	SÍ	NO
35. No estoy progresando en la escuela como me gustaría.		
36. Puedo tomar decisiones y cumplirlas.		
37. Realmente no me gusta ser un niño (una niña).		
38. Tengo una mala opinión de mí mismo.		
39. No me gusta estar con otra gente.		
40. Muchas veces me gustaría irme de casa.		
41. Nunca soy tímido.		
42. Frecuentemente me incomoda la escuela.		
43. Frecuentemente me avergüenzo de mí mismo.		
44. No soy tan guapo como otra gente.		
45. Si tengo algo que decir, habitualmente lo digo.		
46. A los demás les gusta molestarme.		
47. Mis padres me entienden.		
48. Siempre digo la verdad.		
49. Mi profesor me hace sentir que no soy gran cosa.		
50. A mí no me importa lo que me pasa.		
51. Soy un fracaso.		
52. Me incomodo fácilmente cuando me regañan.		
53. Las otras personas son más agradables que yo.		
54. Habitualmente siento que mis padres esperan más de mí.		
55. Siempre sé qué decir a otras personas.		
56. Frecuentemente me siento desilusionado en la escuela.		
57. Generalmente las cosas no me importan.		
58. No soy una persona confiable como para que otros dependan de mí.		

Lo deseable es que en los enunciados de color gris haya pocas respuestas afirmativas; en este caso, el niño está desarrollando una sana autoestima. Por el contrario, si en estos enunciados predominan los síes, habrá que estar pendientes del concepto que el niño tiene de sí mismo y ayudarlo a cambiarlo.

2. LA IMPORTANCIA DE LA AUTOESTIMA

La autoestima determina el concepto que el niño tenga de sí mismo y que lo diferencia de los demás. Los padres desempeñan un papel fundamental: pueden impedir que su hijo perciba una imagen negativa de sí mismo y enseñarle a desarrollar un autoconcepto que le devuelva una imagen realista de su persona para que se quiera y se acepte como es.

Una sana autoestima aumenta las probabilidades de éxito social, académico y familiar. Una autoestima baja en la infancia está estrechamente relacionada con la actitud que tienen los padres hacia el niño.

2.1. ¿POR QUÉ ES IMPORTANTE LA AUTOESTIMA?

ES FUNDAMENTAL PARA LA SALUD FÍSICA Y PSÍQUICA

Una baja autoestima puede predisponer al desarrollo de alteraciones tales como la ansiedad y la depresión. Un niño con una autoestima alta tiene más herramientas para enfrentarse a las situaciones de tensión y superarlas. Hay que recordar que todo lo psicológico puede manifestarse en lo físico, y más en el caso de los niños. Por ejemplo, el dolor de barriga a veces está motivado por una situación de tensión. Descartados los problemas físicos, la baja autoestima puede estar relacionada con este tipo de reacciones. Una autoestima alta y saludable hará que el niño tenga un buen estado de ánimo y confianza en lo que haga; como consecuencia, será más feliz y sano.

Hay una relación muy estrecha entre la autoestima y el rendimiento escolar. En este caso hacemos referencia a la dimensión académica de la autoestima, que tiene una importancia especial en su percepción global, ya que el niño dedica muchas horas a lo largo del día a todo lo relacionado con la escuela.

Por lo general, los niños con un adecuado rendimiento escolar tienen una alta autoestima, ya que se sienten satisfechos de sus esfuerzos. Por el contrario, los niños con un bajo rendimiento escolar tienen a menudo una baja autoestima y su motivación hacia los estudios y el aprendizaje disminuye, lo que hace que se sientan poco capaces de realizar tareas escolares. Estos niños suelen atribuir sus éxitos académicos a factores externos como la suerte o la facilidad, y sus fracasos a su falta de capacidad, lo cual disminuye su motivación para las tareas escolares y, en definitiva, su autoestima académica.

Por otra parte, en caso de fracaso escolar, tanto los problemas de rendimiento como la baja autoestima afectan no solo al niño, sino también a sus padres y hermanos. Muchas veces, sin darse cuenta, la actitud de la familia tiende a agravar el problema con castigos, rechazos o frases del tipo: «No sirves para estudiar», «Eres un vago» o «Vas a ser un fracasado».

Los niños se forman un concepto de sí mismos en lo escolar y se comparan con sus compañeros: «¿Cómo es que ha aprobado Raúl, si yo he estudiado más que él?», «Si Andrés ha sacado un nueve, yo también puedo». Es fundamental que los padres se interesen por el ambiente escolar de sus hijos y conozcan a los compañeros con quienes se comparan, con el fin de detectar problemas de infravaloración de los niños y enseñarles habilidades para que puedan enfrentarse a las situaciones que les producen tensión. De esta forma contribuirán a elevar su autoestima académica y a su adecuada adaptación social. Aunque muchas veces fomentar la autoestima no basta para que el pequeño mejore el rendimiento escolar, una actitud de ayuda en los estudios puede ser primordial para que valore poco a poco sus éxitos y aumente su autoestima.

También es fundamental prestar mucha atención a la autoestima en niños con trastornos del aprendizaje como los problemas de atención, lectura o escritura, ya que tienden a comparar su trabajo con el del resto de sus compañeros —factor externo que no depende de ellos—, en vez de comparar la evolución y la mejora en sus propias tareas —factor que depende de su esfuerzo—. En estos casos, para aumentar la autoestima del niño los padres deben aceptar el problema, acotarlo a su ámbito concreto sin generalizarlo a todo su comportamiento, apoyar al pequeño intentando que su imagen no dependa exclusivamente de lo que ocurre en el colegio, potenciar otras habilidades y no atribuir el fracaso en las tareas escolares solamente a la falta de esfuerzo. En lugar de: «Eres un vago, no trabajas nada», se debe optar por expresiones como: «Te cuesta más hacer ejercicios de matemáticas, pero eres muy bueno en gimnasia».

LA AUTOESTIMA DETERMINA LA INTERPRETACIÓN QUE HACE EL NIÑO DE LO QUE OCURRE

Las diferentes situaciones que el niño vive están condicionadas por cómo las interpreta. ¡Cuántas veces hemos oído que la realidad depende del cristal con que se mire! La autoestima en los niños es decisiva para el desarrollo del cristal con el que interpretan lo que les ocurre. Un mismo comentario, en principio neutro, puede valorarse de forma diferente. Por ejemplo, ante un comentario como: «Has roto los platos; ten más cuidado al guardarlos la próxima vez», un niño puede reaccionar pensando: «Mamá me ha regañado y se ha enfadado mucho porque soy un torpe», o: «Mamá tiene razón; iba despistado mirando a otro lado y por eso se me han caído los platos». En función de cómo interprete la situación, así será su estado de ánimo: estará triste, llorará, se sentirá molesto, no le dará importancia, se reirá, se preocupará, etcétera.

Un error común en los padres es quitarle importancia a la situación e interpretarla sin atribuirle al niño su responsabilidad: «Bueno, hijo, da igual que hayas roto el plato; era viejo. Retírate, que voy a barrer los cristales». El niño tiene que recibir una interpretación objetiva de la situación: «Has roto los platos porque ibas despistado mirando el televisor. Vamos a recoger los cristales y recuerda que debes prestar atención a lo que haces cuando lleves cosas delicadas». Si los padres consideran que deben enfadarse, se tienen que enfadar; si consideran que no hay que hacerle caso, así debe ser. Una interpretación errónea de una situación puede llevar a una disminución de la autoestima del niño.

ES DECISIVA EN EL DESARROLLO DE LAS HABILIDADES SOCIALES

«La conducta socialmente habilidosa es ese conjunto de conductas emitidas por un individuo en un contexto interpersonal que expresa los sentimientos, actitudes, deseos, opiniones o derechos de ese individuo de un modo adecuado a la situación, respetando esas conductas en los demás y que generalmente resuelve los problemas inmediatos a la situación mientras minimiza las probabilidades de futuros problemas» (Vicente E. Carballo, *Manual de evaluación y entrenamiento de las habilidades sociales,* Siglo XXI, 2002).

Las habilidades sociales son las aptitudes que el niño aprende y desarrolla para establecer relaciones adecuadas y respetuosas con los demás. Incluyen aprendizajes como expresar sentimientos, decir no, alabar al otro, pedir disculpas, aceptar críticas, hacer o recibir cumplidos, saludar, pedir ayuda o permiso para algo, etcétera. El niño que aprende y pone en marcha este tipo de habilidades se considera capaz de hacer amigos y mantenerlos. Engloban tanto el comportamiento no verbal que tiene el niño cuando se relaciona con otras personas —mirar a la cara, los gestos o la postura corporal— como el comportamiento verbal —pedir favores, hacer cumplidos, iniciar una conversación, aceptar las críticas o respetar el turno de palabra en una conversación—.

Estas destrezas desempeñan un papel decisivo en el desarrollo de la autoestima. El niño que se sienta capaz de afrontar las situaciones que tienen que ver con las relaciones sociales desarrollará una gran autoestima. Como consecuencia del éxito social, será capaz de comportarse intentando no causar daño al otro y establecerá magníficas relaciones.

Las habilidades sociales se aprenden principalmente en la infancia y de varias maneras:

- Observando a los padres cuando se relacionan e imitando su estilo.
- Por enseñanza directa, mediante instrucciones: «Pide perdón», «da las gracias», «se pide por favor».
- Por el refuerzo o el castigo que reciben determinadas conductas.
- Por cómo el niño interpreta las situaciones.

2.2. PROBLEMAS RELACIONADOS CON LA AUTOESTIMA

CARACTERÍSTICAS DE LOS NIÑOS CON LA AUTOESTIMA BAJA

La infancia es una etapa fundamental para el desarrollo de la autoestima. Un niño con una autoestima baja tiene muchas probabilidades de que este problema persista en la edad adulta.

La baja autoestima puede expresarse en los niños de muchas maneras, aunque las siguientes características son las más comunes:

- Buscan constantemente llamar la atención para conseguir la aprobación de los demás. Interrumpen para que les presten atención. No hay que confundir esta conducta con las rabietas típicas que tienen todos los niños aproximadamente entre los 2 y los 3 años.
- Son inhibidos y poco sociables. Temen estar en contacto con otros niños por lo que puedan pensar de ellos. Les cuesta hacer amigos, son poco participativos y no se ilusionan mucho por los juegos con otros niños, lo que hace que estos no les tengan en cuenta a la hora de jugar. Se dejan influir por los demás.
- Tienen miedo a equivocarse. Prefieren no contestar si no están seguros de sus respuestas. No valoran sus capacidades porque creen que no sirven.
- Están tristes. No encuentran nada que los motive y se ilusionan con pocas cosas.
- Como sus asuntos no les salen como ellos quieren y no se sienten valorados por el resto de los niños, la familia o el entorno, se quejan y critican constantemente. Esta actitud puede generar un rechazo del resto de los niños, lo cual se convierte en un círculo

vicioso, ya que el rechazo de los demás confirma la visión negativa que tiene el niño de sí mismo, sus quejas y críticas.

- Opinan que para que los demás les quieran deben ser los mejores y los primeros en todo, lo que aumenta su nivel de autoexigencia. Si no consiguen ser los mejores, se frustran de una manera desproporcionada.
- Confían poco en sí mismos, se sienten inseguros.

Aunque tienen capacidades suficientes no arriesgan, no hacen nada nuevo por si les sale mal. Tienen un gran sentido del ridículo.

- Por muy bien que hagan las cosas no suelen estar contentos con los resultados. Intentan hacer todo lo mejor posible y dedican mucho tiempo a ello.
- No se permiten errores.
- Expresan sus pensamientos de forma negativa y en términos de nunca, todo, siempre, nadie, etcétera: «Nunca hago nada bien», «Siempre saco malas notas», «Nadie quiere ser mi amigo».
- Tienen una actitud de rechazo a lo que proponen los demás.
- No valoran sus capacidades: «No sirvo para nada», «Soy un desastre».
- Muestran una actitud agresiva. Aunque pueda parecer que estos niños están muy seguros de sí mismos, detrás de la agresividad suele haber frustración. No saben cómo controlarse ante los ataques de ira.
- Les cuesta solucionar los diferentes problemas con los que se encuentran, ya que son desafíos nuevos y se bloquean ante ellos.

Con las siguientes actitudes, los padres u otros adultos que se relacionan con el niño pueden debilitar su autoestima:

Las críticas constantes. Algunos padres, muchas veces de forma inconsciente, ponen etiquetas a sus hijos y estos acaban asimilándolas como parte de su forma de ser. Por ejemplo: «Eres un llorón, «Eres un desastre» o «Qué pesadito eres». Si el niño crece con la idea de que nunca hace nada bien, seguramente incorporará este pensamiento a su forma de actuar. El concepto que se cree de sí mismo está condicionado por lo que sus padres dicen de él. Por tanto, si se refuerzan los buenos comportamientos, asumirá que hace bien algunas cosas y que debe mejorar otras.

No dejarle actuar solo. Los niños necesitan tiempo, no pueden ser tan rápidos como los adultos. Muchas veces los padres caen en el error de decirles constantemente cómo deben actuar y están pendientes para corregirles sin darles tiempo para que ellos solucionen sus tareas. Todos los niños precisan retos cada día más difíciles para crecer y hacerse autónomos. Si no se potencia este aspecto, cuando crezcan serán incapaces de hacer las cosas por miedo a que les salgan mal.

Las comparaciones. Cada niño es diferente. A cada uno se le dan bien determinadas tareas que se deben potenciar. Algunos padres tienden a compararlos con sus hermanos, sus amigos u otros niños.

Hacerles saber las aptitudes que deben mejorar, pero no por comparación con otros. Si un pequeño se cae con cierta frecuencia, no debemos decir: «Eres un patoso. ¿No puedes subir la escalera como tu hermano? ¿No ves que él no se cae?». El niño no podrá hacer nada al respecto porque no es tan ágil como su hermano. Por tanto, será mejor decirle: «Ayer te agarraste a la barandilla y no tropezaste. ¿Por qué no lo haces así hoy?». De este modo interpretará la recomendación como algo que es capaz de hacer.

La indiferencia. Si se habla del niño a otras personas, va a saber sin duda que el diálogo se refiere a él. Conviene implicarlo en la conversación para que no se sienta ignorado y sepa que la opinión que tiene de sí mismo también interesa a todos.

Exigirle demasiado para su edad. Si le exigimos más de lo que puede hacer, probablemente se desanimará al ver que no es capaz de hacer las cosas que sus padres le piden.

3. LO QUE SE ESPERA QUE HAGA TU HIJO SEGÚN LA EDAD

¿A qué edad empieza el niño a desarrollar la autoestima? En este capítulo hablamos de la formación del autoconcepto en el niño y de cómo influye en las diferentes dimensiones de la autoestima. Pese a lo que puedan creer los padres, la autoestima se desarrolla desde que el niño nace. Por muy pequeño que sea, la manera en que los padres se relacionen con él tendrá una influencia decisiva.

Definir la autoestima empieza por conocer las dimensiones que la componen: afectiva, física, social, académica, familiar y autoconcepto. El niño tiene que ir desarrollándolas para convertirse en un adulto con una autoestima alta.

3.1. DESARROLLO DEL AUTOCONCEPTO

El niño empieza a formarse una idea de sí mismo desde muy pequeño. Las primeras experiencias influyen en cómo se verá a sí mismo y a los demás, en un futuro. Es fundamental cómo es percibido y las respuestas que recibe a su comportamiento.

Si el niño piensa que consigue lo que se espera de él, se sentirá cada vez más capacitado para intentar nuevos logros. Pero si cree que estos no están a la altura de lo esperado, su concepto de sí mismo ira debilitándose, y también su autoestima.

ETAPAS DEL DESARROLLO

Diferentes psicólogos han estudiado el desarrollo del autoconcepto a través del desarrollo del niño. B. Gurney identificó en 1987 tres etapas o fases en este desarrollo:

Etapa existencial

Cuando el niño nace cree que es una extensión de los padres por la estrecha relación que mantiene con ellos. Gradualmente se va dando cuenta de que es una persona distinta y se va diferenciando de sus hermanos y sus padres hasta que, al final del primer año de vida, toma conciencia plena de que es diferente del resto. Este hecho se puede comprobar con un acto tan sencillo como acercarle un espejo: el pequeño señalará la imagen y luego se señalará a sí mismo, mientras sonríe ante tal descubrimiento.

Etapa del sí mismo externo

En torno al año y medio de edad el niño ya habla de sí mismo, aunque lo hace en tercera persona: «Nene sed», «Nene hambre». También entiende cuando se le dice que algo está bien o mal y empieza a ser consciente de sus conductas: «Nene bueno», «Nene malo». En esta etapa es muy influenciable por lo que los demás dicen de él: de lo que se le transmita dependerá en gran medida el desarrollo de su autoconcepto. Es muy importante destacar, a partir de esta edad, los rasgos positivos del niño para que vaya formándose un concepto positivo de sí mismo. Aproximadamente hacia los 8 o 9 años el niño empieza a tener una imagen psicológica de sí mismo; ya compara su forma de ser con las de los demás.

Etapa del sí mismo interno

Esta última fase del desarrollo del autoconcepto se da en la adolescencia. El adolescente busca respuestas a la pregunta: «¿Quién soy yo?». La etapa se caracteriza por una autoestima vulnerable. Es un periodo de gran sensibilidad donde el autoconcepto oscila de un extremo a otro, desde el «soy maravilloso» al «no valgo nada». Las experiencias que la infancia le haya deparado harán que el adolescente remonte hacia una autoestima sana y estable.

3.2. DESARROLLO EVOLUTIVO DE LAS DIMENSIONES DE LA AUTOESTIMA

DIMENSIÓN AFECTIVA

La dimensión afectiva de la autoestima se crea desde el nacimiento. El niño, al recibir muestras de afecto por parte de sus padres, va descubriendo sentimientos y respondiendo mediante expresiones como la sonrisa y el llanto.

Las respuestas que recibe de los adultos y del entorno, unidas a su temperamento, le ayudan a tomar conciencia de quién es y a empezar a valorarse. Si las experiencias que tiene y las respuestas que recibe de los demás son en su mayoría negativas, su autoconcepto también lo será. Si los padres le dicen: «No seas tímido» o «No seas vergonzoso» desde que es pequeño, seguramente el niño asumirá que es tímido y actuará en consecuencia. Hay que tener en cuenta que los niños pasan por determinadas edades en las que actúan de forma más introvertida, pero no por ello podemos definirlos como tímidos, sino animarles y enseñarles a hacer amigos. De hecho, ayudar a nuestro hijo a describir y expresar sus sentimientos desde pequeño es esencial para el sano desarrollo de la afectividad.

DIMENSIÓN FÍSICA

Ya hemos visto que a partir del primer año el niño empieza a ser consciente de que es una persona diferente a las demás. Pero es a partir de los 2 años, más o menos, cuando empieza a compararse físicamente con otros niños. Le influye todo lo que le dicen los otros. Si sus padres subrayan lo pequeño que es para su edad, él se verá más bajito. Por eso hay que evitar las comparaciones: todos los niños son distintos y siguen diferentes desarrollos.

A partir de los 7 u 8 años la dimensión física se hace más patente. El pequeño es cada vez más capaz de percibir las diferencias físicas con los demás. Enseñarle a potenciar sus cualidades es fundamental para evitar que su autoestima física se vea alterada.

Es en la adolescencia, con los pertinentes cambios físicos, cuando esta dimensión cobra más peso e influye más sobre la autoestima general.

DIMENSIÓN SOCIAL

Cuando el niño empieza su escolarización, en torno a los 3 o 4 años, esta dimensión cobra más fuerza y empieza a desarrollarse de forma intensa. Evidentemente, si no se le facilitan experiencias de relación con sus compañeros, quizá le cueste más separarse de sus padres y jugar con otros niños. Por eso la escuela infantil, el parque y las actividades con sus iguales le facilitan experiencias que van desarrollando el sentido de pertenencia a un grupo y el sentimiento de amistad. A partir del año y medio hay que favorecer el contacto frecuente con otros niños para que el pequeño se inicie en las relaciones sociales. Si se ve capaz de resolver estas nuevas situaciones, desarrollará su autoestima social de manera adecuada.

Los niños que no desarrollan la dimensión social no hablan con sus iguales, evitan las fiestas, no se separan de sus padres en el parque y huyen si se les acercan otros niños con intención de jugar. Los inhábiles socialmente necesitan aprender a saludar, a preguntar el nombre a otros niños, a participar en las conversaciones o en los juegos; es decir, a practicar todas las habilidades que les permiten relacionarse con los demás de manera positiva.

DIMENSIÓN ACADÉMICA

Aunque esta dimensión parece estar relacionada con el inicio de las actividades escolares, son los primeros dibujos y fichas que hace el niño los que indudablemente van a marcar el desarrollo de esta parte fundamental de su autoestima. Asimismo, a la vez que se trabajan hábitos como la higiene o la alimentación, se inicia al pequeño en el hábito del estudio. Cuando se le habla o se le escucha con atención, cuando se le pide que se mantenga sentado o que empiece y termine sus actividades, se le predispone al éxito académico.

La valoración que el niño haga de su trabajo depende del grado de exigencia de sus padres en sus primeras experiencias. No se le puede pedir que con 1 o 2 años pinte sin salirse de los contornos; si se hace, él también se lo exigirá y se frustrará cuando las cosas no le salgan como desea. Tampoco es positivo premiarle por todo, ya que no valoraría la necesidad de esforzarse y seguiría frustrándose ante cualquier pequeño contratiempo. Si se le anima a realizar tareas nuevas, habrá que premiar todos sus logros al principio para pasar a ir exigiendo más perfección poco a poco.

Para los niños, la etapa escolar es muy importante, ya que ocupan la mayor parte de su tiempo en todo lo relacionado con la escuela. A pesar de lo que muchos padres creen, el éxito académico está muy determinado por la percepción que tienen sus profesores, compañeros y padres de su rendimiento. No hay buenos o malos estudiantes, sino niños a los que se les ha hecho creer o ellos mismos creen que son buenos o malos alumnos, y actúan en consecuencia, excepto aquellos con trastornos del aprendizaje, para quienes la motivación, el ánimo y la ayuda familiar son fundamentales en la formación de un buen concepto de sí mismos como estudiantes.

DIMENSIÓN FAMILIAR

El papel que el niño adopta dentro de la familia también viene determinado por sus primeras experiencias dentro de ella. Desde el nacimiento, se siente parte del grupo familiar y percibe su posición entre los hermanos.

Si los padres comparan continuamente a sus hijos, mermarán su autoestima. De hecho, la clave para el desarrollo de la autoestima familiar es el refuerzo de las cosas positivas que cada uno hace y que lo diferencian de los otros. Los niños son capaces de entender esto desde muy pequeños, quizá no las palabras, pero sí la emotividad y el tono de voz con que se les dice: «¡Qué bien lo has hecho!». Esto les hace sentirse queridos y valorados. En lugar de comparar a los hijos se debe potenciar lo bueno de cada uno. Por ejemplo, en vez de decir: «Alberto, mira lo bien que come Marta, no como tú, que eres muy lento», es mejor afirmar: «Marta, me encanta que te comas todo lo que te pongo y el poco tiempo que tardas», sin hacer alusión al comportamiento de Alberto.

4. Prueba a hacerlo tú

Mediante el desarrollo de la autoestima, el niño va aprendiendo a quererse a sí mismo, con sus virtudes y defectos. Es fundamental hacerle sentirse único e irrepetible, querido y aceptado, y mantenerse alerta ante cualquier elemento que le impida tener la serenidad que da la autoestima.

El hijo realiza con sus padres todo un proceso que culmina con el desarrollo de las capacidades necesarias para sentir respeto y cariño por sí mismo y, por extensión, por los demás. Todas las conductas y emociones que los padres pueden ayudarlo a desarrollar a través de las actividades que proponemos en este capítulo, van encaminadas al desarrollo de una sana autoestima. No hay que olvidar que es un proceso, es decir, que no ocurre de hoy para mañana: precisa tiempo y dedicación.

4.1. Dimensión afectiva

Las emociones también se educan. El niño tiene que aprender a observarse y tomar conciencia de las suyas. Hay que enseñarle a ponerles nombre, porque así las hará propias y podrá expresarlas. Para ello es fundamental no juzgar si son buenas o malas: «Todos nos enfadamos alguna vez y sentimos rabia, pero eso no significa que haya que romper los juguetes». Si el niño aprende a decir lo que siente, también será capaz de controlarse cuando lo sienta, de manera que cuando se enfade no se enrabiete o rompa cosas, sino que busque otras formas de enfrentarlo. En definitiva, aprenderá a evitar que la emoción dirija su comportamiento.

Preguntarle al niño cómo se siente le enseña a mirarse por dentro, a centrarse en sus procesos internos y, como consecuencia, a diferenciar los comportamientos asociados a su estado de ánimo. Por ejemplo: «Si estoy contento, río y juego; si estoy triste, lloro y no tengo ganas de hacer nada». El objetivo debe ser conseguir que el niño responda a esta pregunta. Si es capaz de reconocer sus emociones y sentimientos, hará lo mismo con los de los demás.

El diccionario de emociones

Consiste en hacer un listado de palabras que expresen todas las emociones y sentimientos que se conozcan y ayudar al niño a incluirlos en su vocabulario. Hay que buscar un momento para hablar con él y preguntarle por sus sentimientos acerca de un acontecimiento. Un diálogo tipo sería:

—Pedro, ¿cómo te ha ido en el cumpleaños de Violeta? (Hacer una pregunta abierta que facilite que el niño cuente la situación).

—Un rollo, la fiesta ha sido un rollo. No quiero ir nunca más a un cumpleaños.

—Veo que estás enfadado. ¿Es así como te sientes? (Hacer una descripción que refleje lo que le ocurre).

—Sí.

—¿Qué ha pasado para que te sientas así? (Analizar lo que le provoca la emoción).

—Han jugado a las carreras de sacos. No me ha tocado con Dani y ya no he jugado.

—Te has enfadado porque no te ha tocado en el equipo de Dani y has decidido no jugar, así que te has aburrido en la fiesta. ¿Cómo se lo han pasado los demás niños? (Ayudarlo a no creer que lo que él siente es lo que han sentido todos los implicados en el acontecimiento).

—Bien, todos menos yo.

—Se les veía contentos, así que la fiesta ha sido divertida, pero tú te has enfadado, no has jugado y te has aburrido. ¿Es así como te has sentido? (Reflejar de nuevo lo ocurrido).

—Sí.

—¿Qué se te ocurre que puedes hacer en la próxima fiesta para pasarlo mejor? (Darle alternativas que pueda utilizar en situaciones similares posteriores).

—Jugar aunque Dani no esté en mi equipo.

Poco a poco el niño aprenderá a identificar y describir lo que siente sin atribuir a causas externas lo que le ocurre, sino a su actitud. También será capaz de proponer otras formas de actuar en situaciones parecidas.

El listado de emociones que ofrecemos a continuación puede servir como punto de partida:

Triste	Tranquilo
Nervioso	Miedoso
Feliz	Satisfecho
Contento	Tímido
Aburrido	Sorprendido
Enfadado	Asustado
Alegre	Sonriente

4.2. Dimensión física

El aspecto es lo primero que llama la atención y forma las primeras impresiones, tan difíciles luego de corregir. Durante la infancia, ser el gafotas o el mocoso puede marcar las relaciones sociales del niño. Es fundamental transmitirle que tiene muchas cosas bonitas y otras que tal vez no, de la importancia que tiene un aspecto adecuado en lo social y enseñárselo al niño:

- Que desarrolle el gusto por estar limpio y aseado.
- Que aprenda a vestirse de acuerdo con cada ocasión y a ser cuidadoso con su ropa.
- Que practique una dieta sana para mantener un peso adecuado y actividades que le capaciten para el juego.
- Fomentar la realización de actividades deportivas.
- Desarrollar el gusto por el orden de sus pertenencias.
- Todo ello, unido al aprendizaje de habilidades sociales, aumentará sus posibilidades de éxito.

4.3. Dimensión familiar

El niño se da cuenta pronto de que pertenece a un entorno. Es fácil reconocerlo en su lenguaje, cuando al poco tiempo de aprender a hablar dice: «Es mi mamá», «Es mi papá», «Es mi casa».

Cuando el niño habla de su familia y su casa, habla del lugar en el que se siente seguro y querido, pero también donde comienza a diferenciarse y a notar que es alguien distinto. Si ve reforzados sus logros, se le anima a investigar y poner en marcha nuevos aprendizajes y experimenta las consecuencias de sus comportamientos, además de diferente se sentirá único y valioso.

Actitudes que favorecen el desarrollo de la autoestima

Todas las iniciativas que describimos a continuación enseñan al niño a querer, valorar, perdonar y respetar a los demás y a sí mismo.

- Las pequeñas tareas le hacen responsable. Es preciso dejarle participar en la elección de esas tareas, pedirle que se comprometa a cumplirlas y, si es necesario, exigirle que lo haga. Asimismo, se deben premiar las labores que realiza con frases como: «¡Gracias por ayudarme», «Qué mayor eres», «Vaya campeona tengo en casa», «Lo has hecho muy bien». Las alabanzas son un espejo que les dice lo que son capaces de hacer. Conviene ser concreto en la descripción de las tareas. Para el niño es mucho más gratificante oír a sus padres decir: «Qué bien has ordenado tu habitación», que: «Qué habitación tan ordenada». Es decir, hay que atribuirle sus logros y asegurarse de que perciba que se deben a sus actuaciones. Los logros y la celebración que se haga de ellos le hacen sentirse competente.

- No hay que evitarles las pequeñas frustraciones: son las que les llevan a entender el valor del esfuerzo, tan necesario para conseguir éxitos. El niño ha de aprender que tiene derecho a equivocarse y, muy importante, que los demás también lo tienen. De los errores se aprende; esta es la filosofía que se le transmite cuando se le alaba con frases del tipo: «Inténtalo otra vez y verás cómo te sale», «Tú puedes, ya lo hiciste en otra ocasión», «Prueba a hacerlo y, si no te sale, lo intentamos de nuevo».

- Conceptos como la autodisciplina o el autocontrol se desarrollan si el niño conoce unos límites, claros y justos, que le indiquen qué se espera que haga. Si los padres son firmes y constantes en la aplicación de los límites, el niño podrá prever las consecuencias de sus conductas.

- Hay que animarlo a tomar iniciativas —«Me encanta que hayas decidido enseñar a tu hermano a ponerse los zapatos»— y a resolver sus pequeños conflictos —«¿Qué se te ocurre para poder jugar con la pelota que queréis los dos?»—. De este modo se le da la confianza necesaria para sacar a relucir sus habilidades sin miedo al error.

- También hay que dedicar tiempo a enseñarle los pasos para resolver los conflictos. Se le debe pedir que describa el problema, establecer con él un plan de solución, animarle a ponerlo en práctica y evaluar lo conseguido. Conviene darle alternativas cuando a él no se le ocurran, pero evitar caer en la tentación de darle la solución perfecta a todo lo que le preocupa.

- Es preciso dejar de lado las críticas destructivas del tipo: «Eres un desobediente», y expresarlas en términos de lo que provoca su comportamiento en los demás: «Cuando tú no atiendes a lo que te pido, yo me pongo triste y me enfado». Hay que subrayar que lo que enfada es su comportamiento, no él.

- Conviene olvidarse de las comparaciones, sobre todo entre hermanos. Al contrario de lo que se piensa, no motivan a mejorar el comportamiento, sino todo lo contrario: etiquetan al pequeño como vago, malo o desobediente. Los niños suelen mantener su comportamiento para no perder el papel que se les asigna dentro de la familia. Las únicas comparaciones eficaces son las que se hacen entre las tareas del propio niño: «Hoy te has puesto los zapatos mucho más rápido que ayer».

- Es fundamental plantearse expectativas realistas sobre lo que el niño es capaz de hacer. Los padres no deben caer en la tentación de intentar que sea o haga lo que a ellos les gustaría. Esta actitud lleva a exigir metas cuya dificultad le asegura fracasos. Un éxito llama a otro, de modo que hay que equilibrar las experiencias que le aportan los nuevos logros con aquellas en las que no consigue lo que quiere.

¿Y cómo se hace esto en casa? Es mucho más fácil de lo que parece. Consiste en ir concretando cada punto en tareas que el niño tendrá que realizar.

Hay que elegirlas en función de la edad y las capacidades adquiridas, ya que es importante que las realice con éxito. La siguiente lista da algunas ideas:

- Leer o inventar con el niño un cuento cuyo contenido verse sobre cualquiera de las aptitudes que queremos que desarrolle.
- Dar un paseo con los abuelos.
- Preparar un día de campo y una excursión.
- Organizar una fiesta para los vecinos.
- Jugar a un juego de mesa o ver una película en familia.
- Contar chistes.
- Jugar a intercambiar los roles de padre e hijo o madre e hija.
- Ver fotos de cuando era bebé.
- Proponerle que juegue con un niño de su clase con el que no lo haya hecho hasta el momento.
- Que traiga algo bonito a la vuelta del colegio.
- Que ayude a cocinar la cena para la familia.
- Encargarle hacer la lista del supermercado.
- Que compre el pan, lo pague y cuente el cambio.
- Que coja el teléfono y el recado.
- Animarle a que dé un abrazo a alguien de la familia.
- Que busque algo que le guste de su hermano y se lo diga.
- Que aprenda una canción.
- Que dibuje a la familia.
- Que invente un juego de mesa para la familia y lo dirija.
- Enseñarle a utilizar fórmulas de cortesía para pedir y agradecer las cosas.

4.4. Dimensión académica

El académico es un espacio reglado que facilita las primeras experiencias de socialización con los iguales, el reconocimiento de la autoridad y la utilidad de las normas para el funcionamiento del grupo.

Cuando los fracasos en lo académico son muy frecuentes, el niño se desmotiva. Esta situación se agrava si compara sus resultados con los de sus compañeros, porque tiende a pensar que es incapaz de lograr éxitos y que no vale para estudiar. Para prevenir situaciones como esta hay que otorgar relevancia a todo lo que tiene que ver con la escuela. Algunas actuaciones que favorecen la motivación hacia lo escolar y el hábito de estudio necesario para lograr éxitos en lo académico son:

- Reservar un tiempo para preguntarle por su vida diaria, conocer la materia que está aprendiendo en el *cole,* saber qué hace en el patio, cuáles son sus amigos, qué le parecen sus profesores, etcétera.
- Tener en casa un espacio específico para realizar las tareas escolares y hacerlas siempre en ese lugar.
- Dedicar un tiempo diario al trabajo escolar, siempre a la misma hora. Si el niño no tiene deberes, puede leer o reforzar conocimientos con actividades específicas (cuadernos de dibujo, caligrafía, sumas o recortables).
- Comentar sus logros escolares y ayudarlo con las dificultades.
- Alabar sus trabajos del colegio.
- Animarle a superarse en cada tarea.
- Hacerle partícipe de lo que se hable en las tutorías y comunicarle la información pertinente.

La participación de la escuela es importante, pues tiene medios para identificar problemas y para ayudar al niño.

4.5. DIMENSIÓN SOCIAL

No es infrecuente que la imagen que el niño tiene de sí mismo no coincida con la de sus compañeros. En muchas ocasiones los niños sorprenden a sus padres con preguntas del tipo: «Mamá, ¿soy feo?». En estos casos hay que dejar lo que se esté haciendo, sentarse a su lado y escuchar lo que le ha pasado y le ha llevado a hacer esa pregunta. Para darle apoyo existen dos caminos:

- Negarlo: «No eres feo. Eso es que no te han mirado bien. Ellos sí que son feos. A ver, vamos a pensar en los fallos de tus compañeros y mañana se los dices tú. No dejes que se metan contigo». Algunos padres incluso se presentan al día siguiente en la puerta del colegio y buscan a los padres de los otros niños para recriminárselo. Con esta actitud quizá se consiga que el niño vea a sus padres como superhéroes, pero en ningún caso le ayudarán a desarrollar su autoestima. Por el contrario, se la inflarán basándose en mentiras, y le servirán de modelo para solucionar conflictos de un modo más bien agresivo.

- Darle una imagen real de sí mismo y enseñarle otras formas de actuar. Una buena manera es ponerse con él delante de un espejo y señalarle lo que tiene bonito, explicarle que hay niños más guapos y más feos que él e indicarle otras características que pueda desarrollar en el grupo de iguales: «Eres muy simpático», «Sabes muchos chistes», «Juegas muy bien al fútbol». En definitiva, enseñarle a ser objetivo con sus características y capacidades. También es muy eficaz ponerse en su lugar y escenificar la situación para enseñarle a ignorar aquello que no merece la pena: ante ciertas situaciones solo tiene que retirarse o reírse y buscar a alguien con quien seguir jugando. Hay que dotarle de capacidades para afrontar con tranquilidad este tipo de situaciones. Si se repite este ejercicio en contextos similares, el niño aprenderá a salir del aprieto sin que su autoestima se vea dañada.

Para terminar la conversación, conviene decirle que es muy bueno que cuente con sus padres cuando tiene problemas. Este mismo procedimiento se puede aplicar cuando es tímido o tiene alguna deficiencia física de la que los otros niños puedan burlarse.

5. Dificultades y cómo solucionarlas

La infancia es una etapa idónea para desarrollar un buen autoconcepto, pero existe la posibilidad de que el niño presente algún grado de discrepancia entre lo que es, cómo se siente, lo que le gustaría ser y la imagen que los demás le devuelven de él con su manera de actuar.

La autoestima no se puede modificar directamente. No por decirle a un niño o adolescente que deje de pensar de determinada forma dejará de hacerlo. Para lograr cambios se pueden abordar diferentes estrategias o una combinación de varias. Algunas veces habrá que cambiar el comportamiento del niño; otras puede que necesite ser menos categórico en sus afirmaciones, recompensar sus éxitos o minimizar sus fracasos.

Antes de empezar

Es a los psicólogos a quienes hay que acudir si se necesita evaluar con exactitud los problemas que puedan estar relacionados con la autoestima. En este capítulo se dan algunos criterios que pueden ayudar a los padres a dar el paso de acudir al psicólogo.

Si en el carácter del niño predomina la timidez, el nerviosismo o la irritabilidad y se le oye decir con frecuencia expresiones como: «Es injusto», «Todo me sale mal», «Soy malo» o «No soy capaz de hacerlo», habrá que contemplar la posibilidad de que exista un problema de autoestima.

Por el contrario, los niños que desarrollan su autoestima de una manera saludable comparten los siguientes rasgos:

- Desarrollan actividades, juegos y aficiones.
- Se visten y se desvisten, juegan solos, empiezan y terminan las tareas, se responsabilizan de sus cosas, conversan e inician actividades por su cuenta.
- Toleran las críticas, son capaces de reintentar las tareas tras un fracaso y afrontan las situaciones aunque sean desagradables para ellos.
- Saben expresar sus emociones: «Estoy enfadado», «Me lo he pasado fenomenal».

Observar al niño y escuchar cómo habla de sí mismo y de lo que le pasa es el mejor modo de tener datos sobre su autoestima. A lo largo de su desarrollo atraviesa etapas en las que cuestiona las normas, se encara, se enrabieta, se muestra menos hablador y algo tímido, deja de comunicarse, no cuenta nada de lo que le ocurre o se niega a jugar con otros niños. Si corresponden a momentos evolutivos concretos, estas situaciones se solucionan con constancia en la aplicación de técnicas como la extinción, el tiempo fuera o el refuerzo de conductas positivas. A veces estos comportamientos se prolongan y precisan otras intervenciones. En el siguiente epígrafe definimos los comportamientos que se repiten en niños con problemas de autoestima.

5.1. CONDUCTAS QUE SE REPITEN EN LOS NIÑOS CON LA AUTOESTIMA BAJA

- Hablan de sí mismos de forma negativa e incluso despectiva, convencidos de que tienen razón: «Siempre me pàsa a mí, es injusto», «Soy incapaz de hacerlo», «Soy el último de la clase», «Nadie me hace caso», «No valgo para nada».
- Prefieren evitar enfrentarse a las tareas ante la posibilidad de equivocarse o fracasar, o abandonan ante la primera dificultad. Se niegan a todo y no les vale ninguna razón; sencillamente no creen que sean capaces.
- Por extensión, se muestran muy exigentes con los demás, a los que no perdonan el mínimo error. Plantean las relaciones bajo la máxima: «La mejor defensa es un buen ataque», para lo cual abusan de actitudes agresivas o violentas —normalmente en el entorno familiar— pero se muestran muy tímidos fuera de casa.

Evitan las actividades deportivas, intelectuales y sociales. Es frecuente que no quieran ir de excursión o que les duela la tripa el día que hay que entregar un trabajo. Suelen rechazar invitaciones para pasar la tarde en casa de un amigo.

- Como no confían en sus capacidades, son contadas las ocasiones en que se sienten con poder y control de la situación. Les puede el sentimiento de inseguridad. No es extraño que se enrabieten si se producen cambios con los que no cuentan.

- Les cuesta establecer estrategias para solucionar sus problemas y dan carácter de solución a la opinión de los demás, de la que dependen y a la que acuden constantemente.

- Suelen recurrir a las mentiras para salir del paso en situaciones que les parecen complicadas, o simplemente para obtener elogios de los demás.

- Entre los engaños más utilizados para zafarse de sus fracasos y problemas está echar la culpa a otros: «Nos han castigado a todos por culpa de Rosa».

Muchas veces los padres, sin darse cuenta, mantienen estos comportamientos. Algunas de las actitudes o acciones que definimos a continuación se dan con cierta regularidad en muchas familias:

- Transmitir a los niños expectativas muy altas o muy bajas.

- Utilizar adjetivos como «vago», «desordenado», «nervioso» o «desobediente».

- Señalar a menudo los fracasos, con frases que cuestionan las capacidades de los niños: «Te he dicho cien veces cómo atarte los cordones, a ver si aprendes de una vez».

- Transmitirles que equivocarse es un fracaso y no un derecho: «Ya se te ha vuelto a caer el vaso de agua, no haces una a derechas».

- Gritarles, criticarles o ridiculizarlos, ya sea en casa o, lo que es peor, con gente delante: «Es que José es muy torpe, siempre se cae».

- Sobreprotegerlos a fuerza de evitarles cualquier tipo de sufrimiento y de presentarles una realidad y una percepción de sí mismos alterada.
- Regañarles o imponerles castigos por expresar sentimientos que algunos padres consideran inadecuados: «Los hombres no lloran; te vas a quedar en tu cuarto hasta que dejes de llorar».
- No hablar con ellos, no escucharles, no dar importancia a sus cosas, no incluirlos en la dinámica familiar. En resumen, hacer que se sientan infravalorados.
- No poner límites en casa.

No hay que confundir la necesidad de elevar la autoestima del niño con decirle que todo lo hace bien. De esta manera se puede caer en el error de fomentar una autoestima inflada e irreal, y el niño dependerá de los comentarios positivos para actuar. Un buen discurso para evitar esto es: «Hijo, qué bien te salen las tareas escolares y los partidos de fútbol, pero tienes que mejorar en el carácter con los amigos».

Si se decide trabajar en el desarrollo de la autoestima del niño, lo primero que hay que saber es que se requiere tiempo. Ya hemos apuntado la necesidad de que se sienta exclusivo y atendido. No basta con cualquier tiempo sobrante: ha de ser un tiempo de calidad, en el que el niño sea el protagonista. Los padres deben hacer todo lo posible para que se sienta así.

Después de decidir que se quiere dotar de calidad al tiempo que se pasa con el niño, hay que sistematizarlo. Para ello proponemos establecer un calendario de las estrategias que se van a poner en marcha. En los puntos siguientes describimos actividades que ayudan a desarrollar cada una de las dimensiones de la autoestima. Los padres deben observar cuáles pueden necesitar sus hijos y decidir cómo distribuirlas.

5.2. Dimensión afectiva

Una tarde de recortables

El objetivo es que el niño aprenda a identificar sus emociones y las de los demás en función de sus gestos. Esta dinámica consiste en buscar en las revistas caras que expresen distintas emociones, hacer un *collage* con el niño y pedirle que ponga el nombre de cada emoción. Usaremos fotos de gente que:

- Sonríe
- Está triste
- Ríe a carcajadas
- Tiene cara de susto
- Está cansada
- Está alegre
- Llora
- Está enfadada
- Está sorprendida

Se puede colgar el *collage* en la habitación del niño y, ante determinadas situaciones, preguntarle cómo se siente y pedirle que busque la foto que represente esa emoción y la imite. También podemos utilizar las fotos para contarle cómo nos sentimos ante sus comportamientos: «Cuando me ayudas a recoger el baño yo me siento así».

Mi móvil

Intentamos que el niño exprese cosas que sabe hacer y que le hacen distinto. Hay que empezar haciendo una lista de todo lo que sabe hacer: vestirse solo, escribir, contar cuentos, tocar la flauta, etcétera. Cuantas más cosas, mejor.

A continuación elegirá las que más le gusta hacer y las dibujará. Después, con dos varas cruzadas e hilo de nailon, se construye un móvil con los dibujos y se cuelga en su habitación. El juguete le recordará todo lo que le gusta y sabe hacer. Se le puede proponer que sustituya los dibujos cada vez que adquiera nuevos aprendizajes por otros dibujos que los representen.

EL CUADERNO DE LOS PROBLEMAS

El plan es darle al niño un lugar donde depositar sus frustraciones mediante una actividad de escritura o dibujo que le ayude a reflexionar. Hay que elegir un cuaderno y dibujar en la portada unos rayos de tormenta. Él debe escribir cada problema que tenga, porque el cuaderno es un amigo fiel que no le cuenta nada a nadie y le ayudará a tranquilizarse para pensar en posibles soluciones.

EL CUBO DE LA TRANQUILIDAD

Los objetivos son que el niño se relaje, frenar su impulsividad y trabajar el autocontrol. Primero hay que reunir cosas sin valor que se puedan tirar sin peligro de que se rompan. Por ejemplo, calcetines llenos de arena, pelotas de gomaespuma o botellas de plástico vacías. A continuación se mete todo en un cubo y se le pone el nombre de: «Cubo de la tranquilidad». Cuando el niño se sienta muy enfadado o nervioso y no sepa cómo sosegarse, puede coger el cubo y arrojar lo que hay dentro contra las paredes hasta que se sienta más tranquilo. Los padres pueden establecer con él una contraseña secreta: cuando la oiga tendrá que dirigirse al cubo de la tranquilidad.

5.3. Dimensión familiar

La caja de lo que me sale bien

Se trata de favorecer la comunicación familiar en casa, entrenar las habilidades de escucha activa y aumentar los pensamientos positivos acerca de los logros. Hay que buscar una caja de cartón, forrarla con un papel bonito y ponerle el nombre de: «Caja de lo que me sale bien». La familia debe reunirse un rato cada día, sin televisión ni teléfonos ni nada que pueda interrumpir, y contarse todo lo que haya salido bien a lo largo del día.

Después, cada uno tendrá que resumir en una frase lo que ha contado el que tiene a su derecha, escribirlo en una tarjeta, leerlo en alto y meterlo en la caja. Solo se puede guardar si lo que se cuenta es positivo y si la frase lo resume correctamente.

Lo que has hecho me ha gustado

Aquí pretendemos aumentar las expresiones verbales positivas, ser conscientes de lo que una conducta positiva genera en el otro y aumentar las demostraciones físicas de afecto. Hay que hacer tablas con los nombres de los miembros de la familia. Cada uno se compromete a apuntar en su tabla cualquier cosa que haga otro y le guste. Para poder apuntarlo, primero hay que decírselo a esa persona y darle un beso.

Es mi espacio

Vamos a transmitirle al niño el respeto tanto por sus cosas como por sus emociones, así como trabajar el sentido de la propiedad. Se trata de individualizar su habitación —su espacio— con sus iniciales o su nombre. Es preciso hacer las letras con él, seleccionar los materiales en función de su edad, elegir los diseños y utilizar pintura de colores. Una vez terminadas, se cuelgan en la puerta.

Mi ÁLBUM

Buscamos que el niño sea capaz de reflexionar y valorar las capacidades que ha ido adquiriendo desde que era pequeño hasta el momento presente. Para ello vamos a elaborar con él un álbum de fotos. Hay que buscar un papel atractivo, poner su nombre en la portada, recoger fotos desde que era un bebé —cuando dependía de sus padres para comer, moverse o vestirse—, y buscar otras donde se le vea realizando esas actividades y otras muchas él solo. Debajo de cada foto se ponen los distintos logros que ha ido consiguiendo. También se le puede pedir que cuente lo que hacía en cada foto, mientras se elabora el álbum: así describirá situaciones cotidianas o de relación. En caso de no disponer de fotos de este tipo, se pueden hacer e ir añadiéndolas al álbum.

5.4. DIMENSIÓN SOCIAL

UNA MERIENDA ALGO ESCASA

El objetivo de esta actividad es trabajar la solución de conflictos poniendo de acuerdo a un grupo para dar con una solución consensuada. Cuando haya varios niños merendando en casa, se saca un bocadillo de menos, se expone el problema y se les pide que propongan soluciones.

Ronda de elogios

El niño les dirá a sus amigos lo que le atrae de ellos y escuchará de ellos lo que les gusta de él. Se puede utilizar una pelota para que se la pasen, pero hay que explicarles que, para pasársela a alguien, hay que decirle lo que le gusta de él o ella. Pasarán un rato expresándose sentimientos positivos y concretándolos en actuaciones.

El abanico

La finalidad es la misma que en la actividad anterior. Se puede aprovechar un cumpleaños una barbacoa en la piscina o cualquier otro encuentro con los amigos, y proponer a cada niño hacer un abanico con un folio que deben doblar en pliegues de unos cuatro centímetros. Los niños tienen que sentarse en el suelo, en círculo, y escribir su nombre en el primer pliegue del abanico. A continuación, el niño que comience el juego se lo pasará al compañero que tenga situado a su derecha, el cual tendrá que apuntar algo bueno del titular del abanico y pasárselo al siguiente. Cuando acabe la ronda, cada niño tendrá su abanico con una característica positiva en cada pliegue, que le habrá escrito cada uno de los participantes. Los demás niños harán lo mismo hasta conseguir su abanico.

Tiras de cómic sin final

El fin es desarrollar la capacidad de solucionar conflictos y que el niño sepa el impacto que tienen sus propias actuaciones en los demás. Hay que elaborar o buscar en cómics antiguos situaciones que se den en la vida cotidiana, pero sin que tengan final. La dinámica consiste en pedirle al niño que cuente lo que pasa en el cómic, invente un final y lo dibuje.

5.5. Dimensión académica

Mi rincón

La intención es que el niño sea consciente de lo que se consigue con esfuerzo. Una cuerda y unas pinzas de ropa bastarán para que el pequeño cuelgue en la pared de su habitación los trabajos que hace en el colegio. No solo manualidades: vale una nota de la profesora que sea positiva, unas notas trimestrales, etcétera. También se puede utilizar un tablón de corcho.

Para aumentar la confianza del niño en sí mismo podemos acompañar cada trabajo con frases clave como:

> ➤ ¡Hay que seguir intentándolo!
> ➤ ¡Tú puedes!
> ➤ ¡Sabes hacerlo, lo has conseguido en otras ocasiones!
> ➤ ¡Cada vez te sale mejor!
> ➤ ¡Es fantástico el trabajo que has hecho en matemáticas!
> ➤ ¡Mucho mejor la evaluación de este trimestre!
> ➤ ¡No hay examen que se te resista!

Hay que aludir únicamente a tareas del niño, no compararlo con sus compañeros ni, por supuesto, con sus hermanos.

Diplomas

Queremos que sepa concretamente qué cosas sabe hacer y le diferencian de los demás. Primero hay que elaborar un diploma tipo, como el adjunto. Elegiremos actuaciones que pueda llevar a cabo en casa y que sean novedosas para él, animándole a que las realice con asiduidad durante, por ejemplo, una semana. Pasado ese tiempo, elaboraremos un diploma que le entregaremos por sorpresa.

AL MEJOR COCINERO DE LA FAMILIA SÁNCHEZ

_____ (nombre niño) _____ ha recibido el nombramiento en el dia _____ por ser el mejor PINCHE DE COCINA que esta familia ha tenido hasta el momento.

FIRMADO

(sus padres)

Se pueden incluir dibujos que escenifiquen la actividad y colgar el diploma en algún lugar común de la casa, como el salón, la cocina o el comedor.

Se puede utilizar cambiando el nombramiento para cualquier aprendizaje que se quiera destacar del niño.

5.6. Dimensión física

Un espejo grande

La finalidad es que el niño adquiera una visión objetiva de sus características físicas y que sepa que los demás son distintos porque tienen otras características. Un espejo de gran tamaño en la habitación del pequeño o en cualquier sitio de la casa accesible para él le dará una visión realista de cómo es y cómo son los demás. Delante del espejo es más fácil hacer descripciones físicas.

El objetivo consiste en que el niño sea consciente de cómo va cambiando su aspecto. A los niños les encanta marcar lo que crecen e ir dejando atrás sus marcas. Si no se dispone de escala, se puede dibujar en un trozo de tela o hacer marcas en la pared o la puerta de un armario ¡y no borrarlas!

Dibújate

La meta es fomentar una imagen real del pequeño. Sobre un dibujo que haga de sí mismo se puede corregir aquello que no es real y añadir aquello que le falta: «Tú no eres tan alto como papá», «Te falta el verde de los ojos».

Recortables para vestir

Queremos hacerle ver al niño lo agradable que es ir limpio y vestido acorde con la situación. Se le puede decir que haga un dibujo de sí mismo y diferentes prendas de vestir o recurrir a los clásicos recortables. El juego consiste en imaginar situaciones —«Hoy nos vamos de excursión», «Hoy tenemos una fiesta»— y que el pequeño elija las prendas adecuadas.

6. Casos prácticos

6.1. Ramón aprende a relacionarse

Ramón, de 5 años, siempre protestaba cuando tenía alguna fiesta y a la salida hacía comentarios del tipo: «Vaya rollo de fiesta» o «Me lo he pasado fatal». Carmen, su madre, que solía recogerlo, estaba empezando a acostumbrarse a que los padres del homenajeado le comentaran que Ramón no quería participar en los juegos y se mostraba retraído. En ocasiones el niño también se negaba a salir al parque y fingía estar enfermo para librarse de las excursiones del colegio.

Lo primero que debían hacer los padres de Ramón era dedicar más tiempo a escuchar las impresiones del niño sobre las fiestas y convertir todos sus pensamientos negativos en visiones más realistas: «No es cierto, la fiesta no fue aburrida. Muchos niños se lo pasaron bien y tú te aburriste. ¿Qué se te ocurre que podrías haber hecho para pasarlo mejor?». También acordaron hacer un cambio de roles: el padre representaría el papel de Ramón y la madre se acercaría para invitarle a jugar, pero en vez de contestar: «No me gusta este juego» o «Este juego es para bobos», como hacía el niño en las situaciones reales, le daría respuestas como: «Me encantaría, pero no soy muy bueno» o «Me gustaría, pero tienes que explicarme cómo se juega». Luego le pedirían a Ramón que ensayara las mismas respuestas. Acordaron repetir este cambio de roles en cada ocasión en la que el niño trajera a casa una situación que implicara dificultades en las relaciones con los amigos.

Asimismo, Ramón tuvo que hacer un listado de juegos que le salían bien y que podía enseñar a sus amigos. Con el listado en la mano, Carmen le dijo que tenían que establecer una estrategia, un plan como los que hacen los superhéroes para que les salgan bien las cosas. Ramón y Carmen fijaron como objetivo enseñar a jugar a un juego a los amigos del parque. Los pasos a dar serían:

- Saludar sonriendo al llegar y acompañar el saludo con el nombre de cada uno de sus amigos: «Hola, Juan«, «Hola, Rosa», «Hola, Pedro».
- Preguntar a qué estaban jugando y, lo más difícil para Ramón, decir: «Me gustaría jugar con vosotros».

- Una vez terminado el juego, Ramón tendría que proponerles jugar a otra cosa: «Sé un juego muy divertido que me gustaría enseñaros».
- Explicar las reglas del juego y divertirse jugando.

Cada día que bajaba al parque el niño fue cumpliendo uno de los objetivos intermedios para aproximarse al objetivo final. En pocos días empezó a disfrutar con los demás niños y ahora no se pierde una fiesta. Los padres le sirvieron de modelo en las relaciones sociales y le enseñaron a establecer una estrategia de solución de problemas para cambiar la percepción que tenía sobre el hecho de hacer amigos y relacionarse con ellos.

6.2. PABLO CONFÍA EN SÍ MISMO

Pablo, de 6 años, salía corriendo de clase para encontrarse con su padre, lo cogía de la mano y le urgía a salir del colegio lo más rápidamente posible y volver a casa. Además, se resistía a ir a cualquier cumpleaños o celebración que no fuera familiar.

El padre de Pablo empezó por observar lo que hacían los compañeros del niño al terminar las clases y descubrió que se quedaban jugando al fútbol un rato en el patio antes de irse a casa.

Entonces se estableció el siguiente plan:

- El padre de Pablo siguió recogiendo al niño y saliendo del colegio puntualmente, pero de camino a casa empezaron a parar en un parque cercano, donde inició al pequeño en el fútbol.
- Una vez que Pablo empezó a tener cierta destreza en el juego, sus padres organizaron una comida familiar y, al terminar, propusieron un partido y asig-

naron a cada uno de los participantes un puesto en el equipo. Pablo tuvo una gran actuación como defensa.

- El siguiente paso fue una merienda con amigos en casa y proponer un partido de fútbol. Aunque el niño se resistió al principio, estar en su casa le ayudó a participar. De nuevo hizo un gran partido.
- El paso más complicado fue conseguir que se integrara con los compañeros del colegio. Una tarde se acercó uno de los amigos que habían ido a merendar a su casa y le ofreció incorporarse al juego. Pablo miró a su padre, quien le animó a intentarlo. Tras unos segundos de duda, decidió unirse.

A partir de ahí Pablo dejó de temer las fiestas y los encuentros con los amigos y acabó apuntándose a un equipo de fútbol del colegio. Bastó dotarle de capacidades y destrezas físicas que le dieron seguridad. Este éxito le ánimo a buscar otros logros, como ir a los cumpleaños y disfrutar de ellos.

6.3. ALEJANDRA, LA MEJOR DE LA CLASE EN MANUALIDADES

Alejandra tiene 7 años y es la pequeña de tres hermanos. Victoria, su madre, está preocupada porque no quiere ir al colegio, dice que los niños se ríen de ella por ser la más bajita de la clase. «Ya se lo digo yo todos los días, que como no coma, se va a quedar pequeñita y se reirán de ella», comenta Victoria. También añade que a Alejandra no le gusta nada la clase de educación física: «Esos días es especialmente complicado lograr que vaya al colegio, incluso a veces se niega alegando que le duele una pierna, la cabeza...». «Como soy más pequeña que los demás, se burlan de mí», «Me voy a quedar enanita», «No me gusta el deporte, porque soy patosa y nunca lo hago bien»... Con estas afirmaciones transmitía Alejandra lo que su madre nos había comentado anteriormente.

Con la finalidad de favorecer la imagen que Alejandra tenía de sí misma, se optó por el siguiente plan:

En casa, los padres, dejarían de utilizar el «ser pequeño» como sinónimo de problema. Por ejemplo, no se amenazaría a Alejandra con que, si no comía, se quedaría pequeña; en cambio, los padres reforzarían aquellos días en los que Alejandra comía bien.

Ni los padres ni los hermanos de Alejandra harían ninguna alusión crítica a su altura; por el contrario, potenciarían sus cualidades positivas: lo bonito que tenía el pelo, lo guapa que estaba con ese vestido...

Con Alejandra se trabajó para potenciar sus cualidades, porque ella solo se veía aspectos negativos. El deporte quizá no era su punto fuerte, pero tenía muchas virtudes que ni siquiera ella conocía; por ejemplo, descubrió que era muy buena en música, así como en manualidades; es más, era una de las mejores de la clase.

En casa de Alejandra, los padres colgaron un corcho donde ponían todos los trabajos manuales de ella y la premiaban y halagaban por lo bien que le habían quedado.

Sus padres pegaron un metro en la pared de la habitación de Alejandra y cada quince días la medían y anotaban su estatura. Poco a poco fue viendo que iba creciendo, y alcanzando a sus compañeros y amigos.

Las ganas de mejorar de Alejandra hicieron que se apuntara a tenis como actividad extraescolar, ya que desde siempre le había llamado la atención, y poco a poco mejoraron sus destrezas.

Estas fueron algunas de las cosas que se trabajaron con Alejandra. Su autoestima fue mejorando al descubrir que había muchos aspectos positivos en ella, pese a su escasa altura y su poca habilidad para las actividades deportivas. Pronto ganó el concurso de manualidades que hacía su colegio con motivo de los festejos de fin de curso.

7. Qué se ha conseguido

La autoestima es algo que vamos desarrollando a lo largo de nuestra vida y que varía según el momento que estemos viviendo, los cambios, las personas que nos rodean, nuestra pareja, el trabajo. En definitiva, de todo aquello con lo que interactuamos. Pero, sin duda, la base de una autoestima sana es haberla empezado a construir desde la infancia y con ayuda de nuestros padres.

Si consideramos la autoestima como un componente de la inteligencia emocional, el primer logro de los padres es educar las emociones de su hijo. A la vez que el niño desarrolla una autoestima positiva, trabaja otros componentes necesarios para el desarrollo de la inteligencia emocional como el autoconocimiento, la comunicación, la escucha, la solución de conflictos y la asertividad.

El autoconocimiento

Es conocer las capacidades y limitaciones personales de una forma objetiva y real, saber lo que uno siente por fuera y por dentro, y el impacto que tienen sus actuaciones en los demás.

La comunicación

Consiste en ser capaz de transmitir sentimientos, opiniones y deseos asegurándose de que el que recibe el mensaje entiende lo que se le quiere decir.

También es percibir las intenciones y los motivos de las conductas de los demás, y adquirir las claves para establecer relaciones y hacerlo con éxito.

Algunas de las consecuencias que se derivan de saber comunicarse son:

- Establecer contacto con las personas.
- Dar o recibir información.
- Expresar y comprender lo que se piensa.
- Transmitir los sentimientos.
- Compartir o poner en común algo con alguien.
- Conectar emocionalmente con los otros.
- Vincularnos y relacionarnos con los demás.

LA ESCUCHA

Estar pendientes de lo que dicen los demás, entenderles y transmitirles que les estamos atendiendo implica aprender a respetarlos y valorarlos.

LA SOLUCIÓN DE CONFLICTOS

El conflicto es parte de la vida. Saber encontrar una solución positiva sin que tenga que imperar el criterio de uno u otro, estableciendo un plan eficaz y evaluando los logros obtenidos es saber convivir con el conflicto y afrontarlo.

Si el niño sabe solucionar conflictos, los errores dejan de ser fracasos para convertirse en alicientes para superarse. Identificar pensamientos perturbadores que aumentan la actividad emocional y disminuyen la eficacia a la hora de solucionar conflictos evita que los estados de ánimo derrotistas dirijan nuestro comportamiento. Si se piensa en positivo, se actuará igual: «El examen no me ha salido como yo

esperaba. Es cierto que no le he dedicado el tiempo suficiente. La próxima vez organizaré mejor mi plan de estudio».

LA ASERTIVIDAD

Es la habilidad para comunicar opiniones, sentimientos y deseos personales de una forma directa, honrada y adecuada,
respetando los derechos de los demás. Al contrario que la
agresividad, permite conseguir los objetivos intentando que
las relaciones con los demás no se deterioren.

En el niño que es capaz de reconocer sus limitaciones es
capaz de entender las de los demás. Si entiende que equivocarse es un derecho, comprenderá las equivocaciones
de otros. Actitudes como la agresividad, la exigencia, la ti-
ranía, la dependencia emocional, el desprecio por los otros
o por uno mismo, en resumen, cualquier forma de maltrato
hacia uno mismo o hacia los demás, no tienen cabida con
una sana autoestima.

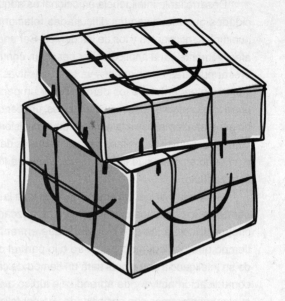

Capítulo XI

Inteligencia emocional

La inteligencia emocional —también conocida por sus siglas, IE— es un concepto relativamente nuevo, pero que ha calado con mucha fuerza en todos los ámbitos de la vida, lo mismo en la empresa que en la educación. Hasta ahora la valía intelectual de alguien se medía por su cociente intelectual, pero hoy sabemos que el éxito vital depende en gran medida del manejo de nuestras emociones. La buena noticia es que la inteligencia emocional no está tan determinada por la genética como el cociente intelectual y, por tanto, la educación es clave para aprender a ser una persona inteligente emocionalmente.

Desarrollar la inteligencia emocional es adquirir capacidades que resuelven las dificultades relacionadas con nuestros sentimientos y los de los demás. Ser una persona afectivamente sana implica saber describir, controlar y expresar nuestras emociones —ya sean positivas o negativas—, entender las de los demás, tener un pensamiento positivo que motive nuestras actuaciones, poseer capacidad de generar alternativas a la hora de tomar decisiones, aceptar nuestros errores y limitaciones, así como los de los otros, y un largo etcétera que iremos descubriendo a lo largo de este capítulo.

Mejorar la inteligencia emocional lleva toda la vida y depende de los cambios que en ella se produzcan y de las circunstancias a las que tengamos que enfrentarnos. El tiempo que dediquemos a nuestro hijo para el desarrollo de su inteligencia emocional será un tiempo de calidad, de comunicación activa y de aprendizaje lúdico a través del cual aumentaremos sus posibilidades de ser feliz.

1. ¿QUÉ ES LA INTELIGENCIA EMOCIONAL?

El psicólogo norteamericano Daniel Goleman define la inteligencia emocional como «la capacidad de reconocer nuestros propios sentimientos y los ajenos, de motivarnos y de manejar bien las emociones, en nosotros mismos y en nuestras relaciones». Se trata de un concepto muy complejo, formado por numerosas capacidades, como la autoestima, la motivación para hacer cosas, el pensamiento positivo, el control de los propios impulsos, las habilidades de comunicación, la autonomía o la capacidad de solucionar los conflictos que se nos presentan cada día. El desarrollo deficiente de los componentes de la inteligencia emocional puede generar numerosos problemas psíquicos y físicos.

1.1. COMPONENTES DE LA INTELIGENCIA EMOCIONAL

El concepto de inteligencia emocional es relativamente joven en la psicología. Está muy en boga en la actualidad, ya que ha sido reconocido como factor importante de éxito personal.

Los componentes de la inteligencia emocional se han agrupado bajo dos puntos de vista: el personal y el social. El personal hace referencia a aquellas capacidades que dependen de uno mismo. El componente social alude al entorno, a las capacidades que muestra la persona en su relación con los demás.

INTELIGENCIA EMOCIONAL	
Desarrollo personal	**Desarrollo del entorno**
➤ Autoconocimiento	➤ Autonomía
➤ Motivación	➤ Empatía
➤ Autoestima	➤ Solución de conflictos
➤ Pensamiento positivo	➤ Habilidades de comunicación
➤ Control de impulsos	

Los padres constituyen una ayuda inestimable para que el niño pueda desarrollar las capacidades personales y sociales que conforman la inteligencia emocional. A continuación definimos y caracterizamos esas capacidades.

EL AUTOCONOCIMIENTO

Como su nombre indica, consiste en conocernos a nosotros mismos, saber quiénes somos respecto a los demás, ser conscientes de qué sentimos en cada circunstancia y de cuáles son nuestras reacciones habituales. El conocimiento y la aceptación de uno mismo constituyen los pilares fundamentales de la inteligencia emocional.

La infancia es el periodo clave para que el niño, a través de su maduración, vaya poco a poco poniendo nombre a sus emociones y sepa asociarlas a los diferentes cambios físicos que implica cada una de ellas. Para que pueda controlar sus emociones, el pequeño necesita conocerlas. ¿Cómo va a manejar su ira si no sabe que eso que le pasa es una emoción que sienten todas las personas y que se puede contener?

El conocimiento de las propias emociones llevará al niño a conocer las de los demás. Enseñarle desde pequeño a identificar sus reacciones emocionales lo ayuda a entenderse a sí mismo. Él no sabe lo que le ocurre, solo que se siente con ganas de tirarse al suelo, patalear, llorar y pegar. «Veo que estás enfadado» puede ser una buena frase para hacerle saber qué le pasa. «Mamá se está enfadando» es una información para que comprenda que su conducta provoca emociones en los demás.

LA MOTIVACIÓN

Es una necesidad o deseo que lleva a la persona a actuar. Puede ser interna —la capacidad de motivarnos a nosotros mismos o automotivación— y externa —cuando lo que nos lleva a actuar no proviene de nosotros, sino que es algo exterior—. La motivación, por tanto, es aquella predisposición que dirige el comportamiento hacia lo deseado. La base de la motivación es el deseo: la obtención de aquello que se quiere es importante para alcanzar la felicidad.

Los niños van aprendiendo de forma gradual a encontrar sus motivaciones, que en los más pequeños están relacionadas con las necesidades básicas, como la alimentación o el sentirse cómodos y limpios. Pero poco a poco los motivos y los deseos van cambiando. Los pequeños tienen que aprender a actuar por motivaciones internas cuando realicen comportamientos como recoger su habitación o lavarse los dientes. En muchas ocasiones este aprendizaje empieza con alguna motivación externa, como un premio; luego esta va desapareciendo y surgen motivos propios, es decir, quieren realizar las acciones por el gusto por el orden o la higiene, y no por los premios. Por ejemplo, la mayoría de los padres desean que sus hijos recojan porque ello es sinónimo de organización. Puede ser complicado que un niño de 3 años guarde sus juguetes solo porque le guste ver su habitación ordenada. Sin embargo, si tener su cuarto presentable significa que esa noche le leerán un cuento antes de dormir, este puede ser un aliciente para recoger. Las ventajas del orden las descubrirá más adelante y entonces tendrá motivación interna. Poco a poco el premio irá desapareciendo, ya que el niño habrá desarrollado el hábito de tener sus cosas ordenadas.

Todos los niños han de aprender a actuar motivados por razones internas, pero para eso tiene que existir alguien que les enseñe y les dirija hacia ese fin, y los padres son fundamentales en este proceso.

LA AUTOESTIMA

Depende fundamentalmente del concepto que el niño tiene de sí mismo, pero también de lo que el ambiente y las personas con las que se relaciona le transmiten, es decir, de lo que los demás piensan y esperan de él.

La formación de la autoestima se inicia con el nacimiento del niño y se va desarrollando hasta la edad adulta, pero puede cambiar por influencia de algún acontecimiento.

Para ser inteligente emocionalmente se necesita una valoración positiva y realista de uno mismo.

También conocido como optimismo, es la capacidad para ver el vaso medio lleno en vez de medio vacío. Los acontecimientos siempre tienen un lado positivo y un lado negativo, todo depende del cristal con que se miren. Ver lo positivo, pese a los obstáculos y dificultades de la situación, y esperar el mejor resultado posible es fundamental para el éxito. Por el contrario, cuando una persona tiende a pensar negativamente, a lamentarse de los errores y atribuirlos a fallos que se repiten de forma constante y de los que es responsable, entonces hablamos de pesimismo.

El pesimismo es más que una simple forma de ver las cosas de manera negativa; en la actualidad se relaciona con las etapas depresivas.

El estilo del pensamiento es algo que se aprende a lo largo del desarrollo. El niño va observando cómo su entorno reacciona ante ciertos problemas. Si aprende a lamentarse constantemente de sus males y a creerse el causante de todas las desgracias, está desarrollando una forma de pensar, unas emociones y una manera de actuar pesimistas; este esquema es el que desarrollan las personas gobernadas por un estado de ánimo depresivo.

Los optimistas piensan que sus fracasos se deben a factores sobre los que pueden intervenir para producir cambios, y que si algo les ha salido mal, la próxima vez intentarán hacerlo mejor. Los pesimistas opinan que sus fracasos son consecuencia de ciertas circunstancias que escapan a su control.

Lo que pensamos acerca de cómo ocurrirán las cosas influye de forma decisiva en el resultado. Por ejemplo, enfrentarnos a un examen con la idea de que vamos a suspender probablemente nos dificultará su ejecución, incluso puede que abandonemos antes de acabarlo; sin embargo, presentarnos con una actitud positiva, de confianza en nuestras capacidades, puede motivarnos para hacerlo lo mejor que sepamos.

Pensar de forma positiva tiene muchos beneficios:

- Impide que nos sintamos deprimidos.
- Nos ilusionamos con las cosas que van a ocurrir.
- Nos motiva para la acción.
- Evitamos pasarlo mal anticipando un futuro problema que no sabemos si va a suceder.

EL CONTROL DE IMPULSOS

Cuando hablamos de control de impulsos, nos referimos a manejar nuestras reacciones ante las diferentes emociones, es decir, a controlar o canalizar la agresividad o la ansiedad. Esto no significa que debamos reprimir las emociones, sino dominar o modificar algunas cuando no son apropiadas para la situación. Por ejemplo, no es conveniente expresar excesiva alegría ante los demás si se encuentran en un momento de tristeza.

Lo contrario de un niño impulsivo es un niño reflexivo, con capacidad para analizar la situación, de tomarse su tiempo y responder a ella de la forma más asertiva posible.

El problema emocional más común de los niños impulsivos es el control de la agresividad. La forma correcta de ayudarlos a controlarla pasa por enseñarles los cambios corporales que acarrea: enrojecimiento facial, tensión corporal, expresión gestual, etcétera. La falta de control de impulsos es la causa de algunos trastornos psicológicos como la cleptomanía, la piromanía o la ludopatía.

El control de impulsos es un proceso que el niño ha de aprender a lo largo de su desarrollo. Ayudarlo a controlar las rabietas típicas de los 2 o 3 años puede ser el primer paso para que aprenda a manejar su ira o su frustración. Los padres, al igual que con cualquier otra capacidad de las que conforman la inteligencia emocional, pueden ser de gran ayuda.

La autonomía

Es la capacidad de actuar siguiendo unas normas que el niño se impone a sí mismo sin guías externas.

Evidentemente, el recién nacido no tiene autonomía. Depende de los padres para comer, acostarse o asearse, ya que no tiene las capacidades para hacerlo por sí mismo. Pero a medida que va creciendo, esta dependencia de los padres va disminuyendo: el niño aprende a distraerse, comer, dormir, andar y vestirse solo. Así, poco a poco va adquiriendo más autonomía. La mayoría de los padres desean que su hijo llegue a valerse por sí mismo, sin depender de nadie, ya sea en el trabajo o en su vida de pareja. Para conseguirlo, el primer paso es desarrollar su autonomía en la infancia.

Aquellos padres que no dejan que su hijo actúe de forma independiente, adelantándose a sus acciones, sin permitirle experimentar y equivocarse, impiden el desarrollo de su autonomía y lo convierten en un ser dependiente. Esto puede incidir de manera directa en su autoestima. Los niños dependientes suelen sentirse inútiles e incapaces frente a sus compañeros: «No sé atarme los zapatos», «No voy a poder colorear sin salirme», «Nadie va a elegirme para jugar en su equipo».

Un niño inteligente emocionalmente es autónomo, es decir, puede hacer sin ayuda las actividades normales para su edad, porque sus padres lo animan y refuerzan sus logros, echándole una mano solo cuando es necesario. Por eso se siente válido y capaz.

Es la capacidad para entender las emociones de los demás, para escucharles y ayudarlos. El primer paso para la empatía es entenderse a uno mismo y conocer sus propias emociones. De esta forma se pueden reconocer las emociones de los demás y saber por lo que están pasando, con el fin de comprender lo que les ocurre.

La empatía es un rasgo fundamental para establecer relaciones sociales exitosas. Cuando un amigo nos está contando que se siente triste porque no se habla con su hermano, desea que entendamos sus motivos, que sepamos cómo se siente. Quienes no demuestran empatía en sus relaciones sociales suelen ser considerados fríos y socialmente insensibles.

Demostrar empatía no supone sufrir como está sufriendo el otro, sino entender su sufrimiento y, en muchas ocasiones, hacerle ver que nosotros en su lugar sentiríamos lo mismo. Tampoco significa estar de acuerdo con él ni renunciar a nuestras creencias para asumir las suyas. No hay que juzgar las decisiones de la otra persona, sino escuchar los motivos que le llevaron a tomarlas y evaluar las actuaciones realizadas, nunca las emociones que las motivaron.

La empatía va desarrollándose a medida que el niño va madurando. Podemos hablar de diferentes fases:

- Con 1 año los bebés suelen girarse cuando escuchan a otro bebé llorando.
- Entre el primer y segundo año de vida entienden que la pena ajena no es la suya, pero intentan minimizar la tristeza del otro.
- A partir de los 6 años tienen la capacidad de ver la perspectiva de la otra persona y actuar en consecuencia.

- Entre los 10 y los 12 años su empatía va más allá de las personas próximas de su entorno familiar: se extiende a noticias que oyen o situaciones que conocen.

LA SOLUCIÓN DE CONFLICTOS

Para poder resolver conflictos es necesario escuchar a los otros y comprender lo que defienden con el fin de identificar sus emociones. Escuchar a un amigo cuando dice que él no quiere jugar a fútbol, sino al baloncesto, entender sus razones y comprender por qué se ha enfadado con el grupo o por qué está molesto es fundamental para poder llegar a una solución satisfactoria para todos.

Saber tomar decisiones es parte del proceso para solucionar conflictos con éxito. El aprendizaje en la toma de decisiones es fundamental también para el desarrollo de la inteligencia emocional. Enseñar al niño a evaluar las ventajas y los inconvenientes de cada posible solución evitará que sea indeciso o dependa de la opinión de otros.

Una solución positiva de un conflicto es aquella en la que las partes implicadas resuelven la situación con algún beneficio para todos en función de sus necesidades.

Aprender a solucionar con éxito los conflictos es fundamental para el desarrollo de la inteligencia emocional de los más pequeños. Ellos aprenden imitando a sus padres, y el modelo de solución que estos les ofrezcan influirá significativamente en cómo lo harán ellos a su vez cuando sean mayores.

Para resolver cualquier conflicto es fundamental:

- Identificar el problema.
- Atacar el problema y no a la persona.
- Escuchar sin interrumpir.

- Preocuparse por los sentimientos de los demás.
- Ser responsables de lo que decimos y hacemos.

LAS HABILIDADES DE COMUNICACIÓN

La comunicación es la forma en la que transmitimos nuestras opiniones, sentimientos y emociones a otras personas. Para comunicarnos hace falta un lenguaje, que puede ser verbal (palabras) o no verbal (gestos). La coherencia entre la comunicación verbal y la no verbal es primordial para que el mensaje tenga credibilidad. Por ejemplo, si le gritamos a un niño que no grite, es difícil que capte el mensaje en su totalidad. «Mamá me dice gritando que tengo que hablar bajo». Incoherente, ¿no?

Las habilidades de comunicación son necesarias a la hora de establecer y mantener cualquier tipo de relación con otras personas, algo fundamental para el desarrollo de la inteligencia emocional en el entorno y el éxito social.

Estas habilidades incluyen:

La *escucha activa*. Es la forma de demostrar a quien nos habla que le estamos escuchando. Lo hacemos a través de gestos (asintiendo con la cabeza) o de palabras («entiendo», «ajá», «sí»).

La *asertividad*. Es la habilidad para expresar nuestras opiniones o deseos de forma directa, adecuada y amable, es decir, lograr decir aquello que queremos comunicar reduciendo al mínimo el daño a los demás. La asertividad es una respuesta activa y no agresiva. Se presenta como la mejor solución a largo plazo con menor coste emocional, tanto para el que emite la conducta como para el que la recibe. Veámoslo con un ejemplo: Pedro se ha llevado hoy al colegio una pelota que le regaló ayer su primo; cuando está jugando en el patio, llega Juan y se la quita. Pedro puede reaccionar de tres formas:

- Conducta pasiva: se queda en un rincón del patio lamentándose por la pérdida y llorando.
- Conducta asertiva: se dirige a Juan y le pide que le devuelva la pelota porque es suya; le dice que si quiere jugar con ella que se la pida o bien que pueden jugar los dos juntos.
- Conducta agresiva: arremete física y verbalmente contra Juan por haberle quitado la pelota.

La *capacidad de decir no*. En muchas ocasiones decimos que sí cuando en realidad queremos decir no; esto ocurre por miedo a la respuesta del otro y las posibles consecuencias, por desear ser simpático y amable, o bien por presión social. En general, la incapacidad para dar una negativa está asociada a la timidez y la baja autoestima.

La *comunicación no verbal*. Más de la mitad de lo que se dice en una conversación con otra persona proviene del lenguaje del cuerpo, es decir, no se expresa con palabras. Entre los principales factores que influyen en la comunicación no verbal destacan la postura corporal, los gestos, los movimientos de los ojos, la forma de respirar y el tono de la voz.

1.2. LAS EMOCIONES

Una emoción es un estado del organismo que se caracteriza por una excitación o perturbación que predispone a una determinada respuesta. Su duración es, generalmente, de unos segundos. En palabras de Daniel Goleman, las emociones «son impulsos para actuar, planes instantáneos para enfrentarnos a la vida que la evolución nos ha inculcado».

Es importante diferenciar el concepto de emoción de los siguientes términos:

Sentimiento: es mucho más duradero que la emoción y su intensidad es menor. El sentimiento nos lleva a actuar de una forma más o menos estable ante los acontecimientos. En él influye el pensamiento, que hace de filtro. Si la persona filtra los sentimientos con pensamientos positivos, se genera una mayor sensación de bienestar.

Estado de ánimo: es el estado de humor, tiene mayor duración que la emoción y en él influye la percepción que la persona tiene del entorno que la rodea. Se puede hablar, por ejemplo, de estado de ánimo depresivo, ansioso, etcétera.

Podemos definir las emociones utilizando las tres áreas fundamentales de todo comportamiento:

- *Área fisiológica.* Toda emoción genera una respuesta fisiológica en aquella persona que la sufre; por ejemplo, cambios en el ritmo cardiaco, tensión muscular o sudoración.
- *Área motora.* Cualquier emoción provoca cambios visibles, sobre todo en la cara. Cada emoción tiene una expresión facial concreta. Mucho se ha estudiado sobre la universalidad de las emociones y muchas han sido las investigaciones realizadas sobre ellas, llegando a la conclusión de que existen emociones básicas, que se expresan de igual forma con independencia de las diferencias culturales; por ejemplo, una persona que vive en China expresa los mismos cambios faciales ante la alegría que una persona que vive en España.
- *Área cognitiva.* Es la interpretación que la persona hace de determinada situación y que genera cierta emoción. Ante una misma situación se producen emociones distintas en las personas, porque es la interpretación que hacemos de los hechos lo que nos perturba, no el hecho en sí. Por ejemplo, ante el hecho de suspender un examen, dos niños pueden pensar:

«Cuando se enteren mis padres, me van a castigar y me voy a quedar sin montar en *en bicicleta durante un mes*». Este niño tendrá miedo de comunicarlo en casa; incluso puede que evite decirlo. Estamos ante un tipo de interpretación que invita a huir, no a superarse.

«Bueno, no he estudiado lo suficiente; seguro que mis padres, aunque se disgusten, me ayudarán para que la próxima vez no ocurra». Esta interpretación invita a superar los fracasos.

LAS EMOCIONES BÁSICAS

Aunque las emociones son innatas, están influidas en algunos casos por las experiencias previas y el aprendizaje. Existen seis emociones que se consideran básicas y que están presentes en todas las personas en algún momento de su vida. Los niños son capaces de experimentarlas desde que tienen unos pocos meses.

Miedo. Anticipación de una amenaza o peligro que produce ansiedad e incertidumbre. El miedo hace que la persona se proteja de posibles peligros con conductas como la huida o la alerta del cuerpo para el ataque.

Sorpresa. Sobresalto, asombro, desconcierto. La sorpresa es la única emoción indeterminada, es decir, que no tiene carga ni positiva ni negativa. Nos ayuda a orientarnos ante una situación nueva e inesperada y, normalmente, va seguida por otra emoción: si la evaluación de lo que ocurre es positiva, irá secundada por la alegría; por el contrario, si es negativa, irá seguida por el enfado o la ira.

Aversión. Disgusto, asco. Solemos rechazar y alejarnos de lo que nos produce aversión.

Ira. Rabia, enojo, resentimiento, furia, irritabilidad. La ira suele encaminar a la persona hacia la destrucción del objeto o persona que considera causante de esta emoción.

Alegría. Diversión, euforia, gratificación, contento, sensación de bienestar, de seguridad. Tendemos a reproducir aquel hecho que nos hace sentir bien.

Tristeza. Pena, soledad, pesimismo, culpa. Motiva a la regeneración y reparación del daño sufrido.

LAS EMOCIONES SECUNDARIAS

Existen otras emociones que se consideran secundarias porque derivan de las básicas o primarias, no son tan universales como las anteriores y requieren de cierta maduración en el niño para que aparezcan. Algunos ejemplos son:

Vergüenza. Deseo de esconderse, de desaparecer. Estado muy desagradable que provoca la interrupción de la acción o la dificultad o torpeza para hablar.

Culpa. Dolor relacionado con el daño que se ha hecho a otros o con las consecuencias de una acción realizada. En este caso la persona tratará de ver qué puede hacer para reparar su actuación.

Orgullo. Es una sensación de alegría o satisfacción por algo realizado. Al ser un estado positivo, placentero, el sujeto tratará de reproducirlo.

LA EXPRESIÓN DE LAS EMOCIONES

Las emociones van acompañadas de gestos que las refuerzan y son coherentes con lo que se siente en ese momento. En función de los diferentes movimientos de los músculos de la cara, de las cejas, de los ojos o de la boca podemos estar expresando una emoción u otra.

Miedo

- Cejas levantadas y contraídas al mismo tiempo.
- Párpado superior levantado mostrando la esclerótica, con el párpado inferior en tensión y alzado.
- Las arrugas de la frente se sitúan en el centro.
- Boca abierta, labios tensos y ligeramente contraídos hacia atrás, o bien estrechados y contraídos.

Sorpresa

- Ojos y boca muy abiertos.
- Elevación de las cejas.
- Elevación de los párpados superiores.
- Arrugas horizontales en la frente.
- Descenso de la mandíbula y apertura de la boca.

Aversión

- Labio superior levantado.
- Labio inferior también levantado y empujando hacia arriba el labio superior, o bien tirado hacia abajo y ligeramente hacia delante.
- Nariz arrugada.
- Mejillas levantadas.
- Aparecen líneas debajo del párpado inferior.
- Cejas bajas, empujando hacia abajo el párpado superior.

Ira

- Cejas bajas y contraídas al mismo tiempo.
- Líneas verticales entre las cejas.

- Párpado inferior tenso; puede estar levantado o no.
- Párpado superior tenso; puede estar bajo o no por la acción de las cejas.
- Mirada dura en los ojos, que pueden parecer prominentes.
- Las pupilas pueden estar dilatadas.
- Labios continuamente apretados, con las comisuras rectas o bajas, o abiertos, tensos y en forma cuadrangular, como si gritaran.

Alegría

- Comisuras de los labios hacia atrás y arriba (sonrisa).
- La boca puede estar abierta o no, con o sin exposición de los dientes.
- Mejillas levantadas.
- Aparecen arrugas debajo del párpado inferior.
- Las arrugas denominadas patas de gallo van hacia afuera, desde el ángulo externo del ojo.

Tristeza

- Ángulos interiores de las cejas hacia arriba.
- En la cara de una persona triste parece que las cejas y la línea inferior de los ojos forman un triángulo.
- El ángulo interior del párpado superior aparece levantado.
- Las comisuras de los labios se inclinan hacia abajo, o los labios tiemblan.

Los comportamientos que aprenden los niños son, en su mayoría, imitaciones de los que ven en los adultos. Para conseguir que los hijos desarrollen su afectividad es imprescindible que los padres también cultiven sus competencias emocionales.

Los padres inteligentes emocionalmente, que aceptan las cualidades positivas y las limitaciones de sus hijos y que los reconocen como diferentes de los demás, serán capaces de darles mensajes positivos que les permitan entender las consecuencias de sus conductas y saber por qué estas son adecuadas o no. La educación emocional empieza, por tanto, en el hogar.

Hay que tener presente que los niños necesitan su tiempo para aprender y que van madurando desde el punto de vista emocional a medida que los padres les enseñan a hacerlo. Darles confianza, evitar controlarlos continuamente, ponerse en su lugar para saber lo que sienten, animarlos a relacionarse con otros niños y alentarlos a que den sus opiniones son aspectos fundamentales para la educación emocional de los hijos.

La madurez emocional no solo les servirá para desenvolverse con éxito en la escuela y establecer relaciones con sus iguales, sino que, como hemos visto, es un conjunto de habilidades con claras repercusiones para toda la vida.

Los padres deben tener en cuenta que ayudar a su hijo no es lo mismo que sobreprotegerlo. En muchos casos se anticipan a sus necesidades, creen intuir lo que el pequeño necesita emocionalmente antes de que llegue ni siquiera a expresarlo. Esta actitud impide un sano desarrollo de la afectividad, que tiene entre sus objetivos principales facilitar momentos en los que el niño pueda expresar lo que quiere, ser autónomo y conseguir metas por sí mismo.

2. La importancia de la inteligencia emocional

Cada vez existen más estudios que sugieren que los niños con alta capacidad emocional son más seguros, más felices y están mejor preparados para convertirse en adultos entusiastas y capaces de enfrentarse a los retos del día a día.

Hasta ahora, la inteligencia se expresaba solo como cociente intelectual, un conjunto de capacidades que tienen que ver con lo académico. En la actualidad se considera que es su combinación con la inteligencia emocional lo que nos acerca al éxito en la vida.

2.1. ¿Por qué es importante la inteligencia emocional?

En muchas culturas, hasta hace bien poco, se potenciaba la represión y el bloqueo de las emociones. Desde bien pequeños se instruía a los niños para que no mostraran sus sentimientos en público, bajo amenaza de que harían el ridículo y quedarían en evidencia. Hoy en día se aboga más por la libre expresión, dado lo ventajoso que es para el ser humano. Los padres que educan emocionalmente a sus hijos les evitan futuros problemas emocionales como la depresión o la ansiedad, fruto, en cierta manera, de no decir en cada momento lo que se siente.

El proceso de la educación emocional es largo y en su inicio es fundamental no quitar importancia ni juzgar las expresiones que los niños hacen de forma espontánea; al contrario, es prioritario fomentarlas. Ante la pérdida de su peluche preferido, lo más normal es que un niño sienta y transmita tristeza, que llore. En estos casos conviene poner nombre a su emoción para que aprenda cómo se llama lo que siente y pueda identificarlo: «Veo que estás triste».

La actuación opuesta —decirle por ejemplo: «Vaya tontería, si tienes treinta peluches más»— enseña al niño que no es bueno expresar lo que siente —y que piense: «Es malo llorar, soy tonto cuando lloro»—. Eso puede conducir al niño a ir reprimiendo poco a poco cualquier expresión emotiva. Cuando uno no transmite lo que le ocurre, puede que el cuerpo lo traduzca en forma de dolores o de alguna otra somatización.

Una investigación internacional realizada por The Consortium for Research on Emotional Intelligence in Organizations arrojó un resultado sorprendente: el éxito se debe solo un 23 por ciento a nuestras capacidades intelectuales y en un 77 por ciento a nuestras aptitudes emocionales. Por tanto, la inteligencia emocional es considerada un importante presagio de éxito, mucho más incluso que la inteligencia académica. Saber expresar las emociones, controlar las respuestas y saber qué sienten los demás son aspectos fundamentales para el triunfo, tanto personal como social.

El concepto de inteligencia emocional se ha aplicado no solo al desarrollo personal, sino también al laboral, y es considerado por muchos profesionales más importante que los estudios académicos a la hora de elegir a un candidato para un puesto de trabajo. En el ámbito escolar también ayuda más la inteligencia emocional que las habilidades académicas.

¿QUÉ ES SER INTELIGENTE EMOCIONALMENTE?

Daniel Goleman define las actitudes que se dan en las personas emocionalmente inteligentes:

- Muestran automotivación.
- Expresan y conocen sus emociones y reconocen y valoran las de los demás.
- Son perseverantes a pesar de las dificultades y los obstáculos de la vida.

- Poseen autocontrol ante los impulsos y los deseos de compensación emocional.
- Tienen empatía y comprensión ante las necesidades de los otros.
- Mantienen la esperanza y el positivismo.

¿CÓMO EDUCAR LA INTELIGENCIA EMOCIONAL?

Algunas pautas que pueden ayudar a la hora de educar emocionalmente son:

- Ponernos en el lugar del niño.
- Preguntarle y escucharle.
- No reprocharle que tenga emociones negativas. La tristeza es tan natural como la alegría.
- Ayudarlo a identificar y canalizar sus emociones.
- Enseñarle a controlarlas.
- Incentivar su curiosidad.
- Aprender con él. Hacer de cualquier experiencia nueva un juego. No reprimirle cuando intente aprender algo por sí mismo.
- Corregirle siempre que cometa faltas y decirle que no cuando haya que decírselo.
- Premiar sus logros y alimentar su motivación.
- Fijarle pequeñas metas y estimular su deseo de lograr algo.

2.2. PROBLEMAS RELACIONADOS CON LA INTELIGENCIA EMOCIONAL

Cuando hablamos de analfabetismo emocional, nos referimos a la incapacidad que tienen algunas personas de conectar con sus propias emociones y, como consecuencia, de comprender la diversidad de las de los demás. El analfabetismo emocional es lo contrario de la inteligencia emocional y tiene serias consecuencias para los niños, entre las que destacamos:

- Agresividad.
- Depresión.
- Baja autoestima.
- Trastornos de alimentación como forma de afrontar las contrariedades.
- Ansiedad.
- Problemas de rendimiento escolar.
- Uso de alcohol y drogas al llegar a la adolescencia como forma de enfrentar y resolver los conflictos.
- Dificultades en las relaciones con los demás.

Hasta hace poco, la inteligencia de los niños se medía con cuestionarios que valoraban la inteligencia racional o académica, dejando a un lado todo lo que tenía que ver con las emociones y las relaciones personales. La educación también luchaba con ahínco por aumentar esas competencias. Sin embargo, hoy no se concibe una educación que no se ocupe de la parte emocional como fuente de prevención de diversas patologías.

Un niño con madurez emocional insuficiente tendrá problemas para postergar sus deseos, controlar sus impulsos, solucionar los conflictos, tomar decisiones y establecer vínculos sociales.

Hoy sabemos que la inteligencia académica y la emocional son complementarias y que el desarrollo de ambas aumenta las posibilidades de hacer del niño un ser feliz, competente y exitoso.

3. Lo que se espera que haga tu hijo según la edad

Las bases de la inteligencia emocional se establecen en la infancia, pero se desarrolla, entrena y fortalece a través de las experiencias a lo largo de toda la vida.

El proceso de maduración emocional empieza desde que el niño nace, y no concluye nunca, ya que el ser humano avanza continuamente en el conocimiento de sí mismo y de sus emociones. La infancia es un periodo fundamental para esta educación, en la que influye decisivamente el entorno. El pequeño aprende de sus padres y del mundo que le rodea a expresar o reprimir sus emociones.

3.1. El proceso de maduración emocional

En la primera infancia los niños están centrados en sí mismos, pero poco a poco van aumentando su sociabilidad, se interesan más por los juegos colectivos y disfrutan de las relaciones con los otros.

En edades tempranas no saben interpretar las emociones de los demás. El recién nacido no es capaz de descifrar las expresiones faciales de los padres, pero entre los 3 y los 6 meses comienza a identificarlas.

Los menores de 4 años no pueden distinguir las emociones reales de las fingidas. Pasada esta edad, comprenden que engañar a los demás es hacerles creer cosas que no son ciertas.

Durante la edad preescolar son cada vez más capaces de conocer las emociones de la gente y de interpretar las suyas propias, aunque de manera no muy precisa. Es muy frecuente que los niños menores de 6 o 7 años pasen de la tristeza a la alegría en poco tiempo, incluso dentro de una misma situación. Raras veces se les ocurre que puedan estar más tristes o menos, muy felices o poco, pues no consiguen manejar las emociones de forma gradual; es más, suelen ser extremos en sus manifestaciones. Los niños menores de 6 años comprenden que el otro se siente bien o mal simplemente porque lo ven reír o llorar. Esta capacidad de analizar las emociones de los demás se adquiere con la edad. Es a partir de los 7 años cuando empiezan a entender lo que le ocurre al otro y por qué, y adquieren cierto control de sus propias emociones, pudiendo regularlas en intensidad en función de las circunstancias.

Las emociones van apareciendo a medida que el pequeño va madurando. Aunque hay algunas que se pueden manifestar desde el nacimiento, otras precisan cierta madurez cognitiva para poder expresarse y reconocerse. En la tabla adjunta vemos las edades aproximadas en las que aparecen las principales emociones.

Desarrollo de las emociones en la infancia
Nacimiento: placer, sorpresa, disgusto, malestar.
6-8 semanas: alegría, sonrisa.
3-4 meses: enfado, ira.
8-9 meses: tristeza, temor.
12-18 meses: ternura, vergüenza.
3-4 años: culpabilidad, envidia, orgullo.
5-6 años: inseguridad, humildad, confianza.

3.2. Desarrollo evolutivo de la inteligencia emocional en los primeros años

Los padres pueden favorecer la estimulación de sus hijos de acuerdo con su edad y grado de desarrollo.

En esta primera etapa las actividades de los padres estarán encaminadas a favorecer la estimulación del niño a través de los sentidos de la vista, el oído y el tacto, enseñándole objetos de colores muy vivos, con sonidos y texturas.

El vínculo afectivo que el bebé crea con los padres es fundamental para el posterior desarrollo de su inteligencia emocional.

Aprovecharemos cualquier momento para hablar con él, cantarle y repetir los sonidos que vaya emitiendo. Procuraremos que nuestro tono de voz sea suave y dulce, de tal forma que se sienta relajado y arropado al escucharnos. En este periodo tiene que empezar a ver que sus conductas y comportamientos, así como sus emociones, causan ciertos efectos en sus padres y en las personas que lo rodean.

De los 3 a los 6 meses

El bebé de 3 meses utiliza sus miradas, sus gestos, sus balbuceos, su sonrisa y todo su cuerpo para comunicarse. Reacciona ante el rostro humano y la voz, sonríe y busca que le respondan, que jueguen con él. Reconoce la voz de la madre. Distingue entre las cosas que le gustan y las que le disgustan, y ya ha aprendido que le darán de comer cuando tenga hambre, lo cambiarán cuando esté mojado y lo consolarán cuando llore. Es fácil que pase de la sonrisa al llanto en un instante.

Hay que ser expresivos con él, hablarle, sonreírle y cantarle con frecuencia. Es importante mostrarle nuestro cariño y afecto en todos los momentos posibles. De forma especial, elogiaremos los pequeños aprendizajes que vaya adquiriendo.

DE LOS 6 A LOS 9 MESES

En este periodo el niño empieza a manifestar una gran curiosidad por las palabras, tanto por las que le dicen como por las que él empieza a pronunciar. Se muestra más interesado por las personas que le rodean, aunque en ocasiones puede manifestar cierta timidez ante los extraños. Hacia el final del noveno mes es un buen momento para empezar a potenciar su autonomía: dejarle que beba del vaso, que coja solo el biberón, que se mantenga erguido. El baño y el cambio de pañales son momentos adecuados para ir nombrándole las diferentes partes del cuerpo o las prendas de vestir.

Esta etapa es crucial para que los padres se pongan de acuerdo en el establecimiento de unos hábitos adecuados para la organización de la vida del niño, que debe seguir pautas regulares.

DE LOS 9 A LOS 12 MESES

El pequeño percibe de forma muy clara el estado emocional de los adultos que le rodean y hasta cierto punto es influido por él. Muestra interés por las reacciones emocionales de la gente, observando especialmente cuando alguien ríe o llora.

Sigue siendo una etapa crucial en el desarrollo de la autonomía del niño. Tenemos que fomentar su independencia en las rutinas diarias y en los juegos.

A PARTIR DEL PRIMER AÑO

Entre el primer y el segundo año de vida el niño empieza a comprender las emociones de los demás. Si en la escuela infantil ve a otro niño llorando, es probable que se acerque con el fin de observarlo e incluso ayudarlo, a su manera, a no pasarlo mal, pero entiende que la tristeza del otro no es la suya propia.

ENTRE LOS 3 Y LOS 6 AÑOS

Las emociones se caracterizan por los cambios bruscos de una emoción a la contraria: tan pronto lloran como ríen. Los sentimientos de confianza y seguridad en sí mismos y en los demás son importantes. Asimismo, los niños de estas edades necesitan sentirse queridos y valorados.

A PARTIR DE LOS 6 AÑOS

Es cuando empiezan a entender la situación en que se encuentran los demás. También las emociones que ellos mismos producen en otras personas, y pueden actuar en consecuencia. Por lo tanto, ya se puede hablar de empatía.

El desarrollo de la inteligencia emocional no termina aquí. Poco a poco, a través de las circunstancias a las que se enfrentan, del aprendizaje, de las primeras experiencias, se van desarrollando las diferentes capacidades descritas en el primer capítulo. Este proceso nunca termina: en la edad adulta sigue desarrollándose y adaptándose a las necesidades de cada momento.

4. PRUEBA A HACERLO TÚ

Desarrollar la inteligencia emocional es un proceso largo. Aquí describimos cómo hacerlo, pero requiere perseverancia por parte de los padres y la observación de tres claves importantes: el niño debe oír a sus padres hablar de sus emociones, de lo que sienten y de por qué lo sienten; hay que favorecer que el niño hable de sus emociones y enseñarle a que las identifique, para que aprenda a encauzarlas viendo cómo lo hacen sus padres; si sus mayores tienen un comportamiento de respeto hacia las emociones de los demás, él también lo tendrá.

La comunicación que establezcamos con nuestro hijo debe estar basada en la escucha activa. Asimismo, hay que proporcionarle experiencias donde ponga a prueba los componentes de la inteligencia emocional y acompañarle en el proceso. Como en todos los aprendizajes, el niño necesita ser guiado hasta conseguir hacerlo solo.

4.1. El desarrollo de la inteligencia emocional

El desarrollo de la inteligencia emocional está estrechamente ligado a la estimulación. Estimular es provocar la aparición de una respuesta para que el niño la incorpore a su repertorio.

A modo de recuerdo, aquí hacemos un breve recorrido por las actuaciones adecuadas en esta etapa.

Durante los tres primeros meses

Las primeras emociones estables del bebé son las que se producen en la relación afectiva que entabla con sus padres. Aprende cuando ellos le refuerzan la expresión de sus emociones —sonrisas, caricias, cantos— o cuando se le cuentan las rutinas —«Ahora voy a enjabonarte»—. Hay que aprovechar el baño para acariciarlo, la comida para cantarle o decirle lo importante que es para nosotros, alegrarnos con sus primeros logros, sonreírle cuando se despierta y calmarle si llora. Con estas actuaciones va aprendiendo a expresar y reconocer sus emociones a través del reflejo que le mostramos.

El niño empieza a reconocer a las personas que ve a diario. Ya no solo sonríe o llora, también busca que lo atiendan, mira, balbucea, hace gestos y aprende que puede provocar respuestas en los demás. Es importante sonreírle cuando se esfuerza por relacionarse y ante cada uno de sus pequeños logros. Hay que insistir en contarle las rutinas, lo que estamos haciendo o vamos a hacer.

Cada vez expresa mejor lo que le gusta y lo que le desagrada. Seguimos hablándole y contándole para qué sirven los objetos que utilizamos. También comienza esa etapa de gran explorador que tanto miedo provoca en los padres: lo toca todo y desconoce el peligro. Hay que estar vigilantes sin coartarle, porque es una fase muy necesaria para su correcto desarrollo. Aparece la timidez ante los extraños. Para vencerla lo ayudarán los paseos donde la gente le saluda, animarle a decir hola y adiós, acudir a parques donde pueda observar a niños jugando y favorecer que lo cojan en brazos otras personas.

Empieza a diferenciar claramente si su madre está contenta o su padre viene enfadado del trabajo. El tono de voz que utilizan con él le da pistas. Sabe que su comportamiento hace que reaccionen de una manera u otra, y lo utiliza: el lloro para que le atiendan, la sonrisa para que jueguen con él.

De 1 a 3 años

El niño expresa lo que siente a través de su comportamiento, de ahí los estallidos emocionales, como las rabietas. No tiene capacidad para expresar verbalmente lo que siente: el desarrollo del lenguaje es aún insuficiente y no posee control emocional. Son sus padres quienes, a través de los límites, los hábitos, el refuerzo y las demostraciones de afecto, le inician en el desarrollo de esa capacidad.

Actitudes que favorecen el desarrollo de la inteligencia emocional a esta edad:

- Poner límites coherentes y mantenerlos.
- Deben ser claros y firmes, con consecuencias que el niño conozca.
- Darle responsabilidades que pueda llevar a cabo con éxito, pero que supongan un esfuerzo.
- El establecimiento de rutinas es una buena forma de empezar.
- Reforzar sus logros y animarle ante los fracasos: «Estás hecho un campeón con los zapatos, ya no hay que decirte cómo abrocharlos. Prueba a ponerte solo los pantalones».
- Permitir que experimente y se enfrente a los problemas. Si lo protegemos en exceso o le evitamos experiencias dolorosas, no le ayudamos. Asumir riesgos implica la posibilidad de fracasar. La frustración le hace madurar.
- Ayudarlo solo cuando sea necesario, pero sin olvidar que hasta los niños más independientes necesitan apoyo alguna vez.

- Escucharlo activamente, asintiendo, mirándolo, sin distracciones de ningún tipo. Interesarnos por lo que ocurre en su día a día, conocer sus gustos e intereses.
- Jugar con él, pasar ratos en los que sea el único protagonista.
- No juzgar sus emociones ni minimizarlas. Intentar comprender por qué se siente así: «Ya veo que estás triste, cuéntame qué ha ocurrido» en vez de «Vamos, deja de llorar, no será para tanto».
- Darle una visión realista de sí mismo y del entorno.
- Revisar cómo nos relacionamos nosotros con nuestras propias emociones. Si queremos ser un modelo para el niño, no ocultemos nuestros sentimientos ni le mintamos: cuando nos equivoquemos hay que decírselo.
- Poner nombre a sus emociones.
- Decirle cómo nos sentimos ante sus comportamientos.
- Ayudarlo a recuperarse de sus fracasos, comentarle que también nosotros cometemos errores y que, tras reflexionar, se suele encontrar una solución y otra manera de actuar la próxima vez.

La manifestación de emociones va acompañada de gestos y expresiones faciales que el niño tiene que aprender, a identificar en los demás y también a usar él. En esta etapa podemos jugar a ponernos delante de un espejo y, mediante juegos, procurar que ensaye. Los gestos que acompañan a cada emoción se describen en el punto 1 de este capítulo.

La clave para desarrollar cada componente de la inteligencia emocional está en la aparición del lenguaje. Cuando los niños ya tienen capacidad para expresar verbalmente sus emociones, es el momento de que aprendan a hacerlo.

De los 3 años en adelante

Hay que continuar desarrollando los componentes de la inteligencia emocional descritos en el primer apartado de este capítulo. El ejemplo y la actitud de los padres, su constancia y coherencia son las mejores estrategias para que el niño aprenda. Una misma actuación puede desarrollar varios componentes de la inteligencia emocional, porque todos están relacionados.

4.2. El desarrollo personal

El autoconocimiento

Es la primera capacidad que necesita el niño para desarrollar su inteligencia emocional porque es lo que le hace descubrir qué siente y cómo lo expresa. Le estaremos ayudando si:

> — Aprende a nombrar y expresar sus emociones y descubrir las de los demás.
> — Valora sus capacidades y describirse como un ser único, diferente del resto.
> — Reflexiona acerca de lo que provocan sus emociones y las de los otros.

Ante distintas situaciones, y siempre después de observarlo, debemos poner nombre a sus emociones: «Estás triste», «Pareces muy enfadado», «Creo que estás contento». A continuación hay que preguntarle si es así como se siente. Luego le podemos contar cómo nos sentimos nosotros para que aprenda que las emociones pertenecen a cada uno, que son reacciones personales a situaciones concretas y que, por tanto, no son buenas ni malas:

«Tienes cara de susto por el petardo; a mí, en cambio, me parece divertido».

Las emociones se expresan tanto con el cuerpo como con el lenguaje. La palabra pone el nombre para poder expresar lo que nos pasa o escuchar lo que les ocurre a los otros, pero lo no verbal también tiene un valor fundamental. Para que el niño entienda esto, podemos usar fotos con caras que expresen emociones y pedirle que las imite o hacer con él un dado con las palabras triste, alegre, enfadado, vergonzoso, feliz, asustado, etcétera; al tirarlo tendrá que poner la expresión que corresponda.

La expresión de los sentimientos tiene que ver con la salud. En la medida que contamos lo que nos pasa, somos más capaces de buscar soluciones a los conflictos; si callamos, podemos padecer dolores de tripa, de cabeza o tics. Por eso es importante reconocer nuestras emociones. Para que los niños lo comprendan les decimos que la dificultad para expresar sentimientos es como un monstruo que crece en el estómago y nos hace encontrarnos mal, mientras que si contamos a alguien lo que nos pasa el monstruo se va haciendo cada vez más pequeño, hasta desaparecer.

Uno de los pasos más complicados es que el pequeño entienda la relación que existe entre sus actos —gritar, pegar— y las emociones que los provocan —enfado, frustración—. Si es capaz de identificarlas, también lo será de expresarlas de manera adecuada. Los padres que se mantienen firmes con las consecuencias de los comportamientos de sus hijos les ayudan a entender esa relación.

A continuación hay que enseñarle a canalizar aquellos comportamientos que no son adecuados para expresar sentimientos. Este aprendizaje va estrechamente unido a lo que su comportamiento provoca en los demás. El discurso para lograrlo será parecido a este: «Ya veo que estás [nombramos la emoción: enfadado, sorprendido, contento, triste]; por eso [reflejamos el comportamiento: gritas, ríes, lloras]. Pero cuando tú haces eso, yo me siento [consecuencias de su actuación en los otros: enfadada, contenta, preocupada]».

Conocer por qué se producen las emociones también supone un aprendizaje que ayuda a canalizarlas y expresarlas adecuadamente; a la vez, nos proporciona información sobre lo que nosotros provocamos en los demás con nuestras actuaciones.

¿CÓMO AYUDARLO A QUE SE VALORE COMO SER ÚNICO?

Nos diferencian las cosas que nos gustan y las que no. Los gustos se van definiendo por las emociones que nos provocan las experiencias. Repetimos lo que nos gusta y evitamos o disminuimos el tiempo destinado a lo que no nos agrada; buscamos estar con quien queremos e intentamos alejarnos de quien nos disgusta. Los niños van descubriendo qué les satisface y qué no, eligen entre una u otra actividad, entre esta o aquella persona, este juego u otro, y ello los define y los diferencia.

Podemos utilizar el tradicional *Veo veo* para averiguar sus preferencias. Empezamos diciendo: «Veo veo» y él nos pregunta: «¿Qué ves?». A lo que nosotros respondemos: «Una cosita que te gusta comer (o jugar, escuchar, aprender, etcétera)». También podemos decir: «Una cosita que no te gusta comer».

No siempre actuamos por gusto. A veces las cosas requieren esfuerzo. Por ejemplo, para tirarse al agua hay que aprender a nadar y eso significa ir a clase de natación todas las semanas. Podemos ayudar al niño a diferenciar estos conceptos. Si escribimos un listado con lo que le gusta, lo que le disgusta y lo que le cuesta, podemos premiarle con algo de lo que le agrada cuando haga el esfuerzo de realizar lo que le cuesta.

La valía depende en gran medida de lo que reconocemos que sabemos hacer. En el caso de los niños, el reconocimiento de sus logros es fundamental para animarles a aceptar nuevos retos y a que los afronten con confianza en sus capacidades.

El autoconocimiento lleva al conocimiento de los demás, conduce a comprenderlos e inicia el desarrollo de la empatía.

Situaciones cotidianas que podemos aprovechar

- Durante la comida, un paseo o una circunstancia que provoque emociones, preguntemos al niño por qué se asusta, se ríe o se enfada.
- Ante una pelea entre amigos o hermanos, una película donde el protagonista manifieste una emoción, un momento en el que estemos enfadados o una contrariedad que suponga la expresión de rabia del niño, aprovechemos para que profundice en el conocimiento de sí mismo y el de los demás.
- Podemos hacer un relato y, al final, animar al niño a que cuente por qué se sienten así los protagonistas.
- Cuando aplicamos técnicas como la silla de pensar o cualquier otra ante una conducta inadecuada, describamos la emoción que la provocó: «Sé que estás enfadado, pero no vamos a ir al parque». Es decir, que vea que respetamos su sentimiento, pero que su conducta no ha sido adecuada para expresarlo.
- Podemos usar cuentos o situaciones que se dan en la vida cotidiana para preguntar: «¿Cómo crees que se siente Pedro si le gritas cuando te enfadas?», «¿Cómo se sentirá ese niño que juega con los amigos?».

Las emociones se convierten, en muchos casos, en el motor que nos lleva a actuar. Si estamos contentos, es posible que nos riamos; si estamos tristes, aumenta la probabilidad de que lloremos o estemos más irascibles; si tenemos miedo, nos paralizamos.

Cuando la motivación viene acompañada de un pensamiento positivo, las probabilidades de éxito en la realización de una tarea son mayores, incluso aunque la emoción sea negativa. El ejemplo más claro es el intento de superación: «No he sabido hacer esta cuenta, tengo que revisar cómo se suma para intentarlo de nuevo».

Cuando el niño nos oye poner énfasis en cualquier tarea o responsabilidad que le encargamos, aprende la motivación externa y a continuación la interna: se da a sí mismo instrucciones positivas al empezar, realizar o terminar la tarea: Voy a conseguirlo, solo tengo que hacerlo un poco más despacio y es probable que entonces lo logre». Hay que motivarlo a hacer cosas y, a la vez, darle ánimo. Así aprende a decirse frases que le llevan a intentar superarse. Con el tiempo no necesitará que alguien de fuera le estimule, sino que él mismo, en forma de autoinstrucciones, se dirá: «Ya lo he intentado más veces y no me ha salido mal: puedo hacerlo».

No corramos el riesgo de reforzarle continuamente o siempre necesitará que alguien le diga lo bien que lo hace todo. El proceso para que aprenda a motivarse sin que sus padres estén delante pasa por:

✓ Animarlo ante una nueva tarea y premiar el esfuerzo realizado, no el resultado: «Venga, ahora vas a enjabonarte tú solo y así, mientras, yo voy haciendo tu cena preferida».

✓ También durante la realización de la tarea: «Te está saliendo muy bien, frota también las rodillas y ya has terminado».

✓ Y, por supuesto, cuando termina: «Eres un campeón: ya has aprendido a enjabonarte solo. Mañana vuelves a hacerlo tú».

LA AUTOESTIMA

En términos generales, es la valoración que uno tiene de sí mismo y se establece a través del propio grado de aceptación y el autoconcepto. Estos tres elementos —valoración, aceptación y autoconcepto— se forman con las respuestas que el medio y las personas nos devuelven.

EL PENSAMIENTO POSITIVO

Lo que pensamos de las circunstancias provoca nuestros sentimientos frente a estas y nos mueve a actuar de una u otra manera. Cuando un niño intenta no salirse del contorno del dibujo al colorear y no lo consigue, puede decir: «Siempre lo hago todo mal». O, por el contrario: «Vaya, tengo que seguir intentándolo; voy a hacerlo más despacio». De pequeños aprendemos un estilo de pensar y con él funcionamos. Se puede modificar, pero, cuanto más mayores somos, más nos cuesta. Con nuestros hijos intentaremos que ese estilo esté marcado por el pensamiento positivo, puesto que está demostrado que es el más eficaz para funcionar en la vida.

Para saber lo que piensa el niño atenderemos a lo que nos cuenta. Si su lenguaje está marcado por pensamientos negativos, llevará a cabo actuaciones derrotistas: «Nunca voy a saltar bien, siempre se meterán conmigo».

El optimismo se aprende. Así que procuraremos enseñárselo a nuestros hijos como si de un hábito se tratara. Al igual que a través de la rutina de comer en el mismo sitio, a la misma hora y de la misma manera conseguimos que aprenda el hábito de la alimentación, también podemos educar su estructura de pensamiento. El niño tiene que aprender a identificar los pensamientos negativos que le producen emociones negativas y le llevan a actuar de forma derrotista. Cuando detectemos alguno, debemos sustituir las frases negativas por otras:

- Hay que hacerle notar la diferencia entre pensamientos positivos y negativos. Si dice «Todo me sale mal», le respondemos: «Se te ha caído el agua del vaso, pero ayer lo llevaste sin derramarlo; prueba a hacerlo otra vez más despacio».
- «Siempre que tengo partido llueve». Centremos su atención en elementos positivos: «En el partido pasado hizo sol y hoy podemos aprovechar para hacer tu tarta preferida».
- Rebatamos esas expresiones que solo le sirven para bloquearse y no actuar de forma positiva; algunos de los ejemplos más frecuentes son las frases en las que dice siempre o nunca: «No voy a intentarlo nunca más, no me va a salir, seguro que me vuelvo a equivocar». Conviene decirle: «Bueno, hoy has mejorado un poco; seguramente, si lo sigues intentando, lo conseguirás».
- Si no pregunta, no sabe qué sucederá. No dejemos que se anticipe negativamente: «Me van a decir que no quieren jugar conmigo». Lo adecuado es plantearse: «Voy a ver si juego con esos niños».
- Que aprenda a comparar las tareas, no a las personas: «Ana lo hace todo bien, mientras que yo...». Lo positivo será decir: «Ana es muy buena jugando al fútbol; yo soy algo patoso, pero puedo mejorar».

- «Me ha salido bien por casualidad». Hay que hacerle notar que consigue éxitos gracias a sus capacidades y no por azar: «Cuando pones atención te salen mejor las cosas».

- No dejemos que haga de adivino sin preguntar al implicado: «Caigo mal a todos los niños, por eso me ponen mala cara». Lo adecuado es que pregunte: «¿Estás enfadado conmigo por algo?».

- Tiene que saber que un deber es una exigencia y que, si no se cumple, provoca un estado de ánimo negativo: «Debería portarme mejor, así mis padres no se enfadarían por mi culpa». Lo indicado es que piense: «Podría intentar hablar bajito».

Para establecer un hábito utilizamos estrategias como los sistemas de puntos, que ya describimos en otros capítulos del libro. Realizamos un listado de frases que el niño pueda utilizar en sustitución de las negativas y, cada vez que las use, le ponemos un punto. Cuando detectemos algún pensamiento negativo, recurrimos al listado y le ayudamos a sustituir la frase utilizada por otra. En el listado tendrán que aparecer, por lo menos, estas frases:

> ✓ «Voy a volver a intentarlo».
> ✓ «Puedo mejorar mi tarea».
> ✓ «No pasa nada si me equivoco».
> ✓ «Podría hacerlo de otra manera».
> ✓ «Algunas veces las cosas no son como me gustaría».
> ✓ «Lo he conseguido».

Pensar positivamente no es sinónimo de distorsionar la realidad. Se trata de tener la capacidad de analizar los errores y los éxitos, y verlos como algo que depende de nuestra actuación, lo cual puede servirnos para mejorar nuestra intervención en la próxima oportunidad.

El niño que desarrolla un pensamiento positivo se sabe capaz de enfrentar retos nuevos sin miedo al fracaso, atribuye a su actuación los éxitos y evalúa qué responsabilidad tiene en los fracasos, de manera que se superará en el próximo intento y será capaz de extraer lo positivo de cada situación. El pensamiento positivo genera un estado emocional estable de optimismo. Dirigir nuestro comportamiento desde una estructura de pensamiento positivo ayuda a tener mejor salud y nos hace más alegres. Además, en las relaciones con los otros no hay mejor carta de presentación que una sonrisa amplia y sincera.

Situaciones cotidianas que podemos aprovechar

Los niños tienden a valorar las situaciones según su estado de ánimo, que suele ser más extremo y variable que el de los adultos. Muchas veces necesitan oír cómo pueden contener su enfado para empezar a pensar de manera positiva: «Hoy estás enfadado y te parece que todo te sale mal. Prueba a ponerte los zapatos pensando que esta vez podrás hacerlo».

Es conveniente proponerles metas, valorando el esfuerzo y no los resultados. «Ayer conseguiste hacer la cama con papá, hoy inténtalo tú solo y avísame si no puedes».

Hay que desdramatizar los acontecimientos y afrontar las equivocaciones con humor. A menudo, cuando algo sorprende al niño positiva o negativamente, nos mira, observa cómo reaccionamos y él hace lo mismo. El mejor ejemplo es cuando se cae y decide llorar o no en función de la cara de susto de sus padres. Ante una caída de poca importancia, si le dicen que se levante, que no pasa nada, lo más probable es que sonría y siga jugando sin más. Si aplicamos el mismo principio cuando se equivoca, conseguiremos evitar dramas innecesarios. Por ejemplo, si se mancha comiendo le decimos: «No pasa nada, acaba y luego te cambias». Si tira mal el balón comentamos riendo: «¡Vaya fuerza! Si apuntas a la portería, la próxima vez metes gol seguro».

El control de impulsos

Encontrar el equilibrio entre las emociones y los actos pasa por aprender a controlar el comportamiento cuando una emoción fuerte nos inunda y por pararse a reflexionar sobre cuál es la conducta más adecuada. Esta capacidad consigue, entre otras cosas, canalizar la agresividad y la ansiedad, aunque aprenderla lleva su tiempo.

El objetivo es lograr que el niño sea reflexivo, es decir, que ante una emoción fuerte se pare y piense antes de actuar. Una fiesta puede hacerle sentir tan contento que aumente su excitación hasta el punto de acabar enfadado o llorando por cualquier motivo, y un enfado puede provocar reacciones tan descontroladas como arrojar objetos o romper cosas. Suele ocurrir que luego el pequeño se arrepiente de su reacción y dice que no sabe lo que le ocurrió, que le salió sin querer. Lo que dice es real: un niño puede no tener la capacidad de controlar su comportamiento cuando la emoción aparece, y no basta con que le digamos que se tranquilice o que piense antes de actuar. Tiene que aprender a hacerlo, a controlar esos impulsos, a canalizarlos y no dejarse llevar por la emoción del momento.

Si hasta los 4 años hemos encauzado sus rabietas y ha aprendido las consecuencias de sus actos a través de los límites, la adquisición del control de impulsos ya está en marcha.

El programa de actuación más completo para ayudar al niño a dar respuestas reflexivas es la técnica del oso

Arturo, recogida en el capítulo VI, dedicado a la agresividad. Consiste en realizar cuatro dibujos de un oso o del personaje preferido del niño, que nos muestran los pasos para:

- Definir el problema (puede verse al oso pensativo).
- Buscar alternativas de solución y elegir una (aparece una bombilla iluminada junto al oso).
- Pensar un plan de actuación y llevarlo a cabo (se ve al oso haciendo alguna tarea para resolver su problema).
- Evaluar la ejecución del plan y los resultados obtenidos (el oso está satisfecho y reflexiona sobre si ha actuado de la forma adecuada o si existía otra mejor).

El niño tiene que seguir todo el proceso con su padre o su madre al principio y, poco a poco, aprender a llevarlo a cabo solo. Esta estrategia es, además, una forma de aprender a encontrar soluciones a los conflictos y ponerlas en marcha.

Cuando un niño siente una emoción fuerte, le resulta muy difícil pararse y reflexionar. Es fundamental insistir en que aprenda este primer paso. Para ello podemos utilizar algunas técnicas, como el semáforo y el termómetro.

El semáforo

Dibujamos un semáforo con el niño y lo colgamos en un lugar visible de su habitación. Cuando la emoción le embargue, le llevamos hasta el dibujo y le recordamos lo que significa cada color:

    — Rojo. «Igual que te quedas quieto en la acera y no cruzas la calle, párate y piensa qué te ocurre».

— Amarillo. «Todavía no puedes empezar a andar hasta que estés seguro de que los coches se pararán. Tampoco puedes actuar si no decides qué vas a hacer y no piensas qué ocurrirá cuando lo hagas».

— Verde. «Ahora puedes cruzar. Pon en marcha tu plan y resuelve el problema. Luego me cuentas cómo te ha ido».

El termómetro

Le explicamos al niño que los termómetros marcan las bajadas y subidas de temperatura: «Lo mismo le ocurre a tu cuerpo cuando te sientes muy enfadado, muy triste o muy contento. No es bueno que siga subiendo el calor porque el termómetro estallaría. Para bajarlo, hay que parar el calor. Tú puedes hacer lo mismo con tu cuerpo si antes de actuar respiras, esperas y dejas que baje la temperatura».

A continuación dibujamos con él un termómetro graduado y lo ponemos en la nevera sujeto con un imán. Le pedimos al niño que señale qué temperatura tiene en distintas circunstancias, de 0 a 100.

Situaciones cotidianas que podemos aprovechar

- Un niño irreflexivo puede tener dificultades de aprendizaje y precipitarse en la respuesta: no sabe escuchar ni pensar lo que va a decir o a hacer. Tenemos que facilitarle las tareas que deba empezar y terminar: «Cuando acabes de construir ese camión y recojas, pondremos la película».

- Tratemos de demorar su respuesta poniéndole plazos con los premios: «Podrás salir con la bici cuando hayas acabado de ordenar la habitación», «Si abres los caramelos ahora, solo podrás comerte uno; pero si esperas a después de comer, te daré tres».

- Establezcamos con él su objetivo para el día: «Hoy voy a decirle a Daniel que me enfada cuando se mete conmigo y que me voy a jugar con otros niños», en vez de: «Hoy no voy a pegarle», que sería en negativo. Para que recuerde su propósito le dibujamos una cruz roja en la mano. Cuando vuelva del colegio le preguntaremos cómo se ha sentido.

- Conviene que cuente en alto lo que va a hacer y ayudarlo en la elección del plan:

—Voy a recoger la mesa.

—Muy bien. ¿Por dónde vas a empezar?

—Llevaré los platos al fregadero.

—¿Qué te parece si los llevas de uno en uno en vez de todos juntos? Es posible que así lleguen todos sin que se caigan al suelo.

4.3. EL DESARROLLO EN EL ENTORNO

LA AUTONOMÍA

La autonomía está relacionada con la capacidad de hacernos responsables de nuestros actos. Ser autónomos es perseguir nuestro propósito sin necesidad de que nos vigilen o nos lo impongan: lo hacemos porque estamos convencidos de que debe ser así. Pero también somos autónomos cuando expresamos nuestras opiniones, mantenemos independencia ante lo que dicen los demás y somos críticos.

Los bebés son completamente dependientes y son los padres los que deben animarles, poco a poco, a realizar tareas por sí solos. El niño, al principio, necesita una autoridad que le marque los límites y decida las consecuencias de su conducta, pero esta figura irá desapareciendo a medida que el pequeño asimile las normas y las lleve a cabo sin necesidad de consecuencias externas.

Hay que animarlo a tomar decisiones, pero sin olvidar que hasta los 4 años no tiene plena capacidad para ello y que solo a partir de los 3 años empieza a entender qué sienten los otros ante su comportamiento. Mediante sus rutinas el niño desarrolla la responsabilidad que tiene su comportamiento en los sentimientos de los demás: «Si grito, mamá se enfada», «Cuando no recojo los juguetes, papá se disgusta».

El criterio para el desarrollo de la autonomía, que deberemos tener siempre presente, será no intervenir en las actuaciones del niño, a no ser que nos pida ayuda o que exista un peligro real para él o los de su alrededor. No intervenir es no hacer nada más que observar cómo resuelve las situaciones: primero las dificultades de sus rutinas (vestirse, asearse, recoger la mesa) y, más adelante, las que tienen que ver con las relaciones personales (las peleas entre hermanos o amigos, hacer amistades nuevas, afrontar el primer día de colegio, ir a las fiestas de cumpleaños, que le digan que no puede jugar o que tenga que preguntar si puede hacerlo).

Situaciones cotidianas que podemos aprovechar

- La mejor manera de fomentar la autonomía del niño es asignarle tareas. Al principio las realizamos con él y luego nos retiramos.
- A partir de los 3 años ya puede ocuparse de realizar solo los hábitos referidos a alimentación, aseo y sueño, responsabilizarse de sus pertenencias y, por tanto, del orden de su habitación, y colaborar en algunas tareas de la casa, unas de forma excepcio-

nal (cocinar, hacer limpieza general de su habitación) y otras sistemáticas (hacer la cama, pasar el trapo del polvo).

- El día presenta muchas situaciones sobre las que podemos preguntar al niño: «Hoy Juan le ha gritado a Sonia que es una aburrida. ¿Cómo crees que se ha sentido ella? ¿Alguna vez te ha pasado a ti? ¿Qué habrías hecho tú?».

- Hay que facilitarle situaciones en las que tenga que decidir: «¿Qué te gustaría hacer el sábado?», «¿Prefieres recoger primero la ropa y bañarte después, o al revés?», «Elige la cena y la hacemos juntos», «¿Vamos hoy a ver al abuelo o vamos mañana?». Hasta los 4 años limitaremos las opciones a dos o tres.

LA EMPATÍA

Hasta que el niño cumple los 3 años no podemos pedirle que entienda lo que le ocurre a los demás. Es egocéntrico: cree y siente que todo gira en torno a él. Nuestra intervención en las peleas o lo que le digamos sobre cómo nos sentimos cuando él hace algo le permitirá ir desarrollando esta capacidad.

Para entender las emociones del otro y respetarlas, primero tiene que conocer e identificar las suyas propias. Por eso es tan importante desarrollar el autoconocimiento en la etapa infantil. Aplicar consecuencias a sus actos y preguntar al niño: «¿Cómo te sentirías tú (si te gritase o te amenazase, no te dejara un juguete, no te escuchara)?», le ayuda a reflexionar sobre cómo afecta su comportamiento a los demás.

El juego también es un gran aliado a la hora de desarrollar la empatía: «Imagina que eres papá y vienes cansado de trabajar, y entonces tu hermano empieza a llorar porque no quiere bañarse. ¿Cómo te sentirías? ¿Qué harías para solucionarlo?».

Situaciones cotidianas que podemos aprovechar

Cualquier situación donde aparezcan personas emocionadas —una película, una pelea entre dos niños, una fiesta— puede ser un buen momento para establecer un diálogo que contendrá estas tres preguntas:

- ¿Cómo crees que se siente? (Entender las emociones del otro).
- ¿Por qué crees que es así? (Conocer los motivos que las han provocado).
- ¿Qué ha hecho para resolverlo? (Evaluar el comportamiento).

LA RESOLUCIÓN DE CONFLICTOS

A cualquier padre le encantaría evitar conflictos a sus hijos, pero no es un planteamiento realista, puesto que la vida no se entiende sin los conflictos. Lo realmente importante no es evitárselos al niño, una actitud que tiene consecuencias realmente negativas, sino enseñarle a que los afronte con éxito.

El pequeño tiene que descubrir que hay muchas formas de solucionar un mismo problema y que para eso necesita ser creativo a la hora de buscar alternativas. En todas ellas tendrá que tener presente a la otra parte, porque para que un conflicto se resuelva con éxito hay que llegar a un acuerdo que contemple beneficios para las dos partes, y esto es incompatible con imponer la propia voluntad.

Un error común en los padres es acudir rápidamente cuando su hijo tiene alguna dificultad y solucionársela. Claro que los niños buscan a un adulto para que ponga orden, pero si esta situación se produce de manera habitual, el niño aprende que el adulto es quien pone las soluciones. De este modo, muchos padres acaban diciendo: «Mi hijo viene llorando por cualquier cosa y tengo que ir yo a sacarle las castañas del fuego». Lo mismo le ocurrirá en la escuela con sus iguales.

Muchos de los conflictos infantiles tienen que ver con saltarse los límites y con las relaciones entre los niños: «No se baja del columpio y los demás estamos esperando», «No me deja el camión», «Se ha metido conmigo, me ha insultado», «No me ha invitado a su fiesta». Aunque les enseñemos cómo solucionar la situación, serán ellos quienes tengan que afrontarla.

Para resolver eficazmente una disputa hay que llevar a cabo una serie de pasos. Los adultos los aplicamos de forma casi automática, porque los aprendimos en su día.

Nuestra función es enseñárselos a nuestros hijos y facilitarles experiencias en las que puedan ponerlos en práctica, aprenderlos y llegar a interiorizarlos.

Imaginemos cualquier altercado entre nuestro hijo y sus amigos. Este es el procedimiento para solucionarlo:

1. Definir el problema una vez escuchados los argumentos de los demás: «Pedro no me deja su camión y yo quiero jugar a los coches».

2. Qué hacer: «Puedes jugar a otra cosa, pedirle que juguéis juntos o cambiárselo por tu moto. Elige una opción». En este paso insistiremos en recordarle qué cosas se pueden hacer y cuáles no; es decir, no valdrán alternativas como pegar, insultar o quitarle el camión al otro niño. Hay que recordarle los límites para que entienda que facilitan la convivencia.

3. Poner la solución en marcha: «Pedro, ¿te dejo mi moto y jugamos a las carreras?».
4. Evaluar la solución elegida: puede que Pedro acepte la solución y entonces habrán llegado a un acuerdo satisfactorio para los dos, o puede que Pedro diga que no y, en ese caso, nuestro hijo tendrá que buscar una alternativa, como jugar con otro niño.
5. Todo este proceso termina con un refuerzo —«Qué bien lo has hecho»— y una pregunta imprescindible: «¿Cómo te sientes?».

Situaciones cotidianas que podemos aprovechar

El día a día está lleno de conflictos que el niño puede resolver. Pero también de situaciones en las que no participa directamente y le permiten ejercitar el esquema de solución de conflictos:

- María se ha enfadado porque Alejandro la ha llamado gafotas.
- ¿Cómo te hubieras sentido tú si te hubiera pasado lo mismo?
- Me habría enfadado también.
- ¿Qué se te ocurre que podría hacer María la próxima vez?
- Reírse y decirle que así ve más cosas que Alejandro.

Hay que plantearle conflictos acordes con su edad, en los que pueda generar alternativas y decidir un plan de actuación. Tenemos que darle tiempo antes de intervenir, aunque se equivoque, y animarle a intentarlo.

No basta con contar lo que queremos expresar: necesitamos que el otro lo entienda. A través de la comunicación el niño hace amigos, expresa lo que le gusta y lo que no, resuelve problemas, estrecha relaciones, toma decisiones y entiende a los demás. Estas habilidades, una vez adquiridas, aumentan las probabilidades de éxito en el establecimiento y mantenimiento de las relaciones. Si enseñamos a nuestro hijo a comunicar lo que quiere y a escuchar a los otros, le facilitamos unas relaciones sociales satisfactorias.

Son los padres quienes muestran al niño cómo hacerlo para que él les imite en su entorno. El objetivo principal es mantener una comunicación abierta y sincera con el pequeño, de manera que aprenda a hacer lo mismo con los demás:

- Hay que prestarle atención y escuchar lo que quiere contarnos, buscar un rato todos los días, sin interrupciones que mermen la importancia que debe tener ese tiempo.

- Cuando le escuchemos, no tratemos de darle consejos o soluciones a lo que está contando: solo quiere compartir las experiencias y emociones que ha vivido. Probemos a contarle alguna experiencia nuestra que sea parecida.

- No hagamos juicios sobre lo que nos cuenta, y mucho menos si tienen que ver con lo que siente. Podemos ayudarlo a valorar su comportamiento, pero en ningún caso sus emociones, porque no son ni buenas ni malas, son las suyas.

- Para que se sienta escuchado le repetimos el núcleo central de la historia: «Ya veo, te enfadaste mucho porque Teresa se metió contigo». Hay que mirarle a los ojos, asentir de vez en cuando, tener el cuerpo girado hacia él. Así le damos un mensaje congruente. Si nos pregunta si nos hemos enterado o si estamos escuchando, es porque nuestros gestos indican lo contrario.

Este tipo de comunicación, con todas las habilidades que contiene, es la que repetirá el niño cuando se comunique con sus amigos, compañeros de clase, profesores, vecinos, etcétera.

Situaciones cotidianas que podemos aprovechar

- Hablar por teléfono. Pedirle que llame a los abuelos para contarles algún acontecimiento que le haya causado mucha impresión o le ilusione. Si hemos detectado dificultades de comunicación, podemos decirle que lo ensaye con nosotros antes de hacer la llamada.
- Describir objetos ayuda al niño a utilizar el lenguaje de forma más concreta. Juguemos con él a establecer parecidos y diferencias.
- Durante los paseos, podemos enseñarle a saludar y despedirse de la gente que conoce. Hay que animarle a que haga amigos y decirle cómo hacerlo: «Hola. Me llamo Jorge, ¿y tú? ¿Quieres que juguemos juntos?». Estas frases son más que suficientes para iniciar una amistad.
- Cuando los niños describen hasta el más mínimo detalle de una situación y parece que nunca van a acabar con la historia, tenemos que ayudarlos a centrarse: «Bien, ya sé cómo era el perro, pero me ibas a contar qué ocurrió cuando lo vio tu amigo».

5. Dificultades y cómo solucionarlas

La felicidad es un estado más duradero que una emoción. Consiste en la suma de todas las emociones que nos producen las pequeñas experiencias del día a día y no de los grandes acontecimientos. Un poderoso enemigo para la consecución de este estado es lo que Daniel Goleman llama «analfabetismo emocional».

Al igual que se habla del cociente intelectual familiar, podríamos hablar del emocional. El ejemplo de los padres es fundamental en el aprendizaje. Los hijos de padres severos en la expresión de sus sentimientos tienen dificultades para manifestar los suyos. Ser un analfabeto emocional implica tener dificultades de relación, de expresión de sentimientos positivos y negativos, de reconocimiento de las emociones en los otros.

5.1. El desarrollo personal

Hay determinadas actitudes y comportamientos que no permiten el desarrollo de las capacidades o componentes de la inteligencia emocional. Es conveniente recordar que su desarrollo tiene muy poco de genético y mucho de aprendido, por tanto, los padres son los modelos a través de los que el niño aprende a relacionarse con sus emociones y con las de los demás. El analfabetismo emocional tiene mucho que ver con las dificultades que se presentan en la infancia y que, dependiendo de la intensidad con la que aparezcan, pueden requerir un tratamiento especializado.

En el punto 4 hemos visto cómo desarrollar en el tiempo los distintos componentes de la inteligencia emocional. Cuando se presentan dificultades hay que insistir y, si persiste el problema, consultar con un especialista.

Un desarrollo deficiente de los componentes de la inteligencia emocional puede generar numerosos conflictos en el desarrollo infantil, que recogemos en los apartados que siguen.

Autoconocimiento

Los niños con un autoconocimiento deficiente tienen dificultades para reconocer y expresar sus emociones e identificar las de los demás. Somatizan sus estados de ánimo con dolores de tripa o cabeza, y a veces con tics. A algunos no les importa lo que sienten los demás con tal de lograr su objetivo, presentan falta de respeto e incapacidad para hacer trabajos cooperativos.

Motivación

Los niños desmotivados no parecen tener interés por nada, carecen de iniciativa y capacidad de esfuerzo, y no terminan las tareas que se proponen, abandonan pronto. A menudo dan la impresión de haber renunciado a una tarea antes de empezarla porque están convencidos de que no serán capaces de llevarla a cabo.

Autoestima

Los niños con la autoestima baja tienen una pobre idea de sí mismos y no confían en sus capacidades, se achacan los fracasos y atribuyen los éxitos a la suerte, son muy dependientes de la opinión de los otros y pocas veces manifiestan lo que quieren o expresan lo que les disgusta.

Pensamiento negativo

Muchos pequeños adelantan el fracaso antes de intentarlo, son pesimistas, miedosos y ansiosos. Creen que todo lo hacen mal y a menudo tienen la sensación de que los demás van a rechazarlos.

Control de impulsos

Los niños irreflexivos se dejan llevar por las emociones que les provoca cada situación, se relacionan con niños con comportamientos agresivos, tienen dificultades para aprender porque les cuesta concentrarse en las tareas y escuchar a los demás. También les resulta difícil pararse a pensar y establecer un plan antes de actuar.

5.2. El desarrollo en el entorno

Un desarrollo insuficiente de los componentes sociales de la inteligencia emocional puede hacer que aparezcan dificultades en las relaciones sociales.

Autonomía

Hay niños dependientes que buscan que los demás les solucionen los conflictos, chivatos y con dificultades para moverse en situaciones nuevas, lo que les dificulta establecer relaciones. Para hacer las cosas necesitan que se les exija desde fuera. Los hay que se saltan continuamente los límites, no se hacen responsables de nada y son incapaces de reconocer las reacciones que provocan en los demás.

Empatía

Los niños con falta de empatía son egocéntricos, creen que todo y todos giran en torno a ellos. Lo suyo es lo único importante porque no han aprendido a identificar los sentimientos de los demás. Son exigentes con los otros porque no saben ponerse en su lugar.

Resolución de conflictos

Muchos niños no saben buscar alternativas o solo reaccionan ante el conflicto con ansiedad o agresividad. Por eso huyen de los problemas y esperan a que otros se los solucionen; a veces utilizan la intimidación o la manipulación para arreglar las dificultades.

Habilidades de comunicación

Cuando a un niño se le amenaza o castiga por expresar sus sentimientos, disminuye su autoestima, finge para ser aceptado en el grupo y pierde la posibilidad de conectar con sus emociones. Por tanto, puede retraerse en las relaciones sociales o ser intransigente con los demás. Las experiencias que facilitemos a nuestro hijo y el hecho de presentarnos como modelo que pueda imitar son pilares fundamentales en el aprendizaje de los componentes de la inteligencia emocional. Por eso es necesario que los padres revisen su cociente emocional y modifiquen las actitudes que resultan dañinas para el desarrollo del niño. Deben revisar si cometen alguno de estos errores y, si es así, sustituirlos por las actitudes definidas anteriormente:

- Abuso de gritos y descalificaciones hacia el niño: «¿Eres sordo o qué te pasa? ¡Te lo he explicado doscientas veces!».
- Aceptación de chantajes: «Bueno, cariño, no llores, no te disgustes, yo te lo compro».
- Tratamiento irónico y burlesco: «Sí, ya, como que vas a poder llevar la jarra de agua tú solo».
- Intransigencia con las equivocaciones: «Ya has vuelto a tirar el agua del vaso. ¡Vete a tu habitación inmediatamente!».
- Menosprecio, negación o juicio de las emociones del niño: «No seas llorica, los niños no lloran», «¡No puedes estar tranquilo y meterte los nervios donde te quepan!».
- Protección excesiva: «Deja, ya me ocupo yo, tú dedícate a jugar, que ya te tocará de mayor».
- Autoritarismo e intransigencia en las decisiones familiares sin permitir la participación del niño.

6. Casos prácticos

6.1. Elisa y los dolores de tripa

Elisa, de 5 años, acudió a la consulta con su madre. Desde hacía algún tiempo se quejaba de dolores de tripa. Al principio era muy de vez en cuando, pero en aquel momento no pasaban 15 días sin que le doliera. Lo primero que hizo su madre fue llevarla al pediatra, quien, después de descartar cualquier tipo de causa fisiológica, le recomendó visitarnos. La madre de Elisa hablaba de ella como una niña muy obediente, que aceptaba las normas y que, en general, no protestaba. Algo tímida, quizá. Con sus amigos se dejaba llevar por lo que decían; no solía exponer lo que quería hacer, más bien se conformaba con lo que le proponían. La frase que más decía era: «Está bien».

Lo primero que hicimos fue ayudar a Elisa y a su madre a evaluar cuándo se producían los dolores. Les entregamos una ficha como la siguiente, donde, juntas, tendrían que recoger determinados datos cada vez que la niña tuviera dolor de tripa. La tabla dejaba clara la imposibilidad de Elisa para expresar sus enfados y hacía sospechar que sus dolores de tripa estaban relacionados con los disgustos.

Situación	Que ocurrió antes	Que hiciste	Que ocurrió después
En el parque	Estaba jugando con mi muñeca y un niño me la quitó.	Lo miré y luego seguí jugando con la arena.	Nos fuimos a casa porque comenzó a dolerme la tripa.
En casa con mi hermano	Él sacó los juguetes y no los recogió; dijo que había sido yo y papá me echó la bronca.	Recogí los juguetes sin rechistar.	Me dolió la tripa.
En el colegio	Unos niños me quitaron el bocadillo.	Nada, me callé.	Le dije a la profesora que llamara a casa porque me dolía la tripa.

Una vez definido el problema, nos propusimos enseñar a Elisa a identificar y definir sus sentimientos negativos cuando aparecieran. La pequeña dibujó caras de enfado, ira, furia, malhumor, molestia, irritación, tensión, disgusto, etcétera, y colgó sus dibujos en la nevera de la cocina. Su madre le pidió que señalara cómo se sentía ante cualquier problema. Al cabo de poco tiempo empezó a pedirle también que pensara en posibles soluciones. Algunas respuestas de Elisa fueron:

- «Decirle al niño que estoy enfadada porque me ha quitado el muñeco y que se lo dejaré dentro de un rato, cuando acabe de jugar con él».

- «Pedir a los niños que me devuelvan el bocadillo y decirles que puedo compartirlo con ellos».
- «Explicar que ha sido mi hermano quien ha sacado los juguetes y que no me gusta que mienta».

La niña entendió que expresar emociones negativas no era en absoluto malo y que guardarlas dentro era como albergar un monstruo que se agarraba a su estómago; para vencerlo tenía que contar las cosas. A la vez, se le enseñó a relajarse para que el monstruo no creciera y le permitiera hablar y actuar.

A medida que Elisa aprendía a expresar lo que no le gustaba, lo que le parecía mal o cómo se sentía en cada situación, fueron desapareciendo los dolores de tripa.

7. QUÉ SE HA CONSEGUIDO

Empezamos a desarrollar la inteligencia emocional y las capacidades que la componen desde que nacemos y seguimos desarrollándolas durante toda la edad adulta. Las bases del cociente emocional se establecen en la infancia y es la familia la que las proporciona. Hacer de nuestro hijo una persona emocionalmente inteligente es poner el germen para que se convierta en un adulto consciente de sus necesidades y deseos, alguien capaz de reconocer sus emociones sin juzgarlas porque entiende que lo que le convierte en mejor o peor persona no es sentir lo que siente, sino lo que hace con esos sentimientos.

La inteligencia emocional conduce al equilibrio psicológico a través de la expresión de los sentimientos, encauza las sensaciones físicas sin que las emociones controlen nuestra vida, pero permitiéndonos el placer de escuchar lo que nos dicen de cada situación. Además, aprendemos a controlar las emociones para que no se conviertan en impulsos que dirijan nuestros comportamientos, porque comprenderlas no implica obrar de acuerdo con ellas.

La afectividad irá estructurando en el niño principios estables y coherentes con los valores expresados en este libro, de forma que el respeto, la tolerancia, la amistad, el compromiso, la responsabilidad, el perdón, la aceptación de la diferencia y la solidaridad formarán parte de su proyecto de vida.

Un tanto por ciento importante de la felicidad depende de nuestra capacidad para crear y mantener relaciones con los demás. Las personas inteligentes emocionalmente pueden tener éxito en sus relaciones de pareja, de amistad y laborales porque han desarrollado las capacidades necesarias para ello. Así, desarrolla las siguientes actitudes:

- Se aceptan tal y como son, incluidas cualidades y defectos. Se saben vulnerables y fuertes. No dependen de las expectativas que los demás tienen de ellos y se muestran espontáneas porque confían en sí mismas.
- Buscan vivencias y no juzgan las emociones que les provocan, simplemente intentan comprenderlas, aunque evalúan sus actuaciones con el fin de acomodarlas a su concepción de la vida.
- No confunden la autosuficiencia con la autonomía. Buscan vincularse afectivamente con los otros, pero no tienen problemas en retirarse de esas relaciones cuando lo consideran necesario.
- Tienen con los demás el mismo trato tolerante, respetuoso y cariñoso que consigo mismos. Son responsables con sus actuaciones y las miden en función de las consecuencias que tienen en los demás.
- Perciben el entorno y a sí mismos con realismo y objetividad, no deformados por sus miedos o deseos.

Educar las emociones es un proceso largo y lento, pero lleno de ventajas.

El entorno

Capítulo XII

Nuevas situaciones

Cuando hablamos de nuevas situaciones nos referimos a aquellas que afrontamos por primera vez y que se producen en el seno de la familia, de manera que tienen consecuencias para todos sus miembros, especialmente para los niños. Algunas de ellas han estado presentes a lo largo de la historia y han generado preocupación en los adultos encargados de educar, pero otras son propias de nuestro tiempo.

Hoy día la violencia y la agresividad están muy presentes en distintos medios a los que los pequeños pueden acceder sin el control de sus padres y aumenta el acoso escolar. Las tecnologías evolucionan a una velocidad de vértigo; mientras que para los padres son grandes desconocidas, parece que los niños nacen sabiendo utilizarlas. Han cambiado las formas de ocio y el consumo está presente en las actividades que aparentemente son las más atractivas para los niños. Los abuelos se ven obligados en muchos casos a ejercer de educadores y no tenemos tiempo para definir el papel que queremos que desempeñen, porque también hemos reducido el tiempo de diálogo.

No nos alarmemos: seguro que si revisamos etapas anteriores de la historia encontraremos reflexiones sobre los temas que aquí se tratan u otros muy similares. Preocuparnos solo genera ansiedad y merma la capacidad resolutiva. Hay que saber enfrentarse a las nuevas situaciones estableciendo un plan de acción que contemple el antes, el durante y el después de cada cambio. Nuestro hijo sigue necesitando que le enseñemos qué hacer con todas estas novedades, y no hay videoconsola capaz de sustituir a los padres.

1. ¿QUÉ SON LAS NUEVAS SITUACIONES?

Una de las consecuencias inmediatas de los cambios en la estructura familiar y la incorporación de la mujer al trabajo es que los abuelos se han convertido en cuidadores de los nietos mientras los padres trabajan; el aumento del poder adquisitivo es causa directa del consumismo; los horarios laborales, que no permiten pasar con los hijos el tiempo deseado, pueden dificultar la imposición de los límites necesarios, y la utilización que los niños hacen de las nuevas tecnologías escapa muchas veces al control de los padres.

Estas son algunas de las nuevas situaciones a que se enfrentan las familias actuales. Hay otras que ya existían

pero no se les prestaba la atención necesaria, como el acoso escolar.

1.1. Las nuevas tecnologías

La televisión, internet y los videojuegos evolucionan a toda
velocidad y dan lugar a diferencias generacionales importantes. Nuestros padres quizá manejen con lentitud o ciertas
dificultades los ordenadores, y nuestros hijos seguro que lo
hacen o harán mejor que nosotros. La evolución tecnológi-
ca es inevitable.

Lo nuevo genera incertidumbre y, en muchos casos,
esa incertidumbre lleva a los padres bien a prohibir el acceso de los niños a las nuevas tecnologías o bien a permitir que accedan a ellas sin ningún tipo de control.

La televisión

Aproximadamente la mitad de los niños españoles pasa
una media de 2 a 3 horas diarias frente al televisor. La
televisión en sí misma no tiene por qué ser dañina; el problema es la indefensión de los pequeños ante lo que ven
en ella.

El hecho de que el niño pase tanto tiempo delante del
aparato implica que deja de realizar otras ocupaciones más
activas y en ocasiones más apropiadas, tales como mantener una conversación con los padres o jugar con los amigos.
Muchos se sientan delante del televisor porque no saben
qué hacer, están aburridos o no se les ocurre a qué dedicar
su tiempo de ocio.

En muchos hogares, lo primero que se hace nada
más llegar es encender el televisor y sentarse frente a él.
Ver la televisión mientras se come también impide que

ese rato se dedique a conversaciones agradables, con el consiguiente detrimento de la ya escasa comunicación familiar.

Hoy en día se usa a menudo la televisión como canguro: el pequeño se sienta frente al aparato y así «no molesta» mientras los padres realizan otras actividades.

La violencia existente en los medios de comunicación, en especial en la televisión, tiene efectos en los niños: es una forma de aprendizaje. Si ven que los demás solucionan los problemas con conductas agresivas, pueden imitar esos comportamientos o también sentirse víctimas, como en las películas.

La televisión es el principal medio de comunicación en nuestra sociedad, y es prácticamente inevitable que nuestro hijo la vea. En el capítulo IX ofrecemos pautas para hacer un uso adecuado de ella.

LOS VIDEOJUEGOS

Estimulan los procesos mentales, así como la rapidez en la toma de decisiones y en los movimientos motores. También ayudan a expresar emociones y liberar tensiones.

Hay videojuegos de todo tipo: algunos tienen un alto componente de violencia, mientras que otros tienen contenidos deportivos, de simulación o educativos. Es labor de los padres elegir el más apropiado para el niño, así como determinar un tiempo concreto para el juego.

EL ORDENADOR

Es un elemento casi imprescindible en la mayoría de las casas, o al menos el acceso a él está generalizado, ya sea en el trabajo, en una biblioteca o en un cibercafé. Los niños de hoy en día trabajarán con uno y necesariamente utilizarán internet.

Cualquier pequeño siente curiosidad por el ordenador al ver a sus padres o hermanos mayores sentados delante de él. Es importante enseñarle a hacer buen uso de la informática y no dejarlo solo en sus búsquedas por la red. Internet es un gran mundo donde no hay secretos y puede tener acceso a cualquier información. Los padres han de guiarlo para que utilice el ordenador como herramienta de búsqueda de información o de comunicación.

1.2. EL ACOSO ESCOLAR

Aunque el acoso escolar ha existido siempre, en los últimos tiempos se le presta mayor atención y ha pasado de ser un tema tabú a algo de lo que se habla abiertamente. También las alarmantes cifras de incidencia lo han convertido en materia de investigación. El informe más exhaustivo realizado hasta la fecha en España es el Informe Cisneros X (2007), que concluye que el 24 por ciento de los escolares españoles sufre acoso escolar y que es en los últimos cursos de educación primaria donde las tasas se incrementan.

A veces se dan algunas ideas erróneas que podrían llevar a minimizar este problema: «Es una forma de que espabilen los niños», «Hay que resignarse, no se puede hacer nada», «El pequeño tiene que aprender a defenderse por sí mismo».

Se considera acoso escolar el maltrato tanto físico como verbal de un niño por parte de uno o más compañeros y que se manifiesta con conductas dirigidas a aislar, excluir, amenazar o intimidar a la víctima, u obtener algo de ella. Toda conducta de acoso atenta contra los derechos fundamentales de las personas.

Al hablar de acoso no solo nos referimos a la agresión física, sino también al daño psicológico ocasionado por conductas de menosprecio, insultos, exclusión del grupo, falta de respeto o manipulación.

En toda forma de acoso escolar existen dos roles claramente diferenciados y opuestos: el acosado y el acosador, es decir, la víctima y el agresor.

El acosado

No hay un perfil definido. Cualquier niño o niña puede sufrir acoso escolar porque no hay razones objetivas que lo justifiquen. Las causas pueden ser muy diversas: llevar gafas, ser el más gordo, aprobar todo, llegar tarde a clase, faltar a menudo o ser bajito.

Lo que sí podemos hacer es identificar algunas razones que hacen que la víctima permanezca en esa situación durante determinado tiempo: carece de apoyo de otros compañeros o de los profesores, se culpa a sí misma de las agresiones o es tímida y no busca ayuda.

La mayoría de las veces, los compañeros de los acosados los perciben como niños introvertidos y sin habilidades sociales básicas.

Si el acoso escolar se mantiene en el tiempo, las víctimas pueden manifestar efectos negativos, tales como disminución de la autoestima, ansiedad, estrés postraumático, estados depresivos, somatizaciones, disminución del rendimiento escolar o falta de concentración.

El acosador

Más del doble de los acosadores son varones. Suelen ser compañeros de clase de las víctimas. Muchas veces el agresor no actúa solo, sino respaldado por un grupo de compañeros que apoyan, participan o permiten las agresiones.

Los acosadores suelen ser niños violentos, dominantes, con baja tolerancia a la frustración, extrovertidos, impulsivos, que quieren obtener sus objetivos de inmediato, carecen de empatía y no se arrepienten de sus actos.

La ausencia de límites en casa suele ser una característica común a muchos acosadores, así como el haber aprendido a utilizar la agresión física o psicológica como forma de solucionar conflictos.

Las razones que dan los agresores para justificarse van desde haber sido provocados o querer gastar una broma a haber actuado por envidia o simplemente querer molestar. Existen casos en los que la agresión es una forma de hacerse notar o ganarse el respeto del grupo. Los niños acosadores tienen una baja autoestima y un autoconcepto pobre.

1.3. LOS CAMBIOS DE COLEGIO

Muchas variables pueden influir en los padres a la hora de tomar la decisión de cambiar de colegio a su hijo, entre otras los problemas de rendimiento, las variaciones en la economía familiar, el traslado de domicilio, el descontento con la filosofía escolar o el comienzo de un nuevo ciclo educativo. En la mayoría de los casos la iniciativa procede de los padres. Es lógico que el niño no acepte el cambio de buen grado, ya que supone muchas alteraciones e incertidumbres. Dejar de ver a sus compañeros y amigos, decir adiós a los profesores y tener que hacer nuevas amistades son las preocupaciones que puede tener en el momento en que se le comunica que irá a un nuevo colegio.

El papel de los padres para facilitar el periodo de adaptación al centro elegido es fundamental. Si se le transmite al niño incertidumbre, hay muchas probabilidades de que reaccione con temor. Una actitud tranquila y una total transparencia sobre el cambio ayudarán a que el pequeño se sienta más seguro en su nuevo entorno educativo. Es importante no crear falsas expectativas con frases del tipo: «Ya verás, no vas a tener ningún problema con nadie», «Te van a caer muy bien todos tus compañeros», «Todos van a querer ser tus amigos». Estas circunstancias pueden darse o no. Sin embargo, con toda probabilidad, el niño va a ser capaz de afrontar y solucionar todas las dificultades con las que se encuentre en su nuevo colegio, como lo hacía en el anterior.

La situación requiere un proceso de adaptación que, en función de las características personales de cada niño, puede ser rápido o lento. Al principio, inevitablemente, el niño va a ser el nuevo, pero poco a poco irá integrándose con los demás compañeros y creando importantes lazos de amistad. Para empezar a integrarse plenamente en el nuevo centro escolar se necesita un mes, aproximadamente.

Los niños que superan bien ciertos cambios, como el de colegio, tendrán más posibilidades de desarrollar habilidades que les serán útiles a lo largo de la vida, como la tolerancia ante cualquier cambio en el ámbito laboral. Por ello, el éxito en la adaptación a sus primeros cambios influirá en cómo encajen los avatares futuros.

1.4. LAS MUDANZAS Y LOS CAMBIOS DE PAÍS

La movilidad laboral o el cambio de vivienda son algunas de las causas que pueden llevar a un traslado de la residencia familiar, lo que implica muchas veces para el niño no solo un nuevo colegio, también un barrio e incluso una ciudad o país nuevos. Si esta situación es estresante para un adulto, podemos imaginarnos lo que supone para un niño, que ni siquiera ha participado en la toma de la decisión y, por tanto, tiene grandes dificultades para entender las alteraciones que se operan en su entorno, hasta el momento predecible y seguro.

Cuando la mudanza implica un cambio de país se añaden algunos factores desestabilizadores, como el idioma, el horario o la cultura. Todos ellos pueden hacer del proceso de adaptación algo más complicado que el cambio de barrio o de ciudad. En estos casos el tiempo necesario para adaptarse a la nueva vivienda y al entorno será, evidentemente, mayor. La actitud de los padres es muy importante, ya que si uno de ellos no está muy convencido del cambio o manifiesta abiertamente su rechazo, el pequeño se sumará a su postura, creando tensión en la familia.

Es normal que un niño se oponga a una mudanza: se trata de un cambio difícil y tiene varias consecuencias. Por muy claro que se lo expliquemos y por mucho que se hable de los temores de cada uno, de las expectativas, de las dudas, en algunas ocasiones los niños pueden tener dificultades a la hora de dormir y en los estudios, cambios de humor o tristeza.

El apoyo de los padres es clave durante el periodo de adaptación. Pero el exceso de protección en estos casos puede llevar a los niños a encerrarse más en sí mismos y en su familia y dificultarles la adecuación al nuevo medio.

1.5. EL PAPEL DE LOS ABUELOS

A raíz de la incorporación de la mujer al mercado laboral, los abuelos han ido poco a poco ocupando funciones que antiguamente correspondían a los padres. Han pasado de tener un papel lúdico a asumir un rol de educadores.

Actualmente podemos definir dos perfiles de abuelos en función del papel que desempeñan con los nietos:

— Los abuelos de fin de semana, es decir, aquellos que se quedan con sus nietos de forma esporádica, debido a determinadas circunstancias de los padres. Suelen entender su papel como algo voluntario y que hacen con agrado, sin vivirlo como una obligación.

— Los abuelos que se convierten en cuidadores de sus nietos por necesidades laborales y económicas de los padres, y que terminan por ejercer la labor de canguros y educadores de forma obligatoria. Normalmente se les exige que se comporten de determinada forma con los niños, sin tener en cuenta que se ven obligados a ejercer un papel que ya desarrollaron y que a veces incluso les supone una carga.

Algunas pautas útiles para los padres cuando piden la colaboración de los abuelos son:

- Los abuelos necesitan tiempo para ellos, para sus cosas, por absurdas que parezcan al resto de la familia. Hay que diferenciar entre dejarles a un niño de vez en cuando y hacerlo por norma.
- Es importante no convertirse en educadores de los abuelos. Si se está intentando cambiar algún comportamiento del niño, los padres pueden coordinarse con los abuelos y pedirles que sigan una determinada actitud, pero evitando las exigencias.
- Hay que comprender sus limitaciones y tolerar sus defectos.
- Asimismo, no hay que dar por hecha su labor y agradecer el esfuerzo que hacen.
- Por último, escucharles y respetar su forma de pensar, aunque no coincida con la nuestra.

Los abuelos ya educaron a sus hijos y están para disfrutar de sus nietos. Para ellos es difícil ponerle límites al niño y terminan por mimarlo, actitud que suele generar grandes conflictos con los padres.

Cuando las circunstancias convierten a los mayores en educadores de nietos, hay que llegar a un consenso que equilibre esta nueva función sin perder el talante de complicidad que han tenido tradicionalmente, y eso es posible si padres y abuelos dedican tiempo a hablar y consiguen llegar a acuerdos.

1.6. LOS CUIDADORES

A raíz de todos los cambios sociales, es una necesidad de muchas familias —sobre todo en las que ambos padres trabajan— buscar un cuidador, generalmente una mujer, que pase un número determinado de horas con los niños.

Muchos padres comentan la dificultad a la hora de establecer en casa unas normas, ya que cuando los pequeños están con la persona que los cuida «hacen lo que quieren y no respetan las normas de casa».

Un cuidador ha de tener las habilidades necesarias para establecer rutinas y crear hábitos, y ha de conocer y respetar las normas que rigen en la casa. Además, es importante que sepa estimular al niño y atender sus necesidades. La seguridad y el bienestar del pequeño han de ser sus prioridades.

Algunas características básicas de un buen cuidador son:

- Le gustan los niños, conoce sus necesidades y cómo atenderlas.
- Se hace respetar, si es necesario con voz firme, pero sin exaltarse ni perder la calma, y logra que se respeten las normas vigentes en casa.

- Es cariñoso con los pequeños.
- Sabe hacer que los niños se diviertan y se sientan a gusto a su lado.
- Le agrada que los padres compartan con él sus valores y criterios educativos.
- Muestra una apariencia cuidadosa y limpia.
- Tiene formación o experiencia profesional con niños.
- Sabe actuar en casos de emergencia.

En la mayoría de los casos, la actitud de los padres es fundamental a la hora de conseguir una buena coordinación con el cuidador. Es conveniente que procuren:

- Ser realistas. El cuidador no va a hacer las cosas mejor de lo que las harían ellos.
- Definir de antemano cuál es el papel del cuidador en la casa y con los niños, priorizar la atención a los pequeños e indicarle qué tareas domésticas son más importantes.
- Deshacerse de estereotipos negativos sobre el cuidador.
- Confiar en su capacidad y en sus posibilidades.
- Darle tiempo para que se adapte al niño, la casa y la familia, incluso el país. Puede ser interesante pasar algún tiempo con él hasta decidir dejarlo a solas con el pequeño.
- Darle a conocer los objetivos educativos que el padre y la madre han decidido para que actúe de la misma manera que ellos.
- Tener en consideración sus opiniones y sugerencias.

1.7. El consumismo

Desde la segunda mitad del siglo xx se ha ido desarrollando la llamada sociedad de consumo, sobre todo por el aumento del poder adquisitivo de la población. El consumo está ligado a las necesidades de cada uno y mejora las condiciones de vida, pero existe el riesgo de caer en el consumismo, es decir, consumir de forma compulsiva y desmesurada.

Hoy en día cualquier cosa está a mano de todos, incluidos los niños. Ellos deciden sobre los hábitos de consumo de sus padres y son, en muchas ocasiones, quienes los obligan a comprar determinados productos porque los han visto en los anuncios o en casa de sus amigos. Las modas y la publicidad no solo ejercen influencia en los adultos; también lo hacen, y de forma mucho más llamativa, en los niños.

Cuando un niño se enfrenta a un no de sus padres, es decir, a un límite, se frustra, pero aprende que no siempre puede tener lo que desea o lo que le apetece. Muchas veces tendrá que esperar para conseguirlo, o bien habrá de conformarse con algo diferente o de otras características.

Para un gran número de familias, una de las actividades de ocio conjunto más habituales es la visita a los centros comerciales. En estos lugares los niños tienen multitud de estímulos y a menudo insisten hasta conseguir lo que se les antoja.

No hay que perder de vista que los padres son el modelo de los niños: si ven que sus mayores consumen de forma desmedida, ellos también lo querrán hacer.

Algunas ideas erróneas que nos pueden llevar a dar al niño todo lo que quiera en el momento que lo desee son:

> - «Como yo no pude tenerlo de pequeño, a mi hijo no le va a faltar; voy a darle todo lo que quiera».
> - «Ya que el trabajo no me deja mucho tiempo libre y apenas puedo estar con mis hijos, les compro regalos».
> - «Los mejores juguetes son los más caros».

Más adelante (en el punto 4, «Prueba a hacerlo tú») se dan algunas pautas para promover el ahorro y ceñirse a lo que realmente se necesita y lo que no.

1.8. LOS NIÑOS TIRANOS

Son los que no aceptan las frustraciones y, cuando se les antoja una cosa, la quieren en el momento, sin importarles el daño que ocasionen a los demás. Podemos comparar a los tiranos con los acosadores en el entorno escolar, descritos anteriormente.

Por niños tiranos nos referimos a aquellos cuya actitud está originada en la falta de límites y hábitos en la familia. Esto se traduce en conductas como organizar y dirigir la casa, dar órdenes a los padres, tomar decisiones sobre lo que ellos mismos tienen que hacer o no sin escuchar a sus progenitores, desobedecer, chantajear a los padres, amenazarles y, en algunos casos, llegar incluso a la agresión física.

Los padres que hayan sido demasiado laxos en la aplicación de límites o, por el contrario, demasiado estrictos, pueden encontrarse con un pequeño tirano en casa. Cuando el niño no ha conocido hábitos ni normas antes de los 4 años, aumentan las probabilidades de que se convierta en un déspota. Y lo mismo puede ocurrir si hay falta de refuerzos y exceso de castigos.

El miedo a la reacción del pequeño, el temor a los lloros y el deseo de evitar a toda costa que monte un espectáculo suelen ser algunas de las dificultades que tengan los padres a la hora de poner límites a sus hijos.

Tal y como describimos en el capítulo V, «Normas y límites», los niños no nacen sabiendo lo que pueden hacer y lo que no; lo aprenden gracias a los padres, y eso les aporta protección y seguridad. Por tanto, es importante marcarles normas y decirles que no siempre que sea necesario.

2. La importancia de afrontar las nuevas situaciones

La sociedad se transforma y nosotros hemos de adaptarnos a ella. El cambio es un proceso constante que el niño tiene que aprender a afrontar. La manera de actuar en sus primeras experiencias influirá en los sucesivos cambios que inevitablemente se encontrará en la vida.

Muchos cambios también hacen necesario un esfuerzo por parte de los padres, que se enfrentan a dificultades o preocupaciones añadidas o diferentes a las de años atrás y que son conscientes de que cada generación tiene sus propios desafíos.

2.1. El porqué de los cambios

Los cambios no son algo nuevo, siempre han existido. La sociedad ha evolucionado desde el principio de los tiempos, quizá lo novedoso sea la velocidad con que lo hace ahora. Las nuevas tecnologías imprimen un ritmo vertiginoso y provocan importantes diferencias generacionales, incluso una desigualdad entre miembros de las mismas generaciones: padres con hijos que se llevan entre siete a diez años ven que aparecen nuevos factores a los que hacer frente en la educación de los menores que no existían cuando criaron a los mayores.

Algunos de estos cambios son:

- El impresionante desarrollo tecnológico. En muchas ocasiones, los padres, por desconocimiento de las nuevas tecnologías, reaccionan prohibiéndoselas a sus hijos. Hace unos años no tenían que poner límites en el uso de los videojuegos.

- La plena incorporación de la mujer al trabajo remunerado. Antes las mujeres se dedicaban al cuidado de los niños y del hogar. Hoy, en la mayoría de las familias, ambos padres trabajan fuera de casa, lo que hace necesario buscar cuidadores alternativos para sus hijos.

- El desarrollo económico y el enorme poder de la publicidad y los medios de comunicación, un importante cambio en la sociedad que hace que todo esté más a mano. A los niños les influye mucho la publicidad y piden continuamente cosas que han visto anunciadas en la televisión.

- La movilidad laboral. Antes un trabajo era prácticamente para toda la vida; hoy se potencia la movilidad geográfica, que en ocasiones motiva que uno de los padres trabaje en otra ciudad o que la familia se mude.

- El exceso de horas de trabajo, los horarios inadecuados y las agendas apretadas. Disponemos de poco tiempo para atender a nuestros hijos; es una realidad y hay que adaptarse a ella buscando que el tiempo que estemos con nuestros hijos sea un tiempo de calidad, es decir, que sean ellos los protagonistas.

- La implicación de los padres en la educación de los niños. Es un tema que ha tomado especial relevancia y que preocupa a las familias. La educación hoy está encaminada a que el niño sea feliz. La mayor participación del padre en las tareas educativas también es una realidad.

- El nuevo papel de los abuelos. La relación con los niños ya no es meramente lúdica; hoy comparten tareas educativas con los padres.
- Los criterios educativos. Hemos pasado de una educación a base de castigos, amenazas, autoridad y miedo a otra caracterizada por dejar hacer: «No voy a castigar a mi hijo, no le voy a poner normas, ya que se puede traumatizar; ya tendrá tiempo de sufrir». En algunos casos se cede en la transmisión de valores y no se inculca la necesidad de esfuerzo.

2.2. DIFICULTADES EN LA ADAPTACIÓN

La adaptación a las diferentes situaciones novedosas o a ciertas variaciones que se dan en el seno de la familia no siempre se produce con éxito. A veces el niño, afectado por un cambio de colegio, de cuidadora o de casa, puede sufrir dificultades crónicas que impidan su ajuste a los cambios. En otras ocasiones —por ejemplo, cuando vive una situación de acoso escolar— es posible que aparezcan y perduren algunas secuelas que se transforman en estrés postraumático, es decir, que el niño recuerda de manera recurrente el episodio de acoso. En algunos casos, los menos, se hace necesaria la intervención de profesionales cualificados que ayuden al pequeño a adaptarse.

EL TRASTORNO DE ADAPTACIÓN

El niño puede sufrir un trastorno de adaptación cuando hay ciertos cambios en su vida que le producen estrés y a los que no se adapta correctamente. Esta imposibilidad de amoldarse a la nueva situación da lugar a problemas emocionales o de conducta que se mantienen más allá de los tres meses siguientes al hecho.

El estrés postraumático

Un acontecimiento traumático es aquel que es percibido como amenazante o aterrador por la persona que lo sufre. Las secuelas que pueden aparecer después de vivirlo o presenciarlo constituye lo que se denomina estrés postraumático.

En los niños, algunos acontecimientos que pueden desencadenar este estrés son los accidentes de tráfico, la muerte de un familiar, las catástrofes naturales, el maltrato y el abandono. Para poder hablar de trastorno por estrés postraumático la persona ha de haber experimentado —lo ha presenciado, se lo han contado o lo ha visto en cualquier medio audiovisual— un acontecimiento negativo caracterizado por la muerte o la amenaza para su integridad física o la de los demás y haber respondido con un temor o una desesperanza intensos.

Los niños pueden manifestar su estrés a través de comportamientos agitados o desestructurados. Según el DSM-IV (*Manual diagnóstico y estadístico de los trastornos mentales,* elaborado por la Asociación Estadounidense de Psiquiatría), el acontecimiento traumático se vuelve a experimentar persistentemente en forma de recuerdos, juegos repetitivos donde aparecen aspectos característicos del trauma, sueños y malestar intenso frente a ciertos estímulos que recuerdan el suceso.

Los síntomas físicos indicativos de este trastorno son dificultad para dormir, irritabilidad, vigilancia extrema, problemas para concentrarse, llanto, sobresalto, micción en la cama, el rechazo a hablar del hecho traumático y la evitación de ciertos lugares o situaciones asociados con el suceso.

Ayudar a que el niño acepte lo ocurrido y a normalizar sus reacciones ante el trauma es fundamental para que consiga asimilarlo y adaptarse a los posibles cambios que ello ocasione. Le llevará tiempo, pero finalmente lo conseguirá.

2.3. Dificultades para los padres

Los padres a menudo se sienten confusos y desorientados cuando tienen que decidir cómo educar a sus hijos frente a los cambios sociales, fundamentalmente porque:

- ☹ Les asusta defraudar a los hijos.
- ☹ Temen hacerlo mal.
- ☹ No saben decir que no.
- ☹ No quieren frustrar a los niños: «Ya sufrirán cuando sean mayores».
- ☹ Compensan la falta de tiempo y dedicación con una actitud indulgente y permisiva.
- ☹ Tienen miedo al conflicto, a las malas caras y las rabietas, a no saber qué hacer.
- ☹ Les parece que actúan con egoísmo si imponen normas que les faciliten la vida.
- ☹ Sienten que no tienen suficientes energías.
- ☹ Desacreditan o son desacreditados por el otro progenitor, ya que, a menudo, las opiniones del padre y la madre sobre una misma situación son distintas.
- ☹ Prohíben el uso de nuevas tecnologías por miedo a lo desconocido.
- ☹ Utilizan a los abuelos como canguros —«¿Con quién van a estar mejor que con ellos?»— sin tener en cuenta sus necesidades y criterios.

☹ Compran todo aquello que los niños les piden, bajo la idea «como yo no lo tuve de pequeño, que no le falte de nada a mi hijo».

3. LO QUE SE ESPERA QUE HAGA TU HIJO SEGÚN SU EDAD

La edad del niño influye decisivamente en su adaptación a los cambios. Los padres deben tener muy en cuenta este factor en cualquier acción que emprendan. Es evidente que la televisión y los videojuegos provocan efectos diferentes en función de la edad y el estado madurativo del pequeño. Asimismo, existen edades en las que son más frecuentes ciertas conductas, como el acoso escolar.

A medida que el niño crece, su criterio cambia y se va adaptando a la realidad social. No hay que precipitar el proceso, porque la infancia es un periodo crítico y los niños carecen de capacidad para distinguir e interpretar la información, como hacemos los adultos.

3.1. CÓMO SE ESPERA QUE REACCIONE EL NIÑO SEGÚN SU EDAD

En este apartado planteamos un recorrido evolutivo por aquellas situaciones que tienen especial relevancia, bien por los quebraderos de cabeza que provocan a los padres o bien por la influencia que tienen en los niños.

LA TELEVISIÓN

- A los 2 años el niño piensa que, si damos la vuelta al televisor, los objetos que allí aparecen se caerán. Cree que los dibujos están realmente dentro del aparato.

- Con 3 años aún no comprende que los dibujos animados son ficción; para él son reales.
- Es a partir de los 4 años cuando el pequeño empieza a considerar la distinción entre realidad y ficción de los personajes. Puede que no recuerde un personaje al pasar de una escena a otra, a no ser que sea el protagonista.
- Hasta que no cumple 8 años no es capaz de distinguir por completo entre realidad y ficción. Antes de esa edad cree que lo que ocurre en la televisión es real; no ve que sea producto de la ficción o de un guion preestablecido. Por ejemplo, puede creer que una pelea entre actores ocurre de verdad.

Los videojuegos

- Aproximadamente hasta los 2 años, el niño solo siente atracción por la parte manipulativa de los videojuegos: tocar las teclas, usar el ratón, jugar con los botones.
- A los 3 años el efecto de sus acciones tiene especial relevancia para él. Por ejemplo, si ve que al apretar un botón se enciende la pantalla, lo hará hasta la saciedad.
- Después de los 6 años comprende la función del juego e intenta superarse continuamente. Ya puede identificar el hilo conductor del juego.
- A los 9 o 10 años el interés por los videojuegos es máximo. En la actualidad, la mayoría de los niños a estas edades sienten especial predilección por este tipo de juegos. Algunos empiezan a los 10 años a comunicarse con los amigos a través del ordenador.

El Informe Cisneros X arroja las siguientes cifras relacionadas con el acoso escolar y la edad a la que se produce:

- La tasa de acoso escolar disminuye a medida que aumenta la edad del niño. Por tanto, los más pequeños son los que más lo sufren.
- El porcentaje total de alumnos en situación de acoso es del 24 por ciento en la etapa escolar (desde educación primaria hasta bachillerato).
- La edad en la que más se produce es entre los 7 y los 9 años (segundo y tercero de primaria). En tercero, la tasa de cualquier tipo de acoso escolar se eleva hasta el 43 por ciento de los alumnos, por lo que requiere la máxima atención.
- El acoso escolar se produce ligeramente más en niños que en niñas (3 por ciento de diferencia).
- El 78 por ciento de las víctimas sufre acoso durante al menos un mes.

LOS CAMBIOS EN EL AMBIENTE DEL NIÑO

En las edades más tempranas suele ser más llevadero todo lo que implica una variación del ambiente en el que se desenvuelve el niño, como un cambio de colegio, de ciudad o de residencia. A medida que el niño va creciendo, el grupo de amigos tiene cada vez más relevancia. Las alteraciones en edades superiores a los 9 o 10 años requieren un esfuerzo extra por parte del niño para adaptarse.

Los cambios son inevitables y el estrés que provocan es el mismo en los adultos que en los niños, pero ellos, como nosotros, normalmente acaban adaptándose.

4. Prueba a hacerlo tú

Siempre ha habido nuevas situaciones que han afectado a los niños, pero la diferencia entre el momento actual y otros momentos de la historia es la rapidez con la que se producen los cambios. Los padres de hoy se sienten muchas veces desconcertados e incapaces de enfrentarse a la evolución vertiginosa del mundo que les rodea.

En este apartado recogemos las formas de afrontar las situaciones más comunes y estresantes que suelen plantearse en el entorno familiar. El objetivo es que los padres estén preparados para dar respuesta y servir de modelos para sus hijos.

4.1. Las nuevas tecnologías

De una generación a otra se transmite la idea de que cualquier tiempo pasado fue mejor. Hoy, como antaño, se producen cambios a los que a veces nos es difícil adaptarnos, y esta dificultad se agudiza en la actualidad principalmente por dos razones:

- El ritmo vertiginoso con el que se suceden los cambios: encontramos diferencias abismales entre generaciones muy próximas en el tiempo.
- Los padres no podemos transmitir enseñanzas sobre esos cambios porque desconocemos cómo hacerlo, se nos escapan temas tan cotidianos como el uso del teléfono móvil, el ordenador, los videojuegos o internet. A menudo son los hijos quienes tienen que enseñarnos su manejo.

Con la lectura de este punto los padres pueden:

- Entender la influencia real que las nuevas tecnologías tienen en el desarrollo del niño.
- Evitar demonizarlas por el simple hecho de no saber utilizarlas.
- Analizar los peligros, pero también descubrir sus ventajas. Hoy sabemos que no tienen por qué tener consecuencias negativas si el uso es vigilado y moderado: vigilado para que los contenidos sean de calidad y moderado para que no impidan realizar otras actividades necesarias para el correcto desarrollo del niño.
- Definir una utilización que aumente y desarrolle el potencial del niño. Si se hace así, las nuevas tecnologías pueden ser aliadas en el aprendizaje.

Incluimos la televisión en este apartado porque su uso debe seguir las mismas pautas que el resto de las nuevas tecnologías. Sin embargo, hay que tener en cuenta que el espectador de televisión es un sujeto pasivo que se limita a ver lo que ocurre, normalmente a velocidad de vértigo; no puede preguntarle ni interactuar con ella, algo que no ocurre, por ejemplo, con los videojuegos o internet. Los niños que consumen mucha televisión ven disminuidas sus capacidades de síntesis, imaginación y creatividad y, a menudo, presentan un lenguaje muy empobrecido.

Dos son las claves para establecer un uso adecuado de las nuevas tecnologías: el control sobre los contenidos y el control sobre el tiempo.

Controlar no significa prohibir, porque ello aumentaría el deseo hacia lo no permitido. El control se entiende como acompañamiento en lo que el niño ve, con el fin de ofrecerle una explicación sobre aquello que pueda generarle confusión.

Los padres que acompañan a sus hijos cuando están expuestos a la influencia de las nuevas tecnologías pueden ayudarlos a asimilar y utilizar la información a la que acceden. Por ejemplo, un niño puede ser capaz de encontrar en internet la Declaración de derechos del niño, pero no tendrá una opinión crítica sobre las injusticias que se cometen con los menores si no le ayudamos a sintetizar, comprender y exponer su parecer acerca del tema.

Los padres deben mediar para que sus hijos puedan diferenciar entre realidad y ficción. Recordemos que hasta los 8 años el niño no distingue ambos conceptos y cree que todo lo que ve está sucediendo o puede suceder. Si es pequeño, no entenderá por qué en la pantalla la gente o los dibujos animados resucitan y en la realidad no es así. Tal vez fantasee con miedos irreales y los traslade a su vida. Diversas investigaciones demuestran que los niños que reciben explicaciones de sus padres acerca de los contenidos son más capaces de asimilar de forma tranquila y apropiada la información nueva.

El control sobre los contenidos también puede hacerse desde la elección de lo que el niño ve o no. En las primeras edades decidiremos sobre los programas. Recurrir al DVD y a la selección de películas es un buen sistema de control.

Si el niño es mayor de 6 o 7 años, negociaremos con él la programación: qué espacios puede ver y a qué horas. La mejor forma es elegir unos cuantos programas de contenido apropiado y ofrecérselos al niño para que decida.

Tendremos en cuenta que no sean en horarios de comida, estudio o sueño.

El mismo criterio rige para los videojuegos: permitamos solo aquellos cuyo contenido conozcamos y aprobemos. No olvidemos controlar los que le prestan los amigos. Es recomendable instalar en el ordenador de casa filtros que impidan acceder a determinados contenidos de internet. Si no sabemos instalarlos, llamemos a un técnico. Este criterio de control es válido para niños de cualquier edad.

EL CONTROL SOBRE EL TIEMPO

No hay que tener miedo a cortar por lo sano cuando termine el horario estipulado. Nuestra actitud firme y serena hará entender al niño que seguimos siendo la figura de autoridad que vela por su bienestar, incluso en los casos en que no dominemos aquello que él utiliza.

Una norma a establecer en casa puede ser no ver la televisión más de una hora al día, ni utilizar internet más de dos, ni pasar más de hora y media frente a los videojuegos. En cualquier caso, no exceder de las 2 horas diarias dedicadas a estas actividades. Podemos ampliar el margen los fines de semana o en situaciones excepcionales, como los días de lluvia o en los periodos de enfermedad. No permitamos que las nuevas tecnologías se conviertan en canguros de nuestro hijo ni nos dejemos llevar por una actitud laxa ante la imposibilidad de entender aquello que maneja.

Pautas a tener en cuenta

🕐 No colocar en el dormitorio infantil un televisor, un ordenador o una videoconsola. Estos aparatos han de situarse en lugares de uso común para toda la familia, de forma que el control sea mayor y el niño no acceda a contenidos no recomendados por los padres.

🕐 Acompañar al pequeño mientras navega, informarnos de la temática de sus videojuegos, ver la televisión con él y favorecer el diálogo sobre lo que aparece en la pantalla: «¿Qué opinas de que el protagonista siempre pueda comer lo que le gusta?», «¿Tú crees que a tus amigos les gustaría que los tratases así?».

🕐 Ofrecer actividades alternativas que el niño pueda realizar con nosotros. Nada tiene parangón con el tiempo de atención y la relación afectiva que se genera entre padres e hijos. Esta estrategia es buena para introducir aficiones duraderas a las que el pequeño dedique su tiempo de ocio.

🕐 La prohibición no es la solución: acarrea conflictos y separa al niño de una realidad que está presente en su vida. Mantener actitudes extremadamente autoritarias, como prohibir los videojuegos o el acceso a internet, refleja el miedo de algunos padres a la falta de control sobre lo que su hijo domina y ellos no. Lejos de esta actitud, es mejor pedir al niño que nos muestre cómo buscar información en internet o de qué forma utilizar la videoconsola, y jugar con él.

🕐 Proporcionar a nuestro hijo experiencias con sus iguales para que desarrolle las capacidades sociales proponerle salir a sitios donde haya otros niños y animarle a apuntarse a alguna actividad colectiva.

🕐 Apagar cualquier aparato en los momentos en que toda la familia se reúna para facilitar así el diálogo o los juegos más tradicionales. Las tardes del domingo son fabulosas para iniciar a los hijos en juegos de reglas; el cuento nocturno es la forma más saludable de invitar al sueño; las comidas y las cenas son ocasiones privilegiadas para conversar.

🕐 Negarse con rotundidad y sin complejos al acceso a contenidos que consideramos inadecuados, independientemente de la reacción de nuestro hijo.

🕐 Permitir solo contenidos infantiles, nunca los destinados a adultos.

🕐 La protesta más habitual del niño cuando se apaga el televisor o el ordenador, suele ser: «Me aburro. ¿Qué hago ahora?». Debemos estar dispuestos a ofrecerle alternativas, como dar un paseo, salir al parque, hacer actividades extraescolares, etcétera. En la vida del pequeño tienen que estar presentes otras posibilidades de ocio además de los videojuegos o la televisión, y los padres son los encargados de fomentarlas.

🕐 Uno de los grandes peligros de las nuevas tecnologías es la tendencia al aislamiento que provoca su uso abusivo. De vez en cuando pensemos qué hacíamos nosotros cuando no existía la videoconsola o el ordenador. A continuación pongámonos manos a la obra y propongamos a nuestro hijo otras formas de pasar una divertida tarde: arcilla, plastilina, un pastel, jugar a los colegios o los hospitales, parchís, juegos con mímica o cualquier actividad que desarrolle las capacidades que no ejercita delante de la pantalla. Es fundamental que practiquemos con él estas actividades.

🕐 Elijamos videojuegos que requieran la participación de varios jugadores. Es una buena forma de que nuestro hijo se relacione con otros niños; además implica negociación y diálogo, habilidades fundamentales para el desarrollo social del niño. Conlleva el intercambio de juegos y discusiones acerca de la práctica, lo cual le ayudará a desarrollarse socialmente.

🕐 Hagámosle responsable de apagar el ordenador o el televisor una vez pasado el tiempo establecido. Si lo apagamos nosotros, cuando no estemos presentes le será muy difícil hacerlo por propia voluntad.

CONSECUENCIAS DEL MAL USO DE LAS NUEVAS TECNOLOGÍAS

Aunque es tentador permitir que los niños se atonten frente al televisor, el ordenador o la videoconsola y nos den un respiro, hay que tomar conciencia de los peligros que entraña toda esa cantidad de información que devoran sin que nadie medie entre el aparato y ellos. Algunas consecuencias de una utilización incorrecta de las nuevas tecnologías son:

- Miedos, pesadillas y terrores nocturnos cuando los niños presencian contenidos de carácter violento, ya que aún no pueden asimilarlos ni entenderlos. Ven aumentada la sensación de que viven en un mundo amenazante y lleno de peligros. En los más pequeños suele aumentar el miedo a ser agredidos.
- Imitación de lo que ven. Hasta los 8 años persiste la confusión de realidad con ficción, e incluso después de esta edad, si su superhéroe favorito es capaz de vencer a sus enemigos sin un ápice de piedad —aunque sean dibujos animados—, el niño repetirá este comportamiento en sus juegos y se identificará con un modelo que propugna la venganza más cruel y sangrienta como forma de justicia. Si el personaje cobra protagonismo por las pillerías, malas contestaciones, novillos o actitud negativa ante el sistema, ¿por qué no ser como él?
- Búsqueda de notoriedad. Hoy se produce el efecto de querer ser protagonista a toda costa. Existe un afán por aparecer en los medios de comunicación,

con el fin de obtener una notoriedad efímera, pero muy reforzadora. Esto tendría que hacernos reflexionar sobre si la atención que reciben en casa es tan deficiente como para tener que buscar la notoriedad con actos que muchas veces son delictivos.

- Insensibilidad ante el dolor ajeno. Si los niños ven a su antojo la televisión o acceden sin control a internet, pueden estar sometidos a una exposición continuada a la violencia. Se calcula que permanecer unas 3 horas diarias delante de la televisión nos lleva a presenciar unos dos mil actos violentos al año. ¿Qué resultados puede tener para un niño una larga y sostenida exposición a imágenes de este tipo? Entre otros, sin duda, la insensibilidad ante el sufrimiento ajeno.

Las consecuencias descritas no aparecen siempre, sino que dependen de las características individuales del niño, el contexto social al que pertenece y la relación con sus padres y con los otros niños.

Ventajas del uso de las nuevas tecnologías

No hay por qué rechazar las nuevas tecnologías. Hoy sabemos que pueden ayudar al desarrollo del niño, especialmente en las siguientes capacidades:

- Desarrollo visomotor. El uso de la mano y la vista tienen que ir coordinados al manejar el ratón o el mando del videojuego, por lo que aumenta la coordinación visomotora.
- Rapidez y versatilidad. Al contrario que la televisión, ante la que el niño es un ser pasivo, internet y los videojuegos requieren su interacción, piden soluciones rápidas y respuestas versátiles.

- Aumento de la capacidad de razonamiento lógico y de decisión.
- Utilización de toda una gama de recursos de la percepción: sonidos, imagen, tacto, etcétera.
- Mejora de los reflejos.
- Potenciación de la relación social en aquellos casos en que el juego elegido se desarrolle en grupo.
- Estímulo de la memoria sensorial, puesto que el niño pone en marcha lo visual y lo auditivo.
- Aprendizaje rápido y duradero. Cuando los contenidos son interesantes educativamente hablando, el aprendizaje es más rápido y perdura en el tiempo: no es lo mismo leer acerca del ornitorrinco que ver un vídeo sobre la materia.

4.2. EL ACOSO ESCOLAR

Un acosador no lo es de un día para otro: su perfil se forja desde pequeño. No podemos hablar de acoso antes de los 7 u 8 años, pero sí de determinadas actitudes que anuncian la posibilidad de que nuestro hijo se convierta con el tiempo en un hostigador. En capítulos anteriores de este libro se ha explicado cómo desarrollar capacidades que prevengan esta posibilidad, sobre todo en los dedicados a la inteligencia emocional, la agresividad y la autoestima.

El niño que acosa suele tener el mismo perfil que el pequeño tirano, por lo que las actuaciones que se presentan en este epígrafe son válidas en ambos casos. Y volvemos a hacer hincapié en que la raíz del problema está en la ausencia o el exceso de normas y rutinas.

Es difícil reconocer en nuestro hijo a un posible hostigador. Los padres del pequeño acosador suelen buscar excusas, justificar su comportamiento o quitar importancia a sus actuaciones, pero el niño que en torno a los 4 años no conoce hábitos ni límites tiene muchas probabilidades de convertirse en uno. Buscará intimidar a los de su alrededor como forma de suplir la inseguridad que rige sus actuaciones. El objetivo de los padres será romper el círculo vicioso que se genera cuando un niño descubre lo eficaz que es someter al prójimo generando miedo. Seguramente, hasta el momento solo habrá destacado por sus conductas negativas y sus mayores le habrán prestado atención exclusivamente en esos casos; es decir, habrá descubierto que solo recibe atención tras los comportamientos inadecuados, puesto que cumplir con las normas no ha traído beneficio o recompensa algunos.

Conseguir que el niño desaprenda las conductas que hasta el momento le han dado resultado y aprenda será un trabajo arduo y largo. Es preciso ser muy constantes, porque el pequeño no encontrará ningún beneficio a corto plazo en cambiar de actitud.

Las siguientes pautas educativas constituyen una vacuna para el pequeño acosador:

- Encargarnos de que perciba las consecuencias de su comportamiento, intentando que no sean punitivas ni, por supuesto, que impliquen castigo físico. Las tareas reparadoras descritas en el capítulo VII, «Premios y castigos», se muestran muy eficaces, ya que el niño tiene que llevar a cabo conductas alternativas a la inadecuada para restaurar el daño causado. De este modo puede mejorar la situación provocada por su comportamiento de coerción o daño físico: curar al agredido, ocuparse de cuidar a niños menores que él, arreglar los objetos que estropee, etcétera.
- Establecer límites consistentes que conviertan en inaceptable cualquier tipo de comportamiento agresivo. Previamente habremos definido cuáles son esos comportamientos; por ejemplo, si impone su criterio

en el juego, dejará de jugar hasta que se comprometa a respetar las reglas de funcionamiento. El niño podrá ganar reforzadores de actividad —ir al cine, aumentar el tiempo de videoconsola— cuando no muestre conductas agresivas. Así sabrá que realizar estas actividades depende de él.

- Expresar clara y contundentemente nuestro rechazo a sus actitudes violentas, ya sean verbales o físicas, y acompañarlas de las consecuencias oportunas: «No me gusta nada que pegues a tu hermano. Yo estoy muy enfadada y, sin embargo, no te pego a ti. Pídele perdón y, como quedamos, tendrás que dejarle que elija un juguete y prestárselo toda la mañana».

- Hacerle responsable de determinadas tareas y reforzar su cumplimiento: «Qué rápido has ordenado tu habitación; así tenemos tiempo para ver tu película preferida».

- Ejercer de figuras de autoridad y modelo para él. Ser constantes en el mantenimiento de los límites, mantener una actitud serena y firme, y aplicar las consecuencias previamente definidas nos convierte en las figuras que necesita para desarrollar la seguridad que le falta.

- Evitar que encuentre refuerzo a sus conductas de acoso. Un ejercicio eficaz es atender al niño agredido; por ejemplo, si el pequeño acosador insulta o ridiculiza a otro niño diciéndole: «Eres un inútil, no sirves para jugar a esto», lo apartaremos del juego y nos pondremos a jugar con el niño menospreciado: «Ahora seré yo quien juegue contigo, pero tendrás que enseñarme cómo hacerlo, porque yo no sé». Solo permitiremos que el agresor vuelva a la actividad una vez que se haya disculpado.

- Encargarle tareas en las que ejercite su autonomía, esfuerzo y constancia. Es importante que las termine, porque eso significa que se ha planteado un objetivo y se ha esforzado para conseguirlo, a pesar de los obstáculos. El niño acosador desconoce la tolerancia a la frustración, por lo que ajustarse a responsabilidades que tengan que cumplirse en un momento definido le enseña que no todo se produce cuando quiere y como desea: «Para jugar con la videoconsola tienes que hacer los deberes del colegio primero».

- Reforzar cualquier alternativa que lleve a cabo para solucionar los problemas de forma no violenta: «Me encanta que te hayas unido al juego de tus amigos aunque no sea el que querías; hoy nos quedaremos un rato más en el parque para que puedas terminar de jugar». Hay que estar atentos para premiar todas aquellas responsabilidades y comportamientos que sean adecuados.

- Controlar que no vea programas o vídeos en los que se premien las conductas agresivas. Si accidentalmente presencia estos contenidos, hay que explicarle que existen otras formas de solucionar las cosas.

- Dedicar un tiempo cada día a estar con el niño para establecer una relación de afecto: practicar actividades de relajación, contar historias con finales no violentos, pintar, recortar, jugar a hacer canastas, investigar sus inquietudes, etcétera. Tenemos que ayudarlo a trazar un plan de estrategias cuando quiera conseguir algo, sin olvidarnos de contemplar el fracaso y cómo remontarlo (se puede emplear la técnica del oso Arturo, descrita en el capítulo VI dedicado a la agresividad). Asimismo, hay que planificar actividades que le proporcionen éxitos y le ayuden a reconocerse como una persona capaz de realizar cosas valiosas.

- No responder a las provocaciones. Recomendamos utilizar las mismas estrategias empleadas para las rabietas, explicadas en el capítulo VI, y para dar órdenes, descritas en el V, «Normas y límites». Conviene también recurrir a algún tipo de relajación o distracción con tareas que nos ayuden a aguantar el desgaste al que nuestros hijos nos someten. Una vez que comuniquemos al niño que no cederemos ante algo, conviene retirarse de la situación para evitar que su actuación tenga observadores. Si el niño cesa su actitud, habrá que volver a prestarle atención y reforzar su decisión; de lo contrario, la intervención no será eficaz. Después tendrá que reparar todo aquello que haya dañado. No tengamos miedo a sus reacciones: está entendiendo y asimilando la negativa.
- Favorecer experiencias con otros niños para que desarrolle habilidades sociales: deportes de equipo en los que haya que respetar reglas, lugares de ocio donde se encuentre con amigos, etcétera.
- No dudemos en buscar la colaboración del colegio, porque una acción coordinada con el medio donde más tiempo pasa y donde se producen estos comportamientos coercitivos ayudará a agilizar el aprendizaje.

Si las conductas se mantienen en el tiempo o aumentan en intensidad, acudiremos a un especialista que nos guíe y oriente.

EL GRUPO

En ocasiones, el grupo se contagia de la actitud del agresor y desarrolla la misma conducta. Otras veces, el resto de compañeros, amilanados por el acosador, consienten la situación aunque la consideren injusta por miedo a convertirse en víctimas.

La primera dificultad estriba en detectar este tipo de conductas. La mayoría de las veces, a los adultos nos pasan inadvertidas estas situaciones y, cuando las detectamos, hay ya un grave deterioro para la víctima. No olvidemos que el acosador atemoriza al grupo, entre otras cosas, con las consecuencias que tendrá la delación. El miedo que genera es el arma más utilizada por él; de este modo, consigue que los demás apoyen o consientan su actitud.

En casa daremos pautas de actuación claras y alternativas a nuestro hijo para que sea capaz de enfrentarse a una situación de acoso: a qué adulto acudir y cuál es la solución más adecuada ante los conflictos. Tenemos que infundirle confianza para que relate lo que ocurre. El objetivo es que se rompa la actitud pasiva y de silencio que mantiene el grupo ante el acoso para evitar que el niño desarrolle una actitud de indiferencia ante el dolor del otro.

La consecuencia de mantenerse indiferente ante una situación de acoso es, fundamentalmente, que el pequeño aprende a no implicarse ante hechos injustos y dolorosos para los demás e interpreta que lo social se rige por la ley del más fuerte. Tenemos que sensibilizarle con el sufrimiento de la víctima y hacerle entender que esas conductas son intolerables.

Es crucial que vea que los comportamientos agresivos tienen consecuencias y, en este aspecto, la coordinación entre el colegio y la familia resulta necesaria. Una vez que el centro educativo esté informado, pondrá en marcha toda una serie de actuaciones dirigidas a evitar la situación en el grupo y dotar a los niños de las capacidades necesarias para hacer frente al acoso mediante campañas de sensibilización, talleres de habilidades de comunicación y empatía, programas de apoyo y mediación entre compañeros, etcétera.

4.3. Los cambios de casa y colegio

Cualquier cambio supone estrés y, en el caso de los niños, provoca principalmente una sensación de inseguridad ante lo nuevo. Mudarse de casa es una de las mayores fuentes de nerviosismo para los adultos, que, sin querer, transmiten a los pequeños. Si nos ponemos en su lugar, es fácil entender la incertidumbre que genera un traslado de estas características, y más si incluye un cambio de colegio o de ciudad. Pero es posible disminuir el impacto: la clave está en incorporar al niño al proceso.

Pautas para afrontar un cambio de casa

🏠 Preparar al niño con tiempo. No es conveniente informarle del cambio si falta un año, pero sí cuando se acerque la fecha. Si se trata de un traslado temporal, hay que decirle lo que durará. Es muy útil colgar un calendario en su habitación y señalarle la fecha para que él pueda ir tachando los días hasta que se produzca el cambio; ello le ayudará a saber el tiempo que falta.

🏠 Enseñarle el nuevo lugar de residencia antes de mudarnos.

🏠 Dar una vuelta por la zona y mostrarle los lugares a los que acudirá con cierta frecuencia: el parque, el supermercado, la tienda de golosinas, etcétera.

🏠 Permitir que tome pequeñas decisiones acerca de su nuevo hogar: su cama, su habitación, la decoración, etcétera.

🏠 El día de la mudanza, ayudarlo a recoger sus cosas en cajas y explicarle el proceso hasta que vuelva a encontrarlas en su nueva casa. La importancia de lo que quiera llevarse es la que él decida; no le pidamos que tire su funda de almohada preferida o su oso de peluche, ya habrá momentos menos estresantes para hacerlo.

🏠 Evitar transmitir nuestro estrés al niño. Una mudanza suele ser una situación de mejora, a pesar de lo que agota emocionalmente. Tenemos que contárselo y vivirlo con él de forma tranquila.

🏠 Si en el sitio nuevo se habla otra lengua, es una gran oportunidad para que la aprenda. Intentemos llevarle a clases para aprender el nuevo idioma unos meses antes del traslado.

PAUTAS PARA AFRONTAR UN CAMBIO DE COLEGIO

📏 Explicar al niño las razones por las que se produce el cambio, siempre adaptando el lenguaje a su edad y mencionando las ventajas que puede conllevar la circunstancia: «Harás nuevos amigos, conocerás nuevos sitios, podrás aprender cosas nuevas».

📏 No transmitirle temor; el niño necesita que nuestra actitud le dé seguridad para enfrentar la nueva situación.

📏 Llevarlo a conocer las instalaciones antes de empezar el curso. Podemos enterarnos de qué actividades extraescolares se imparten y ofrecerle la posibilidad de participar en alguna.

📏 Preparar el material escolar con él.

📏 Jugar a que nosotros somos un niño que llega por primera vez al colegio, así podremos mostrarle cómo presentarse para que imite nuestro comportamiento: «Hola, me llamo Pedro y soy nuevo porque mis padres y yo nos hemos cambiado de casa. ¿Cómo te llamas tú? ¿Puedo jugar con vosotros?».

📏 Fijar una cita con el tutor y pedirle que nos avise ante cualquier cambio de comportamiento del niño.

✐ Durante los primeros días, acompañarlo al colegio y recogerlo a la salida.

✐ Aumentar el tiempo que pasamos con él al acabar las clases.

<small>AYUDAS PARA LA ADAPTACIÓN EN AMBOS CASOS</small>

- Tengamos paciencia con las reacciones del peque-ño. Es de esperar que vuelva a comportamientos ya superados, como chuparse el dedo, orinarse encima o tener rabietas; incluso puede que se muestre más huraño en las relaciones sociales. Si le damos un tiempo para que se adapte a la nueva situación, es-tas alteraciones desaparecerán a medida que se vaya encontrando más tranquilo y seguro.
- En casa, intentemos mantener los hábitos, las nor-mas y las costumbres para no añadir más cambios a la vida del niño.
- Acompañémoslo a que se despida de los amigos, profesores y vecinos.
- Los niños suelen tener un objeto que llevan con ellos a todos lados porque les da seguridad; permita-mos que viaje con él o lo lleve en la cartera los pri-meros días.

4.4. LOS ABUELOS

La importancia de la figura de los abuelos para los niños es incuestionable. De un tiempo a esta parte, su papel en la familia ha cambiado considerablemente. Como hemos apun-tado en el primer apartado del capítulo, existen abuelos que visitan a sus nietos cuando lo desean y establecen con ellos una relación de afecto sin asumir la responsabilidad educativa propia de los padres; también los hay que ejercen de cuidadores de sus nietos por obligación y llegan, incluso, a ser sustitutos de los padres.

La relación con los abuelos es positiva para el desarrollo del niño por varias razones:

- En una cultura donde se idolatra la novedad, la juventud y el éxito fácil, los abuelos pueden convertirse en un modelo de filosofía de vida para sus nietos y transmitirles la importancia de valores como el esfuerzo, la lucha por conseguir objetivos, la constancia, la paciencia o los aspectos positivos de lo antiguo.
- A través de los relatos acerca de su propia vida o la infancia de los padres del pequeño, crean una identidad sobre lo que es y fue su familia. Armonizan el pasado y el presente del nieto y se convierten en valiosos contadores de historias.
- Suelen ser cómplices de los nietos, compañeros de juegos y más flexibles que los padres frente a los conflictos cotidianos de la labor educativa, lo que les convierte muchas veces en catalizadores de los conflictos entre padres e hijos.

¿QUÉ OCURRE CUANDO HAY CONFLICTO?

Dos suelen ser los motivos de conflicto: cuestionar la autoridad de los padres o consentir demasiado y olvidarse de los límites.

La clave para evitar los problemas está en definir el papel que han de desempeñar los abuelos dentro de la familia y en hacerlo con ellos; es increíble la cantidad de abuelos y padres que no se han sentado a consensuar los criterios educativos de sus nietos e hijos, respectivamente.

Para llegar a acuerdos hay que dedicar un tiempo cada día a tratar cuestiones que consideremos importantes; lo haremos antes de dejar al pequeño a cargo de los abuelos y también cuando lo recojamos, para comentar las incidencias de la jornada.

Buscar juntos soluciones a lo cotidiano irá generando un esquema de comportamiento con muchos puntos en común.

4.5. DEJAR AL NIÑO A CARGO DE OTRA PERSONA

A la mayoría de los padres le gustaría dedicar a la crianza de sus hijos todo el tiempo que fuera necesario, pero la realidad no suele permitirlo. Contratar a alguien es la solución más frecuente. Esta decisión suele coincidir con la primera separación de los padres y el niño, por lo que resulta especialmente difícil. La posibilidad de no encontrar a la persona idónea también genera mucha angustia. Aparte de guiarnos por el criterio fundamental de que se dé una buena relación entre el cuidador y el niño, tenemos que conocer sus cualidades básicas.

Algunas recomendaciones:

- Preguntar a personas de confianza si conocen a alguien.
- Entrevistar a los candidatos —varios, a ser posible— con bastante antelación.
- Procurar que tanto el padre como la madre estén en el momento de hacer la entrevista. De esta forma, los dos podrán contrastar sus opiniones y tomar la decisión adecuada.
- Dejar que el candidato hable. Contarle algo sobre la familia y permitir que haga preguntas. Una vez que sienta confianza, preguntarle las cosas que queramos saber sobre él.

- Es conveniente que el niño o los niños estén presentes durante algún momento de la entrevista. Así se podrá ver el comportamiento del candidato —si se fija en ellos, si juega, si les presta algún tipo de atención— y observar cómo reaccionan los niños ante él.
- Solicitar referencias y ponernos en contacto con alguno de sus antiguos empleadores.
- Intentar que empiece a cuidar del niño antes de nuestra incorporación laboral para explicarle el funcionamiento de la casa y las rutinas del pequeño.
- Comprobar que, además de jugar y tratar con cariño al pequeño, es capaz de darle una orden y mantenerla.
- Tiene que ser mayor de 18 años; si es más joven, probablemente no asumirá tanta responsabilidad.

GUÍA DE PREGUNTAS BÁSICAS PARA EL CANDIDATO

Antes de empezar la entrevista hay que fijarse en detalles como si ha llegado tarde y no ha avisado, su aspecto físico o su actitud. La puntualidad y la responsabilidad son cualidades necesarias para desempeñar este trabajo. Las siguientes preguntas pueden ayudarnos a encontrar la persona indicada:

✓ ¿Qué experiencia tiene en el cuidado de niños?
✓ ¿Sabe bañarlos? ¿Cambiarles los pañales? ¿Aliviar sus gases? ¿Darles la comida? ¿Acostarlos?
✓ ¿Conoce juegos y canciones?
✓ ¿Considera alguna labor de la casa o del cuidado de los niños difícil o agotadora?
✓ ¿Qué cosas le gusta hacer con los niños?
✓ ¿Qué haría si al pequeño le doliera un oído? ¿Y si se cayera? ¿Y si llorara sin parar?

✓ ¿Qué haría si fuera la hora de la siesta y no quisiera estar en la cuna?

✓ ¿Qué haría si no quisiera comer?

✓ ¿Le gusta salir de paseo? ¿Ir al parque?

✓ Cuando llueve, ¿cómo distrae a los niños?

✓ ¿Cómo cree que hay que organizar el día a día de los pequeños?

✓ ¿Cuál fue su último empleo? ¿Cuáles eran sus funciones? ¿Por qué lo dejó? ¿Cuánto tiempo duró?

✓ ¿Qué opina de sus anteriores empleadores? (Es importante escuchar qué dice de ellos, si descalifica a los niños o su conducta y si menciona intimidades).

✓ ¿Tuvo algún tipo de emergencia, accidente o enfermedad en su trabajo anterior? ¿Qué hizo?

✓ ¿Cuánto tiempo le gustaría trabajar en el cuidado de niños?

✓ ¿Qué es lo que más le gusta de trabajar con niños?

✓ ¿Qué le llevó a trabajar con niños?

✓ ¿Tendría algún inconveniente en quedarse hasta más tarde si surgiera un imprevisto?

✓ De todos los trabajos que ha tenido hasta el momento, ¿cuál es el que más le ha gustado?

✓ ¿Cuáles son sus mejores cualidades?

✓ ¿Cuáles son sus defectos?

✓ ¿Tiene hijos?

✓ ¿Cuánto ganaba en su empleo anterior?

✓ ¿Cuál es el salario mínimo que cubre sus necesidades actuales?

✓ ¿Cuál es su mayor preocupación actual?

✓ ¿Qué ha estudiado?

Observar cómo se dirige esta persona a los niños, cómo los mira y les habla pueden ser detalles que nos permitan tomar una decisión. Antes de finalizar la entrevista no hay que olvidarse de preguntar:

✓ ¿Tiene alguna duda sobre el trabajo?
✓ ¿Quiere hacernos alguna pregunta?
✓ ¿Cuándo podría incorporarse?

Después de haber entrevistado al candidato, antes de tomar una decisión, tenemos que hacernos las siguientes preguntas:

- ¿Consideramos que es sincero cuando dice que le gustan los niños?
- ¿Se ve que es una persona madura y responsable para el cuidado de nuestro hijo?
- ¿Cumplirá las normas y rutinas del niño mientras estamos fuera de casa?
- ¿Se podrá adaptar a la casa, a nuestras costumbres y forma de vida?

La contratación

Si la primera impresión de alguno de los candidatos ha sido favorable, podemos probarlo sobre el terreno. Será una forma de ver si se muestra atento a las necesidades del niño y a las tareas de la casa. Para evitar malentendidos es importante dejar claras no solo sus funciones y obligaciones básicas, sino también las prioridades. Sería conveniente darle las instrucciones por escrito, incluyendo los detalles específicos, como horarios, rutinas, límites y normas. No encontraremos al canguro perfecto, pero sí a alguien que respete nuestros criterios, siempre que se los hagamos saber. Tenemos que informarle de nuestras prioridades y, si lo primero es la atención del pequeño, no pretendamos que tenga la casa impecable, por ejemplo.

Conviene facilitarle números de teléfono de urgencia por si se produce un accidente: los del padre y la madre, los abuelos u otros familiares cercanos, un vecino de confianza, la ambulancia, las clínicas próximas, el pediatra, los bomberos, el Instituto Nacional de Toxicología y, por supuesto, el 112.

También es importante familiarizar al cuidador con su nuevo espacio de trabajo y los diferentes ambientes de la casa. Si también va a limpiar, aprovechemos para acompañarlo a cada habitación explicándole cómo queremos que lo haga.

Por supuesto, hay que proporcionarle lo necesario para cumplir con las tareas referentes a los niños y con las de la casa, si fuera el caso.

Hagamos una lista escrita de las cosas que son importante para nosotros y asegurémonos de que lo ha entendido claramente. Tenemos que comunicarle las normas y las consecuencias que tendrán para el niño su cumplimiento e incumplimiento, con el fin de que actúe de la misma manera que nosotros.

CIRCUNSTANCIAS QUE HAY QUE TENER EN CUENTA

Si el niño llora mucho cuando lo dejamos con su cuidador, expresa verbalmente su rechazo o no quiere quedarse con él, puede tratarse de una reacción lógica de adaptación a la nueva persona o el indicio de que algo no va bien.

Para tomar una decisión al respecto, podemos:

— Pedirle a algún familiar o vecino que los observe en el parque.
— Presentarnos en casa a horas inesperadas y observar la situación.
— Dejar pasar un tiempo prudencial —quince días más o menos— y, si la actitud del niño persiste o se intensifica, buscar a otra persona.

4.6. El consumo abusivo

Un alto porcentaje de la población vive en un estado de bienestar que le permite acceder a casi todo lo que quiere. Por eso las compras se multiplican y se convierten en una afición. «Cuanto más compras, más eres», parece ser el eslogan que rige la vida de algunas familias. Los niños no se salvan de esta filosofía, en parte porque mucha publicidad está destinada a ellos y en parte porque no pocas familias pasan los fines de semana en las grandes superficies comerciales. Los padres, sin darse cuenta, fomentan el consumo abusivo de productos, en muchos casos innecesarios, movidos por esa filosofía de «que no le falte de nada a mi hijo» y porque «para un rato que lo veo, voy a procurar que disfrute».

Las estrategias que proponemos a continuación tienen como objetivo que el niño diferencie entre lo necesario y lo apetecible, y que entienda que la obtención de las cosas requiere un esfuerzo. Si las aplicamos en casa, transmitiremos a nuestro hijo el valor de las cosas y su cuidado.

- No sustituyamos las actividades en familia por la compra semanal en una gran superficie comercial. Es cierto que muchos padres necesitan el fin de semana para hacer las compras, pero hay que buscar otras alternativas de ocio en familia. De lo contrario, nuestro hijo entenderá que comprar es una forma de relacionarse con nosotros. Podemos cambiar el planteamiento por: «Vamos a hacer la compra rápidamente y luego iremos a ver un guiñol».

- Pasar tiempo en familia no siempre implica gastar dinero. Podemos montar un taller de cocina en casa, preparar palomitas y unos refrescos para ver una película como en el cine, pasar un día de campo cogiendo setas o, simplemente, quedarnos en casa jugando a las construcciones. Para el niño, hacer cosas con sus padres es el mejor premio; lo prefiere a realizar actividades en solitario, por muy atractivas que sean. Hay que evitar que asocie pasarlo bien con gastar dinero. Ir al parque de atracciones, por ejemplo, ha de ser la excepción, no la norma.

- Podemos hacer la lista de la compra con nuestro hijo y ayudarlo a diferenciar lo que necesitamos —huevos, leche, jabón, dentífrico— de lo que nos gustaría tener pero no es necesario —la pasta de dientes de tal sabor que regala un muñeco, el gel con la forma de su superhéroe favorito—, aunque le permitamos que elija un par de cosas de la segunda lista.

- Tenemos que solicitar su ayuda en el supermercado y, si tiene capacidad para ello, que compare los precios entre unos productos y otros. Hay que decirle que no nos llevaremos más que lo que figura en la lista de la compra.

- En cuanto tenga edad, le permitiremos que pague pequeñas compras y sepa lo que valen las cosas.

- A partir de los 5 o 6 años le daremos una asignación semanal, una cantidad acorde con su edad que podrá distribuir como quiera. No hay que preocuparse si al principio se la gasta de golpe en golosinas o cromos; simplemente le recordaremos que es semanal y que hasta el siguiente sábado no recibirá más. Para conseguir nuestro objetivo es muy útil facilitarle una hucha donde guardar sus ahorros y explicarle que, si guarda en ella el dinero, podrá comprarse lo que quiera más adelante.

- Asociemos sus caprichos a acontecimientos importantes: el juguete que quiere lo tendrá en su cumpleaños, los refrescos de tal marca solo en las fiestas, la videoconsola puede pedirla para Reyes, la visita al parque temático llegará al final de curso, etcétera.

- Cuando se estropee un juguete, no lo tiremos directamente; intentemos arreglarlo con él. Antes de comprar algo nuevo, revisemos con el niño lo que ya no quiere y procuremos darle algún destino útil distinto de la basura: dárselo a su primo pequeño o buscar alguna empresa que lo recicle, por ejemplo.

5. DIFICULTADES Y CÓMO AFRONTARLAS

Saber cuándo una situación nueva está teniendo efectos negativos en el desarrollo del niño es el paso previo para tomar medidas. En muchos casos, lo más difícil es detectar que al pequeño le ocurre algo. Por eso hemos de estar alerta para interpretar las señales de aviso que os da nuestro hijo y actuar en consecuencia. Si nos ponemos en marcha rápidamente podremos disminuir los efectos que estas situaciones provocan cuando se mantienen en el tiempo.

Nuestra actuación, como en otros casos, tendrá que ser constante y coherente; en ningún momento bajaremos la guardia.

5.1. EL USO ABUSIVO DE LAS NUEVAS TECNOLOGÍAS

La adicción a las tecnologías es un fenómeno nuevo. Es difícil que los niños desarrollen una adicción como los adultos, pero, por desgracia, cada vez es más fácil detectar su utilización excesiva, que es el paso previo a la dependencia. «Se pone nervioso si la hora de su programa nos pilla en la calle; tenemos que subir a casa inmediatamente», «Cuando se sienta delante del ordenador no atiende a llamadas y no quiere salir a jugar con sus amigos», «Está deseando volver a casa para encender la videoconsola; solo habla de su nuevo juego». Estas situaciones son sintomáticas.

Algunos comportamientos del niño que nos pueden hacer sospechar de abuso de la televisión, los videojuegos o internet son:

- Miente acerca del tiempo que dedica a las nuevas tecnologías.
- No puede evitar pensar en los videojuegos o internet, adelantando incluso lo que hará al llegar a casa.
- Abandona relaciones o aficiones para aumentar el tiempo de uso del ordenador o la videoconsola.
- Disminuye su rendimiento escolar y su capacidad de concentración.
- Pierde horas de sueño o comida por jugar a los videojuegos, navegar por internet o ver la televisión.
- Intenta cumplir con un tiempo de uso previamente marcado y no lo consigue.
- Muestra inquietud, enfado o irritabilidad ante la prohibición, limitación o imposibilidad de acceder a las tecnologías.
- Las usa para evitar enfrentarse a estados de ánimo negativos: tristeza, ansiedad, irritabilidad, etcétera.
- Tiene necesidad de aumentar el tiempo destinado a la televisión, los videojuegos o el ordenador.
- Sustituye el tiempo de juego clásico y, como consecuencia, la relación con los demás por dedicarse a las tecnologías.

Ya hemos apuntado que las nuevas tecnologías mejoran la formación. Por eso es muy importante educar a los niños en una utilización mesurada y guiada, para que sean críticos con los contenidos y eviten un posible problema de adicción: impulsividad, dependencia, pérdida de la voluntad para detener su uso. Frente al abuso, solo cabe el control del tiempo y la puesta en marcha de las actuaciones descritas en el punto anterior.

5.2. Qué hacer cuando el niño es víctima de acoso

El niño sometido a acoso que no ha sido capaz de contarlo en casa emite señales que nos ponen sobre la pista de que algo le preocupa. Puede mostrar actitudes de rechazo al colegio, dolores sin causa médica o motivo aparente, pesadillas, alteraciones en la alimentación o verbalizaciones del tipo «En el *cole* me llaman...», «Los niños no quieren jugar conmigo», «Prefiero quedarme en casa que ir a la fiesta de fin de curso», «No me apetece ir a la excursión», «No me gusta entrenar al fútbol» o «Los niños me tienen manía».

Una vez que existe la sospecha de acoso o el niño es capaz de contarlo —el orden suele ser hablar con los amigos, luego con padres y por último con los profesores—, la actitud será de apoyo: «Te vamos a ayudar».

No caigamos en el error de convertir el comportamiento de la víctima en el problema a tratar: no es el culpable de lo que ocurre, sino todo lo contrario.

Cuanto más tardemos en averiguar lo que ocurre o más tiempo dejemos pasar sin darle importancia, más riesgo corremos de que el niño se habitúe a los insultos, menosprecios, ridiculizaciones o agresiones físicas, puesto que la continuidad hace que los acepte con normalidad, incorporándolos a su vida como algo más. Algunos adultos justifican el maltrato psicológico con frases del tipo «A mí también me pasó», «Así es la vida» o «Defiéndete, no dejes que te acobarden», sin tener en cuenta que el niño, haga lo que haga, recibe las mismas vejaciones y que, después, suele venir la agresión física. No banalicemos sus comentarios.

El plan de actuación para acabar con esta situación pasa necesariamente por informar al colegio y actuar de forma coordinada.

El paso de relatar lo que le ocurre es quizá el más difícil para el niño, puesto que tiene que superar el miedo a la coerción que normalmente utiliza el acosador: «Si te chivas, te vas a enterar». Tenemos que transmitir a nuestro hijo dos ideas fundamentales:

- «Te vamos a apoyar para solucionar esto. No estás solo».
- «Tú no eres culpable de nada; el responsable es el otro, que tiene una conducta socialmente inaceptable».

Es fundamental adoptar una actitud de atención que haga del núcleo familiar un espacio donde el niño se sienta seguro y escuchado. Hay que intentar ordenar su relato. No lo está exagerando ni pretende llamar la atención: nos cuenta lo que está viviendo y lo mal que lo pasa. Incluso podemos escribirlo con su ayuda en forma de diario o de dibujos para que normalice la denuncia de este tipo de situaciones y no tenga miedo de expresar lo que le ocurre y cómo se siente.

No es eficaz en este momento:

- Banalizar los hechos: «A mí también me pasó, no será para tanto».
- Dudar del relato: «¿Seguro que pasó como lo estás contando?».
- Culpar o victimizar al niño: «¿Y tú no le has hecho nada, no le has insultado o pegado? No vuelves a ese colegio. Es que tú, de bueno, eres tonto».
- Dramatizar la situación delante del niño.

- Intentar arreglar el problema por nuestra cuenta con el agresor o con sus padres.
- Echar la culpa de lo ocurrido al centro. El responsable es el agresor, y el colegio, nuestro gran aliado para frenar la situación.
- Animar al uso de la violencia: «Pégale tú, insúltale, no te dejes amedrentar».
- Actuar de forma agresiva ante los hechos: gritar, golpear objetos, amenazar. No olvidemos que, ahora más que nunca, nos convertimos en modelo de solución de conflictos para nuestro hijo.

Las situaciones de acoso necesitan de una intervención coordinada e interdisciplinar. Hay que ofrecer las alternativas necesarias tanto a los que sufren el acoso como a los que lo llevan a cabo.

El primer lugar al que debemos acudir es el colegio. Hay que hablar con el tutor, que a su vez informará al director del centro. Pidamos que actúen para detener la situación y que tomen medidas con el agresor y el grupo consentidor. Recabemos información acerca de si han notado algo distinto en la conducta de nuestro hijo y pongámonos a trazar un plan de solución.

La intervención inmediata es decisiva en los casos de acoso. Tenemos que ofrecer todos los datos que nos ha dado el niño para poder tomar medidas de urgencia: dónde, cómo y cuándo se produce el acoso. Todos estos factores serán tenidos en cuenta por el personal docente a la hora de establecer la vigilancia preceptiva.

El colegio conoce y pondrá en marcha todo un protocolo de actuación ante el acoso, que incluye desde las primeras medidas de urgencia hasta las sanciones a aplicar. Nos informarán de los pasos a seguir, los organismos a los que acudir si fuera necesario y de cómo se encuentra el proceso en todo momento. A grandes rasgos, la actuación contempla:

- Tomar medidas de urgencia para proteger al niño agredido y garantizar su seguridad. Aumentar la vigilancia, especialmente en los lugares que el niño haya relatado como de riesgo —pasillos, patio, vestuarios— y en los momentos de mayor vulnerabilidad, como las actividades extraescolares.
- Establecer medidas de apoyo y orientación, siempre que los padres estén de acuerdo.
- Decir a los padres de la víctima dónde pueden acudir, qué hacer, cómo tratar con el niño el tema y darles pautas específicas de comportamiento.
- Aplicar programas y estrategias de atención y apoyo social a la víctima, y derivar el caso al servicio socioeducativo competente si se considera necesario.
- Dar instrucciones a los familiares del grupo implicado en el acoso.
- Proporcionar reeducación a los acosadores.

El equipo del centro recogerá por escrito todos los datos que hagan referencia a esta situación y elaborará un informe que contemple lo ocurrido, las medidas llevadas a cabo y un seguimiento de los resultados que remitirá a los organismos pertinentes en caso necesario.

Durante el tiempo que dure el proceso, se pondrá especial cuidado en garantizar la protección de los menores implicados, su intimidad y la de su familia, no duplicar las intervenciones y evitar alargar cualquier actuación de forma innecesaria.

ACTUACIONES CON EL AGRESOR

Cada centro tiene estipuladas una serie de medidas cautelares dirigidas al acosador; algunas de ellas son:

- Que pida perdón por su comportamiento de forma oral o por escrito.
- Que participe en un proceso de mediación. Este sistema es válido siempre que el niño afectado esté de acuerdo; si no, es mejor obviarlo.
- Realizar trabajos dirigidos a la sensibilización con la violencia y las consecuencias en los otros.
- Establecer un plan de actuación en la familia para la vigilancia y el control de los comportamientos agresivos del niño. Esto es factible si existe voluntad de colaboración por parte de sus padres.
- Que lleve a cabo tareas relacionadas con la mejora de la convivencia en el centro.
- Que participe en programas específicos de habilidades sociales, control de impulsos y aumento de la autoestima fuera del horario lectivo y con autorización familiar.
- Que escuche la amonestación, en privado, del personal educativo que trabaja con él.
- Cambiar al agresor de grupo o de clase.
- Suspender su derecho a participar en actividades complementarias y extraescolares.
- Privarle del derecho de asistencia al centro por un plazo máximo de tres días.
- Abrirle un expediente disciplinario.

El centro escolar tendrá que informar en todo momento de las actuaciones que se vayan a llevar a cabo, del resultado obtenido y del seguimiento que posteriormente se haga de la situación.

En caso de que los padres y los abuelos que ejercen de educadores choquen en cuanto a criterios educativos, habrá que tomar medidas:

- Reunirse, ponerse de acuerdo, explicar a los abuelos los límites y pedirles que los respeten.
- Si no se llega a un arreglo, delimitar cuáles serán sus tareas y cómo las van a hacer; por ejemplo: «Recoger al niño en el *cole* y darle la comida que, previamente, dejaremos preparada; si no la quiere, no se le hará otra cosa».
- Dejar claro que, en caso de que los padres y los abuelos estén a la vez con el niño, prevalecerá el criterio paterno y que no se discutirá una actuación o un desacuerdo mientras él esté presente.
- Entender que los abuelos pueden ser más flexibles en sus funciones y permitir que adapten algunas normas a su forma de hacer las cosas.
- Buscar el consenso, pero, en caso de que no sea posible, explicarle al niño que en casa de los abuelos las cosas son diferentes que en la propia para evitar manipulaciones.

6. Casos prácticos

6.1. Hugo, el pequeño tirano

Los padres de Hugo, de 6 años, acudieron a la consulta porque no podían más con el comportamiento de su hijo. Desde hacía aproximadamente un año mostraba conductas tales como agredir a su hermano de 2 años y a sus padres, llorar cuando algo no salía como él deseaba, tener rabietas y pataletas o tirar todo lo que encontraba a su paso. Se podía decir que tenía un comportamiento tiránico, ya que su necesidad de dirigir la casa le llevaba a no tolerar la frustración que le producía la negativa de los padres. Antes de empezar el trabajo con Hugo se acordó la necesidad de que sus padres le exigieran el cumplimiento de las normas vigentes en el hogar y, sobre todo, que entre ambos existiera igualdad de criterios.

Establecimos un programa de puntos: se le asignó a Hugo una cantidad de puntos que iría perdiendo al mostrar cualquiera de sus frecuentes comportamientos inadecuados. El pequeño eligió ir al parque de atracciones como recompensa si, llegado el fin de semana, conservaba como mínimo cien puntos del total de los ciento cincuenta facilitados. La dinámica era la siguiente: perdería un punto cuando se tirase al suelo y se pusiera a llorar y patalear, tres puntos cada vez que tirase algo y cuatro si agredía a sus padres o a su hermano pequeño. De esta forma se pretendía que Hugo fuese consciente de sus conductas inadecuadas y, sobre todo, que sus actos tuvieran unas consecuencias inmediatas.

Con este plan se intentó que disminuyera la frecuencia de los comportamientos de Hugo y que se esforzara todo lo posible con el fin de conseguir aquello que tanto anhelaba: ir al parque de atracciones. Así ocurrió la primera semana: Hugo solo había perdido cuarenta puntos, por tanto, disponía de ciento diez y podía recibir su recompensa.

Poco a poco se fue aumentando el número de puntos necesario para conseguir recompensa y se le fue exigiendo a Hugo, el pequeño tirano, un mayor esfuerzo. Así aprendió que tener un comportamiento adecuado era mucho más positivo, ya que obtenía más beneficios.

6.2. La nueva casa de Sonia

Los padres de Sonia vinieron a la consulta porque iban a cambiar de lugar de residencia y temían la reacción de la niña. Sonia tenía 5 años y, según comentaban sus padres, siempre le había costado mucho adaptarse a las nuevas situaciones.

El motivo del cambio de lugar de residencia era que la empresa del padre se había trasladado a otra ciudad para llevar a cabo un importante proyecto. El padre y la madre de Sonia decidieron que la mejor opción era que toda la familia se trasladase. «No sabemos cuándo decírselo ni cómo. Seguro que se lo toma muy mal. Dejar a sus amigos puede ser muy duro para ella», eran algunas de las preocupaciones de los padres.

Se acordaron las siguientes pautas con los padres de Sonia:

- Se le informaría del cambio con un tiempo prudencial, aproximadamente veinte días antes. Ambos padres comunicarían a la pequeña su decisión, dejarían que preguntase todas las dudas que tuviese y que expresara sus opiniones y emociones.
- Se planeó un viaje a la nueva localidad en la que se iban a instalar para que conociera su barrio, su nueva casa y los lugares cercanos que visitaría con asiduidad.
- Sonia tendría que participar en la decoración de su habitación eligiendo, por ejemplo, los muebles.
- Unos días antes de la mudanza se realizaría una fiesta de despedida con sus amigos y profesores.
- El día de la mudanza, Sonia tendría que ayudar a sus padres a meter en cajas todas sus pertenencias.
- Una vez instalados en el nuevo domicilio, las primeras cajas que abrirían serían las de ella y arreglarían su habitación antes que ninguna otra estancia.

- Mantendrían, en la medida de lo posible y desde el primer día, los mismos hábitos y horarios que en la residencia anterior.
- Tendrían paciencia y ayudarían a Sonia en la adaptación al nuevo colegio, acompañándola los primeros días.
- Viajarían, de forma frecuente al principio, a su antigua ciudad para visitar o compartir un tiempo con sus amigos.

Al principio fue difícil y surgieron algunos conflictos que se solucionaron fácilmente. La tristeza inicial de Sonia fue desapareciendo poco a poco. Hoy Sonia está totalmente adaptada a su nuevo hogar y su nuevo colegio, y tiene un grupo nuevo de amigos.

7. Qué se ha conseguido

Las nuevas situaciones exigen adaptación y, si esta se produce con éxito, enseñan a afrontar lo novedoso sin demasiada ansiedad.

Entre las situaciones que pueden requerir adaptación destacan las nuevas tecnologías. Todos los niños van a tener que utilizarlas y los padres han de enseñarles, incluso en aquellos casos que no controlen demasiado su modo de empleo, porque eso no significa que no tengan nada que aportar. Cuando apagan la pantalla, están enseñando autocontrol a su hijo. Cuando hablan con él sobre los contenidos a los que accede, lo obliga a pensar y crear una opinión crítica y personal sobre distintos temas. Cuando le ofrecen actividades alternativas, le muestran cómo desarrollar aspectos de su vida que no dependen de las tecnologías, cómo gestionar y aprovechar su tiempo de ocio. De esta manera, ni el tiempo que dedique a estas actividades ni los contenidos serán un problema para el niño, y sus aficiones, relaciones y opiniones irán más allá de las que encuentre en internet, la televisión o los videojuegos. Otra situación a la que no pocas veces hay que hacer frente en la sociedad de hoy es el acoso y la violencia. Una actitud de rechazo contundente a las agresiones, la aplicación de consecuencias a los comportamientos de este tipo y el debido refuerzo a las conductas adecuadas evitarán que nuestro hijo justifique o utilice la coerción, el acoso psicológico o la violencia física como forma de solución de conflictos o trato con los demás. Los niños acosadores y tiranos no han conocido normas, límites, hábitos ni refuerzos, y mantienen una actitud que, si se perpetúa, puede ser el preludio de una conducta delictiva que valora el hecho violento como socialmente aceptable.

Los cambios sociales han provocado que los niños pasen muchas horas a cargo de los abuelos o personas contratadas. Esto les enseña a establecer relaciones con otros, a ser más autónomos y a reconocer la autoridad no solo en sus padres. Si son los abuelos los encargados de su cuidado, aprenderán a respetar todo lo que ellos representan y, por extensión, a los mayores en general: su experiencia de vida, su capacidad de cariño, el esfuerzo, la complicidad y lo bueno que tiene lo antiguo son algunos de los aprendizajes que los niños mantendrán en el tiempo.

Un último síntoma de los tiempos actuales, descrito en este capítulo, es el consumismo. Cuando le decimos a nuestro hijo: «Ahora no te compro esto, no es necesario», estamos enseñándole a tener control sobre la vorágine de consumo que le rodea. La paga y la hucha de hoy serán los instrumentos para que sepa gestionar su sueldo el día de mañana; si le pedimos que nos ayude con la lista de la compra, aprenderá a reflexionar y diferenciar lo necesario de lo apetecible antes de decidirse a comprar a plazos o pedir una hipoteca.

Como hemos visto, no hay que alarmarse ante las nuevas situaciones porque disponemos de habilidades y recursos suficientes para enseñar a nuestro hijo cómo adaptarse sin hacer del proceso un problema.

Capítulo XIII

Cambios en la familia

Son muchos los cambios que se han producido en la estructura tradicional de la familia, y en muy poco tiempo. Inevitablemente, esto también acarrea cambios en la educación de los hijos. Hay, sin embargo, cosas que no cambian y que preocupan por igual: los celos y la muerte de seres queridos.

La vida está llena de cambios a los que hay que saber adaptarse. Algunos dependen de las decisiones que tomemos y otros nos vienen impuestos. Todos generan incertidumbre, todos se afrontan con miedo a lo que vendrá después y con cierto estrés, todos requieren un periodo de adaptación, de todos se sale fortalecido con la seguridad de saber que somos capaces de enfrentar situaciones nuevas.

También los niños adquieren esta capacidad cuando lidian con situaciones nuevas. La diferencia está en que ellos necesitan un modelo. Parece que no es tan importante el número de cambios, sino cómo se llevan a cabo.

Ante cualquier situación nueva hay que dar respuesta a tres interrogantes: cómo se lo contamos a nuestro hijo, qué le contamos y de qué forma afrontamos el cambio. Este capítulo puede ayudar a elaborar la respuesta.

1. ¿QUÉ SON LOS CAMBIOS EN LA FAMILIA?

Hay muchas circunstancias que provocan cambios en la estructura familiar y que tienen repercusiones directas sobre los hijos. En este capítulo vamos a describir las más frecuentes en nuestra sociedad, como la separación de los padres, el nacimiento de un hermano, la adopción o la muerte de un familiar.

La realidad social ha cambiado los modelos de familia, pero en todos los cambios provocan la misma incertidumbre. La forma de enfrentarlos va a determinar que los hijos los entiendan y se adapten a ellos.

1.1. EL DIVORCIO O LA SEPARACIÓN DE LOS PADRES

La ruptura de la pareja es uno de los cambios más frecuentes que se dan en la estructura de las familias actuales. Se entiende por separación el fin de la convivencia en común de la pareja, pero no implica la disolución civil del matrimonio, a la que llamamos divorcio. Actualmente, gracias a la nueva ley de divorcio, no es necesario que exista separación previa para divorciarse.

Al tomar la decisión de separarse, la mayoría de los padres se preocupan del efecto que tendrá la nueva situación en sus hijos. Separarse no es una tarea sencilla, es un acontecimiento estresante tanto para los padres como para los hijos, con consecuencias emocionales inevitables. Pero cada separación o divorcio es diferente a los demás, al igual que cada familia es única.

El conflicto entre los padres resulta más perjudicial para los hijos que la propia separación; por tanto, no es el hecho de separarse o divorciarse en sí mismo lo que determina las posibles alteraciones en los niños, sino las frecuentes discusiones y conflictos entre los padres vinculados a la situación. Si la decisión está ya tomada, esperar a que el niño tenga una determinada edad para separarse pensando que «cuando sea más maduro podrá comprender mejor la decisión» suele ser un error. Los niños terminan por adaptarse a la nueva situación familiar, si bien hay casos en los que pueden desarrollar problemas conductuales y emocionales como el miedo, la inseguridad, los lloros, las rabietas, la falta de rendimiento escolar o la desobediencia.

No en todas las situaciones es fácil, pero es importante no perder de vista el hecho de que la separación como pareja no tiene que convertirse en una separación como padres. Es más, los padres deberían tener claro que inevitablemente tendrán que ponerse de acuerdo o por lo menos comunicarse en todo lo que tenga que ver con los hijos si no quieren que la separación sea vivida por estos como un abandono de las funciones que como progenitores les corresponden. Saber resolver sin conflictos después de la separación los temas referentes a los hijos evita efectos negativos en estos.

Diferentes autores han definido distintos perfiles de padres en función de cómo solucionan los asuntos relacionados con sus hijos una vez separados. Quienes se encuentren en este caso pueden reflexionar acerca de dónde están situados con respecto a esta clasificación:

Padres colaboradores

Se reparten las tareas, toman las decisiones sobre la educación de los hijos de manera conjunta comparten tiempo con sus hijos a menudo y en casa hablan con naturalidad del otro progenitor.

Padres amigos

Existe un respeto mutuo entre ambos. No hay un criterio educativo común, aunque no interfieren el uno en el otro.

Padres competitivos

Existe un manifiesto desacuerdo entre ambos, que se critican y cuestionan abiertamente las decisiones del otro delante de los niños. Se acusan y utilizan a sus hijos para solucionar conflictos con su expareja y los obligan a tomar partido. Los niños de estos padres se muestran irritables, tensos y es muy probable que, a la larga, presenten problemas emocionales o conductuales.

Padres enemigos

Hay una enemistad patente entre el padre y la madre: no pueden verse ni hablar por teléfono. En estos casos, los niños pueden desarrollar rencor hacia uno o los dos progenitores, poniéndose de parte de uno o del otro según les convenga. Estos niños tienen más probabilidades de presentar problemas de conducta o alteraciones emocionales.

Padres ausentes

Uno de los dos no se implica ni se responsabiliza de nada que tenga que ver con los hijos; es el otro quien lleva el peso de la educación y quien decide. Entre este tipo de padres están los que incumplen el régimen de visitas o lo cumplen solo de vez en cuando. La vinculación afectiva con el hijo queda dañada por la falta de relación. Padre e hijo se convierten en dos desconocidos.

LA CUSTODIA

Cuando una pareja decide separarse de forma legal y tiene hijos menores de 18 años, el juez, a través de lo que se denomina convenio regulador, acuerda con quién vivirán los niños, así como la pensión que el cónyuge con quien los pequeños no convivan debe satisfacer en concepto de gastos de manutención.

La custodia de los hijos es un duro paso más en la disolución de la pareja, que se suma al estrés que suponen la separación y el reparto de los bienes materiales. Inevitablemente, un miembro de la pareja verá disminuir el tiempo que pasa con sus hijos. Pero, sobre todo, es un momento difícil para el niño, que va a dejar de vivir el día a día con su padre o con su madre sin que él lo haya decidido.

Entendemos por custodia el cuidado físico y psíquico y la supervisión de los hijos menores de edad. Hay dos tipos de custodia: la física, que hace referencia a con quién vive el niño día a día (en España, en el 95 por ciento de los casos corresponde a la madre), y la legal, que contempla quién tiene derecho a tomar decisiones sobre el niño en materia de educación, salud, etcétera.

En nuestro sistema jurídico existen dos tipos de custodia legal:

- *Custodia compartida.* No significa que el niño viva la mitad del tiempo con un progenitor y la mitad con el otro, sino que ambos acuerdan las decisiones relativas al pequeño, aunque las normas diarias, como la hora de acostarse o de comer, son responsabilidad del padre con el que está en ese momento. La custodia compartida funciona cuando los padres son capaces de dejar sus diferencias de lado y dedicarse a la educación de los hijos.
- *Custodia exclusiva.* En este caso es solo uno de los progenitores quien toma las decisiones importantes acerca de la vida de sus hijos, que conviven con él. Independientemente de cómo sea la custodia, el juez asigna un régimen de visitas. Aunque corresponde al juez decidir sobre los menores, tiene en cuenta su opinión, especialmente si son mayores de 12 años. Cada caso es distinto, pero, por lo general, el régimen de visitas se establece de la siguiente forma: un fin de semana alterno, la mitad de las vacaciones escolares y un día entre semana por la tarde.

El síndrome de alienación parental

Este síndrome, más conocido por las siglas SAP, es cada día más frecuente en nuestra sociedad. Se cree que está presente en, aproximadamente, un tercio de las separaciones polémicas.

Aunque fue identificado como tal en 1985 por el psiquiatra Richard Gardner, todavía es una realidad desconocida para el gran público.

El síndrome de alienación parental es el proceso mediante el cual uno de los padres, normalmente con el que vive el niño, enseña al pequeño a odiar al otro progenitor con la finalidad de crearle un rechazo. La forma que tienen algunos padres de hacer daño a su expareja es a través de la manipulación de los hijos para ponerlos en su contra y que rechacen su compañía.

Los grandes perjudicados de la situación son los niños, que se utilizan como objeto de manipulación constante por parte de uno de los padres, llegando a sufrir problemas tales como ansiedad, depresión, tics nerviosos, dolores de cabeza y, sobre todo, sentimientos de culpa. El SAP no se da solo durante la infancia, también puede tener repercusiones en la edad adulta.

Algunos indicadores que nos pueden hacer pensar que el niño está siendo alienado por uno de sus progenitores son:

- El padre custodio impide de forma constante que su hijo vea al otro progenitor.
- Insulta o desvaloriza a su excónyuge en presencia del pequeño.
- Utiliza ante el niño temas de pareja anteriores que nada tienen que ver con él.
- Miente sobre el otro progenitor para generar en su hijo una imagen negativa de él.
- Subestima los sentimientos del niño hacia su otro progenitor.

Aunque se han barajado teorías que apuntan a que el progenitor alienador puede estar sufriendo algún tipo de trastorno, por norma general es plenamente consciente de sus actos, se aferra a la idea de que no existe nadie que quiera más a sus hijos que él y que, por tanto, no es necesario que mantengan contacto con el otro.

No es infrecuente que el alienador llegue a inventarse historias de maltrato por parte de su expareja o incluso de abusos sexuales, con el fin de que el niño justifique su odio hacia él. Incluso puede entrar en batallas legales con el objeto de retirar el régimen de visitas pactado. Por lo general, el alienador no suele hacer mucho caso a las decisiones judiciales.

Un detonante para que un progenitor desarrolle conductas de alienación puede ser que el otro tenga una nueva pareja.

Sin duda, el niño es el gran perjudicado en estos casos. Se debe velar por él, ya que el SAP puede desencadenar grandes problemas emocionales o conductuales en el pequeño de una manera más o menos duradera. Un niño que sufre de SAP necesita de una intervención terapéutica que, obligatoriamente, cuente con la participación del padre alienador.

LA MEDIACIÓN FAMILIAR

Podríamos definirla como la forma pacífica de resolver conflictos entre dos partes enfrentadas con el fin de adoptar la solución que menos coste emocional tenga para los implicados. El mediador familiar será una tercera persona neutral que actúe de árbitro o asesor, sin poder de decisión, entre ambas partes.

Es una forma de intervención en procesos de separación o divorcio; consiste en una ayuda profesional a las partes implicadas con el fin de conseguir acuerdos satisfactorios y equitativos para ambas.

Nació en Estados Unidos en 1978, dentro del ámbito de la separación matrimonial, pero hasta 1990 no se aprobó su aplicación en España, fecha en que el Ministerio de Asuntos Sociales estableció el primer programa de mediación familiar. Actualmente es una práctica bastante extendida en nuestro país y hay muchos centros privados donde se desarrolla de manera profesional.

La mediación familiar es una negociación para llegar a un acuerdo acerca del convenio regulador que rija la separación: guarda y custodia de los niños, régimen de visitas, pensión alimenticia, pensión compensatoria, vivienda, bienes, etcétera. Una vez finalizado el proceso, el mediador familiar —que es un experto en relaciones interpersonales, resolución de conflictos y negociaciones, y que conoce las leyes jurídicas vigentes— redacta un documento que se entrega en el juzgado para hacer efectiva la sentencia de separación o divorcio. El proceso de mediación no finaliza aquí: después hay algunas sesiones más de seguimiento.

La mediación familiar tiene los siguientes objetivos:

- Evitar disputas que provocarían un juicio contencioso (sin mutuo acuerdo) con la decisión única del juez. Los implicados deben entender que lo ideal es que sean ellos quienes decidan.
- Poner al alcance de los padres información legal o psicológica que les sirva de ayuda a la hora de tomar decisiones.
- Llegar a acuerdos entre ambos que permitan la elaboración del convenio regulador y, fundamentalmente, que los pactos sean duraderos.
- Fomentar la relación como padres, que debe continuar aunque finalice la relación de pareja.
- Proteger los derechos del menor y tener en cuenta su futuro, algo que siempre debe estar por encima de las desavenencias entre los padres.
- Entrenar a los excónyuges en técnicas de negociación para resolver futuros desacuerdos.

- Ayudar al niño, en función de su edad, a aceptar la nueva situación.
- Reducir el coste emocional que tendría el establecimiento de un convenio regulador por vía judicial.

La mediación ayuda a los padres a comprometerse a cumplir lo pactado en el momento de la separación y a llegar a acuerdos más personalizados. Facilita la comunicación entre la expareja y tiene en cuenta a los hijos. En definitiva, es una buena alternativa para no llegar a resolver el conflicto en los tribunales, aunque, por supuesto, es totalmente voluntaria y en ningún caso incompatible con la vía de resolución judicial.

1.2. Nuevos hermanos

Los celos son un sentimiento que todos experimentamos en algún momento en mayor o menor medida. Casi todos los niños sienten celos ante el nacimiento de un nuevo hermano. Los padres pueden tomar medidas para mitigar este sentimiento, que sin embargo no desaparecerá.

La situación es la siguiente: el niño estaba solo, era el centro de atención de sus padres, de sus tíos, de sus abuelos; era el rey. Con el nacimiento de su hermano se ve destronado. Su madre, de repente, se va al hospital, está unos días fuera y le deja con los abuelos. Cuando regresa, se encuentra su casa llena de gente que viene a ver al bebé. En los días siguientes, su madre, todavía convaleciente del parto, está constantemente pendiente del recién nacido. Es más, a menudo solo se dirige al mayor para pedirle que deje de jugar, que no haga ruido, que no despierte a su hermano. A partir de ese momento el niño tiene que compartir el tiempo y la atención de sus padres con un ser con el que apenas puede jugar y que no hace otra cosa que dormir y comer. Su madre se queda en casa con el bebé, mientras que él tiene que ir al colegio. ¿No es normal que tenga celos?

Muchas veces estos celos se manifiestan de forma abierta, pero en otros casos son más difíciles de identificar, aunque hay algunas manifestaciones típicas:

- Síntomas físicos. Dolor de tripa y vómitos, falta de apetito, problemas de sueño o dolores varios que puede inventar el niño con el fin de acaparar la atención de sus padres.
- Trastornos emocionales y conductuales. Desobediencia, cambios de humor, agresividad, lloros, rabietas, pataletas, hostilidad hacia los padres o hacia el hermano. El niño puede buscar muestras de afecto, mimos. Intenta llamar la atención de cualquier forma posible. Se niega a ir al colegio. Ignora al bebé.
- Regreso a etapas evolutivas ya superadas. El niño se vuelve a orinar en la cama, presenta un lenguaje más infantil que el que tenía antes, pide el chupete, el biberón, quiere purés para comer. En definitiva, intenta imitar a su nuevo hermano.

Por norma general, aunque dependerá de las características concretas de cada caso, el primogénito suele superar estos pequeños celos con la ayuda de los padres. Una vez que se vuelve a sentir ubicado y seguro, y que puede construir, poco a poco, una relación de complicidad con su hermano, el problema se resuelve. Hay un número de casos en los que estos celos se vuelven patológicos y necesitan la ayuda de un profesional, pero esto ocurre muy pocas veces.

Actualmente se calcula que en torno al 20 por ciento de las parejas tienen un solo hijo. En otros momentos esta circunstancia parecía aumentar la posibilidad de que se dieran en el niño comportamientos que dificultaban su relación con otros (sobreprotección, introversión, poca capacidad de compartir, etcétera). Sin embargo, hoy está claro que ser hijo único, en sí mismo, no es un factor influyente en el comportamiento del pequeño, sino que, al igual que ocurre con los hijos de familias más numerosas, depende en gran medida de la forma en que sus padres aborden el día a día de su educación.

HERMANOS GEMELOS

Debido al uso de las técnicas de reproducción asistida y del retraso en la edad de la maternidad, cada vez son más frecuentes los partos múltiples.

Entre los hermanos gemelos existe un vínculo especial que, según la mayoría de testimonios, no es igual que entre el resto de hermanos. Este nexo se caracteriza por:

- La dificultad para separarse.
- Una comunicación profunda entre los hermanos, que incluso crean un lenguaje propio.
- Una acusada diferencia de sus características psicológicas.
- En la relación entre ambos, uno tiene el papel de dominante, mientras que el otro adopta una posición más sumisa.
- La competitividad manifiesta entre ambos.

Si bien es un acontecimiento hermoso, las familias con gemelos se encuentran con la dificultad de tener que atender a dos niños de la misma edad y al mismo tiempo.

Los padres de hermanos gemelos tienen que poner especial atención en las acciones que sirven para diferenciarlos, como:

— Llamarlos por sus nombres y evitar referirse a ellos como «los gemelos».

— Premiar o castigar únicamente al que corresponda en cada momento.

— Procurar que cada niño tenga sus propias cosas.

— Propiciar que pasen tiempo con otros niños.

— Dedicarles tiempo de forma individual.

1.3. LA ADOPCIÓN

La llegada del nuevo hermano o del primer hijo también puede ser en forma de adopción. Y es posible adoptar de individualmente, creando así una familia monoparental.

Podríamos decir que la adopción se ha convertido en una práctica habitual. En el año 2012 hubo en nuestro país tres mil adopciones, por lo que existe numerosa bibliografía al respecto.

La adopción es otra manera de paternidad. En algunos casos se toma la decisión de adoptar después de muchos intentos fallidos de tener hijos, ya sea de forma natural o asistida.

Todavía existe la idea errónea de que a un hijo biológico se le quiere más porque es «de nuestra propia sangre», porque ha vivido dentro de la madre, pero el vínculo afectivo entre los padres y los hijos no depende del camino elegido para ser padres. El largo proceso de adopción puede compararse con el del embarazo: aunque dura más tiempo, es un periodo de preparación y espera donde no faltan las expectativas, las ilusiones y los planes de futuro.

Antes de adoptar un niño es importante reflexionar detenidamente, igual que antes de tener un hijo biológico. Es fundamental evitar aducir razones como el altruismo, la moda social o la generosidad. Entre un hijo adoptivo y un hijo biológico la única diferencia está en cómo llegan a la familia.

La decisión ha de estar motivada exclusivamente por el deseo de ser padres. Por eso desde el momento en que se toma la decisión existen distintos organismos que evalúan y acompañan el proceso con el fin de velar por el bienestar del menor.

A quienes van a ser padres adoptantes les asaltan dudas y miedos similares a los de los padres biológicos. Sus preocupaciones principales son:

- Las condiciones de salud en las que estará el niño, así como su herencia genética.
- La integración del pequeño en la familia.
- El vínculo afectivo: los padres se preguntan si llegarán a querer al nuevo hijo y si ese sentimiento será recíproco.
- La integración en el entorno. No se puede controlar la influencia en el niño de ciertos factores ambientales, pero los padres pueden dotarlo de estrategias para resolver conflictos, fomentar su autoestima y darle seguridad y confianza, que le servirán para hacer frente a las circunstancias del entorno.

Hasta hace unos años era factible adoptar a un niño español, pero hoy en día la adopción nacional es prácticamente imposible, ya que no hay menores susceptibles de ser adoptados en nuestro país. Adoptar a un niño de un país deprimido económicamente o en vías de desarrollo, que son los que más menores en situación de adopción poseen, implica un largo proceso que culmina cuando se viaja al país a recoger al pequeño y formalizar los trámites. Actualmente esta es la práctica más viable en España.

Cuando se llega a casa con el niño adoptado empieza el proceso de adaptación a su nuevo hogar, entorno y familia. Este proceso requiere su tiempo y atraviesa diferentes etapas y momentos de ansiedad e inseguridad por ambas partes.

Es necesario mantener un contacto físico —abrazos, caricias, besos— para conseguir que el niño se sienta seguro en su nuevo hogar. Probablemente llorará y tendrá problemas para dormir y comer. Es completamente normal. Una vez pasados los primeros días, en los que habrá que presentarle a su nueva familia, deberá conocer los hábitos y los límites del hogar. El pequeño irá probando qué se puede hacer y qué no, pero no hay diferencia en el número de problemas conductuales —como las rabietas o la desobediencia— entre hijos adoptivos o biológicos.

Es habitual que los niños adoptados tengan mayor tendencia a angustiarse frente a las situaciones de separación, pérdida o abandono que se encuentren de forma inevitable a lo largo de su vida. Todo dependerá de cómo aprendan en casa a enfrentar estas situaciones.

El periodo de adaptación es complicado, pero muy gratificante. Tengamos en cuenta que el niño llega de repente a una casa que no conoce, con una familia que le resulta extraña, una habitación para él solo, muchas cosas nuevas y una cultura completamente diferente a la suya, con sus hábitos, horarios, comidas, etcétera.

Durante el año 2013 el 8 por ciento de adopciones resultaron fallidas en España. Devolver a un niño adoptivo alegando problemas de convivencia o adaptación equivale a abandonar un hijo biológico.

El niño adoptado ha de saber que lo es, y quienes mejor pueden decírselo son sus padres adoptivos. Cuanto antes lo sepa, mejor. Cuando se le comunica al niño que es adoptado, pueden surgirle sentimientos contradictorios, aunque, dependiendo de su edad y de su nivel de maduración, reaccionará de una u otra forma: puede negarlo, fantasear sobre ello, pensar que sus padres biológicos lo abandonaron porque eran malos, preguntarse por qué ocurrió. Si los padres le hablan con franqueza e intentan resolver todas sus dudas, es menos probable que surjan conflictos.

Es muy normal que los hijos adoptados, al llegar a la adolescencia, se cuestionen su identidad y busquen información sobre su familia biológica. Esto no quiere decir que rechacen a sus padres adoptivos: simplemente quieren conocer su pasado. Es evidente que el vínculo afectivo lo han desarrollado con sus padres adoptivos y no con los biológicos.

1.4. La muerte de familiares

La muerte de un familiar es una circunstancia que cambia la estructura de la familia y que tiene siempre repercusiones en el niño. La magnitud de estas repercusiones está relacionada con el tipo de vínculo afectivo que une al pequeño con la persona fallecida.

La reacción de los niños ante la muerte difiere de la reacción de los adultos, y también es distinta en función de su edad; por ejemplo, para un niño de 4 años la muerte es algo reversible, al igual que ocurre en los dibujos animados, mientras que alrededor de los 8 años ya empieza a verla de forma más parecida a como lo hacemos los adultos.

Ayudar a los niños a expresar los sentimientos de tristeza y no ocultarlos es fundamental para superar la pérdida.

Debido a la naturaleza del ciclo vital, lo más frecuente es que cualquier niño, en algún momento, tenga que enfrentarse al fallecimiento de uno de sus abuelos y que esta sea su primera aproximación a la muerte.

LA MUERTE DE UN PROGENITOR O DE UN HERMANO

Cuando la persona fallecida es un miembro de la familia más directa, el niño, aparte de tener que enfrentarse a la pena por la pérdida de su padre, madre o hermano, debe adaptarse a los cambios en la estructura familiar.

Es probable que al principio niegue la muerte. Si no se buscan estrategias que lo ayuden a aceptar esta circunstancia y a elaborar su duelo para hablar de lo que siente, puede padecer desajustes emocionales que se mantendrían incluso en la madurez. Quizá la muerte de un padre o una madre sea el factor de estrés que más impacto tiene en el desarrollo inmediato y a largo plazo del pequeño.

Hay reacciones normales ante la muerte de uno de los progenitores, como pueden ser las conductas agresivas, los reclamos de atención, la irritabilidad, las reacciones depresivas, las pesadillas, la regresión a estadios evolutivos anteriores o la somatización. Sin embargo, estos síntomas disminuyen con el tiempo y con la ayuda de la familia hasta su superación, que se estima al cabo de dos o tres años de la pérdida. Hay casos en los que estas reacciones pueden prolongarse más de lo debido y no disminuyen en intensidad; cuando es así, se aconseja buscar ayuda psicológica. También la angustia, el estrés y la depresión del otro progenitor pueden afectar de forma directa en el hijo e influir en su desarrollo.

1.5. Estructuras de familia en la actualidad

El concepto clásico de familia compuesta por padre, madre e hijos es mayoritario, pero en nuestra sociedad también existen otras estructuras. Muchas de estas formas de familia surgen tras una segunda o tercera oportunidad; son nuevas parejas que aportan hijos de relaciones anteriores.

Algunas son monoparentales, un adulto, soltero, divorciado o viudo, que convive a solas con los hijos. Y en otras familias los dos progenitores pertenecen al mismo sexo.

Nuevas parejas

La pareja ha cambiado mucho desde su concepción más tradicional hasta el momento actual, en el que se ve con buenos ojos que, tras un fracaso sentimental o familiar, lo intentemos de nuevo.

Son muchas las personas que establecen una nueva relación de pareja tras una separación. Numerosos padres, llegados a esta situación, se plantean una disyuntiva: ¿es conveniente contárselo a los hijos o es mejor esperar? Este interrogante surge sobre todo del miedo a que el niño rechace a la nueva pareja o del temor a que se produzca un distanciamiento afectivo en las relaciones con él.

Por su parte, los hijos temen ser relegados a un segundo plano y perder la atención exclusiva de su progenitor. Los sentimientos del niño pueden encaminarse también a pensar que, si acepta a la nueva pareja, está traicionando a su padre o a su madre. Es importante tener en cuenta que iniciar una relación de pareja es una decisión exclusiva del adulto, no hay que pedir opinión al niño: él acabará entendiendo y aceptando la nueva situación, aunque para ello necesite un tiempo. Eso sí, antes de presentarle a alguien, es conveniente esperar a que la nueva relación sea estable.

Los padres desean que el trato entre sus hijos y su nueva pareja vaya bien, pero no siempre es fácil, porque el niño necesita el tiempo y la madurez suficientes para amoldarse a la nueva situación.

En el caso de que ambos miembros de la nueva pareja tengan hijos, los niños, además, tendrán que relacionarse entre ellos y compartir a su progenitor con los hijos del otro u otra. Por lo tanto, exigir que estas relaciones funcionen bien desde el principio es prácticamente una utopía. El tiempo, la maduración, la adaptación a la nueva situación y el papel de ambos progenitores serán fundamentales para el buen funcionamiento de la nueva estructura familiar.

FAMILIAS MONOPARENTALES

Son familias en las que el niño vive solo con uno de sus progenitores. Hay diferentes posibilidades en este tipo de estructura familiar: madres solteras, madres adoptivas, madres separadas o viudas, padres adoptivos, padres viudos o separados, etcétera. En el año 2011 el 13 por ciento de las familias españolas eran monoparentales, y la cifra tiende a aumentar.

La familia monoparental, como cualquier otra, tiene sus inconvenientes y sus ventajas, pero hoy en día las investigaciones aportan datos más realistas y positivos de esta estructura familiar. Como dificultades, la principal es la carga y la responsabilidad del progenitor, así como la excesiva carga económica que en ocasiones soporta. Pero a la hora de evaluar los problemas de conducta o de aceptación de la disciplina, en las familias monoparentales esos problemas no son superiores a los que presentan los niños en otras estructuras familiares.

La familia monoparental también tiene sus ventajas:

- Es igual de sólida que cualquier otra familia.
- Se evitan conflictos entre los progenitores sobre la educación del menor.
- En caso de adopción, normalmente es una decisión muy meditada, mientras que en el caso de una familia de dos progenitores es posible que uno lo tenga más claro que el otro.
- Las capacidades educativas son iguales a las de la pareja.
- Una única fuente de autoridad ayuda en la resolución de conflictos y evita la división de criterios.
- La familia monoparental hace que se compartan en mayor medida las tareas familiares y que cada miembro asuma múltiples papeles.

FAMILIAS HOMOPARENTALES

En nuestro país se aprobó en 2005 una ley que permite el matrimonio entre personas del mismo sexo. Existe una gran diversidad de opiniones al respecto. Resulta inevitable para la sociedad cuestionarse las consecuencias de la educación de los hijos en el seno de una familia homoparental. Como en muchos otros casos, las situaciones sociales van por delante de las legales, y de las experiencias que se han podido observar hasta ahora en familias con progenitores homosexuales no se derivan consecuencias negativas para los niños.

Una investigación realizada en 2002 por la Universidad de Sevilla y el Colegio Oficial de Psicólogos y la Oficina del Defensor del Menor de la Comunidad de Madrid concluye que «la vida de los hijos de familias con padres o madres homosexuales se caracteriza por la estabilidad y es bastante parecida a la del resto de sus compañeros». Y continúa diciendo: «Los niños que crecen en parejas homoparentales lo hacen de un modo sano, están bien aceptados por sus compañeros de colegio y tienen claro lo que es un hombre y una mujer y su papel en la sociedad».

Otros estudios realizados por la Academia Americana de Psicología y la Academia de Pediatría llegan a la siguiente conclusión: «No puede afirmarse que los niños educados en familias homoparentales sufran perjuicios en su desarrollo psicológico respecto a los educados en parejas heterosexuales».

El primer estudio realizado en España sobre jóvenes adultos educados en familias homoparentales, realizado en la Universidad de Sevilla por la psicóloga evolutiva María del Mar González, concluyó que «los niños crecen con un correcto desarrollo personal y buena salud mental».

Hay dos factores que deben tenerse en cuenta:

- Cualquier estructura familiar ha de brindar un ambiente donde el niño se sienta seguro, protegido y querido. La estabilidad de la pareja, una disciplina estructurada y flexible con normas y rutinas fijas y una vinculación afectiva estrecha son criterios fundamentales para que esto se dé.
- Una familia de estructura homoparental ha de dotar al niño de recursos suficientes para poder explicar, interpretar y asimilar su situación, debido a la controversia social que genera y que se reflejará en su vida cotidiana.

2. LA IMPORTANCIA DE LA ADAPTACIÓN A LOS CAMBIOS

La adecuada adaptación a los cambios que pueden darse en la estructura de una familia es fundamental para el sano desarrollo del niño y para evitar consecuencias negativas que puedan influir en su maduración emocional posterior.

El estrés es una respuesta natural ante ciertos cambios. En ocasiones, también pueden presentarse problemas emocionales o de conducta que, en la mayoría de los casos, desaparecen pronto. Pero estas alteraciones a veces se prolongan en el tiempo y se hacen crónicas; en esos casos se requiere la ayuda de un profesional.

2.1. ¿POR QUÉ ES IMPORTANTE SABER ADAPTARSE A LOS CAMBIOS?

De cómo aprenda el niño a afrontar los primeros cambios que aparezcan en su infancia dependerá su capacidad de adaptación posterior a las distintas situaciones inesperadas que encuentre en su vida adulta.

Cualquier cambio implica incertidumbre y ansiedad ante lo que puede venir. Tanto el niño como el adulto lo pasan mal. Cuando acompañamos al pequeño y le ofrecemos modelos de solución adecuados, le estamos proporcionando un nuevo y decisivo aprendizaje para su vida de adulto. No superar bien un cambio puede tener implicaciones en su desarrollo. Por ejemplo, los hijos de padres separados que no lo han aceptado y no se han adaptado al cambio tienen más probabilidades, en su vida adulta, de experimentar problemas con su pareja, desconfianza o incapacidad para comprometerse, ya que constantemente tienen presente la historia de la separación de sus padres.

Un adulto tiene que enfrentarse a lo largo de su vida a cambios importantes relacionados con su familia o su trabajo. Si de pequeño aprendió a hacerlo de forma acertada, le será más fácil superarlos con éxito. Aprender estrategias de enfrentamiento a cambios o a nuevas situaciones facilita al niño la resolución de conflictos y la toma de decisiones.

Los cambios nos hacen flexibles, capaces de adaptarnos y de entender las continuas situaciones inesperadas que, a lo largo de la vida, nos vamos a encontrar. Muchas veces los cambios, a pesar de la incertidumbre inicial y el miedo a lo desconocido, terminan por aportarnos satisfacciones. Por ejemplo, un niño cuyos padres antes de separarse discutían fuertemente y de forma continuada: atravesará un difícil periodo de adaptación a la nueva situación, pero dejará de vivir en un ambiente familiar lleno de tensiones, peleas, gritos y discusiones.

2.2. EL ESTRÉS EN LA INFANCIA

El estrés es una respuesta natural del organismo ante determinadas situaciones que son interpretadas como amenazadoras o desafiantes. En nuestro entorno existen muchos cambios diarios que exigen una adaptación continua, por lo que es necesario cierto nivel de estrés o de activación para poder hacerles frente.

El estrés es el resultado de la interacción entre las circunstancias de nuestro entorno y nuestras respuestas cognitivas, emocionales y físicas.

En pequeñas dosis el estrés puede ser útil, ya que nos motiva y nos ayuda a adaptarnos a la nueva situación. Sin embargo, el exceso de estrés puede afectar al modo de pensar, actuar y sentir de las personas.

El estrés puede manifestarse en los niños de distintas formas:

- *Físicamente.* El pequeño sufre dolor de estómago, de cabeza, tartamudeo, se orina, tiene problemas de sueño.
- *Emocionalmente.* Padece ansiedad, miedo, preocupaciones, llanto.
- *En el comportamiento.* Presenta rabietas, agresividad, desobediencia, regresión a comportamientos de etapas anteriores, problemas escolares.

A medida que los niños se hacen mayores adquieren y utilizan cada vez más estrategias cognitivas que les ayudan a enfrentarse a las situaciones estresantes; por ejemplo, preguntan sobre los hechos y sobre lo que pasará, son capaces de elaborar planes de solución y expresan verbalmente los sentimientos.

Los cambios en la estructura de la familia son una importante fuente de estrés para los niños. Es posible diferenciar grados de estrés en función de la situación que lo provoca:

- *Leve.* Cambio de colegio, discusiones familiares, hacinamiento.
- *Moderado.* Cambio de colegio, nacimiento de un hermano, enfermedad incapacitante de algún progenitor, discusiones continuas entre los padres.
- *Grave.* Divorcio de los padres, enfermedad que amenaza la vida de algún progenitor, estancia de un progenitor fuera de casa por un largo periodo.
- *Extremo.* Abuso sexual o físico, muerte de alguno de los padres.
- *Catastrófico.* Muerte de ambos padres, enfermedad que amenaza la vida del niño.

El estrés, como hemos visto, es una respuesta normal ante ciertos hechos de nuestro entorno. No obstante, esta respuesta normal puede volverse crónica por la dificultad de adaptarse a la nueva situación; en estos casos pueden aparecer trastornos que hacen necesaria la intervención del psicólogo infantil.

3. Lo que se espera que haga tu hijo según su edad

La edad del niño en el momento en que se producen los cambios en la estructura de la familia determina el modo en el que reacciona y se adapta a ellos. El otro factor decisivo es la manera en que los padres le planteen el periodo de adaptación. Recordemos que las primeras experiencias de cambio le servirán para enfrentarse y adaptarse a los cambios venideros.

3.1. Los niños ante la ruptura de la pareja

La separación de los padres es una experiencia dolorosa y estresante para los hijos. Muchos padres se plantean si existe un momento en que el niño reacciona mejor frente a la ruptura de la pareja. La respuesta del pequeño a esta nueva situación está influida por:

— Su edad.
— El tiempo de convivencia con los dos progenitores.
— La forma en la que los adultos lleguen a acuerdos y el modo en que solucionen los problemas relacionados con la educación del pequeño una vez separados.

Hasta los 2 años

En este periodo los niños no parecen saber realmente lo que ocurre, siempre que no se cambien de forma drástica sus hábitos. Los niños pequeños no comprenden la separación, ya que carecen de los recursos intelectuales necesarios, pero cuando la pareja se rompe, reaccionan de muchas maneras. En un intento por recuperar la seguridad, no es infrecuente que algunos desarrollen problemas de comportamiento o manifiesten conductas regresivas, como portarse de modo aún más infantil. Pueden, incluso, volverse vulnerables a dolencias y enfermedades físicas. Estas reacciones son temporales y en la mayoría de los casos terminan por solucionarse cuando el niño vuelve a sentirse ubicado y se adapta a la nueva situación.

DE 3 A 5 AÑOS

Para los niños de estas edades el divorcio es una separación física, pero lo perciben como una separación temporal y fantasean sobre la reconciliación de sus padres, debido sobre todo a que su concepto del tiempo es todavía distinto del de los adultos. De hecho, los niños comprenden el significado de mañana a partir de los 4 años; a los 5, el de pasado mañana; en torno a los 6 o 7 años entienden los conceptos de semana y mes; pero no es hasta los 7 u 8 años cuando el significado de para siempre es similar al de los adultos.

A veces se pueden culpar y creer que son ellos los causantes de la separación. Sienten una ansiedad y un malestar lógicos. No es infrecuente que aparezcan problemas de conducta y regresiones a etapas evolutivas anteriores: puede que vuelvan a orinarse, no quieran comer ni dormir solos o hablen mal.

DE 6 A 8 AÑOS

Los niños en esta etapa evolutiva entienden la finalidad del divorcio y lo relacionan con el cambio en la estructura familiar. Echan de menos al progenitor ausente y se preocupan por él. Tienen sentimientos que les enfrentan con sus padres, porque creen haber sido los responsables de la nueva situación familiar. Desean que sus padres vuelvan a convivir. Suelen sufrir reacciones somáticas, miedo, llanto y problemas de conducta.

De 8 a 12 años

Comprenden no solo la finalidad del divorcio, sino también los motivos. Pueden pensar que el divorcio es una buena solución para terminar con los constantes conflictos. Algunos niños se alinean con uno de los progenitores. Ya no se culpan a sí mismos por la situación, pero ello no evita que surjan alteraciones emocionales, como la ansiedad, la depresión e incluso somatizaciones.

A partir de los 12 años entienden el divorcio como la imposibilidad de mantener una relación matrimonial entre los padres y son capaces de ver la idoneidad de la decisión con el fin de acabar con los conflictos.

El periodo más crítico es el año siguiente a la separación. Las reacciones suelen tornarse más agudas cuanto más conflictiva es la separación. El adolescente irá adaptándose poco a poco a la nueva situación familiar y cesarán las reacciones del primer momento. Si persisten en el tiempo, es conveniente consultar con un profesional.

3.2. La llegada de un hermano

Los celos ante la llegada de un bebé y la rivalidad entre los hermanos son situaciones frecuentes en cualquier casa. Hasta el año y medio de edad, el niño que tiene un hermano pequeño tendrá la sensación de que siempre estuvo ahí, que siempre convivió con él.

LOS NIÑOS DE 3 A 4 AÑOS

Cuando el primogénito tiene entre 3 y 4 años es cuando más reacciones de celos se producen, porque los niños a esa edad no han adquirido suficiente autonomía de las figuras paternas como para aceptar el tiempo que estas le dedican al bebé. El hermano mayor, al ver peligrar la exclusividad que le dedicaban sus padres, empieza a comportarse de forma diferente. Es muy frecuente el regreso a etapas evolutivas anteriores para captar de nuevo la atención de los adultos.

Los niños suelen pensar que esta nueva situación puede hacerles perder el afecto de sus padres, razón por la cual reaccionan llamando la atención constantemente —a veces con comportamientos de oposición a las normas— o volviéndose más mimosos de lo habitual.

Cuando el pequeño empieza a caminar, a seguir a su hermano y a quitarle los juguetes, el mayor tiene ya 4 o 5 años. Sus padres le repiten constantemente que debe cuidar a su hermano pequeño, cargándole con una responsabilidad excesiva y pidiéndole que se convierta en un ejemplo para él. El mayor interpreta que sus padres están más pendientes del pequeño que de él, o incluso que es él quien se porta mal, por lo que no merece ser tan querido como su hermano. Es entonces cuando aparecen los celos. Los padres deben hacer entender a los hijos que son queridos por igual y que, además, tener hermanos tiene muchas ventajas.

HACIA LOS 6 O 7 AÑOS

A partir de los 6 años, la capacidad de razonamiento de los niños cambia, por lo que ya no asocian la llegada del nuevo hermano con la pérdida del afecto de los padres. Tienen su propio grupo de amigos y no dependen de la figura paterna como en etapas anteriores; no necesitan tanta exclusividad.

En esta etapa, si existen celos, son de menor intensidad, debido sobre todo al nivel de maduración y razonamiento del hermano mayor. En este momento el niño ve a su hermano como un posible compañero de juegos y de diversiones; con el tiempo se crea una complicidad entre ambos.

Por norma general, los celos suelen remitir a medida que el niño va madurando, aunque hay algunas situaciones en las que son de gran intensidad y, sobre todo, duraderos en el tiempo. Cuando esto sucede, es necesario buscar ayuda profesional para atajarlos.

3.3. ¿Cuándo contar al niño que es adoptado?

Decirle al niño la verdad sobre su origen es fundamental para su correcta adaptación y su seguridad. Es importante empezar a hablarle de la adopción desde pequeño, siempre adaptando el discurso a su nivel de desarrollo. Si se intenta ocultarle los hechos, el pequeño se sentirá engañado y decepcionado cuando lo descubra, y lo hará tarde o temprano.

La necesidad de conocer datos acerca de su origen o su familia biológica no cuestiona el amor que siente por su familia de adopción, con la que se ha vinculado afectivamente y con la que se identifica. Que exprese sus dudas a los padres es una manifestación de lo querido que se siente y de lo seguro que está de que puede contar con ellos para solucionar sus conflictos.

Los primeros años de vida

En el primer año el niño es muy pequeño para entender lo que los padres quieren transmitirle, pero empieza a conocer las palabras. Es un buen momento para hablar del tema delante de él y hacer referencia a la palabra adopción; así vivirá su origen con normalidad, porque en casa desde el primer momento se ha hablado de ello.

Hasta que cumple los 3 años el niño está centrado en su desarrollo psicomotor y su adaptación al medio. El concepto de familia toma especial importancia alrededor de esa edad. En esta etapa el niño empezará a hacer preguntas acerca de su nacimiento, de su estancia en la «tripita de mamá», querrá ver fotos de recién nacido y comprobará que tiene rasgos físicos diferentes a los de sus padres y a los de otros niños —sobre todo en los casos de adopciones internacionales—. Este es un momento perfecto para hablarle de las diferentes formas mediante las cuales se puede tener un hijo. Hará preguntas sobre por qué él no creció en el vientre de su madre, aunque las dudas fundamentales en este periodo se centran en cómo fue su nacimiento. Tiene que comprender que nació igual que todos los niños, pero fue concebido por otra mujer.

El entendimiento de la adopción es muy superficial, pero en ningún caso hay que ocultárselo. No es necesario buscar un momento para relatar su origen si desde el primer día de su llegada a casa se ha hablado con normalidad del tema: «Cuando fuimos a buscarte...», «Papá y mamá estuvimos esperando mucho tiempo hasta que nos dijeron dónde estabas y que podíamos ir a recogerte», «La primera vez que te vimos eras pequeñito y estabas en brazos de tu cuidadora».

A PARTIR DE LOS 6 AÑOS

Entre los 6 y los 7 años el niño ya puede diferenciar las formas de tener un hijo en una familia: la adopción y el nacimiento biológico. En este momento reconoce que tiene dos familias: una biológica, que no conoce, y su familia adoptiva, con la que vive. Puede que empiece a preguntar acerca de su familia biológica y hay que responderle siempre la verdad, evitando entrar en detalles penosos o complicados de su pasado, si los hubiese. También hay que hablar con él del proceso de adopción, ya que puede fantasear y temer que sus padres biológicos lo reclamen.

A partir de los 8 años, los niños entienden la familia como un grupo con relaciones consanguíneas, por lo que pueden aparecer sentimientos contradictorios e intentos de buscar su papel dentro del clan. Sabe que tiene unos padres biológicos y quizá hermanos en otro lugar. Además de entender la adopción como una forma de constituir una familia, también la entiende como una pérdida de su familia biológica.

Después de los 10 años el niño ya logra un profundo entendimiento de todo el proceso de adopción.

3.4. LA MUERTE DE SERES QUERIDOS

Para poder explicarle al niño que un familiar ha fallecido es imprescindible entender cómo piensa acerca de la muerte. A la hora de hablarle, hay que elaborar mensajes que sea capaz de entender y asimilar. La edad del pequeño y su maduración son fundamentales para saber hasta dónde debe saber.

LOS NIÑOS DE 2 A 6 AÑOS

Conceptos como el tiempo y la muerte no están todavía desarrollados en un niño de esta edad, no los comprende; por eso para él la muerte es algo reversible. Piensa que la persona fallecida volverá más tarde, que será como un largo sueño. Su pensamiento en este periodo se caracteriza por ser mágico, lo que influye en la interpretación individual que hace de la muerte. Es característico de su forma de actuar relacionar hechos inconexos; por ejemplo, si se le dice que el abuelo se ha puesto muy malo y ha muerto, la próxima vez que su padre se ponga enfermo preguntará si se va a morir, ya que lo interpreta así.

En torno a los 5 años es normal que empiece a hacer preguntas sobre la muerte, aunque no se haya producido el fallecimiento de un familiar, sino por haberlo visto en los dibujos animados, por la muerte de alguna de sus mascotas o porque alguien ha contado algo en el colegio.

DE 6 A 8 AÑOS

La muerte puede ser vivida por el niño como un acto violento; quizá cuando le digan que alguien ha muerto pregunte quién lo ha matado. A esta edad el pequeño ya entiende la irreversibilidad de la muerte, pero en su pensamiento está la idea de que no puede afectar a todo el mundo o, por lo menos, que no le afectará a él. Aunque empieza a entender la muerte más o menos como tal, todavía le queda mucho por aprender. Frecuentemente en este periodo pueden seguir apareciendo pensamientos mágicos acerca de la muerte. Al niño le interesa saber qué le pasa a la gente una vez que fallece. Es normal que maneje el concepto en juegos, dibujos de monstruos, guerras, etcétera.

DE 8 A 12 AÑOS

En este momento el niño entiende el ciclo de la vida y descubre que todo el mundo muere, que es un proceso irreversible y que él también morirá llegado el momento. Pueden aparecer las primeras cuestiones acerca del sentido de la vida. El niño empieza a temer por la muerte de sus seres queridos, sobre todo si ha habido algún fallecimiento cercano. Puede que en este periodo de transición a la juventud algunos niños asocien la muerte de alguien con un castigo debido a malas acciones: «Ha muerto porque hacía cosas malas».

4. Prueba a hacerlo tú

Hasta ahora hemos reflejado situaciones que son más o menos novedosas y que, cuando ocurren, producen cambios en la estructura familiar. Vamos a ver cómo ir afrontando cada uno de esos cambios para encontrar soluciones que ayuden a disminuir las consecuencias negativas en el niño.

Cualquier cambio implica un esfuerzo para adaptarse a la nueva situación. Cuando el proceso de readaptación se ha cuidado, el sujeto sale fortalecido para enfrentar futuras situaciones que necesiten de readaptación. La vida está llena de cambios y de nuestra actitud depende que el niño aprenda a asimilarlos de forma serena y positiva, por mucha ansiedad que le produzcan al principio.

4.1. ¿Cómo afrontar la separación cuando hay hijos?

Cualquier separación es vivida como un fracaso para la pareja, independientemente de quién, cómo y por qué se tome la decisión. Si además hay hijos en común, hay que añadir la preocupación por lo que esta nueva situación les pueda afectar.

Existen varias fases por las que pasan todas las parejas que se separan: antes de tomar la decisión, una vez tomada la decisión, durante el proceso de separación y una vez separados.

El periodo previo suele estar lleno de tensiones y, aunque queramos evitarlo, el niño se entera de que en casa ocurre algo y de que no es positivo.

En esta fase previa se alarga la convivencia; la pareja se da plazos para ver si las cosas cambian, pero poco o nada suele variar. Surgen muchas situaciones tensas en las que es muy difícil llegar a acuerdos, aunque se intente. La tensión emocional se produce sobre todo por:

- La ansiedad ante la inminente ruptura: «Tengo que tomar una decisión que me va a cambiar la vida y no sé si me estoy equivocando».
- El sentimiento de culpa: «Quiero separarme, pero ¿estaré siendo egoísta?».
- La inseguridad y el miedo porque se empiezan a anticipar los cambios. Lo adecuado es ir dando los pasos que requiere el proceso —hablar con el otro, buscar un abogado, un sitio donde vivir, etcétera— sin adelantarse a lo que vendrá después: «Me quedo solo; no voy a ver a mis hijos».
- La pérdida de privilegios de la vida en pareja: «Tendré que pagar una casa y apretarme el cinturón».
- Las reacciones negativas del que no se quiere separar.

El niño, independientemente de la edad que tenga, puede que no sepa contar lo que ocurre, pero sabe que hay cosas que no van bien y que están provocando un ambiente familiar tenso. Suele tener datos, como que sus padres no duermen juntos, están mucho tiempo enfadados o alguno pasa temporadas fuera de casa. Para evitar que se culpe o interprete mal lo que ocurre, es necesario contárselo. Pero antes habrá que tomar la decisión de separarse.

Tomar una decisión siempre es complicado: están presentes el riesgo que conlleva y las consecuencias que traerá la opción elegida, y mucho más cuando afectan a los hijos. Hay que tomarse el tiempo necesario y evaluar las ventajas y los inconvenientes. Si realizado este proceso la decisión se mantiene, adelante.

Es importante recordar que a los hijos no se les pide opinión sobre si los padres deben separarse o no. Se trata de una decisión de adultos que únicamente se habla en pareja; a los niños se les da la información cuando la separación está decidida.

UNA VEZ TOMADA LA DECISIÓN

Es esperable que, en mayor o menor medida y dependiendo de quién da el primer paso, aparezcan las siguientes emociones:

- Dudas e incertidumbre. Aunque se tenga clara la separación, ambos se enfrentan a cambios importantes.
- Sentimiento de culpa por la responsabilidad en la decisión, tanto del que está seguro como del que la acepta. El primero, porque se hace responsable de los cambios; el segundo, porque suele tener ideas del tipo: «¿Qué podría haber hecho para evitarlo?».
- Si además no hay acuerdo, el que no quiere separarse suele sufrir:
- Estados de depresión y ansiedad.
- Rabia, que se traduce en querer hacer daño al otro. Esta actitud da lugar a negociaciones más duras en lo que al convenio regulador se refiere. Aparecen los chantajes: «No te vas a ir de rositas, te voy a sacar todo lo que pueda, olvídate de ver a los niños». Pre-

siones: «Tus hijos se van a enterar de que los has abandonado y de cómo es en realidad su padre». Amenazas: «Si te vas, no se te ocurra pensar que te lo voy a poner fácil». Con esto se intenta que el otro cambie de opinión y se quede; normalmente el argumento suelen ser los hijos.

Con independencia de la postura de cada uno, hay que llegar a acuerdos en una situación donde tomar decisiones se hace muy difícil por el estado emocional. Los temas que hay que aclarar son, principalmente: hijos (custodia, pensión, visitas), bienes y casa.

En toda esta etapa lo principal es mantener al niño al margen de las disputas e intentar preservar su orden de rutinas. Hay que esperar a que se acueste para hablar del tema o pedir a algún familiar o amigo que se quede con él mientras se toma una decisión. Es importante evitar que sea testigo de descalificaciones mutuas o peleas; esta no es la imagen que debe tener de sus progenitores.

DURANTE EL PROCESO DE SEPARACIÓN

Uno de los momentos más temidos por las parejas que se van a separar es el de decírselo a sus hijos. Se trata de un punto delicado que necesita preparación. Por supuesto, hay que informar a los niños, tengan la edad que tengan. Ellos detectan rápidamente que está pasando algo y que es importante.

No existe una fórmula estándar para comunicarles a los hijos la separación, pero sí hay que tener en cuenta algunas cuestiones:

- El momento será cuando la decisión esté tomada en firme y no vaya a pasar mucho tiempo hasta que uno de los progenitores se vaya de casa. A ser posible, los dos, padre y madre, con una actitud serena, convocarán a los hijos para comunicárselo.

- Tanto el padre como la madre presentarán el tema como una decisión consensuada, incluso el que no está de acuerdo con la separación, dando una imagen de coherencia en la decisión tomada.

- Harán hincapié en que son ellos los que ya no se quieren igual y que eso no tiene nada que ver con lo que sienten por sus hijos: «Aunque papá y mamá no sigan juntos, seguís contando con los dos. Lo mejor que nos ha pasado es teneros. Yo no seguiré siendo la pareja de papá, pero siempre seré vuestra madre».

- Sin dramatizar, hay que estar seguros de que podremos controlarnos en ese tiempo, de que no vamos a echarnos a llorar y, entre lágrimas, soltar alguna frase del tipo: «¡Cómo nos puedes hacer esto!».

- Dejemos que el niño se exprese o facilitemos que lo haga con preguntas que le den la posibilidad de contar lo que siente. Antes de los 4 años bastará con ayudarlo a definir sus sentimientos: «Es normal que ahora te sientas triste o con pena». Si es mayor de 4 años, podemos intentar mantener con él una conversación sobre las reacciones que provocan en los menores las rupturas: «Algunos niños se culpan de que sus padres no vivan juntos porque creen que han hecho algo malo. ¿Te ocurre a ti?». «Hay niños que creen que, si sus padres dejaron de quererse, puede ocurrir que dejen de querer a sus hijos. ¿Tú qué opinas?». También hay que dejarle claro que el hecho de que un padre se vaya de casa no es un adiós: «Vernos menos no significa dejar de vernos ni de hacer cosas juntos».

- No reprimamos reacciones del niño como el lloro o el enfado, porque todo lo que exprese le ayudará a entender la nueva situación. Es mucho más preocupante que asienta, no pregunte, se levante y se vaya como si la situación no le afectara.

- Hablemos de lo que ha ocurrido en general, sin detenerse a dar detalles de las peleas, sin culpar al otro ni nombrar a terceras personas, en caso de que las haya. Los pormenores de las tensiones se quedan para los padres, no son necesarios para los niños. Incluso les confundirían al verse obligados a tomar partido por uno de los dos.

- Hay que mostrarse abiertos y no permitir que el tema se convierta en tabú. Puede que las preguntas vengan pasado un tiempo, que encontremos al niño cabizbajo en los días siguientes al anuncio de la noticia y que sea entonces cuando empiece a preguntar sobre las preocupaciones que le rondan. Hay que escucharle y contestarle con naturalidad, sin acritud. No tengamos reparo en responder «no lo sé» cuando sea así; para el adulto también es un periodo lleno de incertidumbre.

- Tenemos que explicarle al niño qué novedades se producirán en su vida. Es clave en los procesos de separación procurar que los cambios que sufran los hijos sean los mínimos e imprescindibles: sus rutinas, el colegio, el parque al que bajan por la tarde, la casa, la persona que los cuida, etcétera.

- Los niños tienden a mantener la fantasía de reconciliación de sus padres. Debemos insistir en que eso no va a ocurrir, que es una decisión muy pensada y que no tiene vuelta atrás.

- Cuando se trata de un bebé y no pasa de los 2 años, hay que intentar no modificar sus rutinas en absoluto. Con esta edad lo importante es mantener el contacto frecuente con el padre no custodio.

Los efectos negativos que puedan tener las separaciones en los hijos están relacionados con el manejo que los padres hagan posteriormente de la situación. Son muchas las veces que tendrán que consultarse y decidir acerca de la educación de los niños. Como describíamos en el punto 1.1, pueden optar por convertirse en padres colaboradores, amigos, competitivos, enemigos o ausentes. Por supuesto, serán los dos primeros tipos los que consigan amortiguar el impacto negativo de la separación. Estos padres son coherentes con el mensaje que en su día dieron a sus hijos, cuando les dijeron que podrían contar con los dos y que ambos estarían presentes en sus vidas.

El éxito en el manejo de las situaciones que se plantean con los hijos tras la separación depende, fundamentalmente, de dos factores: cómo llegar a acuerdos y cómo tomar decisiones. Los padres tendrán que aprender a hacerlo y una de las formas más eficaces es a través de la mediación familiar.

4.2. Nuevas relaciones de pareja

En este apartado nos referimos a las segundas parejas estables, con las que uno se plantea planes de futuro. Si un padre o una madre tienen muchos cambios de pareja en poco tiempo, no es necesario ni recomendable informar a su hijo ni presentarle a una tras otra.

Hay quien se separa porque se enamora de otra persona y hay quien nunca vuelve a establecer una relación estable, pero las personas suelen reconstruir la vida de pareja en torno al año y medio o los dos años después de la ruptura.

Cuando llevamos un tiempo con la misma pareja, es normal hacer planes de futuro y, si se tienen hijos, ellos forman parte de los planes. El primer paso será la presentación.

No hay ningún problema en la aparición de una nueva persona en la vida del niño, pero hay que tener claro que el afecto no se puede imponer. Se precisa tiempo, paciencia y aguantar algunos desplantes que el pequeño hará para mostrar su desacuerdo. Exigirle que demuestre lo que no siente empeorará las cosas. El progenitor y su nueva pareja tendrán que pasar por determinadas fases con tranquilidad, sabiendo que el niño también necesita un tiempo para acomodarse a la nueva situación y para reconocer el papel de la persona que aparece en su vida.

La mejor forma de que el pequeño acepte a la pareja de su progenitor es que esta se esfuerce por ser una persona cariñosa, con la que el niño pueda jugar y divertirse, que apoye las decisiones del progenitor, pero que no ejerza autoridad ninguna. Debe quedar claro que no viene a sustituir a uno de sus progenitores.

Para los niños, la aparición de un padrastro o una madrastra acaba de manera real y clara con la fantasía de reconciliación de sus padres. Por eso, dependiendo de la edad, se le considera un competidor y muchas veces se le rechaza. Además está el miedo a la pérdida de exclusividad con su progenitor; ahora pasa a compartir el tiempo con otro adulto y el niño lo vive como una circunstancia amenazante. Junto con esto, puede aparecer el sentimiento de traición hacia el otro progenitor.

Esto es lo esperable en el niño. El padre debe escucharle, hablar con él, preguntarle qué siente, pero no condicionar su nueva relación a lo que el pequeño diga.

Nadie tiene que pedir permiso a su hijo para rehacer su vida, igual que no se lo pedimos para separarnos. Debemos hablar de cómo se siente, pero no pedirle opinión. Si le atribuimos el poder de decidir por nosotros, le adjudicamos un papel de autoridad que no es suyo y le damos la oportunidad de manipularnos o chantajearnos: «Entiendo que no te guste la idea de verme con otra persona. Tengo en cuenta que para ti son muchos cambios. Podemos hablar cuanto quieras de ello, pero María vendrá a vivir con nosotros».

LLEGA EL MOMENTO DE CONVIVIR

El niño tiene que saber que su progenitor sigue siendo su padre o su madre y que eso no cambia. Dedicarle tiempo en exclusiva es la mejor fórmula para que se dé cuenta. Posibilitemos que vea que la relación con él no ha quedado relegada a un segundo plano. De lo contrario, aumentará la rivalidad entre el niño y la nueva pareja, y mucho más si esta aporta hijos.

Hay una etapa en la que los adultos se ilusionan con «lo bien que va a salir todo». Esta ilusión se desmorona con los primeros problemas de convivencia. Ello tiene que ver con el ajuste de todos los miembros de la nueva familia, o más bien con el encaje de las historias educativas que trae cada uno. Es entonces cuando se necesita volver a fijar límites y normas que organicen y faciliten la convivencia. Igual que hicimos con nuestro hijo en su día, debemos hacerlo ahora. El proceso será el mismo si se aportan hijos por las dos partes o solo por una. Evidentemente cuantos más miembros nuevos haya, más dificultad encontraremos en adaptarnos:

1. Hay que consensuar con la pareja las normas que regirán el funcionamiento de la casa. Es importante que las normas sean iguales para todos y que todos

estén de acuerdo en lo que ocurrirá si se cumplen y si no; y es que en uno u otro caso las consecuencias lo serán también para cualquier miembro de la familia.

2. Ambos explicarán las normas y las consecuencias de cumplirlas o no, pero esta vez insistiremos en investir de autoridad a nuestra pareja frente al niño, dejando claro que las normas están para cumplirlas, independientemente de qué adulto esté delante.

Esta fase es la que precisa más coherencia y serenidad por parte de la pareja. Es la etapa más dura, donde más se rebelan los niños contra las normas, la autoridad y, en definitiva, contra la nueva situación.

La firmeza y la tranquilidad son las claves del éxito. Si la nueva familia pasa esta fase, sus miembros lograrán tener esa sensación de unidad tan buscada.

4.3. CELOS ENTRE HERMANOS

El niño que se ve destronado por su hermano sufrirá celos. Los padres pueden intentar mitigar el dolor que le producen, pero no evitar que los sienta. Será algo temporal, como pasar un sarampión o una gripe, y tenderán a desaparecer cuando el niño vuelva a sentirse seguro y encuentre su nuevo lugar en casa.

Los padres no han de evitar este proceso. Los celos son una oportunidad para que el niño conozca esa emoción, la identifique y aprenda a asimilarla. Así sabrá que sus padres pueden repartir su atención con otras personas sin que disminuya su amor por él. También entenderá que a cada hijo se le quiere de forma distinta. Con el tiempo descubrirá las ventajas de tener hermanos y establecerá con ellos una relación de complicidad de la que los padres no serán partícipes, aunque sí espectadores. Pero para que este proceso se produzca es necesario sentar las bases:

- Hay que dejarle al niño que exprese lo que siente, aunque sea mediante el enfado o la rabieta, y traducirlo: «Entiendo que estés enfadado, sé por lo que estás pasando». Todo lo que expresamos y no callamos es sano.

- No utilicemos las comparaciones entre hermanos. Se pueden reconocer las cualidades de cada hermano, pero no caer en consideraciones del tipo: «Mira a tu hermano, con lo tranquilo y bueno que es, ya podrías aprender de él».

- Cuidado con reforzar en exceso el comportamiento de un hermano frente a los otros. Independicemos el trato, ya que cada niño es distinto. Si tenemos que regañar o felicitar a uno, mejor hacerlo por separado. No intentemos dar a todos lo mismo: el concepto de justicia es subjetivo y hay que educarles en el criterio de dar en función de las necesidades de cada uno.

La llegada de un bebé

Daremos la noticia al niño ya durante el embarazo con un simple: «Vas a tener un hermano». Esto es suficiente porque da explicación a los cambios que nota en su madre en los primeros meses de embarazo y a la vez le hace partícipe de los acontecimientos que ocurren en casa. Hay que hablar con naturalidad de la noticia, que escuche cómo se lo decimos a la familia. Conviene hacerle notar los cambios físicos: «Toca la tripa», «Háblale, que te oye», «Siente cómo se mueve». Podemos preparar con él la habitación y la ropa de su futuro hermano, pero solo si quiere, nunca por obligación; si dice que no, respetemos su postura.

Hay que avisarle del tiempo que exige el cuidado de un bebé y ponerle como ejemplo el que le dedicábamos a él. Debe saber que el hermanito, sobre todo, va a dormir y comer, y que no podrá jugar con él como le gustaría hasta que sea más mayor. No le dejemos que fantasee con la posibilidad de jugar con el bebé; con el tiempo se lo pasarán bien juntos, pero no al principio.

El niño tiene que estar informado de lo que ocurrirá mientras dure el ingreso para el parto. El padre, si es posible, tendrá que dedicarle mucho tiempo, cuidarle y preparar la visita para conocer a su hermano.

Se evitará cualquier cambio o fuente de estrés en este periodo e intentar ser más flexible con determinadas reacciones del niño. Por ejemplo, no pretendamos que deje el pañal en estos momentos.

No conviene dejar al niño al cuidado de los familiares durante todo el periodo de hospitalización. El padre debe pasar alguna noche con él o, por lo menos, ocuparse de sus rutinas diarias.

Cuando los niños comienzan a tener independencia, afrontan con más tranquilidad situaciones donde pierden la exclusividad de la atención de sus padres. Están seguros de sus capacidades, tienen una relación duradera y clara con los adultos, se sienten autónomos y, por tanto, están más preparados para enfrentarse a situaciones externas como la llegada de un bebé.

Cualquier circunstancia repentina produce ansiedad por la incertidumbre que genera lo inesperado, así que sería un error no contar con el niño durante el periodo de embarazo, parto y llegada a casa del nuevo hermano. Encontrárselo de sopetón usurpando su privilegio de rey de la casa puede tener consecuencias muy negativas para el mayor.

Actitudes que fomentan los celos son dramatizar su expresión, ser rígido y exigente con el que los sufre, responsabilizarle del cuidado del pequeño, manifestar preferencias por el bebé, comentar las dificultades del mayor para aceptar al pequeño y regañarle mucho en esta etapa.

4.4. CUANDO MUERE UN FAMILIAR

El fallecimiento de un ser querido siempre es un trance de gran estrés y perturbación, quizá el más temido en la vida, y más cuando hay niños. Pero a pesar del miedo que puede darnos el sufrimiento de nuestro hijo, hay que hablar del tema con él, del dolor que siente, de lo que ocurrirá a partir del fallecimiento y de sus dudas. Porque solo actitudes como evitar, desinformar o negar pueden hacer daño a los hijos a largo plazo.

La muerte es una realidad, por dura que sea, y los niños tienen que aprender a vivir con ella. Ante una pérdida que afecta a toda la familia, no podemos excluirlos. Es más, así sentirán que se cuenta con ellos en situaciones emocionalmente duras y aprenderán que se puede afrontar este tipo de situaciones y cómo hacerlo.

Por muy poca edad que tenga el niño, no debemos caer en el error de pensar: «Si no le cuento nada, dentro de un tiempo ni se acordará». Huyamos de símiles como «está dormido» o «es como si se hubiera ido de viaje». La palabra muerte ha de aparecer en la explicación. Por doloroso que sea, no debemos fomentar fantasías que alimenten en el pequeño la posibilidad de que el fallecido vaya a volver; le confundiríamos y, además, no evitaremos que nos pida explicaciones más adelante.

También huiremos de las mentiras piadosas. El niño tiene imágenes terribles de abandono, soledad o separación y está esperando una explicación tranquilizadora. Puede y debe ser informado, con sencillez, sinceridad y sin complicaciones. No hagamos comentarios falsos ni intentemos eliminar el dolor: «No llores, sé fuerte», «No te preocupes, se te pasará pronto». El niño y sus padres deben estar preparados para enfrentar una situación especialmente dura y larga.

El niño puede enfadarse con la situación. En este caso hay que decirle: «Enfadarte es normal, no es querer menos a quien ha muerto».

Los niños suelen actuar de acuerdo con la reacción que ven en los adultos; por eso es importante que nos vean con una actitud abierta, dispuestos a hablar del tema, así podrán sentarse a nuestro lado y comentar lo que sienten y piensan. Si no somos capaces, deleguemos. Habrá algún adulto cercano y de confianza que podrá hacerlo: un tío o una tía, un abuelo o un amigo íntimo de la familia. Los niños tienen un sexto sentido para abrirse con quien pueden hacerlo; es importante que se expresen. No sintamos culpa si no lo hacemos nosotros. Poco a poco, tras el intenso dolor inicial de la pérdida, nos veremos con fuerzas para establecer un diálogo con el niño.

Hay que procurar no cambiar la rutina del niño durante el periodo que sigue al fallecimiento, sobre todo si es de un familiar directo como el padre o un hermano; esto le calmará y hará que toda la familia se sienta más tranquila y segura.

Podemos darle argumentos para que pueda contar lo que ha ocurrido en el colegio, el parque o cualquier otro ámbito. Hay que adelantarle posibles preguntas con las que se puede encontrar y alternativas de respuesta.

Pasado el momento inicial, habrá que tener en cuenta que no hay un duelo tipo: cada cual hace el suyo. El dolor que se siente y el tiempo que dura no son cuantificables, ni comparables, ni más o menos adecuados; son los de cada persona. Puede que el niño eche de menos al fallecido, que lo recuerde e incluso que haga preguntas y que quiera hablar del tema porque ha perdido los recuerdos o los tiene borrosos. Cualquier comentario sobre el familiar desaparecido tiene un impacto enorme en el niño. Conviene informar puntualmente de las circunstancias a las personas que sirvan de apoyo al pequeño —familiares, amigos, profesores, psicólogo del colegio—. Como hemos dicho, la labor de las personas próximas es importante y para eso hay que darles la información que les permita entender lo ocurrido y darle respuestas al niño.

Durante el periodo de duelo hay síntomas que se presentan frecuentemente en todas las personas afectadas y de cuya intensidad dependerá la necesidad de una intervención profesional:

- Sensación de desorden provocada, normalmente, por la disminución de la capacidad de atención y concentración y por la incapacidad para tomar decisiones.
- Disminución de la actividad social: no tener ganas de hacer nada, negarse a hacer planes.
- Ansiedad traducida en la pérdida o ganancia de peso, palpitaciones, dificultades para dormir, falta de energía para todo, inquietud, preocupación, ira o irritabilidad.

El niño puede manifestar en mayor o menor medida los mismos síntomas en su periodo de duelo, y también pueden aparecer otras conductas:

- Vuelta a comportamientos infantiles ya superados.
- Aumento del miedo y la ansiedad. El niño hace muchas preguntas acerca de la muerte y tiene miedo de quedarse solo, de que se vayan sus padres o de ir a determinados sitios que antes le gustaban.
- Disminución del rendimiento escolar por falta de atención y dificultades en la concentración.

- Muestras de agresividad, baja tolerancia a la frustración e irritabilidad.
- Falta de actividad o todo lo contrario: demasiada agitación.
- Negación de lo que ha ocurrido. A menudo, cuando esto se produce, se traduce en no hablar de lo que ha pasado ni de la persona fallecida.

Muchas veces el niño hace comentarios como: «Este dibujo lo he hecho para papá». Es su manera de despedirse. Poner fotos en su habitación o hablar de cosas que hicieron juntos serán las formas de crearle una imagen del familiar. A partir de este momento, nuestro relato del familiar fallecido será lo que le ayude a crear una imagen de cómo era, cuánto le quería y lo importante que él fue en su vida.

Hay dos situaciones en las que la visita a un profesional son claves: cuando detectemos indicios de estrés postraumático o cuando la muerte se produzca por suicidio. Esta última situación es muy devastadora por la culpa que genera en los seres allegados por la sensación de «no haber hecho nada para evitarlo».

4.5. El encuentro con el hijo adoptado

Ante el nacimiento de un hijo todos los padres sienten ilusión, expectativas y miedo a los cambios. Esto no varía cuando lo que se plantea es la adopción.

El proceso previo a la llegada a casa del niño es largo y lento, como lo es un embarazo, y podemos dividirlo en distintas fases: la preparación, el primer encuentro, la llegada y la presentación a la familia.

La preparación de la llegada

Hay que tener en cuenta que todo niño trae una historia detrás que nos hará entender mejor su comportamiento. Dependiendo de su edad, el niño será capaz de recordar y verbalizar su historia anterior. Antes de los 4 años influye su pasado, pero no tiene recuerdos claros. A partir de los 4 años sí recuerda. En cualquier caso, el niño trae conductas adquiridas que, en muchos casos, habrá que cambiar y sustituir por otras.

El primer encuentro

Hay que intentar que sea relajado mostrándose espontáneos y cariñosos, sin forzar las situaciones. Es mejor circunscribir el primer encuentro al núcleo familiar y estar presentes solo los padres... Hay que tener en cuenta los sentimientos contradictorios del niño.

La llegada a casa

Como con la llegada de cualquier hijo, la casa necesita una reorganización para adaptarse a la vida familiar. Es de vital importancia empezar cuanto antes a trabajar hábitos y rutinas con el niño. El orden en las rutinas nos ayudará a darle seguridad.

Uno no es padre cuando tiene un hijo, sino cuando empieza a relacionarse con él. A través de lo cotidiano nace la vinculación afectiva; esto significa que necesitaremos tiempo.

Es muy frecuente que el niño quiera estar con uno de los padres y rechace al otro. Hay que tener paciencia e incluir al padre rechazado en las rutinas del pequeño. Por ejemplo, si es el padre el excluido, que sea la madre quien empiece los preparativos del baño y luego el padre participe en los juegos en la bañera. Durante un tiempo será la madre la que ponga límites y el padre ha de centrarse en las actividades de tipo lúdico.

Al igual que los hábitos, los límites han de aparecer rápido en la vida del niño porque desarrollan el sentimiento de protección, algo especialmente necesario para los niños adoptados. Es cierto que los padres no pueden aumentar las presiones cuando acaban de conocer a su hijo, pero también lo es que las rabietas, las negativas o los comportamientos inadecuados tienen que ver con frecuencia con la necesidad de saber si sus padres lo van a querer y van a permanecer ahí aunque les enfade. Esta etapa puede ser muy desesperante, pero indica que el niño está a gusto en la familia, que se ve integrado y que los quiere. No dudemos en aplicar técnicas para el control de las rabietas, dar una orden con firmeza o castigarle si es necesario. Pero no hay que dejar de premiar cualquier comportamiento que sea adecuado.

LA PRESENTACIÓN A LA FAMILIA

Aunque todos quieran conocer al niño, quizá no sea una buena idea una presentación en sociedad. Organicemos encuentros con pocas personas para que, poco a poco y sin que tenga la sensación de ser observado, vaya introduciéndolos en su vida.

Un niño es, en definitiva, un niño, independientemente de su origen. Planteará dificultades y satisfacciones, y de nuestra intervención y modo de proceder dependerá que se convierta en una persona feliz.

5. Dificultades y cómo solucionarlas

Los cambios a veces se complican, normalmente por la actitud que los adultos tomamos frente a ellos; otras veces será el entorno el que dificulte la adaptación a las nuevas realidades.

En este punto resumimos algunas de las experiencias que más se repiten en situaciones de cambios en la familia. En ellas podemos ver que lo que dificulta la asimilación de las novedades tiene que ver más con cómo se lleva a cabo el proceso de adaptación que con el cambio en sí.

5.1. La actitud de los padres separados

La imagen que damos del otro

Una separación llena de conflictos tiende con demasiada frecuencia a situar al niño en el epicentro. A continuación mencionamos algunas situaciones más o menos frecuentes que, de forma aislada o combinadas, son dañinas para el desarrollo emocional del niño y aumentan las posibilidades de que la separación de sus padres tenga consecuencias psicológicas negativas para él:

- «Mi hijo es tan maduro que puedo contarle todo lo referente a mi vida de pareja y los disgustos que me da su padre». Muchos niños se convierten en confidentes de una de las partes, que confunde la complicidad que existe en la relación paternofilial con la que se da con los colegas.

- Algunos padres convierten a sus hijos en espías del otro progenitor, les interrogan después de cada salida, emiten juicios negativos de sus actuaciones y critican la casa, los horarios y las actividades que hacen juntos: «Claro, ya te ha hecho pasar la tarde con su amiguita; ¿es que no puede respetar ni eso?». «¿Cómo que te quedaste viendo una película hasta las tantas? Mira que le he dicho que tienes que acostarte a tu hora».

- También los hay que utilizan al hijo para enviar recados de todo tipo a su expareja: «Dile que con el dinero que manda no puedes ir al campamento», «Recuérdale que tiene que ir a ver a la tutora el martes».

- Otros envían constantemente mensajes al niño del tipo: «Lo he dado todo por ti», «No sabes la cantidad de cosas que podría haber hecho y, sin embargo, elegí cuidarte».

- Por último, están aquellos que deciden no hacer ningún comentario de su expareja, convirtiendo el tema en un tabú, algo innombrable.

Todas estas situaciones tienen que ver con la inseguridad, la rabia y el despecho de los adultos. No hacer partícipes a los hijos y un mayor control de sus emociones es la conducta más adecuada. Si alguien se siente cercano a alguna de estas actitudes, tiene que reflexionar acerca de las consecuencias que tendrá para su hijo. El pequeño sufrirá, pero intentará siempre agradar a su progenitor aunque lo viva como un factor de riesgo. Las situaciones descritas tienen ciertas repercusiones:

- Que el niño asienta y escuche no significa que entienda lo que se le dice; más bien mantiene una actitud de querer agradar, aunque eso suponga no expresar lo que siente. Así no le permitimos que libere sus emociones.

- Los niños que se sienten interrogados suelen intentar esquivar situaciones donde los padres puedan hacerles preguntas o contestan lo que su progenitor quiere oír para defenderse de una situación que les provoca tristeza y ansiedad. Acaban por adoptar una actitud reservada y huraña para evitar las preguntas.

- Cualquiera de las actitudes descritas provoca niños irascibles y tensos que, muchas veces, se sienten culpables de lo ocurrido. A menudo creen que tienen que defender a su padre aliándose con él y no se permiten disfrutar de la relación con el otro progenitor porque lo interpretan como una falta de lealtad hacia el que les cuenta lo que sufre.

- También hay niños que aprovechan estas situaciones para manipular a sus padres y sacarles todo lo que desean.

- Obviar la existencia de una figura paterna es de las actitudes que más favorecen la posibilidad de una alteración psicológica en un niño. En este caso no solo el pequeño tiene que adaptarse a una situación nueva e impuesta, sino que además se le niega la posibilidad de mantener la imagen de una persona tan importante en su vida.

No caigamos en la misma conducta

Puede que solo sea uno de los progenitores quien mantenga cualquiera de las actitudes descritas o puede que, en mayor o menor medida, sean los dos. Si nuestra expareja insiste en comportarse así, no debemos irritarnos. Al menos así el niño podrá ver que abordamos el problema de forma adecuada y podrá usarnos como modelo. Aunque el otro progenitor le brinde el ejemplo contrario, es importante no caer en la misma conducta e intentar en cambio que nuestro hijo incluya nuestra manera de actuar en su repertorio:

- Hay que comunicarse con el otro progenitor en lo que a decisiones sobre el niño se refiere, sin dotar al pequeño de participación, y contarle luego lo decidido en términos de «tu padre y yo hemos acordado...».

- Hablemos bien de nuestra expareja con el niño y no le permitamos que la descalifique o cuestione sus criterios: «Tu madre y yo estamos de acuerdo en que te acuestes temprano»; «Si tu padre ha decidido castigarte, es porque no has cumplido con tus responsabilidades en casa». Cuando uno no está de acuerdo, puede decirlo, pero sin que el niño esté delante. Para las citas y recordatorios podemos llevar una agenda y entregarla en el momento de intercambio de los hijos; llevará anotaciones importantes, como visitas a médicos, tutorías, pagos, etcétera. Así se evitan las discusiones delante del pequeño y se pueden reflejar las cuestiones cotidianas.

- Conviene que el padre y la madre se avisen ante acontecimientos importantes: que el niño está enfermo, que tiene una actuación en el colegio, que va a celebrar su cumpleaños tal día y en tal sitio, etcétera.

- No hay que hacer partícipe al niño de los conflictos que conlleva una separación para los adultos. No tiene por qué saber las razones por las que se separaron sus padres ni tampoco detalles como la pensión acordada.

- Si el otro progenitor no tiene los mismos criterios en algún tema y no se llega a un acuerdo, debemos aceptarlo y explicárselo al niño: «Tu padre hace las cosas así y, cuando estés con él, lo tienes que respetar; yo las hago de esta otra manera y, cuando estés conmigo, las haremos así».

Los padres capaces de actuar así tienen claro que un divorcio no los exime de su responsabilidad respecto a sus hijos. Comprenden la necesidad de mantener una relación correcta y respetuosa con su expareja que les permita tomar decisiones conjuntas y llegar a acuerdos sobre la educación de los hijos.

Ver disminuido el tiempo que pasamos con nuestro hijo no significa que podamos calmar la culpa que sentimos concediéndole todos los caprichos. También los niños se cansan de ir cada dos domingos a un parque de atracciones y demandan una relación en la que se pongan límites y haya orden.

5.2. Convivir con una nueva pareja

Ante la nueva persona que aparece en la vida del niño surgen varias situaciones:

— *¿Le dejo que regañe o dé órdenes a mi hijo?* Cada casa tiene unos límites y hay que respetarlos. La relación entre la nueva pareja y los hijos es uno de los aspectos fundamentales para la buena convivencia. Pero su papel no está definido, por lo que tendrá que ganárselo paulatinamente. Pasado un periodo de adaptación donde prevalezcan las situaciones de juego y disfrute, habrá que permitir que la nueva pareja ponga límites y dejar que solucione los conflictos que puedan surgir de su incumplimiento limitándonos a apoyarla.

— «¡Quieres más a tu novio que a mí!». Hay que permitir la expresión de estos sentimientos, pero no discutirlos ni justificarlos. Los padres tienen amor suficiente para repartirlo entre varias personas. El niño necesita saber que es importantísimo para sus padres y lo mejor es demostrárselo con actos; uno de ellos es dejarle que exprese sus sentimientos, aunque oírlo provoque mucho dolor. Luego habrá que buscar huecos para estar a solas con el niño y dedicarle tiempo en exclusividad.

— «¡Tú no eres mi padre!». El niño suele decir esto cuando quiere zafarse de alguna norma establecida en el nuevo núcleo familiar. La respuesta puede ser: «Por supuesto, ni podría sustituirlo, pero aunque te siente mal y te enfades, hay cuestiones que, cuando estés conmigo, tienes que cumplir».

5.3. Reacciones ante un nuevo hermano

Regresar a comportamientos infantiles ya superados —el chupete, querer papilla o biberón, portarse como un bebé— y mostrar una actitud rebelde —oposición sistemática, orinarse encima, desobedecer— son demostraciones de lo mal que el niño se siente con la nueva situación.

No es infrecuente que el niño manifieste comportamientos agresivos hacia el nuevo hermano, aunque la mayoría de las veces es un intento de tratarle como a sus compañeros de juegos, sin darse cuenta de que un bebé es más delicado y frágil. Hay que retirar al niño y explicarle, sin alarmas, que no le vamos a permitir esa conducta; tenemos que enseñarle a acercarse, a hacerle una caricia o darle un beso a su hermano menor.

También podemos recuperar álbumes y películas de cuando era bebé y contarle lo que hacíamos con él, lo que sentimos cuando llegó a casa y cuánto le queremos. El niño puede asimismo colaborar en algunas de las tareas de cuidado del hermano.

5.4. DIFICULTADES EN LA ADOPCIÓN

LA GENÉTICA Y LA INFLUENCIA DEL MEDIO

Por desgracia hay quien sigue pensando que nuestro comportamiento está exclusivamente condicionado por la genética. Algunos padres prefieren echar la culpa a este factor que al medio, es decir, ellos y las experiencias que han proporcionado a sus hijos.

Es cierto que la genética es responsable de algunas cosas, pero serán las intervenciones educativas que llevemos a cabo con nuestro hijo las que hagan posible una convivencia feliz y satisfactoria.

Antes de echar la culpa a la genética debemos buscar la orientación de un profesional que evalúe y nos ayude a superar los problemas de adaptación entre nuestro hijo y nosotros.

El periodo de adaptación a la nueva situación es ya de por sí complicado. Para evitar que sea aún más difícil, es muy útil recoger información acerca de los hábitos que ha llevado el niño hasta el momento de la adopción: alimentos que ha probado, si duerme en cuna o cama, la higiene, etcétera. Así podremos establecer un periodo de transición en el que el niño desarrolle sus rutinas como hasta ahora para, paulatinamente, ir introduciendo los cambios que creamos convenientes.

Aunque los niños de hoy, debido a factores como la inmigración y las adopciones internacionales, están acostumbrados a ver niños con características étnicas distintas a las suyas, no faltan preguntas del tipo: «¿Por qué tus ojos tienen otra forma?» o «Tu color no es como el de tus padres». El niño que recibe la pregunta ha de estar preparado para contestar.

La respuesta tiene que encontrarla en el relato que sus padres le hagan de su historia, que deberá incluir datos como su país de origen y de qué forma lo han adoptado. Es importante que sepa que cada niño es distinto de los otros, único e irrepetible, independientemente de sus características físicas. Así podrá dar respuestas del tipo: «Mis ojos son así porque vengo de otro país», «Tengo la piel de color distinto al de mis padres porque fueron a buscarme a un país donde la mayoría de la gente tiene este color».

A veces, la curiosidad de los niños es insaciable y llega la temida pregunta: «¿Entonces tus padres no son tus padres verdaderos?». Si hemos seguido los pasos del punto 3.3, el pequeño estará preparado para contestar: «Claro que lo son, pero en vez de salir de la tripa de mi mamá decidieron ir a buscarme muy lejos y traerme a vivir con ellos».

No dudemos en facilitarle todos los datos que tengamos y en acompañarlo en su investigación. Nuestro hijo no está dudando de nuestro amor hacia él ni de su pertenencia a la familia. Quiere conocer su historia, recomponer los datos que le faltan para completarla. La mayoría de las personas, cuando mira hacia atrás, lo sabe todo de sus orígenes. El hijo adoptado en cambio no y siente la necesidad de descubrirlo. Los padres adoptivos pueden apoyarle en su búsqueda.

6. Casos prácticos

6.1. Los celos de Andrés

Cuando Andrés tenía 3 años, sus padres le dijeron que iba a tener un hermano. El pequeño acogió la noticia con mucha ilusión, ya que la mayoría de sus amigos tenían hermanos y, como le habían dicho sus padres, podría ser un perfecto compañero de juegos. Andrés esperó con impaciencia el momento del nacimiento, preparando con sus padres todo lo necesario.

Unos meses después nació Carlos. Su madre se fue al hospital unos días, en los cuales Andrés se quedó en la casa de los abuelos, cosa que no le hizo mucha gracia. A la vuelta del hospital, las cosas no parecieron ser como Andrés esperaba. El niño siempre estaba dormido: ¡no se podía jugar con él! Y encima se pasaba el día con su madre. Además, la casa se fue llenando de gente que venía a ver a Carlos. «¡Y yo qué!», pensaba Andrés. Quien hasta el momento era el rey de la casa se había visto destronado por la presencia de su hermano, que no hacía nada.

Pasaron unos meses, pero la situación siguió más o menos igual. Con su hermano no se podía jugar y la madre estaba todo el día pendiente del bebé. A Andrés no le hacía mucha gracia compartir a sus padres con Carlos. Intentaba llamar su atención de cualquier manera para que estuviesen más pendientes de él. Poco a poco Andrés fue entrando en una dinámica en la que su mal comportamiento, sus rabietas y sus modos agresivos se hicieron habituales. Sus padres le confirmaban que este comportamiento era debido a los celos: «No tengas celos de tu hermano, te queremos igual a ti». Constantemente le recriminaban su conducta celosa.

Los padres de Andrés ya no sabían qué hacer con él. Hacía un año que había nacido Carlos y la relación entre ambos no mejoraba. Andrés incluso pegaba a Carlos cuando estaban solos, a pesar de que le habían hecho responsable del cuidado de su hermano. Con ello conseguía que Carlos llorara y sus padres fueran a ver lo sucedido.

Los padres incorporaron unas pautas para intentar mejorar el comportamiento de Andrés:

- No decirle al niño que su conducta se debía a los celos. Únicamente hacer referencia al hecho concreto, sin interpretar la causa.
- No responsabilizarlo del cuidado de su hermano. Nada de «cuida de Carlos, mientras yo hago la comida».
- Involucrarlo ayudando a su madre a atender a Carlos —lavarle, vestirle, darle de comer—, pero siempre como una actividad divertida y que supusiera un momento de disfrute con su madre y su hermano.
- Los padres de Andrés le dedicarían un tiempo en exclusiva para montar en bicicleta, que era algo que hacían antes del nacimiento de Carlos y que le gustaba mucho.
- Ignorarían sus malas conductas y le reconocerían los buenos comportamientos.

Este cambio de actitud por parte de los padres de Andrés, unido al desarrollo evolutivo natural del niño, fue modificando la conducta que hasta el momento había tenido con Carlos. Poco a poco la relación entre los hermanos fue mejorando y actualmente juegan juntos y se llevan bien, exceptuando algunas leves disputas sin importancia.

6.2. MARTA Y SU ABUELA

Los padres de Marta, una niña de 3 años y medio, acudieron con cierta preocupación al especialista, ya que desde hacía unos cuatro meses su comportamiento había cambiado: de repente había empezado a actuar como si tuviese 2 años. Se hacía pis en la cama, tenía rabietas y se mostraba triste. «Pero cuando le preguntamos qué le pasa, no sabe responder», decía muy angustiada la madre. Los padres no identificaban ningún posible cambio en los últimos meses que justificara ese comportamiento. Al preguntar en el colegio, la profesora les había comentado que, últimamente, veía a la niña más triste y más retraída que de costumbre.

Conversando con los padres, supimos que la abuela de Marta había fallecido seis meses antes. Preguntamos cómo lo había asimilado Marta, pero los padres nos dijeron que habían tomado la decisión de no comunicarle a la niña el fallecimiento de su abuela, porque era muy pequeña. Pensaban que no tardaría en olvidarla y que así evitarían que se pusiera triste. La abuela, aparte de tener una estrecha relación con Marta, pasaba mucho tiempo con ella, ya que todos los días iba a recogerla al colegio.

Durante la hospitalización de la abuela y mientras los padres estaban atendiéndola, enviaron a Marta fuera de la ciudad, a casa de unos tíos, con sus primos favoritos. La abuela falleció en este periodo. Cuando Marta volvió, todo estaba igual que antes de su marcha. Al cabo de dos días empezó a preguntar dónde estaba su abuela y por qué no iba a recogerla al colegio. Sus padres, sin saber qué contestar, hicieron de la muerte un tema tabú en casa y le dijeron una sola vez que la abuela se había ido de viaje y que tardaría mucho en volver. Así evitaron las preguntas de Marta, que acabó por no volver a sacar el tema.

La niña se culpaba de la marcha de su abuela porque nadie le había contado la verdad. Se preguntaba qué habría pasado en su ausencia para que su abuela se hubiese marchado.

Una vez que los padres de Marta le contaron lo que realmente había ocurrido y le permitieron expresar sus sentimientos de tristeza, Marta se pudo despedir de su abuela a su manera y elaborar el proceso de duelo normal ante la pérdida de un ser querido. Puso una foto de la abuela en su habitación y, cada vez que quería recordar algún momento con ella, les preguntaba a sus padres y ellos le contaban historias de su abuela. Incluso lo pudo hablar con sus amigos. De esta forma, todas aquellas regresiones a etapas evolutivas anteriores que referían los padres fueron desapareciendo y Marta continuó con el desarrollo esperado para su edad.

7. Qué se ha conseguido

Vivimos un momento lleno de cambios que se dan, además, muy rápidamente. Saber adaptarse a ellos aumentará las posibilidades del niño de manejarse en su vida adulta. Adaptarnos a los cambios nos hace más flexibles y aumenta nuestra capacidad de entender y respetar a los demás. Ya sabemos que no es tan importante el cambio como el modo de adaptarse a él.

Afrontar cambios enseñará al niño a:

— tomar decisiones.
— discutir alternativas.
— llegar a acuerdos.
— adaptarse a nuevas situaciones, aunque sean inesperadas.

Esto será así siempre y cuando los padres hagan el proceso del cambio de manera adecuada y sirvan de modelo a su hijo.

El niño sabrá que la incertidumbre acompaña a las modificaciones que puedan surgir en su vida y que el estrés está presente cuando debe pensar qué hacer y cómo, pero eso no le impedirá decidir cómo actuar ni trazar un plan para llevarlo a cabo.

Saber que sus padres ejercieron como tales, independientemente de los acontecimientos, le ayudará a asumir las responsabilidades que le toquen en la vida. Si en sus padres encontró un modelo de comunicación adecuado, es muy probable que lo repita no solo con su pareja, sino también en muchas otras áreas de su vida. Se sabrá capaz de superar situaciones dolorosas, porque ya lo hizo con la muerte de un ser querido. No tendrá miedo al fracaso o al compromiso ni desconfiará de las intenciones de la gente, porque no son actitudes que se le hayan transmitido en casa.

Será, en definitiva, un adulto capaz de arriesgarse a tomar decisiones, tomando en consideración las consecuencias para los demás. No tendrá miedo a los cambios que sus decisiones acarreen y se hará responsable de ellas.

Capítulo XIV

Trastornos psicológicos

La incidencia de los trastornos infantiles es muy baja. Hasta alrededor de los 5 años no se puede hacer un diagnóstico y en la mayoría de los casos será posible la mejoría e incluso la superación del trastorno.

No podemos pretender que el niño sea capaz de entender ni identificar lo que le ocurre. Aquí empieza la labor de los padres, quienes, pasando tiempo con él, podrán detectar signos de que algo no va bien. Si se tarda en intervenir, es probable que se vean afectadas otras áreas del desarrollo, como la autoestima, las relaciones sociales o la expresión de las emociones.

Los trastornos en la infancia requieren la coordinación de los distintos profesionales que se relacionan con el niño. El enfoque debe ser multidisciplinar y engloba la medicina, la psicopedagogía, la educación escolar, la psicología. También, y según los casos, tendrán que intervenir especialistas como neurólogos, logopedas, trabajadores sociales o educadores. La coordinación de los padres incide en una mejor evolución, en especial si mantienen los límites y rutinas —o los adaptan a la nueva situación— y transmiten al niño el apoyo y afecto que necesita.

Todos los trastornos descritos en este capítulo necesitan la atención de un profesional que oriente la actuación de la familia. Este realizará el diagnóstico, dirigirá la terapia, el tratamiento y la medicación si es necesaria. Aquí ofrecemos una idea general de en qué consiste cada trastorno y cómo debe tratarse.

1. ¿QUÉ ES UN TRASTORNO PSICOLÓGICO?

Lejos de considerarse una enfermedad, el trastorno psicológico se define como un conjunto de síntomas o comportamientos característicos que cursan de manera simultánea en un mismo individuo. La persona que sufre un trastorno psicológico tiene un comportamiento inadecuado en un determinado ambiente, y no puede adaptarse a él de forma satisfactoria.

Una característica principal de estos trastornos es que provocan un malestar significativo en quien los padece o bien interfieren en su relación con los demás o en áreas importantes de su vida.

Los trastornos psicológicos se manifiestan con síntomas físicos (dolores, alteraciones del sueño y alimentación...), afectivos (tristeza, miedo, ansiedad), cognitivos (dificultad para pensar con claridad, creencias erróneas, déficits de memoria y atención...) y del comportamiento (agresiones, llanto, evitación de situaciones, abuso de sustancias).

No existe una única causa de los trastornos psicológicos. Hoy en día se considera que existe un conjunto de factores biológicos y ambientales que los provocan. Los diferentes modelos que tratan de explicar el origen de los trastornos psicológicos son multifactoriales, es decir, tienen en cuenta muchos y diferentes factores.

Uno de los modelos más conocidos en psicología es el de vulnerabilidad-estrés (Zubin y Spring, 1977). Según este modelo, existe una predisposición personal o vulnerabilidad en la persona que padece una alteración psicológica, de tal forma que esa tendencia, unida a ciertas situaciones que generan tensión (estrés), lo llevan a sufrir un determinado trastorno.

Al hablar de vulnerabilidad se hace referencia a factores biológicos, por ejemplo genéticos, o a alteraciones de la bioquímica cerebral, pero también a factores psicológicos, tales como las destrezas que posee la persona para resolver y afrontar problemas, su manera de pensar y habilidades psicológicas como la atención, la concentración, la memoria, la percepción y la motivación. El ambiente social que rodea al niño, y sobre todo la familia, también influirá en cierta medida en las capacidades que adquiera para solucionar problemas, enfrentarse a diversas situaciones, así como en su forma de pensar ante los éxitos y los fracasos.

Esta vulnerabilidad y ciertos factores que se han denominado *estresores* son los principales responsables de la aparición de los trastornos psicológicos. Los estresores ac-

túan como detonadores o precipitantes del trastorno psicológico, y pueden ser ambientales o físicos. Los físicos son
ciertas enfermedades, e infecciones, y los ambientales,
cualquier situación externa a la persona, pero que le afecta
directamente, como la muerte de un familiar, el divorcio de
los padres, conflictos en el colegio. En definitiva, cualquier
cambio en la vida y siempre que exista una vulnerabilidad
previa.

MODELO DE VULNERABILIDAD-ESTRÉS

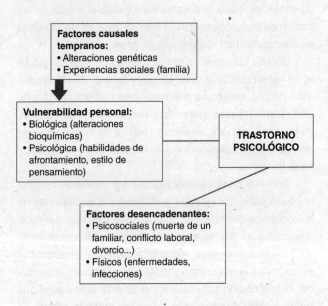

EJEMPLO: ¿CÓMO SURGE UN TRASTORNO DEPRESIVO?

Vamos a explicar el modelo de vulnerabilidad-estrés mediante su aplicación a un trastorno en concreto: la depresión.
Para que una persona sufra una depresión han de coincidir

una vulnerabilidad personal y una fuente de estrés, que sería el factor desencadenante.

a) Vulnerabilidad personal

- Biológica: antecedentes familiares de depresión, así como otros factores de la bioquímica cerebral, como por ejemplo niveles bajos de serotonina.
- Aprendizaje sociofamiliar: experiencias negativas, educación exigente, poco refuerzo (premios, elogios, afectos...).
- Cognitiva (lo que se piensa): pensamientos negativos sobre uno mismo, su futuro y los demás, autoexigencia, perfeccionismo, baja tolerancia a la frustración.
- Conductual (lo que uno hace): dificultades en las relaciones sociales, inhibición, baja capacidad para tomar decisiones y afrontar problemas.

b) Estrés

- Cambios inesperados o súbitos que suponen una pérdida importante para la persona (muerte de un ser querido, separación de la pareja...).
- Estrés mantenido durante largos periodos de tiempo (conflictos laborales o escolares...).

Existen numerosos trastornos psicológicos que pueden aparecer en la infancia. No pretendemos aquí describirlos en profundidad, pero sí haremos un recorrido por los más comunes con el fin de tener una visión global. Para su descripción usaremos los criterios del DSM-IV *(Manual diagnóstico y estadístico de los trastornos mentales,* elaborado por la Asociación Estadounidense de Psiquiatría).

1.2. Trastornos de aprendizaje

Los trastornos del aprendizaje son ciertas dificultades que surgen en una o varias destrezas académicas, como la lectura, el cálculo y la expresión escrita. El rendimiento del niño en estas áreas está por debajo de lo esperado para su edad y su etapa de escolaridad. El cociente intelectual de los niños con trastornos de aprendizaje se encuentra dentro de la normalidad.

Estos niños presentan dificultades en la lectura, la ortografía, las matemáticas o la escritura, tienen problemas para seguir instrucciones y distinguir la derecha y la izquierda, y suelen confundir las letras *b* y *d* o los números 13 y 31, por ejemplo.

Los trastornos se deben a dificultades a la hora de recibir, procesar o comunicar la información.

Se diferencian tres tipos de trastornos de aprendizaje:

📖 *Trastorno de lectura.* La competencia lectora del niño está por debajo del nivel esperado para su edad, su grado escolar o su inteligencia, lo hace muy despacio y tiene dificultades para entender lo que está leyendo. En ocasiones, también le cuesta reconocer ciertas palabras o confunde las que son similares.

📖 *Trastorno para las matemáticas.* El pequeño tiene dificultades relacionadas con los números, como contar, copiar los dígitos correctamente y sin invertirlos, sumar, aprender las tablas de multiplicar, reconocer los signos matemáticos o comprender las operaciones.

📖 *Trastorno de expresión escrita*. El afectado presenta problemas con las habilidades de la escritura, tales como la comprensión de la gramática y la puntuación, la ortografía, la organización de párrafos, la realización de resúmenes o la composición de frases.

Para que se considere un trastorno, las dificultades descritas tienen que interferir de forma significativa en el rendimiento académico o en las actividades cotidianas que exigen estas habilidades. Por lo tanto, no hay que confundir un simple retraso del niño en la adquisición de alguna de estas destrezas con un trastorno.

Entre los diferentes trastornos podemos destacar la dislexia, la discalculia y la disgrafía. La buena noticia es que suelen remitir siempre que se busque el apoyo multidisciplinar adecuado.

1.3. TRASTORNOS DEL LENGUAJE

Se caracterizan por una serie de dificultades en la comunicación que interfieren en el rendimiento académico o en la relación social del niño. El pequeño presenta dificultades para desarrollar el habla o bien tiene un vocabulario limitado para su edad. También puede manifestar problemas para comprender instrucciones simples o nombrar objetos. La mayoría de los niños con trastornos de la comunicación desarrollan el lenguaje en la edad escolar, aunque sigan teniendo limitaciones en la comunicación.

Estos trastornos están muy relacionados con los del aprendizaje y en muchas ocasiones se encuentran en la aparición de diferentes patologías y trastornos psicológicos.

Existen diferentes tipos:

- *Trastorno de la expresión del lenguaje.* Se manifiesta a través de uno o varios de los siguientes síntomas: vocabulario muy limitado, errores en el uso de tiempos verbales, dificultades en la memorización de palabras y en la producción de frases que se consideran esperables para la edad del niño.

- *Trastorno expresivo y receptivo del lenguaje.* Aparte de los síntomas que se han descrito en el trastorno anterior, aparecen otros, como las dificultades para comprender palabras, frases o tipos específicos de palabras —por ejemplo, términos espaciales— que por su edad el niño debería ser capaz de procesar.
- *Trastorno fonológico.* Se caracteriza por la dificultad o incapacidad para utilizar los sonidos del habla propios de la edad del niño. Por ejemplo, sustituye un sonido por otro (/t/ por /m/), omite alguna consonante o comete errores al pronunciar determinadas sílabas.
- *Tartamudeo.* Es una alteración de la fluidez y la organización temporal del habla esperables para la edad del niño. Se diagnostica ante la aparición de uno o varios de los siguientes fenómenos:

- Repeticiones de sonidos y sílabas.
- Prolongaciones de sonidos.
- Repetición de interjecciones.
- Palabras fragmentadas (pausas dentro de una palabra).
- Bloqueos audibles o silenciosos (pausas en el habla).
- Circunloquios (sustituciones de palabras para evitar las problemáticas).
- Palabras producidas con un exceso de tensión física.
- Repeticiones de monosílabos.

Estos trastornos del lenguaje pueden recibir otras denominaciones, como disfasia, afasia, dislalia, disfonías... A menudo, se pueden solucionar si desaparece alguna patología física de tipo neurológico, sensorial... asociada a ellos, aunque en muchos casos es necesario el apoyo logopédico.

1.4. Trastorno de déficit de atención con hiperactividad (TDAH)

Es uno de los trastornos más importantes dentro del campo de la psicopatología infantil por su incidencia. Tiene un efecto negativo sobre los niños que lo padecen, con importantes consecuencias en el ámbito escolar, social y familiar. Sus síntomas principales son tres:

— *Inatención.* Dificultad para mantener la atención, sobre todo en situaciones de baja estimulación. Por ejemplo, al niño le cuesta concentrarse en actividades lúdicas o académicas o a la hora de organizar tareas o seguir instrucciones. Pierde a menudo objetos necesarios para sus quehaceres e intenta evitar trabajos que requieran esfuerzo mental.

— *Hiperactividad.* Es la falta de inhibición o control de los impulsos asociada con la actividad motora. Por ejemplo: el pequeño mueve en exceso manos y pies, se agita en la silla, corre, salta, tiene dificultades para jugar tranquilamente o habla demasiado.

— *Impulsividad.* Carencia de inhibición o control sobre los impulsos. Por ejemplo, el niño da respuestas antes de que su interlocutor haya terminado la pregunta, tiene dificultades para esperar su turno, interrumpe constantemente.

Para diagnosticar este trastorno han de presentarse algunos síntomas descritos antes de los 7 años y tienen que estar presentes en dos o más ambientes diferentes, por ejemplo, en casa y la escuela.

Estamos ante un trastorno neurológico, con una importante carga genética, aproximadamente el 60 por ciento. A pesar de esto, no se descarta que aparezca también por la influencia de determinados factores del entorno o el desarrollo del niño.

Existen casos muy diferentes de trastorno de déficit de atención con hiperactividad que varían en cuanto a la combinación de la sintomatología. Por ejemplo, encontramos TDAH con predominio de la hiperactividad e impulsividad, con predominio del déficit de atención y combinado: hiperactividad-impulsividad e inatención. Por lo tanto, no todos los niños a los que se les diagnostique este trastorno tienen que presentar conductas hiperactivas o impulsivas; muchos solo muestran un déficit de atención.

Que un niño sea movido y no pare quieto es solo un síntoma más para poder diagnosticar un trastorno de déficit de atención con hiperactividad, y no el único.

A largo plazo, si no se trata correctamente mediante psicoterapia y, en la mayoría de los casos, también con medicación, el TDAH produce una disminución en el rendimiento académico que puede desembocar en fracaso escolar.

Aproximadamente entre el 50 y el 70 por ciento de los casos de este trastorno desaparece durante la pubertad. Cuando no ocurre así, el adulto continúa con la sensación interna de nerviosismo escasa capacidad de organización, problemas de memoria, frustración, dificultad de rendimiento en el trabajo, conflictos en sus relaciones de pareja, alteraciones de conducta, comportamientos antisociales o adicciones.

1.5. Depresión

Hay que diferenciar la depresión de la tristeza o el estado de ánimo que pueden producir ciertas situaciones difíciles a que nos enfrentamos en el día a día. Sufrir un trastorno depresivo implica mucho más. Los síntomas que se asocian a los trastornos depresivos son numerosos, especialmente en el caso de los niños: los hay que se muestran apáticos, otros agresivos, unos se vuelven inapetentes, otros comen en exceso. No existen dos depresiones iguales.

Los síntomas que pueden anunciar la depresión infantil son:

- *Afectivos:* tristeza, irritabilidad, falta de interés, llanto, desesperanza, cambios bruscos de humor.
- *Motores:* pérdida de energía, cansancio, disminución o aumento de la actividad, insomnio o hipersomnia.
- *Cognitivos:* falta de concentración, de memoria, de atención, sentimientos de inutilidad o culpa, baja autoestima, indecisión.
- *Sociales:* aislamiento, retraimiento.
- *Conductuales:* desobediencia, riñas, protestas, rabietas, indisciplina, delincuencia, piromanía, conducta agresiva.
- *Fisiológicos:* enuresis, dolores, pesadillas, pérdida de apetito, de peso, de sueño...

La idea del suicidio está también asociada a las diferentes patologías del estado de ánimo. Muchas veces los padres ignoran por completo los pensamientos, planes e incluso las conductas suicidas de su hijo. No pasa nada por tratar con el niño el tema; al contrario, es probable que se sienta aliviado de poder hablar de ello. Para el niño pequeño la muerte es un fenómeno reversible.

Algunas motivaciones inmediatas que provocan el suicidio en los niños pueden ser los intentos de venganza, dejar de ser una molestia, acabar con el maltrato, con alteraciones familiares; en ocasiones, el pequeño puede obtener ganancias secundarias con este tipo de pensamientos. Sea cual sea el motivo, no hay que pasar nunca por alto el más mínimo pensamiento o conducta suicida.

Dentro de los trastornos afectivos, la depresión es el más significativo, aunque existen diferencias en función de la duración y la intensidad de los síntomas. Así, por ejemplo, podemos definir la distimia como una depresión de menor grado.

Con la combinación de psicoterapia y farmacoterapia, se consiguen resultados muy positivos en los niños que padecen depresión.

LA DEPRESIÓN ANACLÍTICA

Es un tipo de depresión que aparece en los niños muy pequeños, incluso en bebés. Suele producirse al separarse de la madre después de los 6 meses de edad, cuando ya se ha creado el vínculo madre-hijo. También en el caso en que la separación suceda antes de crearse o fortalecerse el vínculo; por ejemplo, en niños hospitalizados desde que nacen y durante largo tiempo.

Sus síntomas son: llanto, retraimiento, pérdida de peso, insomnio y vulnerabilidad a infecciones. En los casos más graves, los niños pueden llegar a morir.

EL TRASTORNO BIPOLAR

Es aquel en el que se alternan periodos y fases de manía. Durante las últimas el paciente presenta euforia, una autoestima exagerada y una disminución de las horas de sueño. Además, la persona está más habladora de lo normal, más distraída, con aumento de la actividad y un pensamiento acelerado. Este trastorno se denomina bipolar porque quien lo padece oscila de un polo depresivo a otro completamente opuesto.

1.6. Trastornos de ansiedad

Los síntomas de ansiedad en niños son un motivo muy común de consulta en psicología. La ansiedad, en ocasiones, es una respuesta adecuada y necesaria ante determinadas situaciones de peligro, un mecanismo de protección. Pero hay casos en que la ansiedad se vive como una emoción desagradable sin causa aparente, o bien en un grado desproporcionado. Esta ansiedad se acompaña de un estado en el que la persona cree que algo horrible va a ocurrir sin que exista manera de evitarlo, por ejemplo, morirse, volverse loco, perder el control, herir a alguien. Entre los síntomas frecuentes de la ansiedad encontramos:

- Despersonalización, sentimiento de extrañeza de uno mismo, como si estuviese vacío.
- Desrealización, es decir, sensación de que el mundo circundante no existe o es una película.
- Dificultades para concentrarse o atender.
- Lentitud de pensamiento.
- Inhibición motriz o inquietud motora.
- Imposibilidad para permanecer quieto.
- Palpitaciones, mareos, náuseas, sudoración, sensación de ahogo o falta de aliento, sensación de atragantarse, opresión en el pecho, escalofríos y entumecimiento.

Los niños con trastornos de ansiedad suelen experimentar un miedo intenso, preocupación o inquietud que puede prolongarse durante largos periodos de tiempo e impedirle llevar su vida normal.

Entre los trastornos de ansiedad (ver el capítulo IV, «Miedos y manías») destacan:

- *Trastorno de ansiedad generalizada.* Los afectados se encuentran en un estado de constante y excesiva preocupación por sus actividades escolares, deportivas, de casa, por la aceptación de los demás o por sus competencias sociales. También aparecen algunos de los siguientes síntomas físicos: inquietud, dificultad para concentrarse, cansancio, irritabilidad, tensión muscular, insomnio, dolor de estómago, de cabeza, mareos, vértigos y otras afecciones que no tienen causa física aparente.

- *Trastorno de pánico.* Son ataques aislados y de unos 10 minutos de duración de miedo o malestar intensos. Se acompañan de palpitaciones, sudoración, mareos, náuseas, vértigos, opresión en el pecho, dificultad para respirar o miedo a morir, a perder el control o a volverse loco. La experiencia es tan terrible que quien la ha sufrido una vez vive con miedo de volver a sufrirla y hace lo que sea por evitar situaciones que la puedan desencadenar.

- *Trastorno de ansiedad por separación.* Los afectados suelen tener dificultad para separarse de sus padres e ir a la escuela, a un campamento de verano, quedarse en casa de un amigo o estar solos. A veces se acompaña de depresión, tristeza o miedo a que algún miembro de la familia se vaya o fallezca.

- *Fobias.* Son temores desproporcionados, respecto al peligro real de ciertas situaciones. Son irracionales e involuntarios y llevan a quien los padece a evitar las situaciones temidas. Existen fobias a los animales, a las tormentas, al agua, a los lugares altos... o a situaciones específicas, como encontrarse encerrado en un lugar reducido.

- *Trastorno obsesivo compulsivo.* Quienes lo padecen se ven atrapados en un patrón de pensamientos y comportamientos repetitivos. Aunque sean conscientes de lo irracional de su comportamiento, les resulta muy difícil abandonarlo. El comportamiento compulsivo puede incluir lavarse repetidamente las manos, poner en orden los objetos una y otra vez, contar los pasos mientras se camina...

- *Trastorno de estrés postraumático.* Puede desarrollarse tras haber vivido o presenciado un acontecimiento sumamente estresante, como ser testigo de un hecho violento, un desastre natural o un accidente de tráfico. El niño revivirá el acontecimiento una y otra vez en forma de fuertes recuerdos, sueños o pensamientos recurrentes.

1.7. Trastornos psicóticos

El niño que sufre algún trastorno psicótico se comporta de forma extravagante y rara permanentemente. Los siguientes síntomas son típicos de este tipo de trastornos, aunque rara vez se dan todos a la vez:

- Falta de comunicación con el entorno, escaso contacto visual, rechazo de la proximidad física, aislamiento social.
- Comportamiento catatónico: conducta motora extraña caracterizada por una disminución de la reacción al entorno, o hiperactividad que no guarda relación con el estímulo presentado.
- Ideas delirantes, como creencias inusuales no basadas en la realidad (el afectado piensa que alguien le persigue), y alucinaciones (ve ù oye cosas que no son reales).
- Gestos extraños, poco habituales.
- El niño está absorto en sus propios movimientos o gestos.
- Trastornos en el lenguaje muy diversos, como incoherencia o dificultad en la expresión. El peque-

ño psicótico adquiere el lenguaje más tarde de lo normal.

◎ Su esquema corporal está alterado.

◎ Puede seguir unos rituales marcados para realizar determinada actividad, por ejemplo, antes de acostarse.

◎ Falta de interés, motivación, energía, afectividad y expresión de emociones. La apatía también es otro síntoma de los pacientes psicóticos.

Por lo general los trastornos psicóticos suelen cursar a modo de brotes. Existen periodos en los cuales las manifestaciones de la enfermedad son escasas o incluso llegan a desaparecer. En función de cómo se combinen los anteriores síntomas en los brotes podemos hablar de tres tipos de pacientes:

- *Tipo paranoide.* Se caracteriza por la existencia frecuente de delirios y alucinaciones auditivas o visuales. No son evidentes otros síntomas, tales como habla y conducta desorganizada o apatía.

- *Tipo desorganizado.* Presenta desintegración grave y conductas regresivas desde edad temprana. Aparecen frecuentemente la incoherencia o habla desorganizada, la apatía y la afectividad inapropiada —por ejemplo, mostrar una risa boba en momentos inadecuados—. El comportamiento en estos casos es absurdo, incoherente y extraño.

- *Tipo catatónico.* La principal alteración se encuentra en la actividad motora: inmovilidad, actividad excesiva, mutismo, adopción de posturas extrañas, manierismos, muecas, movimientos estereotipados, etcétera.

La causa de los trastornos psicóticos suele ser de tipo biológico o genético, aunque también influyen algunos factores ambientales que predisponen al niño o adolescente a desarrollar el problema. La mayoría de los trastornos psicóticos requiere tratamiento farmacológico para paliar los síntomas. A pesar de que el pronóstico del paciente de este tipo de trastornos no es bueno, ya que la curación completa es difícil, hay importantes objetivos terapéuticos que pueden alcanzarse: mejorar la calidad de vida, ayudar al paciente a entender la importancia del tratamiento farmacológico o que aprenda a relacionarse con los demás.

El trastorno psicótico más conocido es la esquizofrenia. Hasta los 3 años, la sintomatología es prácticamente igual a la existente en casos de autismo. A partir de esta edad ya es posible diferenciar el autismo de la esquizofrenia. Sin embargo, los trastornos psicóticos suelen aparecer en la adolescencia, a partir de los 15 años.

1.8. TRASTORNOS PSICOSOMÁTICOS

Son aquellos que, teniendo una base psicológica, producen alteraciones fisiológicas e incluso corporales. En algunas ocasiones, ante determinados acontecimientos cotidianos que causan estrés, el organismo reacciona con una enfermedad física. Al igual que existe cierta predisposición a desarrollar unas dolencias frente a otras, debido a que cada persona tiene órganos más vulnerables (órganos dianas), también hay una tendencia biológica a desarrollar enfermedades físicas de origen psicosomático.

En la mayoría de ocasiones no existe una alteración orgánica identificable que justifique el trastorno, de ahí que mucha gente se pregunte si el afectado estará fingiendo los síntomas. No hay que confundir un trastorno psicosomático con el fingimiento de una enfermedad para evitar situaciones no deseadas o bien obtener ciertas recompensas. En ocasiones, los niños extraen beneficios secundarios de estar enfermos, por ejemplo, mayor atención de sus padres o no ir al colegio.

Algunos trastornos psicosomáticos tienden a aparecer en edades específicas, ya que están relacionados con la maduración del funcionamiento de determinados órganos y con el desarrollo psicológico.

Entre las manifestaciones psicosomáticas más típicas en la infancia se encuentran la dermatitis, el acné, la urticaria, el asma, la gastritis, el colon irritable, las cefaleas y las migrañas.

Los principales tipos de trastornos somáticos son:

- *Trastorno de conversión*. El niño transforma un problema psicológico en un síntoma físico; por ejemplo, parece que no puede mover un brazo, que no oye, que no ve, presenta dificultad para tragar o afonía. Incluso pueden aparecer síntomas que simulan un ataque epiléptico.

- *Trastorno de somatización.* Es similar al de conversión, pero el pequeño desarrolla muchos síntomas que son más imprecisos; por ejemplo, dolor de cabeza, de abdomen, náuseas, vómitos.

- *Hipocondría.* El niño se preocupa por funciones corporales, como el latido de su corazón, la digestión o el sudor, y teme sufrir alguna enfermedad grave o se convence de que la padece cuando realmente está sano.

Este tipo de trastornos son más frecuentes en familias desestructuradas o con patrones de comunicación negativos. Los niños que los padecen suelen tener problemas emocionales o escasas habilidades para solucionar diversas situaciones.

No hay que confundir un trastorno psicosomático con una manifestación esporádica, como que al niño le duela la barriga cuando un compañero se niega a jugar con él. Se trata de algo mucho más grave y que implica un problema clínico o que afecta gravemente a la relación del pequeño con los demás. Además, para poder hablar de trastorno psicosomático es necesario que los síntomas se manifiesten durante un largo periodo de tiempo, por lo general de seis meses a un año.

1.9. TRASTORNOS DE TICS

Los tics son movimientos o producciones verbales rápidas, involuntarias, repetitivas e irresistibles. En ocasiones se pueden suprimir durante periodos cortos de tiempo, pero luego aumentará la probabilidad de que empeoren.

A veces los tics pasan de ser movimientos frecuentes presentes en los niños de algunas edades a trastornos en sí, fundamentalmente por la intensidad y la frecuencia de su aparición.

Podemos diferenciar principalmente dos tipos de tics:

— *Motores.* Pueden ser simples: parpadeo o guiño de ojos, sacudidas de cabeza, hombros; o complejos: golpearse a sí mismo, olfatear, saltar.
— *Verbales* Pueden ser simples: aclararse la garganta, toser, chillar, sorber por la nariz; o complejos: coprolalia (decir obscenidades), ecolalia (repetir a modo de eco una palabra o frase que acaba de pronunciar otra persona).

Dentro de los trastornos de tics se encuentran:

- *Trastorno por tics transitorios.* Se caracteriza por la presencia de tics motores o verbales simples o complejos que aparecen varias veces al día o casi cada día durante por lo menos cuatro semanas, pero no más de doce meses consecutivos. Suelen manifestarse antes de los 18 años.

- *Trastorno por tics motores o vocales crónicos.* Aparecen tics motores o verbales simples o múltiples, pero no ambos. Se dan varias veces al día, casi cada día o intermitentemente a lo largo de un periodo superior a un año. Durante este tiempo nunca hay un periodo libre de tics superior a tres meses consecutivos. Suelen manifestarse antes de los 18 años.

- *Trastorno de Tourette.* En algún momento, a lo largo de la enfermedad, ha habido tics motores complejos y uno o más tics verbales, aunque no necesariamente de modo simultáneo. Aparecen varias veces al día (habitualmente en oleadas), casi cada día o de forma intermitente a lo largo de un periodo superior a un año, durante el cual los tics no remiten durante más de tres meses consecutivos. Suelen manifestarse antes de los 18 años. Es característica de este trastorno la aparición, normalmente durante la adolescencia, de coprolalia y gestos obscenos.

Los tics suelen aparecer entre los 6 y los 10 años, con mayor intensidad en niños cohibidos y tímidos; por lo general desaparecen en la adolescencia y rara vez persisten en la edad adulta, aunque en ocasiones, por su intensidad, necesitan de tratamiento adecuado.

1.10. Trastornos de eliminación

Los trastornos de la eliminación se caracterizan por la emisión de orina o heces en lugares inapropiados por un niño cuyo nivel de desarrollo evolutivo le proporciona la capacidad de controlar los esfínteres. El control de la orina y las heces está determinado por factores madurativos, de ámbito familiar y educativo. Estos trastornos aparecen típicamente en la infancia, y forman parte de la práctica diaria de la psicología clínica debido a su frecuencia.

Hay dos tipos de trastornos de eliminación (descritos más exhaustivamente en el capítulo III dedicado a la higiene):

- *Encopresis.* Es la evacuación de heces en lugares inapropiados, ya sea de forma voluntaria o involuntaria. Para diagnosticar encopresis el niño ha de tener por lo menos 4 años y darse, como poco, un episodio al mes durante un mínimo de tres meses consecutivos. La encopresis puede ser diurna y/o nocturna.
- *Enuresis.* Emisión repetida de orina en la cama o en la ropa, voluntaria o involuntaria, por niños de 5 años o más, con una frecuencia mínima de dos episodios semanales durante al menos tres meses consecutivos. Puede ser, también, diurna y/o nocturna.

1.11. TRASTORNOS DE ALIMENTACIÓN

Son desórdenes que comprenden alteraciones de la conducta alimenticia y de la imagen corporal (véase capítulo I, «La alimentación»). Los más frecuentes son:

- *La anorexia.* Es el rechazo a mantener el peso corporal igual o por encima del valor mínimo adecuado para la edad y talla del afectado, así como miedo intenso a ganar peso.
- *La bulimia.* Se caracteriza por atracones recurrentes, tras los cuales aparecen conductas compensatorias, como el vómito o el uso de laxantes.

- *La rumiación*. Se manifiesta en forma de regurgitaciones y nuevas masticaciones repetidas de los alimentos.
- *La pica.* Es un trastorno típico de la infancia y se caracteriza por la ingestión persistente de sustancias no nutritivas, por ejemplo, tierra, pelo, plástico...

1.12. TRASTORNOS DE SUEÑO

Abarcan cualquier tipo de alteración relacionada con el hecho de dormir, incluyendo las dificultades para conciliar el sueño, permanecer dormido o despierto, incapacidad para mantener un horario de sueño o interrupciones constantes del sueño. Existen dos tipos de trastornos:

- *Disomnias.* Afectan a la cantidad, calidad y duración del sueño. Las más comunes son el insomnio, la hipersomnia, la narcolepsia, la apnea del sueño y los trastornos del rimo circadiano.
- *Parasomnias.* Son alteraciones que ocurren durante el sueño, como las pesadillas, los terrores nocturnos, el sonambulismo, el bruxismo y la somniloquia.

Estos trastornos se encuentran descritos de forma extensa en el capítulo II, dedicado al sueño.

1.13. OTROS TRASTORNOS

Existen trastornos psicológicos que surgen en la infancia y que en, algunos casos, tienen repercusiones durante el resto de la vida de la persona.

Consiste en la simulación repetida de enfermedades físicas, por lo común aparatosas y convincentes, que llevan a la persona que lo sufre a ir de un hospital a otro sin encontrar solución.

El síndrome de Munchausen por poderes es cuando uno de los padres induce en el niño síntomas reales o aparentes de una enfermedad. El pequeño suele ser hospitalizado por presentar grupos de síntomas que no parecen ajustarse a enfermedad clásica alguna y es sometido a numerosas pruebas y exámenes.

Síndrome alcohólico fetal (SAF)

El SAF es un conjunto de anomalías físicas y del desarrollo del niño como consecuencia del consumo de grandes cantidades de alcohol por parte de la madre durante el embarazo. El afectado tiene bajo peso al nacer, falta de crecimiento, retraso en el desarrollo, mejillas aplanadas, ojos pequeños, psicomotricidad deficiente, falta de curiosidad, dificultades de aprendizaje y comprensión y problemas de comportamiento.

Trastornos que implican patología orgánica

Hay una serie de patologías asociadas a la psiquiatría infantil en las cuales se dan alteraciones o patologías orgánicas irreversibles. El trabajo desde la psicoterapia con estos niños ha de ser muy concreto y encaminado a conseguir pequeños objetivos.

- *Retraso mental.* Alteración orgánica que se caracteriza por la existencia de una capacidad intelectual significativamente inferior al promedio (CI igual o menor a 70).

- *Autismo.* Se caracteriza por graves dificultades en la interacción social (incapacidad para desarrollar relaciones, ausencia de contacto ocular, expresión facial extraña...) y en la comunicación (retraso del lenguaje, utilización reiterativa...). Los patrones de comportamiento son repetitivos: inflexibilidad en las rutinas, juego repetitivo, manierismos o movimientos sin espontaneidad, simples e innecesarios.

- *Rett.* El bebé es aparentemente normal hasta los 5 meses, pero a partir de ese momento aparece una desaceleración en el crecimiento craneal, pérdida de habilidades manuales adquiridas, mala coordinación y retrasos graves en el desarrollo psicomotor y del lenguaje.

- *Asperger.* Es similar al autismo, pero no hay retraso general del lenguaje. Los niños con este síndrome presentan alteraciones en la interacción social y los patrones de comportamiento y tienden a las actividades repetitivas.

2. LA IMPORTANCIA DE LA SALUD MENTAL

Según la Organización Mundial de la Salud, «La salud es un estado de completo bienestar físico, mental y social, y no solamente la ausencia de afecciones o enfermedades». El concepto de salud mental engloba el bienestar subjetivo, la autonomía, la competencia y la habilidad para realizarse intelectual y emocionalmente.

De la definición que plantea la OMS se deduce que estar sano no solo es encontrarse bien físicamente, es decir, no padecer una enfermedad, sino que va más allá e incluye el bienestar de la persona, tanto individual como en su relación con los demás.

2.1. ¿POR QUÉ ES IMPORTANTE LA SALUD MENTAL?

Las necesidades físicas que presentan los niños son fácilmente identificables —una buena alimentación, abrigo si hace frío, un número mínimo de horas de sueño, un entorno adecuado—, pero en muchas ocasiones, las necesidades emocionales y las implicadas en la salud mental del pequeño no parecen ser tan obvias.

El niño con una salud mental adecuada pensará de forma clara, y desarrollará diferentes habilidades para afrontar situaciones y solucionar problemas. Además podrá establecer relaciones sociales satisfactorias y disfrutar de ellas.

El concepto de salud mental se asocia fácilmente al de felicidad, pero ¿cómo definir de forma objetiva la felicidad? Un niño feliz es el que se siente seguro, protegido, querido y valorado. Para que se sienta seguro su ambiente también ha de serlo, y para ello tienen que existir unos hábitos, que adquiere mediante las rutinas. Se verá protegido si sabe qué puede y qué no puede hacer en cada momento, y eso se logra con el establecimiento de normas que conforman los límites. Finalmente, tiene que disponer de momentos en los que se sienta valorado y querido, algo que se consigue mediante el tiempo que se le dedica y en el que se siente protagonista.

En muchas ocasiones la salud mental de los padres influye y determina la salud mental de los hijos; por lo tanto, si los padres disfrutan de un estado de bienestar mental, será más probable que sus hijos también lo tengan. Recordemos que los padres son modelos de los que los niños aprenden.

Fomentar en casa el apoyo emocional entre los miembros de la familia es una actitud que promueve la salud mental del niño. Para ello conviene adoptar conductas tales como ayudar a que el pequeño exprese sus emociones, mostrarle formas efectivas de resolver problemas, animarlo a que busque soluciones adecuadas y otras descritas con más extensión en el capítulo XI, «Inteligencia Emocional».

2.2. Cuando aparece la patología

Cuando la salud mental decae y el niño sufre un intenso malestar psíquico de forma constante podemos estar ante un trastorno psicológico. Como ya hemos dicho, en muchos casos el trastorno tiene una sintomatología concreta, pero hay otros en los que es difícil diagnosticar ante qué problema nos encontramos.

La aparición de alguna de las señales que se enumeran a continuación, sobre todo si se prolongan en el tiempo, puede ser indicio de que algo no anda bien y que es necesaria la asistencia psicológica:

- Disminución del rendimiento académico, aunque se esfuerce.
- Preocupación por todo o ansiedad habitual.
- Rechazo repetido a ir al colegio o a jugar con otros niños.
- Inquietud o hiperactividad constantes.
- Pesadillas muy frecuentes.
- Desobediencia o agresión persistentes.
- Rabietas muy usuales.
- Tristeza o irritabilidad durante la mayor parte del día.

3. Lo que se espera que haga tu hijo según su edad

Afortunadamente la tasa de trastornos psicológicos en la población infantil es baja, aunque la incidencia ha aumentado ligeramente en los últimos años.

Un gran número de los trastornos psicológicos que aparecen en la infancia terminan por resolverse de forma satisfactoria, sin que lleguen a afectar en la edad adulta, con la ayuda de personal cualificado. Pero la mayoría de los trastornos psicológicos presentes en la edad adulta —el 80 por ciento— se inician sobre todo durante la adolescencia.

3.1. PREVALENCIA DE LOS TRASTORNOS MENTALES EN NIÑOS

En la tabla se recogen las cifras generales de los trastornos psicológicos en la infancia. Los datos que se reflejan hacen referencia al porcentaje de niños que padecen el tipo de trastorno indicado; también se apunta la variabilidad existente por sexo.

	Trastorno	Porcentaje de prevalencia en la población infantil	Predominio
Trastornos del aprendizaje		3-10 %	Varones (en proporción 5 por cada mujer)
	Dislexia	5 % en edades de 7 a 9 años	
Trastornos del lenguaje	Trastorno expresivo del lenguaje	3 % niños en edad escolar	Varones
	Tartamudeo	2-4 %	Varones (4 por cada mujer) Aparece típicamente a los 2-4 años
TDHA		5 %	Varones

	Trastorno	Porcentaje de prevalencia en la población infantil	Predominio
Trastornos del estado de ánimo	Depresión	2 %	Proporción similar en la infancia
Trastornos de ansiedad		9-15 %	Mujeres
	Ansiedad por separación	3-5 %	
	Ansiedad generalizada	4 %	
	Fobias	2 %	
Trastornos psicóticos	Esquizofrenia	0,06 %	
Trastornos psicosomáticos		4 %	Varones
Trastornos de tics		1-2 %	Varones
	Tourette	0,03 %	
Trastornos de eliminación		8-10 %	
	Enuresis	9 % (entre 4-15 años)	
Trastornos de alimentación		0,5 %	Mujeres
Trastornos de sueño		3 %	Proporción similar
Retraso mental		1 %	Proporción similar
Autismo		0,3 %	Proporción similar

4. PRUEBA A HACERLO TÚ

A menudo, con el diagnóstico de un trastorno mental aparece un sentimiento de impotencia en los padres. De su actuación depende en gran medida que los síntomas mejoren o, por el contrario, que se compliquen o se hagan crónicos. Una vez diagnosticado su hijo, no deben limitarse a ser meros espectadores; al contrario, la actuación de los padres modificará para bien o para mal el pronóstico.

Este apartado no contiene toda la intervención ni todos los trastornos, aunque sí aquellos con mayor incidencia en la población infantil. La información que aquí se da no suple en ningún caso la necesidad de un tratamiento, que siempre es necesario.

4.1. EL DIAGNÓSTICO

Ante las sospechas de que algo va mal, el primer paso será comentar con el pediatra lo observado en el niño. El médico, dependiendo de los datos que recoja y de su propia evaluación, recomendará la visita al especialista indicado.

Desde que los padres encienden la luz de alarma por los comportamientos y actitudes de su hijo comienza la sensación de angustia ante la posibilidad de que le ocurra algo. Si se confirman sus temores, el recorrido emocional que sigue suele ser el que pasamos a describir.

ANTE LA NOTICIA

Cuando los padres reciben el diagnóstico se produce una reacción de consternación. Inmediatamente después suelen plantearse dos dudas: ¿en qué consiste?, ¿tiene cura? La primera es más sencilla de contestar; hoy por hoy están claros los síntomas que acompañan cada patología, aunque cada caso sea distinto. La segunda produce más ansiedad, puesto que cada trastorno tiene una duración distinta.

La noticia trae como consecuencia un gran impacto emocional en los padres, que sienten dolor, duda, culpa, ansiedad, impotencia, preocupación o temor ante el presente y el futuro. Muchas de estas emociones surgen del desconocimiento que tienen sobre el trastorno. A menudo se genera un desequilibrio en el entorno social y familiar que repercute en una insuficiente atención al niño.

A continuación sigue una reacción normalmente depresiva que pasa por distintas fases hasta que se acepta la nueva situación. Por supuesto, las diferencias individuales hacen que no todo el mundo actúe igual, que no se sigan los mismos pasos o que se den en distinto orden, que se produzcan varias fases a la vez o que cada progenitor viva la situación de forma diferente y con desigual intensidad. Pero podemos generalizar:

- «Se han equivocado en el diagnóstico». Empiezan las comprobaciones con otros especialistas. Los padres, como forma de defensa, intentan negar el hecho doloroso o imaginan que se producirá un milagro, que todo tendrá solución y que el niño, ahora o más adelante, volverá a estar sano.
- «La culpa es de...». En un intento de comprender el porqué de la situación se buscan justificaciones donde cabe echar la culpa al otro progenitor o achacarla a situaciones vividas que, normalmente, no tienen relación alguna con la situación. A menudo, los padres elaboran cualquier argumentación que, aun siendo irracional, compense la frustración del momento.
- «¿Qué puedo hacer?». Comienza una búsqueda de información sobre el tema y de posibles soluciones,

a veces sin una orientación profesional (internet es una fuente de errores en muchos casos). Sin embargo, en esta fase ya hay un principio de aceptación del hecho. Suele haber un mayor encuentro entre los progenitores, que empiezan a ponerse de acuerdo sobre la actuación que deben llevar a cabo. Generalmente hay una actitud de mayor diálogo y atención a los profesionales.

- «No tengo fuerzas». Antes de la aceptación y también después, en periodos críticos del trastorno, aparecen los problemas de insomnio, el agotamiento, alteraciones alimentarias, etcétera. Estos síntomas disparan ideas como «no puede ser», «por qué me ha tocado a mí» o «no voy a poder seguir adelante».

- «Manos a la obra». Implica la aceptación y adaptación familiar. Los padres empiezan a actuar orientados por los profesionales, ponen en práctica determinadas pautas, consiguen pequeños avances en su hijo y pueden organizar la estrategia a seguir. De este modo, tienen un sentimiento de cierto control que les ayuda a seguir adelante.

UNA VEZ QUE SE ACEPTA

Son relativamente frecuentes dos tipos de reacciones que aumentan las dificultades de la situación:

— La desorientación. El hecho de no saber qué hacer entorpece, en muchos casos, la posibilidad de desarrollo del niño, su pronóstico o el curso de su trastorno.

— La sobreprotección. Se da un sentimiento de pena, verbalizado en la palabra *pobrecito,* que impide actuar a favor de un desarrollo normalizador dirigido a potenciar las capacidades del niño y, por tanto, a su mejora social, afectiva y familiar.

Cuando la aceptación se produce de una manera adecuada, los padres:

- Son capaces de relatar los sentimientos que les provoca la situación, sin negarlos o intentar esconderlos: pueden sentir tristeza, enfado o ira, pero también satisfacción y alegría por los logros.
- No se culpabilizan en los momentos de crisis, sino que se apoyan intentando dar soluciones operativas.
- Establecen el tipo de intervención de forma coordinada; se ponen de acuerdo en la actuación profesional a seguir y en los cambios que serán necesarios en el contexto familiar: económicos, de desplazamiento, de intervención.
- No muestran recelo ante el criterio profesional, se coordinan con el psiquiatra, el pedagogo, el psicólogo, el profesor, el monitor de tiempo libre o cualquier adulto representativo en la vida del niño.
- Fomentan un contexto familiar normalizador, con límites y hábitos adaptados a las necesidades del pequeño, y a través del cual desarrolle las capacidades propias de su edad.
- Tienen claras las carencias del niño y no le exigen por encima de sus posibilidades, pero también conocen las capacidades a desarrollar y son firmes y constantes en las estrategias a aplicar.
- No tienen inconveniente en comentar en el colegio lo que sucede para poder coordinar la actuación y hacer el seguimiento necesario.
- Cuentan a su hijo en qué consiste su trastorno; este diálogo suele estar orientado por un especialista.

- Buscan salida a su frustración, impotencia o depresión fuera de casa, con amigos, familiares o asociaciones de padres en la misma situación. Evitan que sea el niño quien sufra estas emociones para que no se crea culpable.
- Constituyen el principal apoyo emocional y social de su hijo.

4.2. Trastornos de aprendizaje y lenguaje

Cuando un niño sufre un trastorno del aprendizaje o del lenguaje, su rendimiento escolar se ve disminuido por las dificultades que padece sin que exista baja capacidad intelectual, lesión o enfermedad neurológica.

Cuando las dificultades se detectan a tiempo y se lleva a cabo la adecuada intervención, el rendimiento escolar a largo plazo no tiene por qué verse afectado. Por el contrario, no dar solución a los problemas conduce, la mayoría de las veces, al fracaso escolar e incluso al abandono.

En muy pocos casos la medicación forma parte del tratamiento para estos trastornos. La intervención logopédica y un refuerzo escolar individualizado son claves para la superación del problema. Algunas veces se necesitará terapia para trabajar áreas que suelen verse afectadas, como la autoestima y las relaciones sociales.

Actuaciones para casa

El programa de intervención ante los trastornos de aprendizaje y lenguaje ha de ser individualizado y constante. Para aumentar su eficacia, es importantísima la implicación de los padres en la realización de tareas en casa y una actitud adecuada. Proponemos algunas pautas:

🏠 Crear un ambiente exento de críticas hacia el rendimiento escolar. Decirle al niño que es un vago, lentísimo o inútil solo daña su autoestima; por mucho que se esfuerce en mejorar sus resultados, no tiene desarrolladas determinadas capacidades. Tampoco permitamos este tipo de etiquetas en el colegio. Expliquemos la dificultad que tiene nuestro hijo para que entiendan su comportamiento e informemos de las actuaciones que estamos llevando a cabo con él.

🏠 Transmitirle dos ideas clave: «Estamos seguros de que tú puedes hacerlo, confía en ti mismo» y «tus resultados académicos no hacen que te queramos menos, sabemos que tienes dificultades que te hacen pasarlo mal y queremos ayudarte».

🏠 Animarlo a que pregunte todo aquello que no comprenda y explicárselo las veces que haga falta, sobre todo si la información es nueva para él.

🏠 Pedirle que repita lo que le hemos dicho que haga, dar órdenes muy concretas y de una en una. En vez de decirle «haz los deberes», digamos «saca las matemáticas y lee el primer punto del tema que toca hoy». Si no comprobamos que nos ha entendido, podemos caer en el error de regañarle por desobedecer y pasar por alto su dificultad para entender lo que le pedimos.

🏠 Permitirle acabar las cosas sin prisas. Seguramente necesite más tiempo de lo que pensamos y, si le atosigamos con que acabe rápido, se angustiará y disminuirá su nivel de eficacia.

🏠 No corregirle sistemáticamente todos los errores que comete, señalarle sólo aquellos que se estén trabajando con el profesional en ese momento y obviar los demás.

🏠 Evitar compararlo con otros niños de su edad. Utilizar los progresos en sus tareas para animarlo: «La semana pasada tuviste que repetir el texto cinco veces para aprenderlo, hoy te lo has aprendido con solo leerlo dos veces».

- Encontrar aquello en lo que destaca y fomentarlo: «Juegas tan bien al fútbol que podrías apuntarte al equipo del barrio».

- Si es necesario, buscar un refuerzo escolar que atienda sus necesidades específicas y, a ser posible, que venga de fuera para no aumentar la tensión en la relación padres y niño. Poner en contacto a esa persona con los profesionales que atienden al pequeño para que coordinen sus actuaciones.

- Cuidar el orden y la organización de las tareas. En el capítulo XVI, «El hábito de estudio», se habla de cómo, dónde y cuándo estudiar, pero no hay que olvidar que el plan ha de ser individualizado, siguiendo las pautas marcadas por el profesional que trate al niño.

- Ser creativo y permitir que lo sea el pequeño. Proponerle que utilice todo lo que esté a su alcance para mejorar sus capacidades, por ejemplo, inventar canciones para recordar lecciones, convertir la casa en una calculadora para que en las esquinas tenga que sumar o restar los números que pisa. También podemos animarlo a que se grabe dando una conferencia: se disfraza, montamos el escenario, le hacemos preguntas desde el público y aplaudimos al final; luego se ve y opina sobre lo que puede mejorar y lo que ya ha mejorado.

- Contarle nuestras dificultades cuando estudiábamos y hablarle de cómo las fuimos superando.

- Permitirle que haga las cosas solo, aunque se equivoque.

- No intentar protegerlo todo el tiempo. Es perfectamente capaz de aprender de la experiencia, pese a que tarde más en hacerlo.

🏠 Mantener hábitos y rutinas estables en casa. Colgar un calendario en su habitación para que sepa qué día es, colocar un reloj que le ayude a ver la hora, no regañarle por desordenado sin averiguar antes por qué a veces no le resulta fácil recordar el lugar donde ha puesto cada cosa.

🏠 Tener mucha paciencia y ser constantes con la actitud que nos marquemos: puede que aprenda despacio, pero aprenderá.

🏠 Darle responsabilidades que pueda cumplir con éxito y reforzar todos sus logros por pequeños que sean.

4.3. TRASTORNO DE DÉFICIT DE ATENCIÓN CON HIPERACTIVIDAD (TDAH)

El TDAH precisa una intervención continuada. Para un mejor pronóstico hay que implicar a neurólogos, psiquiatras, psicólogos, pedagogos, profesores, padres o cualquier adulto que se relacione de forma sistemática con el niño.

ACTUACIONES PARA CASA

🏠 Hacer una lista de los comportamientos prioritarios y entrenar al niño en las habilidades necesarias para llevarlos a cabo. No pretendamos que haga todo. Hay que elegir y diferenciar entre lo importante y lo secundario o lo que podemos pasar por alto. Bajemos el nivel de exigencia. Tenemos que hacerle saber que no pasa nada si se equivoca, porque puede volver a intentarlo.

🏠 Premiar los comportamientos adecuados. Los sistemas de puntos funcionan muy bien, pero hay que coordinarse con el colegio para aplicarlos.

🏠 El niño con TDAH presenta el mismo comportamiento en todos sitios, luego es lógico que reciba la misma intervención en casa y en la escuela.

🏠 Ser constantes y no dejarse llevar por el agotamiento. El niño con TDAH, como todos, necesita hábitos y límites, pero se los salta con más frecuencia. Hay que darle órdenes claras, concisas y en positivo: «Apaga la tele y ve a estudiar a tu cuarto», en vez de: «No te entretengas más». Explicarle paso a paso cómo hacerlo y, si es necesario, acompañarle y utilizar un reloj para marcar el tiempo destinado a cada tarea.

🏠 Darle responsabilidades que pueda resolver con éxito. Tenemos que premiar cada orden que cumpla y señalarle sobre la marcha aquello en lo que se está equivocando: «No te quedes mirando la tele, se te pasará el tiempo; «venga, vamos a poner la mesa»; «¡bien! Estás siguiendo tu plan»; «ánimo, que queda poco». Podemos colgar en su habitación un horario con las tareas —mejor si las dibujamos juntos en vez de escribirlas—; al lado, pintamos un reloj que le muestre cuándo hay que llevarlas a cabo o pegamos el dibujo de cada tarea encima de la esfera de un reloj de pared. Le avisaremos con tiempo si vamos a cambiar alguno de sus hábitos: «Hoy iremos a casa de los abuelos y no estudiarás a tu hora, sino cuando vuelvas». No importa repetir cada orden, tendrá que ser así hasta que la convierta en un hábito.

🏠 Escribir las normas a cumplir en casa y llevarlo a leerlas cada vez que se salte alguna; necesita que se las recuerden con mucha frecuencia. Ante situaciones que favorezcan comportamientos inadecuados, le pediremos que nos repita cómo actuar: «En la parada del autobús, te daré la mano y esperaremos en la cola hasta que llegue. ¿Puedes repetirme lo que vamos a hacer?». Insistiremos hasta que el niño incluya el procedimiento entre sus hábitos. Mientras esperamos, hablaremos de temas atractivos para él o crearemos un juego; por ejemplo, contar los coches rojos que pasen. Luego elogiaremos lo bien que lo ha hecho y le daremos un beso.

🏠 Darle responsabilidades, mandarle recados y pequeños encargos —que traiga el periódico de la cocina, que baje a pedir azúcar al vecino—, hacerle el responsable de los recados en casa, avisarle con una mueca, pero sin decirle nada, cuando lleve a cabo movimientos repetitivos para que pueda parar. También podemos hacer descansos en sus tareas: «Vamos a por el pan y luego seguimos dibujando». El niño con TDAH es muy inquieto: suele caerse y golpearse con mucha frecuencia.

🏠 Aumentar las muestras de afecto con él. El niño con TDAH produce en sus padres tal frustración y agotamiento que la relación se deteriora. No hay que etiquetarle como «malo», «desobediente», «incapaz»; por el contrario, tenemos que fomentar cualquier destreza que descubramos en él.

🏠 No atender las conductas inadecuadas o retirar al niño de la actividad durante un tiempo. En el capítulo VII, «Premios y castigos», se describen las estrategias adecuadas; habrá que utilizarlas cuando el niño interrumpa insistentemente las conversaciones, no guarde su turno en los juegos, no acabe una tarea y empiece otra, no escuche o insulte.

🏠 Enseñarle a tener en cuenta las consecuencias de sus actos para no verse involuntariamente envuelto en conflictos. Recordarle las formas de pararse y pensar un plan como las técnicas de la tortuga y del oso Arturo descritas en el capítulo VI, dedicado a la agresividad.

🏠 Pedirle que piense en voz alta. Lo mismo haremos nosotros para que le sirva de referencia: «Acabo de llegar a casa y voy a colgar mi abrigo en el armario, luego me pondré ropa cómoda y doblaré la que traigo puesta, daré un beso y preguntaré a todos qué tal el día, y entonces me dedicaré a ver un rato la tele hasta la hora de poner la mesa».

🏠 Establecer con él una señal que le indique que tiene que parar y atender, será algo contundente y corto: «stop», «para» o «basta».

🏠 Presentarle juegos apropiados a su edad —ya que suele tener preferencia por los que corresponden a niños más pequeños— y jugar con él para conseguir que le gusten.

🏠 Hacer de guía en las actividades de grupo. Se trata de un niño impaciente y muy activo, con dificultades para colaborar, lo que no significa que tenga que dejar de hacerlo, sino que necesita un mayor control de su comportamiento. Si responde de forma agresiva, habrá que dotarle de habilidades sociales que le ayuden a superar las dificultades de relación: «Hoy vamos a apretar los labios y esperar a que los demás acaben de hablar; a ver, apriétalos muy bien, y cuando yo termine mi conversación, relájalos y cuéntame lo que querías decir».

🏠 Darle las órdenes de forma apropiada. El niño con este trastorno no aprende de una mala experiencia y el castigo solo funciona si es inmediato. Es como si siempre repitiera su comportamiento independientemente de las consecuencias. Parece maleducado, sus compañeros le rechazan, falla en las habilidades sociales. Tenemos que ensayar con él qué hacer en cada caso: para guardar turno, para no interrumpir, para no responder de manera agresiva. Habrá que repetirlo hasta la saciedad e incluso refiriéndonos a la misma situación. En el capítulo V, «Normas y límites», podemos repasar cómo dar una orden.

🏠 Pedirle que juzgue sus actuaciones para que aprenda a evaluar las consecuencias. Ayudarlo a buscar otros comportamientos adecuados: «Recuerda, hemos quedado en que para subir al tobogán hay que esperar a que te toque, ponte a la cola o pide turno. Cada vez que te saltes la cola, pasarás a ser el último; si esperas, puedes preguntarle al niño de delante cómo se llama...». Podemos crear un cuaderno de notas en el que haya preguntas relacionadas con la situación: ¿Qué quería conseguir?, ¿cuál ha sido el plan?, ¿lo he logrado? Al principio, lo rellenaremos con él tras cada situación y, poco a poco, dejaremos que lo haga él solo, ¡incluso sin cuaderno!

🏠 Reforzar sus avances. El niño con este problema suele desarrollar una baja autoestima, principalmente porque la respuesta de los demás es de rechazo. Por eso es importantísimo que reciba refuerzos atractivos y de forma inmediata: puntos, alabanzas asociadas a golosinas, pequeños regalos, tiempos de televisión, etcétera.

🏠 Facilitarle un apoyo escolar en casa para que insista en organizar y realizar sus tareas, las presente sin tachones, no pierda el material, sea productivo y eficaz en el tiempo que dedica a estudiar.

🏠 Dividir sus tareas para que pueda hacer descansos y aumente su control del movimiento, y ampliar poco a poco el tiempo que pasa en actitud tranquila y concentrada.

🏠 Cuando tengamos ganas de abandonar, recordar que el trabajo que estamos haciendo con nuestro hijo es arduo, pero que los resultados a medio y largo plazo serán muy satisfactorios.

4.4. Depresión

Una de las áreas que más se dañan cuando un niño padece depresión es la autoestima.

Actuaciones para casa

🏠 Dedicar todos los días un tiempo al niño. Este necesita saber que sus padres le quieren y que su vinculación afectiva no ha cambiado por su estado de ánimo. Es necesario estimular la comunicación, contarle lo que hemos hecho, preguntarle lo que más le ha gustado del día, hacer planes con él, jugar; en definitiva, transmitirle lo importante que es para nosotros.

🏠 Escuchar lo que dice. En la depresión suelen aparecer pensamientos del tipo «no valgo para nada, no soy capaz». Si los padres escuchan, descubrirán que cuando cuenta las cosas que le ocurren con un tono negativo, tiende a poner un final triste a los relatos o se infravalora. Hay que hacerle ver lo equivocado que está: «Es verdad que te caíste, pero lo pasaste muy bien montando en bicicleta; además, no siempre que juegas te caes».

🏠 Observar su rendimiento académico, animarlo a realizar las tareas sin compararse con los demás niños. La depresión puede disminuir el rendimiento o también aparecer por fracaso escolar. Es frecuente que el niño deje los trabajos a medio hacer porque se aburre, es muy susceptible a la derrota o se cansa con facilidad. Acompañarle, hacer las tareas con él y animarle para que termine lo que empieza, ya sean los deberes o un puzle, aumenta la probabilidad de éxito en sus cometidos. Cuando se vuelva irritable porque no le salen las cosas, podemos ayudarlo a reducir ese sentimiento mediante relajación y autoinstrucciones que le lleven a continuar: «Otras veces lo he hecho, solo tengo que fijarme en cómo es, soy capaz de terminar, no es verdad que no pueda, simplemente estoy tardando un poco más en acabar».

🏠 No negarle lo que siente. No servirá de nada decirle: «Anímate, venga, que no es para tanto». Respetemos lo que dice, pero sin consolarlo, porque una cosa es atender los sentimientos y otra muy distinta reforzarlos. Sustituyamos las frases de consuelo como «pobrecito, deja ya lo hago yo» por las de apoyo y ánimo: «Venga, vamos, ya sé que prefieres quedarte en casa, pero necesito que me acompañes a hacer la compra».

🏠 Mantener las rutinas y hábitos de cada día porque implican actividad y responsabilidades que el niño suele cumplir con éxito, evitar que lo haga sería reforzar el estado de apatía en que se encuentra. Hay que reforzar la realización de tareas: «Qué bien has ordenado tu ropa»; «Desde que te bañas solo, tengo más tiempo para jugar contigo»; «Me gusta ver lo bien que te ocupas de tu hermano».

🏠 Ser coherentes con los límites. Puede que tenga berrinches frecuentes ante los que aplicaremos las estrategias adecuadas (descritas en el capítulo sobre premios y castigos). No temamos los efectos negativos, porque librarle de frustraciones es sobreprotegerle, y eso sí que dificultaría su mejora. La disciplina que se acompaña de atención y demostraciones de afecto es un buen aliado para enfrentar la depresión.

🏠 Reforzar las conductas alternativas a la agresión, como acabar la tarea sin enfados, pedir ayuda para solucionar algo, arreglar cosas que se estropean o expresar sentimientos de enfado y desatender las conductas inadecuadas, como arrojar objetos, pegar o insultar.

🏠 Procurar reducir las fuentes de estrés, como el exceso de actividades extraescolares, las reprimendas constantes o cambios de colegio o de casa, que contribuyen a hacer crónica la depresión.

🏠 Suelen aparecer esquemas de pensamientos catastróficos; evitar que se mantenga en esa situación es posible cuando distraemos la atención que presta a estas ideas con un paseo, una película, una visita urgente a un vecino. Si conseguimos que no piense en lo que le pone triste, dejará de sentirse así.

🏠 El niño utiliza a menudo los dolores de cabeza, de estómago o músculos para zafarse de determinadas actividades, sobre todo en el colegio. Si no existe razón médica, el niño está comunicándonos su estado de ánimo a través de la queja «me duele». Le ayudará explicarle lo que no sabe decir y mantenernos firmes en el cumplimiento de sus tareas: «Entiendo que no tengas ganas de ir al colegio, pero no hay razón para no asistir a clase». El humor puede ayudarnos: «¡Huy, esa cabeza!, la cortamos y así no te duele todas las mañanas».

🏠 Respetar los horarios de sueño. El patrón suele alterarse, bien por exceso, bien por defecto pero hay que mantener hábitos como la hora de levantarse y de acostarse. Podemos comprarle un despertador, que elegiremos con él, y establecer una rutina que siga de forma inmediata al levantarse: «Vestirse, llamar a papá y mamá, poner el desayuno...». Acostarse siempre a la misma hora, tras la rutina de leer el cuento, favorece conciliar el sueño.

La siesta puede convertirse en el momento de parar cualquier actividad y, si no se duerme, estaremos en la cama y aprovecharemos para enseñarle a relajarse.

🏠 Mantener los hábitos de alimentación. Utilizar platos pequeños y no llenarlos, dejar que el niño pida repetir. Si disminuye la ingesta, averiguar cuáles son sus platos favoritos y cocinarlos con él. No vale comer solo lo que quiera ni picar entre horas, aunque se puede negociar algún capricho: «Después de la fruta, podrás comerte esa golosina»; «Los jueves merendaremos bollos de chocolate».

🏠 Estar alerta ante cualquier referencia al suicidio. El niño deprimido suele sentirse culpable, pero si dice: «Lo bien que estarían los demás si desapareciera», hay que comentarlo rápidamente con los profesionales que le atienden. La incidencia del suicidio en niños es muy baja, pero se da.

🏠 La depresión es un trastorno que puede ser tratado con éxito; todas las actuaciones descritas ayudarán a que el pronóstico pueda ser positivo.

4.5. ANSIEDAD

Los trastornos por ansiedad, independientemente del tipo que sean, mejoran cuando el niño se enfrenta a las situaciones que los producen y sabe aplicar estrategias en las tres áreas del comportamiento.

● *Fisiológica.* Tiene que detectar las señales de aviso que le da el cuerpo (respiración agitada, sensación de mareo, palpitaciones rápidas) y saber relajarse; de este modo, la ansiedad no podrá apoderarse de su actuación. Una de las formas más eficaces de relajación con niños es la de Koepen, descrita en el capítulo IV, «Miedos y manías». Antes de aplicarla, le pedimos al niño que nos describa con todo detalle una imagen que le ayude a estar tranquilo (una playa, él jugando en la arena, una música...), y le repetimos su descripción al finalizar la relajación; así podrá traer a su cabeza la imagen cuando aparezca la ansiedad y relajarse con ella.

- *Cognitiva*. Le enseñamos a decirse cosas referentes a su estado de ánimo: «Esto ya me ha pasado otras veces, dentro de un rato estaré mejor», o sobre estrategias de actuación: «Me quedaré aquí relajándome y, cuando me sienta más tranquilo, me uniré a mis amigos en el partido de fútbol».

- *Conducta*. Con las pautas anteriores aprende a no evitar o escapar de las situaciones que elevan su ansiedad. Premiaremos cualquier esfuerzo que haga por enfrentarse a ellas.

Las estrategias descritas en el capítulo «Miedos y manías» son igualmente válidas para aplicar cuando existe una fobia, ansiedad generalizada o estrés postraumático. Por ello nos extenderemos más en pautas de actuación para el niño con trastorno obsesivo compulsivo.

ACTUACIONES PARA CASA

Cuando un niño presenta un trastorno obsesivo compulsivo, los padres pueden ayudarlo siguiendo estas pautas:

🏠 Elaborar «contratos de conducta» que recojan el número de veces que se permita al niño llevar a cabo el comportamiento compulsivo (cambiarse de ropa, por ejemplo); a cambio, los padres se comprometen a otra cosa: «Solo te mudarás una vez al día y nosotros no diremos nada del orden de tu habitación».

🏠 Cambiar de planes. Hay que buscar la espontaneidad, la sorpresa, modificar la ruta para ir al *cole,* alterar la hora de la comida o el plan del sábado en el último momento, mover de sitio los muebles de la habitación. Incluir novedades le lleva a enfrentar sus miedos: «Hoy, en vez de recoger la ropa, cortarás la verdura de la cena»; «Te toca ir por el pan»; «Ayúdame con las bolsas de basura».

🏠 No ser partícipes de sus comportamientos obsesivos para no fomentarlos. Aunque nos lo pida insistentemente, no le hagamos caso. Puede que aumente su nivel de ansiedad, pero no reforzaremos este tipo de conductas.

🏠 Utilizar tonos de voz distintos al hablar con él para que sepa asociarlos a los estados de ánimo. Nuestro discurso espontáneo, lleno de matices, le enseña a mostrar y contar sus emociones.

🏠 Establecer con él los tiempos que dedica a las actividades obsesivas; por ejemplo: «Estudias una hora y lo dejas»; «Solo ordenas las cosas de la cartera diez minutos antes de acostarte»; «Jugamos a pisar las alcantarillas hasta la mitad del camino, luego no». Hay que señalarle lo orgullosos que estamos de los esfuerzos que realiza.

🏠 Permanecer con él en los momentos de angustia y ayudarlo a que se relaje.

🏠 Darle instrucciones que pueda repetirse para calmar la ansiedad: «Ya noto cómo me voy tranquilizando»; «Esto no va a poder conmigo»; «Solo tengo que respirar y acordarme de la playa»...

4.6. Esquizofrenia

Hasta los 5 años es difícil detectar esta enfermedad; sin embargo el diagnóstico precoz es la clave, puesto que cuanto antes se intervenga, más deterioro evitaremos. El niño necesita de una evaluación interdisciplinar que diferencie la esquizofrenia del trastorno por autismo, entre otros. Es preciso poner en marcha un tratamiento coordinado con distintos profesionales: evaluación psiquiátrica con prescripción y supervisión de medicamentos, terapia individual y orientación de programas especializados de escolarización, actividades de ocio y tiempo libre... sin olvidar la terapia familiar que apoya y da pautas de actuación a los padres y hermanos de niños con este trastorno.

La medicación no cura, pero sí consigue paliar la sintomatología, por lo que disminuye el número de crisis. Hay que hacer una labor educacional de responsabilizar al niño para que tome sus medicamentos. Normalmente los rechazará, puesto que tienen efectos secundarios, como adormecimiento y sequedad de boca, pero hay que concienciarlo de su importancia. La labor se inicia con la explicación de un profesional y continúa en casa con los padres, que tendrán que incluirla como una rutina más —a la misma hora, en el mismo sitio y de la misma manera— si quieren aumentar las posibilidades de éxito.

Actuaciones para casa

La esquizofrenia es un trastorno crónico, pero la actuación de los padres puede mejorar infinitamente el pronóstico.

🏠 Facilitarle nuevos aprendizajes. Un niño diagnosticado de esquizofrenia no tiene por qué ver agravado su pronóstico con un trastorno de comportamiento, depresión o crisis de ansiedad. La aplicación de técnicas conductuales, como la economía de fichas y tablas de puntos dan resultados excelentes. En estos casos procuraremos que los premios sean materiales, porque así los entiende mejor.

🏠 Dotarle de un ambiente estimulante. El trastorno se complica cuando hay falta de estímulos ambientales. Como cualquier niño, el esquizofrénico puede aprender, aunque más despacio, a desarrollar la afectividad o la psicomotricidad. Por ejemplo, si lo apuntamos a natación, aumentará su capacidad motora y, posiblemente, también las habilidades para comunicarse con sus compañeros de grupo.

🏠 Ayudarlo en los aprendizajes escolares. Las expectativas de los padres han de reducirse mucho: pueden generar un ambiente estimulante sobre la asistencia a clase sin tener en cuenta los resultados académicos, procurar que acabe la tarea que empieza y reforzarle mucho por haberlo logrado sin exigirle que termine todos los deberes.

🏠 Trabajar mucho las relaciones afectivas. Hay que comunicarle sentimientos y hacer que él los exprese y reconozca los de los demás. Es muy beneficioso buscar contextos donde pueda poner en práctica habilidades sociales: pedir o preguntar, comentar espontáneamente algo, proponer un juego o presentarse. Podemos jugar a crear situaciones donde el niño nos cuente cómo actuaría y mostrarle nosotros otro comportamiento para que él lo repita. No se trata de que sea el más reconocido socialmente, sino de que disfrute de las relaciones con los otros y sepa cómo establecerlas. El capítulo XV, «Adaptación y relación con otros», muestra cómo trabajar las habilidades sociales.

5. DIFICULTADES Y CÓMO SOLUCIONARLAS

La primera duda que se plantean los padres es a quién recurrir cuando sospechan un trastorno psicológico. Ante el primer indicio hay que buscar la ayuda adecuada, lo cual no siempre es fácil. Los padres deben consultar sus preocupaciones con el pediatra. Él podrá orientarlos sobre la necesidad de acudir a otro especialista. En ocasiones es el colegio el primero en dar la voz de alarma y aconsejar la visita a un profesional determinado.

Una vez elegido el equipo que tratará al niño y diagnosticado el trastorno, pueden surgir otras dificultades, como qué hacer cuando el pequeño no quiere tomar la medicación y cómo responderle cuando pregunte qué le ocurre.

5.1. CÓMO ELEGIR EL ESPECIALISTA ADECUADO

A la hora de elegir a qué profesional acudir, pueden surgir dificultades. La labor de cada especialista será aportar posibles soluciones desde su campo de intervención. Acertar con el adecuado para el tratamiento del niño es aumentar las posibilidades de tratar su trastorno con éxito.

En cualquier caso, la intervención ha de ser multidisciplinar. Muchas veces existen dudas acerca del trabajo que desarrollan los psiquiatras y psicólogos:

- El psiquiatra valorará lo que le ocurre al niño y establecerá el tratamiento farmacológico necesario; además, hará un seguimiento. Para elaborar el historial y hacer más eficaz el tratamiento, pedirá datos de lo ocurrido hasta el día de la consulta y puede dar pautas de actuación. En general, la figura del psiquiatra está más ligada a los hospitales y los trastornos graves, lo que no significa que no se pueda acudir a su consulta.

- El psicólogo nunca podrá recetar una medicación, pero sí recomendar la visita al psiquiatra porque conoce las ventajas que aportan los medicamentos para trabajar con determinados trastornos. Elaborará con los padres un plan de actuación individualizado, que llevará a la práctica en función de su orientación profesional y enfoque terapéutico.

Antes de elegir un terapeuta, tengamos en cuenta su experiencia en casos similares al de nuestro hijo. Preguntemos al pediatra, en el colegio, a amigos o conocidos que hayan pasado por una situación similar. No dudemos en consultar su sistema de trabajo y su tasa de éxito en casos análogos. También podemos acudir a los organismos oficiales (colegios de médicos o de psicólogos) para que nos faciliten información sobre los profesionales que cumplen el perfil que buscamos.

Una vez que nos decidamos por uno y concertemos un encuentro, habrá que preguntarle por su experiencia y formación, su enfoque terapéutico, su orientación teórica..., aunque lo normal es que él mismo lo explique durante la primera sesión. También nos informará de cómo trabaja habitualmente: quiénes asistirán a las sesiones —el niño solo o con los padres, los padres solos—, cuánto dura cada sesión, la frecuencia y el precio de las mismas.

Es fundamental que su trabajo nos merezca respeto y credibilidad, puesto que los procesos de terapia suelen ser prolongados y los resultados no se observan de forma inmediata. Puede que en algún momento se haga necesaria la intervención de otro profesional, como un neurólogo, un logopeda o un psiquiatra.

Los padres deben ser constantes y colaboradores, y expresar las dudas y preocupaciones que les asalten durante el proceso. Puede que el deseo de ver resultados rápidos les haga dudar de la eficacia de la terapia, pero hay que entender que se necesita tiempo y constancia. Por eso nunca han de abandonar ante los primeros síntomas de mejoría de su hijo; de lo contrario, esos avances no se mantendrán en el tiempo. El profesional marcará cuándo conviene espaciar las sesiones y establecerá los criterios de seguimiento para evitar recaídas.

5.2. El niño que no quiere tomar la medicación

Esta es una lucha frecuente. Como en cualquier otra conducta que queremos que el niño aprenda sin necesidad de que haya un control externo, aplicaremos un sistema de refuerzos con el que gestionar los premios.

Al principio, habrá un premio cada día, pero, además, es fundamental que asociemos la medicación a un ritual y lo sigamos a rajatabla: por ejemplo, tomar la medicación antes de leer el cuento de la noche, y mejor si le sigue una actividad atractiva.

Una vez que el niño se tome la medicación, pasaremos a dejar de entregar un premio siempre para hacerlo solo de vez en cuando, pero con un intervalo fijo, por ejemplo, todos los viernes si se ha tomado la medicación durante la semana.

Después pasamos a premiarle solo de vez en cuando, sin intervalo de tiempo fijo y sin previo aviso. Es fundamental mantener el cuento de la noche o el ritual que sea, porque asociará la medicación a una actividad atractiva.

5.3. ¿Qué me pasa?

Hay que prepararse para esta pregunta, porque surgirá. El niño detecta que acude a numerosos especialistas, toma medicación de manera frecuente, ve a sus padres preocupados o angustiados, observa que tiene conductas muy distintas a los demás y siente que no es capaz de hacer cosas que a los otros les resultan fáciles; no es de extrañar que quiera saber qué le ocurre.

- Es importante dar respuestas y hacerlo de forma clara. Un profesional o las asociaciones de padres que están en iguales circunstancias pueden orientar al respecto.
- Hay que tener pensado cómo contárselo, con argumentos y palabras que entienda, según su edad y capacidades. «Cada uno piensa y actúa de forma diferente, por eso eres capaz de hacer algunas cosas muy bien y otras veces te equivocas, a todo el mundo le pasa».
- Conviene ponerle en contacto con gente que haya superado problemas similares a los suyos.
- Hay que explicarle qué significa su trastorno. Tarde o temprano, oirá a alguien hablar de depresión, ansiedad, esquizofrenia o problemas de aprendizaje. No entenderá qué le ocurre a menos que se lo contemos: «Cuando estás deprimido, te encuentras triste sin saber por qué, no tienes ganas de hacer cosas».
- Si el profesional que lo atiende lo considera oportuno, hay que permitir que el niño escuche lo que le hace «diferente» de los demás o que acompañe a sus padres a una tutoría.
- Hay que hablarle de terapia, clases de refuerzo, etcétera. Son términos que oirá continuamente. Animémoslo también a que cuente lo que hace en la consulta: «En terapia está Luis, que me enseña lo que tengo que pensar antes de hacer las cosas».
- Tenemos que explicarle que sus padres, el profesor, el psicólogo y el psiquiatra se han puesto de

acuerdo para enseñarle, que todo el mundo aprende de otros.

- Escuchémosle atentamente para saber lo que piensa y cómo se siente, y atendamos especialmente sus dudas: «Si quieres, podemos hablar un poco más de por qué no tienes ganas de salir con los amigos».

- Digámosle que sabemos lo mal que lo está pasando: «Sé que te resulta muy difícil estar atento en clase y que te parece que todo ese esfuerzo no sirve para nada cuando te olvidas de hacer lo que te han pedido».

- Hay que permitirle que se enfade y se frustre por ser diferente. Tiene todo el derecho. Una vez que esté más tranquilo, habrá que decirle que, con su esfuerzo y un poco de ayuda de los mayores, aprenderá a afrontar lo que quiera.

- No es conveniente darle mucha información de golpe, ya que necesita tiempo para procesarla. Más adelante, es posible que quiera saber más. Le contestaremos con franqueza y, si no sabemos la respuesta, bastará admitirlo y aplazar la conversación para cuando lo averigüemos. No nos extrañe que pregunte por qué es diferente; cuanto más claro lo tenga, más seguro estará a la hora de explicárselo a sus iguales y podrá defenderse de las críticas con los argumentos que le hemos dado: «Perdona que te haya empujado, me cuesta esperar mi turno».

- Tenemos que señalarle las capacidades en las que destaca para que entienda que sus diferencias son solo una parte de lo que es él: «Tienes dificultades con los números, pero también eres el mejor ayudando en la compra y un estupendo nadador».

6. Casos prácticos

6.1. Inés y la ansiedad

Inés, de 11 años, acudió a la consulta del psicólogo acompañada de su madre. La niña tenía un miedo espantoso a los perros desde hacía tres o cuatro años. En los últimos tiempos el problema se había agravado e Inés había dejado de hacer muchas cosas por el pánico que le causaba la posibilidad de encontrarse a uno de estos animales. Ya no salía de casa por si se cruzaba con un perro, había dejado de ir al colegio si no la llevaban en coche, imaginar que se topaba con alguno le aceleraba la respiración, le producía taquicardia y sudoración fría. En los últimos meses a todos estos síntomas se habían sumado fuertes dolores de cabeza.

La madre de Inés consultó con su pediatra, quien consideró oportuno que la niña viera a un psicólogo.

Inés contó que el miedo al principio solo era un miedo normal a los perros. Después de ver una película donde unos perros descuartizaban a gente su miedo se agravó: cuando veía alguno, imaginaba que le ocurría a ella y tenía que salir corriendo hasta que lo perdiera de vista y se sintiera a salvo. Al poco tiempo ya no le hacía falta verlo, porque solo imaginar la escena le producía ansiedad. Además confesó que había empezado a sentir lo mismo cuando tenía que hacer un examen o ir a alguna fiesta. La niña se sentía realmente mal cuando notaba que se paralizaba y era incapaz de hacer otra cosa que no fuera salir corriendo de la situación. También manifestaba pensamientos del tipo: «Quiero ser como las demás», «¿Por qué me dan miedo a mí?», «Soy una inútil que no sabe cómo resolver esto».

La madre de Inés comentó que a ella también le daban miedo los perros desde siempre, pero que su reacción no tenía nada que ver con la de su hija: simplemente evitaba acercarse a ellos o tocarlos.

El miedo de Inés podía tener su origen en la imitación del miedo de su madre, haberse agudizado con las imágenes de la película, y con el tiempo desembocado en continuas conductas de evitación de los perros que iba extendiendo poco a poco a otras situaciones susceptibles de generar ansiedad.

En este caso no se trataba de un miedo evolutivo normal para su edad, ya que Inés tenía 11 años y, puesto que había empezado a generalizar a otras situaciones el mismo comportamiento, decidimos derivarla a un psiquiatra, que diagnosticó una fobia complicada con síntomas de ansiedad generalizada y le prescribió la medicación necesaria para disminuir la intensidad con la que se presentaban las manifestaciones de estrés. Así Inés podría empezar a trabajar con éxito en terapia.

Debido a que la respuesta de ansiedad de Inés era muy intensa, se le enseñó a relajarse con el fin de controlar sus reacciones de temor intenso.

A continuación se diseñó un programa para que consiguiera acercarse a los perros. No se pudo contar con la ayuda de su madre para acompañarla en sus pequeños logros en pos del objetivo, ya que, por tener el mismo miedo que Inés, no era válida como modelo. Por eso se le propuso a su hermano mayor.

Como Inés había aprendido a relajarse previamente, se le pidió que en todas las situaciones, ante cualquier signo de ansiedad, practicara las técnicas de relajación, pero que no abandonara la situación. Estos fueron los pasos que se siguieron para conseguir que el miedo disminuyera:

- Hacer un trabajo sobre perros, diferenciando cuándo un perro está enfadado y cuándo está tranquilo. Se utilizaron fotos reales de perros y documentales. Ver vídeos de perros jugando con niños de la misma edad que ella.

- Observar desde la ventana de casa a los perros paseando por la calle.
- Bajar a la calle acompañada y, cuando se encontrara con un perro, cambiarse de acera, pero no salir corriendo.
- Ir al colegio andando, acompañada, y al encontrarse con un perro no salir corriendo, sino cambiarse de acera.
- Ir acompañada a una tienda de mascotas y mirarlas desde fuera por el cristal del escaparate.
- Entrar en la tienda y permanecer allí hasta que disminuyera la ansiedad.
- Ir al colegio, acompañada, y no cambiarse de acera cuando encuentre perros.
- Ir a casa de un amigo que tenga perro, acompañada, y con el perro atado. Relajarse y no salir de allí hasta que no disminuya su ansiedad.
- Acercarse a menos de un metro del perro del amigo, que está atado.
- Tocar al perro del amigo, que está atado.
- Ir a un parque donde haya perros, no salir corriendo y tocarles la cabeza si se acercan.
- Ir al colegio andando, ella sola, sin que su trayecto cambie al encontrarse con un perro.

Inés no podía saltarse ningún paso y tampoco pasar al siguiente si no notaba que su miedo había disminuido y lo toleraba. Cuando a Inés le vinieran a la cabeza las imágenes de la película tendría que dar un golpe en la mesa con el puño cerrado y decir en alto *stop,* sustituyendo esta imagen por la que eligió para asociar a la técnica de relajación, ella con su hermano jugando en la orilla de la playa, mientras se decía: «Esto ya lo he sentido otras veces seguiré relajándome y en poco tiempo la ansiedad disminuirá». La niña haría lo mismo cuando le vinieran pensamientos del tipo «Soy incapaz de superar esto» y en ese caso tendría que sustituirlos por otros del tipo «Otras veces he sentido lo mismo y lo he superado sin salir corriendo, así que sí soy capaz».

El proceso de terapia fue largo, pero Inés estuvo apoyada por sus padres y hermano, quienes en todo momento le reconocieron el esfuerzo que estaba haciendo y celebraron sus progresos. Poco a poco el psiquiatra le fue retirando la medicación, hasta que llegó un momento en que Inés consiguió acercarse a los perros e incluso tocar alguno. Una vez aprendió a controlar la ansiedad, desaparecieron los dolores de cabeza y los exámenes o las fiestas no le generaron más que los nervios propios de la situación. Puede que Inés jamás llegue a tener un perro de mascota, aunque nunca se sabe.

7. Qué se ha conseguido

El impacto que tiene en los padres la noticia de que su hijo sufre un trastorno es enorme. Pasados los primeros momentos, hay que abandonar la idea de que nada se puede hacer y de impotencia ante la situación. Ningún niño con un trastorno es igual a otro y, en la mayoría de los casos, de la actuación de la familia depende que toda la sintomatología de la enfermedad se agudice o disminuya.

Aquellos padres que son capaces de sobreponerse al choque inicial y educan a su hijo según las necesidades específicas de su trastorno, pero sin olvidar que es un niño y que, por tanto, necesita los mismos límites, hábitos y tiempo de calidad que los demás, suelen amortiguar los efectos del problema. Los que optan por actitudes como la permisividad o la ignorancia, llevados por sentimientos de lástima o de no querer enfrentar la realidad, suelen aumentar las dificultades y fomentar en el niño trastornos afectivos, de conducta, de ansiedad o de relación, que vienen a sumarse a los ya diagnosticados.

Si el pequeño es capaz de ver en sus padres una actitud de apoyo y acompañamiento, pero firme en el planteamiento de lo que es o no adecuado, aceptará que tiene un problema, pero también capacidad de superación. Asumirá su trastorno y también que su medicación, las visitas a los especialistas, etcétera, lo ayudan en el control de su problema. Por tanto, gracias a la labor de sus padres, será un adulto capaz de ser feliz, sin que sus diferencias, si se mantienen en el tiempo, lo impidan.

Quinta parte

Escolarización

Capítulo XV

Adaptación y relación con los otros

Prácticamente todos los actos de nuestra vida tienen como testigo a alguien. Quienes son capaces de hacer y mantener amigos y establecer relaciones sociales tienen muchas probabilidades de ser felices.

Para cualquiera de nosotros es imprescindible sentir que pertenecemos a determinados grupos. Nos identificamos con ellos por las cosas que tenemos en común, y que son también lo que nos diferencia del resto de la gente. Este sentimiento de pertenencia también es necesario para el niño.

Si analizamos los comportamientos de las personas socialmente habilidosas, encontramos que tienen todo un conjunto de capacidades aprendidas: saben iniciar una conversación, escuchar, responder a una crítica, hacer un cumplido, decir no, etcétera. Estas son algunas de las competencias necesarias para tratar con los demás y hacerlo con respeto, buscando el equilibrio entre defender nuestros derechos y también la consideración hacia el otro.

Desde que nace, el bebé se relaciona con los demás y el entorno, pero es alrededor del primer año de vida cuando deja de sentirse único y descubre que hay muchos seres como él. Al principio, las relaciones que establezca tendrán que ver con la defensa de su territorio, a veces incluso de forma agresiva. Poco a poco, irá entendiendo las ventajas que tiene jugar con otros, compartir, pertenecer a un grupo. Todo este proceso requiere de la presencia de los padres. De ellos depende que su hijo incorpore todas esas habilidades sociales de las que hablamos en este capítulo y que son imprescindibles para el éxito social.

1. ¿QUÉ ES LA ADAPTACIÓN Y LA RELACIÓN CON LOS OTROS?

Las relaciones sociales son las que establecemos con las personas que nos rodean. En cierta medida están condicionadas por la forma en que nosotros nos comportamos en esas situaciones. La relación con los demás es inevitable, puesto que el ser humano es un ser social, que tiene que interactuar con su entorno. Muchas veces esas situaciones sociales cambian y necesitamos de un tiempo para adaptarnos a ellas y a las nuevas circunstancias.

Los niños establecen sus primeras relaciones en casa, con la familia. Es al iniciar la escuela infantil o el colegio cuando esas relaciones han de cambiar para adaptarse a la nueva situación: entablar contactos con sus iguales y con otros adultos diferentes de sus padres.

1.1. LA SOCIALIZACIÓN

La socialización es el proceso mediante el cual el individuo se adapta a la sociedad en la que vive, lo que implica la aceptación de sus normas y la adquisición de las habilidades necesarias para una adecuada inserción en la vida social.

El niño es un ser fundamentalmente social desde el momento de su nacimiento. Su conducta está influida por la relación con los otros. Su conocimiento de sí mismo lo adquiere a través de la imagen que reciba de los demás.

- *La familia.* Es el agente socializador del niño, quien durante los primeros años de vida va a establecer sus primeras relaciones con la familia y a depender de ella para su supervivencia y desarrollo. El pequeño aprende de lo que observa en su entorno familiar y aquí es donde empiezan a formarse su personalidad y la base de sus relaciones sociales. Lo que le transmite la familia va a determinar la imagen que tendrá de él mismo y su autoestima. Al menos hasta que empiece a acudir a la escuela infantil o el colegio, la familia será la única institución que le transmita valores, normas, habilidades sociales, resolución de conflictos, toma de decisiones, etcétera.
- *La escuela infantil o el colegio.* También desempeña un papel fundamental en la socialización del niño, ya que le ofrece las primeras experiencias fuera del ambiente familiar para aprender a relacionarse a partir de lo que ha aprendido previamente. Además le permite descubrir que existen otros iguales a él. El

pequeño necesita de un periodo de adaptación para aprender a relacionarse con otros niños y dejar de tener la familia como único grupo de referencia. En la escuela existen ciertas rutinas diarias, así como ciertas normas sociales y de convivencia que el niño aprende y ha de respetar.

- *El grupo de iguales.* Es el grupo de individuos más o menos de la misma edad y con los mismos intereses que el niño; por ejemplo, los compañeros de colegio, los amigos del parque, los del equipo de fútbol... En estos grupos el niño aprende a sentirse independiente y a cultivar sus relaciones sociales. Asimismo, le aportan una imagen diferente de sí mismo de la que sus padres le ofrecen y le dan ocasión de poner en práctica sus habilidades sociales.
- *Otros agentes sociales.* También influyen en la socialización de los niños los medios de comunicación, como la televisión, que tanto poder ejerce en la sociedad actual.

1.2. Las habilidades sociales

Son comportamientos y conductas útiles para relacionarnos de forma adecuada con los demás. Se denomina así al conjunto de conductas que hacen posible una buena adaptación al medio social en el que nos desenvolvemos. Dentro de ellas podemos citar: el éxito para establecer relaciones en nuestro entorno, la capacidad de decir que no cuando queremos hacerlo o ser asertivos, esto es, saber expresar nuestros sentimientos, emociones, opiniones y criterios teniendo en cuenta el efecto que causarán en los demás.

Según afirma Vicente E. Carballo en su *Manual de evaluación y entrenamiento de las habilidades sociales*, «La conducta socialmente habilidosa es el conjunto de conductas emitidas por un individuo en un contexto interpersonal, que expresa los sentimientos, actitudes, deseos, opiniones o derechos de ese individuo de un modo adecuado a la situación, respetando esas conductas en los demás, y que normalmente resuelve los problemas inmediatos de la situación mientras minimiza la probabilidad de futuros problemas».

Las habilidades sociales están jerarquizadas. Como habilidades generales podemos destacar: la capacidad para hacer amigos, el ser asertivo o la capacidad para superar con éxito una entrevista de trabajo. Para aprender a entablar amistades necesitamos de otras habilidades más particulares, como iniciar y mantener una conversación, aceptar y emitir críticas, pedir favores o establecer contacto ocular. Son las que vamos a ver a continuación.

La adquisición de las habilidades sociales

La infancia es sin duda el periodo fundamental en el que se aprenden las habilidades sociales. El niño no nace con ellas, sino que las desarrolla poco a poco a través de:

- *La experiencia directa.* Mediante las instrucciones que recibe y que le dicen si una conducta es adecuada o no: «Se come con los cubiertos», «Di hola», «Saluda a la tía», «Antes de hablar traga lo que tienes en la boca», «Pídelo por favor», «Da las gracias».
- *La imitación.* El niño ve cómo actúan los demás en las mismas situaciones o cómo resuelven los problemas. Normalmente las personas en las que se fija para imitar su conducta son figuras de referencia para él, sobre todo los padres y los hermanos. Observa y reproduce como actúan sus padres con otros adultos o con otros niños.

- *El refuerzo de conductas positivas y retirada de atención de las conductas negativas.* La atención de los padres es el refuerzo más potente para el niño, por tanto hemos de intentar prestar más atención cuando su comportamiento es bueno que cuando está gritando o interrumpiendo.

- *La información sobre su actuación.* Cuando el niño pone en práctica una conducta, se le informa de lo que ha hecho bien y de lo que le falta por mejorar o aprender.

- *La práctica.* El niño ha de ensayar sus comportamientos en situaciones artificiales para luego hacerlo bien en la vida real. Por ejemplo:

> —Daniel, tienes que saludar a la tía cuando la veamos. Vamos a ensayar: ¿Qué tienes que decirle?
>
> —Hola, tía.
>
> —Muy bien. Ahora vamos a casa de la tía a ver lo bien que lo haces.

COMPONENTES DE LAS HABILIDADES SOCIALES

Las habilidades sociales están formadas por elementos relacionados con la comunicación verbal y no verbal.

Componentes relacionados con la comunicación verbal

- *Iniciar, mantener y finalizar conversaciones.* Para los niños la conversación es un mecanismo esencial y un facilitador del aprendizaje y el desarrollo social. Las interacciones con los compañeros y con los adultos están basadas en la comunicación y esta a su vez se sustenta en la capacidad de iniciar, mantener y finalizar conversaciones. Por ello, cuanta mayor facilidad tenga un niño en el arte de conversar, mayor será su desarrollo social y su capacidad para hacer amigos y que estos perduren en el tiempo.

- *Defender nuestros derechos.* El primer paso para defender nuestros derechos es conocerlos; luego, saber que alguien los está infringiendo y, por último, defenderlos. En cualquier interacción social tenemos derechos asertivos o afirmativos, que son los que nos permiten expresar libremente nuestros sentimientos, emociones, opiniones. La creencia habitual es que debemos esforzarnos por ser perfectos, pero tenemos derecho a decir que no nos importa la imperfección. Decir «Yo tengo derecho» equivale a decir «Yo puedo».

- *Respetar los derechos de los demás.* Al igual que nosotros tenemos unos derechos, los otros, también, y hay que aprender a respetarlos.

- *Aceptar y emitir críticas.* Transmitir una queja es una habilidad social fundamental, una forma de comunicar malestar por algo que ha ocurrido o que no nos gusta. Formular una crítica nos ayuda a eliminar o reducir la rabia que nos provoca un comportamiento, pero debe ser constructiva y ayudar al cambio. Del mismo modo, tenemos que aceptar las quejas que recibamos sobre nuestras actuaciones y saber afrontarlas.

- *Hacer y aceptar cumplidos.* Emitir mensajes halagadores es efectivo a la hora de ganarse la simpatía de los demás y favorecer relaciones sociales satisfactorias, por ejemplo: «Qué bonita es la camiseta que llevas», «Me gusta mucho tu bicicleta». Saber aceptar cumplidos también es una habilidad, ya que si nuestra reacción es agachar la cabeza y no agradecerlos, probablemente no volverán a decírnoslos.

- *Decir que no.* En ocasiones es difícil decir no cuando realmente queremos decirlo y acabamos cediendo ante las demandas de los demás. Los niños que aprenden a rechazar peticiones de forma apropiada obtienen un mayor control en sus relaciones sociales.
- *Pedir favores.* Con cierta frecuencia nos encontramos ante situaciones en las que tenemos que pedir ayuda. Si nosotros hacemos favores, podemos aumentar las posibilidades de que los demás hagan lo mismo con nosotros. Los niños que verbalizan sus deseos y necesidades de forma apropiada pueden obtener el apoyo que necesitan.

Existen otros componentes relacionados con la comunicación verbal como la importancia de saludar a los demás, pedir perdón cuando nuestro comportamiento no ha sido adecuado o hemos hecho daño a otras personas, tener empatía (comprender la situación del otro y expresar las emociones), ser capaces de resolver problemas y tomar decisiones, solicitar el cambio de una conducta ajena que nos desagrada.

NUESTROS DERECHOS INDIVIDUALES

Ante cualquier interacción social, tenemos derecho a:

— Juzgar nuestro propio comportamiento, nuestros pensamientos y nuestras emociones, a tomar responsabilidades de su iniciación y de sus consecuencias.
— No dar razones o excusas para justificar nuestro comportamiento.
— Decidir si nos incumbe la responsabilidad de encontrar soluciones para los problemas de otras personas.

> — Cambiar de opinión.
> — Cometer errores y a ser responsables de ellos.
> — Decir «no lo sé».
> — Enfrentarnos a otros independientemente de su buena voluntad.
> — Tomar decisiones ajenas a la lógica.
> — Decir «no lo entiendo», «no me importa» o «no lo sé», cuando así lo sintamos.

COMPONENTES RELACIONADOS CON LA COMUNICACIÓN NO VERBAL

Estos componentes tienen varias funciones: pueden reemplazar a la palabra, redundar en lo que se está diciendo, enfatizar el mensaje verbal o contradecirlo.

La información no verbal desempeña un papel fundamental en toda comunicación. Cuando no existe contacto visual con la otra persona, por ejemplo, si hablamos por teléfono, es más fácil que existan confusiones. No obstante, el tono de voz tiene una importancia decisiva para denotar el estado de ánimo.

En una comunicación presencial normal el 7 por ciento es mensaje verbal, el 55 por ciento, lenguaje corporal y el 38 por ciento, tono de voz. Por tanto, el lenguaje del cuerpo y el tono de voz representan el 93 por ciento y dicen mucho más que las propias palabras. Cuando existe discrepancia entre el lenguaje verbal y el no verbal prevalece siempre el segundo. Por ejemplo, si decimos que estamos muy felices mientras lloramos amargamente, lo que transmitimos a nuestro interlocutor no es el lenguaje verbal (felicidad), sino el corporal (tristeza) y la incongruencia entre ambos hará poco creíble el mensaje verbal.

Algunos de los componentes básicos de la comunicación no verbal son:

- *La mirada.* Se considera más cercana aquella conversación en la que se establece contacto visual con el interlocutor, siempre que no se haga de manera fija y desafiante. Mirar a los ojos o a la parte superior de la cara (entre las cejas) ayuda a contactar con la persona con la que hablamos y hace más convincente nuestro discurso. La ausencia de miradas en una conversación entre dos personas reduce la credibilidad del mensaje y denota distancia en la relación y cierta ansiedad. Por otra parte, mantener la mirada fija en los ojos de nuestro interlocutor puede llegar a intimidarlo.

- *La sonrisa.* La mayoría de veces indica cercanía entre las personas y facilita la comunicación. Se puede utilizar para hacer más llevaderas las situaciones de tensión. La sonrisa es contagiosa.

- *La postura corporal.* Transmite cómo se siente interiormente la persona. Por ejemplo, encogerse de hombros denota sospecha; si nos sentamos casi tumbados cuando alguien nos habla, comunicamos indiferencia; permanecer con los brazos cruzados puede significar rechazo a una conversación o que estamos cerrados al tema; una postura rígida expresa tensión, ansiedad, falta de confianza, y una relajada, distensión.

- *La distancia.* Indica la relación emocional que existe entre dos personas que se comunican. El antropólogo norteamericano Edward T. Hall estableció en 1959 distintos tipos de distancias:

  a) Distancia íntima (0-50 centímetros). Es la que mantenemos con las personas amadas y familiares.

  b) Distancia personal (50-125 centímetros). Es el espacio personal de cada uno, una especie de esfera protectora que nos gusta mantener entre nosotros y el resto de los individuos.

c) Distancia social (1,25-3,5 metros). La que se usa para trabajar en equipo o en relaciones sociales ocasionales.

d) Distancia pública (más de 3,5 metros). Separación que nos gusta mantener con los desconocidos, por ejemplo, al caminar por la calle.

- *Los gestos.* Acompañan nuestras palabras y se hacen con las manos o con la cabeza. Estos movimientos determinan y enfatizan el contenido verbal. Por ejemplo: morderse las uñas en una conversación puede ser signo de ansiedad, llevarse las manos a la cabeza tal vez denote sorpresa u olvido. Muchas veces los gestos y las posturas revelan nuestro estado de ánimo: felicidad, cansancio, aburrimiento, abatimiento... También utilizamos los gestos para acompañar el mensaje que damos de forma verbal, esto es, cuando señalamos con las manos algo grande, pequeño.

ALGUNAS ACTITUDES NO VERBALES Y SU SIGNIFICADO

— La sonrisa transmite satisfacción.

— Mordernos los labios denota inseguridad.

— Una boca caída demuestra decepción.

— Un puño cerrado comunica fortaleza.

— Los brazos abiertos expresan incomprensión.

— Los brazos cruzados delimitan distancia con el interlocutor y una actitud defensiva.

— Una mirada a los ojos anuncia intensidad y veracidad.

— Una mirada caída puede significar arrepentimiento, desengaño o vergüenza.

— El guiño muestra complicidad.

> — Estar demasiado lejos transmite desinterés.
> — Acercarse demasiado puede revelar un exceso de confianza, una invasión del otro.
> — Estar en una posición más elevada (de pie o sentados) promueve la sensación de dominio y poder.

- *El paralenguaje.* Hace referencia a aquellos elementos no lingüísticos relacionados con el lenguaje, como por ejemplo, el tono de voz, el ritmo, la entonación, la velocidad o el volumen.

  - Un ritmo cálido, vivo, modulado, animado se presta al contacto y la conversación.
  - Un ritmo lento o entrecortado expresa rechazo al contacto y frialdad en la interacción.
  - Un volumen bajo denota poca intención de ser oído, se asocia a introversión.
  - Una velocidad rápida y atropellada muestra ansiedad y nerviosismo.
  - Un tono de voz alto transmite seguridad y dominio, pero cuando se eleva demasiado, indica que el interlocutor quiere imponerse en la conversación, mostrar autoridad y dominio.
  - La utilización de repeticiones, muletillas, frases de relleno y titubeos produce la impresión de inseguridad y monotonía.

Existen otros elementos la comunicación no verbal, como la apariencia personal, la higiene, la vestimenta, el cumplimiento de ciertas normas sociales.

Hay que tener en cuenta que los elementos de la comunicación descritos en este apartado cobran significado solo dentro del contexto en el que se produce la comunicación, no tendría sentido interpretarlos aisladamente.

1.3. La asertividad

En términos de comportamiento social, ante una situación que no nos agrada podemos diferenciar tres tipos de respuesta: pasiva, agresiva y asertiva. Si la respuesta agresiva ocupa en un extremo y la pasiva en el otro, el punto intermedio estaría en lo que se denomina asertividad.

Respuesta pasiva

Un individuo que actúa de forma pasiva deja que los demás le digan lo que tiene que hacer. Por lo general no defiende sus derechos; sus opiniones son ignoradas por el resto de personas que, en ocasiones, se aprovechan de él. El niño pasivo es inhibido y suele reaccionar con ansiedad ante las diferentes situaciones sociales. También puede provocar en quienes lo rodean un rechazo por su pobre nivel de interacción, lo que perjudica su grado de contacto social.

Respuesta agresiva

Este tipo de actitud se da en personas que solo se preocupan por conseguir lo que desean y cuando lo desean, sin importarles los sentimientos y opiniones de los demás. Suelen ser mandonas y críticas. Humillan e intimidan a los demás. Los niños que actúan de forma agresiva se caracterizan por utilizar la violencia verbal y física, las burlas, las provocaciones, las peleas, las discusiones sobre conflictos ya resueltos y por violar o ignorar los derechos de los demás. Quien se comporta de forma agresiva suele conseguir sus objetivos a corto plazo, pero a la larga se enfrenta a la pérdida de amigos, la reducción de contacto interpersonal y el consiguiente rechazo social.

Ser asertivo significa ser capaz de comunicar opiniones, sentimientos y deseos de forma directa, honrada y adecuada, manteniendo un gran respeto por los derechos propios y los de los demás. La persona asertiva es aquella que siempre dice lo que quiere decir de forma directa sin ofender, que conoce sus fallos e intenta mejorarlos.

Características de las respuestas pasiva, agresiva y asertiva:

	Comportamiento verbal	Comportamiento no verbal	Respuestas
Respuesta pasiva	Uso frecuente de expresiones del tipo «No te molestes», «no es necesario», «lo que prefieras» o «como tú digas».	Mirada baja (no dirigida a los ojos), tono de voz apagado, evitación o negación de situaciones, postura contraída, risas nerviosas.	Ansiedad social, depresión, baja autoestima, soledad, evitación social...
Respuesta agresiva	Expresiones de tipo imperativo: «tienes que hacer», «debes hacer», «te exijo que»...	Mirada fija, voz alta, postura intimidatoria que invade el espacio personal del otro, gestos excesivos...	Participación en conflictos, daño a los demás, baja autoestima, pérdida del control, frustración, rechazo social...
Respuesta asertiva	«Qué te parece si», «siento», «quiero», «¿cómo resolvemos?» «vamos a hacer»...	Mirada abierta mientras se habla o escucha, postura cercana, tono de voz uniforme y en consonancia con el mensaje.	Control de la situación, actitud relajada, solución a los problemas, sensación de estar a gusto con la propia forma de ser y actuar...

En el cuestionario siguiente se describen veinticinco situaciones diferentes. En cada uno se puede elegir entre tres opciones: una respuesta pasiva, una asertiva y otra agresiva. Se trata de una versión reducida y adaptada de *La escala de comportamiento asertivo para niños* (cabs), de Michelson, Sugai, Wood y Kazdin (1983).

El niño elegirá la respuesta que más se acerque a lo que haría en la situación descrita. Al final de cada opción se califica la respuesta: pasiva (P), agresiva (A) o asertiva (As). Si hacemos un recuento de la mayoría de las respuestas, sabremos cómo de asertivo es nuestro hijo. Es importante que no mire el tipo de conducta que identifica cada opción.

1. *Alguien te dice: «Creo que eres una persona muy simpática». ¿Qué harías/dirías generalmente?*
   a. Decir: «No, no soy simpático/a». A
   b. No decir nada y sonrojarte. P
   c. Decir: «Gracias, es cierto que soy muy simpático/a». As

2. *Alguien ha hecho algo que crees que está muy bien. ¿Qué harías/dirías generalmente?*
   a. Decir: «Está bien, pero he visto cosas mejores». A
   b. No decir nada. P
   c. Decir: «Está muy bien». As

3. *Estás haciendo algo que te gusta y crees que está muy bien. Alguien te dice: «No me gusta». ¿Qué harías/dirías generalmente?*
   a. Decir: «Yo creo que está muy bien». As
   b. Decir: « ¿Y tú qué sabes? A
   c. Sentirme herido/a y no decir nada. P

4. *Te olvidas de llevar algo que se suponía debías llevar y alguien te dice: «Qué tonto/a eres». ¿Qué harías/dirías generalmente?*
   a. Decir: «Si hay alguien tonto/a eres tú? A
   b. Decir: «Nadie es perfecto/a. No soy tonto/a solo porque me haya olvidado algo». As
   c. No decir nada e ignorarle. P

5. *Necesitas que alguien te haga un favor. ¿Qué harías/dirías generalmente?*
   a. No decir nada. P
   b. Decir: «¿Puedes hacerme un favor?», y explicar lo que quieres. As
   c. Hacer una pequeña insinuación de que necesitas que te hagan un favor. A

6. *Estás preocupado/a y alguien te dice: «Pareces preocupado/a». ¿Qué harías/dirías generalmente?*
   a. Volver la cabeza y no decirle nada. P
   b. Decir: «Sí, estoy preocupado/a». As
   c. Decir: «No es nada». A

7. *Alguien te culpa por un error que ha cometido otra persona. ¿Qué harías/dirías generalmente?*
   a. Decir: «No es culpa mía. Lo ha hecho otra persona». As
   b. Decir: «No creo que sea culpa mía». A
   c. Aceptar la culpa y no decir nada. P

8. *Alguien te dice que hagas algo y tú no sabes por qué tienes que hacerlo. ¿Qué harías/dirías generalmente?*
   a. Hacer lo que te pide y no decir nada. P
   b. Decir: «Es una tontería. ¡No voy a hacerlo!». A

c. Decir: «Si esto es lo que quieres que haga...», y entonces hacerlo. As

9. *Alguien te elogia por algo que has hecho diciéndote que es fantástico. ¿Qué harías/dirías generalmente?*
   a. Decir: «No, no está tan bien». A
   b. Decir: «Gracias» As
   c. Ignorarlo y no decir nada. P

10. *Alguien ha sido muy amable contigo. ¿Qué harías/dirías generalmente?*
    a. Decir: «Has sido muy amable conmigo. Gracias». As
    b. Ignorarlo y no decir nada a la persona. P
    c. Decir: «No me tratas todo lo bien que deberías». A

11. *Estás hablando muy alto con un amigo y alguien te dice: «Perdona, pero haces demasiado ruido». ¿Qué harías/dirías generalmente?*
    a. Parar de hablar inmediatamente. P
    b. Decir: «Lo siento. Hablaré más bajo», y entonces hablar en voz más baja. As
    c. Decir: «Muy bien», y continuar hablando alto. A

12. *Estás haciendo cola y alguien se cuela delante de ti. ¿Qué harías/dirías generalmente?*
    a. Hacer comentarios en voz baja, como por ejemplo: «Algunas personas tienen mucha cara», sin decir nada directamente a esa persona. A
    b. No decir nada a esa persona. P
    c. Decir: «Yo estaba aquí primero. Por favor, vete al final de la cola». As

13. *Alguien te hace algo que no te gusta y te enfadas. ¿Qué harías/dirías generalmente?*

   a. Decir: «Estoy enfadado/a. No me gusta lo que has hecho». As

   b. Actuar como si me sintiera herido, pero no decir nada a esa persona. A

   c. Ignorarlo y no decir nada a esa persona. P

14. *Alguien tiene algo que quieres utilizar. ¿Qué harías/ dirías generalmente?*

   a. Decir a esa persona que me lo preste. As

   b. No pedirlo. P

   c. Quitárselo a esa persona. A

15. *Alguien te pide algo prestado, pero es nuevo y tú no quieres prestárselo. ¿Qué harías/dirías generalmente?*

   a. Decir: «No, es nuevo y no quiero prestarlo. Quizá en otra ocasión». As

   b. Decir: «No, cómprate uno». A

   c. Prestárselo aunque preferirías no hacerlo. P

16. *Algunos niños están hablando sobre un juego que a ti te gusta mucho. Quieres participar y decir algo. ¿Qué harías/dirías generalmente?*

   a. No decir nada. P

   b. Interrumpir e inmediatamente empezar a contar lo bien que hago ese juego. A

   c. Acercarte al grupo y participar en la conversación cuando tuvieras oportunidad de hacerlo. As

17. *Estás jugando y alguien te pregunta: «¿Qué haces?». ¿Qué harías/dirías generalmente?*

a. Decir: «No me molestes. ¿No ves que estoy ocupado/a?». A

b. Continuar con el juego y no decir nada. P

c. Dejar el juego y explicarle lo que haces. As

18. *Ves cómo alguien tropieza y cae al suelo. ¿Qué harías/dirías generalmente?*

a. Reírme y decir: «¿Por qué no miras por dónde vas?». A

b. Decir: «¿Estás bien? ¿Puedo hacer algo?». As

c. No hacer nada e ignorarlo. P

19. *Te golpeas la cabeza con una estantería y te duele. Alguien te dice:«¿Estás bien? ¿Qué harías/dirías generalmente?*

a. No decir nada e ignorar a esa persona. P

b. Decir: «No, me he golpeado la cabeza. Gracias por preguntar». As

c. Decir: «¿Por qué no metes las narices en otra parte?». A

20. *Cometes un error y culpan a otra persona. ¿Qué harías/dirías generalmente?*

a. No decir nada. P

b. Decir: «Es culpa suya». A

c. Decir: «Es culpa mía». As

21. *Una persona te insulta por algo. ¿Qué harías/dirías generalmente?*

a. Irme y no decir nada. P

b. Insultar a esa persona. A

c. Decir a esa persona que no me gusta lo que ha dicho y pedirle que no lo vuelva a decir. As

22. *Alguien te interrumpe constantemente mientras estás hablando. ¿Qué harías/dirías generalmente?*

a. Decir: «Perdona, me gustaría terminar de contar lo que estaba diciendo». As

b. No decir nada y dejar que la otra persona continúe hablando. P

c. Decir: «¡Cállate! ¡Estaba hablando yo!». A

23. *Estás haciendo algo que te gusta y te piden que hagas otra cosa distinta. ¿Qué harías/dirías generalmente?*

a. Decir: «Bueno, haré lo que tú quieres». P

b. Decir: «Olvídate de eso. ¡No lo haré!». A

c. Decir: «Tengo otros planes. Quizá la próxima vez». As

24. *Ves a alguien con quien te gustaría encontrarte. ¿Qué harías/dirías generalmente?*

a. Llamar a gritos a esa persona y pedirle que se acerque. A

b. Ir hacia esa persona, presentarme y empezar a hablar. As

c. No decir nada a esa persona. P

25. *Alguien a quien no conoces te para y te dice: «¡Hola!». ¿Qué harías/dirías generalmente?*

a. No decir nada. P

b. Decir: «¡Hola!», y preguntarle quién es. As

c. Hacer un gesto con la cabeza y decir: «¡Hola!», e irme. A

Durante la infancia se dan las primeras experiencias del niño con sus iguales. Los padres van a mediar para que su hijo disfrute de la compañía de otros niños y aprenda a compartir y cooperar con ellos. La educación previa y el estilo de comunicación de los padres con el pequeño van a influir notablemente en como este se relacione con sus iguales.

Los padres autoritarios, controladores, que establecen normas de comportamiento que no se pueden negociar ni cuestionar, que optan por la disciplina forzosa y la obediencia inmediata, que evitan métodos educativos como el elogio y los premios o aquellos que son permisivos y pasan por alto vigilar el establecimiento y cumplimiento de normas, suelen provocar que sus hijos adopten formas más agresivas o pasivas para resolver conflictos.

Los padres que podemos denominar asertivos, que refuerzan las buenas conductas de su hijo y reprimen las negativas, facilitan el desarrollo de la competencia social en el niño. Estos padres:

- Tienen en cuenta los sentimientos, emociones y necesidades de sus hijos.
- Se interesan por sus actividades cotidianas.
- Se sienten orgullosos y premian sus logros.
- Muestran cariño hacia él, le hacen caso.
- No ceden ante las normas establecidas por ellos mismos.
- No utilizan el castigo de forma sistemática.
- Evitan resolver los conflictos de forma agresiva (dando azotes, por ejemplo).
- No utilizan los gritos ni las amenazas como pautas educativas.
- Evitan etiquetar negativamente al niño y se centran en la conducta que quieren corregir.

2. La importancia de las relaciones sociales

Relacionarnos con los demás y hacerlo de forma eficaz es una garantía de éxito social que nos reporta numerosos beneficios personales. Superar satisfactoriamente las diferentes situaciones sociales que se nos presentan a diario depende, en cierta medida, de las habilidades que hayamos desarrollado para ello.

Por el contrario, la falta de habilidades sociales nos dificulta relacionarnos con los demás. En algunos casos, estas carencias pueden llegar a ser patológicas y dar lugar a una fobia social o a un trastorno antisocial de la personalidad.

2.1. ¿Por qué es importante relacionarse con otros?

Dado que vivimos en sociedad, las relaciones con los demás es inevitable eludirlas. Es más, las relaciones sociales y las habilidades necesarias para establecerlas con éxito son fundamentales para el desarrollo social, emocional e intelectual.

Hoy en día no solo se habla de inteligencia académica e inteligencia emocional, sino también de inteligencia social, que alude a la parte de la inteligencia encargada de establecer las diferentes interacciones sociales. Uno es inteligente socialmente hablando cuando logra establecer con éxito relaciones sociales. En la edad adulta este es un componente importante de la satisfacción personal.

Las primeras experiencias sociales del niño y su aprendizaje en el seno de la familia y de la escuela influirán de manera decisiva en su desarrollo de las habilidades sociales en la edad adulta.

A través de las relaciones el pequeño interioriza lo que los otros piensan de él, algo fundamental para su autoconcepto. Unas relaciones sociales satisfactorias y positivas son una importantísima fuente para el desarrollo de la autoestima y del bienestar personal y social. Tener escasas relaciones sociales puede llevar a estados de ansiedad y depresión.

Asimismo, un niño con relaciones sociales positivas tendrá mejor rendimiento escolar, puesto que los conflictos con sus compañeros no supondrán un obstáculo ni una fuente de malestar.

Tener buenas relaciones significa contar con una red de amigos, compañeros y familiares capaces de ayudarnos en momentos difíciles y de disfrutar con nosotros de los buenos momentos.

BENEFICIOS DE LAS HABILIDADES SOCIALES EN LAS RELACIONES DEL NIÑO

Tener habilidades sociales adecuadas ayuda a mejorar el autocontrol, ya que muchas veces hay que postergar los deseos o necesidades porque son incompatibles con la situación social en la que nos encontramos.

Los niños que no poseen unas habilidades positivas pueden experimentar el aislamiento y el rechazo social. Ser socialmente competente es fundamental para la adaptación del pequeño al medio en el que vive, así como para su desarrollo futuro.

Tener unas adecuadas relaciones sociales lleva aparejado una serie de beneficios:

- El niño comprende mejor a los demás y a sí mismo.
- Se comunica mejor, expresa sus sentimientos y necesidades.
- Se enfrenta a todas las situaciones sociales, ya sean novedosas o conocidas, sin huir de ellas.
- Hace más amigos, los mantiene más en el tiempo y los conoce mejor.

- Es más fácil que participe en actividades lúdicas, como juegos, deportes o manualidades.
- Puede tener un papel más importante en la familia y participar más en las decisiones familiares.
- Es más fácil que sus maestros y compañeros de clase valoren positivamente su relación con él.
- Probablemente logre mejores rendimientos escolares, tenga menos conflictos con los amigos o compañeros y se adapte bien a la vida adulta.
- Tiene más probabilidades de ser feliz.

2.2. PROBLEMAS DERIVADOS DE LAS RELACIONES SOCIALES

En muchas ocasiones nos podemos sentir cohibidos al hablar, no sabemos pedir un favor, nos cuesta realizar solos actividades sencillas, no somos capaces de comunicar lo que sentimos, no sabemos resolver situaciones conflictivas con los amigos o con la familia, incluso puede ocurrir que no tengamos amigos. Todas estas dificultades son indicativas de una carencia de habilidades sociales.

LOS NIÑOS CON POCAS HABILIDADES SOCIALES

- Pueden tener problemas escolares, como bajo rendimiento, fracaso, inadaptación, periodos de expulsión.
- Sufren en mayor medida problemas de conducta, así como conductas antisociales, baja autoestima, depresión, ansiedad.
- Son más propensos al rechazo social y al aislamiento, tienen poca calidad en las relaciones sociales que establecen, pocas amistades, grupos de amigos poco estables.

- Son incapaces o tienen dificultades para comunicar sus necesidades y deseos a los demás.
- Hablan de sí mismos y de sus capacidades de forma más negativa, porque así es la imagen que tienen de sí mismos.
- Son tímidos en las relaciones sociales o incluso no disfrutan de ellas.

CUANDO LA FALTA DE HABILIDADES SOCIALES SE CONVIERTE EN UN PROBLEMA

La falta de habilidades sociales está presente en muchas patologías en mayor o menor medida, tales como estados depresivos, déficit de atención con hiperactividad o agorafobia, pero prevalece en trastornos que requieren tratamiento por profesionales cualificados, como la fobia social, el trastorno disocial y el mutismo selectivo.

LA FOBIA SOCIAL

La fobia o ansiedad social es el miedo a diferentes situaciones sociales o a actuaciones en público por temor a que resulten embarazosas. Sus características fundamentales son el miedo a ser evaluado negativamente y a actuar de un modo que pueda resultar humillante. Una característica de esta fobia es que cuando la persona se expone a situaciones sociales temidas presenta una marcada ansiedad y tiende a evitar cualquier contacto social.

TRASTORNO DISOCIAL

Es un caso grave de falta de habilidades sociales que se pone de manifiesto en conductas que violan los derechos, de los otros o las normas sociales. Algunas de estas conductas son:

- Las agresiones a personas y animales. El que sufre el trastorno fanfarronea, amenaza o intimida a otros, está involucrado en peleas físicas y manifiesta crueldad.
- La destrucción de la propiedad.
- El fraude, el robo y la violación grave de normas. El afectado es el típico chaval que no hace caso a las prohibiciones paternas, se escapa de casa o del colegio.

En algunos casos, los trastornos disociales pueden convertirse en un trastorno de personalidad antisocial en la edad adulta.

EL MUTISMO SELECTIVO

Se trata de un niño con un lenguaje fluido que deja de hablar en determinadas situaciones en las que se espera que lo haga.

El mutismo selectivo se refiere a aquellos casos en los que el pequeño no habla en ciertos lugares, como el colegio u otros eventos sociales, pero sí en las demás situaciones, como en su casa o en lugares donde se encuentra tranquilo y relajado. No es que rehúse hablar, sino que es realmente incapaz.

Este trastorno puede tener repercusiones en el aprendizaje, ya que si el mutismo se asocia a situaciones escolares, el niño no responderá a las demandas del profesor.

Para poder diagnosticar mutismo selectivo es necesario que el niño muestre incapacidad de hablar al menos durante un mes seguido.

3. Lo que se espera que haga tu hijo según su edad

El desarrollo social del niño es una parte muy importante de su evolución. Aunque por lo general se hace más hincapié en otras áreas, como la adquisición del habla o la actividad motora, lo cierto es que todas estas destrezas están interrelacionadas. Por ejemplo, un punto de inflexión fundamental en la socialización del pequeño es cuando adquiere la capacidad de hablar. A partir de ese momento cambia su forma de interactuar con los demás.

Las habilidades necesarias para establecer con éxito las relaciones sociales se aprenden en la infancia; es en este periodo cuando se sientan las bases para futuras situaciones que irán apareciendo, como las relaciones de pareja o las laborales.

3.1. Desarrollo social del niño

El primer año de vida

Desde que nace, el niño está preparado para relacionarse con los que lo rodean, sobre todo con la madre o con la persona que cubra sus necesidades básicas de alimentación, limpieza y cuidados. La relación y la comunicación que establece desde el primer momento con sus cuidadores marcará el desarrollo de su capacidad social.

El bebé y los padres han de adaptarse y conocerse. Este periodo de adaptación no sucede en unas horas o unos días, por eso es normal que, tras el parto, surjan dudas del tipo «¿Seremos capaces de quererlo y cuidarlo?». El tiempo, la adaptación y las interacciones entre el nuevo miembro de la familia y los padres y hermanos van creando una relación entre ellos.

Durante los primeros meses, el bebé empieza a sonreír a la gente, a disfrutar cuando los demás se dirigen a él, le hablan, juegan, incluso imita ciertas expresiones faciales y movimientos que observa en las personas que pasan más tiempo a su lado. Antes de los 6 meses empieza a manifestar preferencias, por lo general hacia sus padres o hermanos.

De los 6 los 12 meses puede mostrarse tímido y no querer ir con personas que no conoce. Es habitual que llore cuando su padre o madre se van y podría manifestar preferencias por estar con la madre, con el padre o cón un cuidador más que con cualquier otra persona. En la mayoría de casos es la madre quien tiene un papel más destacado; después, el padre empieza a tener una mayor implicación en la relación y cobra una mayor importancia para el bebé.

Después del primer cumpleaños

El mundo social del niño aumenta de forma considerable. Ya pasa un tiempo cada día jugando o entreteniéndose con los padres o los hermanos (en el caso de tenerlos, los seguirá e intentará copiar todas sus conductas). Aunque el contacto social con otros niños es muy elemental, un correcto aprendizaje de ciertas habilidades sentará la base para las relaciones futuras.

A partir del año y medio es un buen momento para intentar que empiece a relacionarse con otros. Podemos invitar a casa a amigos con hijos o llevarlo a menudo al parque. Aunque el juego a esta edad no será en grupo, sino que cada uno lo hará por separado, sí surgirán algunas situaciones de contacto y oportunidades de relación, y también, claro, peleas relacionadas con la posesión de los juguetes que les enseñaremos a resolver.

A los 2 años empiezan a ser más independientes. Aprenden poco a poco sobre el mundo exterior a ellos y su familia. Muchos no quieren compartir cosas y aún es poco frecuente que jueguen unos con otros. A menudo, se negarán a hacer caso a sus padres: recordemos que estamos en la famosa etapa de las rabietas y el no. Los niños imitan exactamente los tonos de voz y las palabras que sus padres utilizan con ellos para hablarle a otro niño o a un muñeco.

A los 3 años puede ir al colegio. Muchos habrán estado anteriormente en la escuela infantil y les será más fácil la adaptación a este mundo nuevo, pero para otros supondrá un gran cambio y tal vez necesiten un tiempo para adaptarse.

A los 3 o 4 años aparece la atracción por lo social, tienen en cuenta a los demás y sus opiniones e intereses. Empiezan a tener sus primeros amigos, y hablan de uno y de otro refiriéndose a ellos por sus nombres. También surgen sus primeras disputas y peleas importantes; son inevitables y constituyen un buen momento para enseñarles a resolver los problemas.

EL COLEGIO

A partir de los 6 años, la calidad de las relaciones del niño con los otros mejora sustancialmente. Ahora quiere pasar más tiempo con los amigos y jugar en grupo, por eso busca juegos que puedan realizar con varios niños. Rara vez el juego en la escuela será individual, suelen organizar actividades como el pilla pilla, el escondite...

En el colegio, los amigos o compañeros de juego se elegirán por intereses similares; por ejemplo, si a un niño no le gusta jugar al fútbol, cambiará de grupo e irá con los que juegan al baloncesto. El grupo y los amigos a esta edad son poco estables, varían constantemente a medida que lo hacen sus intereses y gustos. En este momento también empiezan a ir a casa de amigos a pasar la noche o la tarde.

Conforme van creciendo, y hacia los 9-10 años, sus relaciones sociales se hacen más estables y duraderas. Llegan a considerar a algún compañero como verdadero amigo, y sienten que no pueden estar sin él.

LA ADOLESCENCIA

A medida que el niño va llegando a la adolescencia, la amistad y las relaciones sociales cobran especial relevancia. Lo más importante para él es su grupo de amigos, que elige en función de sus intereses, gustos e ideologías. Las pandillas o grupos de pertenencia cobran especial relevancia y en la mayoría de los casos sus miembros son compañeros de clase o de colegio.

El desarrollo de las capacidades sociales no termina aquí, sino que cada nueva situación será un reto al que haya que hacer frente y usar las habilidades sociales aprendidas, por ejemplo, en relaciones de pareja, ante una entrevista de trabajo... Por lo tanto, estos primeros años de vida sentarán las bases de comportamiento para las futuras situaciones.

4. PRUEBA A HACERLO TÚ

El aprendizaje de las habilidades sociales es un proceso que se realiza desde que el niño nace y que dura toda la vida en función de las diferentes situaciones con las que vaya encontrándose. El papel de los padres como observadores de este proceso es determinante.

En este capítulo ofrecemos pautas que pueden ayudarnos a fomentar en nuestros hijos algunas de las habilidades sociales más importantes, así como estrategias para facilitar la adaptación a sus primeras situaciones fuera de casa: la escuela infantil o el colegio.

4.1. LA ADAPTACIÓN A LA ESCUELA INFANTIL

El inicio de la escuela infantil implica un proceso de adaptación determinante para el posterior enfrentamiento del niño a situaciones sociales novedosas. El pequeño puede vivir esta fase como un abandono y una pérdida de privilegios, por eso se recomienda prestarle atención.

Nuestro hijo ya no es el protagonista, pasa a ser uno más, pierde su papel de «único» y ha de enfrentarse solo a situaciones desconocidas, como es compartir la atención del profesor y los juguetes, ser agredido por otros niños y tener que defenderse...; es decir, necesita aprender las habilidades necesarias para afrontar y dominar situaciones de relación con los demás.

Cuando el pequeño no expresa verbalmente cómo se siente, puede que sus nuevas experiencias se manifiesten en forma de trastornos somáticos: dolores de cabeza, de tripa, vómitos, etc., que desaparecen una vez que se queda en casa. Cree que sus padres le han abandonado y lo expresa como puede.

En muchos casos, las rabietas y las negativas a hacer las cosas, tirarse al suelo y no andar, llamar a los padres a gritos, llorar hasta enrojecer y casi ahogarse, son reacciones que indican, según el grado de exageración, si hay una excesiva protección o dependencia de los padres o si, simplemente, se trata de una forma de defenderse ante una situación nueva.

Cuando llega el momento de empezar la escuela infantil, es necesario un trabajo coordinado entre padres y profesionales. Una primera entrevista recoge datos como: condiciones del parto, control de esfínteres, momento en que empezó a andar, hábitos, grado de autonomía... Normalmente debe tratarse con el tutor de aula, que es con quien estará el niño una vez que comience a asistir a clase, con el fin de evaluar si este está dentro de lo que evolutivamente se denomina un desarrollo normalizado. Con estos datos se abre una carpeta individual que recogerá todo lo destacable del niño durante su paso por la escuela infantil. Gracias a estos primeros datos se entienden y respetan las costumbres que el niño trae de casa en cuanto a pautas de alimentación y sueño, juego, aceptación de la norma, etcétera, para de forma gradual, ir introduciéndole en las normas de funcionamiento del grupo.

Con posterioridad se hace una reunión con todos los padres en la que los profesionales del centro explican cómo será el periodo de adaptación del niño y dan pautas que lo faciliten, como las siguientes:

- Explicar al niño dónde va a ir. Aunque parezca demasiado pequeño para entenderlo, es necesario porque le tranquiliza.
- En el momento de dejarlo en la escuela infantil, no alargar la despedida, para que se adapte a la brevedad del momento.
- Decirle adiós e informarle de que luego volveremos; no aprovechar un descuido para salir corriendo.
- Permitirle que exprese lo que siente y nos cuente lo que hace en la escuela infantil. Dedicarle tiempo es ofrecerle una compensación afectiva mucho más eficaz que comprarle caramelos o juguetes.
- Si el niño enferma durante el periodo de adaptación, cuidarlo y, en cuanto sea posible, llevarlo de nuevo a clase.
- No hay que dramatizar. Es normal que manipule, intente poner a sus padres en contra del profesor,

busque su atención y que se preocupen por su nueva situación.

- Hay que preguntar al profesor y dar la importancia justa a lo que nos diga. Muchas veces no hay más que la adaptación del niño a las normas.
- No tengamos sensación de culpa ni de que estamos abandonando al niño, nuestra actitud influirá en todo el proceso de adaptación.
- Pasado un tiempo prudencial, que dependerá de cada caso y cada niño, el pequeño olvidará su oposición a lo escolar y empezaremos a apreciar las ventajas que tiene la educación infantil. Además, lo habremos ayudado a adaptarse a situaciones nuevas que implican relacionarse con gente.

Las fases por las que el niño pasará durante este periodo son:

1. Ruptura con su vida anterior, se separa de sus padres por primera vez y encuentra un espacio donde hay muchos iguales a él.
2. Descubrimiento de nuevos espacios, sentimientos y relaciones.
3. Se adapta a lo nuevo, sigue el horario y las normas, aprende cosas y se relaciona con sus compañeros.

4.2. ACTITUDES DE LOS PADRES QUE FOMENTAN EL DESARROLLO DE HABILIDADES SOCIALES EN SUS HIJOS

Algunas actuaciones de los padres aumentan las probabilidades de que su hijo desarrolle habilidades que le permiten establecer con éxito relaciones sociales:

- Predicar con el ejemplo. Aparte de decir: «Saluda a la tía cada vez que la veas», tenemos que hacerlo nosotros delante de él. El aprendizaje más eficaz para el niño es la imitación, por lo tanto, si nos ve hacerlo, lo hará con más asiduidad.

- Fomentar su autonomía e independencia y evitar la sobreprotección que lo llevará a depender de nosotros en diversas situaciones sociales.

- Premiar todos sus avances y reforzarlo siempre que lo haga bien. Transmitirle lo que nos gusta cuando saluda a alguien, cuando dice algún cumplido o cuando comparte con otros.

- Evitar criticarlo o etiquetarlo por su comportamiento: «Es que es tímido».

- No exigirle demasiado. Los padres, mejor que nadie, saben hasta dónde puede llegar su hijo. Si le cuesta relacionarse con otros niños, empecemos poco a poco con pequeños pasos en los que habrá que decirle lo bien que lo está haciendo.

- Fomentar su autoestima. (Ver el capítulo X, dedicado al tema).

- Ayudar a que exprese lo que siente en cada momento. Si nosotros hablamos abiertamente y le reforzamos cada vez que él lo haga, seguramente aumentarán las veces en que diga lo que le pasa.

- Fomentar su seguridad en sí mismo, reforzando las capacidades y habilidades que tenga.

- Establecer normas y límites. Los límites lo ayudan a sentirse seguro y protegido, aprende qué comportamiento es adecuado y cuál no lo es, así como lo que se espera de él.

La familia es el principal entorno donde el niño aprende habilidades sociales, pero sus primeras experiencias con los otros son fundamentales para trasladar los aprendizajes previos a otros contextos diferentes.

Recordemos que los niños aprenden a través de lo que ven en los demás, y que los padres son sus principales modelos. Por ejemplo, si les ven pedir favores o hacer cumplidos frecuentemente, lo asimilarán como forma normal de actuar y así lo harán en un futuro. El desarrollo de conductas a través de la imitación es una de las mejores formas de aprender habilidades sociales.

Si vemos que el niño se pone muy nervioso a la hora de hablar con un amigo que nos encontramos por la calle, es fundamental que no lo forcemos, necesita su tiempo para aprender a hacerlo, pero sí puede ser una buena opción practicar en casa con él. Los juegos de rol o de interpretación suelen ser una buena estrategia para enseñarle cómo solucionar una situación determinada.

Algunos ejemplos para ayudarle a través del juego:

- Si un amigo le ha pegado en clase, juguemos con dos muñecos a que uno pega al otro y busquemos la solución más asertiva.
- Démosle ideas sobre cómo ha de resolver la situación: nosotros representamos el papel de nuestro hijo, y él, el de la otra persona.
- Con niños ya mayores se puede trabajar con un vídeo. Grabamos una representación de lo que ha hecho, lo vemos y buscamos soluciones sobre cómo mejorarlo. Por ejemplo, si no mira a los ojos a la hora de hablar, al verlo en un vídeo se dará cuenta enseguida. Luego practicamos con él cómo hacerlo y lo grabamos de nuevo, le señalamos las diferencias entre las dos actuaciones y le hablamos de las ventajas de hacerlo de forma adecuada.

⊙ Muchas veces se quedan cohibidos en determinadas situaciones sociales; antes de enseñarles cualquier habilidad, los ejercicios de relajación son la mejor estrategia.

A continuación presentamos ejercicios que pueden resultar útiles a la hora de ayudar a nuestros hijos a que adquieran o mejoren cada una de las habilidades importantes. Antes hay que explicarles lo que vamos a hacer, en función siempre de su edad. Si es un niño muy pequeño, en lugar de pedirle que haga estos ejercicios, podemos practicarlos con la pareja o con un amigo delante de él, así entenderá que es una forma habitual de enfrentarse a esa situación.

HACER Y RECIBIR CUMPLIDOS

Cuando le decimos a un amigo: «Antonio, me gusta mucho tu jersey» o «Lucía, qué bien dibujas», estamos haciendo un cumplido. Hacer un cumplido es, por tanto, comunicar a alguien algo que nos gusta de él, resaltar un aspecto positivo o agradable.

Como respuesta a nuestro halago sobre el jersey, puede que el aludido no nos conteste o que nos diga: «Es muy viejo» o «Vale». Cuando alguien no expresa nada o manifiesta algo como lo anterior, podemos pensar que no le gusta lo que le hemos dicho. Hay personas que no saben aceptar o responder a un cumplido, aunque eso no quiere decir que no les guste lo que les decimos o que les parezca mal.

Cuando nos hagan un cumplido es conveniente aceptarlo diciendo: «Gracias» o «Gracias, es mi preferido» y, si queremos, también podemos corresponder: «Gracias, a mí me gustan mucho tus zapatillas». De esta manera la persona que nos hace un cumplido sabe que nos gusta lo que nos dice.

Hacer cumplidos nos sirve para:

— Ayudar a que los demás se sientan bien consigo mismos.
— Hacer saber a los demás lo que nos gusta de ellos.
— Sentirnos bien por ser capaces de decir algo agradable a otra persona.

Aceptar cumplidos nos permite:

— Transmitir que valoramos lo que se nos dice.
— Enterarnos de lo que a los demás le gusta de nosotros.
— Sentirnos bien con nosotros mismos.

No aceptar cumplidos puede conducirnos a:

— Sentirnos mal con nosotros mismos.
— Hacer sentir mal al otro por infravalorar sus opiniones y sentimientos, por lo que es posible que no quiera hacernos más cumplidos.

No hacer cumplidos puede llevar a:

— No decir cosas agradables que en realidad queremos decir.
— No permitir que los demás sepan qué es lo que nos gusta de ellos.
— Reducir la posibilidad de que quieran volver a hacernos cumplidos.

Actividades que podemos hacer con el niño

- Para enseñarle a hacer y recibir cumplidos y mostrarle lo bien que nos sentimos cuando alguien nos halaga, vamos a jugar a hacerlo en casa, declarando por ejemplo la semana de los cumplidos: cuando alguien diga algo positivo que le guste del otro, ponemos una pegatina en una cartulina por lo bien que lo ha hecho.
- También podemos jugar a ser detectives encargados de pillar a los demás haciendo algo bien y decírselo.
- Una vez que hayamos practicado los cumplidos en casa, jugaremos a hacerlo fuera. Por ejemplo: hoy tenemos que decirle un cumplido a, por lo menos, una persona del colegio (en el caso del niño) o del trabajo (en el caso de los padres). Por la noche nos contaremos qué hemos dicho y cómo nos han respondido.
- Otra forma de incitar al niño a que haga cumplidos, es hacérselos a él y que vea lo bien que se siente y lo contento que se pone.

Es importante reforzarle mucho cuando hace un cumplido en casa, para que entienda lo felices y orgullosos que estamos, así lo repetirá con más frecuencia.

INICIAR Y MANTENER CONVERSACIONES

Todos nos relacionamos con muchas personas: padres, familiares, amigos, compañeros, vecinos, etcétera. Conversar es hablar unos con otros. Cuando hablamos con los demás les contamos nuestras cosas y ellos nos cuentan las suyas y, de este modo, intercambiamos información. Podemos hablar de muchos y diferentes temas, expresar nuestros pensamientos, sentimientos y opiniones. Contamos lo que nos ha pasado durante el día, lo que vamos a hacer, lo que nos gusta ver en la televisión, la música que preferimos, las películas, etc.

Aunque no siempre es así, con las personas más allegadas nos resulta más fácil iniciar y mantener conversaciones; en cambio, cuando nos presentan a un desconocido puede ser más difícil iniciar una conversación. Tal vez no sepamos qué decir, quizá nos sonrojemos y hasta puede que, si la otra persona no empieza a hablar, nos quedemos callados.

Algunas pautas que nos pueden servir para iniciar y mantener conversaciones son:

— Hacer preguntas abiertas, que son las que comienzan con *qué*, *cuándo*, *dónde*, *por qué*, *para qué*, etcétera. A estas cuestiones no se puede contestar con un simple sí o no. En cambio, decir: «¿Has jugado en el parque?» es una pregunta cerrada, ya que la respuesta será «sí» o «no».
— Contar cosas nuestras sin que nos las pregunten. Por ejemplo, lo que pensamos, lo que sentimos, lo que opinamos de una película, a lo que nos gusta jugar...
— Escuchar y contestar las preguntas que nos hagan.
— Buscar temas de conversación que puedan interesar a los demás. Si conocemos qué les gusta, podremos tener conversaciones más interesantes y, de este modo, aprender.

Actividades que podemos hacer con el niño

— Hagamos una lista de posibles temas de conversación con nuestro hijo. Le ayudaremos a buscar aquellas actividades que le gustan, por ejemplo: juegos, películas, animales... para que pueda hablar de ellas con los demás.

— Pidámosle que observe a la gente cuando mantiene una conversación. Los padres podemos imitar un diálogo entre dos niños de su edad para que él nos observe.

— Practiquemos con el niño esta nueva habilidad. Podemos dedicar un rato diario a conversar con él: un día empezamos nosotros la charla y otro lo hace él.

— Reforcemos todos sus avances y comentemos con él qué cambios debe introducir.

— Una vez que haya practicado suficientemente con nosotros, podemos invitar a un amigo nuestro a casa y que el pequeño introduzca el tema de conversación.

EXPRESAR Y ACEPTAR QUEJAS

A veces los demás hacen cosas que nos disgustan. Cuando decimos: «Oye, no me dejas oír. ¿Puedes hablar un poco más bajo, por favor?», nos estamos quejando.

Una queja es expresar que algo o alguien nos molesta. Las quejas tienen que ser positivas y constructivas, ya que lo que se pretende con ellas es hacer saber a los otros que algo no nos gusta con el fin de que puedan cambiarlo. No son críticas ni acusaciones, no hay que hacerlas con la intención de herir los sentimientos de los demás.

También nosotros podemos recibir quejas de otras personas. Aceptarlas significa reconocer lo que les molesta, lo que no les gusta de nosotros, e intentar cambiarlo: «Tienes razón, estoy hablando muy alto, hablaré bajito para que puedas oír».

Cuando expresamos una queja de manera positiva, constructiva:

— Ayudamos a reducir las fuentes de irritación y antipatía entre nosotros y los demás.

— Mejoraremos nuestra relación con los otros.
— Hacemos saber a los demás que nos importan, ya que compartimos con ellos nuestros sentimientos.

Si escuchamos las quejas de los demás:

— Dejamos que sepan que estamos interesados en lo que tienen que decirnos.
— Podemos conocer los problemas que están perjudicando nuestra relación.

No expresar una queja cuando es apropiado hacerlo conduce a:

— Sentir frustración.
— Enfadarnos innecesariamente con la otra persona.
— Aumentar los problemas con los demás.

No escuchar o no prestar atención a las quejas de los otros puede llevarnos a:

— Provocar su enfado porque no mostramos interés.
— Quedarnos solos porque eviten estar con nosotros.
— Ignorar las cosas que hacemos y molestan a los demás.

Actividades que podemos hacer con el niño

— Hay que explicarle cómo tiene que expresar las quejas, y cómo ha de responder ante ellas. Así le transmitimos que quejarse no es criticar a nadie, sino decirle que algo no nos gusta de él para que intente cambiarlo.
— Hacer críticas en casa es una buena manera de empezar. Luego el niño puede repetir el comporta-

miento en el colegio o con sus amigos. Vamos a pensar en un par de cosas que no nos gusten de los otros. Por ejemplo, el padre pensará dos cosas que no le gusten de la madre y del niño; la madre, dos cosas que no le gusten del padre, y así cada miembro de la familia. A continuación hay que intentar decirlas sin ofender. La persona a quien vaya dirigida la queja tiene que contar cómo se lo ha tomado, si cree que el otro se lo ha dicho de forma correcta o si le parece que ha tenido poco tacto. Y darle la oportunidad de que reformule la queja de manera más adecuada.

— Reforzar todos los avances del niño es fundamental para que traslade esos aprendizajes a otros ambientes como, por ejemplo, el colegio.

Decir que no

Nos referimos a la capacidad para negarnos de forma adecuada cuando alguien nos pide que hagamos algo que no podemos, no nos apetece o no queremos hacer.

Al aprender a decir que no:

— Permitimos que los demás conozcan nuestra postura, nuestros sentimientos y opiniones.
— Evitamos que la gente se aproveche de nosotros.
— Nos sentimos bien porque no tenemos que hacer algo que no queremos.

Si no sabemos negarnos:

— Podemos terminar haciendo algo que no nos guste, y eso nos enfadará y nos llevará a no sentirnos bien.

— Acabaremos haciendo algo que nos crea problemas, por ejemplo, el niño puede desobedecer a sus padres ante la presión de un amigo.
— Daremos una impresión equivocada a los demás sobre cómo somos o la clase de cosas que nos gusta hacer.

Actividades que podemos hacer con el niño

— Buscamos situaciones en las que hayamos utilizado el sí cuando realmente queríamos decir que no. Describimos las circunstancias. Simulamos esas situaciones en casa: mamá o papá hacen de amigo que realiza la petición y el niño tiene que intentar negarse a hacerlo, dando las razones oportunas.
— Hay algunas técnicas que pueden servirnos para mantenernos constantes en el no, por ejemplo el disco rayado (que describiremos más adelante).
— Tenemos que reforzar y premiar los logros y avances del niño.

HABILIDADES NO VERBALES

Las habilidades no verbales son las señales faciales y corporales que nos permiten comunicarnos sin palabras. Cuando estamos con una o varias personas y les hablamos o nos hablan, empleamos varias conductas no verbales al mismo tiempo.

Para relacionarnos adecuadamente con los demás es muy conveniente que nuestras conductas no verbales se correspondan con lo que decimos, sin contradecirnos. Cuando escuchamos, también tenemos que usar conductas no verbales que muestren que estamos atendiendo a quien nos habla; si, por ejemplo, damos la espalda al que está hablando, no transmitimos que le estamos escuchando.

Para usar las habilidades no verbales de forma adecuada hay que:

> - Mirar a la cara cuando hablamos.
> - Mirar a la cara cuando nos hablan.
> - Hablar con un volumen de voz adecuado.
> - Sonreír (si viene al caso).
> - Mantener una distancia adecuada y realizar gestos faciales.

Actividades que podemos hacer con el niño

— Ver un programa de televisión o una película sin sonido e intentar averiguar qué quieren decir. Analizar cómo utilizan las habilidades no verbales.

— Jugar a las películas: adivinar la película que el otro nos trata de explicar solo mediante gestos.

— Es importante que el niño vea en los padres estas habilidades, por ejemplo, si estamos enseñándole a mirar a la cara cuando hable le tenemos que mirar nosotros también a él. Si no tiene la costumbre de mirarnos cuando habla, le podemos coger la cara al hablarle.

— Decirle lo bien que nos sentimos cuando nos mira mientras le hablamos es mejor que repetir «Mírame a la cara».

5. DIFICULTADES Y CÓMO SOLUCIONARLAS

Aunque hayamos puesto todo el empeño necesario en educar a nuestro hijo para que tenga buenas habilidades sociales y se relacione de forma exitosa con los demás, hay momentos o situaciones en las que aparecen ciertas dificultades. En esos casos hay que prestar especial atención al comportamiento del niño y ayudarlo a solucionarlo. El papel de los padres y familiares es fundamental para resolver los problemas sin presiones, con calma y tranquilidad.

En este apartado presentamos algunas prácticas para solucionar los conflictos, pero a veces no es suficiente y se necesita la ayuda de profesionales cualificados.

5.1. Dificultades a la hora de hacer y conservar amigos

Algunos niños tienen un amplio círculo de amistades, mientras que otros cuentan solo con un par de amigos. Los hay que prefieren realizar la mayoría de actividades en solitario, pero también podemos encontrarnos con críos que desearían tener muchos amigos y no lo consiguen. Antes de preocuparnos, hay que tener en cuenta en todo momento la naturaleza cambiante de las amistades en la infancia.

En cualquier caso, es necesario que el niño se relacione con iguales, no solo por el bienestar que producen las relaciones sociales y el juego en grupo, también con el fin de que se conozca más y mejor a sí mismo en todas las situaciones.

Los padres constituyen un apoyo fundamental para que su hijo haga y conserve amistades, sobre todo en los casos en los que presente dificultades.

Antes de que aparezcan obstáculos a la hora de hacer amigos, podemos:

- Planear momentos de juego con nuestro hijo e intentar que empiece a relacionarse con otros niños, por ejemplo en el parque o con los hijos de familiares y amigos.
- No etiquetar al pequeño y no forzarlo delante de otras personas, necesita su tiempo. Evitar frases

como: «Es que es muy tímido», pues de tanto repetirlas el niño puede terminar creyéndoselas y actuar en consecuencia.

- No crear situaciones en las que se sienta nervioso; un ejemplo, cuando está la casa llena de gente no pedirle: «Cántanos una canción», «Di los números en inglés»... Tenemos que respetar que no lo haga si no le apetece.

- Relacionarnos con amigos, familiares... delante de él para que vea e imite nuestra actitud:

En el caso de que el niño tenga dificultades a la hora de hacer amigos:

1. Identificar las dificultades. Podemos hablar con el colegio para que nos orienten sobre cuál es la actitud del niño con los otros. El parque también es un buen lugar para observar cómo se relaciona.

2. Hablar con nuestro hijo, siempre en función de su nivel de desarrollo y de capacidad de comprensión. Si es lo bastante mayor, podemos elaborar con él una lista con las características que debe tener un amigo. «¿Por qué Luis es tu amigo y Óscar no? ¿Qué cosas haces con Luis que no haces con Óscar?». A partir de esta lista podemos hacer otra más general donde aparezcan las cualidades que debe tener un amigo, así quizá intente desarrollar alguna de ellas.

3. Las habilidades sociales relacionadas con el hacer amigos son, entre otras, iniciar y mantener conversaciones, hacer y recibir cumplidos. Es importante trabajar con el niño estas habilidades para ayudarle a relacionarse con los demás (ver punto 4).

4. El *role-playing* o el juego de roles suele ser una buena estrategia para hacer frente a estas dificulta-

des, además lo pasaremos bien con estas actividades. Podemos crear situaciones ficticias en las que los padres nos hagamos pasar por un amigo con el fin de que el niño analice sus habilidades. Estas situaciones pueden ir complicándose e incluso introducir en ellas a algún amigo o familiar que invitemos a casa.

5. Una vez que se ha practicado, podemos empezar a trasladar lo aprendido a situaciones reales. La ayuda de los padres en este punto toma especial importancia. Poco a poco, los padres se irán retirando de la situación, dejando al niño solo con su compañero. Si en algún momento, sobre todo al principio, vemos que tiene alguna dificultad, podemos intervenir para ayudarlo.

6. Es muy importante reforzar, elogiar, premiar al niño cualquier mínimo avance, esto le ayudará a esforzarse cada vez más y conseguir el éxito social.

5.2. EL NIÑO QUE NO QUIERE COMPARTIR

«Es mío, no se lo dejo a Juan», esta es una situación bastante habitual en los niños pequeños. Hasta los 5-6 años no desarrollan la capacidad de cooperar y jugar juntos, pues hasta entonces consideran que todo lo que está a su alcance es suyo. En muchas ocasiones no compartir con los demás es fuente de discusiones y peleas. En estos casos podemos intentar:

- Hablar con el niño, siempre en función de su madurez, y explicarle qué cosas de casa son suyas y cuáles pertenecen al resto de la familia. Poner una etiqueta con su nombre a sus pertenencias puede ser una buena estrategia cuando el niño es muy pequeño.

- Podemos practicar la cooperación en casa, por ejemplo haciendo la comida juntos y transmitiéndole los beneficios de trabajar en equipo: «Qué bien lo hacemos los dos juntos, somos un equipo estupendo», «Me gusta mucho y me siento muy contento cuando me ayudas». Recordemos que compartir en casa es el primer paso para compartir con los amigos.

- Preparar la situación. Por ejemplo, cuando vengan amigos, podemos informarle de que tendrá que dejarles sus juguetes. Antes de que lleguen, le diremos que elija unos que no le apetezca compartir (los nuevos o especialmente apreciados), y retirarlos. Todos tenemos derecho a no querer prestar a nadie ciertas pertenencias.

- Si el niño se queja de que su amigo no sabe jugar con sus juguetes y se los rompe, le decimos que explique a su compañero de juego qué debe hacer para no dañarlos.

- Con el fin de disminuir las riñas, los padres pueden establecer una serie de reglas. Por ejemplo, marcar turnos de juego: «Primero jugará Juan un rato y luego tú, Luis». También podemos crear situaciones en las que los dos se diviertan jugando con el mismo juego.

- En el caso de que los dos riñan constantemente por un juguete, lo retiraremos hasta que finalicen las disputas. Hay que avisarles antes de hacerlo y decirles cuándo podrán volver a disponer del juguete, por ejemplo, lo podrán recuperar si ellos mismos establecen cómo van a jugar.

- Conviene premiar todas aquellas situaciones en las que comparten: «Cómo me gusta cuando le dejas los juguetes a tu compañero, estoy muy orgulloso de ti». Y reforzar su buena disposición: si ha dejado a Juan su álbum de pegatinas preferidas, le compraremos dos pegatinas más para que lo rellene.

Aunque todos los niños están expuestos a las presiones de su entorno, hay algunos más influenciables que otros. Es normal que un pequeño haga algo inadecuado porque otros niños le dicen que si no, no podrá formar parte de su grupo. Aquel que se sienta más seguro de sí mismo necesitará depender menos de los demás para conocerse y saber hasta dónde puede llegar. Decir *no* cuando uno no quiere hacer algo porque lo considera dañino, por ejemplo tirar una piedra a otro niño, es una habilidad fundamental para no ceder ante las demandas de los demás. Necesitar de la aprobación de los otros para sentirse miembro de un grupo es característico de quienes ceden sus derechos constantemente ante las demandas ajenas.

Aparte de enseñar al niño a decir que no, es importante:

- Establecer una adecuada relación y comunicación con nuestro hijo. Dedicar un tiempo diario a hablar con él, contarle de nuestro día a día, de cómo nos sentimos, escuchar cómo está él. Si sabemos que ha tenido alguna dificultad con algún amigo, podemos contarle alguna situación parecida que nos haya ocurrido a nosotros y cómo la hemos solucionado. Seamos padres, no amigos; el niño puede tener muchos amigos y compañeros, pero solo dos padres.
- Ayudarlo a fortalecer su autoestima, por ejemplo, premiar sus conductas adecuadas y evitar utilizar la crítica como forma de cambio.
- No criticar a sus amistades, pero sí aludir a los cambios observados en su comportamiento cuando ha jugado con alguno de esos niños que le fomentan conductas inadecuadas: «He observado que cuando vienes de casa de Pablo dices muchas palabrotas».

- Provocar consecuencias a su comportamiento cuando sea necesario: si nuestro hijo sabe que no puede salir del parque mientras está jugando y lo hace, nos volvemos a casa.
- Enseñarle a reparar el daño que ha causado su comportamiento. Si ha tirado piedras a un compañero, puede ir a su casa o llamarle por teléfono para pedirle perdón.
- Es importante reforzarlo cuando ha tomado su propia decisión, diferente a la del resto del grupo, por ejemplo, si sus amigos se han ido con las bicicletas fuera del recinto permitido y él ha vuelto a casa.

Hay algunas técnicas que podemos enseñar a nuestro hijo con el fin de ayudarle a defender sus derechos y a ser más asertivo:

Disco rayado. Se utiliza cuando queremos rechazar peticiones poco razonables. El procedimiento consiste en repetir continuamente lo que queremos expresar. Sin prestar atención a nada más, de forma serena y tranquila, sin enfadarnos, sin elevar el tono de voz o irritarnos. Por ejemplo, decir repetidamente: «No voy a ir porque no me lo permiten», aunque los demás insistan: «Eres un cobardica», «Vamos, vente, no se van a enterar tus padres»...

Banco de niebla. Se puede utilizar ante críticas manipuladoras y para interrumpir regañinas crónicas. El procedimiento consiste en explicar lo que dice el otro añadiendo después, «pero lo siento, no puedo hacer eso». Por ejemplo: «Ya, ya sé que no se van a enterar mis padres, pero lo siento, no puedo hacer eso».

Desarmar la ira. Consiste en ignorar el contenido del mensaje para centrarnos en que el otro está enfadado: «Veo que te estás enfadando conmigo si no voy».

El recorte. Se emplea cuando estamos siendo atacados. Consiste en contestar sí o no con una mínima información, esperando que la otra persona arregle el asunto. Por ejemplo, si dicen: «Es que nunca vienes con nosotros cuando salimos del parque con la bici», contestar: «Sí, es cierto».

Ignorar selectivamente. Hay que atender solo las expresiones que no son culpabilizadoras, destructivas u ofensivas, ignorando los demás contenidos: «Eres un cobarde, nunca te vienes con nosotros cuando salimos del parque», «Sí, tenéis razón», sin prestar atención a «cobarde».

5.4. Saludar a los demás

«Di hola», «Saluda a la tía», estas pueden ser frases en habituales en la relación con nuestro hijo. Algunas veces los niños no saludan a los demás cuando los ven por la calle o vienen a casa a visitarnos. Puede que esta actitud no les guste nada a los padres y que procuren por todos los medios ponerle fin. En ocasiones lo intentan con frases como: «¿Por qué no saludas a la tía?», «¡Qué mal te has portado», «Tienes que saludar»... pero la mayoría de veces son poco efectivas.

Saludar es una habilidad social que los niños aprenden. Podemos enseñársela. En primer lugar hay que explicarles qué es saludar y por qué es importante hacerlo. Para ello emplearemos los siguientes argumentos:

- Los saludos son palabras o gestos que empleamos cuando nos acercamos o nos despedimos de una o más personas. Los saludos son cortos y sencillos.
- Hay algunas palabras y gestos que se emplean al saludar, como pueden ser: *hola, buenos días, buenas tardes, buenas noches, hasta mañana, adiós,*

o los diferentes gestos que hacemos con la mano para saludar.

- Es importante saludar cuando: llegamos a un sitio, salimos de un lugar para marcharnos y también cuando nos acercamos para conocer a una persona o empezar una conversación. Asimismo, cuando alguien nos saluda, espera que le correspondemos.

- Podemos saludar a distintas personas a lo largo del día. Pero nosotros no vamos por la calle saludando a todo el mundo, solo a la gente que conocemos: saludamos a nuestros papás, amigos, familiares, vecinos, profesores, compañeros de clase, etcétera.

VENTAJAS DE SALUDAR A LOS DEMÁS

- Probablemente también nos saludarán a nosotros.
- Las otras personas reconocerán que estamos ahí.
- Nos sirve para iniciar una conversación.
- Demuestra que se es educado.

DESVENTAJAS DE NO SALUDAR

- Probablemente no nos saludarán.
- No es educado.
- La otra persona puede pensar que estamos enfadados con ella.
- Nos resultará más difícil iniciar una conversación.

- Es importante que él nos vea saludar a los demás y, sobre todo, que perciba que nos sentimos muy bien y contentos cuando los demás nos saludan: «Hoy estoy muy contento, me he cruzado con una conocida que hace mucho tiempo que no veía y me ha saludado», «Qué contento que me pongo cuando me saludan».

- No le presionemos con frases o etiquetas como: «Saluda, no seas tímido», en su lugar podemos utilizar: «Te acaba de conocer y necesita su tiempo para saludarte».

- Practiquemos en casa cómo saludar. Primero jugamos con unos muñecos que se acaban de conocer. Después podemos jugar a que cada vez que nos encontremos por casa nos saludamos y ponemos una pegatina en una cartulina por lo bien que lo hemos hecho. Luego, antes de poner la pegatina, tenemos que saludar a todos los vecinos que nos encontremos por la escalera, y así sucesivamente.

- Hay que alabar al niño y decirle lo bien que lo ha hecho cada vez que salude.

5.5. Los monstruos y los ratones

Hemos hablado de asertividad como la capacidad de expresar en todo momento lo que sentimos y lo que pensamos. Hablábamos de un continuo en el que en un extremo estaban los que actúan de forma más agresiva, quieren tener siempre razón, se enfadan con los demás si no hacen lo que ellos quieren, insultan... Son los llamados «monstruos». En el extremo contrario están los niños pasivos, a los que les es difícil hacer amigos, les cuesta saludar, no hacen cumplidos ni piden favores... Son los «ratones».

En el caso de que nuestro hijo sea un poco ratón o un poco monstruo tenemos que ayudarle, primero, a reconocerse como tal. Hay que explicarle lo que es un niño ratón y lo que es un niño monstruo, eso le ayuda a clasificar el comportamiento de sus amigos, familiares, hermanos... en estas dos categorías. «¿Quién de tus amigos es un monstruo?, ¿y quién un ratón?».

Una vez identificado, le podemos ayudar a cambiar enseñándole, tal y como hemos descrito en el apartado 4 de este capítulo, las habilidades necesarias para ser un niño asertivo. Los juegos en los que se simulan situaciones de la vida real, en los cuales el niño tiene que relacionarse con los demás iniciando conversaciones, saludando, compartiendo, haciendo cumplidos, son una buena estrategia para enseñarle habilidades sociales.

Hay casos en los que es necesaria la intervención de profesionales adecuados para ayudarle a tener relaciones sociales exitosas. Los grupos en los que se enseñan habilidades sociales pueden ser una buena solución si el pequeño se resiste o se estanca en el aprendizaje.

6. Casos prácticos

6.1. Rosa y los amigos

Rosa, con 2 años y medio, tenía que empezar a ir a la escuela infantil. Sus padres habían hecho verdaderos esfuerzos para evitar dejarla sola, no salían si no era con ella, ni hablar de dejarla en casa de los abuelos, y se alternaban para tomar vacaciones y no dejarla al cuidado de un empleado del hogar. En resumen, desde que nació Rosa nunca se había relacionado con otros sin que sus padres estuvieran con ella.

Dejar a la niña en la escuela infantil fue todo un drama familiar. La madre de Rosa cuenta que no pudo evitar echarse a llorar cuando su hija se le agarraba a la pierna y le gritaba entre sollozos: «¡No te vayas!».

Pasado un tiempo prudencial, la niña seguía montando los mismos numeritos todas la mañanas, que comenzaban con tremendas rabietas a la hora de salir de casa. No era infrecuente que acabara vomitando del disgusto, con lo que sus padres, pensando que estaba enferma, la dejaban en casa.

A Rosa le daba miedo hacer amigos y estar en contextos que supusieran relacionarse con los iguales. No había aprendido habilidades sociales que la ayudaran a enfrentar este tipo de situaciones, puesto que el entorno familiar no le había proporcionado experiencias para desarrollarlas.

Establecimos un plan de trabajo con el objetivo de aumentar las situaciones con personas a las que Rosa tuviera que enfrentarse sin sus padres, así:

1. Rosa iría a la escuela infantil todos los días. Solo si bajo criterio médico estaba enferma, se quedaría en casa, y en cuanto se encontrara mejor, volvería a asistir a clase. Por la noche, prepararía su ropa y enseres para el colegio y, de camino, irían cantando su canción favorita. Si al llegar a la puerta de la escuela infantil había estado tranquila, recibiría su chuchería preferida junto con un beso de mamá. Si llegaba llorando, simplemente se despedirían.

2. Tras recogerla del colegio, irían al parque más cercano, donde los padres, bajo ningún concepto, se pondrían a jugar con ella sola, aunque sí en grupo, una vez que preguntaran delante de Rosa si podía jugar con ellos y sus nombres. Una vez que comenzara el juego, animarían a Rosa a participar, pero

ra al juego, le alabarían su actitud, se retirarían y dejarían a Rosa jugando con el grupo.

3. Al menos dos veces al mes la niña pasaría la mañana o la tarde en casa de sus abuelos, mientras sus padres hacían otra cosa. Se despedirían de ella contándole que volverían más tarde, sin atender a lloros ni peticiones.

4. Al menos una vez cada quince días, los padres de Rosa invitarían a un par de niños a casa y les dejarían jugando en la habitación de Rosa sin intervenir más que lo estrictamente necesario.

5. Cada vez que Rosa volvía de casa de los abuelos tranquila, jugaba con los amigos en el parque o pasaba la tarde con otros niños, sus padres la premiaban con un rato de juego exclusivo.

Como es natural, al principio Rosa intentó aferrarse a los privilegios que había conseguido con su actitud, principalmente el de estar atendida en todo momento por sus padres. Pero poco a poco fue desarrollando aquellas habilidades que no había aprendido de pequeña —pedir algo, unirse al juego, resolver sus asuntos sin esperar a que lo hicieran los padres —y que le impedían relacionarse con los iguales—.

6.2. No te lo dejo

Es la frase que repetía constantemente Rafa. «Si viene algún amigo o familiar a casa, ya tenemos el circo montado: "Es que me ha cogido mis cosas, es que lo va a romper, es que no se lo quiero dejar, es que es un bruto, es que me insulta...", y así toda la tarde. Si vamos al parque es peor, no tiene manos para sujetar tanto juguete y evitar que los niños se los quiten. Claro, los demás ya dejan de jugar con él y acaba en un rincón solo, eso sí, con todos sus juguetes». Así se expresaba la madre de Rafa, quien, a sus 6 años ya tendría que saber prestar sus cosas y encontrar satisfactorio compartir juegos con los otros niños, pero no parece que haya desarrollado esta capacidad.

Empezamos enseñando a los padres a establecer un diálogo con su hijo. Ellos le explicarían las razones de por qué compartir tenía ventajas y permitirían que el niño expresara qué provecho sacaba de usar los juguetes él solo. Con todos los argumentos elaboraron un listado. A un lado titularon: «Ventajas de compartir mis cosas», y al otro: «Razones por las que no comparto mis cosas», y lo colgaron en la nevera. Los padres de Rafa quedaron muy sorprendidos ante motivos como: «Yo las cuido mejor, seguro que alguien me las estropea o me las roba». Hasta el momento no habían atendido las razones de su hijo para no compartir, pero lo que les dejó boquiabiertos fue: «Yo tengo mis cosas y nadie las toca, igual que hacen papá y mamá con las suyas».

El segundo paso fue empezar a hacer juntos en casa tareas en las que cada uno tuviera que aportar alguna de sus pertenencias. Por ejemplo: jugar a la oca con el tablero de Rafa, bañarse con el gel preferido de mamá, usar la colección de coches de papá para jugar a los talleres... Cada situación que requería que Rafa prestara algo se le reforzaba con alabanzas referidas a las ventajas de compartir: «Me encanta que nos hayas dejado la oca, así lo hemos pasado fenomenal jugando todos juntos esta tarde». Y si el pequeño estaba de acuerdo, lo apuntaba en el apartado de «Ventajas de compartir mis cosas».

El tercer paso tendría que incluirse en los préstamos a los iguales. Los padres de Rafa prepararon una merienda a la que asistiría un amigo y llevaron a cabo el siguiente proceso:

— Lo ayudaron a pensar a qué podéis jugar juntos y qué juguetes compartirían.

— Le preguntaron tres cosas que no le prestaría bajo ningún concepto y las guardaron.

— Cuando llegó el amigo de Rafa, le explicaron las normas: siempre que se pusieran de acuerdo en el juguete y juego que llevarían a cabo juntos, se lo pasarían muy bien; si algún juguete era motivo de pelea, lo retirarían hasta que negociaran cómo solucionarlo, y cuando les comunicaran lo acordado, se lo devolverían.

El padre de Rafa se puso a jugar con los niños y, pasado un tiempo prudencial, los dejó solos. Hubo que retirar durante algún tiempo algún juguete, pero sobre todo llovieron alabanzas por lo bien que se lo estaban pasando gracias a que los compartían.

El cuarto paso era probar a hacer lo mismo aumentando el número de niños y en un ambiente fuera de casa; se eligió el parque. El proceso fue el mismo que en el paso anterior, con la única diferencia de que Rafa elegiría los juguetes que quería compartir en el parque con los amigos y si había alguno que no quisiera prestar, simplemente lo dejaría en casa. Las normas serían las mismas e insistimos en que sus padres reforzaran tanto la actitud de Rafa como las ventajas que tiene jugar y disfrutar con los demás.

Hubo que retirar juguetes en algunos momentos, pero los ratos de juego en común fueron en aumento y los monumentales enfados de Rafa por tener que prestar sus cosas disminuyeron.

7. Qué se ha conseguido

No se entiende la vida sin relacionarse con los otros y de la calidad de estas relaciones dependerá en gran medida la sensación de felicidad de nuestro hijo.

Todos los días tenemos contactos con otras personas, bien sea la familia, los compañeros de trabajo, conocidos como el portero o el panadero, los vecinos a los que saludamos, los amigos con los que pasamos nuestro tiempo de ocio. Imaginemos que salimos del portal sin dar los buenos días, que tenemos que decirle que no a un amigo íntimo que nos pide dinero o que queremos decirle a nuestro jefe que nos aumente el sueldo. Estas situaciones requieren de habilidades sociales para conseguir nuestro objetivo sin que resulte dañada la relación con el otro, sin utilizar métodos coercitivos o agresivos y sin renunciar a nuestros derechos.

A relacionarse con los demás se aprende y es en la infancia cuando se sientan las bases para hacerlo de forma adecuada. El niño que en casa se levanta dando los buenos días y escucha lo mismo de sus padres, saluda y se alegra de ver a sus compañeros de clase, manifiesta lo que le gusta o lo que le enfada, dice que no cuando quiere decirlo, atiende las críticas a su comportamiento e inicia conversaciones, será un adulto capaz de comunicar lo que quiere a quien quiere y cuando quiere.

Un niño deficiente en habilidades sociales será, con toda probabilidad, un adulto sin capacidad de relacionarse adecuadamente, agresivo en algunos casos o sumiso en otros, con las peligrosas consecuencias que esto tiene en etapas como la adolescencia, donde el contacto con los iguales es prioritario.

Un niño habilidoso será un niño asertivo con una autoestima adecuada, capaz de verse a sí mismo y a los demás como fuente de satisfacciones y no como algo amenazador de lo que hay que defenderse.

Adquirir habilidades sociales lleva implícito defender los derechos propios intentando que el daño para el otro sea el menor posible. No aprender a hacerlo implica consecuencias emocionales del tipo: «Todo el mundo me toma el pelo», «No me puedo fiar de nadie», «Nadie valora lo que valgo»... O todo lo contrario, supone no tener ningún respeto por el otro y buscar siempre el beneficio propio sin tener en cuenta el daño que nuestro comportamiento causa en los demás. Estas actitudes provocan rechazo por parte de los que nos rodean.

Cuando dotamos a nuestro hijo de las capacidades necesarias para relacionarse adecuadamente, ya sea mediante el ejemplo o con experiencias donde ponga en práctica lo aprendido, lo ayudamos a crecer en un entorno donde los demás y las situaciones que se presenten son fuente de satisfacción y no de conflicto. Como consecuencia, las relaciones que establece le permitirán sentirse más feliz.

Capítulo XVI

El hábito del estudio

El tiempo que dedicamos a estudiar es mucho, y lo hacemos porque nos sabemos seres incompletos, necesitados de aprender lo que nos falta y de ampliar conocimientos.

El colegio es el lugar donde el niño sistematiza la adquisición de conocimientos que asimila a través del hábito de estudio. La repetición de esta actividad en el mismo sitio, a la misma hora y de la misma manera no siempre garantiza que se produzca el aprendizaje. Es preciso, además, enseñar al niño un método eficaz que, aplicado sistemáticamente, le lleve a rentabilizar su tiempo en la ejecución de las tareas y a desarrollar su capacidad de concentración y motivación.

El aprendizaje de técnicas de estudio y una actitud de los padres que estimule el gusto por aprender aumentan las posibilidades de éxito en su recorrido académico.

Existen algunos factores que favorecen el bajo rendimiento y que, en muchos casos, conducen al fracaso escolar o la fobia al colegio. Entre las causas más comunes destacan la falta de hábitos y las normas incoherentes; también los ambientes familiares que acosan y están permanentemente encima del pequeño para que estudie, sin permitir que sea él quien se haga responsable de sus tareas.

En este capítulo describimos estrategias que, si bien no podrán aplicarse hasta después de los 7 u 8 años, pueden resultarte útiles antes de ese momento para facilitar que funcionen sin grandes dificultades llegado el momento. Esperamos que la lectura te ayude a entender la importancia que han tenido el aprendizaje de otros hábitos, de mantenimiento de límites, la estimulación, las consecuencias, la autoestima y todo aquello en lo que has invertido tiempo y cariño.

1. ¿QUÉ ES EL HÁBITO DE ESTUDIO?

Consiste en la repetición del acto de estudiar, realizado en un mismo lugar, a la misma hora y de la misma manera. El hábito de estudio es un paso imprescindible para desarrollar con éxito la capacidad de aprendizaje en el niño.

Aunque este hábito empieza a establecerse hacia los 7 u 8 años, depende de otros que han de fijarse antes, de la coherencia en las normas y límites que rijan en la familia, de los refuerzos, de la educación, de la autoestima y del tiempo dedicados a nuestro hijo...

Los niños que desarrollen el hábito de estudio estarán menos expuestos a problemas de tipo académico, como el fracaso escolar.

Un hábito es un conjunto de actos complejos que, al repetirse sistemáticamente, se interiorizan y pasan a ejecutarse en forma precisa y automática. Los hábitos crean disposiciones para actuar y, al exigir menos esfuerzo, facilitan la realización de las tareas.

Es más fácil incorporar un nuevo hábito que modificar uno ya establecido, por tanto, desde el primer momento tenemos que ayudar al niño a adquirir un hábito de estudio correcto; de este modo ponemos en marcha un factor importante del proceso académico.

Recordemos que para que se establezca correctamente un hábito —ya lo explicamos al referirnos a la alimentación o al sueño— tiene que realizarse:

En el mismo lugar

Es importante fijar desde el principio un sitio adecuado en el que el niño lleve a cabo sus tareas, con pocos estímulos que lo distraigan (alejado de la tele, el teléfono, la cocina...).

En el mismo momento

Elaborar un horario teniendo en cuenta las necesidades del niño, y velar por su cumplimiento, de tal forma que haya un momento diario establecido para la realización de las tareas escolares que él conozca e identifique fácilmente.

De la misma manera

A medida que las necesidades del pequeño lo requieran, habrá que establecer un método adecuado para el estudio.

— Es un proceso consciente que requiere tiempo y esfuerzo.

— Se trata de una actividad individual.

— Implica atender a un contenido, esto es, seleccionar algo con el fin de procesarlo.

— Hace necesario el uso de unas estrategias adecuadas a las diferentes tareas, es decir, unas técnicas para el estudio.

— Requiere de la memoria, una capacidad fundamental para el aprendizaje.

— Es un proceso orientado hacia metas, lo cual quiere decir que cuando estudiamos lo hacemos en función de unos objetivos que pretendemos alcanzar. La motivación que el niño tenga se verá reflejada en las diferentes metas que pueda establecer.

Por lo tanto, el concepto de hábito de estudio es mucho más complejo de lo que a simple vista parece, y lleva implícitos procesos y factores fundamentales para su desarrollo, como la atención, la motivación y la memoria.

1.2. LA ATENCIÓN/CONCENTRACIÓN

Es el proceso mediante el cual seleccionamos determinada información de entre toda la disponible en el entorno con el fin de procesarla. Es fundamental para cualquier aprendizaje: si no focalizamos nuestra atención en un determinado estímulo, difícil será que lo recordemos y, por tanto, que lo aprendamos.

Es prácticamente imposible estar pendiente de todo lo que sucede a nuestro alrededor. Por ejemplo, mientras estamos leyendo este texto, seguramente ocurran cosas a nuestro lado, tal vez esté la televisión puesta, tengamos papeles encima de la mesa, haya alguien hablando cerca de nosotros..., pero sin embargo lo ignoramos, ya que hemos decidido centrarnos en esta lectura, a no ser que ocurra algo que, inevitablemente, nos distraiga.

La atención se va desarrollando poco a poco, a medida que el niño y sus estructuras mentales van madurando. La actitud de los padres y profesores es fundamental.

Hay dos tipos de atención: la involuntaria y la voluntaria. La primera es la que dirigimos hacia algo sin proponérnoslo, y depende de las características del objeto, persona o situación; así, por ejemplo, volvemos la cabeza para atender al oír un golpe fuerte. La atención voluntaria responde a un interés por centrarnos en el objeto que voluntariamente hemos elegido, por ejemplo, este texto.

Aparte de caracterizar la atención como un proceso voluntario o involuntario, podemos hacer referencia a diferentes tipos:

- *Atención selectiva o focalizada.* Se refiere a la capacidad para centrarnos en unos estímulos concretos ignorando otros; por ejemplo, es el tipo de atención que utiliza un niño cuando atiende a las explicaciones del profesor mientras un grupo de compañeros está divirtiéndose en el patio. Los estímulos que nos desvían de conseguir el objetivo principal se denominan *estímulos distractores*.
- *Atención dividida.* Hay situaciones que exigen procesar diferentes informaciones procedentes de estímulos distintos; en este supuesto la atención ha de dividirse o distribuirse entre las diferentes demandas. Es el caso de un alumno que, en clase, ha de atender a las explicaciones del profesor a la vez que toma apuntes o subraya en el libro.

- *Atención sostenida o mantenida.* Hace referencia a la capacidad de mantener la atención durante periodos de tiempo relativamente largos, pero no de forma constante, sino con fluctuaciones. Un ejemplo es la actividad diaria de los niños en el colegio, que exige un nivel de atención a lo largo de las distintas clases.

Existen diferentes factores que hacen que centremos nuestra atención en determinados estímulos o en otros. Podemos agruparlos en *externos*, que son los que dependen del estímulo, e *internos*, que dependen de las características personales.

Con los factores externos ocurre que:

- Cuanto más intenso sea el estímulo, más capacidad tiene para captar nuestra atención; por ejemplo, en los bebés se observa su preferencia por objetos de colores vivos.
- Cuanto más novedoso sea el objeto que se presenta, mayor capacidad tendrá para captar nuestra atención. Lo nuevo es más atractivo para el niño que lo cotidiano; esto es importante tenerlo presente en la tarea educativa.
- Los niños muestran atracción por formas organizadas más que por formas desorganizadas. Así, tienden a rechazar la información que no comprenden o que consideran poco relevante. Es decir, cuanto más significativa sea la información para el pequeño, mayor será su atención.
- Los objetos en movimiento tienen mayor capacidad para captar la atención de los niños que los estáticos.

- La posición de los objetos también determina la capacidad de centrar la atención; por ejemplo, se sabe que los elementos colocados en un mural en la zona superior izquierda captan mejor nuestro interés. En los niños menores de 6 años se observa que su atención se dirige fundamentalmente hacia los rostros humanos y en especial hacia los ojos.

Los factores internos que intervienen en la atención son:

- Las necesidades fisiológicas del niño, como el hambre, el sueño, el cansancio..., son determinantes a la hora de prestar atención sobre otros estímulos ambientales.
- Las características de desarrollo o maduración determinan el grado de atención del niño. Cuanto más pequeño es, menos atención presta, y al ser más vulnerable a los factores ambientales, cambia el objeto de atención con mayor facilidad.
- Los intereses o motivaciones del pequeño son fundamentales a la hora de decidir atender, por eso suele prestar mayor atención a las actividades elegidas libremente. También, la presencia de un adulto que le anime y le refuerce le ayuda a mantener la atención.
- Los niños prestan más atención a las actividades planteadas a modo de juego que a las no lúdicas.
- La adquisición del lenguaje es un punto fundamental a la hora de que el niño centre su atención, ya que el lenguaje permite guiar un plan de acción. En un principio, será el adulto, por medio de una instrucción verbal sencilla, quien guíe la atención del niño, pero a partir del tercer año de edad, será su

propio lenguaje lo que le ayudará a centrarse en las diferentes tareas.

Los problemas de atención

Una de las quejas más frecuentes de los padres es que su hijo se distrae fácilmente al realizar las tareas escolares o al preparar los exámenes. Aunque en muchos casos se tiende a pensar que se trata de una patología mayor, no suele ser así. El déficit de atención asociado al trastorno hiperactivo (trastorno de hiperactividad con déficit de atención) solo está presente en un número reducido de casos.

Según la Asociación Estadounidense de Psiquiatría, las personas con este déficit se caracterizan por:

- No prestar suficiente atención a los detalles, por lo que incurren en errores en las tareas escolares o laborales.
- Presentar dificultades en mantener la atención en tareas y actividades lúdicas.
- Dar la impresión de no escuchar cuando se le habla directamente.
- No seguir instrucciones y no finalizar tareas y obligaciones.
- Mostrar dificultades en organizar tareas y actividades.
- Evitar actividades que requieran de un esfuerzo mental sostenido.
- Extraviar objetos necesarios para tareas o actividades.
- Ser susceptibles de distracción por estímulos irrelevantes.
- Manifestar descuido en las actividades diarias.

Las diferentes alteraciones de la atención pueden deberse a factores relacionados con la maduración o el desarrollo de las capacidades cognitivas y no constituir patología alguna. Los niños se distraen con facilidad, fundamentalmente por:

- Fatiga.
- Indiferencia; es decir, el niño no muestra interés por los estímulos que le rodean o tiene escasa motivación por ellos.
- Curiosidad excesiva, que hace que el pequeño preste atención a todo aquello que le rodea, haciendo, por tanto, que la atención se vuelva dispersa.
- Monotonía de la actividad que propicia el aburrimiento.
- Exceso de factores externos de distracción: ruidos, televisión...
- Escasa capacidad de autocontrol.
- Sueño.
- Hambre.
- Déficits sensoriales, sobre todo visuales y auditivos.

1.3. LA MEMORIA

Aunque antiguamente se creía que la memoria era un simple almacén de los recuerdos, hoy en día se la considera más como una función cognitiva activa que se encarga de organizar la información recibida para su posterior utilización.

La memoria está muy ligada a la atención y también a la percepción. De forma simple, podríamos decir que la atención selecciona la información, la percepción la elabora y la memoria la almacena y la recupera posteriormente.

La memoria es una capacidad fundamental para el aprendizaje, ya que contiene la fijación de la información, su retención, reconocimiento y recuerdo.

La memorización es una práctica habitual de los estudiantes. Leer un texto un sinfín de veces puede ayudar posteriormente a su evocación, pero ¿de verdad se aprende con esta práctica? ¿Cuántas veces hemos oído que solo se aprende lo que se entiende? La memoria implica mucho más que poder evocar un texto de forma perfecta: es el procesamiento de información procedente del pasado.

TIPOS DE MEMORIA

No podemos prestar atención a todo aquello que ocurre a nuestro alrededor, ya que los estímulos son muy diversos y se suceden sin interrupción. El primer paso para poder memorizar un estímulo es que sea consciente, es decir, que se le preste la suficiente atención. En función de la necesidad consciente de atender a un estímulo o de su repetición se guardará en alguno de los almacenes que posee la memoria. Por ejemplo, si queremos recordar un número de teléfono durante un momento, se registrará en un lugar donde solo esté disponible unos instantes; mientras que si queremos memorizarlo para más tiempo, pasará a un almacén más duradero.

Existen, por tanto, diferentes tipos de memoria:
- *Memoria sensorial.* Se refiere a la información que recibimos a través de los sentidos. Es una memoria que dura muy poco tiempo.
- *Memoria a corto plazo.* Se pone en funcionamiento cuando prestamos atención a la información de nuestra memoria sensorial, es decir, cuando somos conscientes de ella. Es la información activa, por ejemplo, sobre lo que estamos leyendo en esta página o una conversación con un amigo. La memoria a corto plazo puede durar más tiempo que la me-

moria sensorial (unos treinta segundos, aproximadamente), pero su capacidad es también muy limitada: nos permite almacenar un número de teléfono
mientras hablamos con un amigo, pero solo para
marcarlo inmediatamente después.

- *Memoria a largo plazo.* Es un almacenamiento con
capacidad ilimitada, donde tiene cabida todo aquello que queramos guardar más tiempo. Mediante la
organización de los datos y su repetición logramos
que se fije la información. Es el tipo de memoria que
deben poner en práctica los estudiantes a la hora de
preparar un examen.

La capacidad de memoria a largo plazo aumenta con
la edad, fundamentalmente por las habilidades que se utilizan para manejar la información de que se dispone. Algunas estrategias que determinan que la información se al-
macene en la memoria a largo plazo son: la repetición, la
concentración, el orden, la lógica y, sobre todo, el interés
por esos contenidos que queremos memorizar. Se recuerda
mejor aquello que antes hemos clasificado y entendido.

Las *reglas nemotécnicas* son trucos que permiten asociar la información a recordar con diferentes aspectos personales, historias, creación de palabras... Por tanto, son también
una forma de organizar la información para facilitar su recuerdo. Veamos un ejemplo: a simple vista resulta prácticamente
imposible recordar todos estos números, que bien podrían
pertenecer a una cuenta bancaria: 00775790609017301900.
Pero podemos facilitar su recuerdo si organizamos la información de la siguiente manera: «El agente 007 llegó en
un boeing 757, procedente de Alaska, en él viajaba una
azafata rubia, cuyas medidas eran 90 60 90. La llegada
del avión estaba prevista a las 17.30, pero se retraso hasta
las 19.00».

Una vez que tenemos la información en nuestra memoria, lo importante es poder recuperarla; hay dos formas:

- Reconocer la información retenida anteriormente. Esta memoria aparece desde los primeros meses de vida del niño. Se ha demostrado que un bebé de 4 a 6 meses puede ver una fotografía de una cara durante solo un par de minutos y dar signos de reconocerla incluso hasta dos semanas más tarde.
- Evocar la información almacenada. Para ello se exige una capacidad de representación mental o de organización a la hora de almacenarla. El recuerdo de la información en este caso es un proceso más complejo, que exige un deseo consciente. Esta memoria aparece de forma progresiva a partir de los 2 o 3 años.

Es más fácil recordar la información cuando tiene una estructura lógica y ordenada. La capacidad de evocación depende de la edad del niño; así, a los 3 años, el recuerdo puede ser escaso o desordenado, mientras que hacia los 4 o 5 años ya es capaz de recordar la información según el orden establecido. Las historias también se recuerdan mejor si la narración va apoyada con material visual: contar un cuento viendo unas ilustraciones aumenta la probabilidad de su recuerdo.

Sin embargo hay momentos en los que la memoria falla y el recuerdo de una información almacenada en el pasado no es posible. Algunos de los factores que influyen en el olvido son:

- La información a la que queremos acceder esta en desuso. Es difícil que nos acordemos de toda la información que estudiamos para un examen de hace dos años, seguramente recordemos aquello más relevante, obviando los detalles. Si es una información que no hemos necesitado desde entonces, es probable que hayamos olvidado la mayoría.

- La forma en que se almacena la información determina la posible recuperación posterior. La información almacenada de forma lógica y coherente, por ejemplo utilizando reglas nemotécnicas, es más duradera.

1.4. LAS TÉCNICAS DE ESTUDIO

El método que se utilice a la hora de estudiar tiene una importancia decisiva. Es difícil que asimilemos las materias que se imponen, a no ser que busquemos un buen método que facilite su comprensión, asimilación y puesta en práctica.

El orden a la hora de estudiar es fundamental para adquirir los conocimientos de forma firme y lógica, ya que, la desorganización de la información facilita su olvido. Las técnicas de estudio son unas herramientas que nos permiten hacer el trabajo de forma más rápida y eficaz. No se trata de un conjunto de recetas mágicas, sino más bien de unas estrategias que facilitan el estudio y hacen que se convierta en un proceso más dinámico que el hecho de repetir mecánicamente la lección.

Las técnicas de estudio son fundamentales para adquirir un buen hábito, ya que dotan de orden y forma a la información que se pretende aprender y evitan el temido olvido.

Mediante las primeras experiencias con las tareas escolares, el niño va creando un método de estudio personal que va a influir en el desarrollo de su forma de estudio.

Las variables que influyen en el fracaso escolar son múltiples, aunque una de las principales es no saber estudiar. Cuando se sabe estudiar, se aprende más y mejor. Aprender más es aprovechar el tiempo dedicado al trabajo personal; aprender mejor supone lograr un aprendizaje de mayor calidad. Si se aprende más y mejor, el estudio se convierte en una actividad más gratificante y quizá más divertida, ya que el éxito en los estudios es uno de los principales factores de motivación escolar. El hábito de estudio, en suma, es la herramienta que permite al niño estudiar más y mejor, con todos los beneficios que ello supone.

1.5. Cuestionario de hábitos de estudio

Para evaluar de forma rápida los hábitos de estudio de nuestro hijo, podemos pedirle que rellene el siguiente cuestionario, válido para niños de más de 8 años. El pequeño debe rodear con un círculo la contestación que mejor indique lo que hace. Solo marcará «a veces» cuando no pueda decidirse entre el «sí» o el «no».

1. ¿Tienes un sitio fijo de tu casa reservado para estudiar?	Sí	No	A veces
2. ¿Está alejado de ruidos?	Sí	No	A veces
3. ¿Está libre de objetos que puedan distraerte?	Sí	No	A veces
4. ¿Tu mesa de estudio tiene suficiente espacio?	Sí	No	A veces
5. ¿Hay luz suficiente?	Sí	No	A veces
6. Cuando te pones a estudiar, ¿tienes a mano todo lo que vas a necesitar?	Sí	No	A veces

7. ¿Tienes un horario fijo de estudio, de descanso, etc.?	Sí	No	A veces
8. ¿Lo sueles cumplir?	Sí	No	A veces
9. ¿Estudias fuera del horario de clases al menos cinco días a la semana?	Sí	No	A veces
10. ¿Planificas el tiempo que piensas dedicar al estudio cada día?	Sí	No	A veces
11. ¿Distribuyes tu tiempo entre las distintas asignaturas, de acuerdo con su extensión y dificultad?	Sí	No	A veces
12. ¿Sueles terminar cada día lo que te propusiste estudiar?	Sí	No	A veces
13. ¿Incluyes periodos de descanso en tu plan de estudio?	Sí	No	A veces
14. ¿Lees todo el tema antes de estudiarlo?	Sí	No	A veces
15. ¿Encuentras fácilmente las ideas principales de lo que lees?	Sí	No	A veces
16. ¿Subrayas las ideas y datos importantes?	Sí	No	A veces
17. ¿Consultas el diccionario si no entiendes una palabra?	Sí	No	A veces
18. ¿Te formulas preguntas cuando estudias?	Sí	No	A veces
19. ¿Empleas algún procedimiento para memorizar?	Sí	No	A veces
20. ¿Repasas los temas una vez estudiados?	Sí	No	A veces

Resultados:

Hay que anotarse 1 punto por cada respuesta afirmativa; 0,5 puntos por cada vez que se haya marcado «a veces»; las respuestas negativas no tienen puntuación.

Si se obtienen menos de 11 puntos, los hábitos y técnicas de estudio son deficientes. Si el total es superior a 11 e inferior a 16, existen hábitos defectuosos que el niño puede y debe mejorar. Cuando la puntuación es superior a 16, en líneas generales, los hábitos de estudio son adecuados.

2. LA IMPORTANCIA DEL HÁBITO DE ESTUDIO

Un buen hábito genera mayores posibilidades de eficiencia y facilita el desempeño de las funciones relacionadas con el estudio, permite asimilar más conocimientos con menor esfuerzo y en menos tiempo.

El estudio ayuda al niño en su desarrollo cognitivo, en la solución de problemas, en el autocontrol, en la disciplina, en la perseverancia, así como en la consecución de objetivos y metas a corto y largo plazo. Además, cuando el pequeño aprende a ser eficaz en asimilar nuevos aprendizajes, se siente más seguro de sus capacidades.

Los padres facilitan el desarrollo de hábitos de estudio adecuados cuando proporcionan ciertas condiciones ambientales y educativas a sus hijos.

2.1. ¿POR QUÉ ES IMPORTANTE EL HÁBITO DE ESTUDIO?

📖 La adquisición del hábito de estudio, que empieza desde que el niño es pequeño con el aprendizaje de otros hábitos importantes, le ayuda a hacer del estudio una actividad diaria e ineludible.

📖 Mediante este hábito el niño adquiere un método a través del cual estudiará más con menos esfuerzo.

📖 Asimismo, se sentirá más seguro en relación con los estudios y confiado en sus capacidades para superar las diferentes pruebas académicas.

📖 El estudio es fundamental para el aprendizaje del niño, ya que le dota de los conocimientos necesarios para enfrentarse al día a día y a su futuro desempeño laboral.

📖 También ayuda al pequeño a desarrollar sus capacidades lingüísticas y cognitivas, como la atención, la memoria. Es igualmente importante para la maduración personal, social e intelectual.

📖 El hábito de estudio aumenta las posibilidades de conseguir un alto rendimiento escolar.

📖 Implica constancia y perseverancia, factores fundamentales para el éxito académico.

📖 El éxito académico, unido al social, es clave para conseguir el éxito laboral y personal.

📖 Los niños con buenos hábitos en el estudio serán más capaces de adaptarse y desempeñar con éxito las labores encomendadas posteriormente en sus puestos de trabajo.

¿PARA QUÉ SE ESTUDIA?

Esta pregunta se la plantean algunos escolares; y algunas de sus razones para no estudiar pueden ser: «es un rollo», «me aburro», «pierdo el tiempo». Tenemos que ayudar a los niños a desarrollar su motivación hacia los estudios. Han de comprender que las ventajas a corto plazo de estudiar son más bien escasas. Porque ellos solo le encuentran inconvenientes, como el aburrimiento que les provoca o el número de horas que podrían dedicar a jugar. Hay que hacerles ver que estudiar tiene muchos más beneficios que no hacerlo.

Lo fundamental es que el niño encuentre su motivación a los estudios, sea cual sea:

- «Resulta interesante».
- «Todo el mundo lo hace y yo no voy a ser menos».

- «Para contentar a mis padres».
- «Porque me gustaría trabajar de...».
- «Para desarrollar mi capacidad mental».
- «Porque me siento útil».
- «Para ganar más dinero».
- «Para sacar buenas notas».
- «Para que mis padres me compren lo que me prometieron».

2.2. LAS DIFICULTADES ESCOLARES

Entre las principales dificultades que pueden aparecen relacionadas con el hábito de estudio y la asistencia al colegio, destacamos, por su alta tasa de incidencia, el fracaso escolar y la fobia escolar.

El papel de la familia es muy importante para prestar apoyo en la realización de las tareas escolares, para conseguir la implicación del niño y para ayudarlo a superar los miedos. También la autoestima, la inteligencia emocional y el autoconcepto del pequeño son decisivos en el desarrollo del hábito de estudio.

FRACASO ESCOLAR

Se habla de fracaso escolar cuando un niño no es capaz de alcanzar el nivel de rendimiento medio esperado para su edad y grado pedagógico. Aunque es un concepto que se utiliza con relativa frecuencia, en los últimos tiempos existe el consenso de no usarlo, ya que puede transmitir la idea de que el alumno «fracasado» no ha progresado prácticamente nada durante sus años escolares. Además el término nos da una imagen negativa del niño, lo que afecta a su autoestima y a su confianza para mejorar en el futuro. También porque centra el problema del fracaso en el alumno y parece olvidar la responsabilidad de otros agentes e instituciones, como las condiciones sociales, la familia, el sistema educativo o la propia escuela.

En 2012, el 26 por ciento de los alumnos españoles abandonó el sistema educativo sin el título de Graduado en Educación Secundaria Obligatoria (ESO).

Lo más importante es saber qué causas son las que influyen en que el rendimiento de un alumno no sea el esperado para su edad o para su nivel. Algunos factores implicados son:

- La inteligencia. Solo el 2 por ciento de los casos de fracaso escolar se deben a factores relacionados con la inteligencia, tales como el retraso mental y la superdotación.
- Problemas orgánicos. Pueden influir diferentes enfermedades físicas, como las alteraciones en la visión, en la audición, enfermedades crónicas, genéticas...
- Edad y género. La edad crítica en la que se produce un mayor índice de fracaso escolar es en torno a los 12 años y se da con mayor frecuencia en los varones; las chicas parecen mostrar un mejor rendimiento académico.
- Trastorno de hiperactividad con déficit de atención. El fracaso escolar en niños con este trastorno está asociado a su impulsividad, hiperactividad y a su dificultad para centrar la atención en una tarea determinada.
- Problemas psicológicos como los miedos, la ansiedad o la depresión pueden influir en el fracaso escolar.
- La situación familiar puede influir. Discusiones frecuentes entre los progenitores, separación, muerte de un familiar, nacimiento de un hermano, etcétera.

- La actitud de los padres. La exigencia al niño de un rendimiento muy por encima de sus posibilidades genera en él una gran desmotivación hacia los estudios, porque se frustra al no poder alcanzar las metas impuestas por sus padres. Por otro lado las familias que basan la educación en la sobreprotección, fomentan la inseguridad y dificultan la realización de las tareas de forma autónoma, de tal manera que los niños no trabajan si no es con sus padres. Tan negativa como la sobreprotección es la indiferencia de los progenitores en relación con el rendimiento escolar de su hijo. El exceso de castigos o la escasez refuerzos positivos hacia las actividades académicas influyen también en la motivación que el niño tiene por sus estudios.

- La falta de hábito de estudio. La ausencia de rutina y perseverancia en el estudio y la falta de un método adecuado son causas principales del fracaso escolar.

- Las dificultades relacionadas con la escuela. El papel del maestro, la sobrecarga de trabajo, el acoso escolar, la competitividad... son otros factores que pueden afectar negativamente al rendimiento del alumno.

- Problemas de aprendizaje: como por ejemplo la dislexia, que es la incapacidad para establecer el mecanismo de la lectoescritura (o hacerlo con un retraso importante) en un niño con un nivel mental normal, en un aprendizaje adecuado y sin problemas emocionales graves. La dislexia puede provocar fracaso escolar si no es detectada y tratada a tiempo, ya que el aprendizaje está basado en una adecuada adquisición de la lectura y la escritura.

- Aparición tardía del lenguaje. Pueden aparecer dificultades motrices, por ejemplo, torpeza en los juegos, deportes...
- Lectura muy lenta, muy por debajo del nivel deseable para su edad.
- El niño tiene más de 7 años y no sabe leer o lo hace invirtiendo las palabras o confundiendo las letras.
- Escritura característica, como comerse letras al final o en medio de una palabra; invertir las sílabas trabadas, como *tra* por *tar*, *bra* por *bar*; rotar algunas letras o confundirlas: p y d, p y q, d y b, n y s, ll y ñ, r y l, etcétera.
- Confusión entre conceptos temporales: hoy y mañana, antes y después, los días de la semana, meses, las estaciones...
- Dificultad en la lateralización: el niño no distingue entre derecha e izquierda, le cuesta orientarse en la hoja de papel confundiendo arriba y abajo.

TIPOS DE FRACASO

En función de su origen, se pueden distinguir dos tipos de fracaso escolar:

— *Primario:* los problemas de rendimiento aparecen desde el principio de la vida escolar. Está asociado a factores madurativos o lesiones orgánicas que, o bien pueden solucionarse, o bien ser la base de un fracaso escolar duradero.

— *Secundario:* después de un periodo en el que el rendimiento escolar ha sido óptimo, aparecen problemas que causan dificultades de forma esporádica motivados por crisis concretas: la separación de los padres, la adolescencia...

Pese a la relativa frecuencia en la que aparece el fracaso escolar, es una dificultad que cuenta con buen pronóstico, siempre que se aborde a tiempo. Por lo tanto, la detección precoz y la intervención son fundamentales.

LA FOBIA ESCOLAR

Al hablar de fobia escolar no nos referimos al miedo al colegio como institución, sino más a alguna de las actividades que allí se practican. Es decir, que el alumno teme:

- El fracaso escolar: desde el miedo a suspender un examen hasta el miedo a repetir curso.
- El castigo, ya sea por parte de los compañeros (acoso escolar), de los profesores o de los padres.
- Que el profesor lo saque a la pizarra y no sepa responder, o bien que le pregunte y lo deje en ridículo delante del resto de compañeros. También a no saber contestar en un examen.
- Leer delante de los demás o hacer cualquier cosa en público, desde saltar a la comba hasta tocar la flauta.
- Que aparezca el miedo; es decir, cuando los síntomas de la ansiedad ya se han manifestado en alguna ocasión: el pequeño se niega a ir al colegio porque teme volver a tener miedo.
- La separación del niño de los padres. El simple hecho de tener que separarse de sus padres para ir al colegio puede provocarle temor, aunque el miedo a la separación no solo se limita al colegio, sino que afecta a todos los ámbitos de la vida del niño.

Al contrario que el fracaso escolar, más común en varones, la fobia escolar tiene más incidencia en las niñas. En general, el miedo aumenta a medida que los alumnos se hacen mayores. Así, es más frecuente encontrar este tipo de fobia en niños de alrededor de 11 años que en los más pequeños.

En la fobia escolar se produce en el niño un alto nivel de ansiedad que se manifiesta a través de los siguientes síntomas:

— *Conductuales*. El niño se queda en la cama, se niega a prepararse para acudir a la escuela, a subir al coche o a bajarse de él al llegar al colegio, caminar por la calle... Se queja respecto a la escuela, llora, patalea, puede herirse a sí mismo o salir corriendo cuando siente la presión de entrar en el centro. Hay casos en los que manifiesta deseos de ir a clase, pero cuando llega la hora de hacerlo, se siente incapaz de manejar la situación y se niega, invadido por un miedo irracional.

— *Físicos*. Pueden aparecer mareos, náuseas, sudoración, palidez, escalofríos, dolor abdominal, diarrea, molestias. En la mayoría de ocasiones los síntomas físicos son la razón que aduce el niño para no ir al colegio. Estos síntomas no son constantes, solo aparecen de lunes a viernes.

— *Cognitivos*. El niño manifiesta temor a todo lo relacionado con estar en el colegio, pero de forma poco clara. Atribuye su rechazo a los profesores o a los compañeros, sin argumentos contundentes. Lo llamativo es que el miedo desaparece cuando regresa del colegio y reaparece al día siguiente cuando tiene que volver a enfrentarse a la situación.

Causas

La fobia escolar puede deberse a varias causas:

- Problemas con los compañeros o acoso escolar.
- Cambio de colegio o ausencia prolongada por una enfermedad.
- Características personales: temor al fracaso, timidez, miedo social...
- Excesiva exigencia con las tareas escolares por parte de los padres.
- Experiencias previas en las que el niño haya sido castigado y ridiculizado delante de sus compañeros.
- Evitación de circunstancias negativas asociadas a la escuela, como los deberes o los madrugones, y obtención de algunas ventajas, como quedarse en casa con los padres.

Es importante diferenciar la fobia escolar del absentismo (hacer novillos). Aunque en ambos se produce una no asistencia a la escuela, en cada caso se debe a:

Fobia escolar	Hacer novillos
El niño sufre miedo intenso al ir al colegio y a situaciones relacionadas: que le pregunten la lección, salir a la pizarra...	Se aburre intensamente en clase, no trabaja.
Se niega a ir al colegio aduciendo diversos dolores.	No opone resistencia a la hora de ir al colegio.
Si vuelve a casa, no lo oculta a los padres, pero alega cualquier excusa.	Al escaparse del colegio no acude a casa, sino que se queda en el parque o la calle.
Buen rendimiento escolar previo a la aparición de la fobia.	Bajo rendimiento escolar.

Fobia escolar	Hacer novillos
Buen comportamiento del niño en clase.	Falta de disciplina, agresiones, desafío a la autoridad...
Puede estar relacionado con problemas de ansiedad / depresión.	Su actitud está más relacionada con conductas antisociales (gamberrismo...).

Tanto en el fracaso escolar como en la fobia el niño se ve incapacitado para asistir a clase. Dada su gravedad, si sospechamos que nuestro hijo se encuentra en una de estas dos situaciones, es conveniente recurrir a un profesional.

3. El desarrollo evolutivo del hábito de estudio

Durante la educación infantil, la tarea escolar es un mero recordatorio en casa del trabajo realizado en clase, pero ya constituye la base para la creación del hábito. Es el momento de empezar a establecer una rutina, un lugar fijo y un momento determinados.

Las tareas diarias empiezan con la educación primaria. A los 6 años, media hora dedicada al estudio en casa puede ser suficiente; este tiempo irá aumentando hasta llegar a una hora a los 11 años. A partir de los 10 años, los niños van adquiriendo la capacidad de trabajar sin supervisión adulta, tanto en el colegio como en casa.

En educación secundaria el tiempo de estudio en casa oscilará entre 1 hora y cuarto diaria a los 12 años y 2 horas, a los 15.

3.1. Desarrollo evolutivo de la atención

Las investigaciones sobre la atención concluyen que es un proceso que se desarrolla de forma gradual desde el nacimiento y que avanza a medida que maduran las diferentes estructuras cerebrales implicadas. Estas investigaciones también señalan la dificultad a la hora de describir el proceso mediante el cual se desarrollan los procesos de atención. No podemos hablar de momentos en los que se producen determinados cambios; lo que sí se sabe con certeza es que:

- El nivel de dificultad de la tarea es fundamental. Cuando se trata de algo muy sencillo, no hay diferencia en la atención entre los niños de 3 años y los de 7; en cambio, cuando la tarea aumenta de complejidad, existen variaciones significativas, siendo más complicado mantener la atención en los pequeños de 2 años que en los de 7.
- A los 2 años el niño es capaz de atender eficazmente a una tarea hasta 7 minutos, y a los 5 puede prestar atención durante un cuarto de hora seguido.
- Los niños menores de 5 años atienden más a determinados elementos de un objeto que al objeto en sí.
- Entre los 5 y los 7 años es más frecuente que se distraigan con estímulos que no tengan que ver con la tarea.
- Existe un mayor control de la atención a partir de los 6 o 7 años.
- A partir de los 7 años son capaces de saber que no siempre están atendiendo una tarea y pueden identificar algunas causas de su distracción.
- En torno a los 10-11 años se perfeccionan los mecanismos de atención.

3.2. DESARROLLO EVOLUTIVO DE LA MEMORIA

La memoria que posee el recién nacido se limita a reconocer olores, sonidos, objetos... que ve, pero aún no recordará algo que haya visto anteriormente. A medida que van pasando las semanas, que se establece una rutina diaria y ve cosas y personas que se repiten día a día, como su peluche, sus padres..., empieza a desarrollar la memoria a corto plazo.

- *A partir de los 6 meses.* El bebé recuerda, de forma clara, a las personas cercanas a él y algunas rutinas que se repiten día a día. También podrá reconocer que va a salir a la calle al ver a sus padres preparar su silla de paseo o sabrá que si toca un botón de su juguete, sonará una música.
- *A partir de los 12 meses.* Es capaz de recordar mucha más información, y puede demostrarlo explícitamente a través de palabras o de hechos. A esta edad reconoce ciertos lugares, como la casa de los abuelos o el parque.
- *A los 2 años.* Con la adquisición del lenguaje es mucho más fácil evaluar la capacidad de memoria del niño, ya que puede verbalizar sus recuerdos. Por ejemplo:
  — recuerda muchas palabras y cuenta con un vocabulario extenso (nombres de personas, objetos, colores, formas);
  — comienza a recordar y a utilizar frases que escucha decir a los demás;
  — recuerda algunos cuentos, sabe cómo se desarrolla la historia y, si nos saltamos una parte, nos lo advertirá rápidamente;
  — puede contar algo que le ha ocurrido en la escuela infantil.
- *A partir de los 3 años.* La memoria del niño ya está prácticamente desarrollada y es del todo consciente. En el niño de 3 años el recuerdo es limitado o desordenado, será en torno a los 4 o 5 años cuando esta información sea mucho más ordenada.

- *A partir de los 6 años.* Empieza a comprender que existen motivos para recordar cosas y desarrolla estrategias nemónicas. A los 7 años es capaz de organizar grupos de cosas que deben ser recordadas y también de concentrarse en lo importante de un tema, pero hasta la adolescencia no logrará establecer conexiones entre distintos temas e ideas.

4. Prueba a hacerlo tú

El hábito de estudio necesita de la repetición de una técnica y que esta sea eficaz, es decir, que se traduzca en un rendimiento académico esperable para la edad del niño. Es importante inculcarle las estrategias necesarias para asimilar conocimientos. Sin embargo, enseñar a estudiar no solo es eso; los padres también procurarán mantener una actitud que despierte en su hijo ganas de aprender e investigar.

La concentración y la motivación son capacidades necesarias para un rendimiento adecuado, que mediremos en función de los esfuerzos y las tareas realizadas por el niño, y no solo por las notas.

4.1. Iniciar el hábito de estudio

A lo largo de este libro, se ha insistido en la importancia de establecer hábitos de sueño, alimentación e higiene desde que el niño nace. Para ello, las rutinas deben llevarse siempre a cabo en el mismo lugar, de la misma manera y a la misma hora, porque eso lo ayudará después a desarrollar otro tipo de hábitos como el que ahora nos ocupa: el estudio.

Un niño que ha crecido respetando hábitos y límites no presentará muchas dificultades cuando se enfrente a la tarea de estudiar, y sus padres se ahorrarán leer el punto 5 de este capítulo. Ahora bien, al que no conoció rutinas y límites le será difícil empezar por uno nuevo que exige capacidades como concentración y atención, y que necesita entrenarse desde un primer momento.

El hábito de estudio se establece a fuerza de repetirlo. No es necesario esperar a que el niño tenga deberes marcados desde el colegio. Lo ideal es que, desde pequeño, se acostumbre a permanecer un rato concentrado en una tarea. De lo contrario, más adelante les costará concentrarse durante periodos largos de tiempo, algo imprescindible para los estudios avanzados.

Desde que empieza a ir al colegio se puede acostumbrar al niño a estar cada día concentrado unos minutos, e ir aumentando el tiempo poco a poco. Puede hacerlo con actividades como los dibujos, los puzles, los cuentos, los trabalenguas, los poemas infantiles, las adivinanzas y cualquier otra que exija concentración y memorización, pero que, además, le gustan y le motive. Es importante que termine cada una de las actividades que empiece.

Para iniciar el hábito de estudio, como ocurre con cualquier otro, hay que seguir tres reglas básicas:

Un mismo lugar

Si un niño estudia un día en la cocina y otro en el salón, se despista. Además los padres se ven obligados a estar permanentemente encima de él. Decirle «Venga, no te entretengas» resulta bastante incoherente mientras estamos cocinando, poniendo una lavadora o charlando sobre los pormenores del día. Ningún niño es capaz de resistirse a abandonar una labor que no le agrada por algo tan divertido como escuchar una conversación.

Al niño hay que facilitarle un lugar destinado al estudio, con una mesa amplia y una silla cómoda, ambas proporcionales a su tamaño. Debemos asegurarnos que no haya elementos atractivos ni susceptibles de distraerle. Mejor si se sitúa de frente a la pared, y que esta sea neutra, sin pósteres, fotografías o juguetes. Lo ideal es que tenga luz natural, aunque una ventana puede ser muy tentadora y es muy fácil ensimismarse con lo que pasa en la calle. Necesitará también una lámpara que facilite la lectura, los libros necesarios, lápices, bolígrafos, hojas, sacapuntas, goma y una estantería que contenga material de consulta para evitar que se levante a buscarlo y se despiste.

A la misma hora

Antes de empezar a estudiar, hay que contar con tiempo para que el niño meriende, descanse un rato y haga alguna actividad extraescolar. La primera hora de la tarde es un buen momento para instaurar la «hora de estudio». En el fin de semana, la mañana es cuando el niño está más preparado para concentrarse tras un sueño reparador. Que no lo deje para última hora; a mediodía estará haciendo la digestión y le entrará sueño, por la noche estará cansado.

De la misma manera

Cuando todavía no tiene tareas escolares para casa, en una caja, que podemos forrar con un papel atractivo, ponemos algo así como: «Mis trabajos». La caja estará en su mesa de estudio y contendrá una carpeta donde archivar sus dibujos y trabajos, pinturas, un lápiz, una goma, cuadernos para colorear, recortables y otros materiales para llevar a cabo labores que requieran atención por parte del niño. Las normas para utilizar la caja son:

- Solo en la hora de estudio.
- Lo que se saca se usa y luego se recoge.
- La tarea que se empiece hay que acabarla.

Una vez le mandan deberes para casa, podemos ayudarlo a organizar lo que tiene que hacer para el día siguiente, asignatura por asignatura. Distribuimos las tareas empezando por las que le resultan más complicadas, dejando las que encuentra más fáciles para el final. Le preguntamos qué tiempo estima que va a tardar en acabar cada una de ellas y le pedimos que lo anote para ver si se cumple su plan.

Uno de los objetivos principales es que cumpla con el tiempo de estudio él solo, para eso tenemos que retirarnos y confiar en que lo hará. En niños muy pequeños o muy al principio de establecer el hábito tendremos que llevar a cabo el siguiente proceso:

- Primer paso. Leer con él lo que hay que hacer, pedirle que nos cuente lo que ha entendido y dejarle que realice la tarea sin nuestra intervención, aunque se equivoque. Al final, repasar juntos el resultado; será el momento de corregir las equivocaciones. Haremos lo mismo con cada ejercicio y permaneceremos a su lado sentados en silencio, mostrándole una adecuada actitud cuando se estudia.
- Segundo paso. Una vez organizado el trabajo, nos retiramos con la siguiente indicación: «Intenta hacerlo tú; lo que dudes, apúntalo y lo vemos cuando acabes todo el ejercicio; avísame cuando hayas terminado». Protestará y pondrá mil excusas: «Pues entonces me paro y no sigo». Nos iremos, indicándole que nos llame al terminar el ejercicio. Entonces reforzaremos el esfuerzo y corregiremos las dudas con él. Pasamos al siguiente tema y volvemos a retirarnos, indicándole que, si no tiene dudas, siga

avanzando en la tarea. Cada vez que haga más de un ejercicio sin nuestra ayuda hay que decírselo: «Has hecho tu solo todo el trabajo sin necesidad de mi ayuda, eres un fenómeno».

● Tercer paso. Organizado el trabajo, nos retiramos y le decimos que intente realizar todos los ejercicios él solo, que apunte las dudas y nos avise cuando haya terminado. Entonces, lo primero será reconocerle el esfuerzo realizado antes de solucionar las dudas. Hay que responsabilizarlo del cuidado, orden y mantenimiento del material destinado al estudio, de forma que al terminar recoja todo y deje la cartera preparada para el día siguiente.

4.2. LA ACTITUD DE LOS PADRES FRENTE AL ESTUDIO

🖉 Es tarea de los padres exigir y animar al niño. Una exigencia gradual empieza con la instauración del hábito y, poco a poco, se traslada a las tareas y su desarrollo. Hay que animarlo haciéndole confiar en sus capacidades cuando se esfuerza.

🖉 Los problemas de estudio se traducen en deterioro de las relaciones en casa. Los padres suelen estar encima del niño y él se agobia y se queja. Cuando los progenitores son capaces de confiar en su hijo y le enseñan a utilizar sistemáticamente un método de estudio previamente pactado, aumenta la motivación del pequeño.

🖉 Si se sospecha que pueden existir dificultades que no permiten el rendimiento esperado, hay que acudir a un especialista que defina exactamente qué está ocurriendo y establezca un plan de trabajo que incluya cambiar la actitud hacia el niño para ayudarlo y no culpabilizarlo.

- Guiar al niño no significa hacerle su trabajo; hay que mostrar disposición a explicarle las dudas y atender a lo que nos pide, pero no hacerle los deberes.

- Reforzar sus logros aumentará la confianza en sí mismo y elevará su entusiasmo por las tareas, se sentirá querido por sí mismo y no únicamente por sus éxitos.

- Hay que establecer metas concretas y reales, sin acosarle con la idea del estudio, y recordarle los objetivos que juntos hemos marcado: «No se ha cumplido todavía la media hora de estudio en que habíamos quedado, mejor vuelve a la mesa y ya te aviso yo».

- Le transmitiremos respeto por lo escolar si cuidamos la puntualidad, llevamos el material más adecuado (no el más caro) y nos ocupamos de su cuidado. Es importante proporcionarle experiencias donde use los conocimientos adquiridos.

- Evitar pedirle que haga lo que a nosotros nos habría gustado haber hecho, permitirle que construya su historia.

- Mantenernos informados de todo lo que ocurre en el colegio, los objetivos educativos, la relación con los iguales, con el profesor y participar en las actividades cuando se requiere nuestra presencia. Con ello, además le transmitimos al niño lo importante que es para nosotros su vida escolar.

- Dirigir las críticas hacia la tarea: «Sabes hacer mejor la letra, cuando te esfuerzas no necesitas tachones» y nunca hacia la persona «Eres un inútil, un vago». Si etiquetamos al niño de «mal estudiante», se lo creerá y actuará como tal.

- No hagamos comparaciones con otros niños: «Juan ya lee de corrido, a ver cuándo lo haces tú». Si queremos comparar algo, que sean sus propias tareas:

«Cuando empezó el curso, solo escribías tu nombre; ahora ya sabes todas las letras».

- Los hijos imitan lo que observan en casa: si nos ven leer, si se sientan a nuestro lado cuando hay un programa cultural en la televisión, si fomentamos actividades de ocio como el deporte o las visitas a museos, si mantenemos conversaciones sobre temas que despierten nuevos intereses, si les facilitamos experiencias donde puedan llevar a la práctica lo estudiado, motivamos su deseo por aprender cosas nuevas y estimulamos su curiosidad y ganas de investigar.

- Ante los fracasos hay que enseñar al niño a no desanimarse, ayudarlo a mejorar y buscar alternativas como, por ejemplo, técnicas de estudio.

- Negociar el plan de estudio no significa que el niño decida; los límites y las consecuencias siguen siendo función de los padres. El castigo y la amenaza como única forma de intentar solucionar el bajo rendimiento no es en absoluto eficaz; premiar el esfuerzo y los logros resulta mucho más beneficioso.

- Hay que permitirle al niño que tome decisiones y darle responsabilidades acordes con su edad.

4.3. TÉCNICAS DE ESTUDIO

Dotar de herramientas al niño para que aumente su rendimiento académico con el esfuerzo necesario pasa por utilizar técnicas de estudio. Hay gran cantidad de bibliografía acerca del tema. Aquí ofrecemos un punto de partida para que después los padres que lo crean necesario, profundicen.

Como en otras ocasiones, es imprescindible observar las necesidades de nuestro hijo y adaptar este conjunto de normas a sus características personales. También lo es la necesidad de practicarlas todos los días. Al principio supondrán gran esfuerzo para el pequeño, pero según avance en la práctica, disminuirá el tiempo destinado al estudio y aumentará sus logros, lo que le motivará a seguir utilizando este sistema.

La necesidad de aplicar técnicas de estudio surge cuando el colegio empieza a pedir tareas que requieren capacidad de síntesis, memoria y concentración y al niño le cuesta llevarlas a cabo. Podemos ofrecerle un método que tiene por objetivo rentabilizar el tiempo que dedica al estudio, de forma que acabe las tareas antes. Aplicar un método marca la diferencia entre los que aprovechan el tiempo de estudio y obtienen un rendimiento académico satisfactorio y los que no.

Desestimado cualquier problema de aprendizaje, el método sería la suma de los siguientes factores:

> motivación + concentración + objetivos claros
> y realistas + fuerza de voluntad

Los padres acompañarán al niño a través de los siguientes pasos:

1. Antes de empezar

Como hemos visto, para favorecer el hábito de estudio, este se hará en la misma habitación, a la misma hora, con el material necesario preparado para evitar tener que levantarse y desconcentrarse. El niño debe estar, sentado cómodamente en una silla y con la espalda pegada al respaldo, y saber de antemano qué tiempo va a dedicar a cada materia. Antes habrá elegido con qué se va a premiar una vez realizada la tarea: un paseo con los amigos, un partido, una llamada a alguien, una película, un rato de videojuegos...

2. Lo primero es entender el texto

Tras la lectura general, le preguntaremos todo lo que le genere dudas. También tiene que buscar la idea principal; el título del tema da muchas pistas.

3. Subrayar lo importante

La segunda lectura tiene por objeto diferenciar las ideas principales (una por párrafo) de las secundarias. El niño debe intentar adaptarlas a su lenguaje, resumirlas y organizarlas por orden de importancia. Hay que hacer atractivo el material que tendrá que memorizar. Para ello puede utilizar colores y subrayar cada idea, por ejemplo, las principales en rojo y las secundarias en verde, de manera que pueda desarrollar el tema reduciéndolo a un cuarto del original de manera que siga resultando comprensible.

4. Resumir el tema

La síntesis del tema será tan fácil como pasar a un escrito las ideas principales y secundarias que ha subrayado. Le servirá para memorizar la materia, recuperarla cuando la necesite y repasar o recordar lo que ya sabe. Si cree que se ha dejado algo importante, puede añadirlo al resumen.

5. Hacer un esquema

Es reducir el tema a su esencia, de forma que, cuando el niño lo necesite, recupere palabras clave que lo lleven a desplegar mentalmente las ideas principales y secundarias y, por tanto, la información. Un ejemplo es el esquema de llaves donde vamos colocando por orden de importancia palabras que nos recuerdan las ideas a las que alude. ¡Solo palabras clave!

6. Memorizar

Implica retener el texto, pero es fundamental que se haya comprendido antes; si no, lo olvidará rápido porque estudiar no consiste solo en memorizar. Saber algo es entenderlo y poder recordarlo cuando uno quiera. Por eso el niño tiene que seguir el método descrito más arriba y así únicamente tendrá que recurrir a su esquema para recuperar la información aprendida. No hay que agobiarse: todos tenemos mucha más memoria de lo que pensamos, el problema es que no la usamos y se oxida.

Para conseguir una mejor memorización conviene:

— Estudiar lentamente, espaciando las lecciones y descansando 10 minutos por cada hora de memorización.
— Fijarse en las fotos y dibujos del texto para que nos ayuden a recordar lo que ponía y dónde estaba situado.
— Buscar la motivación: cuanto más nos guste un tema más fácil será recordarlo.
— Hacer reglas nemotécnicas que faciliten el recuerdo.
— Repetir la materia en alto con el esquema delante hasta que no sea necesario.
— Procurar poner en práctica lo aprendido y repasarlo.

7. Repasar

Es necesario porque, si no, lo estudiado se va olvidando poco a poco. Si el niño busca tiempo para repasar, cuando necesite recurrir a los conocimientos adquiridos, le será más fácil recuperarlos y tardará menos. Puede utilizar un cuaderno donde archivar sus esquemas y solo con recurrir a él se pondrá enseguida al día de lo ya aprendido.

8. Distribuir el tiempo

En la realización de cualquier tarea el rendimiento disminuye conforme pasa el tiempo. Esto hay que tenerlo en cuenta para:

— Organizar la realización de los ejercicios: los más monótonos y difíciles, al principio.

— Distribuir los descansos: tras la primera hora de estudio, descansar 10 minutos; tras la segunda, ampliar a 15 el descanso; si hiciera falta seguir, ampliar 5 minutos más cada vez, sin exceder nunca los 30 minutos. Un apunte: no jugar a los videojuegos ni ver la televisión en ese tiempo, porque separarse de ellos cuando termina el descanso, requiere mucha fuerza de voluntad.

— Estos pasos son una especie de tabla de gimnasia para el cerebro; al principio es normal que el niño tenga agujetas y que le cueste repetirla al día siguiente, pero pasado un poco de tiempo, la tabla no se le resistirá y su músculo, el cerebro, estará en plena forma.

4.4. Requisitos personales necesarios para estudiar

Concentración y motivación

Ambos factores están relacionados, puesto que a menor motivación, menor capacidad de concentración.

En el caso de la motivación evidentemente no siempre los temas son atractivos para el niño. Cuando los ejercicios son monótonos y no dejan espacio a la creatividad, será la fuerza de voluntad del niño lo que supla a la motivación. La fuerza de voluntad aparece y se mantiene cuando:

- El niño encuentra reconocimiento a su esfuerzo por parte de la gente que quiere.
- Está bien integrado socialmente.
- Su esfuerzo le reporta resultados a corto plazo.
- Ha aprendido a redirigir sus pensamientos hacia la tarea y concentrarse en ella.
- Organiza y dirige su plan de trabajo y se siente responsable de su éxito.

La concentración también se puede ejercitar con ejercicios como los siguientes:

- Mirar atentamente un cuadro o foto y describir con todo lujo de detalles lo que se ve.
- Jugar a encontrar semejanzas y diferencias entre dos objetos prácticamente iguales, o entre dos completamente distintos.
- Imaginar que la forma esférica del Sol se reduce hasta quedar convertida en un punto amarillo, que a continuación va aumentando de tamaño hasta volver a ser como al principio.
- Mirar fijamente una esquina de la habitación y concentrarse en ella, olvidando todo lo de alrededor durante al menos un minuto.

Para concentrarse resulta imprescindible crear un ambiente que lo favorezca. El silencio es fundamental para las actividades intelectuales. Facilitar la atención es evitar cualquier fuente de distracción, como la televisión a todo volumen, los portazos, las discusiones, la música, las conversaciones telefónicas. Los ruidos hacen que el cerebro procese dos fuentes distintas de información a la vez y, como consecuencia, trabaje el doble y se agote antes. La hora de estudio tiene que ser secundada por los padres con el silencio necesario, dejando cualquier actividad ruidosa para después.

Los hijos que observan que sus padres respetan este tiempo de silencio, que se concentran en sus tareas sin distraerse y leen con asiduidad, acaban imitándolos. La concentración, por tanto, también puede aprenderse en casa.

4.5. LOS SUSPENSOS

De los errores se aprende y las malas notas son solo un indicativo de que algo no funciona bien: puede deberse a acontecimientos que afecten emocionalmente al niño, a la desmotivación o a la falta de concentración. Hay que analizar qué ha ocurrido, pero sin caer en la idea de fracaso.

Detectados los aspectos a mejorar, es el momento de elaborar un plan de actuación. El suspenso pone de manifiesto que existe la dificultad y ahora se le puede poner remedio. En ese sentido no tiene por qué ser algo negativo.

Los padres tienen que evaluar si hay aspectos que han facilitado esa situación y asumir su parte de responsabilidad, pensar si el niño llega sistemáticamente tarde al colegio, si no le han facilitado el material escolar necesario, si no se han interesado por las materias que ha estudiado, si lo han sobrecargado de actividades extraescolares, si no han respetado el hábito de estudio o no han sabido motivarlo.

En el caso de que los suspensos se repitan y el niño no presente avances ni en el esfuerzo ni en los logros académicos, podemos estar ante una situación de fracaso escolar y hay que averiguar el porqué. El tutor, el equipo de orientación pedagógica y la información que da nuestro hijo ayudarán a evaluar la situación y a establecer el plan de trabajo más adecuado.

4.6. LAS ACTIVIDADES EXTRAESCOLARES

Fomentar aficiones, participar en actividades de grupo, conocer amigos, hacer deporte o aprender idiomas son los objetivos de este tipo de actividades. Se dan fuera del horario de clase y tienen un matiz lúdico.

A la hora de elegirlas tendremos en cuenta la opinión del niño, pero también sus necesidades; por ejemplo, si no sabe trabajar en grupo, animémoslo a apuntarse a deportes de equipo; si tiene mucha energía que no sabe cómo liberar, un deporte individual será lo más indicado; los problemas de motricidad requieren la práctica de actividades de coordinación, como el ballet, el atletismo, la natación o el baloncesto; si le cuesta hacer amigos, un grupo de inglés le puede venir bien, ya que suelen ser grupos reducidos y tienen una materia común de la que hablar. La actividad debe responder a temas que motiven al pequeño: música, pintura, cerámica...

Sin embargo, las actividades extraescolares también agotan y si se sobrecarga al niño, no tendrá ganas de hacer los deberes al llegar a casa. Realizar actividades extraescolares dos veces por semana es suficiente. No podemos utilizar como criterio que llegamos tarde de trabajar y así él está entretenido; es preferible emplear el dinero de las clases en alguien que lo apoye en las tareas escolares y vigile sus hábitos de estudio antes que convertir a nuestro hijo en un niño agenda, con multitud de horarios y actividades estresantes que cumplir.

Tampoco permitamos que abandone una actividad extraescolar a mitad de curso. Antes de empezar, cuando la elegimos juntos, se comprometió a terminar el curso escolar. Hacer que cumpla con sus tareas y que termine lo que empieza desarrolla su capacidad de concentración, a pesar de que la actividad ya no resulte tan motivadora.

5. DIFICULTADES Y CÓMO SOLUCIONARLAS

Cuando un niño baja su rendimiento escolar hay que intervenir rápidamente. En ocasiones puede deberse a dificultades de aprendizaje que necesitan de un tratamiento específico guiado por un profesional, como es el caso de la fobia escolar; otras veces serán los padres, en contacto con los profesores, quienes pongan en práctica un plan de actuación que resuelva el problema.

La concentración y motivación necesarias para el estudio pueden adquirirse y los padres son los encargados de enseñar a su hijo cómo conseguirlo.

5.1. AUMENTAR LA MOTIVACIÓN

Unos hábitos poco trabajados y unos límites poco coherentes pueden dificultar la continuidad del tiempo de estudio. Algunos niños necesitan un pequeño empujón con reforzadores, ya sean materiales o de actividad, que les motiven a acabar sus tareas.

En estos casos hay que establecer un sistema de puntos. Podemos crear una tabla con los días de la semana, donde registremos si el niño realiza las tareas en el tiempo que él estipula como necesario; recordemos que hacer los deberes en el tiempo previsto es uno de los objetivos de las técnicas de estudio.

Nuestro hijo tendrá que elegir un plan de fin de semana que le gustaría realizar si consigue obtener puntos todos los días: ir al cine, que venga a dormir su mejor amigo a casa o hacer una excursión en bicicleta.

Premiamos en primer lugar el esfuerzo, así que, aunque se pase del tiempo, le damos dos puntos. Si cumple todo su plan, es decir, si ha sido realista con sus metas, entonces recibe cinco puntos. En el caso de que al final de la semana haya obtenido puntos todos los días, podrá elegir su recompensa. Posteriormente, se le exigen dos semanas antes de premiarle. El refuerzo se retira cuando réalice la tarea con normalidad, aunque se le puede premiar su esfuerzo al final del trimestre.

	lunes	martes	miércoles	jueves	fin de semana
Tiempo previsto	½ hora	1 hora	1 hora	½ hora	1 hora
¿Acabó la tarea?	Sí / No	Sí / No	Sí / No	Sí / No	Sí / No
En el tiempo previsto (5 puntos)					
Necesitó más tiempo (2 puntos)					

5.2. CÓMO AFRONTAR UN EXAMEN

A todos nos produce ansiedad sentirnos examinados. La ansiedad es una emoción con la que tenemos que aprender a convivir; de hecho, experimentarla en pequeñas dosis nos pone en estado de alerta y nos permite funcionar mejor. Claro que si la dosis es alta, nos paraliza y nos impide reaccionar. Ante un examen el niño sentirá ansiedad, por eso tiene que saber cómo controlarla para obtener resultados satisfactorios en la prueba.

Recuperemos las tres áreas del comportamiento para saber qué hacer:

LO QUE PIENSA

Si el niño se dice: «No voy a saber, seguro que me quedo en blanco, no me va a dar tiempo, haré el ridículo cuando deje sin contestar el examen», aumentará su sensación de ansiedad.

Por el contrario, para sentirse confiado y evitar que la ansiedad suba tendrá que decirse: «Estoy nervioso, pero he estudiado suficiente y me sé la materia; tengo que tener cuidado con repartir el tiempo y no distraerme; debo concentrarme muy bien en entender la pregunta y contestar lo que me piden; ya lo he hecho otras veces, así que dentro de un rato estaré celebrando que lo he terminado».

LO QUE SIENTE

La respuesta contraria a la ansiedad es la relajación. Si en el momento en que el niño nota que se le dispara el pulso, se marea o aparece cualquier otra señal que le envíe el cuerpo consigue relajarse, habrá combatido la ansiedad. Para ello puede respirar hondo, con los ojos entrecerrados, imaginando cómo el aire llega hasta los pulmones y los llena, para después desinflarlos poco a poco mientras sale el aire... Podrá repetir este ejercicio hasta que se encuentre más tranquilo.

Dormir y comer bien es casi igual de importante para afrontar un examen con éxito.

Durante la prueba el niño tiene que leer con atención todas las preguntas, empezar por las que sabe, darse un tiempo para utilizar las reglas nemotécnicas en aquellas en las que tiene dudas o no recuerda bien y repasar el examen antes de entregarlo.

5.3. El fracaso escolar

Hablamos de fracaso escolar cuando el nivel de rendimiento en el niño no es el esperado para su curso y edad. Se trata de uno de los problemas más graves a los que se enfrenta el sistema educativo y las cifras lo confirman: afecta a uno de cada cuatro niños, una cifra alarmante.

Para saber si existe un bajo rendimiento hay que fijarse en los resultados, en la evaluación, pero también en el tiempo dedicado al estudio. Uno o dos suspensos no son indicativos de fracaso escolar, pero que se repitan trimestre tras trimestre cuando el niño está dedicando tiempo y esfuerzo al estudio, sí lo es.

Causas del fracaso escolar

Además de los problemas de aprendizaje y los emocionales, que necesitarían de una intervención profesional y específica, encontramos otras causas.

Hoy sabemos que no son los vagos o tontos los que componen este grupo estadístico, sino que la falta de interés y el aburrimiento constituyen el grueso del problema. Por tanto, el fracaso escolar va más allá de las carencias personales y afecta los ámbitos social, educativo y familiar.

Existe un gran número de niños afectados que, al principio, detectan que no es su esfuerzo lo que se valora, sino las calificaciones. Como estas no son buenas, empiezan a pensar: «No tengo buenas notas, no valgo nada». Se sienten excluidos y renuncian a esforzarse, ya que hacerlo no les reporta resultados. Esto reafirma su actitud negativa hacia el aprendizaje. Dentro de este grupo están:

- Niños con bajo rendimiento y conducta disruptiva. Requieren una intervención urgente, lo primero sobre la conducta.
- Niños con bajo rendimiento y conducta adecuada, a los cuales podemos ayudarles interviniendo en el hábito de estudio.

Está también el grupo de los que no estudian, eluden sus responsabilidades, no tienen hábito para sentarse a trabajar, no hacen nada a derechas y hay que estar permanentemente encima de ellos. Estos niños tienen un déficit en la adquisición de responsabilidades básicas y no han conocido normas ni rutinas estables y coherentes. Por tanto, necesitan empezar por instaurar hábitos, y no solo el del estudio.

QUÉ HACER ANTE EL FRACASO ESCOLAR

Los padres tienen que abordar el plan de trabajo sabiendo que pasará un tiempo hasta que el niño realice todas las tareas en el periodo establecido y renunciar a estar continuamente encima de él. Han decidido confiar en su hijo, y por tanto, deben limitarse a enseñarle las técnicas que le ayudarán a rendir más en menos tiempo.

Por supuesto, el colegio es parte importantísima de este programa: ponernos de acuerdo con su tutor será el primer paso, estar coordinados aumentará la eficacia.

Establecido el lugar, el momento y el modo de llevar a cabo la hora de estudio, pasamos a la acción:

Primer paso

Los padres pedirán a su hijo y a su tutor un horario escolar detallado y se enterarán de los contenidos, los métodos y el nivel de exigencia del colegio (esta información se da en las reuniones de padres). Es importante que manejen la agenda escolar, un elemento de coordinación fabuloso para que el estudiante recoja sus tareas y para que los padres le ayuden a organizar el trabajo de cada día.

Después tienen que preguntarle a su hijo: «¿Qué estás dispuesto a hacer?». Él tiene que elegir las tareas, ajustando objetivos y metas realistas. No podemos pretender que cumpla con todos los ejercicios desde el primer día. Al principio puede dejar de lado algunas materias, que incluiremos en el plan de estudio más adelante. Hay que centrarse en reforzar el esfuerzo que supone mantenerse en su lugar de estudio, concentrado, hasta que termina el trabajo que se ha propuesto.

Segundo paso

Para hacer bien los deberes es preciso que el número de interrupciones sea mínimo. ¿Qué suele levantar al niño de la silla: llamadas de amigos, hambre, sueño, no tener a mano el material necesario?

El niño apuntará las interrupciones, para lo cual utilizará un círculo que represente una unidad de tiempo (una hora, media hora) y le diremos: «Cada vez que interrumpas el estudio por algo, apunta la palabra que te recuerde para qué te levantaste». Por ejemplo:

- Llamada de un amigo: «llamada».
- Para coger algo de la nevera: «hambre».
- Para estirar las piernas: «levantarme».
- Porque necesitaba ir al servicio: «baño».
- Para preguntar una cosa a papá: «consulta».
- Porque me faltaba un lápiz: «material».
- Fui al salón a por un libro: «consulta».

Cuando los padres hacen este ejercicio con su hijo, lo ayudan a ser consciente del tiempo que pierde con las interrupciones y de que estas hacen que tarde más de lo necesario en terminar su tarea. Es él quien tiene que decidir tomar medidas para disminuirlas, porque merman su concentración. Podemos consensuar soluciones como:

- Dejar recado a sus amigos de que llamen más tarde.
- Que el niño consulte las dudas al acabar las tareas.
- Preparar el material antes de sentarse a trabajar.
- La sensación de hambre y sueño suele tener que ver con ganas de levantarse de la silla. Para combatirla y seguir concentrado basta respirar hondo un par de veces para relajarse, oxigenarse y continuar.

Tercer paso

Los niños con fracaso escolar se han propuesto muchas veces estudiar y han fracasado. Es el momento de repasar metas que los lleven al éxito. Ocurre que se ponen objetivos muy altos y no saben mantener el ritmo que se han impuesto: un día estudian 2 horas, otro rebajan tiempo y el tercero se perdonan los deberes. Si se proponen trabajar seis tareas y solo hacen tres, acaban por sentirse mal. Todos los días empezaremos diciéndole al niño: «A partir de ahora tienes que cumplir únicamente lo que te propongas». Se trata de establecer objetivos acordes con sus capacidades y es importantísimo cumplirlos, porque serán sus logros los que lo motiven a seguir adelante.

Conviene introducir las técnicas de estudio descritas en el punto anterior. Al principio, corregimos al niño en los pasos en que se equivoque; luego, simplemente, leerá los esquemas realizados y, pasado un tiempo, no necesitará ninguna supervisión.

Cuarto paso

Para conseguir éxitos no podemos pedirle que realice todas las tareas que le marcan en el colegio; acordaremos qué materias va a trabajar todos los días y dejaremos de lado otras, que iremos incorporando poco a poco más adelante. Padres y colegio deberán coordinarse para que su tutor elogie o refuerce de algún modo los trabajos realizados y vaya aumentando el nivel de exigencia, igual que en casa.

En la distribución de las tareas, pediremos al niño que empiece por las que le resulten más difíciles, ya que al principio tendrá más capacidad de atender y concentrarse en ellas, y que deje las que le parezcan menos complicadas para después.

Probablemente el niño se quejará de la cantidad de tiempo que le lleva estudiar según el nuevo plan. Argumentará que si se aprende las materias de memoria, acaba antes. Los padres pueden responder: «Es verdad, pero pasado mañana no te acordarías de nada porque no has entendido lo memorizado; si lo haces de esta manera, no te costará recuperarlo de tu memoria cuando pase el tiempo. Ahora tardas porque estás empezando un método nuevo; en cuanto lo hayas hecho varias veces, te saldrá mucho más rápido». Serán los logros en clase lo que más lo anime a seguir trabajando en esta línea, por eso es tan importante que los padres se coordinen con el tutor.

Quinto paso

Que el niño esté delante del libro no asegura que esté aprovechando el tiempo. Existen otras interrupciones que tienen que ver con distracciones internas y que hacen que se aleje de la tarea, normalmente aparecen en la fase en que hay que memorizar:

- Piensa en cosas que no tienen que ver con la tarea. Cuando esto ocurre hay que decirle al niño que se levante de la mesa y, con un reloj y delante de un espejo, dedique cinco minutos al tema que lo distrae. No vale dedicar más o menos tiempo del señalado, y es imprescindible que no lo haga delante del libro, sino del espejo. Cuando tras ese tiempo vuelva a su sitio, si reaparecen los pensamientos, le indicaremos que dé un golpe en la mesa y diga una palabra clave: «stop»; así los alejará y podrá volver a su tarea.
- El niño está convencido de que no va a ser capaz de acabar lo que se ha propuesto o tiene cualquier otro pensamiento negativo. Cada día, cuando acabe las tareas, tiene que escribir una frase de ánimo y pegarla en su mesa: «Lo voy a conseguir», «Ánimo», «Estoy logrando lo que me he propuesto»... Cuando aparezcan los pensamientos negativos, deberá releer sus frases.

Sexto paso

Tres o cuatro semanas serán suficientes para empezar a evaluar el aprovechamiento del tiempo y las tareas por parte del niño. A partir de este momento, pasaremos a exigirle que aumente las tareas a realizar, pero planificándolas con él. Ahora sabrá cómo utilizar las técnicas de estudio y habrá recogido elogios sobre su trabajo; es esperable que esto le anime a seguir manteniendo el mismo método y, por tanto, a aumentar su rendimiento.

5.4. LA FOBIA ESCOLAR

Lo peor de este trastorno es que produce incapacidad: el niño deja de ir al colegio. Cuando el problema está instaurado, será imprescindible la intervención de un especialista, pero existen fases previas donde la actuación de los padres es fundamental para evitar que la fobia se agrave o se establezca.

Por supuesto, lo primero es tener claro que el miedo desarrollado es hacia lo escolar y descartar motivos como un conflicto con los amigos o no querer separase de los padres.

El origen puede ser un examen. El niño cree que es muy difícil y que no va a superarlo. Según se acerca la fecha, aumenta su ansiedad y, cuando llega el momento, se pone enfermo. Los padres, que le han visto estudiar horas y horas, son condescendientes con él y refuerzan su actuación: «Bueno, no te preocupes, si tú eres muy buen estudiante, quédate en casa y ya hablamos nosotros con el profesor».

Hay pistas que nos pueden llevar a detectar el peligro de fobia escolar:

- El niño se levanta con dolores de cabeza o de estómago, tiene vómitos antes de salir de casa y se pone peor si hay algún examen. Sus malestares solo se dan cuando es día lectivo; en vacaciones y los fines de semana se encuentra bien.

- Dedica mucho más tiempo del necesario al estudio, a pesar de sacar buenas notas.
- Tiene pavor a llevar mal hecho algún ejercicio, a repetir curso o a cualquier situación relacionada con un menor rendimiento. Como anticipa estas situaciones y las imagina, aumenta la ansiedad y disminuye su capacidad de atención y concentración, por lo que sus temores empiezan a verse cumplidos.

Es importante estar muy atentos para detectar cualquier dificultad que presente el niño y aplicar una solución temprana. Cuanto antes se interviene, más probabilidades de éxito en la recuperación hay.

Qué hacer ante la fobia escolar

- Descartar cualquier enfermedad con su pediatra. Es importante no llevarle al médico en horario lectivo, ya que eso reforzaría su actitud de no querer ir a clase.
- Quitarle importancia: «Bueno, parece que lo de la cabeza es una constante, vete vistiendo a ver si se te pasa», y no volver a hacer hincapié en el tema. Si el niño protesta: «Te he dicho que me duele la cabeza y no me haces ni caso», hay que responderle: «Ya te he escuchado. Seguro que en la calle, con el aire, se te pasa». No es infrecuente que incluso el crío más encantador, cuando vea que no valen sus excusas, utilice un tono algo agresivo.
- Comentarle al profesor lo que ocurre. El niño intentará volver a casa, contando que se encuentra mal y, si lo consigue, el trastorno se podría hacer crónico. En el colegio tiene que recibir la misma respues-

ta que en casa: «Bueno, vamos a ver si se te pasa dentro de un rato. En el descanso intenta lavarte la cara para despejarte». El objetivo es que el dolor de cabeza no le permita salir de clase antes de tiempo, porque si logra evitar la situación, aumentará el problema y la ansiedad.

- Es muy eficaz asociar el camino al colegio con algo que le guste, contar algo que le divierta, escuchar su música preferida, parar en la tienda a comprar su golosina preferida y distraer su atención del dolor o de la negativa a ir a clase cambiando de tema.

- Practicar relajación antes de empezar el tiempo de estudio. Aplicar la técnica de Koeppen, descrita en el capítulo «Miedos y manías». El objetivo es que el niño aprenda a detectar las señales que le manda su cuerpo cuando suba la ansiedad y pueda disminuirla. Así, cada vez que aparezcan estas señales, aplicará respiraciones hasta poder volver a la tarea.

- Reducir el tiempo de estudio: pactar con él una duración y respetarla; si no ha terminado la tarea, dejarla para el día siguiente.

- Cuando aparezcan ideas negativas, el niño sabrá alejarlas dando un golpe en la mesa y pronunciando una palabra clave: «¡Stop!»; luego podrá seguir haciendo la tarea sin interrupciones.

- Acabado el tiempo de estudio, retirará todo el material escolar, sin demora, y cambiará radicalmente de ocupación. Practicar un deporte en grupo o cualquier actividad placentera para él, que le proporcione éxitos ajenos a lo académico, mejorará su situación.

Si persiste la negativa a asistir al colegio y suben en frecuencia, intensidad y duración cualquiera de los síntomas descritos, hay que acudir a un especialista que determine la gravedad de la situación y oriente en la solución.

6. CASOS PRÁCTICOS

6.1. ANDRÉS, LOS DEBERES Y SU MADRE

La madre de Andrés, de 7 años, estaba desesperada porque se pasaba la vida detrás del niño para que hiciera sus tareas escolares. «No puedo hacer nada en casa, toda la tarde la dedico a sus deberes», decía. Andrés se ponía en la mesa del salón, mientras su madre intentaba planchar, ver la tele, hablar con alguna amiga, preparar la cena... sin conseguirlo. Al final, pasaba todo el tiempo sentada con su hijo haciendo deberes. «Este niño no se concentra, no es capaz de estar 5 minutos con la tarea, se distrae con una mosca que pasa», se quejaba ella.

El de Andrés era el típico caso de falta de hábitos de estudio. Realmente podía terminar la tarea que le pedían en 20 minutos si ponía un poco de atención y no se distraía.

Para solucionar esta situación lo primero que se hizo fue buscar un lugar de estudio más tranquilo y alejado de las actividades de la madre y las zonas comunes de la casa. Su habitación era una buena opción. Andrés despejó la mesa y dejó solo la lámpara y un bote con lápices.

Una vez encontrado el lugar, se buscó un momento. El niño acordó con su madre que sería a las seis de la tarde, así disponía de una hora desde que llegaba del colegio para merendar y ver sus dibujos preferidos antes de ponerse a trabajar.

Con el fin de aumentar su motivación hacia las tareas escolares y potenciar su atención, se estableció un programa de puntos mediante el cual recibiría un premio diario los días en que finalizara las tareas en el tiempo acordado. Eligió como recompensa bajar al parque de la urbanización a jugar con sus amigos.

También se determinaron las normas que debía respetar:

- Cualquier duda sobre la actividad que estuviera realizando la dejaría para el final, de tal forma que no podría llamar a mamá hasta que no hubiera terminado los deberes.
- Todas las actividades que no se terminaran en el tiempo pactado se dejarían para el fin de semana; esta norma necesitó de la coordinación con el profesor.
- Antes de ponerse a realizar la tarea diaria, tenía que preparar todo lo necesario: cuadernos, lápices, agua...

Aparte del premio diario, siempre que realizara las tareas escolares de cada día y a lo largo de toda la semana, Andrés podría elegir entre ir al cine el sábado con sus padres y decidir la película o invitar a un amigo a dormir en su casa el fin de semana (o bien ir él a casa de un amigo).

De esta forma, poco a poco, Andrés fue desarrollando un periodo de estudio diario en el que se concentraba al máximo, con el fin de tener tiempo para dedicarse a sus actividades de ocio. Este tiempo de estudio fue aumentándose en función de las necesidades escolares. Evidentemente no fue todo tan fácil; al principio hubo días en que se negó a estudiar y otros en los que se hacía el remolón, pero al final le compensó dedicar un rato a las tareas escolares y disponer del resto de la tarde para sus cosas.

6.2. Marta y su miedo al colegio

La madre de Marta, de 9 años, acudió a nuestra consulta aconsejada por su pediatra. Hacía un mes que la niña no iba al colegio, «desde que tuvo la gripe», decía su madre. La razón de su negativa es que le duele la cabeza y la barriga. «Hemos ido al médico cuatro veces, y nada de nada, el doctor cree que está perfectamente». La madre reconocía que la situación se le había ido de las manos: «Siempre termino cediendo, aun sabiendo que no le pasa nada, pero no lo entiendo porque es buena estudiante, responsable y siempre saca muy buenas notas».

Estábamos ante una fobia escolar. La niña tenía un miedo irracional a acudir al colegio que se manifestaba en forma de dolores; inventaba uno nuevo cada día. No podía soportar la idea de que le preguntaran la lección o quedarse en blanco en un examen. La actitud de su madre había hecho crónico un miedo irracional basado en anticipar situaciones negativas.

A la madre de Marta se le explicó que, al principio, sería duro, pero que lograríamos que su hija acudiese al colegio de buena gana. Se habló con la profesora para que sus dolencias no le permitieran salir de clase antes de tiempo ni, por supuesto, volver a casa.

El día señalado, su madre le explicó a Marta que iban a ir al colegio. Ella empezó a gritar y a llorar como siempre: «¡No quiero ir!, ¡me duele la tripa!», pero la madre siguió el plan acordado: llevarla hiciese o dijese lo que fuera, y se mantuvo firme y tranquila: «Marta, el médico ha dicho que estás bien, y hoy vas a ir al colegio». El primer día no fue fácil, pero la madre no dudó en ningún momento y consiguió que Marta entrara al centro, donde la recogió la profesora para acompañarla a la clase.

La actitud decidida y firme de la madre y de la profesora consiguió que los dolores de Marta dejaran de ser eficaces para evitar la situación temida; la niña entendió que había que ir todos los días al colegio sin falta.

Solucionada la parte del problema que más incapacitaba a Marta, quedaba mucho por trabajar. Se evaluó con la profesora cuál era el comportamiento de la niña, así como las dificultades que originaron y mantuvieron su miedo. La profesora nos comentó que la niña evitaba contestar en clase por temor a hacerlo mal y eso provocaba risas entre sus compañeros.

Marta empezó un taller de habilidades sociales que le enseñó, entre otras cosas, a hablar en público, recibir críticas y expresar sentimientos tanto positivos como negativos. Comprobar los logros que obtenía con sus compañeros al poner en práctica lo aprendido la ayudó a confiar en sus capacidades y, como consecuencia, a enfrentar poco a poco sus miedos sin escapar de ellos.

7. QUÉ SE HA CONSEGUIDO

La educación es un derecho universal, según declaración de Naciones Unidas, lo cual nos da una idea de su importancia para el desarrollo de la persona.

Al dotar a nuestro hijo de las herramientas para ampliar lo que sabe, le facilitamos mucho más que éxitos académicos:

- Desarrollará la memoria y la atención, capacidades cognitivas que necesitan de una actividad continuada en el tiempo.
- Sabrá concentrarse en la realización de tareas, que iniciará y terminará sin permitir que las interrupciones lo despisten. Esto, extrapolado a su vida laboral, aumentará sus posibilidades profesionales.
- Será capaz de planificar estrategias para solucionar un problema, marcando metas realistas y acordes con sus capacidades y sin miedo a los errores.
- Aprenderá a alternar tiempo para el rendimiento y tiempo para el ocio.
- Aumentará su capacidad de control emocional al enfrentarse a momentos de estrés como los exámenes o ser preguntado en clase. Estas situaciones requieren el manejo de la ansiedad; aprender a controlarla en el colegio servirá para otras circunstancias de la vida.

- Asimilar algo implica entenderlo; solo así los aprendizajes perduran en el tiempo. Cuando el niño interioriza un método para instruirse, relaciona unos conocimientos con otros; de este modo, elabora opiniones personales acerca de lo que le rodea, crea su propio juicio crítico sobre los acontecimientos y es capaz de argumentar desde lo aprendido.

- Estar motivado para aprender aumentará su interés por adquirir conocimientos nuevos o profundizar en los que tiene y disfrutará con actividades intelectuales como la lectura o la pintura.

- Cuando acompañamos a nuestro hijo en el proceso de aprender a estudiar, le estamos ayudando a ser feliz.

Epílogo

La educación perfecta no existe, sobre todo si la consideramos como un conjunto de normas utilizadas a modo de receta. No hay un niño igual a otro ni siquiera en la misma familia, así que más que fórmulas estándar, podemos disponer de guías para orientarnos en situaciones diversas.

Esperamos que la lectura de este libro te haya convencido de lo descrito en el párrafo anterior. Porque no hemos pretendido solo solucionar las dudas que la educación de tu hijo plantea, sino que también queremos que intentes comprender por qué se comporta de determinada manera y guiarte para que crezca feliz.

Nos gustaría despedirnos con una reflexión que resume nuestra filosofía:

¿QUÉ TE GUSTARÍA CONSEGUIR PARA TU HIJO?

Le hemos hecho esta misma pregunta a cada uno de los padres con los que hemos trabajado y la respuesta que con más frecuencia encontramos es: «Hacer de mi hijo un niño feliz».

Es una suerte que padres y profesionales estemos de acuerdo en el objetivo final. Empecemos entonces por definir cómo hacerlo; para eso te ofrecemos una reflexión que recoge los criterios que hasta ahora se han mostrado más eficaces para conseguirlo. No hay fórmulas mágicas para que tu hijo sea feliz, pero sí puedes aumentar las probabilidades de que se sienta así, teniendo en cuenta los siguientes puntos que te enumeramos a continuación y que van de lo más general a lo más concreto:

- Para que un niño sea feliz, tiene que sentirse seguro.
- Para que un niño se sienta seguro, tiene que tener límites.
- Para que un niño tenga límites, hay que saber decirle que no y mantenerlo.
- Para que entienda el «no», tienes que permitirle experiencias donde no siempre logre lo que desee y/o lograrlo suponga esfuerzo. Aprenderá a manejar sus frustraciones, y por tanto, a canalizar su agresividad y ansiedad.
- Para que un niño sea feliz, ha de sentirse querido.
- Para que un niño se sienta querido tienes que contárselo y demostrárselo. Dale besos y abrazos, dile que le quieres y lo especial que es para ti.
- Para que un niño sea feliz, tienes que trabajar su autoestima.
- Para que un niño tenga autoestima tiene que sentirse protegido, querido y valorado.
- Para que un niño se sienta valorado, tienes que atenderlo y escucharlo. Para que se sienta atendido, tienes que pasar tiempo con él.
- Para que un niño sea feliz, tienes que devolverle una imagen competente de sí mismo. Para que se sienta competente, tienes que favorecer y premiar sus logros.
- Para que un niño tenga logros, tienes que asignarle responsabilidades que pueda cumplir.

En definitiva, para que tu hijo sea un niño feliz debe sentirse protegido, querido y valorado.

Un padre nos pidió una vez todos estos puntos porque quería ponerlos en su mesita de noche y leerlos cada día al levantarse. Nos pareció una de las cosas más satisfactorias que te pueden suceder a nivel profesional.

Recibid un saludo de quienes formamos el equipo del centro Biem y en especial de su directora Rocío Ramos-Paúl.

www.rocioramos-paul.com
@rocioramospaul_psicologos
@Rocioramos_paul
@RamosPaulPsicologos